2014

北京门头沟年鉴

北京市门头沟区地方志编纂委员会

中共党史出版社

图书在版编目（CIP）数据

北京门头沟年鉴 . 2014 / 北京市门头沟区地方志编纂委员会编.
- 北京：中共党史出版社，2014.12
ISBN 978-7-5098-2916-5

I. ①北… Ⅱ. ①门… Ⅲ. ①门头沟区 -2014- 年鉴 Ⅳ. ①Z521.3

中国版本图书馆 CIP 数据核字（2014）第 277900 号

书　　名：北京门头沟年鉴（2014）

编　　者：北京市门头沟区地方志编纂委员会
责任编辑：韩冬梅
出版发行：中共党史出版社
社　　址：北京市海淀区芙蓉里南街 6 号院 1 号楼
邮　　编：100080
网　　址：www.dscbs.com
经　　销：新华书店
印　　刷：北京市金星剑印刷有限责任公司
开　　本：185mm × 260mm　　1/16
字　　数：600 千字
印　　张：26 印张　　前插：35 页
印　　数：1—2000 册
版　　次：2014 年 12 月第 1 版
印　　次：2014 年 12 月第 1 次印刷
书　　号：ISBN 978-7-5098-2916-5
定　　价：118.00 元(精装)

编 辑 说 明

一、《北京门头沟年鉴》是一部综合性资料性工具书，在中共门头沟区委和区人民政府的领导下，由北京市门头沟区地方志编纂委员会主持编纂。

二、本年鉴以马克思列宁主义、毛泽东思想、邓小平理论、“三个代表”重要思想、科学发展观为指导，深入贯彻习近平总书记系列重要讲话精神，认真贯彻中央、市委、市政府的各项方针政策，遵循实事求是的原则，科学、客观地反映实际情况。

三、本年鉴从2002年开始，逐年编纂出版。当年出版的年鉴全面记述上一年度门头沟区在各条战线、各个方面所发展的重要事件和新的情况，系统汇集年度内重要的文献。为领导决策提供可靠的参考信息，为各行各业提供有价值的资料，为各方面人士了解门头沟、研究门头沟提供最新信息。

四、本卷年鉴反映的是2013年1月1日至12月31日期间的情况，文内一般直书月、日，不再书写年份。

五、本年鉴采用文章和条目两种体裁，以条目体为主，文字内容分为概述、大事记……共21个一级栏目，分目下设条目。

六、本卷年鉴收有门头沟区党、政、军、各民主党派、团体、街道、乡镇、部分企业负责人名录，以及驻区部分单位负责人名录。所列均以2013年内任职为限，其中有任免情况的分别予以注明。

七、本年鉴的所选文章和条目，均由各部门、各单位确定专人撰写，经主管负责人审阅，并经区委、区政府有关部委办及领导审核。统计资料由统计局提供。照片由各单位提供。

八、本年鉴的编辑出版得到了区领导、撰稿单位以及各方面的大力支持和帮助，在此一并表示感谢。由于时间和水平所限，疏漏与不足或在所难免，恳请各界人士和广大读者批评指正，使《北京门头沟年鉴》越办越好。

中共门头沟区委书记韩子荣

区领导参观“变废炫宝”垃圾分类作品展

北京市门头沟区第十五届人民代表大会第三次会议

政协北京市门头沟区第九届委员会第二次会议

第一届北京市门头沟区律师代表大会第一次会议

门头沟区与高校对接村官工作座谈会

龙泉镇农村宅基地测量拆违确权开发专题会

门头沟区 2013 年新闻宣传工作会暨新闻通讯员培训会

永定镇基层组织建设信息模块培训会

巧娘手工作品技能培训班

检查新农村建设档案

“梦的翅膀”特教成果展

身边的感动 2012年度"门头沟十大好人"颁奖典礼

北京市各民主党派重点支持门头沟区发展暨"8+1"行动启动仪式

"大手拉小手 共同向前走"——民建门头沟直属支部支教公益活动

门头沟区军民唱响中国梦演唱大赛

区直机关系统2013年“庆七一 我的梦 中国梦”宣讲展演

王平镇“我的梦、中国梦——唱响红色旋律”歌咏比赛

门头沟区第二十六个世界无烟日主题宣传活动

门头沟“一号通”61696156政府服务热线宣传活动

2013年门头沟文化遗产日主题活动

“行使民主权利
依法履行法定义务”普
法宣传

法制宣传

生活饮用水知识宣传

市民劝导队开展日常宣传

统计流动课堂

旅游服务进社区

“畅通和规范群众诉求表达 利益协调 权益保障渠道”信访宣传

防艾滋病宣传

“健康听力幸福人生”关注老年人听力健康

"福彩送真情"救助福利企业困难残疾职工

门头沟区文化图书进军营

气象科普知识进校园

三家店地区环境综合整治

冯村南街综合治理

西峰寺沟域违建拆除

清水镇开展防汛避险转移演习

区民政局为西斋堂受灾群众送去救灾款

国网北京门头沟供电公司大风应急抢修

第十三届京西植树生态游

科普工作人员在灵山考察

飞机森林防火

环卫工人扫雪铲冰

区公共文明引导员
开展环境清洁

绿岛家园社区开展
再生资源回收

“新家园 新居民新梦想”专场文艺演出

乡村大舞台汇演

清水·清韵——清水镇第四届“非遗”戏曲汇演

京西太平鼓表演

送电影下乡

公园文化活动

戒台寺癸巳年盂蘭盆大法会

妙峰山庙会

庄户、千军台古幡会

“门头沟 · 探访永定河”文化之旅

第一届“门头沟京西白蜜”文化节

在北京国际旅游商品博览会上展出皇家琉璃

妙峰山镇首届民间艺术团队展演

淤白民俗文化节

棚改安置新区群众文化活动

重阳节花会表演

2013 北京国际越野挑战赛（门头沟段比赛）

中坤杯第四届北京国际山地徒步大会

环京赛第四段（门头沟段）比赛

门头沟区第三届残疾人运动会

第五届门头沟区“羽协杯”羽毛球比赛

门头沟区全民健身项目表演赛

门头沟国家步道

永定河健康步道

妙峰山镇炭厂村神泉峡风景区

门城夜景

永定楼景色

京白梨梨花人工授粉

黄安坨村土地开发整理工程

田庄村土地开发整理工程

108 国道一期改造工程完工通车

鲁坨路道路工程建成通车

门头沟路改建工程完工通车

传统村落撷影

琉璃渠村

三家店村

传统村落概影

川底下村

黄岭西村

灵水村

苇子水村

千军台村

马栏村

政权　政协

政法　军事

政法

农业与农村经济

工　业

区属工业

石龙开发区

商贸　旅游

商贸

综合经济管理

统计工作

质量技术监督

审计局

食品药品监督管理

财税　金融　保险

财税

财政

国家税务

城乡建设

交通　邮电

交通

公路建设

教育

文化 卫生 体育

文化

社会　生活

民政工作

街　道

大峪街道

城子街道

东辛房街道

大台街道

乡　　镇

潭柘寺镇

永定镇

龙泉镇

军庄镇

人　物

统计　资料

概　述

概　述

门头沟区位于北京市西部，总面积 1448.84 平方公里。区政府驻地距市区（阜成门）25 公里。辖 9 个镇、4 个街道办事处。

年内，全区贯彻党的十八大精神，认真落实中央和北京市经济工作会议精神，大力践行北京精神，加快培育以旅游文化休闲产业为主导的新型产业体系，着力提升地区经济增长质量和效益，加快城市建设和棚户区改造步伐，坚持改善环境质量和增强区域可持续发展能力，加强社会事业管理和民生改善力度，区域转型升级动力进一步增强，现代化生态新区建设取得重大进展。

年末，全区常住人口 30.3 万人，比上年增加 0.5 万人。户籍人口总户数 119464 户，总人数 248855 人，其中非农业人口 198593 人，农业人口 50262 人。户籍人口中，全年出生人口 2081 人，死亡人口 1491 人，人口出生率 8.37‰，死亡率 6‰，人口自然增长率 2.37‰，计划生育率 98.34%。

全区实现地区生产总值（GDP）124.2 亿元，按不变价计算比上年增长 8.7%。其中第一产业实现增加值 2 亿元，比上年降低 2.6%；第二产业实现增加值 62.1 亿元，比上年增长 11%；第三产业实现增加值 60.1 亿元，比上年增长 6.5%。三次产业结构为 1.6：50.0：48.4。

2013 年国民经济和社会发展

农　业

2013 年，小城镇在山区产业转型中起到引领作用，农村产业转型步伐不断加快。潭柘寺镇农民安置房一期实现封顶；军庄镇被纳入全市城乡一体化发展试点，开工建设葡萄酒文化产业基地；王平镇中瑞休闲养老园一期工程基本完工；斋堂镇 1 号地块成功上市，古村落度假酒店体系初见雏形。提升改造农民专业合作组织 20 个，光伏农业、新型养蜂、矮化苹果等特色种养业加快发展，玫瑰谷沟、达摩沟等沟域加快建设。2013 年，全年实现农林牧渔业总产值 5.3 亿元，比上年增长 0.2%。其中，农业实现产值 1.1 亿元，比上年增长 1.1%；林业实现产值 2.8 亿元，比上年增长 7.4%。

工　业

2013 年，全区工业生产进入结构调整时期，部分行业发展向好，以煤炭为主的传统行业面临转型阵痛，下行压力较大。全区规模以上工业实现产值 78.7 亿元，比上年降低 25.1%。实现销售产值 77.4 亿元，比上年降低 24%，其中出口交货值实现 18.1 亿元。专用设备制造业和医药制造业态势良好，分别实现产值 6.3 亿元和 2.9 亿元，分别比上年增长 16.7% 和 7%。

商　业

2013 年，全区实现社会消费品零售额（产业在地口径）49 亿元，比上年增长 12.1%。其中，限额以上企业及个体实现零售额 29.2 亿元，增长 4.8%；限额以下企业及个体实现零售额 18.1 亿元，增长 27%；商品交易市场实现零售额 1.7 亿元，增长 5.9%。

旅游业

2013 年，全区坚持打基础、重培育，编制旅游产业项目用地等规划，87项重点旅游项目全面推进。旅游基础设施不断完善，完成国家步道一期工程及一批旅游标识、游客服务中心、停车场建设，整治永定河沿线旅游环境。完成永定楼旅游文化布展，将灵山景区收归政府管理，募集社会资金实施潭戒两寺文物修缮及改造工程，两寺面貌焕然一新。全年实现旅游收入19.2亿元，比上年增长14.1%。其中住宿业实现营业收入4.1亿元，比上年增长32.8%；旅行社实现营业收入2.9亿元，比上年增长3.5%；旅游商业实现营业收入5.4亿元，增长12.1%。

年末全区实际经营的观光园为61个，民俗旅游农户1218户，全年共接待游客105.4万人次，实现经营收入1.1亿元。

固定资产投资　城乡建设

投资　2013年，全区项目建设地全社会固定资产投资累计完成230.1亿元，比上年增长20.7%。其中，区属重点工程76个，完成投资110亿元，比上年增长18.2%。完成建筑安装投资116.5亿元，比上年增长20.4%；完成社会投资122亿元，比上年增长35.3%。基础设施投资完成63.4亿元，比上年增长42.5%，其中城镇基础设施投资48.6亿元，农村基础设施投资14.8亿元。

建筑业　2013年，全区有资质的建筑业企业实现建筑业总产值80.6亿元，比上年增长12.5%；房屋建筑施工面积237.7万平方米，比上年增长32.2%，其中新开工面积69.8万平方米，比上年增长17.3%；房屋建筑竣工面积37万平方米，比上年增长80%。

生态环境　2013年，全区在全市率先开展国家生态文明示范区建设工作，完成节能减排和大气污染治理任务，空气中三项主要污染物年均浓度平均下降率居西南五区前列。扎实开展国家生态文明示范区建设工作，全面推进53项重点任务。“一湖多园五水联动”景观体系日臻完善，完成新城万亩森林公园建设，新建窑神庙、新桥苑等5个公园，城区公园总数达到43个。全区森林覆盖率达到41%，林木绿化率达到62.5%，城市人均公共绿地面积提升到33.41平方米。

安全生产　2013年，全区共发生安全生产事故109起，伤50人，死亡14人。与上年相比，事故起数、伤、亡人数分别增加19起、3人、2人，上升21.1%、6.4%、16.7%。其中：生产安全事故4起、伤1人、亡4人，同比起数、伤、亡人数分别增加2起、1人、2人；交通事故55起、伤49人、亡8人，起数、伤人数分别增加14起、2人，死亡人数减少1人；火灾事故49起，亡1人，直接经济损失57.09万元，起数增加3起，死亡人数增加1人，直接经济损失增加46.1万元；铁路交通事故1起、死亡1人，起数、死亡人数与去年同期相比持平。

财政　金融

财政收支　2013年，全区实现公共财政预算收入20.72亿元，比上年增长8.6%，完成全年预算的103%。实现了年初制定的“稳增长”目标。税收收入完成17.77亿元，同比增长6%，其中，实现增值税2.7亿元、营业税6.4亿元、土地增值税2.3亿元，增速分别为29.4%、1.4%、7.7%。非税收入完成2.95亿元，比上年增长27.7%。全区区级政府性基金收入完成48.26亿元，比上年增长230%。

全区完成公共财政预算支出76.1亿元，比上年增长26.6%，完成全年预算的158.8%。其中一般公共服务支出5.8亿元，比上年降低4.1%；社会保障和就业支出9.5亿元，比上年增长0.6%；教育支出10.2亿元，比上年增长30.6%；文化体育与传媒支出1.9亿元，比上年增长16.8%。

金融　截至年末，金融机构存款余额达到408.4亿元，比上年末增长3.4%，其中单位存款176.5亿元，比上年末降低2%，个人存款231.8亿元，比上年末增长7.8%。全区金融机构贷款余额90.3亿元，比上年末降低5.1%。其中，短期贷款15.8亿元，比上年末增长35.6%；个人贷款18.3亿元，比上年末增长18.5%。

房地产业　邮电　运输

房地产开发业　2013年，全区项目建设地房地产企业完成开发投资额96亿元，比上年增长30.8%。房屋施工面积401.9万平方米，比上年增长31.4%，其中住宅施工面积269.9万平方米，比上年增长22.9%；施工面积中新开工面积89.3万平方米，比上年降低37.6%。房屋竣工面积134.9万平方米，比上年增长1168.5%，其中住宅竣工面积107.5万平方米，比上年增长1041.6%。商品房销售面积25.1万平方米，比上年降低47.7%，其中住宅销售面积 19.4 万平方米，比上年降低 54.9%。

邮电　截至年末，全区共有邮政局所 15 处，其中局 1 处，支局 6 处，所 8 处。全年邮政业务总量 6110 万元，通信业务总量 7318 万元，出口函件 185 万件，包件 16 万件，汇票 3 万张，报纸累计数 935 万份，杂志 38 万份，特快专递 40258 件。

交通运输业 2013 年，全区运输企业拥有货运车辆 6129 辆，客运车辆 1031 辆。货运量 741 万吨，货运周转量 45974 万公里；客运量 14763 万人次。

科技　教育　文化　卫生　体育

科学技术　2013 年，全区共实施科技计划项目 25 项，年内新立 7 项。其中区级科技计划项目 3 项，年内新立 3 项；市级科技计划项目 22 项，年内新立 4 项。通过科技计划的实施，共引进科技经费 4247.425 万元，培训各类技术人员和管理人员 2000 人次。举办各种科技培训班 20 期，1200 人次参加培训。实施“门头沟区特色农产品产业化关键技术集成与示范”等科研计划项目 25 项。

教育　2013 年，全区共有幼儿园 23 所，班数 196 个，全年入园（班）人数 3204 人，在园（班）幼儿 5442 人，离园（班）2478 人，教职工 644 人，其中专任教师 406 人。小学学校 31 所，班数 384 个，毕业生 1754 人，招生数 1934 人，在校学生数 11100 人，教职工 1326 人，其中专任教师 1026 人。高中阶段学校 4 所，其中普通高中 3 所，毕业生数 872 人，招生数 819 人，在校学生数 2490 人；职业高中 1 所，毕业生数 667 人，招生数 12 人，在校学生数 498 人。初中阶段学校 16 所，毕业生数 1453 人，招生数 1540 人，在校学生数 4794 人。全区中考及格率达到 87.79%，优秀率达到 17.95%。全年专科毕业 214 人，本科毕业 170 人，实考率 83.91%。全年参加岗位培训、技术培训 255816 人次。

文化　2013 年，全区共有村居文化室 229 个，全年开展各类文化活动近 2000 场次，其中，基层镇街开展文化活动 1600 余场次。馆藏总量达到 70.2 万册，当年新购入图书 56851 册，办证 2001 个，流通读者 16635 人，馆舍面积 1200 平方米。全区共有重点文物保护单位国家级 5 个，市级 9 个，区级 71 个。

卫生　2013 年，全区共有医疗卫生机构 265 个，其中医院 13 个。医疗卫生机构实有床位 2842 张，其中医院 2401 张。全区卫生技术人员达到 4352 人，其中执业医师 1026 人，执业助理医师 110 人，注册护士 1376 人。全区卫生医疗机构总诊疗量 255.74 万人次，出院人数 30232 人。

体育　2013 年，全区有各类体育健身场地 6 个，其中体育馆 1 个，游泳场馆 3 个，各种训练房 2 个。全区有等级裁判 417 人，其中国家级 5 人，一级 71 人，二级 341 人。全年组织区级比赛 40 次，参赛人数 5 万人次；参加市级比赛 10 项，共获金牌 16 枚、银牌 15 枚、铜牌 16 枚；向上一级体校输送优秀运动员 3 人。

人民生活

劳动和社会保障　2013 年，全区不断落实各级就业政策，就业和社保体系更加健全。截至年末，城镇登记失业率为 4.3%，比上年增长 0.2 个百分点；7631 名城镇登记失业人员实现就业，年末实有城镇登记失业人员 3966 人。全区参加养老、失业、工伤和医疗保险缴费人数分别比上年增长 4.7%、4.4%、4.5%和 4.3%；参加新型农村合作医疗人数为 44040 人，参合率达到 99.87%。城乡最低生活保障应保尽保，城镇、农村居民最低生活保障人数分别达到 9199 人、2623 人，农村五保户人数为 296 人。

城乡人民收支　2013 年，城镇居民人均可支配收入 35141 元，比上年增长 8.6%；人均生活消费支出 22313 元，比上年增长 9.2%，恩格尔系数为 30.3%。农村居民人均纯收入 17408 元，比上年增长 10.8%；人均生活消费支出 11442 元，比上年增长 17.3%，恩格尔系数为 39.5%。

大 事 记

大 事 记

1 月

4日　召开2013年宣传和中心组学习专题研究会。会上听取区相关部门的工作汇报，并就2013年宣传和中心组学习相关工作进行研讨。

同日　召开党的群众路线教育实践活动座谈会。会上围绕党的群众路线教育实践活动专题调研提纲与区有关部门、基层代表进行研讨。

6日　召开门头沟区2012年镇党委述职测评大会，听取了各镇党委2012年述职汇报。

8日　召开门头沟区十五届人大三次会议党员大会。

8日至10日　召开门头沟区政协九届二次会议。

9日至11日　召开区十五届人大三次会议。

10日　高家园地区土地储备项目（1、3号地）在市土地交易市场发布招标公告。该项目位于龙泉镇，总用地面积38.02公顷，建设用地面积29.39公顷，建筑控制规模33.2万平方米。

16日　召开农村基层组织目标管理座谈会。会上，听取区有关部门的工作汇报，并围绕村“两委”班子考核机制建设等问题与相关部门进行研讨。

18日　曹各庄——桥户营村土地一级开发项目（A、C地块）获征地批复。该项目为市区联储项目，总用地面积44.54公顷。其中，A地块位于永定镇桥户营村，征收面积11.77公顷，安置农转非人员28人；C地块位于永定镇冯村、桥户营村、上岸村，征收面积32.77公顷，安置农转非人员252人。

21日　召开采空棚户区两万户整体征收工作专题会。会上，听取区有关部门的工作汇报，并围绕推进采空棚户区两万户整体征收审计工作进行研讨。

22日　首都文明办“三下乡”春风慰问活动在雁翅镇举行。

30日　2012年度“门头沟十大好人”颁奖典礼举行。

是月　京西山区中共第一党支部纪念馆被评为“北京市红色旅游景区”。

是月　区残联、区人力社保局联合举办2013年就业援助月专场招聘会，8家企业提供了46个工种400余个岗位，120人参加招聘会，现场初步达成意向26人。

2 月

4日　召开区局级领导班子和领导干部年度考核及干部选拔任用“一报告两评议”暨安全稳定工作会。

5日　召开公共文明引导员年度工作会，并对5个区级优秀站组、17名区级优秀文明引导员进行表彰。

8日　冯村、何各庄地区土地一级开发（A地块）定向安置房项目“三定三限三结合”详细方案通过市政府审核。该项目规划总用地面积2.24公顷，规划建筑面积约6万平方米，安置337户1010人。

16日　门头沟区农民踢踏舞队入选北京春晚舞台。

20日　区探索慈善帮困新途径建立首家慈善超市。该慈善超市位于区社区服务中心，营业面积200余平方米。

21 日　东辛房街道石门营七区发放安置房钥匙，涉及 1032 户 1166 套安置房。

26 日　召开农口项目及旅游项目汇报会。会上，听取相关工作汇报，并围绕农口项目及旅游项目安排、资金统筹等内容进行研讨。

是月　潭柘寺镇中心区项目 A 地块土地一级开发项目获市发展改革委批复。该项目总用地面积 334853.4 平方米，总建筑规模 233697 平方米，总投资约 19.2 亿元。

是月　门头沟区 2013 年城乡居民养老保险补贴（每人 30 元）已拨付到位，金额共计 56.93 万元，涉及人员 1.9 万人。

3　月

1 日　门头沟区在全市首先实现“社保业务下沉全覆盖”。

3 日　纪念毛泽东“向雷锋同志学习”题词 50 周年，全区启动“雷锋就在身边”主题实践活动。

4 日　启动门头沟区“三八”服务月“送温暖进家庭”活动。到军庄镇入户慰问“两癌”特困妇女代表，听取区妇联“五进十送”工作的汇报，并观看了巾帼健身队表演。

6 日　召开门头沟区外事工作专题研究会。会上，听取区外事办相关情况的汇报，并就门头沟区外事工作进行研讨。

7 日　2013 年老旧小区综合改造工作启动。涉及新桥南大街、龙泉花园小区楼房 28 栋，改造面积总计约 13.3 万平方米，约 1500 户。

同日　召开门头沟领导干部大会。

8 日　举办农村新一届党支部书记培训班。

9 日　完成 2013 年春节期间烟花爆竹安全监管工作。40 家烟花爆竹临时销售网点的零售经营许可证和标志牌已全部收回。

13 日　市内首家镇级旅游行业协会——妙峰山镇旅游行业协会成立。

同日　妙峰山镇遗址景观龙王庙（区级文物保护单位）完成修缮，正式对外开放。

15 日　开展“3·15 消费维权月”系列宣传活动。

18 日　召开门头沟区 2013 年度民兵工作大会。

同日　妙峰山镇炭厂村土地整理项目启动。19 日　门头沟区 S1 线、曹各庄部分项目发布征地通告。项目涉及永定镇桥户营村、曹各庄村等 10 个村，为 S1 线 04、06、12 地块，曹各庄——桥户营村 A、C 地块等 5 个土地一级开发项目，批准征地面积 128.38 公顷，农转非人员 767 名。

22 日　全市首条跨区县国际化沟域——田庄沟域规划设计初步完成。

同日　北京金春时代商场落成。该商场位于增峪路 19 号，占地 15 亩，总投资 1.1 亿元。

28 日　门头沟区首条新城社区公交线路——门城环线正式开通运营，里程 8 公里，设置站点 14 个，发车间隔 8 分钟。

4　月

7 日　召开村委会换届工作专题会。会上，听取区有关部门的情况汇报，并就村委会换届工作进行研讨。

8 日　门头沟区政务微博开设“为民热线 61696156”栏目。

11 日　召开门头沟区旅游文化活动推广策划方案专题会。会上听取区委宣传部关于全区旅游文化活动推广策划方案等情况的汇报，并与区相关部门进行研讨。

21 日　举办第五届北京旅游山会“开山门”仪式暨门头沟国家步道高峰论坛活动。

24 日　区相关部门联合开展流动人口聚居重点社区、重点村集中清查行动，共检查出租房屋 1055 户、流动人口 2421 人，消除出租房屋安全隐患 11 件。

26 日　964、965 路公交开通。

5　月

4 日　举办“魅力京西·青春 style”2013 年“五四”嘉年华活动。

同日　2013 年北京国际越野挑战赛在斋堂镇举办，来自国内外的 630 余名选手分别参加 50 公里、100 公里越野跑项目的比赛。

8 日　龙泉镇完成第一批城子 C、D 地块及九龙路沿线涉农户补偿款发放工作，约 200 户涉农户按每户一套的标准选定了安置房，并领取补偿款总计 1300 余万元。

14 日　门头沟区残疾人职业康复中心揭牌。

19 日　区相关部门联合举办残疾人专场招聘会。11 家参会企业提供岗位 60 余个，130 余名残疾人参加。其中，16 人与企业初步达成用工意向。

25 日，首都家庭文化艺术节开幕式暨中外家庭健步走活动在门头沟区举行，来自 20 余个国家的 110 余名国际友人和北京市各区县的 400 余人参加了活动。

同日　石门营第二幼儿园工程施工中挖掘出一块清光绪二十年所立古墓碑。

是月　王平镇石佛岭古道修复工程启动，工程总投资160余万元，修缮总长约690米、宽3米至4米。

6　月

4日　门头沟区首条健康步道建成启用。全长2500米。

14日　门头沟区举办2013年文化遗产日主题活动暨龙泉镇非物质文化遗产展演展示。京西太平鼓等7个非遗项目进行展演。

是月　斋堂镇灵岳寺古寺入选第七批全国重点文物保护单位名单。

是月　京西太平鼓参加2013北京·大兴全国鼓舞邀请赛，获全国鼓王金鼓奖。

是月　增北路道路工程全线完工。该道路工程设计起点门头沟路，终点九龙路，全长2.15公里。

7　月

1日　大峪街道新桥西区61号院升级改造工程完工。

5日　门头沟区第八届京西人口文化节开幕。

11日　完成109国道两侧景观带建设工程。

16日至12月17日　第七届中国北京永定河文化节举办。

8　月

6日　清水镇成立第一家专业合作社联合社。

7日　斋堂镇举办第十三届灵水举人文化节。

同日　百花山风景区健走步道被北京市徒步运动协会评为首批推荐健走步道。

15日　门头沟区工会第九次代表大会开幕。

31日　“走进彩虹门　放飞七彩梦”“城乡一体化”项目启动暨人大附小京西校区落成及开学典礼。

是月　举行首届北京市民徒步嘉年华门头沟分会场活动，120余名徒步爱好者参加。

9　月

16日至17日　举办中坤杯第四届北京国际山地徒步大会。

29日　门头沟区总工会通过“金秋助学”活动向全区90名符合救助条件家庭子女发放助学资金19.82万元。

是月　门头沟区成立首家古道驿站。

是月　门头沟区2013年彩色树种造林工程完工。

10　月

13日　举行首届门头沟国家步道体验行暨“无痕山林”公益活动启动发布会。

18日　门头沟区教委与东城区教委、景山学校签订合作办学协议书。

25日　门头沟区第二届“职工杯”乒乓球比赛开赛。37个基层单位的220名运动员参加。

31日至11月3日　门头沟区参加第九届北京国际金融博览会。

是月　G108国道（门头沟段）改造示范工程完成路况检测验收工作。工程于2012年11月开工，2013年9月完工，道路全长15.7公里。

是月　门头沟区社保中心核准审批全区4787名残疾人符合享受2013年残疾人财政补贴，共362.35万元，全部拨付到位。

11　月

1日　门头沟区举办首届导游讲解员技能大赛。

18日　门头沟区立体花坛作品《门城如花》被第九届中国（北京）国际园林博览会组委会评为“立体花坛优秀奖”。

23日　“紫熙公益助学行”爱心捐助活动在清水镇中心小学举行。驻京部队老干部、知名企业家向特困生捐赠了学习用具和生活用品，并开展一对一帮扶。

是月　门头沟区获批共青团中央“青少年权益工作创新”试点城市，全国共有44个城市获得试点资格，试点时间为2年。

12　月

4日　举行北京市各民主党派重点支持门头沟区发展暨“8+1”行动启动仪式。

5日　启动门头沟区生态京西·绿色屏障“清洁空气蓝天行动”主题教育实践活动。

是月　斋堂镇获“2013年北京市休闲农业与乡村旅游示范乡镇”荣誉称号，全市共有10个乡镇获此殊荣。

文　献

深入落实党的十八届三中全会精神
稳中求进　改革创新
不断开创现代化生态新区建设新局面

——2013年12月28日在中共北京市门头沟区委十一届六次全会上的报告和讲话

中共门头沟区委书记　韩子荣

这次全会的主要任务是，深入贯彻落实党的十八届三中全会和市委十一届三次全会精神，认真总结2013年工作，安排部署明年的重点任务，动员全区各级党组织和广大党员干部，结合开展党的群众路线教育实践活动，稳中求进、改革创新，全力推进经济社会又好又快发展，为加快建设现代化生态新区而努力奋斗。

下面，我受区委常委会委托，向全会报告工作。

一、2013年工作回顾

今年以来，区委紧紧围绕中央、市委各项工作部署，认真贯彻落实科学发展观，团结带领各级党组织和广大党员干部群众，以“落实‘三个优化’，多办利民实事，全力建设国家生态文明示范区”为主题，真抓实干，开拓创新，全面推进经济、政治、文化、社会、生态文明建设以及党的建设各项工作，圆满完成了全年各项任务目标。预计全年可实现地区生产总值123亿元，同比增长8.5%；完成公共财政预算收入20.7亿元，同比增长8.5%；完成全社会固定资产投资228亿元，同比增长20%；城镇居民人均可支配收入达到35120元，农民人均现金收入达到17365元，同比分别增长8.5%和10.5%。

总结区委一年来的工作，主要有以下几个方面：

第一，优化区域空间布局，城乡功能进一步完善。坚持规划引导发展，不断优化功能布局，提高了区域发展的科学性和前瞻性。优化城乡规划布局，认真落实《长安街延长线城市规划设计实施导则》和《近期重点项目建设实施细则》，制定棚户区、3751地块、琉璃渠等重点组团规划，对棚改新区、新城商厦等落地项目加强规划把关，确保滨水山城高质量建设。围绕推进全域景区化，制定永定河流域景观、重点景区及镇村建设规划，预留龙泉、潭柘寺、军庄农民产业用地，确保失地农民利益。优化产业布局，完成石龙开发区高新技术产业园总体规划，增加新城重点组团产业用地空间；制定山区重点景区规划及重点产业项目规划，一批产业项目成功获批；深入实施古村落、国家步道等专项规划，引导地区产业向高端、特色方向发展。

优化公共服务建设布局，超前规划水、电、气、热、路等基础设施，积极服务陕京天然气、S1线、长安街西延线等市级重点项目建设，推动109高速路、山区观光铁路等路网规划，完善门城水厂、污水处理厂规划，优化城市交通场站布局，制定新城电网规划，完善了教育、卫生、公安、商业、文化等公共服务配套设施规划，提高了地区发展的综合承载能力。

第二，优化区域发展环境，资源集聚优势更加凸显。加强生态环境建设，坚持生态立区战略，圆满完成国家生态文明示范区各项重点工程，京津风沙源治理、小流域综合治理等工程生态效果显著。打造了大台、王平等多彩沟域，探索了城市集中供暖和山区清洁能源新模式，开展了绿色环保评比，生态文明建设水平进一步提高。加强城乡环境建设，继续推进"一湖多园、五水联动"的城市水系景观建设，实施老旧小区综合改造和精品小区建设工程，开通3条社区公交环线，积极开展拆除违法建设、大气污染治理等专项治理行动，加强景区周边、城乡结合部等地环境整治，城乡宜居水平不断提升。加强政务环境建设，积极开展基层站所、服务窗口示范创建活动，完善政务服务电子监察系统，强化为民服务信息平台事项办理责任制，行政效能明显提高。加强人文环境建设，完善公共文化服务设施，广泛开展永定河文化节、公园广场等群众性文化活动，涌现出《永定河畔的大河之舞》等一批文艺精品，加大古道、古村落修缮和维护力度。积极开展文明新家评比、公共文明引导、"门头沟好人"选树等活动，地区文明程度不断提高；认真做好舆论引导工作，牢牢把握宣传导向，为建设现代化生态新区营造了良好氛围。

第三，加快产业转型，地区发展后劲明显增强。坚持高端产业支撑、旅游文化休闲产业主导的发展思路，努力促进经济转型。重点推动高端产业发展，石龙开发区紧抓融入中关村国家自主创新示范区契机，推动存量企业向楼宇经济转型升级，新华水电等12个商务楼宇开工建设，长安街西延线周边一批商业旅游地块成功入市交易，发展后劲进一步增强。突出抓好旅游文化休闲产业发展，全面改造潭戒景区，收回灵山景区管理权，推进南石洋大峡谷、定都峰、国家步道、高山滑雪等重点旅游项目建设，新增潭柘玉兰园、千亩万寿菊等农业景观项目，韭园、法城、杨家峪、阳坡元等精品旅游村建设取得明显成效，全域景区化水平不断提高；采取市场化运作方式，成功举办国际山地徒步大会等文化旅游活动，地区知名度和影响力不断提升。努力推进农村产业发展，深化农村集体经济产权制度改革，建立农村产权交易中心和农村发展基金，促进农村土地流转，加快发展清水合作联社等农民专业合作组织，有效实现社会资本与农村资源对接；加快重点镇建设，潭柘寺镇整体开发进展顺利，斋堂镇古村落度假酒店体系初见雏形，军庄镇葡萄酒产业项目成功获批，王平镇休闲养老项目顺利完成；积极培育特色种养业，大力发展光伏农业、新型养蜂等现代农业项目，新增矮化苹果700亩，改造提升薄皮核桃1000亩，农业发展水平进一步提高。深入做好招商引资工作，完善招商引资政策，积极吸引信息科技产业入驻，加强与石化易捷、光环新网、亿阳集团等大型企业的战略合作，投资亿元以上的道富基金、中铁建等大型企业入区发展，一批招商项目注资落地。

第四，优化民生品质，公共服务和社会管理水平不断提升。坚持经济社会发展协调推进，全力做好民生保障、公共服务和社会管理工作。加快推进采空棚户区改造，5800套安置房交付使用，新增100万平方米安置房陆续开工建设，工矿棚户区改造进展顺利；全面加强棚改新区规范化管理水平；深入研究资金平衡途径，科学规划土地上市和还款时序，为圆满完成棚改任务奠定了基础。努力提高公共服务水平，实施了基础设施建设等民生保障"十大工程"，完成莲石湖西路等15条市政道路建设，加快城子水厂、集中供热厂建设，建成少年宫、妇幼保健院等6个社会事业项目，45项为民办实事工程全部完成；积极推进教育系统综合改革，引进北京八中等优质教育资源，教育教学质量不断提升；深化与凤凰医疗集团合作，探索远程医疗、医联体等新的服务模式，医疗救治能力大幅提升；全面抓好就业增收工作，城镇登记失业率控制在4.23%；深入开展低收入农户增收帮扶，对64个低收入村、1.2万户低收入农户逐村逐户进行调研，有针对性地制定帮扶措施；推广农村集体资产信托化经营管理，实现了农民稳定增收。着力推进社会管理创新，发挥街道统筹辖区发展作用，进一步理顺街道与职能部门的权责关系，建立街道"大工委"和社区"大党委"，成立地区管委会和7个服务中心，街道管理体制创新走在全市前列；加强"六型社区"创建，社区建设水平进一步提升；拓展61696156为民服务信息平台功能，累计受理求助事项近10万件，满意率达95%以上；继续深化对十二类特殊人群的服务管理，形成多部门信息共享的全覆盖救助机制，规范律师队伍建设，“阳光中途之家”工作成效显著，法院、检察院在未成年人教育管理方面的创新做法在全国推广，成为全国“青少年权益工作创新试点城市”。努力维护社会和谐稳定，建立“大维稳”、“大综治”、“大调解”工作体系，探索了社会管理综合治理和调解工作新模式，四套班子身先士卒，集中二级班子力量，展开棚改拆迁工作大会战，大力开展社会治安、非法盗采、生产安全等集中整治行动，加强流动人口和出租房屋管理，加大对“法轮功”等邪教组织的打击力度，顺利完成27家国有企业重组改制，稳步推进事业单位分类改革，化解了冯村、灰峪村回迁、北四村安置等历史遗留问题，全年到市集体访批次、人次分别下降53%和75%，顺利完成了全国“两会”、十八届三中全会等重点时期的安保维稳任务。

第五，充分发挥党建统领作用，党的建设科学化水平不断提高。切实发挥区委总揽全局、协调各方的作用，带领四套班子深入研究关系全区建设发展的重大问题，调动各方力量攻坚克难，破解了产业发展、社会管理、民生改善及拆迁维稳等发展中的瓶颈问题。支持区人大充分履行和拓展监督职能，加强对“一府两院”的监督，开展大额专项资金询问，强化财政预算审查监督工作，积极参与政府性债务清理，对棚户区改造等热点难点问题加强视察和监督，增强了监督工作的实效性。支持区政协积极开展政治协商、民主监督和参政议政，围绕新建社区精细化管理等问题深入调研，探索了民主协商的有效形式。推进人大代表、政协委员“进农村、进社区”，进一步密切了与人民群众的联系。启动“8+1”行动，支持各民主党派、工商联和无党派人士充分发挥自身优势，深入参与地区经济社会发展。注重发挥工会、共青团、妇联等人民团体作用，完成区总工会、区妇联换届工作，扎实开展“服务职工在基层”活动，深入建设“六型”青年汇，打造了“巾帼行动”等妇女活动品牌。

加强思想政治建设。全面开展十八大、十八届三中全会、习近平总书记系列讲话以及市委重要精神的宣传教育，围绕工作重点举办了高水平系列专题讲座，规范了二级班子理论中心组学习，解放思想大讨论活动深入开展；加强党的宗旨教育，树立了一批廉洁奉公和勤政为民的典型；开展“我的梦·中国梦”主题宣讲活动380余场，在全区营造了凝心聚力、大干快上的良好氛围。

加强班子队伍建设。深入调研干部队伍现状，探索建立处级班子和处级干部综合分析研判机制，综合运用巡视、审计、民主测评、“一报告两评议”成果等评价干部，干部考核评价体系更加完善。健全党建大培训工作体系，注重在房屋征收等基层一线培养锻炼年轻干部和后备干部，干部能力素质不断提高。严格落实干部选拔任用各项制度，开展处级干部竞争上岗，完善处级非领导职务晋升工作，全年共调整领导班子10批次，新提拔处级以上领导干部31人次。从严监督管理干部，进一步完善审计方式，实现了对关键岗位干部的有效监督。

注重夯实基层基础。突出九大工委牵头抓总作用，全面推进各领域党的基层组织建设。在农村，顺利完成村委会换届工作，基本实现“两保持、两降低”指标，矛盾集中的重点村、难点村大幅减少；加强对村“两委”干部的教育培训，选派40名村第一书记，涌现出一批优秀村级党组织带头人；深化“双向联评”活动，开展村“两委”工作目标考核，村干部管理监督机制进一步完善；建成农村基层党建全程记实系统，为加强基层组织规范化管理奠定了基础。在社区，继续做好“四评一创”工作，群众对社区“两委”满意度连续两年达到90%以上，涌现出坡西社区连民心服务队等一批党建特色品牌。在机关企事业单位，深入开展“五型机关”创建和“五进农村”帮扶活动，形成了化解国企下岗职工上访、国地税联合办公、社保业务下沉全覆盖等典型经验。在“两新”组织，建立非公企业党建联席会议制度，配备非公企业党建工作指导员，积极推进“五站合一”，非公经济党组织覆盖率位居全市前列。加强党员队伍管理，在全市率先开展党员登记工作，清理了一批不合格党员；广大党员在房屋征收、信访维稳、招商引资等工作一线奋勇争先，先锋模范作用进一步增强。

不断改进工作作风。将解决群众关注的热点、难点问题作为转变作风的重要内容，面向全区村、居群众征集意见建议1.5万余条，解决了一批群众反映强烈的停车难、买菜难、吃早点难等实际问题。深入落实中央“八项规定”及市委实施意见，认真开展公款消费、公车使用、办公用房规范、会员卡清退等专项治理，扎实推进“纠风在行动”，坚决纠正损害群众利益的不正之风。

加强反腐倡廉建设。深入开展“廉洁奉公、勤政为民”主题宣传教育活动，各级党员干部廉洁从政意识进一步增强；充分发挥纪检监察审计监督工作体系作用，结合巡视工作，积极开展对工程建设、大额资金使用等方面的监督和审计；加强廉政风险防控，结合落实市委巡视组反馈意见，制定政府投资工程招投标分类管理等10项监督管理制度，规范行政自由裁量权；强化权力运行监督，严格执行“三重一大”决策制度，强化财政预算刚性约束，促进党务、政务、村务等工作公开透明运行；加强基层纪检监察组织建设，对镇街纪检组织实行业务垂直管理，更好地发挥各级纪检组织的监督作用；坚持在区委领导下公、检、法、纪惩治腐败的联动机制，查处各类违纪违法案件26件，挽回经济损失2亿多元，惩治腐败工作力度不断加大。

2013年是地区经济持续平稳健康运行，转型发展迈出坚实步伐的一年；是环境建设进一步加强，资源集聚优势更加凸显的一年；是民生问题加快改善，人民群众满意度不断提升的一年；是改革创新继续深化，各项工作协调推进的一年。成绩的取得，是全区上下团结一致、攻坚克难、勇于创新的结果，是广大党员干部奋勇争先、扎实工作的结果，是市委市政府、社会各界广泛支持的结果。在此，我代表区委，向区四套班子的全体同志，向各部门、各单位的广大党员干部群众，向所有关心、支持和参与门头沟区改革发展的各界人士致以崇高的敬意和衷心的感谢！

总结一年来的工作，我们深刻体会到，加快建设现代化生态新区，必须牢牢把握地区发展的阶段性特征，坚持解放思想、抢抓机遇、创新发展，不断增强发展的活力与动力；必须加强工作统筹，坚持总体规划、系统研究、分步实施，妥善处理好经济与社会、建设与管理、新城与山区、发展与稳定的关系，努力实现地区全面协调可持续发展；必须优化发展环境，坚持打造环境促进发展的新优势，集聚各方资源要素加快发展；必须大力改善民生，坚持以人为本，加强社会治理创新，全面增进民生福祉，以实际行动赢得广大人民群众的拥护和支持；必须不断提高党的建设科学化水平，坚持总揽全局抓大事、凝心聚力谋发展，形成推动各项事业发展的强大合力。

二、当前面临的形势

2014年是全面落实党的十八届三中全会精神，深入开展党的群众路线教育实践活动，不断推动各项工作稳中求进、改革创新的重要一年。做好2014年工作，我们面临着许多新情况、新问题。一是宏观经济存在诸多不稳定、不确定因素，明年世界经济仍将延续缓慢复苏态势，国内经济形势在稳中有进、稳中向好的同时，也存在下行压力。因此，中央强调要冷静扎实办好自己的事，坚持稳中求进、改革创新，把发展的强大动力和内需的巨大潜力释放出来，为我们破解发展中的各种难题指明了方向。二是北京市坚决落实中央要求，围绕履行“四个服务”职责，提出了着力激发市场活力、着力破解发展难题、着力强化创新驱动、着力推进新型城镇化、着力加强精细化管理、着力保障和改善民生的工作任务，为我们做好明年各项工作提供了动力源泉和良好环境。三是门头沟区正处于转型发展的关键阶段，已经进入城乡建设的高峰期、产业培育的加速期和生态优势的凸显期，坚持高标准规划建设城镇、坚持大力培育高端产业、坚持加强生态文明建设，打造布局合理、功能完备、宜业宜居的滨水山城和生态小镇，不断提升城乡百姓生活质量，是我们这届班子肩负的历史使命。十八届三中全会已经吹响了全面深化改革的号角，市委、市政府也提出了改革创新的新要求，我们要以高度的责任感，肩负起历史责任，使城乡发展不留遗憾，为建设现代化生态新区而努力奋斗！

面对繁重而艰巨的任务，我们必须清醒地认识到面临的困难和挑战：一是主导产业和实体经济发展较为薄弱，扩大经济总量、推动转型发展仍然是长期的中心工作；二是跨越式发展带来的资金平衡压力越来越大，需要加快土储项目规划审批与上市交易，推动重点产业项目尽快落地；三是城乡空间布局和功能结构还不够完善，与建设现代化滨水山城和生态小镇的目标要求还有较大差距，需要深入研究产业功能、公共配套、城市管理等科学发展问题；四是民生问题需要进一步改善，基础设施建设与市民生活便利化需求还有一定差距，农村低收入的问题还十分突出，公共服务仍需进一步加强，环境质量亟待进一步改善，群众生活品质需要进一步提升；五是按照十八届三中全会精神转变政府职能、建设法治政府和服务型政府的任务十分繁重，需要政府充分履行公共服务、市场监管、社会管理、环境保护的职能，更好地为企业和群众服务；六是各级党组织和党员干部的工作作风还需要进一步转变，“四风”问题依然存在，需要我们认真查摆问题，加强整改，推进权力公开透明运行，建立转变作风的常态化管理制度。我们要正视这些问题，以开展党的群众路线教育实践活动为契机，统一思想、振奋精神、转变作风，既统筹谋划中长期发展的治本之策，又采取有力措施切实加以解决，让人民群众见到实实在在的成效。

三、2014 年的主要任务

2014 年工作的指导思想是：高举中国特色社会主义伟大旗帜，以邓小平理论、“三个代表”重要思想和科学发展观为指导，认真落实党的十八大、十八届三中全会、中央经济工作会议、中央城镇化工作会议、中央农村工作会议、习近平总书记一系列重要讲话和市委十一届三次全会精神，稳中求进、改革创新，科学调整经济发展节奏和时序，坚持科学发展，以改革创新的思维着力推进经济发展、统筹城乡建设、改善生态环境、创新社会治理、维护地区稳定，不断开创现代化生态新区建设新局面。

2014 年全区经济和社会发展的主要目标是：围绕改革创新要求，全面深化各领域改革内容，创新体制机制，增强发展内生动力；围绕实现经济转型，着力转变政府职能，建设法治政府和服务型政府，加快推动重大项目落地；围绕推进城乡一体化发展，统筹城乡建设管理，加快打造现代化滨水山城和全域景区化百里画廊；围绕保障和改善民生，进一步完善公共服务体系，深化社会治理创新，加快提升民生品质。努力实现地区生产总值增长 8%，公共财政预算收入增长 6%，全社会固定资产投资增长 10%，城乡居民收入增长 8%，城镇登记失业率控制在 5% 以内，完成市政府下达的大气污染治理任务和节能减排指标。

（一）加快培育主导产业，实现经济转型发展

坚持规划引导发展，着力推动重点产业项目落地建设，积极培育以旅游文化休闲产业为主导，以信息科技产业、现代服务业等高端产业为支撑的产业体系，努力促进地区转型发展。

积极培育高端产业。着力推动石龙开发区转型升级，促进楼宇经济发展，启动中铁东方等新一批总部大厦建设，积极吸引税收大户入驻，努力形成高端产业集群。充分发挥科技在经济转型发展中的引领作用，大力培育信息科技产业，着力引进互联网金融企业入区发展。加快开发区详规审批，完成五期征地，推动入区注册企业在区内落地发展，不断增强发展后劲。加强开发区招商平台建设，创新人才引进政策，围绕产业项目做好配套保障服务。坚持科学招商选商，充分发挥石龙开发区的辐射作用，与长安街西延线现代服务业实现连片发展，带动新城四个高端产业集聚区项目落地，为地区持续发展提供有力支撑。

大力发展旅游文化休闲产业。积极打造沟域景区，加快定都峰、白瀑寺、国家步道、高山滑雪等重点项目建设，推动灵山、百花山、龙门涧等优势资源对接社会资本，实现南石洋大峡谷等景区正式营业。坚持农游合一、文游合一，加快景观农业发展，统筹实施 109 国道沿线景观建设，大力发展万寿菊、玉兰、牡丹、玫瑰等景观农业项目，形成四季有景的百里画廊；积极培育现代观光农业，着力扶持光伏农业、矮化苹果、新型养蜂等现代农业项目，扩大薄皮核桃、京白梨、樱桃等唯一性农产品规模，提高农业综合效益；大力发展文化创意产业，加快打造斋堂古村落古道文化旅游产业集聚区及新城艺术品交易区，创新山地徒步大会举办方式，办好旅游山会、永定河文化节等文化旅游活动，持续增强招商引资的吸引力和影响力，不断吸引更多社会投资。

（二）加快城乡建设，推动城乡一体化发展

按照统筹城乡发展的要求，进一步加强基础设施和公共服务配套设施建设，完善城市功能，加快重点镇和新农村建设，让城乡居民共同分享发展成果。

加大基础设施建设力度。全年计划安排重点工程 105 项，年度投资 105 亿元。积极支持市级重点工程建设，加快推进长安街西延线、S1 线、双大路二期、108 国道二期项目建设，做好 109 高速路、军温路、山区观光铁路等前期工作，着力破解交通瓶颈。围绕棚改安置区及石龙开发区市政配套，实施泰安路等 15 条道路建设。围绕新城发展需要，完成高压线迁改、城子水厂改扩建、城子集中供热厂、上岸变电站工程建设，实现灰峪变电站、门城水厂、第二再生水厂等开工，完善陕京三线管网衔接配套，不断提高地区发展承载力。围绕完善山区基础设施，加快推进潭柘寺、军庄、斋堂镇道路、集中供热和配套基础设施建设，实施 8 个镇污水处理厂工程，进一步改善山区发展环境。

加强新城建设与管理。坚持高标准规划城市，合理确定产业、居住和生活配套用地比例及建设规模，努力实现城市功能科学合理布局，将新城建设成为宜业宜居的现代化城市。坚持高质量建设城市，加快城市化进程，推动 3751 地块、棚改区域、琉璃渠、三家店、赵家洼等土地一级开发项目取得实质性进展，力争实现 S1 线、长安街西延线周边等 9 个地块成功入市，强化对中昂广场、华远商业等落地项目的规划把关。坚持高水平管理城市，创新城市管理体系，围绕促进人口、资源、环境协调

发展，超前谋划人口膨胀、交通布局、城市运行、环境治理等问题，创新城市管理方式，不断提高管理的精细化水平。

推进生态小镇建设。围绕建设生态宜居的特色小镇，进一步强化镇企合作，推进四个重点镇建设。潭柘寺镇要完成安置房建设一期工程，实现重点地块上市，打造产业特色鲜明的文化养生小镇；军庄镇要加快葡萄酒文化产业基地建设，建成一批示范酒庄，大力推进核心区一级开发，打造休闲宜居小镇；斋堂镇要加快推进古村落度假酒店建设，积极发展山地运动，打造古村落文化休闲和山地运动体验小镇；王平镇要配合做好安置房入住和管理工作，进一步整治镇域环境，支持养老项目运营，打造商务会议健康养生小镇。其他山区镇要进一步完善基础设施，推进重点产业项目落地，实现区域特色发展。

加强新农村建设。按照“生产发展、生活宽裕、乡风文明、村容整洁、管理民主”的要求，集成险村搬迁等政策，采取景区带动、分户提升、整村改造、村企合作等模式，实施马套、椴木沟、法城、阳坡元等精品旅游村庄建设。大力推进“新三起来”工程，深化林权制度改革，完成宅基地、集体产业用地确权工作，充分发挥农村产权交易中心的平台作用和农村发展基金的杠杆效应，与社会资本有效对接，加快土地流转，培育壮大一批农村经济组织，实现农村经济大发展。进一步拓展农村集体资产信托化经营范围，创新城市化、城镇化进程中农村产业预留地开发建设模式，为农民获得长远收益奠定基础。深入开展低收入增收帮扶工作，制定失业、大病家庭等分类帮扶方案，落实增收帮扶措施，促进低收入农户增收。

（三）创新社会治理，不断提升民生品质

让群众过上更加幸福美好的生活，是我们各项工作的出发点和落脚点。要高度重视保障和改善民生，加快城乡基本公共服务体系建设，加强社会治理创新，不断提高为民服务水平。

全力推进采空棚户区改造。加快安置房建设，确保明年底再交付使用6000套安置房，实现新增100万平方米安置房基本封顶，并通过回购、趸购、整合保障房源等方式，解决安置房建设缺口问题，逐步推进棚户区群众拆迁上楼。同步实施新建小区基础设施和教育、卫生、商业等生活服务配套设施建设，加强配套设施的管理和运营，满足入住居民生活需求。做好棚改资金平衡工作，加快推动腾退区域土地上市，努力回笼资金，保障棚改资金需求。

健全完善公共服务体系。继续实施保障性住房建设、基础设施建设、水环境治理、绿化美化等民生保障工程，不断提高公共服务设施承载能力。深化教育教学综合改革，推动十一学校等优质教育资源落地，加快城区和山区教育集团式发展，强化教育教学人才队伍建设，努力满足人民群众对优质教育的需求。健全公共卫生服务体系，进一步加强对医疗集团的监督管理，加大向社会购买医疗服务力度，探索山区医疗改革新模式，推进健康门头沟建设，不断提高公共卫生服务水平。加强三级公共文化服务网络建设，高标准规划区体育文化中心，吸引社会资本投资建设，做好重点文物修缮保护工作，努力创作更多文艺精品。全面抓好就业增收工作，围绕主导产业培育，支持中小企业发展，加强就业技能培训，积极推进绿色公益性岗位开发，创新“一产员工化”就业模式，不断提高劳动者素质，提升就业服务水平。加强社会保障，深入落实征地转居工作，通过土地流转妥善解决北岭等征地转居历史遗留问题。

加强社会治理创新。积极拓展61696156为民服务信息平台功能，进一步整合服务资源、拓展服务领域，更好地满足群众多元化需求。深化对失业人员、残疾人、低保对象等十二类特殊人群的服务管理，努力提高服务管理水平。强化街道统筹协调职能，进一步厘清职能部门与街道职责，充分发挥7个服务中心的服务实体作用，努力形成“职责明确、权责一致、条专块统、条块结合”的管理模式。加强社区建设，完善网格化管理体系，推动条块资源向社区基层倾斜，着力推进“六型社区”创建，不断增强社区自治能力，提高服务居民水平。实施社会组织培育“星火工程”，充分发挥工会、共青团、妇联等“枢纽型”社会组织作用，推进社会组织规范化建设，通过建立项目化管理机制，进一步完善社会组织培育扶持体系。以建设学习型社会为统领，大力弘扬社会文明，广泛开展丰富多彩的精神文明创建活动，努力形成积极向上的精神追求和健康文明的生活方式，不断提升地区文明程度。

维护社会和谐稳定。认真落实“大维稳”、“大综治”、“大调解”工作体系，加大信访矛盾排查调处力度，创新社会稳定风险评估模式，最大限度地将矛盾化解在基层和萌芽状态。深入推进“平安门头沟”建设，强化信息化手段，加强群防群治队伍建设，构筑全方位、立体化的社会治安防控体系。完善流动人口服务管理模式，维护外来务工人员的合法权益，探索制定出租房屋趸租统管办法，努力实现以房控人。加强反邪教宣传教育，大力防范和打击法轮功等邪教组织。高度重视安全生产工作，完善减灾防灾体系，加强应急能力建设，坚决打击非法盗采等违法行为，有效遏制重特大生产事故和公共安全事件发生。

（四）坚持生态立区战略，全力建设国家生态文明示范区

生态环境是全区聚集高端要素的最大底牌，要按照建设国家生态文明示范区的要求，健全绿色发展机制，改善生态环境质量，努力打造美丽门头沟。

加大生态建设力度。全面落实2014年国家生态文明示范区建设6大类36项指标任务，将生态文明建设的要求贯彻到经济社会发展各项工作中。继续实施京津风沙源治理、平原荒山造林、城市绿化美化工程，统筹推进国家水土保持、清洁小流域、中小河道治理项目，加强山区生态安全体系建设，强化对森林资源的保护，不断提升生态涵养能力。以废旧矿山生态修复治理为重点，进一步提升生态修复水平，积极推进“国家级可持续发展实验区”创建，力争在生态建设方面走在全国前列。

加强环境综合整治。全力落实清洁空气行动计划，继续开展减煤换煤、送气下乡、煤改电等专项行动，为实现2017年PM2.5年均浓度比2013年下降30%的目标任务奠定坚实基础。加大污染减排力度，严格环境准入，强化对建筑垃圾等重点污染源的治理，创新垃圾分类工作机制，确保节能减排任务完成。继续保持对违法建设、违法用地的高压态势，取缔在建小产权房，确保违法建设零增长，逐步减少历史遗留违法建设。

培养生态文明习惯。加大生态文明建设绩效考核力度，完善生态文明建设目标责任制，将相关指标完成情况纳入工作考核评价体系。推动城乡建设可持续发展，推广建筑节能环保材料，加强生态城市和生态小镇建设。强化生态文明宣传教育，开展绿色机关、企业、镇村、社区、家庭等创建活动，倡导绿色出行、绿色消费等低碳生活方式，营造全民参与生态文明建设的良好氛围。

（五）完善区域治理体系，提高区域治理能力

党的十八届三中全会指出，要推进治理体系和治理能力的现代化。为此，必须要把转变政府职能放在重要位置，切实深化行政体制改革，创新行政管理方式，努力建设法治政府和服务型政府，提高区域治理能力。

积极转变政府职能。强化政府公共服务、市场监管、社会管理、环境保护职责。推广政府购买服务，建立政府购买服务平台，进一步厘清政府部门职责，确定事务性管理服务范畴，将适合由市场和社会组织提供的公共服务交由市场和社会组织承担，使政府从纷繁复杂的事务性工作中解放出来，切实减少财政供养人员。加强财政预算管理制度改革，实行预算项目制刚性管理，明确事权支出责任，统筹整合分散资金，提高财政资金使用效益。进一步做好政务公开工作，探索决策公开、管理公开、服务公开、结果公开等政府工作全过程公开制度，探索建立政府综合财务报告制度，逐步实现以“三公”经费为重点的预决算信息公开透明。认真落实依法行政目标纲要，继续推进“六五”普法工作，加强法制宣传教育，努力把各项工作纳入法治化轨道。

完善政府工作体系。建立综合经济发展工作体系，加强对经济工作的宏观把握和整体谋划，统筹研究经济发展中的主导产业培育、财税体制、招商引资等重大问题，有效化解地区债务风险。建立城乡建设重点工程综合管理工作体系，完善规划、立项、招标、建设、监理、验收、审计等工作流程，实现对全区各领域重点工程的全覆盖、全过程、规范化管理。建立市场监督管理工作体系，整合各部门监督职能，统筹抓好市场监管、安全生产、环境治理、社会治安等监督检查工作，形成监督检查联动机制，维护地区市场秩序。建立城市管理工作体系，深化街道管理体制改革，明确职能部门在街道和社区的责任，整合资源保障街道“大工委”、社区“大党委”和7个服务中心运行，加强对各类协管员队伍的统筹，不断提高城市管理的精细化水平。建立公共服务工作体系，提高政务服务中心“一站式”服务水平，利用信息化手段加强网络服务，打造服务企业的便捷通道；梳理政府部门民生服务事权，建设“民生服务大厅”，实行社区代办制，为市民生活提供便利化服务；加强“智慧门头沟”平台建设，形成集地理信息、行政审批、社区服务、招商引资、公共管理于一体的信息化服务系统，为转变政府服务方式提供有力支撑。

推进重点领域改革。认真对接中央、北京市深化改革的具体工作方案，落实好各项改革任务。深化财政体制改革，围绕建立现代公共财政制度，探索跨年度预算平衡机制，研究实施全口径预算管理。深化投融资体制改革，规范鑫融公司投融资平

台管理，建立以市政债为基础的政府融资体制，对政府债务实行分类管理，探索政府重点工程融资新模式。深化国有企业改革，完善国有资产监管方式，集中清理注销停产空壳企业，确保国有资产保值增值。认真落实事业单位分类改革要求，稳步开展事业单位改革工作。进一步深化农村、城市管理、教育、卫生等领域改革，不断增强发展的活力。

加强民主政治建设。完善人大工作机制，探索政府重大决策出台前向人大报告制度，强化人大对财政预决算的审查监督，开展对重点工程的评估论证和监督检查，加强代表工作，进一步发挥人大的监督作用。积极支持政协履行职能，健全协商民主制度，着力探索专题协商、对口协商、界别协商、提案办理协商等民主协商的有效形式，在决策前和决策中与政协组织、党派团体及党外代表人士广泛开展协商。发展基层民主，建立健全居民、村民监督机制，努力提高群众依法自我管理、自我服务、自我教育、自我监督的能力。

（六）转变工作作风，充分发挥党建引领和保障发展的作用

明年门头沟区将开展党的群众路线教育实践活动，各级党组织要把开展好党的群众路线教育实践活动作为推进明年各项工作的重要载体，深入转变工作作风、切实提高工作效能，全面增强领导能力和执政水平。

深入开展党的群众路线教育实践活动。要找准定位，明确目标，紧紧围绕加快转型发展和改善群众生活这一中心工作，努力解决好制约发展的瓶颈问题、企业发展难的问题、群众关注的热点难点问题以及历史遗留问题，以转变作风的实际成效取信于民，切实让群众满意。要加强学习教育，认真开展马克思主义群众观点和党的群众路线专题讨论，深入基层一线接触企业和群众，广泛征求意见。要开好以“为民、务实、清廉”为主题的民主生活会，深入查摆形式主义、官僚主义、享乐主义和奢靡之风这“四风”问题，切实对症下药、整改落实。要坚持边学边查边改，把学习教育与查摆问题、解决问题、建章立制结合起来，不等不靠、即知即改，逐项落实到位。

加强思想政治建设。要紧密结合开展党的群众路线教育实践活动，加强各级理论中心组学习，进一步发挥党建大培训体系作用，组织党员干部认真学习十八大、十八届三中全会精神，认真学习中央八项规定，认真学习习近平总书记一系列重要讲话精神，进一步坚定理想信念、强化群众观点。要围绕“稳中求进、改革创新”主题转变作风，深入开展解放思想大讨论活动，积极选树先进典型，传播正能量，切实在全区营造改革创新的良好氛围，更好地服务企业和群众。

加强班子队伍建设。要围绕落实十八届三中全会精神，调整区四套班子运行规则，进一步完善决策程序，加大区委与人大、政府、政协的工作协调力度，不断提高决策的民主化、科学化水平。全面加强区委对经济工作的领导，科学把控经济发展节奏，领导政府工作体系建设，确保地区经济平稳健康发展。要进一步规范处级班子运行，探索制定区属部门领导班子议事规则，完善干部监督工作联席会议制度，加大对领导干部的经济责任审计力度。要进一步创新选人用人机制，改革和完善干部考核评价制度，改进竞争性选拔干部办法，完善优秀年轻干部培养选拔机制，探索干部交流轮岗和挂职锻炼新模式，更加注重在重点工作领域、基层一线、艰苦地区和急难险重岗位培养干部。要坚持党管人才，统筹抓好人才队伍建设，打造京西人才高地。

加强基层组织建设。要积极创新基层组织建设模式和活动方式，加大在农村和“两新”组织中发展党员力度，探索商务楼宇党建的有效模式，推进党组织和党的工作全覆盖。要加强基层组织带头人队伍建设，继续选派村党组织第一书记，实施村“两委”干部三年培训工程，选优配强村级党组织后备干部队伍，不断提高基层组织引领科学发展、促进社会和谐的能力和水平。要完善基层组织工作机制，试行镇党代会年会制，深化农村“双向联评”、社区“四评一创”机制，开展农村党建全程记实和专项巡视等工作，进一步推进“五型机关”创建和“五进农村”帮扶活动。要注重发挥党员作用，完善“分析＋评议＋登记”的党员队伍纯洁机制，引导督促党员更好地发挥先锋模范作用。要加大对基层党组织的支持力度，健全完善“人向基层走、钱向基层投、政策向基层倾斜”的工作机制，不断增强基层党组织服务群众的能力。

加强党风廉政建设。坚持正风肃纪，认真落实《党政机关厉行节约反对浪费条例》，抓紧完善相关配套制度，坚持不懈地落实和监督执行中央“八项规定”，进一步整治庸懒散奢等不良风气，以优良党风凝聚党心民心。各级党委要切实履行对党风廉政建设和反腐败工作的主体职责，深入落实党风廉政建设责任制，进一步完善纪检监察审计监督工作体系，深化廉政风险防控管理“五大”体系建设，加强“三重一大”决策制度执行和权力

运行规则建设，建立职权目录，列出权力清单，加大巡视、直派监督和行政监察工作力度，严厉惩治各类腐败行为，全面提升反腐倡廉工作水平。

当前门头沟区已经进入了转型发展的关键阶段，做好明年各项工作，任务艰巨，责任重大。让我们紧密团结在以习近平同志为总书记的党中央周围，在市委的坚强领导下，深入落实党的十八届三中全会和市委十一届三次全会精神，深入开展党的群众路线教育实践活动，以更加振奋的精神、更加严谨的态度、更加务实的举措、更加坚决的执行力，稳中求进，改革创新，为不断开创现代化生态新区建设新局面而努力奋斗！

政府工作报告

——2014 年 1 月 8 日在北京市门头沟区第十五届人民代表大会第四次会议上

北京市门头沟区区长

各位代表：

现在，我代表门头沟区人民政府，向大会报告工作，请予审议，并请各位政协委员提出意见。

一、2013 年工作回顾

2013 年是全面贯彻党的十八大精神的开局之年，在市委、市政府和区委的正确领导下，在区人大和区政协的监督支持下，区政府深入落实科学发展观，创新发展，负重拼搏，圆满完成区人大十五届三次会议确定的各项任务，财政收入、林木绿化率等 7 项指标提前完成“十二五”规划目标，在建设现代化生态新区征途中迈出了坚实的步伐。

——经济保持平稳较快增长。预计全区实现地区生产总值 123 亿元，同比增长 8.5%；公共财政预算收入 20.7 亿元，同比增长 8.5%；全社会固定资产投资 228 亿元，同比增长 20%，总量和增速连续三年居首都生态涵养发展区首位；社会消费品零售额 48.9 亿元，同比增长 12%。

——生态环境持续改善。在全市率先开展国家生态文明示范区建设工作，完成节能减排和大气污染治理任务，预计万元 GDP 能耗同比下降 2.5%，空气中三项主要污染物年均浓度平均下降率居西南五区前列。全区森林覆盖率为 41%，林木绿化率达到 62.5%，城市人均公共绿地面积提升到 33.41 平方米。

——民生福祉稳步提升。预计城镇居民人均可支配收入 35120 元，同比增长 8.5%；农民人均纯收入 17365 元，同比增长 10.5%。城镇登记失业率为 4.23%。各类安置房及保障性住房完工 7279 套。教育、医疗、社会管理等改革持续推进，为群众办的 45 件实事全部完成。

（一）新型产业体系日趋完善，转型升级动力进一步增强

旅游文化休闲产业加速发展。坚持打基础、重培育，编制旅游产业项目用地等规划，87 项重点旅游项目全面推进。旅游基础设施不断完善，完成国家步道一期工程及一批旅游标识、游客服务中心、停车场建设，整治永定河沿线旅游环境。完成永定楼旅游文化布展，将灵山景区收归政府管理，募集社会资金实施潭戒两寺文物修缮及改造工程，两寺面貌焕然一新。完成定都峰绿化及道路改造，南石洋大峡谷、妙峰奇石等项目加快推进，阳坡元等精品旅游村初步建成。全年实现旅游收入 18.8 亿元，同比增长 12%。

新兴经济组团初步形成。举办知名企业门头沟行等大型招商活动，与思源、中信等企业签署战略合作协议。石龙开发区成为中关村门头沟园，开工建设 12 个总部大厦，发挥了高端产业培育和财政税收领头军作用，同时几大新兴经济组团初步形成，包括以道富基金、光环新网云服务基地为代表的金融信息产业组团；以中国中铁、中石化易捷为代表的央企组团；以北京宝玉石艺术品交易中心为代表的长安街西延现代服务业组团。项目落地进一步提速，33个项目开工建设，10余项重点规划通过市级审批，7个地块成功上市，区域环境改善推动土地价值不断提升。完成九龙路、石佛村等6244户60万平方米房屋征收，极大地拓展了发展空间。

农村产业转型步伐不断加快。发挥小城镇在山区产业转型中的引领作用，潭柘寺镇农民安置房一期实现封顶，C地块即将上市；军庄镇被纳入全市城乡一体化发展试点，开工建设葡萄酒文化产业基地；王平镇中瑞休闲养老园一期工程基本完工；斋堂镇1号地块成功上市，古村落度假酒店体系初见雏形。提升改造农民专业合作组织20个，光伏农业、新型养蜂、矮化苹果等特色种养业加快发展，玫瑰谷沟、达摩沟等沟域加快建设。整理废弃矿山及闲置用地12块800亩，陇上工业园、北斗产业园等浅山区高端工业项目加快推进。

（二）城乡建设步伐不断加快，发展承载能力进一步增强

生态环境质量持续改善。扎实开展国家生态文明示范区建设工作，全面推进53项重点任务。“一湖多园五水联动”景观体系日臻完善，完成新城万亩森林公园建设，新建窑神庙、新桥苑等5个公园，城区公园总数达到43个。冯村沟、西峰寺沟下游治理全面贯通，完成苇甸水库除险加固工程，永定河龙泉湾实现蓄水。治理市、区上帐环境脏乱点900余处，与石景山区合作开展麻峪地区环境整治，在全市环境考核中名列前茅。拆除违法建设262处8.4万平方米，完成市级上帐任务。实施清洁空气行动八大工程，承办北京市“减煤换煤、清洁空气”行动现场会，在全市率先实现清洁型煤供应配送全覆盖。

城市建设开发全面提速。S1线、长安街西延工程正式开工，108国道一期改建工程竣工通车，莲石湖西路门头沟段基本建成，区位优势全面显现。首钢生物质能源项目点火运行，完成市西北热电中心天然气管网及电路过境保障任务。完成岢园路、黑江路、鲁坨路及棚改石门营、石泉地块市政配套建设工程，开工建设九龙路，“7·21”水毁公路全部修复。城子水厂建设加快推进。完成新城高压线整合迁改一期工程。S1线区域组团6369套安置房即将入住，梧桐苑、丽景长安、西山艺境等项目加快推进，现代化城市面貌逐步形成。

棚户区改造成效显著。石门营、石泉等5个地块累计交付安置房196栋17608套，入住10500户，新增100万平方米安置房陆续开工建设。全区上下攻坚克难，完成城子C、D地块和九龙路项目涉及的5582户房屋征收工作，清理腾退滞留户千余户。落实《三大提示八项注意》文明入住公约，安置社区服务管理规范有序。启动7平方公里腾退区域开发，编制完成《04－08街区控规深化方案》，首个地块河滩B地块成功上市。京煤集团王平工矿棚户区改造12栋安置房交付使用。通过3年实践，全区在棚户区改造拆迁、融资、建设等方面探索了一套行之有效的办法，为全市开展的大规模棚改创造了经验。

（三）社会各项事业全面进步，民生改善力度进一步加大

就业和社保体系更加健全。落实各级就业政策，8359名城乡劳动力实现就业。在全市率先实现社保业务下沉全覆盖，完成社会救助信息平台二期工程，城乡低保标准进一步提高。开展“一村一策、一户一策”低收入帮扶工作，消除低收入农户8500户。开工建设8个险村搬迁工程。完成2批老旧小区综合整治。成立保障房运营管理中心，通过趸租趸购模式向棚改居民筹集富余保障房源。限价房、公租房等建设任务全部落实，群众居住条件不断改善。

公共服务水平不断提高。少年宫、妇幼保健院等6个社会事业项目全部建成。深化教育布局调整，完成11所中小学及幼儿园建设，人大附小京西校区正式开学，启动北京八中门头沟校区建设。引进名校名师，深化干部教师人事制度改革，推进校长教师交流轮岗制度。深化与凤凰医疗集团的公立医院改革合作，妙峰山和军庄卫生院、妇幼保健院纳入区医院集团，74%的群众看病首选区内综合医院。开通3条社区公交专线，在全市率先实现新城公共交通全覆盖。完成石佛岭、牛角岭古道等14项文物修复工程，新建8个乡情村史陈列室。成功举办第四届北京国际山地徒步大会等重大活动。依托公园广场建立30个文化驿站、280支文化团队，群众精神文化生活不断丰富。

社会服务管理不断创新。街道体制改革走在全市前列，建立街道“大工委”和社区“大党委”，成立街道地区管理委员会和7个服务中心，辖区力量和资源得到全面整合。升级改造为民服务信息平台，加强十二类特殊人群服务管理，实施58个政府购买服务项目。社会服务管理网格化实现全覆盖，创建“六型社区”23个。成立龙泉地区和永定地区办事处，将农民安置小区统一纳入城市社区管理。完成第九届村“两委”换届工作。圆满完成夏秋季征兵任务，通过全国双拥模范城中期验收。建成区老年福利中心，推进9个村居级居家养老管理服务中心建设。建成区残疾人职业康复中心，成为全市首个残疾人规范化综合服务基地。开展文明新家、道德模范等评选活动，地区文明程度不断提高。积极支持工会、共青团、妇联等群团组织开展工作，妇女儿童、民族宗教等各项事业全面进步。

社会保持安全稳定。深入开展信访矛盾纠纷排查化解工作，完善“大维稳、大综治、大调解”体系，创新“4+N”社会管理综合治理模式和“1带X”人民调解模式，有效预防和化解了一批矛盾纠纷。落实安全生产责任制，深入开展安全生产大检查，全面加强生产、交通、消防等方面安全管理，成立区食品药品监督管理局和镇街监管所。在全市率先开展社区灾害预警及通讯传播系统试点建设，连续14年被评为北京市森林防火先进单位。严厉打击违法犯罪行为，社会治安整体防控水平明显提高，营造了安全稳定的社会环境。

（四）政府自身建设全面加强，行政效能进一步提升

改革创新不断深入。深化部门预算和绩效改革，建立区级资金统筹机制。深化“营改增”改革。政府投资项目实行“拨改投”试点，鑫融投融资平台企业债发行通过审批。完成27家国企改革任务，国有及国有控股企业资产总额同比增长44.1%。全国第三次经济普查稳步推进。镇村农村产权制度改革完成99%，成立农村产权交易中心，建立农村发展基金，完成30家镇村企业改制。对16个村7.2亿元集体资金进行信托化管理，村民年人均增收6078元。

依法行政全面推进。坚决执行区人大及其常委会决议，认真接受区人大财政预算审查、大额专项资金询问等各项监督，积极支持区政协履行职能，创新协商民主形式，全年办理人大代表建议121件、政协提案135件，办复率达到100%。加强重大决策研究，全年召开政府常务会22次，开展会前学法12次。落实政府绩效考核机制，政府信息公开工作不断加强。“六五”普法工作深入推进，群众法制意识明显提升。

工作作风不断改进。严格落实中央八项规定，规范公务用车、因公出国（境）等各项管理工作。坚持勤俭办一切事业，经常性经费开支压缩10%。面向全区群众征求意见和建议1.5万条，上帐的38项历史遗留问题已解决28项。落实党风廉政建设责任制，推进五大风险防控体系建设，出台《政府投资工程招投标分类管理办法》等10项制度，深入开展“纠风在行动”活动，政府工作作风进一步改进。

各位代表，过去一年，面对复杂严峻的国内外形势和激烈的区域竞争压力，我们牢牢把握发展第一要务，围绕区委提出的“三个优化”目标，开拓进取，奋力拼搏，保持了高位上的平稳增长，经济社会发展取得了来之不易的成绩。成绩的取得，得益于市委、市政府和区委的正确领导，得益于区人大、区政协的监督和支持，离不开社会各界的关心和帮助，凝聚着全区人民的智慧和汗水。在此，我代表区政府向奋战在全区各条战线上的广大干部群众，向给予政府工作大力支持的人大代表和政协委员，向驻区部队官兵和中央、市属单位致以崇高的敬意！向所有参与、关心和支持门头沟区建设的同志们、朋友们表示衷心的感谢！

在肯定成绩的同时，我们也清醒地看到，全区经济社会发展中还存在一些困难和挑战：一是近年来门头沟区经济保持快速增长，但经济总量小、结构不合理、税源不稳固等问题依然存在，旅游文化休闲产业的发展壮大需要一个长期过程，新的经济增长点亟待培育。二是棚户区改造房屋征收、资金平衡等任务十分艰巨，必须加快推进安置房建设、腾退土地开发等各个环节，将棚改进行到底。三是大气污染问题成为全市关注的焦点，到2017年全区PM2.5年均浓度和燃煤总量要分别比2012年下降30%和20%，任务非常艰巨。四是在当前城市提速建设的特殊阶段，城市管理成为短板，环境脏乱现象依然突出，安置小区管理亟待规范，市民文明素质有待提升。五是政府工作作风有待改进，“四风”问题依然存在，政府职能需要进一步转变。上述问题，我们将高度重视，采取有效措施尽快加以解决。

二、2014年工作任务

2014年是落实“十二五”规划的攻坚之年，也是全面深化改革的起步之年。当前，门头沟区面临着前所未有的发展机遇：十八届三中全会开启了全面深化改革的新征程，为我们全方位汇聚发展的正能量、推动改革创新和转型发展提供了强大动力；随着长安街西延及S1线加快建设、土地收储项目陆续入市、新型产业逐步落地，区域发展潜能将得到全面释放。但也要看到，国际国内经济形势依然复杂严峻，保持稳中求进，实现地区经济平稳较快发展面临着新的考验；全面深化改革的新形势对转变政府职能、改进工作作风提出了新的挑战。我们必须进一步增强机遇意识、改革意识、责任意识，切实转变职能、转变方式、转变作风，努力开创经济社会跨越式发展的新局面。

2014 年政府工作的总体要求是：全面贯彻党的十八届三中全会和习近平总书记一系列重要讲话精神，落实中央经济工作会议、中央城镇化工作会议、市委十一届三次全会和区委十一届六次全会精神，以科学发展观为统领，稳中求进，改革创新，围绕转变政府职能和转变工作作风的要求，着力培育新型产业体系，着力改善生态环境，着力推动城乡一体化发展，着力保障和改善民生，着力创新社会治理，全力开创现代化生态新区建设新局面。

2014 年全区经济社会发展主要预期目标是：地区生产总值增长 8%；公共财政预算收入增长 6%；全社会固定资产投资增长 10%；社会消费品零售额增长 8%；城乡居民收入增长 8%；城镇登记失业率控制在 5% 以内；完成市政府下达的大气污染治理和节能减排任务。

（一）加快培育新型产业体系，提高经济发展质量和效益

大力发展旅游文化休闲产业。整合生态自然、历史文化等各类资源，加快推进 11 项旅游文化休闲产业项目。完善旅游基础服务设施，开工建设京西旅游集散中心，实施 109 国道旅游标识安装工程，改造 3 个精品旅游村服务设施，支持中坤集团、北京旅游等企业提升景区基础设施。加快打造重点旅游景区，完成国家步道配套设施建设工程，提升定都峰等景区设施条件，引入社会资本改造灵山、百花山景区，大力发展万寿菊、玉兰、牡丹等景观农业项目，推进高山滑雪等项目建设，实现灵水、南石洋大峡谷等景区对外营业。落实《旅游法》，推进旅游业健康发展。大力扶持文化创意产业，推进新城艺术品交易功能区和斋堂古村落古道文化旅游产业集聚区建设。促进旅游与文化、农业、体育、科技融合发展，办好第五届山地徒步大会等大型活动，力争全年旅游综合收入增长 10%。

加快培育新型高端产业。建立综合经济发展工作体系，加强产业空间布局和产业形态综合研究，统筹抓好产业园区及重点产业项目的规划、拆迁、基础设施及环境建设等工作，促进总部经济、信息科技、金融上市等产业集聚，培育高端产业体系。加快石龙开发区楼宇总部经济发展步伐，推进 12 个总部大厦建设，制定促进楼宇经济发展的政策措施，立足税源引进做好楼宇招商工作。加快建设石龙孵化中心二期工程，推动中铁东方等重点项目落地。完成开发区五期征地工作，借助莲石湖西路开通改善基础设施条件。加快培育信息科技产业，着力引进互联网金融龙头企业，做强道富基金、财富集团互联网金融等一批项目。加强与中关村创新平台对接，推进国家级可持续发展实验区创建，加强知识产权保护，使企业成为技术创新的主体。配合城市开发完善商业网点布局，鼓励商业服务业发展，促进居民区内消费。支持、引导非公有制经济健康发展，为各类企业创造平等的发展空间。

加大招商引资和项目落地力度。围绕总部经济、信息科技等重点产业加大招商引资引智力度，提高投资强度和投资实效。完善区政府、职能部门、属地镇街、投资企业共促项目落地的工作格局，加快推进规划、房屋征收、土地供应、开工建设等重点环节，推动 11 个重点项目开工建设。加快推进收储地块的房屋征收、规划设计、市政配套建设等工作，力争实现城子大街、S1 线区域组团等一批地块入市交易，全力平衡城市改造资金。完成新城高压线迁改二期工程，加快释放土地资源。做好重点企业的跟踪服务，争取更大的招商成效。

（二）加快棚户区改造和城市建设步伐，打造现代化滨水山城

打好棚户区改造攻坚战。做好黑山、中门寺等 5 个地块 140 万平方米安置房建设收尾工作，确保年内交付 6000 套安置房。加快推进新 100 万平方米 8 个地块安置房建设，确保 2014 年主体完工。加快完善安置社区道路、停车、绿化、公厕等小市政配套，配齐教育、医疗、商业、交通等设施，规范物业管理，打造文明、便捷、舒适的新型社区。落实安置房分配审核机制，有序推进选房入住，做好富余房源趸租趸购工作。全力平衡棚改资金，积极争取市政府贷款资本金和配套资金，合理安排资金使用和还贷时序，控制总体成本。落实《04－08 街区控规深化方案》，加快腾退区域土地一级开发，做好启动地块拆迁，推动具备条件的地块尽快上市。支持京煤集团加快 5 块预留产业用地开发，彻底改善腾退区域城市面貌。

加强基础设施建设。落实供水、供电、燃气、供热等专项规划，2014 年计划安排重点工程 105 项，年度投资 105 亿元。全力保障长安街西延、S1 线工程顺利实施，大力支持首钢鲁家山新型能源项目建设。完成泰安路、华园路改造工程，加快推进九龙路、黑山大街北延等 7 条道路建设，启动滨河路南延等6条道路工程。加快城子集中供热厂建设。完成城子水厂改扩建工程，启动门城水厂、第二再生水厂建设。实施灰峪和上岸110千伏输变电工程。依托陕京三线、西六环燃气高压线完善地区燃气管网配套。落实“宽带北京”行动计划，推进光纤到户工程，不断完善城市功能。

提高城市开发改造质量。2014年计划实施各类建设项目121项，开复工面积650万平方米。建立城乡建设重点工程综合管理工作体系，深化高端产业集聚区和街区功能研究，强化基础设施、产业支撑和服务配套，完善规划、立项、招标、建设、监理、验收、审计等工作流程，加强建筑风貌、项目设计、建设监理、公共配套等全方位监管，努力建设精品工程。密切关注西山艺境、润西山等项目建设情况，加快推进中昂广场、华远商业中心等项目。积极推动重点项目回迁安置房建设，确保居民尽早回迁。落实长安街西延线城市规划设计实施导则，推进S1线区域组团综合开发及长安街西延线两侧标志性建筑落地，打造高品质、有活力的现代化城市空间。

（三）坚持不懈改善环境质量，增强区域可持续发展能力

提升生态环境水平。加快建设国家生态文明示范区，推进荒山造林、平原造林、矿山修复等工程，统筹实施百里画廊绿色通道景观建设。推进第二阶段中小河道治理工程，完成冯村沟、西峰寺沟下游及龙泉湾治理工程。加强生态环境建设成果保护，提升“一湖多园五水联动”景观品质，推进河湖水系连通及循环利用。落实水污染和垃圾治理三年行动方案，引入社会投资对8个镇级污水处理厂进行统一建设管理。建立环保市场准入制度，严查违法违规排污行为。加强生态文明宣传教育，倡导绿色出行、绿色消费、绿色公益，提高全民生态文明意识。

加大空气污染防治力度。严格落实《2013－2017年清洁空气行动计划实施方案》，推进7大减排工程68项重点任务，加强减煤换煤、施工扬尘监管、道路遗撒治理等工作。落实黄标车限行措施，新建8个空气质量自动监测子站，淘汰具备通气条件的10蒸吨以下供暖燃煤锅炉，退出6家不符合区域功能定位的生产型企业。抓好农村取暖煤改电、工业企业压煤等工作，全年压减燃煤2万吨。落实重污染日应急预案，确保完成空气中细颗粒物年均浓度下降目标。

推进城市精细化管理。建立城市管理工作体系，加强部门城市管理和街道社会管理的融合衔接，构建条块结合的管理服务模式，整合协管员队伍，建立城市管理联动工作机制。大力整治违法建设和非法出租，清理整顿252个出租大院，实现违法建设零增长。通过产业、住房加强人口规模调控，推进人口服务管理全覆盖。重点开展进京第一印象区域和薄弱区域环境建设，深入整治背街小巷、校园周边环境，继续与麻峪地区联合开展环境治理。优化公交路网和场站布局，启动电动出租车示范运营工作。完成11个小区老旧供热管网改造，在新入住小区开展垃圾分类。创新城市管理多元参与机制，系统解决建成小区停车、环境、出行等问题，打造更加舒适便捷的居住环境。

（四）加大统筹力度，加快形成城乡发展一体化新格局

加速新型城镇化进程。加快龙泉、永定地区城市化步伐，推动何各庄、岢罗坨、赵家洼、琉璃渠等村开发，加快征地农转非和重点村整建制农转居工作，通过预留产业用地开发、集体资产信托化经营等多种措施保障农民长远收益，将农民居住区直接纳入新城管理。加快推进重点镇开发，完成潭柘寺镇主次干道路网及配套基础设施建设，实施农民安置房二期工程，推动C、D地块上市；加快军庄葡萄酒文化产业基地、北四村安置房等项目建设，启动镇中心区路网改造工程；加快斋堂旅游集散中心建设，支持中坤、北控集团开发项目；完成王平镇中瑞休闲养老园一期工程，加快韭园新型农村社区试点建设。支持山区各镇通过旅游组团及沟域经济开发、新型农村社区试点、险村搬迁等多种措施，改善人居环境，培育替代产业，让农民在家门口享受城镇化成果。

促进农村改革发展和就业增收。加快玫瑰谷沟、达摩沟、田庄国际化沟等沟域建设，推动21个替代产业项目尽快落地。积极培育都市型现代农业，重点扶持新型养蜂、矮化苹果等高效精品农业项目，提升薄皮核桃、京白梨、樱桃等唯一性农产品品质。加快推进“新三起来”工程，深化林权制度改革，发挥农村产权交易中心和农村发展基金作用，推动农村产权流转交易公开、公正、规范运行，引导社会资金向农村流动。鼓励发展合作经济，完成宅基地、集体产业用地确权工作，探索通过土地流转、集体建设用地村企合作等模式发展产业项目。加强农村集体资产信托化经营管理，实施“富民3号”工程。大力促进低收入户、低收入村增收，确保低收入农户收入增速快于全区农民平均水平。

大力改善农村发展条件。加快编制镇域规划和村庄规划，推动基础设施和产业项目向山区转移，均衡配置城乡公共资源，提升山区承载能力。积极争取109国道高速路项目立项，抓紧推进双大路二期、108国道改造二期、军温路、山区观光铁路等一批工程。整合资源完成14个险村搬迁工程，探索盘活利用山区闲置民居资源。实施农村饮水健康行动，升级改造农村供水设施15处。完善农村基础设施长效管理机制，加强对公厕、太阳能浴室、太阳能路灯的维护管理，形成城乡一体化的运行管护长效机制。加大对农村教育、文化、医疗等社会事业的投入，推进城乡基本公共服务均等化。

（五）着力改善民生和创新服务管理，让群众得到更多实惠

提升公共服务水平。继续调整中小学校布局，实施小园小学、北京八中门头沟校区等8项新建工程，启动景山学校京西实验学校建设。推动教育领域综合改革，深化教职工全员竞聘上岗制度。实施“城区与山区学校捆绑式发展”战略，促进山区教育优先发展。深化公立医院改革，力争实现集团管理全覆盖，加强医疗集团运行监管。探索推进山区医疗改革，搭建智慧医疗远程会诊平台，着力解决山区就医难问题。启动龙泉医院迁建工程，鼓励社会资本举办医疗机构，推进“健康门头沟”行动。实施人才战略，对教育、科技、卫生等领域专业人才在住房、子女入学等方面予以支持，引进并用好各类人才。推进社区体育、学校体育发展，创建30个体育生活化社区，对38个社区全民健身器材进行更新维护。完善三级公共文化服务体系，启动区体育文化中心项目，推动潭柘寺、军庄、斋堂等镇级文化活动中心建设，依托社区、公园实施一批惠民文化工程。加强对古村落、古民居、文物的保护，完成庄士敦别墅等11项文物修缮工程。开展“美丽门头沟、文明新生活”主题系列活动，进一步提升市民文明素质。

做好就业和社会保障工作。投资6亿元，办好直接关系群众生活的八个方面100件重要实事。完善促进城乡劳动力就业政策体系，推进绿色就业。加大历史遗留问题解决力度，研究解决北岭地区农转居人员社会保险问题。推进养老服务社会化，开展区老年福利中心公办民营试点，完成1000张养老床位建设任务。拓展社会福利保障范围，加快慈善事业发展。加大自住型商品房供应规模，加快推进铅丝厂、黑山、龙泉镇公租房和永定两限房建设，逐步解决轮候家庭需求。加大山区能源问题解决力度，保障山区群众生活能源需求。

加强社会服务管理。强化街道“大工委”、街道地区管理委员会和7个服务中心的运行，提升街道服务能力。组建13家街镇级“枢纽型”社会组织，创建23个市级“六型社区”示范单位，完成社区用房规范化建设任务，推进“一刻钟社区服务圈”示范点建设，建立针对十二类特殊人群的特色服务圈，推动基本公共服务全覆盖。完善网格化服务管理体系，做强做大为民服务信息平台。发挥“阳光中途之家”作用，强化社区矫正和法律援助。坚持计划生育基本国策，落实新的生育政策。深入开展双拥共建活动，加强国防后备力量建设。落实党的民族、宗教、侨务方针政策，完善残疾人保障服务体系，支持工会、共青团、妇联等群团组织开展工作。

维护社会安全稳定。加大矛盾纠纷排查调处工作力度，健全重大决策社会稳定风险评估机制，完善人民调解、行政调解、司法调解联动工作体系，有效预防和化解社会矛盾。狠抓安全生产责任制落实，全面加强生产、食品药品、交通、消防等方面安全管理，坚决遏制重大安全事故。完善防灾减灾体系，建立政府与企业、社会团体、慈善机构防灾减灾联动机制，抓好森林防火指挥平台、防汛抗旱指挥平台运行，提升应急处置能力。把反恐防暴纳入维稳工作体系，加强社会面防控，严厉打击违法犯罪活动，推进“平安门头沟”建设。

（六）加快推进改革与创新，着力改进政府工作作风

加快转变政府职能。充分发挥市场在资源配置中的决定性作用，强化政府的公共服务、市场监管、社会管理、环境保护等职责。建立政府购买服务平台，制定实施向社会力量购买服务的意见。建立市场监督管理工作体系，整合各部门监督职能，统筹抓好市场监管、安全生产、环境治理、社会治安等监督检查工作，形成联动机制，切实减轻企业负担。建立公共服务工作体系，提升区政务服务中心“一站式”服务水平，大力推进集中审批、并联审批、网上审批，提高为企业的服务效率；建设民生服务大厅，梳理政府部门民生服务事权，强化基层全程代办服务职能，为市民提供全方位的便民服务；推动智慧门头沟建设，形成集地理信息、行政审批、社区服务、招商引资、公共管理于一体的信息化服务系统，拓宽政府信息公开范围，努力建设服务型政府。

加强民主法治建设。创新区政府与区人大、政协对接机制，认真落实区人大及其常委会决议，推行重大决策出台前向区人大报告制度；积极支持区政协开展政治协商、民主监督和参政议政，将协商纳入政府决策之前和决策实施之中；广泛听取各民主党派、工商联、无党派人士及各人民团体的意见和建议，自觉接受人民群众和新闻舆论监督。支持人民法院、检察院及公安机关开展工作。深化村务公开民主管理，建立村级组织权力运行全过程公开机制。加大依法行政力度，强化行政执法责任制和执法过错责任追究，确保严格、公正、文明执法。加强法制宣传，推进“六五”普法教育，增强全社会遵法守法意识。

改进政府工作作风。深入开展党的群众路线教育实践活动，着力解决“四风”突出问题，建立改进作风常态化制度。严格执行财经工作纪律，进一步压缩“三公”经费。落实《党政机关厉行节约反对浪费条例》，全面规范公务接待、公务用车、会议活动、办公用房、资源节约等各项工作，降低公务活动成本。加强公务员队伍建设，提高履职效率。认真落实党风廉政建设责任制，强化权力运行制约和监督体系建设。严格执行“三重一大”事项决策程序，加强审计监督和行政监察，健全重点建设领域的工作流程和工作规范，做到干部清正、政府清廉。

推进重点领域改革。认真谋划各项改革，抓好中央、北京市重大改革措施的任务承接和细化落实。改进预算管理制度，加强预算刚性管理，有效化解债务风险。改革区对镇街财政体制，明确事权支出责任，增强对深山区的转移支付。深化投融资体制改革，规范鑫融投融资平台管理，建立以市政债为基础的举债融资机制，完成企业债发行工作。推进金融改革创新，积极引进互联网金融项目，鼓励发展小额贷款公司和村镇银行。深化国有企业改革，推行国有企业公司制改造，清理注销 30 家停产或空壳国有企业。加快推进事业单位分类改革，探索开展事业单位法人治理结构改革，确保财政供养人员只减不增。进一步深化农村、城市管理、教育、卫生等领域改革，不断增强发展活力。

各位代表，立足新起点，再创新优势，实现新跨越，是时代赋予我们的光荣使命。让我们在市委、市政府和区委的正确领导下，在区人大的监督和区政协的大力支持下，倍加珍惜不可多得的发展机遇，倍加珍惜来之不易的发展局面，倍加珍惜风清气正的发展环境，稳中求进，改革创新，为完成全年各项目标任务、胜利实现“十二五”规划宏伟蓝图而努力奋斗！

关于门头沟区 2013 年国民经济和社会发展计划执行情况与 2014 年国民经济和社会发展计划草案的报告

——2014 年 1 月 8 日在门头沟区第十五届人民代表大会第四次会议上

门头沟区发展和改革委员会

各位代表：

受区人民政府委托，现将《门头沟区 2013 年国民经济和社会发展计划执行情况与 2014 年国民经济和社会发展计划草案的报告》提请区第十五届人大第四次会议审议，并请各位政协委员提出意见。

一、2013 年国民经济和社会发展计划执行情况

过去一年，面对国际需求趋缓和国内经济转型升级的压力，全区上下在市委、市政府和区委的正确领导下，坚决贯彻落实党的十八大和区十一次党代会精神，以科学发展观为指导，紧紧围绕“三

个优化”的建设目标，开拓创新，攻坚克难，扎实工作，全区经济和社会发展呈现出“增长平稳、结构优化、民生改善”的特点，完成了区十五届人大三次会议确定的主要目标任务。

（一）综合实力稳步增强，内生增长格局加速形成

经济平稳协调发展。切实加强综合经济调度，预计地区生产总值实现123亿元，同比增长8.5%左右。投资总量保持稳步增长，在基础设施投资和建筑安装投资的有效带动下，预计全区完成全社会固定资产投资228亿元，比上年同期增长20%，投资总量居生态涵养区首位。消费市场持续较快增长，预计全年社会消费品零售额实现48.9亿元，同比增长12%。

质量效益不断提升。预计公共财政预算收入完成20.7亿元，同比增长8.5%；预计公共财政预算支出70.1亿元，同比增长16.6%，民生投入比例占八成以上。预计城镇居民人均可支配收入实现35120元，同比增长8.5%；预计农民人均纯收入实现17365元，同比增长10.5%；8359名城乡劳动力实现就业，城镇登记失业率预计控制在4.23%；预计全年万元GDP能耗下降2.5%；重点领域消费价格保持平稳。

楼宇经济逐步显现。以总部经济为特征的楼宇经济全面释放，石龙开发区紧抓融入中关村国家自主创新示范区的契机，推进产业转型升级，开工建设新华水利水电、利德衡等12个大厦，逐步向楼宇经济转型。加强招商引资涵养税源工作，重点企业龙头效应和税收能力明显增强，预计全年技工贸总收入260亿元，同比增长9.8%，上缴税金36.5亿元，同比增长14.5%。

（二）调整转型不断深入，经济结构进一步优化

产业结构调整迈出坚实步伐。随着采空棚户区改造、S1线征地拆迁、重点镇建设等工作的推进，高端产业进一步向园区集聚，一批土地陆续上市或完成上市准备，为产业发展提供了空间基础。都市型现代农业加快发展。有效实现金融资本与农村资源对接，发展清水合作联社、大村黄芩合作社等农民合作组织；推进农游合一，打造潭柘玉兰园、千亩万寿菊、牡丹种植等农业景观产业项目；培育特色种养业，大力发展光伏农业、新型养蜂等现代农业项目，开展樱桃、核桃、玫瑰和苹果基地建设；大力发展沟域经济，深化田庄国际化沟域等18条沟域项目建设。工业结构逐步调整。改造提升传统工业向创新型和高端化发展，大力发展高新技术产业、先进制造业，逐步下调资源型传统工业，推进工业向生态友好型发展。现代服务业快速发展。设立农村发展基金，道富基金、道富资产、村镇银行、华财小贷等新型金融机构加快入驻，提供多种融资服务，激发民间融资活力。适应需求，发展中瑞养老度假园等休闲健康养生产业。加大信息科技等高端产业入区力度，引入光环新网云服务中心等项目。

旅游文化休闲产业聚集发展。深度推进旅游主导产业与农业、文化、体育产业融合发展，坚持规划引领，加快编制旅游产业用地规划和旅游示范村规划。改善旅游基础设施，景区旅游标识牌、国家步道一期等项目有序推进。潭柘寺、斋堂、妙峰山等旅游文化产业综合体项目顺利开展。阳坡园、妙峰奇石等文化创意产业项目审批通过。举办第五届旅游山会，召开第四届徒步大会和第二届山地自行车大赛，发布以“徒步京西，乐享四季”为主题的全年旅游文化活动，推介区域旅游资源。预计全年实现旅游综合收入18.8亿元，同比增长12%。

招商引资成效显著。积极开展招商引资工作，招商质量不断增强。引进中铁建和道富基金等7家亿元企业落户区内。加快土地入市步伐，完成高家园地块、北旅广场、河滩B地块等多块土地入市工作，吸引中水集团、锦华盛业、华远置业等大型企业落户区内，一批旅游商业地产项目即将落地。

（三）基础设施建设持续推进，城乡功能日趋完善

城市基础设施体系日趋完善。长安街西延线和S1线开工建设。棚改市政配套一期工程基本完工，泰安路、华园路工程进展顺利。城子地区集中供热厂工程顺利开展。实施城子水厂改扩建工程。完成燃气专项规划修编方案，推广和扩大天然气的使用范围。陕京三线门头沟段全线贯通，潭柘寺、军庄、妙峰山、王平等地区气源得以保障。积极推进高压线迁改工作。首钢生物质能源项目进行设备单机调试。开通三条社区公交线路，构建“一环两纵”内部循环公共交通体系。

新农村建设不断深入。108国道改线正式通车，109高速路进行前期论证。鲁坨路工程完工通车，潭王路、双大路修复工程全面完成，推进潭柘寺镇主次干路、双大路二期前期手续办理。斋堂镇、潭柘寺镇与华电集团签订供热项目合作协议，做好供热管网项目前期工作。重点镇建设有序推进，潭柘寺镇中心区C地块筹备上市，军庄葡萄酒文化产业基地项目进展顺利，斋堂镇中心区1号地成功上市，并由北控集团承建文化创意产业聚集区项目，王平中瑞生态谷及韭园新型农村社区安置房加快建设。“三起来”工程深入实施，完成农房抗震节能改造313户。实施法城、龙门口等村山区农户搬迁工程。

（四）生态建设成效显著，环境品质大幅提升

持续提高绿色发展水平。“一湖多园、五水联动”的城市景观体系日臻完善。新城万亩森林公园建设基本竣工。永定河龙泉湾治理工程成功蓄水，西峰寺沟、中门寺沟、冯村沟水环境治理工程主体完工。垃圾综合处理厂开展前期工作，在新入住小区开展垃圾分类。继续实施京津风沙源治理和平原造林工程，完成全民义务植树25.2万株。实施土地开发整理项目1644亩，新增耕地1083亩。实施绿化美化工程，创建首都绿色村庄4个、花园式单位3个、花园式社区2个。全区森林覆盖率达到41%，林木绿化率达到62.5%，城市人均公共绿地面积达到33.41平方米。

严格落实节能减排工作。落实北京市大气污染综合整治行动，积极应对雾霾天气，开展清洁空气和压减燃煤工作，重点实施优质燃煤替代、天然气入户、太阳能浴室、送气下乡等工程；改善农村用能结构，完成淤白、梁家铺、张家庄等村取暖煤改电工程，逐步改善能源结构，努力降低空气颗粒物含量，稳步提升空气质量。坚持以结构调整、治污工程、监督管理促进减排工作，推进农村镇街8个污水处理站及92公里污水管网建设项目前期，开展扬尘污染专项整治，淘汰高排放老旧机动车2861辆。

（五）社会事业蓬勃发展，公共服务水平显著提高

保障性安居工程全力推进。棚改五个安置房建设地块全部进入施工阶段，已开工建设230万平方米34982套安置房，配套商业公建陆续交付使用。新增100万平方米安置房前期工作全面展开，部分地块工程建设已同步开展。配租配售公租房及两限房1069套。基本完成老旧社区综合改造工程年度任务。

社会事业建设扎实开展。提升教育质量，京师实验小学、人大附小京西校区实现招生，八中门头沟校区启动项目前期；通过购买服务引入金色摇篮幼教集团和珠海大地幼教集团。深入推进医改综合试验区建设，以区医院和京煤集团总医院为医疗龙头的基本医疗和公共卫生服务体系基本建成；将15种重大疾病纳入新农合报销范围并提高报销比例。建设完成区残疾人职业康复中心。开展公益惠民演出500余场，建成使用13个文化艺站，石佛岭古道、沿河城与敌台等9项抢险修缮工程顺利完工。社会综合服务力度不断加大，完成23个社区服务用房配套建设；深化对十二类特殊人群的服务管理；依托61696156为民服务信息平台，建立区、街（镇）、社区（村）三级指挥平台，基本实现小事不出社区（村）；整合社会组织服务资源，引领各类社会组织承接公共服务和社会服务项目。全面推进“平安门头沟”创建工作，加快推进大峪派出所、城子派出所、军庄消防站等项目前期，优化法律援助便民服务措施。强化民生价格监管工作，保持市场价格稳定。

加大就业和社会保障工作力度。消除“零就业家庭”100户，有4200名就业困难人员实现就业，城镇登记失业率控制在4.23%。落实扶贫政策，减少低收入村和低收入农户。继续扩大社会保险覆盖面，在全市首先实现“社保业务下沉全覆盖”。积极开展各类职业技能教育培训工作，开展区县“手拉手”活动，挖掘就业岗位5368个，国家生态修复科技综合示范基地工作站首个博士后成功出站。

（六）推进改革强化创新，区域发展更富活力

扎实推动各项改革任务。深化投融资改革，京西鑫融公司债券发行方案取得市政府批复；进一步完善政府投资项目深度管理，加大项目监管力度；加强财政预算管理制度改革，多项措施推进“营改增”试点工作，实行预算项目制刚性管理，统筹整合分散资金，提高财政资金使用效益；稳步推进事业单位分类改革；设立农村发展基金，成立农村产权交易平台，推进农村集体资产信托化经营管理；创新街道管理体制，成立地区管理委员会和服务中心；推进国企改革，因企制宜地制定改革方案；建立门头沟区居民消费价格监测体系。

总体来看，2013年全区经济社会实现了平稳较快健康发展，成绩来之不易。但我们也要清醒地认识到，全区经济和社会发展仍存在着一些矛盾和问题：一是经济回升基础不稳固，尚存在经济结构不合理、产业层次较低、创新能力不足等问题，中小企业因受原材料、人力等经营成本上升和融资贷款难等因素的制约发展缓慢，支撑可持续发展的产业体系需加快培育，经济结构调整任务紧迫而繁重。二是生态文明建设任务依然艰巨。实现空气更加清洁、资源更加节约、发展更加绿色、生态更加宜居的生活环境任重而道远。三是民生保障水平有待提高。公共服务体系建设、社会事业发展和社会管理面临新的考验和压力。这些都需要引起我们高度重视，采取切实有效措施努力加以解决。

二、2014 年国民经济和社会发展计划安排

2014 年是全面贯彻落实党的十八届三中全会深化改革精神的关键之年，是实施“十二五”规划具有决定作用的一年，是全面建设现代化生态新区的重要之年，科学安排好 2014 年国民经济和社会发展计划，保持全区经济社会良好发展势头至关重要。

（一）全区经济社会发展面临的环境和条件

努力抢抓机遇：一是国内外环境依然复杂严峻，但经济发展长期向好的基本面没有变。十八届三中全会释放出更多改革红利，将为全区经济和社会发展带来重大改变；二是北京市推出多项改革举措，大幅减少行政审批事项，打通社会资本投融资渠道，都将为全区加快发展创造更加宽松的政策环境；三是门头沟区近年来发展空间不断优化和拓展，内涵和条件变化明显，硬件设施和软实力不断提升，城乡承载能力明显提高，为加速集聚各类高端要素提供了良好的条件。

积极应对挑战：一是国内外经济运行不平衡、不确定、不稳定因素依然较多，全市经济也正在回调，经济运行存在下行压力；二是区内正处在转型发展的重要时期，传统产业支撑作用逐步降低，高端产业动力尚不明朗，产业调整任务紧迫而艰巨；三是区内正处在跨越式发展的关键阶段，棚户区改造和城乡功能建设任务的资金需求相对集中，投融资体制机制亟待开拓创新。

综合分析，门头沟区发展机遇与挑战并存，我们既要正视困难，又要把握机遇，全面部署和落实好 2014 年各项工作任务，推动全区经济社会持续健康发展。

（二）发展计划安排的总体思路

2014 年全区经济社会发展的总体要求：深入学习和全面贯彻落实党的十八届三中全会和区委十一届六次全会精神，全面认真落实市委、市政府和区委工作部署，以转变政府职能、转变工作作风为主题，着力推动改革和创新、着力加强综合经济统筹、着力培育高端产业、着力加强生态文明建设、着力提高城乡基础设施承载力、着力保障和改善民生，促进全区经济社会转型发展、创新发展、跨越式发展，开创现代化生态新区建设新局面。

2014 年工作安排的主要原则：一是提高区域治理能力与政府服务水平；二是推动生态文明建设和绿色涵养发展；三是做好空间布局规划和高端产业培育；四是彰显历史文化魅力和旅游文化品牌；五是优化民生品质和提升公共服务水平；六是深化改革创新和破解发展瓶颈。

（三）2014 年经济社会发展主要目标

结合门头沟区“十二五”规划相关指标和全区发展条件，2014 年经济和社会发展主要目标安排计划如下：

主要预期性指标

——地区生产总值增长 8%；

——公共财政预算收入增长 6%；

——全社会固定资产投资增长 10%；

——社会消费品零售额增长 8%；

——城镇居民人均可支配收入和农民人均纯收入增长 8%。

主要约束性指标

——城镇登记失业率控制在 5% 以内；

——户籍人口自然增长率控制在 4.5‰以内；

——万元 GDP 能耗下降 2.5%；

——大气主要污染物浓度下降完成市下达指标。

三、实现 2014 年国民经济和社会发展计划的主要措施

（一）深入推进改革创新，激发区域发展新活力

全面贯彻落实中共十八届三中全会精神，承接国家和市级改革任务，把改革创新贯穿于经济社会发展的各个领域各个环节和各项工作，加快完善区域体制和机制创新，进一步增强发展的活力和动力。

完善现代市场体系，落实企业主体地位。（1）放开市场准入。研究推行负面清单管理，以市场为主导，努力扩大社会投资进入固废处理、城市道路、轨道交通、污水处理、供水和养老六大领域。（2）推进要素市场改革创新。整合区域内可经营性的优良资产纳入鑫融公司投融资平台，增加经营性现金流，完善投融资体系建设，积极开展企业债券发行工作，探索政府重点工程融资新模式。充分发挥农村发展基金放大引导作用，助推农村实体经济发展。促进区域金融创新，吸引银行、保险、证券、基金、资产管理、小额贷款公司、融资担保公司等多种金融业态进入区内。成立金融商会，建立全区征信网和金融服务网。在不改变土地所有制和用途的条件下，逐步探索农村可经营性用地流转入市。（3）深化国企改革。完成一级监管企业公司制改造试点和空壳企业的清理注销工作，逐步完成转型清退。完成监管范围内物业企业整合，构建国资大物业体系。

深化行政体制改革。（1）转变政府职能，利用行政审批制度改革的契机，发挥绿色审批通道作用，全面提高审批效率。（2）培育优良中介机构，推进政府向社会力量购买公共服务。（3）加快事业单位分类改革，增强事业单位活力。深化财税体制改革。（1）继续做好“营改增”试点改革，规范扶持鼓励企业发展政策。（2）细化公共财政预算编制，合理高效使用资金。（3）合理划分镇街事权和支出责任，完善转移支付制度。理顺社会治理体制。（1）落实教育系统综合改革项目实施方案，激发干部教师队伍的活力，提升教育质量。（2）加强医疗服务监管职能，建立健全医疗服务监管机制。探索院镇医疗合作模式，提高山区医疗水平。（3）推动自住型商品住房建设，进一步提升居民居住品质。

（二）加强经济运行统筹，开创经济发展新局面

巩固投资支撑，扩大消费需求，加大招商引资力度，处理好投资和消费的关系，加快形成与全区发展阶段相适应的需求拉动模式。

构建综合经济发展工作体系。一是注重经济工作研究，促进经济结构转型和空间布局优化，着力研究主导产业发展及高端产业培育，加强规划、产业、财政、投资等政策手段的协调配合，保持经济平稳健康增长。二是做好统筹调度，建立发改、统计、招商等相关职能部门联动机制，细化落实经济任务指标，坚持日常运行监测调控机制，实施月度、季度经济运行分析，做好重点行业、重点企业的运行监控，确保各项经济指标顺利完成。三是着力防控债务风险，加强源头规范，把地方政府性债务分门别类纳入全口径预算管理，严格政府举债程序，积极争取国家和全市的各项扶持政策，加大对项目的资金支持，发挥相关鼓励政策效应，助推优质企业加快发展。

保持投资规模适度增长。一是发挥投资对城市运营和民生改善的引导作用。重点投向基础设施、棚户区改造、生态环境、资源保护、教育文化、低收入、群众健康等领域。二是增强投资对产业培育的支撑作用。重点投向产业园区提升改造、科技创新、商务、信息科技、旅游文化休闲产业基础设施保障等领域。三是注重投资对促进新型城镇化进程的作用。处理好生产、生活、生态三者的关系，重点投向回迁安置、集体产业发展、就业保障等工作领域。

不断扩大消费需求。做好商业网点布局规划，打造新型商业区域。利用锦华盛业商业体、华远商业、小白楼、丽景长安和金春百货等商业中心，建立特色商业和文化休闲街区。利用石门营、石泉、小园、曹各庄等社区商业，大力发展便民服务和民生商业，提升社区消费。开展节假日促消费活动，继续做好农超对接、农餐对接、京郊商品大集、第五届食在门头沟等系列活动。发展第四代移动通信技术，提高居民信息消费。继续办好文化惠民活动和各类体育赛事，扩大文化消费和体育消费。

持续开展招商引资。进一步完善政务服务中心协调机制，努力为入区企业在投资咨询、登记注册、项目审批和金融贷款等方面服好务，减轻企业税赋，减少企业成本，大力发展实体经济。做好招商选商，精选、包装一批旅游文化休闲产业、信息科技产业、都市型现代农业等招商项目，有针对性地向外推介，吸引更多的大型企业总部落户区内。

（三）加快经济转型升级，拓展产业发展新空间

积极打造以旅游文化休闲产业为主导，以信息科技产业、现代服务业、都市型现代农业等高端产业为支撑的产业体系，使全区产业布局更加聚集，发展更加高端，业态更加融合。

提升旅游文化休闲产业发展水平。依托全区旅游特色和文化优势，开发旅游新产品，拓展营销新渠道，打造服务新品牌。完善一批旅游基础设施建设，实施109国道百里画廊旅游标识牌设计安装项目、五个精品旅游村基础设施提升项目、阳坡园旅游综合服务基础设施项目，不断提升旅游承载力。建设一批新景区，加快实施高山滑雪、国家步道一期建设工程，加大山地运动公园、灵水举人村、灵岳寺等景区开发力度。加大宣传力度，举办第六届“开山门”、第五届徒步大会和第三届环京赛，扩大区域知名度。2014年实现旅游综合收入同比增长10%的目标。

加快推进楼宇经济建设。落实石龙开发区扩区战略，完成开发区五期征地。统筹规划开发区、长安街西延线及S1线组团的空间布局。加强园区与城市建设的互动融合，统筹考虑居住与就业平衡，创造有竞争力和吸引力的投资、工作、生活环境，实现产城融合、职住平衡。制定关于促进楼宇经济发展的措施，积极吸引信息科技等高端企业入驻。

推进老旧厂房改造利用，鼓励腾笼换鸟和产业换代。

大力发展现代服务业。以节能、节水、节地、减排和减少人口过度聚集为标准，加快发展现代服务业。吸引民间资本参与文化创意产业发展，重点支持斋堂文化创意产业集聚区、妙峰奇石文化创意产业园、宝玉石艺术品交易园区和鼎湖文化金融商务区。继续吸引金融机构入驻区内，推动新型金融业态聚集发展。促进中瑞养老度假园等健康养生产业发展。发展战略性新兴产业，对接产业规划，支持发展通航产业、低碳环保、物联网、云计算、生物科技等一批重点项目。

全力推进都市型农业融合发展。构建农村经营体系，发挥农村集体产权交易平台的作用，鼓励土地承包经营权在公开市场上向专业大户、家庭农场、农民合作社、龙头企业合法流转。培育农村产业体系，发挥农村发展基金的作用，鼓励和引导工商资本、金融资本要素进入农村，发展适合企业化经营的现代种养业，支持实体经济。继续推进农村资产信托经营管理，提高农民财产性收入。引导农户提高集约化、专业化水平，扶持联户经营、种养殖大户和专业合作社等，提升优化大樱桃、京白梨、薄皮核桃、黄芩、食用菌等名特优农产品，促进农村产业结构转型升级和农民收入持续增长。建设8300亩万寿菊景观和10公里鲜花走廊，延长景观农业产业链。争取市级资金，支持产业化龙头企业改造升级，重点推动雁翅水岸休闲观光走廊基础设施、清水椴木沟山地运动旅游基础设施、军庄京白梨产业基础设施和王平樱桃风情园基础设施等项目。

（四）统筹城市建设与管理，推动城乡建设再上新台阶

落实区域总体规划，建立工程管理体系，提高基础设施系统性、安全性，增强水资源和能源保障能力，提高城乡安全运行水平。

建立重点工程建设工作体系。完善项目管理责任制和目标管理责任制，做好项目资金刚性管理，完善项目动态跟踪机制，实现政府投资项目精细化管理。加强重大项目规划培育工作，完善项目储备库管理，建立健全项目规划、立项、招标、建设、监理、验收等全过程控制和管理机制，实现重点工程培育项目、前期项目、建设项目的“三级”梯度管理模式。开展重大项目社会稳定风险评估工作，加大政府投资项目稽查力度，进一步提高政府投资效益。2014年区级重点工程安排105项，计划通过市投资金、区配资金、区筹资金、社会融资和土地一级开发成本筹措完成投资105亿元，重点投向基础设施、生态环境、社会事业、产业发展、保障安居工程。

完善城市基础设施建设。全面开工建设长安街西延、S1线、陕京三线、西六环天然气管道等市级重点工程，完成泰安路、华园路、九龙路等工程以及小园地块、东辛称、白庄子土地一级开发市政配套道路工程，建设滨河路南延一期、黑一路西延等道路工程，推进采空棚户区城子地区市政配套道路工程、何各庄安置房A地块道路建设项目前期手续办理工作。开工建设城子集中供热厂、热网工程，推进国信恒望热力有限公司煤改气工程建设前期工作。完成第二阶段高压线迁改工作。推进石龙西公交中心站建设，实施区域电动出租小客车示范运营；优化调整公交线网，发展一批投入少、周转快、里程短的微循环线路，方便群众日常出行。

加速推进城乡一体化进程。集中力量完成各镇总体规划审批，打造有个性、有特色、有魅力的新型小城镇。重点做好108国道二期、109高速路、旅游观光轨道等项目的前期手续办理工作，推进军温路、双大路二期项目。实施潭柘寺镇中心区路网、集中供热管网工程，启动集中供水管网前期工作，加速推进土地一级开发手续办理及安置房建设进度，打造国际旅游休闲名镇。推进军庄镇污水管网、集中供热中心、灰峪110KV变电站等项目建设，加速推进一级开发和葡萄酒文化产业园区建设，打造文化休闲宜居小镇。开工建设斋堂镇污水处理厂、集中供热管网等项目，加快推进北控旅游集散中心建设，打造全国旅游集散特色镇。抓紧实施王平镇韭园新型农村社区试点建设、中瑞养老园等项目，打造健康养生小镇。在大台、清水、雁翅、妙峰山等地区加快推进电网改造、污水治理、环境整治等项目建设。推广法城村的经验，加快实施山区险村搬迁工程。

（五）推进绿色循环发展，实现生态文明建设新突破

健全生态约束机制，加大污染治理力度，优化生态环境质量，按照实现“全域景区化”的目标，加快塑造人与自然和谐共生的良好生态环境。

构建生态文明制度体系。划定耕地保护、文化文物本底保护、生态环境保护的红线，健全考核机制，实行最严格的源头保护制度。支持一般性的生产制造和传统农业逐步退出和转移。

提升优化城乡环境风貌。继续实施京津风沙源治理、平原造林、土地综合开发治理等工程，加快实施国家水土保持重点项目，治理水土流失面积41平方公里；实施清洁小流域项目，治理水土流失面积20平方公里。落实污水处理三年行动计划，建设8座污水处理站，配套污水管网92公里，建设第二再生水厂和污泥处理厂项目。落实三年中小河道治理计划，实施潭柘寺东沟、香峪沟、冯村支沟等沟道治理，改善河道及周边环境。落实垃圾处理三年行动计划，推动鲁家山循环经济基地正式运营，建设区级垃圾填埋场，新建小区实现垃圾分类，全面提升城乡环境风貌。

深入推进节能减排。进一步深化大气污染防治改善和空气质量行动方案，继续实施既有建筑节能改造和热计量改造，创建节能型公共机关，建立节能在线监测平台，开展低碳社区、低碳校园的创建活动。完成市政府下达的空气质量目标任务，加快推动压煤、控车、降尘、治污、联防工作，稳步改善空气质量。落实农村优质燃煤替代，实施天然气入村入户和煤改电等工程。

（六）切实保障和改善民生，实现公共服务新跨越

加大民生工程投入力度，以棚户区改造为核心，着力解决人民群众最关心、最直接、最现实的生活问题，推进公共服务普惠化、均等化。

全面加快保障性住房建设。加快棚改工程建设步伐，争取2014年底交付使用6000套安置房，加快新增100万平方米安置房项目开工建设进度，为2015年全面交付使用打下坚实基础。构建多元化保障性住房供应体系，新增自住型商品房42.13万平方米，限价房0.75万平方米，经适房2.4万平方米，公租房1.5万平方米，满足群众多层次的住房需求。

加快发展社会事业。落实中小学三年行动计划，引进优质教育资源，开工建设北京八中门头沟校区，加快推进景山学校门头沟校区前期工作。提升公共卫生服务水平，重点推进京煤医院改扩建、龙泉医院迁建、斋堂医院改扩建等工程。彰显文化独特魅力，继续办好具有京西特色的系列文化活动，不断丰富文化产品供给。启动刘家峪村保护修缮利用项目。启动集体育馆、体育场、文化馆、图书馆、影剧院为一体的体育文化中心项目前期工作。优化法律援助便民服务措施，加强公共安全领域的综合治理，创建“平安门头沟”，推动大峪派出所、城子派出所、军庄消防站等项目开工建设。

努力增加公共服务供给。深化六型社区创建活动，完成社区服务用房规范化建设。推进61696156社区服务信息平台向农村地区延伸。推进集地理信息、社区服务、公共管理于一体的智慧门头沟建设。大力推动城乡充分就业，引导有经济实力的农村经济合作组织实现“一产员工化”，开发绿色就业岗位，推进创业带动就业。切实做好困难群体和低收入户增收帮扶救助工作，为全区困难家庭发放1000张爱心救助卡。推进养老服务社会化发展，开展区老年福利中心公办民营试点工作。做好曹各庄天主教堂和城子清真寺建设工作。

各位代表，做好明年经济社会发展的各项工作责任重大，面临新的形势，我们肩负着新的使命。我们要全面贯彻落实十八届三中全会有关精神，在区委的正确领导下，在区人大、区政协的监督支持和全区人民的共同努力下，以更加饱满的热情、更加昂扬的斗志，凝心聚力，奋勇争先，为实现门头沟区经济社会全面发展谱写新篇章！

关于门头沟区2013年预算执行情况和2014年预算（草案）的报告

——2014年1月8日在门头沟区第十五届人民代表大会第四次会议上

门头沟区财政局

各位代表：

受区人民政府委托，现将门头沟区2013年预算执行情况和2014年预算草案的报告提请区第十五届人大第四次会议审议，并请区政协各位委员提出意见。

一、2013年预算执行情况

2013年，在区委的正确领导下，全区各部门认真贯彻落实区委做出的重大决策和工作部署，严格执行区十五届人大三次会议批准的预算及相关决议，按照“落实三个优化，多办利民实事”的工作要求，全面加强公共财政体系建设，充分发挥财政职能作用，着力保障区域发展重点领域支出，财政收支执行情况总体平稳，完成了全年预算任务。

（一）收入预算执行情况

2013年全区公共财政预算收入预计完成20.70亿元，同比增长8.5%，完成年度预算的103.0%。在近年财政收入快速增长的基础上，面对经济环境的变化，及时采取一系列促进经济发展和财政增收的积极措施，公共财政收入实现年初制定的“稳增长”目标，有效巩固了区域税源基础。

2013年区级政府性基金收入预计完成18.44亿元，增长10.01倍，完成年度预算的138.1%。今年以来，门头沟区按照规划引领发展的要求，加大征地拆迁力度，积极推进土地上市，实现土地出让收益17.96亿元，拓展了全区建设发展空间，有效带动了产业项目落地。

（二）支出预算执行情况

1. 公共财政预算执行情况

全区公共财政预算支出预计完成72.70亿元，增长21.0%，其中区级财力支出预计完成50.67亿元，增长10.3%，完成年度预算的110.7%。加大对棚户区改造等重点工程的资金支持力度，坚持财政投入向公共服务领域和民生领域倾斜，扶植培育主导产业和新兴产业，为区域经济社会发展提供了有效保障。区级财力主要支出完成情况如下。

一般公共服务支出6.48亿元，增长10%，完成预算的138.0%。其中，人口与计划生育法定支出1，010万元，增长2.7%。

公共安全支出3.28亿元，增长0.3%，完成预算的159.9%。

教育支出6.81亿元，增长3.4%，完成预算的125.6%。其中，教育法定支出4.78亿元，增长2.7%。

科学技术支出1，846万元，增长8.2%，完成预算的105.7%。其中，科学技术法定支出1，334万元，增长2.6%。

文化体育与传媒支出1.26亿元,增长19.9%，完成预算的207.7%。其中,文化法定支出3,280万元,增长2.7%。

社会保障和就业支出8.31亿元，增长11.0%，完成预算的116.5%。

医疗卫生支出2.47亿元，增长6.6%，完成预算的108.2%。其中，卫生法定支出2.39亿元，增长7.7%。

节能环保支出1.63亿元，增长53.8%，完成预算的175.3%。

城乡社区事务支出9.67亿元，增长11.8%，完成预算的130.2%。

农林水事务支出5.94亿元，增长4.0%，完成预算的100.8%。其中，农业法定支出4.14亿元，增长2.7%。

2. 政府性基金支出执行情况

全区政府性基金支出预计完成26.48亿元，增长241.8%，其中：

教育支出2.13亿元，主要用于北京八中门头沟校区、小园小学、大峪一小新建等工程。

城乡社区事务支出21.92亿元，主要用于棚户区改造归还贷款、沟道水环境治理工程、水库除险加固工程和小流域水毁修复工程等项目。

农林水事务支出1.67亿元，主要用于龙泉湾水环境改善工程、城子水厂改扩建工程等项目。

（三）全区预算收支平衡情况

2013年，区级公共财政预算收入预计完成20.70亿元，加市对区县体制返还、定额补助及转移支付补助收入等29.61亿元，市级专项收入17.75亿元，上年结转本年使用收入11.30亿元，公共财政预算收入总计79.36亿元。区级公共财政预算支出预计完成72.70亿元，上解支出171万元，专项政策性结转下年使用6.64亿元，公共财政预算支出总计79.36亿元。公共财政预算收支平衡。

区级政府性基金预算收入18.44亿元，市级专项收入8.92亿元，加上年结余5.95亿元，政府性基金预算收入总计33.31亿元。区级政府性基金预算支出26.48亿元，专项政策性结转下年使用6.83亿元，政府性基金预算支出总计33.31亿元。政府性基金预算收支平衡。

（四）上年结余、市级专项收入及预算超收使用情况

上年结余11.30亿元，其中，市级专项结余5.12亿元，区级专项结余6.18亿元，预计全部支出。市级专项结余5.12亿元，主要用于教育和文化事业发展、区医院医疗设备购置、老旧小区综合整治及农民住宅抗震节能改造等方面；区级专项结余6.18亿元，主要用于市政基础设施改造、农村基础设施建设及产业发展、沟道治理等方面。

市级专项收入预计17.75亿元，按照市级专项收入规定用途安排支出，主要用于棚户区改造以及安居配套工程、老旧小区综合整治、教育基础设施建设、沟道治理、医疗卫生补助、农业综合开发土地治理等方面。

根据目前市对区县财政体制，2013年区级财力比年初预算预计超收4.53亿元，其中，市对区县体制返还、定额补助及转移支付补助收入超收3.93亿元，公共财政预算收入超收0.60亿元。根据《预算法》、《北京市门头沟区预算监督办法》的要求，主要用于保障教育、文化、卫生、农业等法定支出依法增长，支持城乡基础设施建设、环境综合整治等方面。超收支出安排情况将专门向人大常委会报告。

二、2013年预算执行效果

按照区第十五届人大第三次会议有关决议的要求，财政部门坚持“稳增长、调结构、增绩效”，激发区域经济发展活力和财政增收潜力，保障重点建设和社会民生领域需求，强化财政资金监管和绩效提升，努力促进经济社会持续健康发展。

（一）落实财政职能定位，促进区域经济转型发展

推动地区综合财力稳增长。深入研究经济发展与财政收入增长的关系，找准财政支持经济发展的着力点和作用方式，把财源建设与重点投资方向、产业结构调整相结合，努力形成经济发展、税源建设良性互动的长效机制。科学研判财政收入走势和财税政策执行效果，抓好主体税种和重点行业税源管理，通过财税库银横向联网系统，实时掌握企业纳税信息和行业部门收入情况，及时研究采取应对措施。充分发挥组收工作联动机制合力作用，拓展部门间的信息共享范围，推动组收工作协调高效开展。落实财政部门在非税收入管理中的职责要求，逐步建立起规范的非税收入管理体系。

提升区域发展内在动力。推动石龙开发区转型发展，重点支持开发区基础设施建设和“智慧石龙”信息化建设，推进石龙五期一级开发，增强总部经济承载力。提高招商引资质量，促进中铁建等大型央企和道富基金等金融信息上市公司落地发展，培植优质属地财源。培育旅游文化休闲产业，支持南石洋大峡谷等重点旅游项目建设，提升全域景区化水平。扶持中小企业发展，开展中小企业贷款担保，拨付企业发展扶持资金，支持潜力型中小企业在区运营。推进“营改增”试点改革及扩围，试点范围企业平均税负下降37.4%，有效引导试点企业转变经营模式，促进了二三产业的融合发展。

引导农村经济产业化发展。改革农村发展投入方式，建立农村产权交易中心和农村发展基金，强化农村集体资产监管，提高涉农资金使用效益，促进农民增收致富。实施农业综合开发等基础设施建设工程，拨付资金1.24亿元用于项目区生产条件改善和农业园区建设，有效提高了全区农业生产力。支持林权制度改革，拨付资金3，232万元用于生态公益林补偿资金支出。推进农业产业化发展，拨付资金605万元用于支持矮化苹果、果蜂产业等特色种养业发展。支持新农民培训工作，拨付资金200万元用农民实用技术培训，提高农民现代化生产意识和能力。

（二）发挥财政公共价值，优化民生服务保障品质

推进公共事业均衡发展。加强棚户区改造项目资金支持，加大征地拆迁力度，加快土地上市步伐，通过有效统筹调度，安排棚改项目资金14.83亿元。积极推动全区重点工程项目实施，安排资金5.15亿元完善市政道路配套、水厂改建等基础设施建设。推进教育事业改革，落实各项人才引进政策，安排资金7，001万元用于教育布局调整，安排资金4，504万元支持学前教育。促进文化产业发展，安排4，564万元支持区内文化基础设施建设和文化精品创作。加强文物保护工作，争取市级文物及历史文化保护区专项资金7，660万元。强化生态环境建设，努力创建国家生态文明示范区，安排3.91亿元用于城市防洪体系和生态水环境建设；安排1，799万元用于京津风沙源治理；投入资金支持“减煤换煤、清洁空气”行动，安排资金600万元用于型煤补贴，保障山区农民清洁用煤。

完善社会服务保障体系。落实积极就业政策，安排促进就业资金1，953万元。完善覆盖城乡的社会保障体系，建立城乡低保财政投入稳增长机制。健全基本医疗保险补助体系，投入809万元用于我区新农合管理服务。加快推进新型社会福利体系建设，建立养老服务政府补贴制度和无固定收入残疾人生活补贴制度，拨付专项资金650万元用于落实“九养”政策。

创新城市管理体制机制。适应全区新形势下社会建设和城市管理的要求，按照财权与事权相结合的原则，在原有体制的基础上增加街道财力2，000万元，保障了街道地区社会管理和公共服务职能的顺畅履行。加大社会建设投入力度，重点支持网格化社会管理服务体系建设，提高对十二类特殊人群服务管理水平，完善社区规范化建设和配套设施，加强社区安全体系建设。设立社会建设专项资金1，000万元，推动社区服务管理向规范化、专业化、社会化、精细化发展。

（三）深化预算执行管理，提升财政资金运行绩效

提高资金管理绩效水平。严控行政运行成本，对全区预算单位“三公”经费、会议费、培训费、印刷费等经费进行压缩。激活财政存量资金，将部门结余资金归集为可支配财力，统筹调整用于区内重点工程及社会民生项目。加强大额专项资金管理，认真配合区人大对大额专项资金的专题询问，对四类项目13.78亿元大额专项资金进行检查，提高财政专项资金使用效益。创新支出绩效评价方式，首次开展了部门整体支出绩效评价和财政再评价工作，同时深入推进事前绩效评估，2013年区级财政支出项目和部门整体绩效评价资金4.18亿元。

健全资金运行监管机制。深化公务卡制度改革，制定了区属预算单位公务卡强制结算目录，利用预算执行动态监控系统加强对预算单位公务卡使用的监督指导，有效提高公务卡使用率。加大专项资金监督检查力度，对2012年度市级专项资金26.25亿元进行了全面核查，并对其中基本公共卫生服务补助等1.68亿元资金进行了重点检查，提升专项资金管理规范化水平。开展公务用车专项治理，严格执行公务用车配备标准、编制和使用管理要求，全面规范车辆购置、更新、过户等工作流程。

强化政府性债务风险管控。制定门头沟区政府性债务管理办法，规范政府债务管理行为。加强财政支出与金融手段相配合的政策研究，努力降低融资成本。加大资金的调控力度，强化基金财力统筹，加快土地上市进度，将土地出让收益作为还款主要来源，动态平衡资金供需，提高跨年度资金平衡能力。强化融资项目资金安全监管，提升绩效意识，建立政府性债务风险预警机制，防范支付风险。

2013年，门头沟区财政收入保持了平稳增长，重点支出需求得到保障，精细化管理水平进一步提升。在总体执行效果良好的同时，我们密切关注到目前财政运行和预算执行中存在的问题。一是财政稳增长难度加大，财政收入基数不断提高，财源结构性矛盾尚未缓解，经济增长和财政增收的支撑力有待进一步增强。二是资金统筹机制有待健全，部分专项资金设立存在职能交叉、内容重复的问题，市级与区级专项资金合力作用需进一步提升。三是预算平衡压力较大，受财政政策性增支因素影响，财政刚性支出需求持续攀升，超过自身财力增量，财政收支矛盾仍然突出。这些问题需要引起高度重视，通过转变政府职能、深化财政改革、创新工作机制、严格预算管理等措施加以解决。

三、2014年预算草案

2014年，财政部门全面贯彻党的十八大和十八届三中全会精神，认真落实区委十一届六次全会工作部署，围绕加快建立现代公共财政制度，深化预算管理制度改革，构建“深度统筹、体系规制”

的预算工作机制，着力形成保障全区转型发展的预算管理制度规范。

一是推进预算决策顶层设计。以政策目标为主线，跨越职能部门传统界限，以经济社会发展体系为决策单位，聚焦区域转型发展，系统研究基本建设与市政配套、农业与旅游产业融合以及社会建设等体系的发展需求，使部门工作职能与经济社会发展功能相衔接。二是统筹整合财政资金配置。以“零基”预算为基础，发挥资金集约规模效应，统筹归并关联度较高的一般性项目，构建全区培训、宣传、会议统筹管理机制，提升预算分配的理性与效率，提高财政预算公信力。加快财政资金审批系统与业务处理系统的整合对接，构建完整财政数据链，提高财政预算透明度。三是强化预算刚性与绩效导向。以绩效产出为导向，锁定预算执行项目，严肃预算执行约束力。提高财政治理能力和治理体系建设，制定大额专项资金管理办法，设立大额专项资金目录，在人大法律监督下，发挥财政内部监督与审计外部监督的联动合力，提升监督实效。加强政府债务管理，设立政府偿债准备金，实行债务规模总量控制，防范债务风险。通过建立政策目标与预算决策有机统一、预算决策与资金配置互为支撑、资金配置与绩效管理相互促进的财政预算管理制度，促进公共资源配置效率最优化和产出效益最大化。

（一）收入预算安排情况

2014 年，区公共财政收入预算安排 21.95 亿元，增长 6.0%；政府性基金收入预算安排 35.45 亿元，增长 92.2%；国有资本经营收入预算安排 240 万元。

2014 年，区经济转型发展将进入产业培育的关键阶段，区域发展总体运行态势趋稳。支撑财政收入增长的主要因素：棚户区改造、城市基础设施和生态环境建设投资力度加大，对经济发展产生积极拉动效应；土地储备和加快入市，有效推动产业项目落地和税源增长；石龙开发区向楼宇经济转型升级，促进信息科技产业和商务经济等新兴产业集聚；招商引资企业和落地项目陆续进入产出期，形成有效新增税源；沟域景区、村落度假酒店等旅游项目投入运营以及精品农业项目逐渐成熟，成为收入潜在增长点。收入形势总体向好同时，我们密切关注经济发展面临的结构性压力，财政部门要继续巩固存量因素，深入挖掘地区税源的增量因素，实现区域转型发展与收入稳定增长的协调递进。

（二）支出预算安排情况

2014 年财政支出预算安排重点：一是统筹整合预算专项资金，设立农村发展基金、产权交易平台资金、旅游发展专项资金、基础设施建设专项资金、社会建设资金、经济结构调整资金等六类专项资金，分体系优化财政投入方向，保障地区发展重点领域和关键环节协调推进；二是引导构建现代产业发展新体系，支持发展现代服务业、信息科技产业等高端产业，以及沟域景区、景观农业等旅游文化休闲产业，优化产业布局，加快转变地区经济发展方式；三是动态保障城乡建设发展资金，筹集调度市区基本建设资金，支持重大基础设施项目建设，有序保障棚户区改造、S1 线区域组团、石龙五期征地等项目资金需求，深入拓展转型发展空间；四是重点保障为民办实事等社会建设资金，创新资金支持方式，着力解决好人民最关心最直接最现实的利益问题，促进社会安定和谐。

1. 公共财政预算安排情况

2014 年，全区公共财政预算支出安排 56.67 亿元，其中，区级财力预算安排 50.48 亿元，比上年预算增长 10.3%。区级财力主要支出安排情况如下。

一般公共服务支出 4.64 亿元，下降 1.3%，其中，人口与计划生育法定支出 1，085 万元，增长 2.6%。

公共安全支出 2.63 亿元，增长 28.4%。

教育支出 5.70 亿元，增长 5.2%，其中，教育法定支出 5.14 亿元，增长 7.9%。

科学技术支出 1,773 万元，增长 1.5%，其中，科学技术法定支出 1,466 万元，增长 2.6%。

文化体育与传媒支出 7,892 万元，增长 29.7%，其中，文化法定支出 3,218 万元，增长 2.5%。

社会保障和就业支出 8.27 亿元，增长 15.9%。

医疗卫生支出 2.46 亿元，增长 7.7%，其中，卫生法定支出 2.38 亿元，增长 7.0%。

节能环保支出 9,676 万元，增长 4.1%。

城乡社区支出 9.01 亿元，增长 21.4%。

农林水支出 6.93 亿元，增长 17.7%，其中，农业法定支出 4.22 亿元，增长 2.6%。

深入贯彻落实中央八项规定和北京市厉行勤俭节约加强预算管理的要求，严格控制行政运行成本，2014 年全区行政事业单位“三公经费”预算安排资金 6175.48 万元。

2. 政府性基金安排情况

全区政府性基金支出安排 38.01 亿元，其中，区本级支出 35.45 亿元。

3. 国有资本经营预算情况

全区国有资本经营预算支出安排240万元，其中，区本级支出240万元。

（三）收支预算平衡情况

2014年区级公共财政预算收入安排21.95亿元，加市对区县体制补助和转移支付34.72亿元，全区公共财政预算收入总计56.67亿元。公共财政预算支出安排56.67亿元。公共财政预算安排收支平衡。

2014年区级政府性基金收入35.45亿元，市专项提前告知2.56亿元，全区政府性基金收入总计38.01亿元。全区政府性基金支出安排38.01亿元。政府性基金预算安排收支平衡。

2014年区级国有资本经营预算收入168万元，其他国有资本经营预算收入72万元，全区国有资本经营预算收入总计240万元。全区政府性基金支出安排240万元。国有资本经营预算安排收支平衡。

四、2014年财政工作重点任务

2014年是门头沟区深入贯彻党的十八届三中全会精神，扎实开展群众路线教育实践活动的重要一年，也是全区加快转型发展，提升发展质量和效益的关键一年。财政部门要认真落实区委各项决策部署，加快转变财政职能，完善财政工作体系，推进现代财政治理，进一步提升财政保障与服务经济社会发展水平。

（一）深化改革，加快构建现代财政制度

重塑预算管理模式，打破预算分配固化、零碎化的现状，围绕全区发展总体规划，加强顶层设计，统筹整合分散资金，逐步形成财权与事权相顺应，财力与支出责任相匹配的预算分配模式。建立基于“零基”预算的理性预算分配机制，引入以遴选竞争为基础的项目制管理，提高项目预算编制环节的科学化、精细化程度，促进有限的公共资源实现理性配置、最优配置。

完善镇街财政体制，促进城乡均衡发展。围绕全区总体规划和镇街功能区定位，明确镇街收入管理职责，以及公共服务和各项事业发展的支出责任，强化底线思维，建立“事权明确、财权匹配、激励相容”的镇街财政管理体制，调整街道财力与事权的匹配，实行分功能区转移支付制度，促进划转事项事权、责任、财力相统一，推动不同功能区域差异化发展、协调发展和共同发展。

推进预算信息公开，努力打造“透明财政”。进一步扩大预决算信息和“三公经费”信息的公开范围，逐步公开财政资金绩效评价结果信息，提高政府公信力；以预算信息公开推动有效预算信息积累，接受社会各界对财政收支分配、运行和执行效果的监督，推动预算决策更加符合理性，更好履行服务社会、服务人民的公共责任。

（二）转变职能，提升财政综合治理能力

发挥财政资金正向作用，推动重点工作快速推进。加强财政资金统筹调度，研究建立跨年度预算平衡机制，优化资金安排时序，科学规划土地项目上市时序，动态平滑棚户区改造以及其他重大项目的年度间和年度内资金供需，均衡资金支付压力。发挥产业扶持资金的导向作用和杠杆效应，以产业扶持为牵引，支持石龙开发区转型升级，加快形成产业集群效应；优化产业扶持资金的作用方式，提高对实体经济的引导、保障作用，支持潜力型中小企业快速发展；吸引社会资本参与，撬动农村产业、旅游文化休闲产业发展的“支点”，加快土地流转，激发农村发展活力，推进旅游全域景区化建设，打造109国道百里画廊精品项目，促进农游合一深度融合，提升地区经济运行质量。积极推进国家生态文明示范区建设，进一步提升全区生态修复水平。

统筹政府市场作用合力，提高民生服务保障能力。加强协调配合，积极发挥政府和市场“两只手”的作用。坚持有所为、有所不为，科学、精准定位政府财政职能，在合理确定政府支出“边界”的基础上，注重发挥市场机制在资源配置中的决定性作用，加大政府购买服务比重，提高公共产品供给效率，增加公共产品有效供给；统筹规划民生项目，切实解决与群众生活密切相关、群众反映强烈的突出困难和问题，在守住底线保基本的同时，更加注重雪中送炭。

规范大额专项资金管理，强化资金监管制度约束。制定大额专项资金管理办法，设立大额专项资金目录，规范大额专项资金分配、使用和管理方式。建立以部门预算实体为管理实施主体，人大、审计、财政为监督控制主体的全方位、立体式资金监管体系，在人大法律监督下，形成财政内部监督与审计外部监督相结合的全过程动态监督机制，发挥常态化监督合力，提升监督实效，保障财政资金安全、规范、高效运行。

合理控制政府债务规模，强化政府债务风险管理。设立政府偿债准备金，科学制定偿债计划，逐步清理和消化政府债务，防范发生财政支付风险。根据全区财力状况，设定政府性债务风险预警区间和风险高限，实行债务规模总量控制，谨慎安排新增建设项目，严格控制隐形债务增加。

（三）转变作风，提高财政管理服务效能

强化预算刚性，规范预算执行。健全预算执行监管机制，严格遵循先有预算、后有支出的原则，严肃预算执行约束力，经法定程序批准后，严格按照年初预算予以执行，无特殊情况不做预算外和超预算安排，确需调整的，必须履行规范程序，切实提高预算执行的准确率、均衡性和有效性。努力把“八项规定”转化为财政量化的管理措施，严格执行“三公经费”、会议费、培训费等经费管理办法，压缩行政运行成本。

突出绩效导向，强化绩效意识。转变传统的支出控制型预算管理模式，建立以产出和结果为导向的全过程预算绩效管理模式，强化财政资金绩效目标管理，协同推进事前绩效评估、事中绩效跟踪、事后绩效评价，形成绩效管理闭环机制。加大绩效结果应用和问责力度，强化预算绩效管理制度约束，切实提高财政资金使用效益。

构建综合系统，提升信息支撑。升级财政信息子系统，加快资金审批系统与业务处理系统的整合对接，搭建标准一致、格式统一的财政管理平台，以信息化建设推进财政业务建设，形成完整财政数据链条。充分发挥财政“大数据”在内部管理工作中的多层次、多维度应用，开发建立财政收支分析预测模型、财政预算执行监测预警模型、财政绩效管理监测模型等，科学、全面掌握财政动态信息，为领导决策提供准确、合理的数据支撑。

转变财政职能，加强作风建设。全面贯彻十八届三中全会精神，切实转变财政职能，深化财政管理改革，创新财政管理方式，大力建设公共服务型财政。加大廉政风险防控力度，坚持科学理财、公开透明、程序合法。认真践行群众路线教育实践活动，切实改进工作作风，密切联系群众，深入基层调研，科学落实民生保障资金，充分体现公共财政的公平、普惠本质。

各位代表，2014 年是全区深入学习十八届三中精神、全面贯彻落实群众路线教育实践活动的重要一年，我们要在区委的正确领导下，在区人大的监督指导下，强化科学发展理念，把满足人民群众日益增长的物质文化需要作为财政工作的出发点和落脚点，锐意改革，完善机制，为全面实现地区转型发展、创新发展和跨越式发展做出积极贡献。

北京市门头沟区人民代表大会常务委员会工作报告

——2014 年 1 月 9 日在北京市门头沟区第十五届人民代表大会第四次会议上

门头沟区人大常委会主任　罗　斌

各位代表：

我受北京市门头沟区第十五届人民代表大会常务委员会委托，向大会报告工作，请予审议。

2013 年的工作回顾

过去的一年，是全区贯彻“落实‘三个优化’，多办利民实事，全力建设国家生态文明示范区”工作主题，推进转型发展、创新发展和跨越式发展的重要一年，同时也是区人大工作取得新成效和新进展的一年。在中共门头沟区委的坚强领导下，区人大常委会深入贯彻党的十八大精神，以科学发展观为指导，坚持党的领导、人民当家作主和依法治国的有机统一，紧紧围绕区委十一届四次、五次全会工作部署，执行区十五届人大三次会议决议，认真履行宪法和法律赋予的职权，做了大量扎实有效的工作，较好地发挥了地方国家权力机关作用，为推进全区社会主义民主政治建设、建设现代化生态新区做出了积极贡献。

一年来，区人大常委会共举行7次会议，依法行使监督权、重大事项决定权和人事任免权。听取和审议“一府两院”报告18个，其中专项工作报告8个，计划与预算报告7个，落实常委会审议意见报告3个。就批准财政决算、年度部分计划指标调整和召开区人民代表大会会议依法作出3项决定决议。任免国家机关工作人员36人（次），其中副区长4人（次），区人大常委会工作机构负责人和派出机构组成人员6人（次），区政府组成部门主要负责人17人（次），区法院工作人员7人（次），区检察院工作人员2人（次）。另外，还补选市人大代表一名。

一、拓展监督工作方式，增强监督工作实效

常委会认真贯彻实施监督法，发挥人大监督的特点和优势，综合运用各种监督方式，围绕科学发展和改善民生的重要问题，加大对权力运行的监督力度，保证、支持和督促“一府两院”依法行政和公正司法，维护人民群众的合法权益。

开展专项资金询问，深化财政预算监督。常委会根据监督法和预算法的要求，全面履行预算监督职能，着力拓展对政府预算资金使用绩效的监督。一是听取和审议区政府关于2012年财政决算报告和审计工作报告，审查和批准了2012年财政决算。二是听取区政府关于2013年上半年执行年度财政预算情况报告，针对财政增收难度不断加大的问题，提出了积极培育涵养财源、严格控制一般性支出、努力降低行政成本和提高资金使用绩效等方面的建议。三是主任会议初步审查了2014年财政预算编制情况，为代表大会审查和批准年度财政预算奠定了基础。四是第一次运用专题询问方式，对大额专项资金的使用和管理情况进行监督，促进了财政资金的规范运行和有效使用。通过对“农业及农村发展专项资金”、“促进企业发展扶持专项资金”、“城市景观照明专项资金”和“城市公园建养专项资金”四大类共13．8亿元专项资金项目的专题询问，区人大常委会全面客观地审视了大额专项资金的使用和管理现状，并从机制创新、制度建设层面提出了建议：一要以规划引领发展，试编政府中期财政预算，增强财政预算的前瞻性和延续性，均衡年度之间的财政收支矛盾，防范和降低财政风险。二要以创新驱动发展，改革预算分配机制，实行“竞争性分配”模式，使项目申请部门通过竞争的方式获得预算资金，要按照“养事不养人”的思路，积极探索政府购买服务的管理模式。三要以预算统筹发展，实现资金跨部门、跨行业的整合，重新形成资金合力，为全区经济发展和社会建设提供综合保障。四要以制度保障发展，不断完善大额专项资金预算管理制度，规范审批程序，明确支出范围，严格政府采购，加强信息公开，确保财政支出的公共性和公益性。五要以绩效促进发展，加强对绩效评价和绩效审计结果的运用，适时开展绩效问责，逐步建立和完善大额专项资金全过程的预算绩效管理体系，不断优化公共资源的配置效率。常委会还将大额专项资金专题询问的相关情况向区委做了专题报告。

围绕区域发展目标，加强规划计划监督。2013年是实施“十二五”规划纲要的中期，为推进规划纲要的全面落实，常委会在关注年度计划执行情况的同时，开展了对“十二五”规划纲要实施情况的监督。一是听取区政府关于2013年上半年执行年度国民经济和社会发展计划情况报告，提出了加快产业转型，提升经济发展品质；加快项目落地，提高招商引资质量；提升管理水平，完善社会服务体系等方面的建议。二是审议批准了区政府关于调整2013年部分经济指标的报告。三是听取区政府关于“十二五”规划纲要实施情况的中期评估报告。建议区政府要继续抓好产业结构调整，加快培育新兴产业体系；继续提升城乡建设水平，加快推进重点民生工程；继续加强生态文明建设，加快提高生态环境质量；继续推进社会事业发展，加快提升公共服务水平。四是听取政府性债务使用和管理情况的报告。要求区政府针对政府性债务带来的管理和财政风险，要高度重视风险管理，加强调度，动态平衡还款计划；要严格审计，从严压缩债务规模；要多措并举，提高债务管理效能，通过建立政府债务准备金，设定债务风险预警，谨慎安排新增建设项目，逐步化解存量债务，严格控制新增债务。五是常委会组成人员视察特色农产品生产、加工、销售情况，听取和审议区政府关于农民专业合作社发展情况报告。要求区政府要制定管理规则，引导规范联合社发展；注重质量认证，提高品牌意识；用活用足政策，支持农民专业合作社发展；优化资源配置，构建产品平台；强化规范管理，突出服务宗旨。六是跟踪检查《门头沟区长安街沿线城市设计实施导则》和《门头沟区旅游文化休闲产业发展规划》的实施情况，听取了区政府关于落实《实施导则》和《发展规划》情况的报告。

围绕优化民生品质，开展专项工作监督。常委会高度关注保障和改善民生工作，抓住社会广为关注的问题，积极推动棚户区改造、医药卫生、食品安全、学前教育、生态环境等各项事业的发展。组织委员和代表视察了采空棚户区改造、河湖保护管理、不同所有制幼儿园、打击拆除违法建设和“清洁空气计划”实施情况，听取和审议了区政府关于采空棚户区改造、医药卫生体制改革、农产品质量安全及动植物防疫体系建设、档案管理工作和贯彻实施《北京市河湖保护管理条例》等方面的报告。充分肯定了区政府这些工作所取得的显著成效，同时对工作的进一步完善、发展提出了要求和建议：在棚户区改造上，要进一步加快完善工程手续，加强工程质量和安全管理，加快市政配套设施建设，确保棚改居民早日入住。在河湖保护管理上，要进一步加快编制和完善保护管理规划，加大对水污染防治和水域绿化的监管力度，建立和完善长效宣传教育机制，切实提高市民保护河湖环境和自身安全意识。在打击拆除违法建设上，要科学统筹、依法整治，营造理解并支持拆违的良好工作氛围，切实维护社会和谐稳定；通过“以点带面”全面推进拆违工作；切实抓好拆违后的长效管理工作，坚决杜绝新的违法建筑的产生。在档案管理工作上，要继续围绕发展大局谋划档案工作，强化档案工作公共服务职能，推进管理工作规范化科学化建设。在医疗卫生体制改革上，要继续抓好专业队伍建设，切实加强行业自律；完善监督评价机制，确保医院的公益性；优化医疗资源配置，构建多元办医格局；加强居民健康管理，增强综合服务功能。在农产品质量安全上，要从本区农产品以输入为主的实际出发，进一步完善监督体系，加快标准化建设，增强经营者的责任意识和消费者的防范意识。在学前教育上，要进一步坚持科学规划布局，坚持软硬件建设并举，坚持公益性和普惠性，鼓励民间资本投入，全面提升办园质量。在实施“清洁空气计划”上，要按照“减煤换煤、清洁空气”行动方案，进一步坚持从源头抓起，加强燃煤质量监管，把政府补贴资金用实用足，在确保群众安全温暖过冬的同时，严格控制有害物质排放。

推进民主政治建设，深化司法工作监督。常委会以促进公正司法、维护公平正义为目标，积极探索、不断拓宽司法监督的途径和方式。一是听取区人民法院关于法官队伍建设情况报告。要求区法院要进一步深化思想政治建设，把政治过硬、信念坚定摆在突出位置；深化司法能力建设，实现由知识型向知识与能力结合型转变；深化反腐倡廉建设，确保清正、清廉、清明；深化队伍管理创新，增强队伍的整体合力。二是跟踪检查了区检察院落实常委会2012年关于职务犯罪侦查和预防工作审议意见情况。要求区检察院要总结经验，继续完善工作机制，加强队伍建设，加大宣传力度，推动反腐倡廉建设常抓不懈。三是认真贯彻实施《北京市各级人民代表大会常务委员会规范性文件备案审查条例》。常委会制定了《规范性文件备案审查工作规程》，设立备案审查办公室，使规范性文件备案审查工作纳入制度化、规范化轨道。四是主任会议成员听取区政府关于开展社区矫正工作情况汇报，视察了区“阳光中途之家”建设情况，支持和督促加强对特殊人群的管理。五是在区委的统一领导下，加强对村委会换届选举工作的法律监督，依法维护群众的民主权利，保证换届选举工作顺利进行，推进了农村基层民主政治建设。

二、强化服务保障工作，提高代表工作水平

常委会认真贯彻实施代表法，把加强代表工作摆在重要位置，完善代表工作格局，创新代表工作机制，拓宽发挥代表作用途径，积极组织和支持代表依法履行代表职务，不断增强代表工作的实效性。

以“双进”活动为载体，密切代表与群众联系。认真贯彻落实区委关于充分发挥代表作用的要求，在人大代表中开展进农村、进社区的“双进”活动，为代表更好地了解民情、反映民意、汇集民智创造了良好条件。常委会依托村、社区“连民心恳谈室”和社会服务管理“网格”划分，建立了14个“代表之家”、113个“代表接待站”，实现了代表联系群众的“网格化”全覆盖。坚持把接待站分散接待群众与开展集中接待选民活动结合起来，广泛深入听取各方面的意见和呼声。在集中接待选民活动中，全区122名人大代表采取调查问卷、个别走访、召开座谈会等方式，向3260名选民征集了585条意见和建议，形成37件闭会期间代表建议，交有关部门和单位办理。确定了80个低收入户为重点联系对象。

加强建议督办工作，提高建议办理质量。区十五届人大三次会议期间，共收到代表建议126件。在各方面的共同努力下，除4件转市人大研究处理外，其余122件均已如期办结并答复代表。为了提高办理质量和实效，常委会采取多项举措加大统筹协调和督办力度。按照“先确认，后交办”的原则，对代表建议逐件进行核对，准确认定办理单位，及时召开交办会，提出明确要求。继续完善了常委会主任副主任重点督办、机关委室分类督办和代表联络部门统筹督办的工作机制，选择具有普遍性、公益性、前瞻性、可行性和办理难度较大的7件代表建议，由常委会主任、副主任进行督办。坚持把督办代表建议纳入重要工作日程，常委会分别听取和审议了代表建议交办情况报告和办理结果报告。各承办单位以对人民高度负责的精神，加强领导，落实责任，克服困难，千方百计做好办理工作。承担办理任务较重和办理质量较好的有区公安分局、区住建委、区市政市容委、区交通局、区卫生局、京煤集团等单位和部门。

提高服务保障水平，拓展闭会期间代表活动。进一步完善区、镇、街密切协同的代表工作格局，规范和拓展闭会期间的代表活动。举办了有140人参加的代表培训班，通报实施“十二五”规划进展情况，介绍法院、检察院司法职能，为代表知情知政、提高依法履职能力创造条件。组织代表开展年中集中活动，通报区政府上半年执行年度经济社会发展计划情况，征求代表意见和建议。组织代表旁听区法院庭审，视察棚改居民安置房建设和定都阁、戒台寺景区环境建设，推荐56名代表担任相关部门特邀监督员、法院陪审员。组织代表接听61696156为民服务热线电话80余人次，归纳提出意见和建议11条。邀请代表列席常委会会议，扩大代表对常委会工作的有效参与。适时召开代表联络工作会议，把学习培训、经验交流、工作部署结合起来，充分发挥代表联络员的服务能力。按照市人大的部署和要求，认真组织市代表参加代表培训、年中集中活动，与市、区两级法院、检察院座谈，视察养老服务和停车场建设管理，并参与区人大组织的视察和接待选民活动。

三、重视加强自身建设，提高依法履职水平

为适应新形势、新任务对人大工作的新要求，常委会十分重视加强自身及其机关的建设，坚持学习制度，健全工作机制，完善工作方式，改进工作作风，不断提高依法履职能力和水平。

坚定制度自信，坚持正确政治方向。常委会深入学习领会党的十八大精神，紧密联系人大工作实际，加深对人民代表大会制度本质特征和内在优势的认识，增强做好人大工作的责任感和使命感。认真落实中央关于改进工作作风、密切联系群众的八项规定，拓展调研深度，切实改进会风，严格廉洁自律，注重工作实效，努力把党的群众路线贯彻落实到人大履职和工作之中。紧紧围绕区委总体工作部署开展人大工作，服从和服务于全区的转型发展、创新发展和跨越式发展。坚持重大事项向区委的请示报告制度，依法把党的主张和意图转化为国家意志，保证区委重要决策在人大的贯彻落实。常委会机关按照区委关于加大重点项目推进力度的工作部署，组成专项工作组深入城子CD地块、九龙路房屋征收滞留户清退工作一线调研、走访、宣传，圆满完成了区委交办的助推征地拆迁任务。

改进工作方式，努力提高工作质量。积极探索人大工作特点和规律，不断完善工作方式，努力增强依法履职的针对性和实效性。在工作监督上，第一次对大额专项资金使用和管理情况开展专题询问，有效地深化了对财政预算的绩效监督。在法律监督上，第一次对规范性文件备案审查工作进行规范，推进这一监督方式的制度化和经常化。在代表工作上，第一次开展代表进农村、进社区活动，建立了代表联系选民的长效工作机制。在工作方法和工作作风上，坚持把会前调研作为议题审议的基础性工作，提出有情况、有分析、有建议的调研报告，提高了常委会的审议质量；坚持每年选择若干重点难点问题，实施跟踪监督和连续监督，促进人民群众普遍关注问题的解决；坚持每年选择关系全区改革发展和改进人大工作的重要问题开展专题调研，提出改进工作的意见和建议。坚持把做好信访工作作为密切联系群众的重要渠道，加强对信访件的督办工作，推动群众合理诉求的解决。一年来，共受理来信来访133人（次），已全部得到妥善处理。在市、区人大联动上，配合市人大开展《北京市大气污染防治条例》的立法调研和农村集体经济组织产权制度改革调研。在对外交流与合作上，认真学习市和兄弟区县的经验，一年来接待市、区县调研和考察60多批次。通过工作方式的不断改进，进一步增强了人大工作的生机和活力。

加强机关建设，提高服务保障能力。坚持常委会及其机关每季度一次的理论讲座制度，学习宪法法律、人大工作理论和相关专业知识，提高思想政治素质和履行职责能力。充实和调整机关工作人员，干部队伍建设得到进一步加强。坚持和完善各项工作制度，推进了机关工作的制度化、规范化、和程序化建设。各工作机构加强与相关部门的沟通协调，深入开展调查研究，做了大量艰苦细致的工作，较好地发挥了集体参谋助手和服务班子的作用。一年来，共完成议题调研报告、专题调研报告和考察报告14个。

加强具体指导，推进镇街人大工作。坚持每季度召开镇人大工作会议，把通报情况、交流经验、培训骨干和指导工作有机结合起来。深入基层，指导镇人大进行代表培训、开展专项工作评议和召开人民代表大会。召开街道人大工作会议，通报区人大常委会工作要点，就开展人大代表"双进"活动进行研讨。选择重要问题，加强区、镇、街人大工作联动，在区人大开展视察、调研、接待选民等活动中，镇人大和人大街工委发挥了重要的服务保障作用。

各位代表，一年来常委会工作取得的进展和成效，是在中共门头沟区委的坚强领导下，全体常委会组成人员和人大代表辛勤工作、认真履职的结果，是"一府两院"协同工作、共同努力的结果，也是镇街人大和广大人民群众大力支持的结果。在此，我代表区十五届人大常委会，向各位代表和所有关心、支持人大工作的同志们、朋友们，表示崇高的敬意和衷心的感谢！

在肯定工作进展和成效的同时，我们也清醒地认识到，常委会工作同新形势新任务的要求相比，还有不少差距。主要是：坚持和完善人民代表大会制度的认识需要继续深化，做好人大工作的责任感和使命感需要进一步增强；监督工作方式需要继续进行探索，对国家权力运行的有效监督需要进一步加强；代表履职的服务保障工作需要继续改进，代表的主体作用需要进一步发挥；常委会及其机关的整体素质需要继续提高，依法履行职责能力需要进一步提升。对于这些问题，我们将认真研究、切实加以改进。

2014 年的工作安排

2014 年，是深入学习贯彻党的十八届三中全会精神、全面深化改革的开启之年。区人大常委会要在中共门头沟区委的坚强领导下，认真贯彻落实党的十八届三中全会、市委十一届三次全会和区委十一届六次全会精神，坚持党的领导、人民当家作主和依法治国的有机统一，以深入开展党的群众路线教育实践活动为引领，切实改进工作作风，增强责任意识、进取意识和创新意识，推动本区人民代表大会制度和人大工作与时俱进；要按照区委全会的总体工作部署，立足生态涵养区功能定位，紧紧围绕稳中求进、改革创新的大局，把人大工作融入到经济社会发展建设的全过程，依法行使监督、决定、任免等职权，努力提高工作质量和实效，推动人民群众普遍关心的热点难点问题的解决，推进政府转变职能、建设服务型政府，为开创现代化生态新区建设新局面提供有力的民主法制保障。

一、深入开展群众路线教育实践活动

按照区委统一部署，深入开展以为民、务实、清廉为主要内容的党的群众路线教育实践活动。结合人大工作实际，围绕理清思想、端正作风、改进工作的总体目标，通过"照镜子、正衣冠、洗洗澡、治治病"，进一步理清坚持群众路线与坚持人民代表大会制度的关系，切实增强常委会密切联系代表与代表密切联系群众的自觉性；要牢牢把握人大的职能定位，找准服务大局的切入点和结合点，自觉坚持以人为本的价值取向，注重运用法治思维和法治方式维护人民群众的合法权益；要积极探索人大工作的特点和规律，完善工作方式，改进工作作风，不断增强学习调研能力、协同推进能力和联系服务群众能力。

要把学习贯彻党的十八届三中全会精神与群众路线教育实践活动有机结合起来。在全面把握全会精神实质的基础上，深刻领会关于发展社会主义民主政治、推动人民代表大会制度与时俱进的论述，进一步强化坚持和完善人民代表大会制度和做好人大工作的使命感。按照"总结、继承、完善、提高"的总原则，认真贯彻落实对人大工作提出的新任务、新要求，切实推进人大工作的完善与发展。

二、推进职能转变，进一步加强对权力运行的监督

积极推进政府转变职能，创新体制机制，增强发展内生动力，同时立足人大监督的性质、特点和规律，紧紧围绕全区改革发展重大问题和群众期盼、社会关注的热点问题，依法拓展和综合运用多种监督方式，切实加大对财政预算、重点工程、民生事业和司法工作等方面的监督力度，着力揭示矛盾和问题，提出改进工作建议，推进依法行政、公正司法和重点问题的解决，力求取得实实在在的效果。全年拟安排五方面重点监督工作。

一是加强对服务型政府建设的监督。重点关注政府工作体系建设和财政预算工作。常委会听取区政府关于政府性债务清偿计划的落实情况及 2014 年新增债务管理情况的报告；在认真总结 2013 年开展大额专项资金专题询问经验的基础上，对沟道治理工程专项资金开展专题询问，并对 2013 年专题询问工作进行跟踪调研，促进"中期财政预算编制"、"竞争性分配"和"政府购买服务"等预算管理制度的创新和实践；听取和审议区政府关于 2013 年财政决算报告和审计工作报告，审查和批准财政决算；听取区政府关于 2014 年上半年执行年度计划和预算执行情况的报告；初步审查 2015 年计划和预算编制草案；跟踪检查区政府落实常委

会2013年关于档案管理工作审议意见的情况。

二是加强对城乡一体化发展的监督。重点关注转型发展和构建新型农业经营体系。常委会听取区政府关于引进项目落地情况的报告；听取和审议区政府关于农村土地流转情况的报告；视察农村沟域开发、发展休闲旅游观光产业情况；组织代表视察沟域经济发展情况；开展对农村“三资”管理，推进“三个中心”建设的专题调研；跟踪检查区政府落实常委会2013年关于农民专业合作社发展工作审议意见的情况。

三是加强对社会事业改革的监督。重点关注与人民群众生活密切相关的民生工作。常委会听取和审议区政府关于慢性病综合防控工作情况的报告；听取区政府关于采空棚户区改造建设情况的报告；视察本区引进优质教育资源情况；主任会议视察打击拆除违法建设工作情况；主任会议视察老年福利中心和村居托老所，并听取区政府关于推进养老服务社会化的工作汇报。

四是加强对生态文明建设的监督。重点关注环境保护和生态建设。常委会听取和审议区政府关于大气污染防治情况报告；视察鲁家山垃圾焚烧厂建设与运行情况；跟踪检查区政府落实常委会2013年关于河湖保护管理工作审议意见情况。

五是加强对法治建设的监督。重点关注公正司法与和谐社会的构建。常委会听取区人民法院关于实施人民陪审员制度情况报告；认真落实常委会《规范性文件备案审查工作规程》，做好规范性文件的备案审查工作；进一步加强信访工作，妥善协调各方面利益关系，维护人民群众的合法权益。

三、坚持人民民主，进一步发挥人大代表的主体作用

从坚持和完善人民代表大会制度、尊重代表主体地位出发，继续完善代表工作格局，健全代表工作制度，提高服务代表水平，进一步加强常委会与代表、代表与人民群众的联系，扩大代表对常委会工作的有效参与，积极支持、切实保障代表依法履行职务。

一是深入开展代表“双进”活动。深化区委充分发挥人大代表桥梁纽带作用的工作部署，继续加强“代表之家”和“代表接待站”制度建设，使之成为组织闭会期间代表活动和代表联系群众的平台，广泛汇集民意、集中民智、凝聚共识。继续组织代表接听61696156为民服务热线，加强值机代表培训，不断提高汇集和反馈群众意见能力。

二是强化代表履职服务保障工作。通过举办代表系统培训班，开展代表集中接待选民活动，逐步扩大代表向选民述职范围，完善常委会组成人员联系代表制度，邀请代表列席常委会会议，推荐代表担任特约监督员、陪审员，采取分散与集中相结合，多形式、多层次组织代表开展视察检查等多种形式，为代表知情知政和依法履职提供有力保障。按照市人大的要求，为市人大代表履职提供周到细致的服务。

三是做好代表建议督办工作。进一步完善代表建议督办工作机制，加大沟通协调力度，加强督促检查，切实提高办理质量和实效。加强对代表建议的综合分析，对带有全局性、倾向性问题纳入常委会行使职权的视野。

四、加强自身建设，积极探索新时期人大工作新机制

以党的群众路线教育实践活动为抓手，按照十八届三中全会对新时期人大工作的新要求和区委的重要部署，加强常委会及其机关的自身建设，探索建立健全和完善落实适应新形势需要的人大工作新思路、新方法和新机制，把改革创新精神贯彻到人大各项工作中去，改进工作作风，创造性地开展工作，推进人民代表大会制度与时俱进。

一是坚持正确的政治方向。牢牢把握全面深化改革大局，紧紧依靠和主动争取党的领导，把党的领导贯穿于人大依法履职的全过程和各方面，坚持重大问题向区委的请示报告制度。紧紧围绕区委总体工作部署谋划和开展人大工作。

二是探索完善工作机制。积极探索做好新时期人大工作的体制机制，完善各项监督制度，为人大在新形势下围绕大局切实发挥职能作用奠定坚实基础。贯彻执行区四套班子运行规则，重点加强对重大项目的监督检查，在坚持实施事中、事后的执行、问效监督同时，主动提前介入，加强重大项目决策的事前监督，进一步增强人大对重大项目全过程的监督力度；探索健全人大讨论、决定重大事项制度，推进政府重大决策出台前向人大报告制度的落实；健全和完善常委会组成人员联系代表、代表密切联系群众制度。

三是切实改进工作作风。以提高监督实效为出发点和落脚点，加强调查研究，把调查研究与常委会审议议题结合起来，与改进机关工作作风结合起来，提高常委会工作的针对性。加大人大制度和人大工作的宣传力度，运用多种方式推进信息公开，不断增强人大工作的透明度，扩大代表与人民群众对人大及其常委会工作的有效参与。密切与镇人大的经常性联系，加强人大街工委建设，推动基层人大工作水平的不断提升。

各位代表，党的十八届三中全会对全面深化改革作出了系统部署，对加强社会主义民主政治建设、推进人民代表大会制度理论和实践创新提出了新要求，人大工作面临着与时俱进的繁重任务。我们要牢记党的重托和人民的期望，认真履行宪法和法律赋予的职责，努力提高人大工作水平和实效。让我们在中共门头沟区委的坚强领导下，以更加饱满的精神状态，更加富有成效的工作，迎接全国人民代表大会成立60周年，为不断开创现代化生态新区建设新局面而勤奋工作、努力奋斗！

北京市门头沟区人民法院工作报告

——2014年1月9日在北京市门头沟区第十五届人民代表大会第四次会议上

北京市门头沟区人民法院院长　靳学军

各位代表：

我代表门头沟区人民法院向大会报告工作，请予审议。

2013年工作情况

2013年，在区委领导、区人大及其常委会监督、区政府和社会各界支持以及上级法院指导下，区法院认真履行宪法和法律赋予的职责，坚持司法为民公正司法，充分发挥审判职能作用，大力加强自身建设，努力为全区经济社会发展营造和谐稳定的社会环境和公正高效的法治环境。

一、依法履行审判职能

2013年，区法院受理各类案件5300件，审结5189件，解决争议标的额5．83亿元。

依法审理刑事案件。审结刑事案件204件，判处罪犯253人。审结抢劫、盗窃、故意伤害、危险驾驶等影响群众人身财产安全的案件123件，判处罪犯153人。结合全区阶段性发展特征和治安特点，依法妥善审理与房屋征收、回迁安置房买卖相关的诈骗等犯罪案件，判处罪犯5人；依法从严惩处非法行医、销售有毒有害食品以及运输、贩卖毒品等严重危害民生的犯罪，判处罪犯21人。贯彻宽严相济刑事政策，对92名犯罪情节较轻、认罪态度较好的被告人依法适用缓刑。针对刑事诉讼法关于刑事附带民事案件赔偿范围的新规定，在合法、自愿前提下加大调解工作力度，妥善审结附带民事诉讼案件32件。与区检察院、区司法局联合制定工作意见，规范适用刑事诉讼简易程序和庭前会议制度。

妥善审理民商事纠纷。审结民商事案件3510件。做好涉征收纠纷诉前化解工作，继续组织“法律服务巡回审判组”前往房屋征收工作现场和签约大厅，开展法律咨询，调处法律纠纷；对诉至法院的相关纠纷指派专门法官开展诉前调解，妥善处理了涉大峪村、城子地块的多起房屋腾退案件。发挥小额诉讼程序一审终审的特点，及时、妥善处理数量持续上升的劳务纠纷、物业供暖等涉民生案件420件，调解撤诉率达90．72%。稳妥调处买卖合同、挂靠经营等与企业生产经营相关的案件302件，推动优化经济发展环境。审结借款纠纷208件，引导规范民间借贷行为，促进融资健康发展。联合区卫生局、保险机构建立涉医疗纠纷联动调处机制，畅通快速解决医患纠纷的“绿色通道”。联合区妇联建立妇女维权工作机制，依托妇女维权合议庭、巡回审判点，开展矛盾调处、巡回审判、法律咨询，加大对妇女儿童权益的保护力度。

加强行政审判工作。审结行政案件45件。妥善处理与房屋征收相关的房屋登记、信息公开等纠纷。加大行政协调力度，40%的案件经协调后行政相对人主动撤诉，促进行政纠纷实质性解决。制发行政审判年度报告，对审判中发现的执法薄弱环节从加强法律学习、规范执法文书等方面向行政机关提出建议。推进行政机关负责人出庭应诉，与政府法制部门座谈，进一步协调司法建议督促落实工作。与区公安分局、区住建委、区交通局等单位召开联席会议，研讨重大法律问题，提供决策咨询，引导规范行政执法行为。

加大执行工作力度。执结案件1430件，执结标的额3．25亿元。加强与27家单位和基层协助执行网络站点的协调联动，扩大协助执行网络覆盖范围。集中开展9次专项执行活动，妥善执结了一批房屋腾退案件。加大对涉民生案件执行力度，及时为70余名外来务工人员发放工资款130万余元。制发《执行工作释明手册》，提示拒不履行生效判决的风险，加强督促履行。对7名被执行人采取限制高消费措施，将3名拒不履行的被执行人纳入最高法院首批失信被执行人名单，加强对失信行为的制裁威慑。

继续做好未成年人审判工作。坚持并完善审前社会调查、合适成年人参与诉讼、轻罪犯罪记录封存、缓刑犯动态跟踪考察等刑事审判特色机制，依法封存245名未成年人的犯罪记录，组织3名未成年缓刑犯参加志愿服务活动，帮助失足未成年人顺利重返社会。创新未成年人民事审判工作，引入社会观护制度。在审理一起变更抚养关系纠纷中，委托两名社会观护员就未成年人的生活环境、未成年人父母的教养条件等问题开展社会调查。社会观护员通过面谈、电话联系等方式先后15次与当事人沟通，促成双方调解，并在结案后对调解履行情况及涉案未成年人保护情况进行延伸观护，取得良好效果。市高级法院召开专题新闻通报会介绍区法院社会观护制度相关举措，新华社、法制日报、北京日报、北京电视台等30多家媒体进行了集中报道。

二、健全司法为民公正司法工作机制

全面提升审判质量。确定2013年为“科学管理年”，以保障公正审判为核心，通过精细化、规范化的管理，推动案件质量管理机制科学运行。加强审判委员会对审判工作的监督、指导，对商事、行政审判开展专项评议。针对区内大标的案件数量持续上升的趋势，制定《民商事大标的及重点案件审理规范》，对涉案金额超过500万元的案件加强研究和指导。加大审判动态监控力度，每月召开审判质效评析会，对照公正、效率、效果三类指标，逐项评析审判数据，提出改进措施。在最高法院31项案件质量评估指标与公正指标排名中，区法院在全市名列前茅。

构建有区域特色的司法便民体系。打造一站式、标准化、规范化的诉讼服务平台，进一步完善立案诉讼服务大厅的诉讼引导、立案咨询、诉前调解、诉讼收费等功能，全年接待群众2．56万人次。对照民事诉讼法修订的相关内容，统一小额诉讼程序、公民代理制度的审查标准，向群众提供21种案件诉讼指导手册和格式化文书模板，切实保障当事人诉权。针对区内诉讼案件律师代理比例不足三分之一、当事人对诉讼过程缺乏了解的情况，深化裁判活动全程说理，围绕权利告知、风险提示、问题释明，总结立案、诉前、诉中、判前和判后五个阶段的说理方法、内容和标准，提高群众应诉能力。

完善纠纷多元化解机制。做好人民调解与诉讼的衔接，加强与人民调解室的配合，妥善调处纠纷91起，涉及金额301万元。邀请76名来自重点行业和相关单位的人员，建立特邀调解员名录，形成专业调解机构和专业调解人员参与、社会资源和司法资源相互支撑的“两专一结合”诉调对接工作机制。依托专业化、一体化的工作格局，邀请特邀调解员参与诉前调解、现场勘验、强制执行、信访化解等各环节工作，发挥特邀调解员的地缘和经验优势，推动矛盾纠纷的及时引导、就地解决。全年民商事案件调解率同比增长10．74%。推进“和谐无讼村落”试点创建，法官定期深入斋堂镇马栏等示范村开展法律咨询、普法宣传，联合当地基层干部、人民调解员开展矛盾化解。依托巡回审判点，开展上门送达、巡回审判、民调指导60余次。总结婚姻家庭、相邻关系、人身损害赔偿等易发多发纠纷的风险点，做好风险提示，从源头预防矛盾产生。

三、不断提升队伍司法能力

深入学习、贯彻党的十八大和十八届三中全会精神。结合解放思想大讨论活动，科学制定学习计划，分阶段、分层次开展对党的十八大和十八届三中全会精神的学习教育活动，引导干警保持忠诚的政治本色，树立正确的司法理念。坚持抓党建带队建促审判，深化司法职能型党小组建设，确定“棚改法律志愿服务”等6支示范党小组，打造一批服务优质民生建设与依法履行审判职能协调并进的服务型党建试点。开展“爱门法、爱家乡”活动，组织青年干警走访重点企业和历史名村，着力提高干警对区情民意的把握，增强干警落实“三个优化”的能力。

加强司法能力建设。落实《审判（执行）人才五年培养规划》，坚持阶梯式人才培养，开展庭审驾驭能力、群众工作能力等专题培训80余次。推行以庭审模拟、现场观摩、实例演练为主要内容的实训式培训，开展书记员、司法警察专项技能比武，着力提升干警司法业务技能。在北京法院第二届司法业务技能比赛中，1个模拟庭审被评为“优秀观摩庭”，3名干警被评为“司法业务技能标兵”，获奖总数在郊区县法院位居前列。定期举办门法讲坛，与高校联合开展课题研究，鼓励、支持法官攻读中国政法大学、香港城市大学的博士和硕士学位，着力提高法官的司法理论水平。积极开展学术研讨工作，连续18次获得北京市法院学术讨论会组织工作先进奖。出版《基层法院司法理念的多维构建》一书，促进审判经验的总结与传承。最高法院2013年发布了15项司法调研重大课题，区法院申报的“关于合同继续履行问题的调研”成功中标。

加强司法作风建设。出台《关于进一步加强班子建设、改进作风的具体举措》，将改进工作作风贯穿始终。围绕“珍惜荣誉找差距，胸怀责任谋发展”召开19次征求意见座谈会，着力查找、解决影响法院科学发展的短板与不足。开展“扬清风、厚正气、保公平”司法廉洁教育活动和纪律作风专项教育活动，强化干警底线意识。推进审务督察常态化，进一步规范司法行为。完善以审判质效为导向的考核机制，开展“一能四优”评选活动，评选出12名办案能手和优秀司法辅助人员，营造崇尚先进、爱岗敬业、创先争优的良好氛围。

四、依法接受监督

自觉接受人大监督、诉讼监督。向区人大常委会专项报告法官队伍培养工作。根据代表提出的加强法制宣传的意见建议，积极开展“定点、定人、定期”法制宣传，与36个基层组织建立法制共建关系，组织法官定期深入共建单位，主持现场调解、提供法律咨询、指导模拟庭审。全年共开展“预防职务犯罪”、“服务企业发展”、“护航青春成长”等主题法制宣传活动41次，在各级媒体发表普法稿件1900余篇。加强与代表的沟通和联络，举办人大监督联络活动28次，邀请代表观摩庭审、监督执行、评查案件85人次。认真落实诉讼监督制度，加强与区检察院的信息沟通，配合做好民事诉讼法修订后的检察监督工作。

加大人民陪审、特邀监督工作力度。推行由两名陪审员与一名审判员组成合议庭的参审模式，邀请陪审员参与诉前调解、现场勘验、信访接待等工作，进一步拓展参审监督渠道。加强交流培训，评选表彰9名优秀陪审员，提高陪审员履职积极性。全年邀请陪审员参与案件审理595人次，普通程序案件陪审率达100%。向特邀监督员征求意见建议，组织旁听案件、监督执行等特邀监督活动44次。

广泛接受社会监督。从立案、庭审、执行、文书等各方面落实审判公开，进一步增强审判工作透明度。推进庭审公开常态化，接待旁听群众1714人次，组织庭审网络直播114次。依托“12368”司法动态信息查询系统，及时公布审判、执行工作信息。举办“守护花季阳光”等主题法院开放日活动，邀请在校师生、基层干部、社区居民等到法院旁听参观，增进人民群众对法院的理解和支持。

各位代表，在区委领导、区人大及其常委会监督、区政府和社会各界支持下，区法院各项工作取得新进展。2013年，区法院被最高法院授予“全国优秀法院”称号，未成年人案件审判庭被评为“北京市未成年人保护工作先进集体”和“首都未成年人思想道德建设先进单位”，另有14个集体、29名同志获得区级以上表彰或奖励。在此，我代表区法院，向关心、支持法院工作的人大代表、政协委员和社会各界表示衷心感谢。

审视一年工作，还存在以下问题和困难。一是党的十八届三中全会进一步明确了司法体制改革的目标和任务，对法院运用法治思维和法治方式解决涉及群众切身利益的矛盾和问题提出了更高要求，法院在探索科学合理的审判权运行机制、深化司法公开和司法民主等方面任务艰巨。二是面对全区快速发展中出现的利益结构调整、社会经济转型等问题，法院平衡利益、化解矛盾、维护稳定的难度不断加大。三是法院队伍整体年轻化，法律适用能力和矛盾化解能力需要不断提升，同时审判队伍不够稳定的问题应引起重视，职业激励和保障问题需进一步解决。

2014年工作思路

党的十八届三中全会对深化司法体制改革、加快建设公正高效权威的社会主义司法制度提出新的要求。2014年，区法院将全面贯彻党的十八届三中全会精神，落实区委第十一届六次全会精神和上级法院要求，坚持司法为民公正司法工作主线，全面推进各项工作。

一、把握形势任务要求，推进法院工作科学发展

落实中央关于司法体制改革的工作部署，探索科学合理的审判权运行机制。突出审判管理的规范化、人本化、信息化、科学化，完善现场勘验、当事人接待等工作制度，以规范管理提升审判质效。健全主审法官、合议庭办案责任制，落实合议庭成员在认定事实、适用法律、作出裁判、制作文书等各个环节中的责任，明确审判委员会议事规则，合理界定审判权与管理权、监督权的关系，让审理者裁判，由裁判者负责。

二、推进司法公开三大平台建设，让人民群众感受到公平正义

坚持以公开促公正，推进审判流程公开、裁判文书公开和执行信息公开三大平台建设，不断拓展司法公开的广度和深度。完善“12368”司法动态信息查询服务，提高信息反馈及时性和群众认知度。落实裁判文书上网，健全文书甄别、校核等工作机制，主动接受社会监督。完善人民陪审、特邀监督工作机制，开通法院官方微博和法官职务微博，组织法院开放日和新闻发布会等活动，拓宽人民群众有序参与司法的渠道，提高司法公信力。

三、依法发挥审判职能作用，为改革发展稳定提供有力司法保障

围绕全区整体规划，加快推进人民法庭建设，打造旅游、环保特色法庭，加大生态环境司法保护力度。依法从严惩处非法盗采和危害食品药品安全、制售假冒伪劣商品犯罪，妥善审理与经济转型、民生保护相关的纠纷，开展涉民生案件专项集中执行活动，加强对回迁安置房交付使用后相关纠纷的调研预判。深化“两专一结合”诉调对接工作，健全纠纷多元化解机制。发挥一站式诉讼服务大厅的功能，严格执行统一的工作流程和服务规范，提高服务水平。深入推进“和谐无讼村落”建设，扩大示范村数量，进一步完善有区域特色的司法便民机制。选取与群众密切相关的典型案件，通过以案说法、法官讲法，扩大宣传覆盖面，引导群众依法表达诉求。

四、加强队伍建设，全面提升司法能力

将学习好、宣传好、贯彻好党的十八届三中全会精神作为首要的政治任务。深入开展群众路线教育实践活动，不断加强司法职业伦理和司法良知教育，将提升司法理念作为保持队伍稳定、保障廉洁执法的重要手段。不断加强队伍的正规化、专业化、职业化建设，以专业建设推动作风建设，以专业提升带动公信力提高。进一步开展法官交流，组织学术研讨，总结类案说理规范，开展实训式培训，着力提高法官驾驭庭审、认定事实、适用法律、化解矛盾的能力。

各位代表，2014 年，区法院将在区委领导、区人大及其常委会监督、上级法院指导下，依法履行审判职能，践行司法为民，坚持公正司法，努力让人民群众在每一个司法案件中都感受到公平正义，为不断开创现代化生态新区建设新局面提供有力司法保障。

北京市门头沟区人民检察院工作报告

——2014年1月9日在北京市门头沟区第十五届人民代表大会第四次会议上

门头沟区人民检察院检察长　许晓闽

各位代表：

现在，我代表门头沟区人民检察院向大会报告工作，请予审议。

2013年的工作

2013年，门头沟检察院在区委、市检察院的领导下，在区人大及其常委会的监督下，在区政府、区政协及社会各界的支持下，立足检察职能，深入贯彻落实党的十八大、十八届二中、三中全会精神，为全区经济社会发展、加快生态新区建设提供有力的司法保障。

一、解放思想、服务大局，保障和促进经济社会发展

坚持解放思想的方针，围绕“落实‘三个优化’，多办利民实事，全力建设国家生态文明示范区”的工作主题，坚持把检察工作放在全区经济社会发展大局中谋划和推进。

——树立服务意识，服务经济转型发展。积极服务石龙工业区转型发展，与石龙管委会签订了《合作备忘录》，设立了驻中关村国家自主创新示范区门头沟园检察联络室。制定了“全方位服务我区非公有制经济”工作方案，在为骨干企业服务的同时，扩大为小微企业服务的渠道，加强对非公有制经济的平等保护。依法打击破坏市场经济秩序犯罪，批准逮捕破坏市场经济秩序犯罪嫌疑人17人，提起公诉12人。

——加强对重大工程、重点区域的司法保护。突出打击涉及棚改房屋征收的犯罪活动，立案查办涉拆职务犯罪嫌疑人8人，支持、配合、监督公安机关查办涉拆犯罪嫌疑人8人。围绕全区重大工程项目同步推进职务犯罪预防工作，建立了重大工程领域廉洁准入制度。推动棚改社区文明建设，在棚改安置新区——石门营五区建立未成年人法律服务站。

——妥善办理影响社会稳定的重大敏感案件。高度重视关系全区经济社会发展大局的若干重大敏感案件，在区委统一领导下，会同区纪委、区公安分局创造性开展工作，运用法治思维和法治方式成功挽回巨额经济损失，维护了人民群众重大利益。在工作中，发挥领导带头办案的导向作用，严格依照法定职能，正确充分履行检察职责，为全区经济社会发展提供司法保障。

——发挥在加强和创新社会管理中的法制保障作用。针对执法办案中发现的社会管理方面苗头性、倾向性问题发出检察建议13份。与政府法制部门建立两法衔接机制，完成“网上衔接，信息共享”平台建设，强化对行政执法部门的法律监督。发挥驻潭柘寺等镇检察联络室的作用，使法律监督的触角延伸到农村。立足检察职能，积极走访镇村，开展法制宣传，保障第九届村委会换届选举顺利进行。

——提升服务经济社会发展的能力和水平。邀请石龙管委、区发改委、区规划分局、区投资促进局等单位负责人为全体干警介绍全区经济社会发展形势，开展“区情直通车”活动，编发内部刊物《区情参考》，搭建干警直面区情、增强大局意识的平台。制定《行贿档案查询责任书》，为企业订购发放《行贿犯罪档案查询指引》，提供查询服务1086次，查询结果全部实现了“立等可取”。

二、依法惩治犯罪，维护社会和谐稳定

以人民群众对社会平安需求为导向，做好检察环节维护社会稳定各项工作，为人民安居乐业创造和谐稳定的社会环境。

——切实履行刑事检察职责。履行批捕、起诉职责，全年共批准逮捕各类刑事犯罪案件148人，提起公诉227人。依法严惩人民群众关切的危害食品药品安全犯罪，办理了社会关注的“色素炒花生”案、销售假保健品系列案等一批危害食品药品安全犯罪，批准逮捕犯罪嫌疑人9人，提起公诉7人。完善精细化办案机制，落实办案责任制，全年无捕后、诉后无罪判决案件。

——提高贯彻和运用刑事司法政策能力。充分运用不批捕、不起诉等检察职能，对轻微犯罪人员依法从宽处理，减少社会对抗。对无逮捕必要的作出不批捕2人，对犯罪情节轻微的不起诉26人。积极化解因轻微刑事案件造成的邻里、家庭等社会矛盾，促成刑事和解案件17件。慎重办理未成年人犯罪，坚持教育、感化、挽救方针，不捕不诉未成年犯罪嫌疑人7人。

——依托执法办案化解社会矛盾。完善执法办案风险评估预警机制，形成“一案一评一报告”制度，所办案件无一矛盾激化。学习“枫桥经验”，动员社会力量参与矛盾化解，努力将矛盾化解在基层，妥善做好重点申诉案件矛盾化解工作，全年无越级访、无重大重复上访。坚持以人为本，在办理一起申诉案件时，设身处地为当事人着想，坚持释法说理，用情理感化，增强当事人对执法的信任度，使得该案圆满解决。

——创造性开展未成年人刑事检察工作。作为全市“未成年人附条件不起诉”试点单位，以落实修改后刑事诉讼法为契机，探索完善以附条件不起诉义工惩教制度为核心的未成年人刑事检察工作新模式。严格依法制定了多项规范性文件，确保附条件不起诉义工惩教工作在法律框架内规范有序开展。与区文委、驻区部队等单位合作，建立了“扬帆义工培育基地”、“扬帆军检观护基地”、“义工社会化实践基地”、“义工教育基地”、“义工心理疏导基地”等多元化义工惩教基地。先后对8人试行义工惩教，已对其中5人依法作出不起诉处理。目前，检察院义工惩教制度受到社会广泛关注，得到社会各界充分肯定，部分市区人大代表、市区政协委员专门视察了该项工作，给予了充分肯定。

三、深入查办和预防职务犯罪，促进反腐倡廉建设

坚持标本兼治、综合治理、惩防并举、注重预防的方针，充分发挥检察机关在惩治和预防腐败体系建设中的职能作用。

——加大查处职务犯罪工作力度。立案查办职务犯罪案件17人，立案人数同比上升240%。其中贪污贿赂案件13人，渎职侵权案件4人。通过查办案件，为国家挽回直接经济损失137．6万元。突出查办发生在群众身边、损害群众切身利益的职务犯罪，共查办征地拆迁、工程建设、医疗卫生等领域职务犯罪案件11人，集中查办教育培训领域商业贿赂案件4人。

——建立“同步调查”工作模式。针对涉拆领域普通刑事犯罪、职务犯罪、违纪行为交织的特点，建立了纪委监察部门、检察机关自侦部门、公安机关刑侦部门“各司其职、同步调查、信息共享”的工作模式，发挥各自办案优势，及时协调、统一认识，在调查工作整体推进的前提下，各单位依据职能管辖寻找各自切入点。今年先后三次启动了“同步调查”工作模式，所受理涉拆领域职务犯罪线索全部源自该工作模式，取得较好效果。

——完善侦防一体化办案模式。在办理职务犯罪案件过程中，统筹调配反贪、反渎、预防力量，根据案件特点先轻后重，先整体后分解，预防部门提前介入、及时跟进。如在查办刘某某职务犯罪案件时，先由反渎部门立案，随后组织反贪和侦查监督部门跟进，深挖贪污贿赂犯罪线索，成功查明其利用职务之便收受他人贿赂的事实，并深挖串案查明刘某某的直接领导刘某涉嫌职务犯罪的事实。

——适应刑事诉讼法修改带来的新挑战。强化初查工作，推进了“由供到证”向“由证到供”的转变。重视客观证据收集，建立证据内部审查机制。不断提高运用客观证据突破案件的能力和同步录音录像环境下的取证能力。严格依法适用强制措施，尊重和保障人权。健全举报工作机制，构建来信、来访、电话、网络“四位一体”举报体系。全年运用中央专项资金500余万元，强化侦查信息化和装备现代化建设，基本建成可靠的技术支持系统。

——结合办案深化职务犯罪预防工作。牢固树立“预防职务犯罪出生产力”的理念，坚决落实区委要求，推动成立区委预防职务犯罪工作领导小组，形成了党委统一领导、相关部门相互协调配合、社会各界积极参与的预防职务犯罪大格局。会同区纪委建立不敢腐、不能腐、不易腐的机制和制度，制定了《门头沟区预防职务犯罪工作规则》、《预防职务犯罪网络协作制度》等规范性文件，建立了涵盖基本建设工程、政府采购及中介组织等重点领域的廉洁准入制度。建立惩治和预防职务犯罪年度报告制度，向区委专项报告了2008年至2012

年查办和预防职务犯罪情况，分析研究职务犯罪发案态势和预防对策，为领导决策提供参考。深入开展预防教育，先后到京煤集团、区直机关等22家单位开展预防职务犯罪廉政警示教育。深入剖析职务犯罪发案原因，向相关单位发出预防建议4份。

四、强化对诉讼活动的法律监督，维护社会公平正义

牢牢把握宪法定位，全面落实修改后刑事诉讼法和民事诉讼法，努力让人民群众在每一起司法案件中感受到公平正义。

——加强刑事侦查监督。健全了捕诉联动机制，加大了对立案和漏罪、漏犯监督力度，监督立案4件，追诉4人，追捕18人，追诉漏罪19起。重点围绕全区重大、敏感、复杂案件深化提前介入侦查工作，防范和纠正侦查中的违法行为。提前介入了朱某某等人诈骗拆迁款系列案和严重危害民生的销售有毒有害食品系列案。在公安分局的支持下，侦查监督部门与公安派出所会签监督机制，采取巡回监督、驻所监督等方式，有重点地对公安派出所开展刑事执法活动监督。坚决纠正非法取证，发出纠正违法类文书5份。

——加强刑事审判监督。重点监督量刑畸轻畸重案件，就全区有较大影响的史某某等人诈骗拆迁款案提起抗诉，并获二审法院改判。在区法院的支持下，积极推进量刑建议工作，促进审判裁量权的规范公正行使。提出量刑建议131件157人，量刑建议采纳率96. 3%。落实刑事诉讼法修改后新增职能，与区法院、区司法局会签了规范庭前会议程序、简易程序的工作意见，全面推行简易程序案件出庭工作，共派员出席简易程序庭审125次。

——加强刑罚执行和监管活动监督。严格落实修改后刑事诉讼法关于羁押必要性审查的规定，制定了《羁押必要性审查评估暂行办法》，对6件案件开展羁押必要性审查，发出变更强制措施建议3份。严格落实修改后刑事诉讼法关于刑罚执行监督的规定，对刑罚执行活动中发生的违法行为依法监督，发出纠正违法通知书4份。积极开展交付执行检查和留所服刑专项检查，办理暂予监外执行同步监督案件4件，深化社区矫正监督。没有发现超期羁押或者侵犯在押人员合法权益情况。

——加强民事检察监督。着力构建以执法办案为中心的多元化监督格局，依法办理各类民事申请监督案件27件，提起抗诉案件1件，法院再审后改判1件。稳妥开展民事执行活动、调解活动监督。坚持诉讼监督与息诉并重，对认为法院裁判正确的22件申请监督案件，耐心做好申诉人的息诉服判工作，维护法院裁判的中立性、权威性、严肃性。

五、强化自身监督，提高执法公信力

牢固树立监督者更要接受监督的意识，自觉接受外部监督，切实加强内部监督，完善检察权运行监督制约机制。

——自觉接受人大监督。认真落实区人大常委会对院内职务犯罪侦查和预防工作专项报告的审议意见，向区人大常委会报告整改落实情况。向市人大代表和区人大内司委主动报告贯彻落实修改后刑事诉讼法工作情况。邀请市区两级人大代表来院视察附条件不起诉义工惩教工作，健全了人大代表对检察工作意见、建议督办机制。

——自觉接受社会监督。认真听取区政协委员的意见和建议，通过邀请委员参访执法活动，接受监督。深化检务公开，建立检务公开常态化机制。围绕重点案件、重点工作，主动回应社会关切，召开四次新闻发布会，提升新媒体时代社会沟通能力。与区为民服务中心签订协作协议，实现了与61696156为民服务信息平台的衔接，健全密切联系群众、接受群众监督机制。

——强化内部监督制约。发挥案件管理职能，加强了办案期限预警、办案程序监控、办案态势研判、涉案财物监管等工作。认真履行完善各业务部门间、执法办案各环节间的监督制约机制。认真落实讯问职务犯罪嫌疑人全程同步录音录像制度和职务犯罪案件审查逮捕上提一级的规定。严格落实人民监督员制度。认真开展检务督察。

六、强化过硬队伍建设，提高执法能力素质

全面加强检察队伍建设，努力建设一支忠诚可靠、执法为民、务实进取、公正廉洁的过硬检察队伍。

——坚持思想政治建设为根本，保持坚定正确的政治方向。坚持把思想政治工作放在首位，认真开展“解放思想大学习大讨论活动”。加强检察文化建设，强化忠诚教育，教育干警自觉做中国特色社会主义事业建设者、捍卫者。通过“学党史，坚定理想信念”系列党日活动、微党课等形式，深入开展党建教育活动。被市委评为北京市思想政治工作优秀单位，连续15年保持首都文明单位标兵称号。

——坚持业务能力建设为核心，推进检察队伍专业化、职业化。坚持人才优先发展战略，实施了创新扶持计划和读书促进计划。利用“名家讲堂”、“实务讲堂”、“检察官教检察官”等平台，持续推进专业化教育培训。在反贪部门试点导师制、开展“侦查实务漫谈”活动、建立内部竞争协作机制，提升职业化水平。树立宣传典型——“80后公正执法团队”，大力开展职业信仰、职业精神和职业道德教育。建立干警伤残、重大疾病备用金制度，提高职业保障水平。

——坚持工作作风建设为保障，提升拒腐防变能力。严格落实中央八项规定，厉行勤俭节约，通过“五不三变”改进会风。进行四次纪律作风专项检务督察，集中整治“慵懒散”。深入开展纪律作风专项教育活动，做好看护权力“笼子”的人，坚决做到自身正、自身硬、自身净，未发现干警违法违纪问题。

——坚持领导班子建设为关键，增强领导班子执行力。认真贯彻落实民主集中制，充分发挥检察委员会、党组会、检察长办公会等议事机构作用，坚持集体领导。注重制度建设，制定完善了大额资金使用、部门预算等多项规定，严格按程序办事、按规则办事。切实增强学习的紧迫感和自觉性，着力提高领导能力和水平。在党组中，继续坚持“五带头精神”，做“讲责任、敢担当、重落实”的表率。

各位代表，一年来检察院各项工作总体看有所进步，这是区委、市检察院正确领导的结果，是人大及其常委会监督的结果，是政府、政协以及社会各界关心支持的结果。对此，我代表本院和全体干警表示由衷的敬意和感谢！

门头沟检察院工作还存在一些不足：一是对新形势下检察工作面临的新情况、新问题研究还不够深入，服务经济社会发展的思路还不够开阔、措施还不够有力；二是执法的公开性、透明度有待进一步提高，执法办案风险防范、检察权运行监督制约机制还需要深化完善，落实监督事项、放大监督效果的工作还需要加强；三是群众工作能力有待进一步提高，部分干警不善于做群众工作，释法说理不透彻、方法简单，让群众无法完全信服；四是检察队伍的专业化水平需要进一步提高，部分干警办理疑难复杂案件、化解社会矛盾的能力还不够。对此我们将高度重视，努力加以解决。

2014 年工作安排

2014 年，门头沟检察院将认真贯彻落实党的十八届三中全会精神，更加自觉地把检察工作放在全区工作大局中谋划和推进，切实维护宪法法律权威，依法独立公正行使检察权，努力为全区深化改革和经济社会发展提供有力的司法保障。

一、坚持服务大局不动摇，进一步保障经济社会健康发展

——加强对重点领域、关键环节的司法保护。突出打击和预防涉及棚改领域各类犯罪活动，积极应对棚改安置房、棚改资金使用领域出现的新问题。严厉打击破坏环境资源类犯罪，确保京津风沙源治理、小流域综合治理、生态修复、大气污染治理等工程顺利进行。充分发挥驻中关村国家自主创新示范区门头沟园检察联络室的作用，为石龙开发区向总部经济转型升级提供更为便利优质的法律服务。

——全力维护市场经济秩序。依法打击制假售假、商业贿赂、合同诈骗、非法经营等破坏市场经济秩序的犯罪。依法惩治知识产权犯罪，加强知识产权法律保护，建立知识产权专业化办案模式，妥善办理涉及科技型中小企业案件，促进企业科技创新。

——促进深化经济体制改革。加强对经济领域新情况新问题研究，妥善处理农村集体土地流转、民间金融资本、市场准入等领域新类型案件，正确把握罪与非罪的界限、正确把握法律政策界限。针对全区经济所有制特点，在执法办案中更加注重依法平等保护非公有制经济合法权益，积极回应非公有制企业司法关切。

二、依法履职，进一步加强法律监督工作

——积极推进“平安门头沟”建设。关注门头沟区社会治安和公共安全领域出现的新特点新动向，突出打击严重暴力犯罪、多发性侵财犯罪、危害食品药品安全犯罪。推进检察法律文书改革，强化释法说理，增强检察环节法律文书的讲理性论述。创新有效预防和化解社会矛盾体制，健全及时就地解决群众合理诉求机制。

——积极推进反腐倡廉建设。坚持改革，创新办案机制，在侦防一体化的基础上，试行反贪反渎预防合署办案模式。深入查办和预防发生在群众身边、损害群众利益的职务犯罪，依托执法办案解决涉及群众利益的热点难点问题。在区委领导下，健全预防职务犯罪联动机制，加快构建预防职务犯罪网络，会同区纪委逐步引导各单位加入该网络。创新预防职务犯罪工作模式，加大预防职务犯罪宣传力度，更加注重从源头上预防和减少职务犯罪发生。

——积极维护司法公正和法制权威。依法独立公正行使检察权，维护国家法制统一、尊严、权威。注重尊重和保障人权，在区委领导下制定全区司法机关防止冤假错案机制，严格实行非法证据排除规则。会同相关部门完善对违法犯罪行为的惩治和矫正，健全社区矫正监督机制。健全完善检察环节司法救助制度和法律援助制度。

——积极推进未成年人刑事检察工作模式创新。探索废止劳动教养制度后不良行为青少年矫治机制，在完善义工惩教制度的基础上，在全区引导建立社会公益性质的青少年矫治教育场所，坚持感化教育、矫正不良习性与学历教育、技能培训相结合，对不良行为青少年进行矫治教育，探索建立检察机关引导、政府主导、社会力量共同参与的不良行为青少年矫治教育机制。

三、以人为本，进一步提升检察工作的公信力

——改进工作作风。结合即将开展的群众路线教育实践活动，在全院干警中牢固树立为人民服务的意识，树立人民利益至上的理念，改进执法作风。坚决解决群众反映强烈的问题，着力整治冷硬横推等执法陋习。引导检察干警牢固树立理性、平和、文明、规范的执法观，真诚、平等地与群众打交道。

——提高群众工作能力。围绕加强群众工作能力建设，实现检察官进社区、进农村、进学校、进机关、进企业经常化、制度化，采取集中培训、典型示范、实践锻炼等多种形式，使检察干警特别是青年干警学会与群众打交道交朋友。坚持“枫桥经验”，提高执法公信力。

——完善便民利民措施。改造完善控申接待大厅设备设施，拉近与人民群众距离。加强文明接待室和查询服务窗口建设，简化办事程序，规范言行举止，为群众提供便捷高效热情服务。注重司法人文关怀，努力在执法办案中消除、减少群众对立情绪，重视帮助解决法度之外、情理之中的问题。

四、强化监督，进一步健全检察权运行监督制约机制

——加大检务公开力度。推行网上公开、网上查询等措施，建立不立案、不逮捕、不起诉、不予提起抗诉决定书等检察机关终结性法律文书公开制度，探索运用微博、微信等新媒体手段发布检察信息，最大限度地增加执法透明度。

——自觉接受外部监督。完善代表委员意见督办制度，切实将人大代表、政协委员对检察工作的意见落实到位。建立经常性征求群众意见制度，拓展人民群众监督检察工作的渠道。整合新闻宣传和舆论引导能力，为检察工作创建宽松的社会舆论环境。

——加强内部执法监督。加强和改进检务督察，严格执行廉政准则和廉洁从检规定。以全国检察机关统一业务应用系统运行为契机，依托网上办案加强对执法办案活动的全程、统一、实时、动态监管，有效防止、及时纠正执法不规范问题。

五、在市检察院和区委的领导下，积极实践检察改革的各项要求

——认真领会十八届三中全会关于司法体制改革的精神。以促进社会公平正义和增进人民福祉为检察改革的出发点和落脚点，着力解决好人民最关心、最直接、最现实的公平正义问题，让人民群众在每一个司法案件中都能感受到公平正义。

——不折不扣落实中央和上级检察机关部署。紧紧围绕依法独立公正行使检察权、加强检察权运行监督制约、检察队伍专业化和职业化建设、人权司法保障这四项主要任务，确保中央和上级检察机关各项改革措施落实到位。

——积极稳妥推进各项改革措施。在实践检察改革中，紧紧依靠人民群众，广泛听取社会各界尤其是人大代表、政协委员的意见建议，自觉接受人民群众的监督、评判，主动与相关部门沟通协商，确保改革积极稳妥推进。

各位代表，面对新的形势和任务，门头沟检察院将在区委和市检察院的正确领导下，在区人大及其常委会的监督下，牢固树立进取意识、机遇意识、责任意识，切实贯彻本次大会的各项决议，勇于负责、敢于担当，全面正确履行检察职责，努力为加快建设现代化生态新区作出新贡献！

政协门头沟区第九届委员会常务委员会工作报告

——2014 年 1 月 7 日在政协门头沟区第九届委员会第三次会议上

门头沟区政协主席　张　冰

各位委员：

我受政协门头沟区第九届委员会常务委员会委托，向大会报告工作，请予审议，并请列席的同志提出意见。

一、2013 年工作回顾

2013 年是门头沟区转型发展的特殊关键时期，全面贯彻中共十八大精神，着力加强经济、政治、文化、社会以及生态文明建设是我们共同的责任与使命。区政协在中共门头沟区委的领导下，以“四个更加关注”为工作主线，紧紧团结依靠各界委员，认真履行政治协商、民主监督、参政议政职能。全年共召开常委会议、主席会议、议政会 12 次，组织开展调查研究、视察考察、协商座谈、知情通报、学习报告厅等各类履职活动 96 次，出席委员达 1560 余人次，完成调研报告 8 篇，形成建议案 1 项，累计提出提案 152 件，报送社情民意 20 件。各界委员在凝心聚力谋发展，齐心协力促转变，尽心竭力惠民生方面，发挥了不可替代的作用。

（一）更加关注政协工作创新，切实发挥协商民主重要渠道作用

常委会从把握履职主题主线、树立履职为民理念、提高民主协商水平方面努力践行中共十八大精神。

准确把握履职主题主线。常委会把学习宣传实践中共十八大精神作为履职的先导，把推进政协工作创新作为履职的基础，把助力区委、区政府中心工作落实作为履职的核心。常委会在深刻理解中共十八大精神，市委第十一次党代会精神以及区委十一届四次全会精神的基础上，结合全区转型发展的区情实际，确定了全年工作的主线，即：更加关注优化发展环境，助力地区经济发展质量提升；更加关注优化空间布局，助推城乡发展一体化；更加关注优化民生品质，促进民生改善和社会和谐稳定；更加关注政协工作创新，切实发挥协商民主重要渠道作用。这“四个更加关注”充分体现了政协工作与全区工作同步同伐，与地区百姓的热切期盼紧密契合，是政协围绕中心、服务大局的具体体现。

牢固树立履职为民理念。常委会深刻理解全国、全市政协会议精神，大力营造“异中求同讲团结促发展，同中求异讲民主谋创新”这一独具特色的组织文化氛围，着力引领广大政协委员围绕“人民政协来自人民，人民群众需要政协做什么，政协能够为人民群众做什么，政协为人民群众做了什么”等重要论述，开展解放思想大讨论。广大政协委员把“政为民所议，言为民所建，策为民所献，力为民所出”作为神圣的使命和责任。“为民”的理念深深根植于广大政协委员的头脑中，“为民”的行动体现在广大政协委员履行双重职责的工作中，委员们热情做百姓知心人，全天候关注民生诉求、全方位关注地区发展，时时为百姓代言，涌现出了一批不做“挂名委员”，争做“360 度政协委员”的先进典型。《人民政协报》《北京观察》等中央、市属媒体先后以《北京门头沟政协委员周周走基层时时听民意》《北京门头沟区政协常委会议聚焦转型发展》《走基层倾听民生民意》《引导委员时时关注及时转达》等为题，向政协系统推介门头沟区发挥协商民主重要渠道作用的经验、做法和成效。

切实提高民主协商水平。常委会把在“四个方面下功夫”作为责任与追求。一是在深化视察调研和成果转化上下功夫。区政协依托专委会的组织功能，加强视察调研活动的统筹协调，积极关注全区转型发展中出现的新情况、新问题，形成了一批有价值的调研报告和意见建议。二是在充分发挥协商民主重要渠道作用上下功夫。区政协深入推进专题协商、对口协商、界别协商、提案办理协商工作，积极探索协商民主的实践形式。主席班子走访民主党派、工商联等政协参加单位，开展内部协商；常委会议、议政会邀请界别组长参加；提案办理协商会邀请相关界别委员参加，在实践中形成了《区政协提案办理问效协商实施办法（草案）》。三是在委员深入基层和联系群众上下功夫。常委会按照区委提出的政协委员进社区、进农村的要求，研究制定了政协委员基层日活动方案，创新开展“委员基层日”活动，使委员的“带头作用、主体作用、代表作用”得到了有效发挥，在实践中形成了《政协委员深入基层联系群众工作制度（草案）》。四是在加强对委员履职的服务和管理上下功夫。常委会认真研究委员履职面临的新情况，有针对性地制定了《关于进一步加强和完善政协委员履职服务与管理的暂行办法》和与之配套的《委员履职手册》。

（二）更加关注优化发展环境，助力地区经济发展质量提升

常委会把关注优化发展环境，助力地区经济发展质量提升，作为履行职能、服务大局极其重要的一个方面，积极献智出力。

助力国家生态文明示范区创建。建设国家生态文明示范区是一项涉及全局的重点工作。区政协围绕《2013年门头沟区建设国家生态文明示范区实施方案》《门头沟区建设国家生态文明示范区指标体系》召开了专题议政会。会上，政协常委、来自不同界别的委员就推动生态文明理念的大众普及，加强对生态文明示范区重点工程的监督管理，加大特定区域生态环境的治理力度以及动态优化创建指标体系等方面提出了许多中肯的意见建议。区属各民主党派也非常关注生态文明建设，农工党门头沟工委、九三学社门头沟支社分别针对“健康门头沟”创建和PM2.5污染治理开展了广泛深入的调研，形成了很好的意见建议。

助力生态文明和城乡环境建设。市、区生态文明和城乡环境建设动员大会召开后，区政协积极响应，迅速发出了《关于贯彻落实门头沟生态文明和城乡环境建设动员大会精神的通知》，号召政协各参加单位，特别是广大政协委员要在积极参与创建“国家生态文明示范区”的过程中，发挥作用、贡献力量。各界委员积极行动，以不同方式响应倡议。有的委员企业加大技改升级力度，加快向低耗绿色环保产业转型；有的委员主动宣传生态环保理念，支持配合政府行动；有的委员发挥自身优势特长，积极参与生态文明和城乡环境建设。政协委员响应倡议的过程就是争做生态文明和城乡环境建设热情倡导者、模范实践者、积极促进者、坚定维护者的过程。

助力文游融合发展。区政协文史工作坚持“存史、资政、团结、育人”的宗旨，认真开展史料挖掘整理出版工作，编辑出版了《日下传闻录-门头沟卷》《雁翅经纬》《古今北岭》等书籍，完成了《京西古道》《京西武林》等“京西”系列文史丛书的精编工作。区政协专门成立了“京西古道十里八桥段落开发”课题组，对大台地区十里八桥遗存进行了实地调研，对古道开发所具有的潜力和开发中应注意的问题提出了真知灼见。为配合国家步道的开发建设，区政协组织委员、邀请专家学者对三家店、琉璃渠等古村落进行了考察，举办了第二届京西古道文化暨国家步道开发研讨会，对国家步道的开发提出了意见建议。区属各民主党派也非常关注全区主导产业的发展，民建门头沟支部、致公党门头沟支部分别就发掘禅修文化助力主导产业和培育文化创意产业进行了深入细致的研究，形成了很好的大会发言材料。在政协委员、政协文史撰稿员、新老委员联谊会会员中不乏研究、宣传和运用京西文化的有识之士，有志之士，有为之士，他们在各自岗位上默默地作出了无私的奉献。

（三）更加关注优化空间布局，助推城乡发展一体化

常委会在城乡居住功能布局、产业发展布局、公共服务配套布局等方面积极建言献策。

助推全区一号民生工程。采空棚户区改造作为全区一号民生工程，关系着千家万户，关乎着全区转型发展、跨越式发展的大局。有的委员亲自参加了棚改安置房的建设，有的委员积极参与了涉拆群众的思想动员，有的委员自身涉及征地拆迁，他们克服重重困难，他们用实际行动支持了一号民生工程。特别是涉及企业整体拆迁的委员，能够从全局出发，从大局考虑，在厂房搬迁、稳控员工情绪等方面付出了大量心血。

助推重点小城镇科学规划与建设。政协专委会、政协各界别组多次围绕潭柘寺、军庄、斋堂等重点小城镇规划与建设开展委员基层日活动。委员们在听取了潭柘寺镇关于镇域整体开发建设情况，实地视察村民安置房一期建设工程后，对潭柘寺镇当前和未来发展中可能出现的水、电、气、路等配套设施保障以及村民上楼后社会管理等问题，提出了一些前瞻性的意见建议；委员们在听取了军庄镇整体规划建设情况后，实地视察了加华葡萄酒产业、中信养老、北四村安置房等建设项目，提出了军庄镇应着力加快绿色产业园区建设，积极推进高端养老产业发展，同时也要统筹考虑当地百姓就业安置问题；委员们在关乎斋堂镇文化创意产业发展的规划设计、招商引资、产业运营、环境优化等方面提出了许多好的意见建议。

助推城乡融合发展。区政协按照区委的统一部署，深入开展农村帮扶，积极推动清水镇梁家铺村煤改电试点工作。支持委员企业在解决“三农”问题上发挥积极作用，许多委员企业建厂在农村，带动了农村地区经济发展和农民就业。区属民主党派、工商联和政协各界别在促进城乡融合发展中作了大量的工作。民盟门头沟工委开展了送药下乡活动；民建门头沟支部举办了“大手拉小手、共同向前走”的支教公益活动；民进门头沟总支与区儿童福利院开展了帮扶共建活动；农工党门头沟工委、九三学社门头沟支社多次开展了“送健康进社区”活动；致公党门头沟支部以设立特困学生奖学金、助学金，建立志愿服务站等多种方式参与了社会管理创新。医药卫生界开展了送医下乡活动；科技界联合农业界开展了科技下乡活动；共青团界开展了“政协委员进社区共创文明新风尚”活动。长期以来，还有许多政协委员在捐资助学、扶危济困、光彩行动等方面奉献了爱心。

（四）更加关注优化民生品质，促进民生改善和社会和谐稳定

常委会着力关注“人民对美好生活的向往”，切实发挥人民政协促进民生改善和社会和谐稳定的作用。

重点调研服务区委区政府决策。区政协围绕区委、区政府的中心工作，确定了一批服务地区发展、民生改善的调研课题。针对城市化进程的逐步推进，10万棚改居民集中入住，棚改新建小区如何良性运行，完成了《关于我区新建社区精细化管理模式的探究》；针对全区转型发展、跨越式发展的新阶段，空间如何利用，产业如何布局，功能如何完善，完成了《关于我区土地现状及利用情况的调研》；区政协持续关注“三农”问题、教育问题、食品安全问题，相继完成了《关于我区农民专业合作社运行情况的调研》《关于进一步优化门头沟区校园周边环境的思考》《关于食品安全情况的调查与思考》等重点课题，发挥了重要的参政议政作用。其中，主席会议《关于棚改新建社区精细化管理的建议案》引起了区委、区政府的高度重视，区委书记韩子荣、常务副区长陈国才分别作了重要批示。政协常委和科技界委员还深入到石龙开发区调研中关村国家创新示范区门头沟园建设情况，对加大基础设施投入，扶持总部基地建设，营造良好的投资环境提出意见建议。民盟门头沟工委在调研的基础上形成了《关于促进我区税收增长的意见建议》。

社情民意反映百姓诉求。区政协在社情民意征集方面，立足“多渠引水”，采用定期发布征集要点的方式，积极引导广大政协委员，政协联络员、信息员、特约监督员、文史撰稿员、新老委员联谊会会员，及时反映具有全局性、苗头性、倾向性的问题和建议。农业界委员深入龙泉镇水闸西路社区专门听取民意，文化体育界委员到农村调研农民对文化服务的需求，教育界委员到职业学校、民办幼儿园了解职业教育、民办教育面临的压力，其他各界别委员也结合各自界别特点，积极深入基层调研视察，反映社情民意。政协各专委会、各界别和广大政协委员从基层反映上来了一大批社情民意，为区委、区政府了解民情、体察民意、集中民智、解决民需提供了重要参考。其中《关于以水暖机取代煤采暖的建议》《关于推进平安社区建设的建议》《关于解决桃园社区饮水问题的建议》分别被市委、市政府、市政协和区委、区政府所办的《北京信息》《昨日市情》《诤友》等刊物采用。市、区委多名主要领导对多篇社情民意作出了重要批示，有效促进了相关问题的解决。

协商民主构建和谐氛围。区政协发挥统一战线在协商民主中的重要作用，采用协商协作的方式，携手各界努力营造和谐氛围。为使委员及时了解企业发展政策，区政协商有关部门组织了全区发展情况通报会和中小企业发展政策咨询会，就产业扶持、科技创新、就业奖励、土地规划、小额贷款等一系列涉及企业的政策与企业需求进行了有效对接。针对委员提出的促进中小企业和非公企业发展、加快门头沟旅游地产发展、依托便民服务系统建立空巢老人预警机制等提案，区政协召集相关提案人和提案办理部门组织了多次提案办理协商会，通过面对面的协商，进一步促进了提案成果的转化。为在全区营造良好的法制环境，区政协社会法制与民族宗教委员会同区司法局合作，在区有线电视台开设了《法制一刻》专栏，以案例的形式普及法律知识，得到了社会各界的好评。为促进社会的和谐稳定，针对老龄化社会及社区养老等问题，民进门头沟支部与政协相关委室联合开展调研，提出了《关于应对老龄化挑战加强社区居家养老工作的建议》。

一年的工作使我们有以下体会：

——要坚持围绕中心的工作主线。自觉将政协工作置于全区工作的大局中谋划和部署，切实发挥协商民主重要渠道作用，使各项履职活动更加契合区委区政府中心任务，更加贴近社会热点难点问题，更加符合决策需求实际。

——要坚持履职为民的根本宗旨。把履职为民贯穿于政协履职的各个环节，真诚倾听群众呼声、真实反映群众意愿、真情关心群众疾苦，多解民生之忧、多办利民之事，发挥好党和政府联系群众的桥梁纽带作用，真正做到人民政协为人民。

——要坚持协调配合的履职方式。着力发挥专委会的基础作用、民主党派的职能作用、政府部门的协同作用、政协机关的保障作用，积极为委员发挥主体作用搭建有效平台、创造有利条件，最大限度地发挥各界委员的积极性、主动性、创造性，在共同履职中体现政协整体优势。

——要坚持求实创新的工作精神。自觉把说实话、办实事、求实效作为政协全部工作的责任追求，切实推动各项履职成果的运用；主动把研究新情况、探索新方法、解决新问题作为推动政协事业发展的动力源泉，不断提高政协工作科学化水平。

各位委员，政协各项工作之所以能取得新的成绩，是中共门头沟区委的正确领导、市政协的有力指导、区政府以及各界人士大力支持的结果，是参加区政协的各党派团体、各界委员携手奋进、扎实工作的结果。在此，我代表区政协常委会向所有关心、支持政协工作的各级领导和各界人士，向忠实履职的政协委员，表示崇高的敬意和衷心的感谢！

面对新的形势、新的任务，我们在看到成绩的同时，也找到了工作中的不足。一是在创新履职的方式方法上需进一步提高；二是在提高履职实效上需进一步加强；三是在多层面建立健全政协委员发挥作用的长效机制上还需要进一步探讨。我们将在今后工作中努力加以改进。

二、2014 年主要工作任务

2014 年是全面落实中共十八届三中全会精神，不断推动各项工作稳中求进、改革创新的重要一年。今年，门头沟区已进入到城乡建设的高峰期、产业培育的加速期和生态优势的凸显期，正处于转型发展的关键阶段。高标准规划建设城镇、大力培育高端产业、加强生态文明建设，打造布局合理、功能完备、宜业宜居的滨水山城和生态小镇，让城乡百姓过上高质量的生活，是全区各界人士共同的责任与期盼。区委十一届六次全会明确了全区经济和社会发展的主要任务和目标，号召全区上下要围绕改革创新要求，全面深化各领域改革内容，创新体制机制，增强发展内生动力；要围绕实现经济转型，着力转变政府职能，建设服务型政府，加快推动重大项目落地；要围绕推进城乡一体化发展，统筹城乡建设管理，加快打造现代化滨水山城和全域景区化百里画廊；要围绕保障和改善民生，进一步完善公共服务体系，深化社会治理创新，加快提升民生品质。在新的一年里，区政协要在中共门头沟区委的领导下，高举中国特色社会主义伟大旗帜，以中国特色社会主义理论体系为指导，牢牢把握团结民主两大主题，着力贯彻中共十八届三中全会精神，着力服务全区发展大局，着力加强政协履职能力建设，为不断开创现代化生态新区建设新局面贡献力量。

（一）着力贯彻中共十八届三中全会精神。中共十八届三中全会作出了全面深化改革的重大决策和部署，对社会主义协商民主进行了科学定位，对协商民主广泛多层制度化发展作了深刻表述，对发挥统一战线在协商民主中的重要作用提出了明确要求，对充分发挥人民政协作为协商民主重要渠道作用作出了具体部署。区政协要按照中央的部署，市、区委的要求，运用多种形式，组织和推动区政协各参加单位和各界委员认真开展学习实践活动，使各界人士迅速把思想和行动统一到中央的精神上来，把力量和智慧凝聚到区委提出的目标任务上来。区政协要在区委的领导下，认真执行区四套班子运行规则，坚持围绕经济社会发展的重大问题和涉及群众利益的实际问题开展广泛协商，坚持协商于决策之前和决策实施之中。要协助区委健全协商民主制度，制定协商工作年度计划，不断推进政治协商、民主监督、参政议政制度化、规范化、程序化建设。要更加活跃有序地组织专题协商、对口协商、界别协商、提案办理协商活动，积极探索民主监督与法律监督、舆论监督相结合的有效形式，积极参与社会治理体制的完善和创新，推动社会各界在思想上寻求共识、利益上寻求协调、关系上寻求和谐，努力营造和谐稳定的发展环境。

（二）着力服务全区发展大局。区政协要紧扣区情实际，找准政协工作围绕中心、服务发展的突破口和着力点，发挥优势，彰显特色，组织动员广大政协委员为实现现阶段全区的主要任务目标，献计出力。区政协要在重点产业项目落地建设，积极培育以旅游文化休闲产业为主导，以信息科技产业、现代服务业等高端产业为支撑的产业体系等重大课题上开展调查研究，为区委、区政府科学决策、民主决策提供智力支持；要在加强基础设施和公共服务配套设施建设，完善城市功能，加快重点镇和新农村建设等重大问题上建言献策；要在健全绿色发展机制，改善生态环境质量，建设国家生态文明示范区上发挥助推作用；要在人民群众热切期盼的更好的教育、更优的医疗、更可靠的社会保障、更优质的便民服务等重大民生问题上，组织开展调研和视察活动，有针对性地提出意见建议。支持鼓励党派团体、政协各界别以及广大政协委员，围绕改善民生提出提案、反映社情民意，充分发挥政协提案和社情民意在实现和维护群众利益方面的积极作用；支持鼓励政协各参加单位、广大政协委员以及相关社会组织，采用多种形式，开展社会服务活动、公益慈善事业。

（三）着力加强政协履职能力建设。“打铁还需自身硬”，练好“内功”对于推动政协工作至关重要。区政协要以中共中央提出的“开展党的群众路线教育实践活动”为契机，进一步树立履职为民的理念，明确服务民生的思路，弘扬体察民情的作风，开展惠民益民的实践，深化“委员基层日”品牌活动。要把工作的着力点更多地汇集到基层、汇集到群众、汇集到涉及民生的具体问题上，坚持眼向下看，身子往下沉，讲真话、道实情，使政协成为人民群众倾诉心声、表达意愿的重要渠道。常委会组成人员要增强政治意识、大局意识、责任意识和表率意识，提高集体领导能力。要在政协工作制度化、规范化、程序化建设上丰富内容、完善形式、规范程序，协同推进“五位一体”政协自身建设，为履行职能、发挥作用奠定坚实的基础。要切实深化党派合作，建立政协组织与党派团体有效协调联系机制，为党派团体搭建充分发挥作用的平台；要进一步加强界别建设，强化界别的独立性、专业性和联系的针对性，打造界别特色品牌，加强界别之间的协同合作，发挥界别功能互补作用；要坚持把委员队伍建设摆在重要位置，通过加强培训提升能力素质，开展活动增强履职本领，要建立健全委员履行职能的考核评价体系，激发委员履行职能的工作激情和工作动力；要充分发挥政协专委会的基础作用，建立完善专委会与党政部门联系制度，与党派、界别的协作制度以及专委会向常委会负责的报告工作制度；要把创建“学习型、服务型、创新型、节约型、和谐型”机关同培育和弘扬“异中求同讲团结促发展，同中求异讲民主谋创新”的组织文化有机结合起来，使之内化于心、外化于行，不断提高政协机关服务发展、服务社会、服务委员的能力和水平，不断夯实政协事业发展的文化根基。

各位委员，我们正处在门头沟区加快发展的重要时期，政协组织责任重大、大有可为。让我们在中共门头沟区委领导下，同心同德、和衷共济、开拓创新，以昂扬的工作状态、务实的工作作风、有为的工作干劲，为不断开创现代化生态新区建设新局面而努力奋斗！

专 文

关于创新街道管理体制的研究

区委书记 韩子荣

（2013 年 11 月 25 日）

近年来，伴随着首都经济社会的快速发展，门头沟区也进入了大建设、大发展的转型期。经济社会结构深刻调整，城乡面貌大幅变化，群众利益诉求更高更广泛，传统的街道管理体制、手段和方法已难以适应门头沟当前空前的变化，逐步显现出统筹不到位、资源分散、职能交叉等问题。如何落实党的十八大、十八届三中全会精神，创新街道管理体制，建立具有门头沟特色的新型社会治理模式，更好地服务全区转型发展，是当前需要深入研究的重要课题。

一、门头沟区街道管理工作现状

近年来，区委、区政府高度重视加强和创新社会管理工作，突出街道、社区建设对促进地区发展、维护社会稳定的重要作用，强化服务理念，不断完善工作机制，为健全社会管理格局奠定了坚实基础。

（一）街道管理工作格局不断完善

深化街道管理体制改革，发挥街道统筹辖区发展作用，进一步理顺街道与职能部门的权责关系，出台一系列制度文件，明确街道工作框架，建立街道“大工委”和社区“大党委”党建工作格局，完善地区管委会制度，打破街道传统的科室设置，成立街道事务综合管理中心、街道健康服务中心、街道文化教育服务中心、街道事务处理服务中心、街道建设管理服务中心、街道社会动员中心和街道综治维稳中心 7 个服务中心，强化街道的主体地位，将各方力量凝聚到街道辖区社会建设中来，街道管理体制创新走在全市前列。针对门头沟区正处于加速推进城镇化和棚户区改造发展阶段的现状，在永定镇、龙泉镇成立地区办事处，城市管理和社会服务职能得到加强。科学调整行政区划，将农村新建居住区全部纳入城市社区化管理体系，统一社区管理体制，统一公共服务配套，城乡社区建设水平不断提高。

（二）网格化社会服务管理体系初步建成

整合政府、社会资源，搭建 61696156 为民服务信息平台，打造自上而下解决群众问题的社会服务管理模式，推动服务项目全覆盖，实现事项办理全响应。以区级为民服务信息平台为依托，以信息技术为支撑，建立区、街（镇）、社区（村）三级指挥平台，在 4 办 3 镇划分 540 个基础网格，结合党员责任区和党员服务岗，配备以党员、居民代表、居民小组长为骨干的网格员 3710 人，整合包括公安、司法等 8 类协管员在内的 12 种力量进网格，对地区人、地、物、事、组织等实现无缝隙、精细化管理。通过网格定位、下沉力量、健全机制，最大限度地整合了社区资源和政府职能部门的社会力量，发挥党员的先锋模范带头作用，密切社区与居民的联系，为居民创造了方便、安全的生活环境。

（三）社区服务体系日益健全

不断理顺街道、社区职责权限及相互关系，推进服务职能重心进社区。以建设“六型”社区为抓手，不断提高社区服务的专业化和标准化，社区服务体系逐步完善，就业、社会保障、社会救助、卫生和计划生育、文化教育体育、流动人口和出租房屋、安全、环境美化等与社区居民生活息息相关的各项工作已基本延伸到各社区。2013年创建“六型社区”示范单位23个、社区规范化示范点8个、市级“一刻钟社区服务圈”示范点6个，在52个社区推进社区基本公共服务项目全覆盖工作。加强财政资金保障，不断加大财政资金向公共服务领域倾斜、向基层倾斜的力度，解决了22个社区用房，社区服务管理水平明显提升，社区基础设施和公益性服务设施建设不断完善，社区生活环境不断优化。大力发展社区志愿服务，各社区在配齐市民劝导队、社区文艺队、志愿服务队的基础上，根据社区群众需求组建多种特色的服务队和志愿服务组织，通过规范管理、健全机制，推动志愿服务在拆迁拆违、社会矛盾排查化解、流动人口服务管理、特殊人群服务管理、社会组织服务管理、城市秩序治理等方面发挥了重要作用，居民好评率较高。改进新建居住小区社区管理，建立新建居住区入住联席会，建立六方联动机制，协调解决新建安置小区商业、交通、物业等方面问题40余项，确保了新居民入住能享受到各项基本公共服务。

（四）社区自治功能不断提升

创新社区治理模式，全面推行“评议政府职能部门，评议街道工委、办事处班子，评议社区‘两委’班子，评议社区党员，开展‘五好家庭’争创活动”的“四评一创”社区治理机制，有效调动各职能部门、街道社区党政干部、居民的积极性，职能部门为民办实事水平和居民自治水平不断提高。健全居务公开等居民参与社区管理机制，居民对社区的归属感、认同感不断增强。不断加强社区基层组织建设，圆满完成社区“两委”换届，社区工作者队伍年龄、文化结构进一步优化，居委会发挥基层民主的作用不断提升。加大社会组织培育扶持力度，整合区级“枢纽型”社会组织服务资源，以服务为导向，引领聚合各类社会组织承接公共服务和社会服务项目，分类引导社区社会组织健康发展。目前，已经认定区级枢纽型社会组织7家，街道枢纽型社会组织1家，正式注册社会组织170家，社区社会组织600余家。建立政府购买社会服务机制，创新基本公共服务供给方式，连续两年投入550万元政府专项基金，购买公共就业、法律服务、社区助老扶残等50余种公共服务，实现了购买服务与政府部门职能转移、满足群众需求的有效对接。

（五）社会服务管理精细化水平不断提高

根据门头沟处于经济社会发展转型期、特殊人群比重大这一现状，以民生为导向，将涉拆人员、失业人员、残疾人、低保和低收入人员等十二类特殊人群作为社会建设的重点，采取项目制等方式有针对性地开展服务管理，实现了服务管理的个性化、精细化。围绕特殊人群的需求，制定出台促进就业、补贴、保障等一系列新政策，确保政策保障无盲点。建成“十二类特殊人群”基础信息数据库，加强数据更新与共享，确保服务管理精准。将“十二类特殊人群”服务管理纳入区社会建设折子工程、为民办实事工程，实行专项督查督办，以项目化管理全面促进服务水平的提升。

二、街道管理和社区建设工作中面临的问题

（一）街道职能设置有待进一步优化

1. 街道职能复杂、定位不清现象依然存在

随着社会建设任务的加重，大量的行政事务和社会事务沿着管理层级“落实”到街道办事处乃至社区居委会。经调查，司法、社保、城管、安监4家职能部门在各街道设有机构、配有专职人员；计生、环保、园林绿化、民政等40余家职能部门将职能下放到街道，但没有设立专门机构；水务、教委、疾控、消防等30余家职能部门对街道有考核；文化、市政等15家职能部门就短期、重点性工作与街道签有责任书。特别是网络安全、卫生防疫、食药安全、行业监管等职能，街道层面因为缺乏专业人才和专业设备，很难实现履职要求。职能复杂、指标性任务多，使街道办事处、社区居委会在开展工作中常常处于被动应付状态，阻碍了社会管理和公共服务职能的发挥。

2. 街道协调统筹能力有待进一步加强

受传统工作机制的影响，街道办事处在承担上级部门工作的同时却没有被赋予必要的行政管理权，在开展环境卫生、社会治安等具体工作时，只能依靠“讲面子”“磨嘴皮”的方式去完成，工作难度较大，很难做到依法行政。虽然成立了地区管理委员会，但尚处于探索阶段，受传统社会管理模式影响，街道与职能部门在行政层级上处于同级关系，在属地管理的前提下很难对职能部门进行约束，街道办事处对政府各职能部门很难做到“统”得起来、监督到位，街道系统的职能还需要整合和优化。另一方面，办公经费、办公设施、人员编制没有随着公共服务职能的延伸落实到街道、社区，“权随责走，费随事转”机制没有建立起来，增加了街道、社区的工作负担，影响了公共资源的使用效率。

3. 街道层面工作考核机制有待完善

现有体制下，街道与职能部门相互间有考核办法、考评机制，如“四评一创”、“窗口行业行风评”等考核机制为街道在年终考核中设置了对职能部门的评分权，相应职能部门对街道拥有考评权，并以责任书形式发放到街道。但在条块矛盾、职能交叉的背景下，职能部门与街道工作职责很难理清，考核时容易出现有机制不考核、有考核不严谨、考核与绩效不挂钩、考核内容不合理等问题，影响了街道职能的发挥。

（二）网格化社会服务管理体系有待健全

1. “条块”关系尚未完全理顺

做好网格化服务管理的关键是处理好条块关系。总结目前开展的网格化试点工作，街道层面在统筹各职能部门方面显得力不从心，处于有责无权的尴尬地位，需要从更高层面加大整合力量。囿于传统体制的影响，各职能部门习惯于对“条”的管理，而对“块”的管理则关注不够。体现在网格化服务管理中，各垂直系统的管理员按照上级业务指导和工作要求仅承担着职责范围的工作，在信息采集和服务管理中没有实现有效的整合，造成服务真空和多头管理的情况，制约了网格的运行效果。

2. 服务功能尚未充分体现

全区的网格化服务管理体系由社工委牵头，相比其他地区由综治政法部门牵头的网格，更突出了社会服务的内容，在为居民提供基本公共服务方面见长。但是从长远看来，建设覆盖门城乃至全区的网格体系时，需要进一步加强城市宏观运行、交通、水电气热等城市服务的内容，提高精细化服务管理水平。同时，各委、办、局参与网格化的热情有待提高，通过网格搭载更多公共服务项目的合作方式有待研究。

3. 信息采集和共享机制需要完善

信息共享是社会管理的难点。现有社区网格虽与街道网格实现了对接，但是部门之间的信心共享和更新机制还没有完全建立，信息多头采集、数据更新慢的问题仍然存在。在数据采集硬件设备使用、维护上，公安、综治、人口等部门还存在着各自为战的情况，街道层面难以实现协调整合，提高了网格管理的运营成本。

（三）社区自治能力有待提高

1. 社区居委会行政化色彩浓厚，自治功能薄弱

社区居民组织的经费来源、人员配置、工作部署考核等，在很大程度上依赖于街道办事处。街道办事处与社区居委会之间“指导”与“被指导”的关系，往往只停留在口头上，影响和束缚了社区自治功能的培育和发展。居委会对政府资源的依赖心理继续保持，自行解决问题的能力并未提高。

2. 社区居委会公共事务职责不清

社区居委会是社区居民的自治性组织，应该承担组织社区居民进行“四自”管理的职能。但在实际工作中社区居委会成为各级党委、政府部门工作的承受层、操作层、落实层，应该履行哪些职责、协办哪些职责、代办哪些职责没有明确界限。社区居委会承担的任务繁重，难以回归“自治”本位。

3. 居民对社区缺乏认同感，社区参与机制缺失

由于城镇化进程中原有生活社区打破重组以及社区利益分化、信息不畅、协调渠道不完善等原因，社区居民的安全感和相互依赖感不高，组织能力有所下降。社区居民民主意识不强，对社区事务缺乏参与意识，在参与机制不完善的情况下，居民对社区各种事务“不闻不问”、对社区互动缺乏参与热情的现象还在一定范围存在。

（四）社会组织培育和发展力度还需加大

1. 社会组织服务社会能力发挥不充分

门头沟区社会组织主要是在经济社会转型、政府转变职能的渐进过程中产生的，政府组织培育的多，民间自发成立的少。很多社会组织只有依附政府有关部门，从负责人、经费来源、办公活动场所到组织活动所需的资源，都来自政府或依赖政府的帮助，开展的活动多来自于“自上而下”的分派，行政化色彩浓。这样，不仅使社会组织发展空间有限，而且造成其缺乏责任意识、竞争意识和服务意识，对社会和市场的真正需求缺乏回应，自身独立性和自主性有待提高。

2. 对社会组织管理松散

门头沟区现有对社会组织的扶持政策不够完善，在税收优惠、财政资助、人事管理、社会保险等方面缺乏健全的政策规定，社会组织面临定位难、信任难、参与难、吸引人才资金难等难题，同时缺少为其提供法律咨询、能力提升、财务管理、项目申报等方面服务的专业机构，影响了社会组织的发展壮大。另一方面，全区社会组织内部的规章制度和内部治理结构亟待完善，民主管理、民主决策的力度不够，造成部分社会组织的宗旨不清，志愿性和公益性缺失。全区目前尚缺乏专门的社会组织管理机构，监督力量薄弱、监管手段缺失的问题还一定程度存在。

3. 社会组织人才素质有待提高

社会组织的发展需要高素质人才作保证，而门头沟区现有社会组织不仅普遍缺乏专业化人才，专职工作人员更少。社区多依靠党员、老干部等积极分子成立社会组织，在整建制农转居社区往往因为缺乏相关人才而无法成立社会组织。组织内工作人员年龄、知识结构不合理，缺乏有力的领导和管理，工作缺少创新精神，对政府依赖性较强，影响了社会组织的发展和服务质量的提高。

三、创新街道管理体制和社会服务管理的工作思路

（一）加快街道职能转型，打造服务型街道

1. 整合资源，构建街道管理新体制

强化街道统筹协调职能，在区级层面加强顶层设计，围绕城市管理、社会服务、维稳等工作，对现有街道管理、社会管理框架进行进一步的完善提升和资源整合，形成上下联动、快速解决群众问题的运行体系。完善地区管理委员会制度，街道工委书记、办事处主任同时兼任地区管理委员会主任，地区管理委员会成员由街道工委、街道办事处、区政府职能部门派出机构、驻区单位、有影响的企业负责人和地区人大代表、政协委员代表组成，由街道提名、组织部门审核、区委任命。地区管委会负责统筹协调地区性行政管理工作，在街道工委、办事处的领导下，对促进地区发展和跨部门的重大事项进行研究协商。建立街道“大综治”工作体系，对辖区内的社会治安防控、重点问题综合治理、城市综合管理及突发事件应对等事项应及时向区综治等部门提出综合执法建议。

2. 依法合理界定街道、社区居委会职责范围

进一步厘清职能部门与街道职责，充分发挥7个服务中心的服务实体作用，切实将行政化工作模式转变为社会化、市场化工作模式，努力打造“服务型街道”。实行行政事务进入社区居委会的“准入制”，梳理社区居委会现行承担工作事项，划分社区居委会依法独立完成事项、街道办事处依法独立完成事项、职能部门依法完成事项、政府购买服务事项等。通过明确主责单位，进一步弱化社区居委会的行政色彩，使其真正回归自治组织的角色和功能。

3. 完善各项工作机制，确保街道、社区居委会的社区管理和服务能力

建立联席会议制度，街道“大工委”和地区管理委员会通过召开联席会议统筹、组织、协调辖区内各类组织和单位，对促进地区发展和跨部门的重大事项进行研究协商。建立督办落实机制，将年度和阶段工作任务进行细化分解，做好任务分工，建立工作台账，定期督办，确保各项任务目标明确、措施具体、责任到人、落实到位。建立汇报通报制度，各成员单位要向所属街道“大工委”和地区管理委员会定期汇报辖区工作开展情况和任务完成情况，街道“大工委”和地区管理委员会要定期向成员单位通报工作任务完成情况，对成员单位的工作安排和工作进度提出要求和建议。建立考核评价机制，在继续深化“四评一创”社区治理机制的同时，加大民意测评在街道、社区居委会干部年度考核中的比重，加强对社会管理和社会服务内容的考核，将职能部门成员单位在街道工作的落实情况作为社会建设工作考核的重要依据，对不认真履行职责的成员可向其所在单位和区委组织部提出人事建议。完善保障机制，加大对街道、居委会人力、财力、物力的投入，确保基层有精力、有人员做好管理和服务工作，使街道、社区居委会确实成为承上启下的有力支点。加大社区活动场所建设力度，探索建立社区居委会在新建小区规划、验收环节的参与机制，确保办公用房和活动场所的使用面积。

（二）完善网格化社会服务管理体系，提升精细化水平

1. 强化顶层设计，提高网格化服务管理科学化水平

从区级层面统一网格化管理服务各项工作的标准和模式，理顺区级网格中心和街道、社区网格中心的关系，畅通条线管理。统一信息采集标准，统一办理流程，明确区级、街道、社区、各职能部门的权限、任务。在纵向上，完善社区、街道、区级三个层面自下而上反映问题和自上而下处置解决问题的工作机制；横向上，各部门要依托网格化三级综合工作平台，处理和解决好职责范围内的各种问题，加强协同配合。

2. 整合平台资源，拓展服务功能

网格化是一项系统工程，涉及部门多，需要各委办局的积极参与，依托现有的社区组织和各级职能部门，打破“条”、“块”分割，建立健全协调运行机制，努力形成“职责明确、权责一致、条专块统、条块结合”的管理模式。要拓展职能部门参与网格化工作的渠道，通过信息平台搭载更多的政府职能项目，进一步推进职能部门力量进社区、进网格，推动服务型政府建设。要注重与“一刻钟便民服务圈”、“六型社区”建设相结合，从便民利民角度对居民活动范围、网格管理进行划分，更多体现服务理念，建设新型社区网络。

3. 完善信息系统和运行机制，提高工作效能

与智慧城市建设相结合，借助物联网、云计算等先进技术，进一步完善网络信息系统，不断提高网络处理速度和能力。为网格管理员配备终端设备，提高信息采集水平，实现即采集即上网，为充分实现网格化服务管理提供信息保障。针对网格管理事务多、辖区范围广的问题，设置专职网格员，引入更多社会力量参与管理。加强机制建设，各职能部门要制定完善工作流程、责任体系，确保通过网格化管理“倒逼”机制反映到本部门的各项问题，能够得到及时有效解决。加强网格管理员队伍建设，由牵头部门整合各类协管员，统一命名为网格管理员，相应经费由原部门划转到牵头部门，再进一步下发到基层网格。探索协管员社会化用工机制，提升协管员履职水平。

4. 健全监督考核，确保工作实效

加大对为民服务中心受理事项办结情况的督办力度，提高群众反映事项的办结率和满意度。完善网格管理员、信息采集员的监督考核机制，从业务量、准确率、漏报率、解决率等多个指标考核信息。完善职能部门处理网格事务、提供社会服务考核机制，并将考核结果纳入网格化信息平台，实现实时监督，实时排名。建立社会公众参与监督评价机制，提高监督的广泛性和客观性。

（三）健全基层社会管理体制，强化社区自治功能

1. 加强社区党组织建设

完善社区“大党委”工作格局，“大党委”书记由社区党组织书记兼任，设席位制委员，吸纳社区社会组织、志愿服务组织、物业公司和共建单位党组织负责人或党员代表任委员，委员由社区党组织提名、街道组织部门审核、街道工委任命。充分发挥社区“大党委”作用，整合利用社区资源，参与社区管理和社会服务。充分发挥基层党组织凝心聚力、模范先锋的作用，引导社区居民参加小区党组织活动，用党组织带动社会组织促进自我管理，用党员带动群众促进自我服务。增强党员参与辖区建设的意识，整合社区党员资源，根据党员的技能特长，开展政策宣传、法律顾问、卫生监督、社区服务、帮扶等活动，通过党员作用吸引居民群众参与社区自治。

2. 构建社区自治运行机制

继续开展“六型社区”、社区规范化示范点、“智慧社区”创建和老旧小区自我服务管理试点工作，全面推进社区用房达标。依据拆迁社区搬离情况和新建社区居民入住情况，全面进行社区规模调整，加强新建安置小区的服务管理。坚持抓好“四评一创”工作机制，建立征求居民群众意见和建议常态化机制。建立健全社区居民代表会议、社区事务通报制度、社区事务听证会以及居务公开制度等在内的多种居民参与社区事务机制，将涉及居民切身利益的社区事务以及社区建设的热点难点问题，交由社区居民共同研究、民主决策，激发居民依法参与社区事务管理的积极性，增强居民对社区的归属感。以社区财务公开、重大事项公开为突破点，推进居务公开，强化民主监督功能，完善居务监督委员会运行机制。

3. 加强社会工作者和志愿者队伍建设

完善社区工作者培养、管理、使用、考核等政策，推进社区工作者队伍规范化建设。加强社区工作者教育培训，积极整合、利用区内外优质资源，组织社区工作者开展系统化、高层次专业培训，努力构建高素质社区工作者队伍。推动社区志愿者工作发展，进一步发挥志愿者联合会作用，加大街道对志愿者工作的统筹协调力度。全面推进志愿者实名注册工作，探索志愿服务时间储蓄回报制度，促进志愿服务供需有效对接，完善志愿服务项目化管理体系，使志愿服务日常化、制度化。大力培育社区民主自治文化，开展文化活动、融洽邻里关系，激发居民参与社区管理建设热情。

（四）推动社会组织规范发展，完善社会治理结构

1. 创造发展条件

健全财政资助奖励、税收优惠政策，积极出台有“含金量”的配套政策，优化社会组织培育壮大的发展环境。对社区各类社会资源进行摸底，调查居民公共服务需求，加强对社会组织服务项目设计的指导，为社会组织发展搭建平台。强化枢纽型组织的主导力，统筹整合妇联、团区委、红十字

会、残联等区级“枢纽型”服务资源，建立社区、辖区单位协调机制，以需求为导向，统筹服务项目，将节日集中活动改为年度持续安排，提升服务效能。通过专业知识培训、专业人才培养、专业社会组织扶持带动，培育一批镇街级“枢纽型”社会组织和注册社会组织，提升地区社会组织的专业化和职业化水平。着力引进一批专业社会组织、优秀服务项目和社会组织带头人，以专业社会组织和专业人才的聚集，辐射带动地区社会组织的发展和优秀服务项目的对接、落地。加大宣传力度，提升社区社会组织的地位，形成社区民间组织建设与和谐社区建设良性互动的新格局。

2. 转移政府职能

深入落实党的十八届三中全会精神，结合行政管理体制、事业单位和审批制度改革，加大政府职能转移委托力度，向社会组织开放更多的公共资源和领域，为社会组织的发展壮大和参与社会管理让渡空间。搭建政府购买服务平台，在就业培训、文化卫生、社区法律、养老服务等一些准公共服务领域，制定社会组织承接政府职能目录，加大政府购买社会组织服务力度，使社会组织更深入地参与社会管理和公共服务。

3. 规范内部管理

规范管理是有序健康发展的前提，要规范社会组织内部机构和制度建设，建立和完善财务、人事、印章、档案管理等内部管理制度，形成自我规范的内在机制。加大社会组织信息披露力度，对涉及重大活动、资产财务、接受使用捐赠资助、收费项目及标准等情况，实行信息公开，接受社会监督。加强诚信体系建设，完善社会组织信息公开制度，提升社会组织的社会公信力。建立社会组织综合评估机制，并与承接政府职能转移和购买政府服务的资质挂钩，引导社会组织恪守公益性原则，自觉承担起社会责任。

政党 团体

中国共产党北京市门头沟区委员会

概 述

年内，围绕中央、市委各项工作部署，贯彻落实科学发展观，团结带领各级党组织和广大党员干部群众，以“落实‘三个优化’，多办利民实事，建设国家生态文明示范区”为主题，推进经济、政治、文化、社会、生态文明建设以及党的建设各项工作，完成全年各项任务目标。年内，全区实现地区生产总值124.2亿元，同比增长8.7%；完成公共财政预算收入20.7亿元，同比增长8.6%；完成全社会固定资产投资230.1亿元，同比增长20.7%；城镇居民人均可支配收入达到35120元，农民人均现金收入达到17365元，同比分别增长8.5%和10.5%。

一、优化区域空间布局，城乡功能进一步完善

坚持规划引导发展，不断优化功能布局，提高区域发展的科学性和前瞻性。优化城乡规划布局，落实《长安街延长线城市规划设计实施导则》和《近期重点项目建设实施细则》，制定棚户区、3751地块、琉璃渠等重点组团规划，对棚改新区、新城商厦等落地项目加强规划把关，确保滨水山城高质量建设。围绕推进全域景区化，制定永定河流域景观、重点景区及镇村建设规划，预留龙泉、潭柘寺、军庄农民产业用地，确保失地农民利益。优化产业布局，完成石龙开发区高新技术产业园总体规划，增加新城重点组团产业用地空间；制定山区重点景区规划及重点产业项目规划，一批产业项目成功获批；实施古村落、国家步道等专项规划，引导地区产业向高端、特色方向发展。优化公共服务建设布局，超前规划水、电、气、热、路等基础设施，服务陕京天然气、S1线、长安街西延线等市级重点项目建设，推动109高速路、山区观光铁路等路网规划，完善门城水厂、污水处理厂规划，优化城市交通场站布局，制定新城电网规划，完善了教育、卫生、公安、商业、文化等公共服务配套设施规划，提高了地区发展的综合承载能力。

二、优化区域发展环境，资源集聚优势更加凸显

加强生态环境建设，坚持生态立区战略，完成国家生态文明示范区各项重点工程，京津风沙源治理、小流域综合治理等工程生态效果显著。打造了大台、王平等多彩沟域，加强城乡环境建设，继续推进“一湖多园、五水联动”的城市水系景观建设，实施老旧小区综合改造和精品小区建设工程，开通3条社区公交环线，开展拆除违法建设、大气污染治理等专项治理行动，加强景区周边、城乡结合部等地环境整治，城乡宜居水平不断提升。加强政务环境建设，开展基层站所、服务窗口示范创建活动，完善政务服务电子监察系统，强化为民服务信息平台事项办理责任制，行政效能明显提高。加强人文环境建设，完善公共文化服务设施，开展永定河文化节、公园广场等群众性文化活动，涌现出《永定河畔的大河之舞》等一批文艺精品，加大古道、古村落修缮和维护力度。

三、加快产业转型，地区发展后劲明显增强

坚持高端产业支撑、旅游文化休闲产业主导的发展思路，促进经济转型。重点推动高端产业发展，石龙开发区紧抓融入中关村国家自主创新示范区契机，推动存量企业向楼宇经济转型升级，新华水电等12个商务楼宇开工建设，长安街西延线周边一批商业旅游地块入市交易，发展后劲增强。突出抓好旅游文化休闲产业发展，改造潭戒景区，收回灵山景区管理权，推进南石洋大峡谷、定都峰、国家步道、高山滑雪等重点旅游项目建设，新增潭柘玉兰园、千亩万寿菊等农业景观项目，韭园、法城、杨家峪、阳坡元等精品旅游村建设取得成效；推进农村产业发展，深化农村集体经济产权制度改革，建立农村产权交易中心和农村发展基金，促进农村土地流转，加快发展清水合作联社等农民专业合作组织，实现社会资本与农村资源对接；加快重点镇建设，潭柘寺镇整体开发进展顺利，斋堂镇古村落度假酒店体系初见雏形，军庄镇葡萄酒产业项目获批，王平镇休闲养老项目完成；培育特色种养业，发展光伏农业、新型养蜂等现代农业项目，新增矮化苹果700亩，改造提升薄皮核桃1000亩，农业发展水平进一步提高。做好招商引资工作，完善招商引资政策，吸引信息科技产业入驻，加强与石化易捷、光环新网、亿阳集团等大型企业的战略合作，投资亿元以上的道富基金、中铁建等大型企业入区发展，一批招商项目注资落地。

四、优化民生品质，公共服务和社会管理水平不断提升

坚持经济社会发展协调推进，做好民生保障、公共服务和社会管理工作。加快推进采空棚户区改造，5800套安置房交付使用，新增100万平方米安置房陆续开工建设，工矿棚户区改造进展顺利；加强棚改新区规范化管理水平；研究资金平衡途径，科学规划土地上市和还款时序。提高公共服务水平，实施基础设施建设等民生保障“十大工程”，完成莲石湖西路等15条市政道路建设，加快城子水厂、集中供热厂建设，建成少年宫、妇幼保健院等6个社会事业项目，45项为民办实事工程全部完成；推进教育系统综合改革，引进北京八中等优质教育资源；深化与凤凰医疗集团合作，医疗救治能力提升；抓好就业增收工作，城镇登记失业率控制在4.23%；开展低收入农户增收帮扶，对64个低收入村、1.2万户低收入农户逐村逐户进行调研，有针对性地制定帮扶措施；推广农村集体资产信托化经营管理，实现了农民稳定增收。推进社会管理创新，发挥街道统筹辖区发展作用，理顺街道与职能部门的权责关系，建立街道“大工委”和社区“大党委”，成立地区管委会和7个服务中心，街道管理体制创新走在全市前列；加强“六型社区”创建，社区建设水平进一步提升；拓展61696156为民服务信息平台功能，累计受理求助事项近10万件，满意率达95%以上；深化对十二类特殊人群的服务管理，形成多部门信息共享的全覆盖救助机制；建立“大维稳”“大综治”“大联防”工作体系，完成27家国有企业重组改制，稳步推进事业单位分类改革，化解了冯村、灰峪村回迁、北四村安置等历史遗留问题，年内到市集体访批次、人次分别下降53%和75%。

五、发挥党建统领作用，党的建设科学化水平不断提高

发挥区委总揽全局、协调各方的作用，带领四套班子研究关系全区建设发展的重大问题，调动各方力量攻坚克难，破解了产业发展、社会管理、民生改善及拆迁维稳等发展中的瓶颈问题。支持区人大履行和拓展监督职能，加强对“一府两院”的监督，开展大额专项资金询问，强化财政预算审查监督工作，参与政府性债务清理，对棚户区改造等热点难点问题加强视察和监督，增强监督工作的实效性。支持区政协开展政治协商、民主监督和参政议政，围绕新建社区精细化管理等问题调研，启动“8+1”行动，支持各民主党派、工商联和无党派人士发挥自身优势，参与地区经济社会发展。注重发挥工会、共青团、妇联等人民团体作用，完成区总工会、区妇联换届工作，开展“服务职工在基层”活动，建设“六型”青年汇，打造“巾帼行动”等妇女活动品牌。

加强思想政治建设。开展十八大、十八届三中全会、习近平总书记系列讲话以及市委重要精神的宣传教育，围绕工作重点举办了系列专题讲座，规范了二级班子理论中心组学习；加强党的宗旨教育，树立廉洁奉公和勤政为民的典型；开展“我的梦·中国梦”主题宣讲活动380余场。

加强班子队伍建设。调研干部队伍现状，探索建立处级班子和处级干部综合分析研判机制，综合运用巡视、审计、民主测评、“一报告两评议”成果等评价干部。健全党建大培训工作体系，注重在房屋征收等基层一线培养锻炼年轻干部和后备干部。

注重夯实基层基础。突出九大工委牵头抓总作用，推进各领域党的基层组织建设。在农村，完成村委会换届工作，基本实现“两保持、两降低”指标，矛盾集中的重点村、难点村大幅减少；加强对村“两委”干部的教育培训，选派40名村第一书记，深化“双向联评”活动，开展村“两委”工作目标考核，村干部管理监督机制进一步完善；建成农村基层党建全程记实系统，为加强基层组织规范化管理奠定了基础。在社区，继续做好“四评一创”工作，群众对社区“两委”满意度连续两年达到90%以上。在机关企事业单位，开展“五型机关”创建和“五进农村”帮扶活动，形成了化解国企下岗职工上访、国地税联合办公、社保业务下沉全覆盖等典型经验。在“两新”组织，建立非公企业党建联席会议制度，配备非公企业党建工作指导员，推进“五站合一”，非公经济党组织覆盖率位居全市前列。加强党员队伍管理，在全市率先开展党员登记工作，清理了一批不合格党员。

改进工作作风。将解决群众关注的热点、难点问题作为转变作风的重要内容，面向全区村、居群众征集意见建议1.5万余条。解决了一批群众反映强烈的实际问题。落实中央“八项规定”及市委实施意见，开展公款消费、公车使用、办公用房规范、会员卡清退等专项治理，推进“纠风在行动”，纠正损害群众利益的不正之风。

加强反腐倡廉建设。开展“廉洁奉公、勤政为民”主题宣传教育活动，发挥纪检监察审计监督工作体系作用，结合巡视工作，开展对工程建设、大额资金使用等方面的监督和审计；加强廉政风险防控，结合落实市委巡视组反馈意见，制定政府投资工程招投标分类管理等10项监督管理制度，规范行政自由裁量权；强化权力运行监督，严格执行“三重一大”决策制度，强化财政预算刚性约束；加强基层纪检监察组织建设，对镇街纪检组织实行业务垂直管理；坚持在区委领导下公、检、法、纪惩治腐败的联动机制，查处各类违纪违法案件26件，挽回经济损失2亿余元，惩治腐败工作力度加大。

单位名称：北京市门头沟区委办公室
地　　址：北京市门头沟区新桥大街36号
电　　话：69842176
邮　　编：102300

（刘　楠）

【新农村建设】　1月3日，召开村党组织“第一书记”座谈会，区领导韩子荣等参加会议，与区派党组织“第一书记”、部分镇派党组织书记进行座谈。6日，召开区2012年镇党委述职测评大会，韩子荣、罗斌、张冰等参加会议，听取了各镇党委2012年述职汇报，并对各镇党委2012年工作进行测评打分。3月8日，区举办农村新一届党支部书记培训班，韩子荣等分别围绕新时期如何加强农村基层党组织建设、农村基层党建规范、党的纪律教育等内容授课。同日，召开区农村集体资产信托化扩大试点座谈会，市农村合作经济经营管理办公室领导，北京国际信托有限公司领导、区领导韩子荣等参加座谈，就推进“富民2号集合资金信托计划”等事宜进行研讨。5月7日，召开永定镇冯村全体党员及村民代表大会，会上通报了冯村经济工作组、冯村党委等工作情况，并作了冯村党委换届动员，区领导韩子荣等参加会议。10月10日，召开低收入村调研工作汇总分析会，区领导韩子荣、罗斌等参加会议，听取了区相关部门的工作汇报，并就做好低收入村帮扶工作进行了研讨。

（田玉娇）

【党的群众路线教育实践活动】
1月4日，召开党的群众路线教育实践活动座谈会，韩子荣等参加会议，围绕党的群众路线教育实践活动专题调研提纲与区有关部门、基层代表进行了研讨，韩子荣提出要求。

（田玉娇）

【民主生活会】　1月15日，召开区四大部门领导民主生活会，市委常委、统战部部长牛有成，市委第四巡视组巡视专员汪进军，区四大部门领导韩子荣、张冰等参加会议。21日，韩子荣参加宣传系统民主生活会，对做好2013年宣传系统工作提出要求。12月13日，召开区委、区政府领导班子民主生活会，区委、区政府领导班子成员，市委组织部、区有关部门相关负责人员参加会议。

（田玉娇）

【棚户区改造】　1月21日，召开采空棚户区两万户整体征收工作专题会。3月13日，召开两万户征收面积认定研讨会，韩子荣等领导参加会议，听取了区有关部门的工作汇报，并围绕两万户房屋整体征收面积认定工作进行研讨。4月19日，韩子荣主持召开两万户房屋征收工作专题研究会，就两万户房屋征收范围内出现“假离婚”、“集中办残疾证”问题与区相关部门进行研究。罗斌、张冰等参加会议。10月9日，召开两万户征收未签约户工作研讨会，区领导韩子荣、罗斌等参加会议，听取区房屋征收事务中心关于房屋整体征收项目收尾阶段工作方案，并就做好房屋整体征收收尾工作进行了研讨。

（田玉娇）

【走访、慰问活动】 1月28日至29日，区四大部门领导开展重点户走访慰问送温暖活动，韩子荣、罗斌、张冰等分11组对全区优扶对象、社救对象、农村老党员、残疾人家庭、劳模、困难职工、城镇失业人员、特困患重病家庭、高龄特困老人、十大好人等重点户代表进行了走访慰问。2月8日，区领导慰问一线职工及儿童福利院、光荣院，韩子荣等领导到新桥车站、永新社区卫生服务站、城管大峪分队、儿童福利院、光荣院等对一线职工、孤残儿童和休养老人进行了慰问，并送去了慰问金和慰问品。3月4日，区"三八"服务月——"送温暖进家庭"活动启动，市妇联主席，区领导韩子荣等参加活动，到军庄镇入户慰问"两癌"特困妇女代表，听取了区妇联"五进十送"工作的汇报，并观看了巾帼健身队表演。4月28日，举办"凝聚职工力量·建设美丽家园"庆祝"五一"国际劳动节慰问演出，区领导韩子荣、罗斌等与区2013年首都劳动奖章、北京工人先锋号、全国五一巾帼标兵岗、全国五一巾帼标兵获得者，历届劳模代表等一同参加活动。期间，区领导为获2013年国家以及市级先进荣誉称号的集体和个人颁发了奖章。6月26日至27日，区四大部门领导韩子荣等开展"七一"走访慰问活动，慰问基层党组织以及老干部、建国前老党员、生活困难党员。7月30日至8月1日，区四大部门领导走访慰问驻区部队，向驻区部队全体官兵致以节日的慰问。

（田玉娇）

【党建人才工作】 2月4日，召开区局级领导班子和领导干部年度考核及干部选拔任用"一报告两评议"暨安全稳定工作会，韩子荣、罗斌、张冰等区四大部门领导参加会议，会上开展了区局级领导班子和领导干部年度考核民主测评，对区委2012年度干部选拔任用工作和新选拔任用干部进行评议。25日，举行区党建工作会，区领导韩子荣、罗斌、张冰等参加会议，会上，部署全区政法维稳工作，全区党建、组织工作及统战工作，全区宣传文化文明工作。10月22日，召开党建、人才领导小组工作会，区领导韩子荣等参加会议，听取关于全区机关事业单位编制使用、基层党建、人才工作等情况汇报，并就相关工作进行研讨。

（田玉娇）

【领导调研、检查工作】 2月21日，市领导到区内调研，分别到东辛房棚户区改造地块、京西古道博物馆、陕西画院创研基地、灵岳寺、灵水举人村、川底下村、马栏村等地区，实地察看了解区文化产业规划发展、文物保护修复及古寺、古道、古村落保护与开发等情况。区领导韩子荣等参加调研。3月9日，召开中央督导组到区内督导检查座谈会，督导组、国家信访局、监察室、市政府、市联席办等相关领导及区领导韩子荣等出席会议。4月12日，市委书记郭金龙、市长王安顺到区内调研，到焦家坡垃圾卫生填埋场、鲁家山垃圾焚烧厂进行实地考察，并听取相关工作汇报。区领导韩子荣等陪同调研。13日，举行"奥运之家植树活动"，奥促会、奥促中心领导，区领导韩子荣，与奥运之家联席会会员代表近300人在永定河森林公园参加活动。17日，中国医药卫生事业发展基金会等部门到区内调研，中国医药卫生事业发展基金会理事长，市卫生局副局长，首都社会经济发展研究所所长、北京健康城市建设促进会理事长，区领导韩子荣及中国医药卫生事业发展基金会、市爱卫会、北京健康城市建设促进会相关负责同志实地察看了滨河景观大道、区医院、妙峰山卫生院、绮霞苑社区卫生服务站，听取了区有关部门关于"健康门头沟"建设等情况的汇报。8月20日，市委组织部领导到区内调研，与区领导韩子荣等实地察看了棚改安置房、"一湖十园、五水联动"城市景观建设等情况，听取了组织工作情况汇报。26日，市委宣传部领导到区内调研，与区领导韩子荣等实地察看了棚改安置房、"一湖十园、五水联动"城市景观建设等情况，听取了宣传文化文明工作情况汇报。11月11日，中央政法委领导到区内调研，到石门营五区、大峪南路二社区、区为民服务中心实地察看了棚户区改造、社区平安建设、社会服务管理等情况，并围绕平安建设及社会管理进行座谈。12月27日，市党风廉政建设责任制检查组到区内检查，观看了区《全员转作风、查立并举正风气》专题片。市委常委、常务副市长李士祥，区领导韩子荣、罗斌等参加活动。韩子荣汇报了区贯彻落实党风廉政建设责任制及推进惩防体系任务完成情况。

（田玉娇）

【党风廉政建设工作】 2月22日，召开区党风廉政建设工作会，市纪委常委、市监察局副局长，区四大部门领导韩子荣、罗斌、张冰等参加会议，会上，作党风廉政建设和反腐败工作报告，传达中央纪委、市党风廉政建设工作会议精神，签订了党风廉政建设责任书、镇街纪委书记目标考核责任书。3月7日，召开区纪检监察审计监督工作体系暨区预防腐败工作联席会第一次领导小组会，韩子荣等领导参加会议，听取了2012年度审计结果、闲置校舍处置等情况的工作汇报，并对工程建设领域相关监督管理制度等进行了研究。

（田玉娇）

【召开全体扩大会议】 3月7日，召开全区领导干部大会，区四大部门领导韩子荣等参加会议。会上，韩子荣传达了学习习近平同志在新进中央委员会的委员、候补委员学习贯彻党的十八大精神研讨班上的讲话精神。7月31日，召开区委十一届五次全会，区四大部门领导韩子荣、罗斌、张冰等参加会议，会上讨论了韩子荣关于上半年工作总结和下半年工作部署的讲话，听取了区领导所作的《关于全区经济社会发展工作的报告》，审议通过《关于进一步加强街道和地区办事处工作的意见》、《关于建立农村产权交易中心的意见（试行）》和《门头沟区农村发展基金管理办法（试行）》。9月29日，召开全区领导干部大会，韩子荣等区四大部门领导参加会议。会上，区领导分析了全区经济社会发展形势，并对做好国庆期间相关工作及第四季度重点工作进行部署。11月1日，召开全区领导干部大会，区四大部门领导韩子荣、罗斌等参加会议。会上，通报全区安全维稳形势并部署十八届三中全会安保维稳工作，通报反恐工作形势任务及十八届三中全会公安安保工作。韩子荣就做好安全维稳工作提出要求。22日，召开全区领导干部大会，区四大部门领导韩子荣、罗斌、张冰等参加会议。会上，韩子荣传达习近平在党的十八届三中全会第一次全体会议上的讲话；丁勇传达习近平在党的十八届三中全会第二次全体会议上的讲话；韩子荣就深入学习十八届三中全会精神，总结2013年工作亮点，抓好全年工作收尾提出具体要求。12月28日，召开区委十一届六次全会，区四大部门领导韩子荣、罗斌、张冰等参加会议。全会审议通过了韩子荣代表区委常委会所作的题为《深入落实党的十八届三中全会精神 稳中求进 改革创新 不断开创现代化生态新区建设新局面》的报告。

（侯建国）

【解放思想大讨论活动】 3月15日，召开解放思想大讨论活动部署会，区领导韩子荣等提出要求。12月6日，召开全区解放思想大讨论活动及九大工委系统工作经验交流会，韩子荣、罗斌、张冰等参加会议，听取了部分单位的经验交流发言，并就下一步工作进行了部署。

（侯建国）

【村委会换届工作】 4月7日，召开村委会换届工作专题会，区领导韩子荣等参加会议，听取了区有关部门的情况汇报，并就村委会换届工作进行研讨。15日，召开区村“两委”换届选举工作领导小组会议暨第九届村民委员会换届工作动员会，区领导韩子荣、罗斌、张冰等参加会议。会上，部署村委会换届选举工作。5月9日，市选办到区内调研第九届村委会换届选举工作，听取了关于村委会换届及永定镇冯村党委换届工作进展情况，市委组织部，区领导韩子荣参加调研。

（侯建国）

【区委理论中心组学习】 4月18日，人民网舆情监测室秘书长、《网络舆情》杂志主编、高级记者、北京大学新闻与传播学院硕士生导师围绕如何在微博时代应对舆论监督进行讲解。赵潮英传达市反腐倡廉建设领导小组办公室关于对区贯彻落实党风廉政建设责任制，推进惩防体系建设任务完成情况进行检查的反馈意见。8月23日，举办区委理论中心组（扩大）学习——“我的梦·中国梦”百姓宣讲活动。10月19日，全体区委委员及候补委员，非区委委员的区领导干部参加学习，通过集中导读、分组研读、集中讨论的方式学习习近平同志的重要讲话精神。会上，习近平同志在全国组织工作会议上的讲话、在第十八届中央纪律检查委员会第二次全体会议上的讲话、在全国宣传思想工作会议上的讲话要点。11月20日，召开学习贯彻落实十八届三中全会精神综合经济部门专题研讨会，区领导韩子荣、罗斌、张冰等参加会议，听取了区发改委、区财政局等部门的工作汇报，并围绕落实十八届三中全会精神做好明年经济工作与相关部门进行研讨。同日，召开学习贯彻落实十八届三中全会精神党建系统专题研讨会，区领导韩子荣、罗斌、张冰等参加会议，听取了相关部门关于2013年工作亮点及2014年党建工作思路的汇报，并围绕贯彻落实十八届三中全会精神，做好明年工作进行研讨。23日，召开区四套班子学习贯彻落实十八届三中全会精神专题研讨会，区四大部门领导韩子荣、罗斌、张冰等参加会议。会上，与会领导以如何贯彻落实十八届三中全会精神，做好明年各项工作为主题进行座谈。12月16日，区处级领导干部学习贯彻习近平总书记系列讲话精神轮训班第一期开班，区领导韩子荣等出席开班仪式。此次轮训分3期举办，采取专题辅导、研讨交流与精读原文相结合的方式，设置了学习贯彻习近平总书记系列讲话精神、完善政府职能等内容，各单位“一把手”和党（工）委、党组副书记共142人参训。

（侯建国）

【举行大型活动、仪式】 4月21日，第四届北京旅游山会“开山门”仪式暨“全民健身日·3510在行动”开幕。市旅游委主任，市徒步运动协会会长，区领导韩子荣、罗斌、张冰等参加会议。会上，韩子荣发布了国家步道LOGO，区领导致欢迎辞，市、区领导一同主持开山门仪式，台湾、美国的专家围绕门头沟国家步道系统规划以及美国、台湾国家步道系统发展情况等内容进行演讲。6月28日，召开区纪念建党92周年大会，区四大部门领导韩子荣、罗斌、张冰等参加会议。7月28日，举行2013年北京市庆“八一”军地乒乓球联谊赛，市乒协领导，区领导韩子荣等出席开幕式。30日，召开军政座谈会，韩子荣及驻区部队领导参加座谈会。8月30日，与张家口市签署合作协议，张家口市委及北京市委领导，区领导韩子荣等参加活动，并到中华三祖堂、黄帝城遗址以及葡萄种植基地、中粮集团桑干酒庄等进行实地察看，围绕双方战略合作进行座谈。12月4日，举行北京市各民主党派重点支持区发展暨“8+1”行动启动仪式，市委常委、统战部长牛有成，市委统战部副部长、市侨联党组书记周开让，各民主党派市委负责人，区领导韩子荣等参加会议。会上，韩子荣致欢迎辞，并与各民主党派签署了合作框架协议。区领导介绍了区经济社会发展情况。12月17日，举行第七届永定河文化节闭幕式暨第二届门头沟区“优秀人才奖”、“青年人才奖”颁奖典礼，市文化局副局长、区领导韩子荣等出席活动，为永定河文化节微视频征集活动优秀作品和剧本征集活动优秀作品以及17名区“优秀人才奖”、“青年人才奖”获奖者进行颁奖和表彰。

（侯建国）

【领导调研、座谈】 6月24日，民盟中央副主席、北京市政协副主席、民盟北京市委主委到区内调研，实地考察了区采空棚户区改造、“一湖十园、五水联动”景观、石龙工业园区建设等情况。区领导韩子荣等参加活动。8月9日，召开北京海外高层次人才京郊行门头沟站活动座谈交流会，北京海外学人中心主任，区领导韩子荣等参加会议，并与海外高层次人才进行座谈。23日，区领导韩子荣与中国人民大学党委常务副书记、副校长，围绕人大分校选址及相关事宜进行了座谈，并到人大附小门头沟分校、永定镇苛萝坨村进行了实地考察。

（侯建国）

【区领导外出学习调研】 9月3日，区领导到房山区学习调研，实地考察了房山区河北镇磁家务玫瑰园、北京波龙堡葡萄酒业公司、高端制造业基地长安汽车北京公司、首创奥特莱斯购物中心等项目运行情况，并围绕两区加强合作、共谋发展进行了座谈。10日，区领导赴西城区学习社会服务管理工作，实地考察了西城区综合行政服务中心、义达里社区、金融街街道全响应网格化社会服务管理指挥分中心等运行情况，并围绕社会服务管理工作进行了座谈。

（侯建国）

【召开财政预算研究专题会】 10月11日、15日、17日、23日和11月1日、8日，召开财政预算研究专题会。围绕基本建设、农业旅游、社会建设、党口系统、园林、水务、棚改、住建、公共工程、市政、经常性项目以及镇重点项目召开财政预算研究专题会，就做好2014年财政预算安排进行了研讨部署。

（侯建国）

组织工作

【概况】 年内，全区组织工作在区委的领导下，从地区阶段性发展需要出发，发挥区委党建工作体系统筹作用，注重围绕中心、服务大局，注重着眼长远、夯实基础，注重完善工作架构、破解难点问题，不断提高干部工作服务全区科学发展和干部健康成长的水平，推进服务型基层党组织建设，落实科学人才观要求，进一步夯实人才工作基础，为全区转型发展、创新发展和跨越式发展提供了组织保障。

单位名称：中国共产党北京市门头沟区委员会组织部
地　　址：北京市门头沟区新桥大街36号
电　　话：69842546
邮　　编：102300

（孙　思）

【培训工作】 2013后12月中旬到2014年3月中旬，举办全区处级领导干部学习贯彻习近平总书记系列讲话精神轮训班4期，每期5天，对全区600余名处级干部进行了轮训。12月16日，第一期轮训班，全区各单位“一把手”和党委、党工委、党组副书记共142人参训。区领导韩子荣等出席开班仪式。3月4日至4月2日，举办了2013年第一期处级干部进修班和中青年干部培训班，共有80名学员参加培训。4月12日至10月11日，共举办周末大课堂培训班十期。5月6日至10日，举办区2013年处级改任领导干部培训班。70名改任的处级干部在重庆红岩进行革命传统教育、理想信念教育。6月2日至8日，赴井冈山举办了“年轻处级干部党性修养专题培训班”，全区35岁以下年轻处级干部37人参训。9月2日至29日，举办了2013年第二期处级干部进修班、新任处级干部培训班和中青年干部培训班。全区69名处级干部和中青年干部参加培训。9月6日，召开全区组织系统信息暨网宣工作培训会。参会人员为九大系统、各镇街组织工作信息员和网宣员，培训内容为信息写作和网络宣传引导。

（罗　樱　孙　思）

【召开民主生活会】　1月1日至18日，组织82家区管处级领导班子，及13家市区双管单位召开以“学习贯彻党的十八大精神，改进工作作风，联系群众，为民务实清廉”为主题的处级领导班子党员领导干部民主生活会。1月15日，区四大部门16名党员领导干部召开了以“学习贯彻党的十八大精神，进一步改进工作作风，紧密联系群众，为民务实清廉”为主题的区级班子党员领导干部民主生活会。12月18日至2014年1月15日，组织82家区管处级领导班子召开以“提升能力，改进作风，勤政为民，服务门头沟区经济社会转型发展、创新发展、跨越式发展”为主题的民主生活会。

（陈　雨）

【民主测评工作】　1月1日至25日，开展全区处级领导班子及相关领导干部年终民主测评工作。测评对象为区管70个处级领导班子，506名处级领导干部，87名处级非领导职务干部及264名副处级后备干部。全区共2217名干部群众参加民主测评，其中，班子成员444人，处级非领导职务干部94人，中层干部1160人，一般干部群众519人。8月15日至11月22日，修改完善处级领导班子、领导干部民主测评体系。确定对处级领导班子的考核重点为领导班子建设、工作思路及落实情况、联系基层、队伍建设、作风建设；领导干部的考核重点为品德、作风、能力、实绩。12月9日至27日，开展全区处级领导班子及相关领导干部年终民主测评工作。测评对象为区管71个处级领导班子，510名处级领导干部，84名处级非领导职务干部及254名副处级后备干部。全区共3034名干部群众参加年终民主测评，其中，班子成员409人，处级非领导职务干部61人，机关中层干部1210人，村（居）两委主要负责人435人，一般干部群众418人，普通镇党代表501人。

（陈　雨）

【“一报告两评议”工作】　1月1日至25日，对全区56个工委、党委（党组）开展了干部选拔任用工作“一报告两评议”，对各单位干部选拔任用工作及225名新选拔任用科级干部进行了民主评议。全区1784名干部群众参加了“一报告两评议”测评。3月21日至6月3日，完成测评结果的分析工作。6月13日，向常委会通报区委2012年干部选拔任用“一报告两评议”结果。区“干部选拔任用的总体评价”得分为98.11分，较北京市平均水平高1.81分。“执行干部选拔任用工作政策法规情况”、“整治用人上不正之风工作”、“深化干部人事制度改革”三项测评指标得分分别为：97.86分、98.11分、98.74分，分别较北京市平均水平高1.51分、2.11分、3.18分。2012年调整和提拔的66名干部平均满意度得分为95.96分。12月9日至27日，对2013年全区59个工委、党委（党组）开展干部选拔任用工作“一报告两评议”，对各单位干部选拔任用工作及446名新选拔任用科级干部进行民主评议。全区共2676名干部群众参加评议。

（陈　雨）

【市领导检查】　1月4日至6月28日，按照市委巡视组要求，组织全区230名局处级干部和“两代表一委员”参加市委巡视谈话，组织开展到潭柘寺镇、军庄镇和雁翅镇等地的实地调研活动，整理近3年调整、提拔干部的过程性材料供检查。6月28日，市委巡视组结束在区内巡视工作并给予肯定。

（赵新宇）

【区级干部教育培训工作】　1月11日，下发《关于做好2013区级干部教育培训项目相关工作的通知》，把系统性的78期重点培训项目纳入区级“大盘子”，进行统筹管理。

（罗　樱）

【考核工作】　1月15日至30日，按照市委组织部有关要求，制定《关于开展2012年局级领导班子和领导干部年度考核工作的实施方案》，完成局级领导班子及领导干部的述职述廉工作和民主评议工作。2月4日，召开“民主测评大会”，开展了对区四大部门领导班子、领导干部和法检两长的民主测评工作。5月6日至14日，根据《关于2012年度党政机关处级党政正职考核奖励的建议》、《关于2012年度事业单位处级正职考核等次的建议》规定，结合年终民主测评、绩效考核、日常工作表现情况等方面结果，确定各考核等次优秀指标比例和数量。15日，经十一届区委第35次常委会议审议通过，党政机关处级党政正职32人为优秀等次，16人为单独嘉奖，11人记三等功；事业单位处级正职1人为优秀等次。

（赵新宇）

【召开总结见面会】 1月16日，召开区“人才京郊行”第四批挂职专家总结暨第五批专家接收见面会。3月28日，召开接收“三部委挂职干部”见面会，安排部署2名挂职干部和接收单位永定镇、城子街道办事处对接，分别挂任永定镇党委副书记（挂职一年）、城子街道工委副书记（挂职一年）。

（罗　樱　赵新宇）

【领导干部报告个人有关事项工作】 1月30日至2月20日，配合市委组织部完成45名市管干部个人有关事项填报工作；完成613名区管干部报告工作，其中，68名新任处级领导干部按首次填报要求详细填写了《报告表》。

（陈　雨）

【召开干部座谈会】 1月31日，组织区内通过“80后”干部选配、公开选拔、“三个一百”交流、生态涵养区人才引进等方式从区外引进的青年干部代表29人进行座谈，区委书记韩子荣出席会议。5月22日和23日，分两批组织召开了“2013年上半年试用期满副处级干部座谈会”，13名试用期满干部参加座谈会。7月3日，召开部分镇处级领导干部座谈会，6名通过竞争性选拔上岗的处级干部参加会议。7月20日，区委召开年轻处级干部党性分析交流座谈会。全区35岁以下年轻处级干部参加座谈，区领导韩子荣出席会议。12月10日，召开优秀选调生座谈会，部领导和11名优秀选调生进行座谈。

（赵新宇　罗　樱）

【节前慰问工作】 2月1日至8日，开展春节前老干部、援藏干部、赴蒙、赴疆挂职干部以及在区内挂职的区外干部的慰问工作。4月26日至28日，做好“五一”节前慰问工作，分别走访慰问区外挂职干部、我区援藏、援疆、赴蒙挂职干部家属。

（赵新宇）

【开展调研工作】 2月16日，会同区委党校成立镇领导班子运行机制调研课题组，邀请北京市委党校教授担任调研顾问，制定调研计划书、拟定调研开题报告、制作调研问卷和座谈提纲，启动对全区镇领导班子运行情况的调研工作。6月上旬，调研全区处级班子、处级干部及公务员队伍建设现状，对照全区阶段性发展要求提出六个努力方向。13日，向区委常委会专题汇报《关于2012年度全区公务员和处级干部队伍建设情况》。7月下旬，会同区委党校、区人保局成立调研课题组，对全区基层干部教育培训工作进行调研并形成调研报告。

（赵新宇　罗　樱）

【完成统计分析工作】 2月中旬，完成了2012年度公务员统计分析工作，截至2012年年底，区内共有公务员1930人。其中，处级领导干部共计506人，平均年龄45.4岁。女干部122人，占24.1%；少数民族干部7人，占1.4%；党外干部10人，占2.0%。最高学历大学及以上学历的481人，占95.1%；全日制学历大学及以上学历的122人，占24.2%。

（赵新宇）

【健全党建工作体系】 2月中旬，制定实施《中共北京市门头沟区委关于健全党建工作体系的意见》，对党的建设工作领导小组、各专项工作领导小组和贯彻执行单位的工作关系、职责任务作出明确规定，重点建立了三项工作机制。同时，研究制定了《门头沟区2013年党建工作要点》，明确了6方面55项重点任务。

（孙　思）

【开展评比活动】 3月底到5月初，在全区范围内开展党员教育电视片观摩交流评比活动，征集优秀党员教育电视片。全区九大系统共报送党建工作片、优秀党员事迹片、理论文献片等三类作品21部，约360分钟。经初评遴选和集中评审，最终10部作品分获一、二、三等奖，征集意见建议97条。

（左岩彬）

【干部在线学习工作】 3月下旬至5月中旬，会同区人保局全面开展了干部在线学习全覆盖工作。经过在线学习管理员培训、管理框架制定、人员信息完善三个阶段，将在线学习平台覆盖面扩大到全区所有公务员和参公人员，全员在线学习功能已经基本实现。

（罗　樱）

【竞争性选拔干部】　3月16日，根据竞争性选拔处级领导干部工作整体安排，共组织通过资格审查的10人，参加区纪委、经管站、龙泉镇3个单位的4个副处职位竞争性考试。25日，对参加笔试的10人，组织了面试。26日至29日，成立了3个考察组，对列入考察人选进行民主测评、组织考察。4月25日，中共门头沟区第十一次委员会第34次常委会议审议通过区竞争性选拔人选建议，4名干部通过竞争性选拔上岗。

（赵新宇）

【区内干部挂职锻炼工作】　3月中旬，抽调6名后备干部到区委巡视组挂职锻炼，抽调10名干部参与城子街道地区拆迁改造工作。10月中旬，抽调24名优秀后备干部，参与区采空户区房屋整体征收项目动签收尾阶段工作。11月初，抽调26名干部，参与党的十八届三中全会维稳工作。

（赵新宇）

【党员干部参与老旧小区整治】　4月3日，制定并发布《2013年北京市门头沟区选派党员干部深入老旧小区综合整治现场工作方案》，以推进全区老旧小区综合整治工程的实施。

（左岩彬）

【反馈调查结果】　4月12日，向常委会通报2012年全国组织工作满意度民意调查门头沟区结果。门头沟区“选人用人公信度”得分83.43分，比北京市得分高2.89分，较2008年提高11.46分，较2011年提高0.87分；“组织工作满意度”得分84.57分，比北京市得分高2.82分，较2008年提高7.8分，较2011年提高0.75分。

（陈　雨）

【开展干部选拔倒查工作】　4月12日至5月7日，协同区纪委（监察局）、区人力社保局，对2010年3月《党政领导干部选拔任用工作责任追究办法》颁布后，“带病提拔”的科级党政领导干部的选拔任用过程进行倒查。经过区纪委（监察局）和区人力社保局的筛查，区内无“带病提拔”的科级党政领导干部。

（陈　雨）

【开展“12380”举报平台宣传】　4月15日至5月15日，通过发放12380口袋卡、发布电视通知、发送手机短信、在“阳光组工”专栏新增“组工知识问答”窗口、网络宣传五种形式，向区内干部群众重点宣传“12380”举报平台的性质特点、受理范围、受理程序、受理方式等内容。

（陈　雨）

【“三个一百”交流工作】　4月25日，根据市委组织部要求以及区处级领导班子建设情况，经区委常委会研究同意，选出区委研究室主任、区社会办副主任2个职位参加“三个一百”交流工作。

（赵新宇）

【开展解放思想大讨论活动】　4月至12月，以“研究真问题，真研究问题，体系化推动组织工作”为主题，开展部机关解放思想大讨论活动。活动分三个阶段：第一阶段为学习积累阶段，第二阶段为调研实践阶段，第三阶段为总结提高阶段。

（孙　思）

【健康体检工作】　5月13日至24日，组织全区处级领导干部、挂职干部、博士进行了健康体检。

（罗　樱）

【非领导职务晋升工作】　6月4日、5日，分三批召开征求意见座谈会，全区各委办局街道等单位的副书记、人事科长等参加了会议。13日，经区委常委会审议通过，制定实施《关于晋升调研员职务的办法（试行）》（门组字［2013］24号）、《关于晋升副调研员职务的办法（试行）》（门组字［2013］23号），合理设定晋升资格条件、健全业绩评价标准、完善民主测评方式、辩证分析干部德才，促进领导职务和非领导职务选任工作的衔接。7月15日，制定《关于2013年晋升调研员职务的工作方案》和《关于2013年晋升副调研员职务的工作方案》。16日至22日，对各工委、党委（党组）组织推荐拟晋升初步人选进行资格初审，经资格审查符合调研员条件的拟任人选29人，符合副调研员条件的拟任人选7人。23日，根据《关于2013年晋升调研员职务的工作方案》和《关于2013年晋升副调研员职务的工作方案》，成立“2013年处级非领导职务晋升业绩评价工作领导小组”，采取打分的方式，对人选的履职业绩进行量化考评。8月下旬，对晋升调研员、副调研员人选的业绩量化考核评价成绩进行公示。9月上旬，对晋升调研员、副调研员人选开展民主推荐、测评工作。10月23日，中共门头沟区第十一次委员会第44次常委会议审议通过区处级非领导职务晋升人选的建议，3人晋升为调研员，7人晋升为副调研员。

（赵新宇）

【干部转正工作】 6月上旬，制定2013年上半年试用到期干部考察工作方案，14日，召开试用到期转正考察工作部署会。17日至27日，成立7个考察组，对截至2013年6月试用期满的21名处级干部，采取民主测评、个别谈话等形式，进行组织考察。7月18日，根据民主测评和组织考察情况，区委常委会审议通过了21名同志按期转正的建议。

（赵新宇）

【村“两委”换届选举工作】 截至6月底，全区175个农村基层党组织、178个行政村全部完成换届选举工作，实现市委各项工作任务的目标要求。

（左岩彬）

【党员登记工作】 6月下旬开始，对全区党员进行一次普查登记，截至年底，全区25家党（工）委均完成党员个人登记、党支部初评和党（工）委审批等程序，并已上报区委组织部。

（左岩彬）

【第一书记选派工作】 7月下旬，在第一批选拔9名机关、事业单位正科级干部担任村级党组织第一书记的基础上，又选拔了7名正科级干部入村担任村级党组织第一书记。

（左岩彬）

【“门头沟行”活动】 8月9日，邀请8位北京海外高层次人才到区内参观考察，并召开座谈交流会，初步达成合作意向5个。北京海外学人中心主任，区领导韩子荣参加座谈会。

（罗　樱）

【建设基层党建全程记实系统】 9月上旬，投资600余万元，启动“门头沟区基层党建全程记实系统”建设工作。截至12月底，全区9个镇153个未拆迁村的设备安装和网络调试工作已按照计划全部完成并投入试运行。

（左岩彬）

【档案管理信息系统建设工作】 9月29日，区委组织部、区经信委和北京航星永志科技有限公司签订合同书。10月14日，区处级干部档案管理信息系统建设、档案整理及数字化制作项目正式启动。

（赵新宇）

【成立人才科】 10月22日，经编制部门批准，区委组织部内设机构“门头沟区人才工作领导小组办公室”更名为“人才科”，增加行政编制1名；增编后，人才科行政编制2名，核定科级领导职数1名。

（薛晓博）

【竞争上岗工作】 10月23日，制定《北京市门头沟区2013年下半年竞争上岗选拔处级领导干部工作方案》，对区检察院、法院、财政局、经信委、体育局、环卫中心6家单位的9个处级职位进行竞争上岗。下旬，撰写制订竞争上岗职位说明书。11月上旬，对相关单位竞争上岗进行部署，开展发布公告、现场报名、资格审查等工作。中旬，开展述德述职述廉及民主推荐、民主测评工作和组织考察。

（赵新宇）

【后备干部选拔工作】 10月至12月，在全区9个镇175个村级党组织全面开展了后备干部选拔工作，选拔历经笔试、面试、考察、公示等环节，每村至少选拔出1名后备干部，全区共计选拔村级党组织后备干部210名。

（左岩彬）

【政工职评工作】 11月8日，组织召开了2013年政工师评审会。对8名申报政工师专业职务人员进行评审，对4名申报高级政工师专业职务人员进行推荐。

（罗　樱）

【开展摸底初查工作】 11月12日至22日，按照市委组织部关于统计超职数配备干部情况的工作要求，协同区编办、区人力社保局对区管单位处、科级领导干部、非领导职务干部配备情况进行摸底初查。

（陈　雨）

【组织考察工作】 11月15日，召开考察分工部署会。16日至22日，按照《关于2013年下半年竞争上岗选拔处级领导干部工作方案》、《关于对2013年10月、11月试用期满处级领导干部开展组织考察的工作方案》要求，成立10个考察组，对2013年10月、11月试用期满的31名干部和下半年竞争上岗人选进行组织考察。

（赵新宇）

【军转干部转业安置工作】 11月26日，部领导与军转干部进行任前谈话，并组织召开军转干部集体见面会。12月下旬，组织召开军转干部和接收单位对接会，要求各接收单位全力配合军转干部进行转业手续办理工作，保障军转干部按期到岗。截至27日，区内共接收安置团职以上军转干部13名。

（赵新宇）

【非公企业党建工作】 11月初，区委组织部，区委社会工委联合下发《关于进一步做好非公有制企业党建工作的通知》，大力推进非公企业党建工程，截至年底全区党员人数超过3人的96家非公企业全部单独建立党组织，264家仅有个别党员的非公企业联合成立了79个党组织，没有党员的非公企业全部派驻了党建指导员指导开展党的工作，使全区非公企业党的组织和党的工作达到全覆盖。

（左岩彬）

【区级培训项目申报工作】 12月中旬，开展了2014年区级培训项目申报工作，共拟定开展主体班次9期，领导干部周末大课堂10期，全区各单位专题培训班446期。

（罗　樱）

【“人才奖”评选活动】 12月17日，联合举办了第七届永定河文化节闭幕式暨第二届门头沟区“优秀人才奖”、“青年人才奖”颁奖典礼。市委组织部领导，区领导韩子荣等出席活动。

（罗　樱）

【撰写干部选拔任用工作报告】 12月下旬，撰写《关于2013年度干部选拔任用工作情况的报告》。区委全年共调整处级干部11批142人次。

（赵新宇）

【推行镇党代会年会制工作】 12月下旬，制定印发《中共门头沟区委关于试行镇党代会年会制工作的实施意见》、《门头沟区镇党代会年会制实施办法（试行）》，要求全区各镇从2013年起，全面开展镇党代会年会工作。

（左岩彬）

【人才工作调研】 12月下旬，在前期调研的基础上，形成了《远郊区县人才工作存在的问题与对策——以门头沟区为例》的调研报告，并被列为全市人才工作重点调研课题。

（罗　樱）

【开展村“两委”奖励考核工作】 12月下旬，根据《门头沟区关于开展村“两委”工作目标考核工作的指导意见》要求，制定下发了村“两委”奖励考核方案，给予在工作目标考核工作中成绩优异的村“两委”班子成员资金奖励。奖励共分为基层组织建设示范村和基层组织建设优秀村两个等次。其中基层组织建设示范村奖励10万元/村，基层组织建设优秀村奖励7万元/村。

（左岩彬）

【制定处级干部谈话工作办法】 12月底，结合谈心谈话工作开展情况制定实施《关于深化区管处级干部谈心谈话工作的办法（试行）》（门组字［2013］57号），建立“双向约谈”机制。全年约谈处级干部300余人次，召开专题座谈12次。

（赵新宇）

宣传工作

【概况】 年内，区委宣传文化文明工作体系强化整体设计，创新工作机制，整合资源优势，发挥工作合力，大力营造解放思想、科学发展、服务群众、和谐稳定的氛围，为推进现代化生态新区建设提供精神文化支持。

一、强化思想引领，凝聚建设国家生态文明示范区的发展共识

一是开展十八大精神学习宣传。组建“中国梦·我的梦”百姓宣讲团宣讲380余场；开展“三结合”宣讲活动100余场；强化各级理论中心组学习。二是推动解放思想大讨论活动。三是开展党的宗旨教育。报道区委精简会议、加强调查研究、多办利民实事等落实“八项规定”举措；在全区214个基层单位中开展创建“人民满意的基层站所、服务窗口示范点”活动。

二、加强舆论引导，营造推动地区科学发展的氛围

一是强化宣传统筹，为中心工作提供舆论支持。区属媒体聚焦棚户区改造、农村地区发展举措等方面，推出重点新闻报道。二是加强宣传策划，树立地区科学发展的形象。围绕区新政策、新举措、新实践等，先后在中央、市属等主流媒体刊发重头报道；三是创新宣传机制，夯实舆论引导工作基础。邀请市外宣办、《北京日报》社进行业务培训，加强全区各单位新闻通讯员队伍建设。

三、推进文化和旅游融合发展，增强旅游文化休闲主导产业发展的整体合力。

一是文化旅游品牌不断丰富。推出了雁翅镇淤白村踢踏舞表演，打造黄岭西、柏峪两个特色旅游文化主题剧场。二是文化创意产业稳步推进。做好全区文化艺术品交易功能区、历史文化和生态旅游功能区的建设发展；组织30

家文创企业进行市文化创新发展专项资金申报培训，6个项目进入踏勘评审；协调区有关部门共同促进北京宝玉石交易博览中心、军庄孟悟文化旅游综合服务基地等项目建设。

四、加大文化惠民工作力度，丰富人民群众精神文化生活

一是基层公共文化设施进一步完善。为28个社区文化活动室、图书室、多功能厅等配备文化活动设备；新建8个乡情村史馆，7个“建设者之家”图书室，及17个公园文化艺站。二是群众性文化活动开展活跃。推出“一镇（街）一品”、“一村（居）一品”群众文艺汇演，举办系列文化主题宣传等活动；举办第三届阅读季主题活动。三是文化文艺精品不断推出。编辑出版《永定河志书》，创作38首原创歌曲。四是文化遗产保护成效显著。通过社会募集、市、区财政拨款等多渠道争取资金，分别修缮潭戒两寺、庄士敦别墅30余项文物古迹，完成15项安全技防项目。

五、弘扬社会文明风尚，培育和践行社会主义核心价值观

一是选树宣传道德典型。开展“远学雷锋精神，近学身边好人”主题实践活动，开展全年性志愿服务活动；开展“门头沟好人榜”评选活动。二是引领社会文明风尚。开展“我们的节日”主题宣传活动；开展“文明餐桌”宣传“五进”活动，推出“军民唱响中国梦”演唱大赛。三是提升文明创建效力。开展“绿色单位、绿色社区、绿色农村”创建活动；推出“新家园、新居民、新生活”主题宣传活动，倡导棚改新区新居民文明入住，首批评选“八好文明新家”210个。

六、强化网络建设、使用和管理，营造网络环境

一是网络阵地建设进一步完善。推进区政务网改版升级，建立“京西门头沟发布”微博集合群，开通区首个局级领导个人官方认证微博，正面宣传区域发展情况。二是网络公共服务能力进一步提升。建立门头沟社区网，开设“为民服务61696156”栏目。三是网络舆情监管处置机制进一步健全。对各大网络媒体、论坛、贴吧等实施常态化网络监控，全年编发《网络舆情报告》52期，先后成功引导、处置39件网络舆情事件。

单位名称：中国共产党北京市门头沟区委员会宣传部
地　　址：北京市门头沟区新桥大街36号
电　　话：69842184
邮　　编：102300

（杨晓旭）

【宣传声势】 1月，围绕区“两会”，区属媒体成立专门报道组，采写代表建议、委员提案、委员风采等内容，编发了《新发展 新变化 新成就——全区发展综述》等专题报道；统一开设“开好局、起好步”专栏，采访报道全区各系统、各镇街2013年工作思路和重要举措，刊播《区政府2013年目标管理任务书确定三大类458项》等为民服务承诺，面向群众进行宣传。围绕区委十一届五次全会提出的工作新举措，推出了《强化社区建设 优化民生品质》、《我区出台3项新政》等一批专稿、特稿，推动了会议精神、重要决策的传达和贯彻落实。

（高学雷）

【领导调研】 2月21日，市领导到区内对非物质文化遗产园建设用地、京西古道、灵水村、川底下村、马栏村、灵岳寺、古道古村落资源、古寺古庙保护修复、国家步道规划建设等情况考查，并召开了座谈会，听取门头沟区文化事业和文化产业推进工作汇报。

（乔阿妮）

【组织开展迎新春系列文化活动】 2月，在永定河文化广场、黑山公园等城市公园举办“银蛇狂舞闹新春”迎新春系列文化活动，开展“盛装巡游”大型走会活动以及新春公园文化展演活动，开展元宵节庄户千军台传统古幡会走会活动。

（乔阿妮）

【节庆政治宣传环境布置】 2月和10月，即春节和国庆节期间，开展全区政治宣传环境布置工作，全区各单位插挂国旗、彩旗，更换宣传橱窗内容，开启夜间照明灯饰。

（乔阿妮）

【调研工作】 3月，启动灵山旅游景区开发调研工作，组织专家学者和有关部门负责人，到灵山景区、清水镇、河北省涿鹿县等开展实地调查。撰写调研报告。

（乔阿妮）

【启动解放思想大讨论活动】 3月，启动全区“落实‘三个优化’，多办利民实事，全力建设国家生态文明示范区”为主题的解放思想大讨论活动。大讨论活动注重从四个方面持续推进：一是深化认识；二是深入学习；三是深入研究问题；四是勇于创新。

（单　玥）

【举办诗歌音乐会】 4月2日，区委宣传部、区文明办等联合举办“山歌吟唱·诗韵清风”门头沟区清明节民歌、诗歌专场音乐会。此次活动以“山里的歌”为主题，采用民歌独唱和古诗词诵读的方式，实现古代与今朝、专业与业余、年长与年幼、诵读与表演四个相结合，丰富群众文化生活。

（乔阿妮）

【推出年度旅游文化宣传主题】 4月，策划推出了“徒步京西．乐享四季”的年度旅游文化宣传主题，按照季节特点和区资源禀赋，以及游客季节性的游览心理，分春夏秋冬四个季节，分别确定季节性旅游符号，策划春季山地踏青季、夏季永定河溯源季、秋季古村寻幽季、冬季古刹祈福季。

（乔阿妮）

【举办“北京周末社区大讲堂”】 4月，启动了以“学习宣传十八大精神，提高市民人文素质”为主题的“2013·北京周末社区大讲堂”。邀请专家学者到机关、农村、社区，讲授社科知识、传播人文精神、弘扬文明新风、创建和谐社会。全年共举办讲座20余场，听众2000余人次。

（乔阿妮）

【社科普及到村镇】 5月31日，由市社科联和区委宣传部组织的“中国梦·我的梦”社科普及进村镇主题宣传活动在妙峰山镇下苇甸村举行，千余人参与活动。

（乔阿妮）

【《如诗如画门头沟》邮册出版】 5月，编辑出版《如诗如画门头沟》中英文个性化邮册，《生态门头沟》和《文化门头沟》中英文明信片也同步推出。

（乔阿妮）

【市级爱国主义教育纪念地挂牌】 7月，区田庄京西山区中共第一个党支部诞生地、八路军邓华支队司令部旧址、王家山惨案遗址等3个革命遗址遗迹通过考核，被北京市爱国主义教育基地领导小组命名为市级爱国主义教育纪念地并挂牌。

（乔阿妮）

【举办永定河文化节】 7月至12月，举办第七届中国北京永定河文化节。开展包括剧本征集、汇演，微视频作品征集、传统文化游园会等系列文化活动。《永定河志书》、《京西古道》文化丛书同时出版发行。

（乔阿妮）

【拍摄微电影《灵山之恋》】 8月至10月，组织策划拍摄微电影《灵山之恋》。电影讲述了一个发生在徒步旅行队伍里的感人故事，牵扯出两代人的野外探索之梦。

（乔阿妮）

【举办文化艺术节】 8月至12月，举办以“搭建梦想舞台 秀出精彩生活”为主题的门头沟区第24届文化艺术节。先后开展2013年度“乡村大舞台”群众文艺汇演系列活动、聚焦美丽京西“暨”“行摄匆匆”摄影大奖赛、门头沟区文艺成果系列展。

（乔阿妮）

【举办重阳宣传文化活动】 10月11日，2013北京重阳宣传文化活动启动仪式在区定都峰和妙峰山同时举行，开展了重阳登高赏秋、重阳丰收祭天、品菊花茶、民俗花会表演、带福还家等活动。

（乔阿妮）

【举办先进事迹报告会】 10月18日，举办贾立群同志先进事迹报告会，全区党员干部群众400余人参加了报告。

（乔阿妮）

【召开文化企业座谈会】 11月22日，区召开文化企业座谈会，区文委、文化创意产业促进中心、石龙经济开发区，以及辖区内10家文化企业参加座谈会。会上，各企业就发展现状、远景、存在问题等方面分别作了发言。

（乔阿妮）

【完成党报党刊发行工作】 11月，召开重点党报党刊发行工作动员会，全区各镇党委、工委及区委直属机关单位参加会议。会上对发行工作的资金保障和组织落实进行了要求和部署。截至年底，完成2014年度重点党报党刊发行工作任务。

（高学雷）

【举办“行摄匆匆”摄影大赛】 年内，举办“行摄匆匆”摄影大赛，在主流媒体上发布启事，组织摄影家开展专题摄影活动，截至年底，共收到反映区自然山水、历史文化、城市建设等内容的参赛作品近1700幅。

（乔阿妮）

【“三结合”宣讲工作】 年内，开展专家讲理论、干部讲政策、群众讲身边事的“三结合”宣讲。专家宣讲团围绕十八大精神、十八届三中全会精神及国家政治经济形势等主题开展宣讲达20余场。干部宣讲团全年到全区各工委镇街宣讲10余场。同时开展了百姓讲身边事的百姓宣讲活动。

（单　玥）

【区委中心组学习】 年内，制定

下发中心组学习计划，安排部署全年学习重点、学习方式及要求，并分专题对每季度的学习内容进行明确。结合全区工作实际，邀请知名专家和学者围绕新型城镇化、网络舆情监督、中国梦、互联网金融等专题作10余场辅导报告，并重点学习讨论习近平总书记的一系列重要讲话。

（单　玥）

【二级中心组学习】 年内，规范全区二级理论中心组的学习与管理，下发《门头沟区2013年二级党委（党组）理论学习中心组工作意见》，明确二级中心组的学习内容、学习形式、学习制度和学习要求。并注重对各系统、各单位的学习情况进行督查指导。年内，下发《理性看　齐心办》、《习近平总书记重要讲话选编》等各种学习材料2万余册，满足了各级理论学习中心组的学习需求。

（单　玥）

【“中国梦·我的梦”百姓宣讲活动】 年内，共组建区级、镇街工委级、社区农村级百姓宣讲团93支，基层宣讲员达565名，在全区进行380场次的宣讲活动。

（单　玥）

【《京西时报》改版】 年内，对《京西时报》进行改版。推出报道区经济社会发展生动实践、基层新经验与百姓呼声的“记者走基层”、记录区乡村令人感动的人和事的“美丽乡村人”、反映区生态文明建设的“推进生态文明　建设美丽门头沟”等一批全新专栏。

（高学雷）

【新闻舆论调控工作】 年内，协调区内有关部门，依托突发公共事件应急预案、三级新闻发言人队伍和突发公共事件新闻发布应急工作机制，在上级主管部门的帮助下，完成依法拆除违法建设、医疗纠纷等多起突发公共事件的舆论调控工作。

（高学雷）

【举办系列棚改宣传报道活动】 年内，围绕棚户区改造、重点工程建设加强宣传报道，根据两万户整体征收、城子CD地块和九龙路项目房屋腾退等阶段性工作需要，从新闻宣传、社会文化宣传、形势政策宣讲、精神文明教育四方面做好宣传工作，通过专访、专题、典型案例等形式对政策标准进行深度解读，在区属媒体推出《优质教育资源引入棚改区》等一批成果性报道，特别是在签约的攻坚阶段，区电视台、《京西时报》在主要时段、主要版面反复播发《致城子C、D地块和九龙路项目居民一封信》、《致采空棚户区房屋整体征收未签约或未改签住户的一封信》等告知书。

（高学雷）

【重点强化民生建设类宣传报道】 年内，围绕“落实三个优化　多办利民实事”的全区工作思路，区委宣传部策划，挖掘全区各单位为民服务的机制建设与实际举措，围绕区为民服务中心、区法院、司法局等单位工作典型，制作刊播了《开通社区公交　方便市民出行》、《加强社区服务规范　助推精品社区建设》等一批稿件，使惠民举措得到传播。

（高学雷）

【对外宣传】 年内，在开山门、徒步大会、重阳文化节等活动中与市外宣办、市政府新闻办、市委宣传部联合邀请媒体、发布赛会信息，实现宣传报道机制的新突破。

（高学雷）

【强化沟通衔接机制】 年内，围绕网上舆情、突发事件媒体应对、重要新闻活动组织等重点工作，加强与市委宣传部、市外宣办、市政府新闻办以及中央、市属主要媒体的联系，反馈工作信息、通报新闻线索，为引导舆论提供机制保障。

（高学雷）

【完善区新闻宣传工作机制】 年内，建立了《门头沟区2013年新闻宣传考评办法》，定期召开区四大部门办公室及纪委、组织部、宣传部、政法委参加的新闻通气会，建立新闻报道月度分析报告制度，建立全区各单位新闻通讯员工作组群，及时通报宣传报道重点和重要信息，沟通各系统、各镇街新闻线索，健全和完善信息报送整理，对宣传重点、报道方式、阶段目标等进行策划部署，做到以完善区新闻宣传工作机制。

（高学雷）

【下属单位情况】

单位名称：门头沟区新闻中心
地　　址：门头沟区新桥大街36号
电　　话：69849082
邮　　编：102300

单位名称：门头沟区互联网宣传管理工作办公室
地　　址：门头沟区新桥大街36号
电　　话：61801572
邮　　编：102300

统一战线工作

【概况】　年内，区委统战部在区委的领导下，贯彻落实党的十八大和市、区党代会精神，按照年初统战工作要点，把握“大团结、大联合”主题，围绕中心、服务大局，依靠全区统一战线各单位和广大成员，不断提高工作水平、追求卓越，推动统战工作不断取得新进展，为地区经济社会跨越式发展做出贡献。

优化教育培训，巩固统一战线思想基础取得新成效。共举办民主党派中青年骨干培训班、党外干部能力提升班等各类教育培训班15期，近500人次，通过多种形式的教育培训，巩固了统一战线团结奋斗的共同思想基础。

抓好参政议政，助推全区民主政治建设再上新台阶。

召开民主党派议政会4次，指导各民主党派和党外各界人士提交政协提案101件（其中党派团体提案7件），引导各民主党派围绕区经济社会跨越式发展中的热点难点问题，完成《关于门头沟特色种植业发展的建议》等调研报告8篇，为区委、区政府决策提供参考。

整合优势资源，打造统一战线服务地区发展新品牌。

开展北京市各民主党派重点支持门头沟区发展暨“8+1”行动，将地区发展需求与民主党派的资源优势结合，确定支持区发展项目20个。

强化自身建设，开创多党合作事业新局面。推进民主党派组织建设，完成民进门头沟区工委各项筹备工作，启动民建门头沟区工委筹备工作。指导各民主党派结合自身优势开展各具特色的社会服务工作。

加强宗教管理，维护地区和谐稳定做出新贡献。加强对基督教的管理，强化政策法规宣传教育，解决基督教内部矛盾问题。加大对非法宗教活动打击力度，维护地区宗教稳定大局。

开展交流融合，推进对台工作取得新突破。接待台湾各界同胞来访5批87人次，办理各类人员因公赴台交流手续80人次。举办“2013年京台青少年教育研讨会”，推荐区新桥路中学和实验二小永定分校两所学校获评“青少年涉台教育基地校”。

单位名称： 中国共产党北京市门头沟区统一战线工作部
地　　址： 门头沟区新桥大街36号
电　　话： 69842327
邮　　编： 102300

（江延红）

【学习全会精神】　1月4日，组织单位全体成员学习区委十一届四次全会精神。12月27日，组织民主党派领导班子成员学习十八届三中全会及习近平总书记系列重要讲话精神，全区党外各界人士40余人参加学习。

（江延红）

【区领导走访慰问各民主党派】
1月31日，区领导到区民主党派活动中心走访，与各党派领导班子成员座谈。并慰问部分民主党派老主委、老同志。

（江延红）

【召开党建工作会】　2月25日，区委召开2013年全区党建工作会，总结2012年统战工作，部署2013年工作任务。

（江延红）

【组织区处级干部学习统战知识】
3月5日，组织全区处级领导干部举办统战理论知识培训。
（江延红）

【民进北京市委支持区教育发展】
3月15日，与民进北京市委就支持区教育发展进行座谈，并就引进景山学校建设分校，引进首师大基础教育学院与区开展合作，引进民进市委“名师团”，引进幼儿园管理信息化系统等项目达成合作意向。

（江延红）

【召开民主党派工作会】　3月20日，召开民主党派工作会，总结了2012年民主党派工作，部署了2013年调查研究、教育培训、信息宣传、社会服务等各项任务。

（江延红）

【走访民主党派市委】　3月22日，区领导走访8个党派市委及市委统战部，就统筹统一战线高端资源助力全区跨越式发展达成一致意见。

（江延红）

【调研工作】　5月16日，市政协副主席、台盟北京市委主委一行就北京市城乡结合部集体土地乡镇统筹问题与区相关部门座谈，并赴永定镇实地考察。6月24日，民盟中央副主席、市政协副主席、民盟北京市委主委葛剑平就生态服务型经济和推进城乡一体化发展到区内调研，到永定楼、采空棚户区石泉砖厂安置房地块等实地考察，听取了相关工作汇报，并与区领导就经济转型、生态文明、城乡建设用地等问题进行了交流。民盟北京市委部分领导及区领导韩子荣等一同调研。12月4日，市政协副主席、北京知联会会长到妙峰山镇、王平镇等地，就盘活农村农民闲置资源进行调研。

（江延红）

【农工党北京市委支持区医疗卫生事业】 6月5日，区委统战部、区卫生局与农工党北京市委签订支持区山区医疗卫生事业发展协议书，拟捐赠价值40余万元的便携检测设备，并组织专家对口帮扶斋堂医院。

（江延红）

【召开民族宗教工作会议】 6月28日，与民宗侨办、公安分局共同召开民族宗教工作联席会，通报工作情况，研究部署工作任务。

（江延红）

【培训工作】 7月9日，组织民主党派领导班子成员及部分中青年后备干部30余人，学习中国共产党领导的多党合作制度的发展历程，如何做好新时期参政议政工作，门头沟区经济社会发展情况等内容，观看了电影《东方中国梦》，并就参政议政工作进行了交流座谈。

（江延红）

【开展义诊送药活动】 8月23日，民盟北京市委组织协和医院等区内外十余名医疗专家，到潭柘寺镇鲁家滩村进行义诊，服务三百余人次，免费发放药品价值2万余元。

（江延红）

【组织“三胞”亲属参观园博会】 11月5日，区政协、区台办组织19名“三胞”亲属参观了第九届中国（北京）国际园林博览会。

（江延红）

【“8+1”行动项目工作】 11月6日，北京市各民主党派重点支持门头沟区暨“8+1”行动项目对接协商会召开，区领导出席并对项目对接和落实提出要求。12月4日，市各民主党派重点支持门头沟区发展暨“8+1”行动启动仪式在区内举行，区委与各民主党派北京市委签订合作框架协议，确定支持区发展项目20个。市委常委、统战部长牛有成，区领导韩子荣等参加启动仪式。

（江延红）

纪检监察工作

【概况】 年内，区纪委监察局在市纪委和区委、区政府的领导下，学习贯彻党的十八大会议，围绕中心、服务大局，坚持以党风廉政建设责任制为龙头，行政监察不断强化，深化廉政风险防控管理，查处违纪违法案件，为全区经济社会跨越式发展提供保障。

责任制领导小组办公室职能进一步发挥。加强责任分解。组织召开区党风廉政建设工作会议，区委书记、区纪委书记分别与基层单位“一把手”、纪委书记签订《门头沟区党风廉政建设责任书》和《目标考核责任书》。协助区委研究制定《2013年门头沟区党风廉政建设和反腐败工作主要任务分工，细化78项具体工作，由13名区级领导、26个主责部门牵头落实。研究制定关于建立区委纪检监察审计监督工作体系的意见。建立预防腐败工作联席会议制度，完善区预防职务犯罪联席会议制度和经济责任审计联席会议制度。建立区党风廉政建设责任制与惩防体系建设三级考核指标体系，将考核内容细化为80项。

执法监察职能得到发挥。围绕节能减排、土地管理、水务改革发展等开展立项监察12项。加强环境保护专项检查，对减排重点项目及104项环保评审进行跟踪督查。督办9镇拆除整改违法用地违法建设67宗，有效遏制违法违规用地行为。推进工程建设领域突出问题专项治理工作，起草《关于区政府投资工程招投标实行分层管理的意见》、《门头沟区政府投资工程招投标分类管理办法》等8项监管制度。围绕新制度的贯彻执行举办工程建设领域监管制度培训班，对全区各单位主管领导及工作人员200余人进行培训。加快网上审批及电子监察系统建设，制定《门头沟区行政审批电子监察工作管理办法（试行）》，建立两级电子监察工作机制。

纠风在行动取得明显效果。围绕中央八项规定及市、区相关实施意见，开展“纠风在行动”。组织区政府特约监察员150余人次，对全区124个基层站所（服务窗口）进行明察暗访，发现问题30余个，及时下发整改通知单督促整改落实；对公职人员工作时间餐饮娱乐、公款大吃大喝等行为进行5轮暗访，对4个单位主管领导进行约谈；下发《关于对中秋、国庆期间党员干部廉洁自律情况开展监督检查的通知》，对全区各单位公款送月饼、送节礼以及公车封存等情况进行监督检查；对群众举报的农贸市场缺乏管理、个别社区环境卫生脏乱、景观河道排污等问题，进行实地查看、咨询论证、及时回访，确保责任单位整改落实到位。编发《纠风在行动简报》21期，直接解决群众反映的典型问题20余个。开展教育收费、医疗机构医德医风建设情况专项治理工作，在全区范围内开展会员卡清退活动，纠正损害群众利益的不正之风。发挥政风行风网络热线作用，签收网上来信72封，解决群众实际问题25个，群众满意率达到97%。

行政效能监察取得效果。加大直查工作力度，受理行政投诉11件，直查7件，制发工作建议3份，口头建议2条，督促相关单位改进。推进行政权力规范化运行，监督指导全区27家单位规范行政处罚自由裁量权1425项，市纪委以专报形式将相关内容上报中纪委监察部。指导53家单位编印《政务服务工作手册》，对各单位组织学习情况和服务标准执行进行抽查，有效提升相关单位政务服务水平。与区为民服务信息平台建立协作联动和投诉办理机制，对行政机关及其工作人员不作为、慢作为等问题进行监督检查。

反腐倡廉宣传教育工作。围绕区委“落实‘三个优化’，多办利民实事，全力建设国家生态文明示范区”解放思想大讨论活动要求，开展“廉洁奉公、勤政为民”主题宣传教育活动。区纪委书记两次为农村“两委”干部集中授课，区纪委相关室主任到基层单位宣讲10余次。组织区四套班子成员及区委委员参观北京市反腐倡廉法制教育基地。通过区一台、一报、两网发布反腐倡廉新闻信息200余条，在区《京西时报》开设《廉政之窗》专栏，在区电视台开办《廉政经纬》专题节目；在《中国纪检监察报》、《北京日报》等媒体刊稿18篇。开展廉政微小说和平面廉政公益广告征集活动，共征集作品800余件。完成“勤廉之星”评选活动，在全区各个领域推选出10名“勤廉之星”，教育党员干部见贤思齐、崇廉尚廉。

廉政风险防控管理工作。制定《关于党政主要领导不直接分管人财物等重要事项的管理办法》，研究制定《区委对重要事项决策前的流程（试行）》等5项制度及《处级领导班子“三重一大”事项集体决策记录册》，印发全区执行。围绕工程建设领域制度建设，研究制定招投标分级管理意见等8个制度。研发“门头沟区党务公开网”，行政审批电子监察网、基本工程建设电子监察系统实现功能拓展。建立村级重大决策事项目录，研究制定《农村廉政风险防控管理相关目录及程序规范（模板）》；起草《门头沟区村级公章使用管理办法》，试行镇政府对村级公章受委托监管制度，规范农村干部权力运行。

党内监督工作。研究起草《中共北京市门头沟区委巡视工作程序性规定》、《中共北京市门头沟区委巡视组工作规则》等配套制度，建立与两办督查室的沟通协作机制。年内共巡视15家单位，取得良好效果。指导驻区部门层层分解党风廉政建设工作任务，及时列席驻区部门专题民主生活会，对驻区部门领导班子制定完善《职权目录》、《权力运行流程图》等情况进行检查，督促各驻区部门做好党风廉政建设工作。

惩治腐败工作。严格执行《信访举报问题集体排查工作实施办法》，召开集体排查会3次，梳理信访件397件次，研究重要信访问题154件次，立案查处各类违纪违法案件26件，处分28人。发挥信访监督职能作用，对有违纪苗头的党员干部进行信访谈话或下发《信访函询通知书》，指出问题，提出要求。于5月中旬成立调查涉拆信访问题领导小组，梳理排查出66件重要信访件，分配到各组进行直查，全年直查20件次，发现重要案件线索2个，移送司法机关调查处理。

纪检监察组织和干部队伍建设工作。制定《关于进一步发挥区属纪（工）委职能作用的意见》，对组织机构建设情况进行调整，配齐配强纪（工）委委员，发挥纪（工）委委员在组织协调、监督检查、预防腐败等工作中的作用；制定《关于配齐并发挥村（社区）纪检委员作用的实施意见》。研究制定《关于对镇街纪（工）委实行业务垂直管理的意见》，实行区纪委监察局对镇街纪（工）委、监察科业务垂直管理。创新基层纪检干部培养模式，执行《门头沟区基层纪检干部到区纪检监察机关锻炼学习的实施办法》，15名监察科长到机关锻炼学习。

单位名称：中共门头沟区纪律检查委员会
地　　址：北京市门头沟区新桥大街36号
电　　话：69843066
邮　　编：102300

（吕冠华）

【党风廉政建设】 1月，召开中共北京市门头沟区第十一届纪律检查委员会第二次全体（扩大）会议。会议审议通过了、区纪委书记所作的题为《坚持以科学发展观为指导，扎实推进惩治和预防腐败工作深入开展》的报告。2月，召开党风廉政建设工作会。区长主持，纪委书记作工作报告。市纪委领导出席会议并讲话。区领导韩子荣就做好2013年全区党风廉政建设工作提出具体要求。7月，召开专题会议研究农村基层党风廉政建设工作。会上学习《北京市贯彻实施<农村基层干部廉洁履行职责若干规定（实行）

＞办法》、《关于进一步加强农村集体资金资产资源管理和监督工作的意见》。8月，召开区委预防职务犯罪工作领导小组会。会议讨论通过《门头沟区预防职务犯罪网络协作制度（试行）》和《门头沟区基本建设工程、政府采购及中介组织领域实行廉洁准入管理实施办法（试行）》。10月，召开村级公章使用管理办法专题研究会。会上对《村级公章使用管理办法（试行）》进行研究。是月，召开专题会议研究廉政风险项目化管理工作。区纪委书记出席会议，并提出要求。是月，召开2013年党风廉政建设和反腐败工作牵头任务汇报会。区纪委书记出席会议，听取部分牵头单位工作汇报并提出要求。

（吕冠华）

【监督检查工作】 1月，对烟花爆竹安全管理工作进行督导检查。成立联合督察组，会同区公安分局、工商分局和安监局等部门开展联合检查。采取查阅档案资料、走访重点区域等形式进行检查，发现问题当场予以纠正。7月，对全区各镇农村宅基地房屋普查及资料锁定工作进行检查。听取了各镇工作汇报，并抽取部分测量数据进行复核。针对个别镇、村存在的测量数据不准确问题，当面提出整改建议。8月，会同区住建委、卫生监督所、公安分局消防支队，对区小白楼二期工程安全生产情况进行检查。针对检查中发现的问题，责令工程建设主体进行整改。9月，对各单位贯彻落实2013年食品安全监督管理责任情况开展专项检查。听取区质监局、工商分局、农业局等6家单位的工作汇报，并与区食安办组成联合检查组，对相关企业落实食品安全主体责任情况进行现场检查。11月，开展耕地保护和节约用地政策措施落实情况立项监察工作。听取区国土分局工作汇报，并提出要求。

（吕冠华）

【直派工作】 1月，直派一组参加区人口计生委、区商务委、区发改委民主生活会，并提出要求。3月，直派二组参加区水务局党风廉政建设工作会，并提出要求。是月，直派四组对区棚改中心新入职干部进行廉政谈话。围绕“珍惜工作机会、尊重领导同事、加强学习创新、履职尽责自重、团结协作互助、廉洁办事自律”六个方面对4名新入职干部进行廉政教育，并提出纪律要求。4月，直派三组对各驻区部门贯彻落实全区党风廉政建设工作会议情况和党风廉政建设责任制落实情况开展督查。8月，直派四组对区住房保障和老旧小区综合整治立项效能监察工作进行中期检查。听取区住建委和区公共工程服务中心工作汇报，查阅相关档案材料，针对问题提出要求。

（吕冠华）

【信访、案件工作】 2月，召开2013年第一次信访举报问题集体排查会。区纪委书记出席会议并提出要求。6月，区纪委书记听取涉拆信访举报问题调查情况汇报。对重要信访问题进行集体研究，并对下一步工作提出要求。7月，又听取第二季度信访矛盾和案件线索排查情况汇报。11月，召开案件线索集体排查会。

（吕冠华）

【区纪委领导调研】 3月，区纪委领导到区房屋征收事务中心调研。听取了关于2万户整体征收审核阶段的情况汇报，并提出要求。4月，区纪委领导到区财政局调研。听取了关于公车治理情况汇报，提出具体要求。5月，区纪委领导到大台街道调研指导“两规范一提高”试点工作。实地走访基层政务服务大厅，听取街道党工委书记的工作汇报，并提出具体要求。8月，区纪委领导到潭柘寺镇调研。听取镇主要领导工作汇报并提出要求。

（吕冠华）

【巡视工作】 3月，区委巡视二组召开巡视区交通局工作反馈会。区委巡视二组组长反馈巡视工作情况。是月，区委巡视二组召开巡视住建委反馈会。区委巡视三组组长反馈巡视工作情况。11月，区委巡视一组召开雁翅镇巡视反馈会。区领导出席会议，针对雁翅镇整改工作提出要求。是月，区委巡视二组召开军庄镇巡视反馈会。区领导出席会议，并提出要求。

（吕冠华）

【经济责任审计工作联席会】 3月，召开经济责任审计工作联席会。区纪委书记主持会议对经济责任审计工作提出要求。

（吕冠华）

【市纪委领导调研】 3月，市纪委副书记、市监察局局长到区内调研。市监察局领导听取了区行政监察工作开展情况汇报，并实地查看网上审批监察系统运行情况，对区行政监察工作给予肯定，并提出要求。4月，市纪委书记到区内调研。听取了区推进党风廉政建设和反腐败工作情况的汇报，并提出具体要求。5月，市预防腐败局局长到区内调研。实地考察了采空棚户区石泉砖厂地块建设情况，并提出具体要求。11月，市行政投诉中心领导到区内开展调研。听取相关单位关于查处城区违法建设和解决农村宅基地纠纷问题的汇报，提出工作建议。

（吕冠华）

【纠风工作】 4月，区纠风办对门城主要医院进行暗访。组织10名区政府特约监察员从公开办事、服务环境、办事效率、服务满意度等方面对门城地区主要医疗服务机构以及部分社区卫生服务站进行暗访活动。针对暗访中发现的诊室标识不清、未公示上级主管部门监督电话、导医台空岗等问题，区纠风办向主管部门进行反馈并提出整改建议。9月，区纪委书记带队检查稻香村、物美大卖场、京客隆超市。

（吕冠华）

【宣传教育工作】 4月，召开“廉洁奉公、勤政为民”主题教育活动部署会。区纪委书记出席会议，并提出要求。9月，区纪委书记为区教育系统党政干部讲授廉政党课。10月，为区食药监管局全体干部职工讲廉政党课。

（吕冠华）

【区县纪委领导调研】 5月，怀柔区纪委监察局到区交流行政监察工作。两区纪委领导参加座谈交流，并结合工作实际，交流体会。

（吕冠华）

【召开镇街纪（工）委业务管理会】 5月，召开镇街纪（工）委业务垂直管理工作会。印发《关于对镇街纪（工）委实行业务垂直管理的意见》，明确镇街纪检监察组织在双重领导体制不变的前提下，由区纪委、监察局对其实行业务垂直管理，镇街纪（工）委书记、副书记（监察科长）一般不参与本单位纪检、监察、监督、惩治和预防腐败工作之外的其他业务分工，确保主要精力从事纪检监察业务工作。区委书记韩子荣提出要求。各镇街党委要认真贯彻业务垂直管理意见，把加强纪检监察组织建设作为党委抓班子、带队伍的重要任务，积极构建和完善纪检监察工作体系，确保镇街纪（工）委认真履行纪检监察职责，深入推进基层党风廉政建设和反腐败工作并取得实效。

（吕冠华）

【党务公开工作】 5月，召开党务公开工作领导小组会。区纪委书记部署了全区党务公开工作。会上研究了“门头沟区党务公开网”建设情况及《中共门头沟区委党务公开工作实施细则（试行）》、《区委涉及“三重一大”事项决策（前）流程》等。区委书记韩子荣在肯定上一年党务公开工作的基础上，对推进区党务公开工作提出要求。

（吕冠华）

【基层纪（工）委书记工作例会】 6月，召开2013年镇街纪（工）委书记第一次工作例会。区纪委书记出席会议，并提出要求。8月，召开2013年镇街纪（工）委书记第二次工作例会。区纪委书记出席会议，听取部分镇、街纪（工）委书记工作汇报，并提出要求。是月，召开委办局纪（工）委书记第一次工作例会。区纪委书记出席会议，听取部分委办局纪（工）委书记工作汇报，并提出要求。

（吕冠华）

【纪检监察干部培训】 7月，召开监察科长专题培训会。培训重点围绕电子监察、行政投诉、执法监察等行政监察业务知识进行讲授，并对各单位下一阶段工作提出要求。9月2日，举办全区纪检监察干部培训班。区纪委书记出席开班动员仪式并讲话。培训班为期9天，采取讲座、经验交流、观看教育片等形式，围绕纠风、信访举报、案件查办等业务工作，为全区70余名纪检监察干部授课。

（吕冠华）

【召开深化公务卡制度改革工作会】 10月，区内召开预算单位深化公务卡制度改革工作会议。区纪委书记出席会议并提出要求。

（吕冠华）

政策研究工作

【概况】 年内，区委研究室坚持以科学发展观为统领，围绕年初制定的工作目标和任务安排，全面贯彻党的十八大及十八届三中全会精神，认真落实区委、区政府各阶段重大部署和各项工作要求，完成重要文稿起草，统筹开展全区调查研究工作，加强机关组织建设和作风建设。全体党员干部紧紧围绕区委“落实‘三个优化’，多办利民实事，全力建设国家生态文明示范区”的工作主题，完成全年各项工作任务。

完成重点课题调研和优秀成果转化工作，提升我区调研工作水平。完成《关于创新街道管理体制的研究》、《优化公共服务设施布局提升城市生活品质问题研究》、《关于门头沟区推进老旧社区物业管理全覆盖的调查研究》3个区级重点调研课题任务，为区委、区政府决策提供有效参考。

《创新农村集体资产信托化经营管理全面激发农村集体经济活力》等优秀课题成果先后在《北京调研》、《北京工作》等市级刊物刊发。选取全区优秀调研成果编发《2012 年门头沟区优秀调研成果汇编》。

完善决策服务工作机制。一是着眼于形成工作合力，统筹安排区委办公室与区委研究室人员力量，实现合署办公、资源共享、业务融合，形成了“大服务”工作格局，区委工作部门的决策服务效率和水平明显提升。二是着眼于完善决策参考信息平台，合理调整《决策内参快报》出刊间隔，优化刊物栏目设置和发刊渠道，全年共编发《决策内参快报》94 期，区委主要领导批示 23 次。甄选 2012 年《决策内参快报》92 期内容编印《决策内参快报（2012 年）·合订本》。

单位名称：中共北京市门头沟区委研究室
地　　址：北京市门头沟区新桥大街 36 号
电　　话：69842694
邮　　编：102300

（李笑晨）

【推进市区级重点课题调研】 年内，做好市区级重点调研课题、关注课题的统筹协调工作。完成 2012 年全市调查研究重点课题《关于解决我区农村城市化过程中若干问题的研究》和《关于依托资源禀赋创造文化引领科学发展新优势的思考》结项工作。围绕优化民生布局、创新街道管理体制、改善老旧小区物业管理等重点问题制定 3 个区级重点课题的专项调研计划，组织相关单位课题负责人赴山东泰安学习社会管理创新的先进经验，为丰富课题成果提供参考。

（李笑晨）

【承接区人代会简报任务】 1 月，区第十五届人大三次会议召开。按照区人代会秘书处要求，区委研究室牵头成立简报组，从全区各单位抽调专事文字工作的骨干力量，负责大会信息简报和专刊的编印及人员联络工作。区第十五届人大三次会议召开过程中，简报组及时跟进，深入各代表团报道大会进程，共编印大会简报 26 期。

（李笑晨）

【完成区委重要文稿撰写】 年内，起草韩子荣在健康北京建设工作现场会上的发言、区委十一届六次全会报告、《关于落实＜中共北京市委北京市人民政府关于 2012 年推进重点改革任务的意见＞的建议》、《门头沟区重大决策部署贯彻执行情况监督检查实施办法》、《区委区政府重要决策调研论证制度》、《门头沟区落实巡视反馈意见整改工作方案》、《门头沟区 2012 年经济社会实绩及党建工作考核评价分析报告》、《2012 年门头沟区居民对区委、区政府工作满意度调查分析报告》等重要文稿。

（李笑晨）

【贯彻全区重要会议精神】 年内，为深入推进党的十八大、十八届三中全会精神以及市委、区委重要精神的学习宣传，指导全区各部门全面把握、准确领会中央、市委、区委关于推动经济社会发展的工作思路和决策部署，按照区委要求，应区委党校邀请，先后 4 次为全区新任公务员、新任科级干部等开展理论宣讲。

（李笑晨）

【做好全区重点调研课题的协调】 年内，统筹开展全区 2013 年重点调研课题选题和调研计划的制定及协调实施。结合党的十八大、市委十一届二次全会、区委十一届四次全会精神，紧扣全区中心工作和干部群众关心的热点、难点问题，确定了 92 个调研课题，其中区级领导重点调研课题 26 个、重点关注调研课题 66 个。在区委研究室的统筹协调下，92 个调研课题现已基本完成结项。

（李笑晨）

【加强与全市调研系统的交流合作】 年内，协助市委研究室到区调研经济社会发展情况；协助市政府研究室提供区经济社会发展数据；协助朝阳区政府办到区内调研便民服务热线建设管理情况以及畅通群众诉求渠道的工作经验，举办座谈会，进行实地考察；接洽通州区、房山区、大兴区委研究室调研门头沟区乡村旅游、生态建设、城乡建设等情况，召开经验交流会，开展实地考察。协助中国人民大学、北京科技大学开展《门头沟区生态文明建设与山区产业转型研究》、《门头沟文化品牌提升与文化产业突破对策研究》两个重要课题的区情调研，调研成果已初步完成。

（李笑晨）

老干部工作

【概况】 年内，全区离退休干部工作在区委、区政府的领导下，在区委组织部的指导下，围绕十八大提出的“全面做好离退休干部工作”要求，结合区“落实‘三个优化’，多办利民实事，全力建设国家生态文明示范区”发展目标，在离退休干部党组织和离退休干部中强化思想政治建设，引导离退休干部在全区经济建设和社会发展中发挥作用。探索管理服务新机制，落实离退休干部“两项待遇”，为离退休干部办实事，开展各项主题活动和文体活动。举办老干部工作队伍培训班，提升老干部工作者的政策理论水平和执行力。

单位名称： 中国共产党北京市门头沟区委员会老干部局
地　　址： 北京市门头沟区剧场东街12号
电　　话： 69837762
邮　　编： 102300

（李传斌）

【举办艺术品展及各类培训班】 1月9日，老年书画研究会在老干部活动中心举办了第二届小艺术作品展览，共展出书画作品72幅。3月11日，在区委党校举办了两期门头沟区老年书法培训班。21日，在老干部局门球场举办离退休干部太极拳培训班。5月7日，举行了太极拳培训班结业仪式，130名离退休干部参加了培训。6月13日，举行了老年书法培训班结业仪式，参加培训班的老干部达120人。10月11日，举办离退休干部“展银龄风采、圆中国梦想”艺术作品展，共展出作品36件。

（李传斌）

【区领导调研】 1月14日，区领导及区老干部工作领导小组成员单位主要负责人到局内调研。12月30日，区领导及区老干部工作领导小组部分成员单位主要负责人到局内调研。

（李传斌）

【召开座谈、团拜、通报会】 1月30日，召开全区第二十六次离退休干部工作会。区领导韩子荣、罗斌等出席会议。会议由主持，区属单位主管离退休干部工作的领导、局职离退休干部和区老干部工作领导小组成员单位领导参加了会议。2月5日，举行了2013年离退休干部春节团拜会，区领导出席会议并致新春贺词，老干部文体总会的老同志们自编自演了文艺节目。3月4日，举办了离退休干部“学雷锋”座谈会。7日，召开了离退休女干部庆祝“三八”国际妇女节座谈会。13日，召开全区离退休干部报告会，学习习近平总书记的重要讲话精神，传达韩子荣在2013年度全区党建工作会上的讲话。4月11日，召开离退休干部党风廉政建设工作情况通报会，邀请区监察局的领导向全区离退休干部通报了全区党风廉政建设情况。6月20日，举办二季度情况通报会，邀请区为民服务中心领导向全区离退休干部介绍了门头沟区为民服务信息平台建设和运行情况。9月27日，邀请区人大领导向全区离退休干部通报了沟域经济与生态农村建设情况。

（李传斌）

【走访、慰问活动】 2月5日、6月29日，区领导韩子荣慰问了原区委顾问陈士林，并介绍了区经济社会发展情况。春节前，区领导分别到局职离退休干部家中进行慰问。老干部局分组慰问了局职离退休干部、家住山区离休干部，并看望了住院的离休干部。全区各单位重视“两节”走访慰问工作，采取座谈会、联谊会、登门走访等形式，看望了所属离退休干部并送去了祝福，全区各单位共走访慰问离退休干部1200人次，发放慰问品、慰问金共计40余万元。

（李传斌）

【举办专题培训班】 3月6日，邀请市老干部局领导为企业老干部工作人员进行专题培训。11月8日，举办了全区老干部工作队伍培训班，邀请北京市老干部局领导就《关于离休干部生活待遇》方面的政策进行了授课，老干部局领导就全面做好离退休干部工作提出了具体要求，全区100余名老干部工作者参加了培训。

（李传斌）

【开展学习、讨论】 3月15日，组织离退休干部党支部书记和局职离退休干部学习习近平总书记在第十八届中央纪律检查委员会第二次全体会议上的讲话。4月13日，组织召开全区离退休干部解放思想大讨论部署会，在离退休干部队伍中深入开展大讨论和建言献策活动。6月20日，邀请区委党校领导为离退休干部解读了《中国共产党章程》。

（李传斌）

【组织参加市、区竞赛】 3月23日，组织老干部舞蹈协会12名队员参加了区全民健身项目表演赛，获得一等奖。老干部舞蹈协会舞蹈队参加区文联舞蹈家协会举办的“庆七一”优秀节目选拔赛，获得了三等奖。4月27日，区老干部门球队参加了北京市农林系统老干部门球赛。8月28日，参加北京市老年活动中心举办的老年保龄球邀请赛，获得了第三名。10月12日至16日，参加区第十七届“乒协杯”乒乓球比赛，获得了女子团体和个人精神文明奖。29日，老干部台球队参加了北京市农林委系统老干部“金秋杯”台球赛，获得了第一名。

（李传斌）

【举办广场舞、门球赛等活动】 3月27日，在晨曦公园举办了离退休干部广场舞培训班，50余名离退休干部参加培训。4月23日，在老干部局门球场举办了第二十五届春季老年门球赛。5月8日，举办2013年春季老干部游艺会。10日至30日，举办了第四届离退休干部"健康杯"比赛，活动设台球、乒乓球、钓鱼、扑克、象棋等项目，370余名离退休干部参加。9月25日，举办第二十六届"金秋杯"老年秋季门球赛。10月16日，举办第二十四届离休、局职退休干部运动会。24日至25日，举办了离退休干部下半年台球赛，选拔了3名队员参加市农委台球赛。

（李传斌）

【组织体检疗养】 3月28日至29日，组织24名局级离退休干部到小汤山疗养院健康体检。4月1日至25日，组织918名离退休干部健康体检。

（李传斌）

【组织参观考察】 4月16日，组织局机关工作人员到卢沟桥抗日战争纪念馆参观抗战时期中国共产党党风廉政建设展《光辉典范》。22日、25日，组织部分局职离退休干部分别赴贵州遵义会议旧址、息烽集中营革命历史纪念馆参观学习。6月28日，组织离退休干部党支部书记参观了区未来发展景观沙盘、棚户区改造工地、108国道一期工程和潭柘寺小城镇建设。7月4日，组织人大离退休干部第一党支部的党员参观了龙泉镇回迁安置房建设现场和区档案史志局举办的《翰墨兰台门头沟》展览。8月13日至30日，组织230余名处级退休干部分三批到延庆县参观学习，并在平北抗日战争纪念馆举行了重温入党誓词活动。10月17日，组织局职离退休干部一行17人到斋堂镇龙门口村进行参观考察，并与镇、村两级干部进行交流。

（李传斌）

【开展主题活动】 5月10日，举办离退休干部"我的梦·中国梦"首场报告会，300余名离退休干部和老干部工作者参加宣讲活动。30日，"我的梦·中国梦"离退休干部宣讲团10名成员到城子街道社区进行宣讲。在离退休干部分布较集中的6个社区成立老党员先锋队。选派了2名处级退休干部加入到北京市首批聘任的50名老干部网络监督员队伍。区委老干部局与区社工委携手，向非公企业选派了处级退休干部党建工作指导员。7月4日，举办局机关基层党建工作业务培训会，启动"我为党旗添光彩"活动。同日，在全体党员中开展"学党章、讲党性"主题活动。9月24日，通过"知、宣、行"三个途径，在全区离退休干部中宣传贯彻落实区委第十一届五次全会精神活动。

（李传斌）

【安装家庭无障碍设施】 6月25日，为全区离休干部家庭安装辅助扶手、可视门铃，"七一"前全部安装到位。

（李传斌）

【组织参观园博会】 6月，组织离休干部和局职退休干部参观园博会。10月22日至23日，组织300余名处级退休干部参观园博会。

（李传斌）

【组织观看电影】 7月1日、9月24日，分别组织全区离退休干部观看了影片《东方中国梦》、《周恩来的四个昼夜》。

（李传斌）

【组织"献爱心"捐款活动】 7月3日，人大离退休干部第一党支部举行共产党员"献爱心"捐款活动，10名老党员共捐款3900元。4日，组织局机关全体党员开展了"共产党员献爱心"捐款活动。

（李传斌）

【开展党员登记工作】 7月10日，组织局机关在职和退休党员学习《中国共产党章程》、区委组织部《关于开展党员登记工作实施方案》，对党员进行了民主测评，在全体党员中开展了党员登记工作。

（李传斌）

【举办健康知识讲座】 7月24日，邀请北京安贞医院心内科任学军主任为全区离退干部讲授老年保健知识。

（李传斌）

【举行重温入党誓词活动】 7月25日，组织局机关党员瞻仰了李大钊烈士墓园，并举行了重温入党誓词活动。

（李传斌）

【举行"八一"建军节座谈会】 7月26日，在建军八十六周年到来之际，举行了曾在部队服役过的离休和局职退休干部座谈会。

（李传斌）

【参加、举办文艺汇演】 9月16日，参加北京市农工委系统举办的“乐享夕阳红、共祝中国梦”喜迎中秋国庆文艺汇演，退休干部赵蕾演唱的京剧彩唱《巡营》和老干部舞蹈队的《欢乐中国年》受到好评。10月10日，以“欢度重阳节、共祝中国梦”为主题，举办离退休干部纪念门头沟区解放65周年暨欢度重阳节文艺汇演。

（李传斌）

【发放助行器等“三件套”】 年内，为全区离休干部和局职退休干部购置助行器、电子体温计、智能电子药盒，并发放到位。

（李传斌）

【创作书画长卷《门头沟礼赞》】 年内，老年书画研究会创作的书画长卷《门头沟礼赞》绘制完成，卷长55米，宽0.6米，集书法、国画、诗歌、美文、楹联为一体，内容包括母亲赞歌、百分之九十八点五的概念、门头沟来历、潭拓寺赋等十五篇文章、两幅楹联和六幅绘画作品。

（李传斌）

信访工作

【概况】 年内，全区信访工作在区委区政府的领导和全区各级各部门的支持下，坚持邓小平理论和“三个代表”重要思想，贯彻落实科学发展观，以党的十八大精神为统领，围绕地区跨越式发展，坚持用群众工作统揽信访工作，跳出信访做信访，创新信访工作体制机制，开展信访排查调处工作，化解了大量影响社会和谐稳定的信访问题。年内，办受理群众来信来访2712批（件），同比批次（件次）下降0.2%。其中，接待来访1855批4668人次，同比批次上升12%、人次下降11%（其中集体访207批2409人次，同比批次上升2%、人次下降29%），实现了群众上访人数、集体访人数、越级集体访人数“三下降”。

单位名称：中国共产党门头沟区委门头沟区人民政府信访办公室
地　　址：北京市门头沟区新桥大街12号
邮　　编：102300
电　　话：69842720

（赵桂憨）

【信访主要活动】 1月16日，市信访办领导一行4人到区内，开展以“学习贯彻党的十八精神，创新推动信访工作科学发展”为主题的信访工作春季大调研活动。调研中，市信访办领导对区61696156为民信息服务平台进行观摩；区信访办汇报了区内2012年信访工作情况及2013年信访工作思路。市信访办领导给予肯定。3月9日，中央信访工作督导组到区内检查指导工作。市政府，市联席办、信访办领导，区委领导韩子荣等陪同。在听取相关工作情况汇报后，中央信访工作督导组肯定了区信访工作做法，并对下一步工作进行指导。5月28日，市信访办领导等一行5人组成的调研组到区内，开展《北京市信访条例》调研指导工作。会上，区信访办就《条例》实施后的主要做法、取得的工作成效以及《条例》执行过程中的困难及建议进行汇报。市信访办领导提出意见。7月26日，举办信访工作培训会。此次培训会采取以会代训的形式，对深化和完善全区基层社会矛盾调处体系及信访事项答复工作进行讲解，并对下半年重点工作提出要求。31日，举办办信及网上信访办理工作培训会。对北京市信访综合办公系统、市长信箱、国家投诉中心等系统进行业务培训，市信访办从办信工作的意义、作用、存在问题等方面，分析了如何做好来信办理工作，同时对重信、联名信、异常信等来信的界定进行具体说明。

（赵桂憨）

【召开信访工作会议】 2月21日，召开全国“两会”期间信访工作部署会。对排查出的在帐重点矛盾逐一与责任单位、属地单位进行对接。会上提出要求。4月9日，召开区建筑领域农民工工资问题专题会，会上就解决建筑领域农民工工资问题提出意见。6月27日，召开“大综治”体系信访工作部署会。各镇、街及区司法局、卫生局等单位主管信访工作的领导参加。会上，细化目标任务和工作措施，并提出工作要求。8月2日，召开“门头沟区信访矛盾化解工作推进会”。区信访办就全区信访矛盾排查化解工作进行情况通报和部署，并提出要求。6日，召开“贯彻十八大·开创新局面”大调研工作推进会，全区各镇、街道及相关委办局信访干部参加。会上，各单位汇报了大调研活动进展情况以及各单位信访工作的创新做法及典型经验。同时，区信访办与各参会单位共同梳理调研课题，明确调研重点，研究完善调研思路，并提出要求。10月30日，召开区涉拆维稳工作专题会。区信访办、区房屋征收事务中心分别对涉拆信访情况及签约情况进行汇报；各相关单位对涉拆矛盾的化解稳控方案进行了分析汇报。会上要求：一、要专题研究涉拆矛盾稳控化解工作。二、信访、征收等相关部门要制定相应矛盾化解方案，在政策允许范围内维护其合法利益。三、发挥“大维稳”机制作用，确保做到新发生矛盾、突出情况第一时间掌控到位、稳控到位、处理到位。11月21日，召开区信访矛盾化解工作推进会。会上，区联席办就全区信访矛盾排查化解工作进行情况通报和工作部署；各单位就涉及的重点矛盾化解工作进展情况逐一进行汇报；区维稳办、信访办对信访矛盾化解工作提出了工作要求。

（赵桂懋）

【信访宣传工作】 5月，举办“包容、有序、和谐”信访宣传月活动，围绕“弘扬北京精神、畅通信访渠道”的主题，通过悬挂横幅、展示宣传图板、散发宣传资料、律师开展现场咨询等形式，向群众宣传《信访条例》、《治安处罚法》、《人民调解》等相关法律法规，发放信访宣传材料、宣传品3万余份。

（赵桂懋）

【领导责任制】 年内，区领导先后30余次作出重要批示，对信访维稳工作提出要求；区领导韩子荣多次主持召开专题会议，听取重点信访矛盾控制化解情况汇报，并研究和协调处理重大信访问题；区委区政府各位领导按照职责分工，对信访工作紧抓不放，采取接访、下访、约访、调研、专题会等形式主动化解矛盾纠纷，取得了“事心双解”的效果。

（赵桂懋）

【领导接访下访工作】 年内，区领导阅批来信千余件，并全部由区委区政府督查室督办落实；区委区政府领导先后接待和协调处理信访问题近百件、下访接待群众26批144人次；各镇街及部门领导干部接待群众890批2659人次、下访接待642批2084人次。

（赵桂懋）

【村居“连民心恳谈室”工作】 年内，全区“连民心恳谈室”共接待群众来访3504批（件）3871人次，化解各类矛盾纠纷3331件，控制越级访513批，做到了信访工作关口前移。

（赵桂懋）

【矛盾纠纷排查工作】 年内，先后114次组织全区开展矛盾纠纷排查活动，完善重点信访矛盾纠纷化解和稳控工作方案。

（赵桂懋）

【维稳信访信息通报制度】 年内，会同相关部门，针对通过公安、信访、维稳、安监、劳动、卫生、61696156为民服务信息平台等渠道反映出的突发和突出问题，由区联席会按照属人、属事、属地的原则，每两周在全区范围内予以通报。

（赵桂懋）

【信访机制创新】 年内，完善了排查调处、分析研判、衔接联动、汇报通报、监督考核、责任追究等机制，将拆迁、涉农、涉法涉诉等矛盾纠纷划分为15类31项，按照“限期处理”的原则，由主管区领导和主责单位牵头负责，分级、分层、分类别的予以化解。

（赵桂懋）

【专业领域矛盾化解机制】 年内，深化由维稳、信访、住建委等8个部门组成的区解决农民工工资联席会，每10天召开一次全区解决拖欠农民工工资联席会，并制定《门头沟区建设施工领域农民工工资支付管理暂行办法》，快速化解劳动纠纷。

（赵桂懋）

【信访事项复查复核工作】 年内，区内共收到信访复查案件申请6件，办结3件，正在复查3件；到市政府申请复核2件，全部维持区政府复查意见，未出现违反复查复核制度有关规定而引发的投诉事件或复查复核意见被撤消、变更及责令重新处理的现象。

（赵桂懋）

保密工作

【概况】 年内，保密局重点完成了几项工作。一是加大检查力度，推进基层单位保密管理规范化。将全面检查和专项检查相结合，开展了系列保密检查活动，全年共检查72家党政机关近200台办公电脑。联合区政府信息公开办公室组成专项检查小组，开展专项检查活动。与区商务委、北京龙欣顺达再生资源利用有限公司联合检查重点再生资源回收站点，排查是否存在涉密文件非法交易现象，并对从业人员进行相关保密法律知识的宣讲。二是开展保密宣传教育培训活动。突出抓好领导干部、涉密人员的保密宣传教育，参加市保密局组织的相关业务培训。联合区民防局，利用电子显示屏在居民小区滚动播出保密法制相关内容，宣传公民的保密责任与义务。参与全区“12.4”全国法制宣传日系列宣传活动，利用横幅标语、宣传展板、宣传页等形式，宣传公民的法律义务和保密工作的相关内容。三是做好保密普查和保密机构队伍建设工作。按照市国家保密局要求，完成了区保密普查工作。起草印发了《中共门头沟区委保密委员会关于进一步加强保密机构队伍建设的实施意见》，并对全区党政机关进行保密机构和队伍建设及保密人员进行普查，更新党政机关保密工作平台的数据信息。四是全力抓好国家教育考试的保密监督工作。配合区教育考试指导中心等有关部门，参与了区2013年度各种国家教育考试的保密管理工作，并对区教育考试指导中心试卷保密室进行了检查，确保了考试期间试卷保密安全。五是持续重点行业领域保密管理。严格审核申请企业的相关材料，实地勘察申请企业的保密环境，对保密室的硬件设备和保密制度进行审查。配合做好区委组织部、区检察院涉密信息系统安全测评工作。

单位名称：北京市门头沟区国家保密局
地　　址：北京市门头沟区新桥大街36号
电　　话：69842465
邮　　编：102300

（荆　旭）

【组织保密干部全员培训】 9月24日，对区内97家单位的205人进行保密知识培训，其中党政机关事业单位92家共200人，军工企业5家共5人。对参加培训的保密人员进行保密知识考试，通过率100%，并下发了结业证书。

（荆　旭）

【开展保密法普法宣传活动】 12月4日，在普法宣传活动日开展保密法的宣传活动。

（荆　旭）

党校工作

【概况】 年内，在区委、区政府的领导下，在市委党校的指导和区有关部门的支持和关心下，以邓小平理论和“三个代表”重要思想为指导，贯彻落实科学发展观，以服务全区社会经济发展，提高党政干部和公务员队伍整体素质为目标；以党员干部培训和规范学历教育为重点；以提高学校干部队伍和教师队伍素质为基本要求；推进教育教学改革和科研工作，加强党的建设、精神文明建设和民主法制建设。

单位名称：中国共产党北京市门头沟区委党校
地　　址：北京市门头沟区新桥大街54号
电　　话：69842635
邮　　编：102300

（阙华锋）

【慰问活动】 2月，校领导走访了党校离退休人员，为他们送去节日的礼品。春节期间，校领导班子带领教职员工走访慰问了珠窝村低收入户和生活困难党员，并送去慰问品。

（阙华锋）

【周末大课堂】 年内，完成了10期周末大课堂组织协调工作。参训领导干部约2000余人次。

（阙华锋）

【理论与实践刊物】 截至年底，创刊于2007年上半年的《理论与实践》共发行27期，内容包括：理论园地、热点关注、观点荟萃、领导科学、基层视角、他山之石、益智园、培训工作等8个栏目。

（阙华锋）

【培训工作】 年内，与区委组织部、区人力社保局联合举办2期处级干部进修班、1期新任处级干部培训班、2期中青年干部培训班、10期周末大课堂、1期拉萨市尼木县干部集中培训班、2期公务员初任培训班、1期科级任职培训班共7类19期干部培训班，培训学员近2500人次，各班次培训累计1664课时。

（阙华锋）

【基层党校建设】 年内，全区二级党校培训学员总人次达到1.6万人次（其中党员0.8万人次），培训总期数达到400多期，总学时达到3000多学时。三级基层党校培训学员达到近2.5万人次（其中党员0.8万人次）。

（阙华锋）

【理论宣讲】 年内，党校讲师团成员围绕党的“十八大”精神为主题，联合宣传部共同组织协调讲师团教师及时下基层宣讲，全年共下基层宣讲29余场，听课干部群众约2900余人次。

（阙华锋）

【理论科研】 年内，制定和完善科研体制机制，增加科研投入，加强科室间以及校内外的协调合作，加大科研成果应用和转化的力度。全年共完成25篇科研文章。

（阙华锋）

【学历教育】 年内，有研究生班层次3个教学班。学历教学工作始终坚持“从严治校、从严施教、从严管理”的三从严办学方针，把好招生关、教学关、毕业关，保证了成人教育事业持续健康的发展。

（阙华锋）

【“五进农村”增收帮扶工作】 年内，加强清水镇簡昌村低收入农户增收帮扶工作。结合自身实际和工作特点，组织动员，科学建立机制，以促进低收入农户增收为首要任务，以开展创先争优为重要载体，以党员干部入户结对帮扶为措施手段，围绕“共谋发展、共促民生、共建组织、共育人才”帮扶思路，采取以帮为主、扶保结合、分层扶持、共同富裕的方法，组织机关党员干部进村入户结对帮扶，开展党组织共建，努力实现帮扶村经济有发展，低收入农户收入有提高。

（阙华锋）

直属机关工委工作

【概况】 年内，区直机关党建工作以学习贯彻党的十八大精神为主线，以服务中心、建设队伍为重点，紧紧围绕区委“落实‘三个优化’，多办利民实事，全力建设国家生态文明示范区”的工作主题，大力加强学习型、服务型、创新型党组织建设，不断提高机关党建科学化水平，为全区经济社会科学发展提供政治组织保障。

单位名称： 中共北京市门头沟区委直属机关工作委员会

地　　址： 北京市门头沟区新桥大街36号

电　　话： 69843115

邮　　编： 102300

（李　红）

【党风廉政建设工作】 2月25日，召开党风廉政建设专题会议，传达全区党风廉政建设工作会精神，研究部署工委纪检监察工作；4月27日，机关干部参观了“光辉典范”廉政建设专题展览；6月21日，举办预防职务犯罪专题讲座，为70余名中层以上干部上“拒腐防变、永葆清正廉洁本色”的廉政教育课。

（李　红）

【机关精神文明创建】 3月5日，组织100余名机关干部参加“学雷锋环境整治高潮日”活动，到石泉安置房地块清理白色垃圾千余公斤；30日，组织所属60余名干部参加“弘扬生态文明，建设美丽门头沟”植树活动，共植树200余棵；开展迎“五一”环境卫生大扫除活动，组织百余名机关干部到石泉安置房地块捡拾白色垃圾，同时清扫卫生责任区、擦拭厨窗、护栏、清洁院落、大厅、楼道、走廊和办公室内外卫生等；26日至4月10日，机关工委组织所属67个单位开展“博爱在京城”、“春风送暖”社会捐助活动，共捐款25万多元。7月，开展“庆七一·共产党员献爱心”活动，系统内67个单位共募集捐款16万余元。10月11日，组织机关干部参加定都峰主会场“2013北京重阳宣传文化活动”仪式；12日，组织机关工委退休老干部10余人参加“北京首届园博园老年节”活动。

（李　红）

【工会工作】 4月17日，举办“京卡·互助卡”和职工互助保障工作相关知识讲座，25名工会小组长全部参加；举办红十字会会员急救知识培训班，所属67个单位100余人参加理论知识的学习与实操的演练，全部获得北京市红十字会——急救员证（初级）；5月9日、10月14日先后召开区直机关工会第二届委员会第五次、第六次会议，通过民主程序，替补选举区直机关工会第二届委员会委员、工会主席和工会副主席；开展庆祝“三八”国际妇女节系列活动，围绕“建美丽门头沟，创幸福新生活，展女性新风采”主题，组织女会员开展观看电影、参加“女人如花、智慧呵护”讲座等活动，并组织机关非工会会员女职工60余人参加免费体检；与人口计生委联合举办机关公务员礼仪讲座，100余人参加；6月13日至21日，组织25个会员单位共计378名科级以下会员分批次进行健康体检；7月，与区总工会联合组织单身会员参加北京市工会系统单身职工交友活动；8月1日，开展“八一”建军节慰问活动，对机关工会内87名复转军人进行慰问；机关工会获2013年度工会工作考核优秀单位。

（李　红）

【CD地块滞留户腾退工作】 按照区委、区政府统一部署，5月初至8月底，抽调50%人力，先后与区委组织部、安监局联合承担并圆满完成了城子CD地块66个滞留户腾退任务，实现了腾退任务和本职工作两不误两促进。

（李　红）

【机关文体活动】 组建机关文化沙龙活动，成立机关书画、摄影、舞蹈、毽球和宣讲文化兴趣沙龙，所属系统共300余人参加；9月30日，与区体育局联合举办“迎国庆o踏金秋”登山比赛活动，18个单位参加团体赛，130余人参加个人比赛。12月26日至1月7日，举办迎新年棋牌乐游艺活动，推出“三先”、升级、围棋、象棋等七个比赛项目，22个单位有60余支代表队、400余人参加活动。

（李　红）

【组织建设】 年内，召开2013年党建工作推进会，区委常委、宣传部长、机关工委书记出席会议并讲话，所属系统及“五进农村”帮扶工作相关单位120余人参加会议；建立以项目制促工作创新机制，对地税局申报的“地税讲坛”等18个2013年度优秀党建创新项目分等次予以表彰奖励；组织60余名新党员到区爱国主义教育基地——京西第一党支部，举行入党宣誓仪式；召开党建工作研讨会，有14个单位对2013年党建工作进行了总结并对2014年工作思路进行重点交流，提出建设性的意见和建议；全年共接收支部委员调整、支部换届选举和成立新组织请示28件次，指导9个单位机关党组织进行换届（首届）选举，19个单位负责人进行届中调整。全年共有484人申请入党，确定入党积极分子274名，新发展党员63名，已按期转正53人；接转组织关系320件。

（李　红）

【教育培训】 年内，与区委组织部联合举办党组织书记与党务干部培训班，300名党组织书记与党务干部参加培训；举办党务干部和信息工作业务培训班，有60余个单位近90名党务干部和信息员参加了培训；举办入党积极分子培训班，有90余名积极分子及发展对象参加，培训结束时，全体积极分子体验并宣读入党誓词；与区教委联合举办“争创学习型城市示范区——创建学习型机关理论讲座”，所属66个单位100余人参加培训；举办学习贯彻十八届三中全会精神报告会，特邀市委讲师团成员、中国社科院研究员、博士生导师辛向阳就全会精神进行全面解读，所属67个单位300余名党组织书记与党员干部参加了报告会。

（李　红）

【宣传工作】 年内，举办“我的梦·中国梦”专题演讲会，67个单位16名选手参加演讲；依托党建联谊组举办为期两个月、6个场次的“我的梦·中国梦”百姓宣讲巡演，“七一”前夕组织大规模的集中展演，受教育观众达3000余人次。开展门头沟区“好人故事·身边雷锋”宣讲团到区直机关，组织“门头沟区十大好人事迹”机关工委专场宣讲活动，所属系统200余名机关干部参与了活动。参加贾立群同志先进事迹报告会，近30名宣传干部参会学习；组织200余人参观“变废炫宝”展览与“永远的雷锋”基层巡展。

（李　红）

【“五进”农村帮扶工作】 年内，制定《关于深入推进“五进农村”帮扶工作的意见》，明确帮扶目标。召开部署会、协调会、座谈会，推进低收入村帮扶调研工作。面向全区各职能部门征集涉农政策，编纂了《涉农政策汇编》一书，收录中央、国家部委和市区下发的涉农法规、政策、办法、意见等136个文件，由约38万字。各帮扶单位成立了驻村工作小分队，协助镇党委完成第九届村民委员会选举工作。全年，各帮扶单位为被帮扶村开展的送规划、送项目、送设备、送书籍、送政策、送文化、送健康、送温暖等实事投入折算资金约2621万元。

（李　红）

【开展主题教育实践活动】 年内，开展主题教育实践活动，全系统各单位面向内部职工和服务对象开展征求意见活动185次，共征集意见537条；推进“人民满意的基层站所、服务窗口示范点”创建活动，在所属26个单位的全程办和33个基层站所进行了安排部署。

（李　红）

【调研工作】 年内，完成《区直机关系统党建工作现状调查研究》和《关于加强机关作风建设提升为现代化生态新区服务水平的实践与思考》两个调研课题，形成调研报告。

（李　红）

【慰问活动】 两节期间，统筹慰问资源，走访慰问党支部15个、困难党员职工、劳动模范47人，发放慰问金和慰问品折合人民币5万余元。

（李　红）

社会工委

【概况】 年内，围绕全区中心工作和重点任务，按照做实街道、科学治理、优化民生的工作要求，完成社会治理任务。

一、把握倒逼改革的形势要求，构建社会服务管理工作新格局

抓机制创新。研究出台《关于进一步加强街道和地区办事处工作的意见》及配套方案，建立健全街道“大工委”联席会议制度、街道办事处主任办公会议制度和综合执法机制，强化街道在辖区负总责的主体地位。

搭工作平台。在各街道建立街道“大工委”和社区“大党委”，吸纳辖区内党政机关、企事业单位、各类社会组织参与辖区重大事项的研究、决策和实施，初步形成区域化党建工作格局。理顺街道内部机构，成立地区管理委员会和7个服务中心。

促社会合力。出台《门头沟区社会组织“星火工程”实施方案》，向各街道征集服务需求179项、汇总7家“枢纽型”社会组织服务项目97项，完成供需对接。

二、结合现代治理能力的新要求，夯实深化改革的社区基础

以社区网格化建设为载体，实现社区服务体系的全覆盖。依托61696156为民服务信息平台，建立区、街（镇）、社区（村）三级指挥平台，在4办9镇划分1121个基础网格，整合包括公安、司法等8类协管员力量进网格，整合社区资源信息，建立全面覆盖的社区服务体系。在军庄镇探索实行“物业+网格”的自治模式，由物业服务队伍解决网格内的服务管理问题。

以社区规范化建设为契机，夯实社区服务的硬基础。创建“六型社区”示范单位23个、社区规范化示范点8个、市级“一刻钟社区服务圈”示范点6个，在52个社区推进社区基本公共服务项目全覆盖工作，解决22个社区用房，以联席会议为平台，协调解决新建安置小区的商业、交通、物业等方面问题40余项。

以队伍建设为抓手，提升社会建设的软实力。一是在树立开拓精神上下功夫。二是在增强主体意识上下功夫。三是在创新思维上下功夫。四是在提升业务能力上下功夫。

三、贴近区特殊发展时期的民生期盼，实现社会服务管理模式的新突破

启动社区环境提升工程。开展“社区环境创建年”活动，打造以蓝龙家园社区、黄土台社区为代表的8个精品绿色社区。

增强特殊人群的服务合力。实施“生命影响生命”行动计划，开展“无线网络无限服务”工程、社区鸿雁行动、“放飞心灵、助人悦己”等系列活动。

完成好民生工程。一是服务全区中心工作和重点任务的落实。开展拆违工作，共发现违法违章建筑67处，62456平方米，制止新增违建41处。二是服务社会建设和服务管理任务的落实。全区44项社会建设重点任务全部完成。三是服务社区和居民在提升生活品质上的实际需要。完成一批社区绿化美化、路面硬化、排污排洪管道改造、房屋修缮、楼门粉刷、停车位改造、垃圾仓改造等维护项目。

四、发挥党建引领的政治优势，筑牢社会建设的组织保障

进一步扩大社会领域党组织覆盖。开展非公企业和社会组织党建推进工程，通过单建、联建等方式在非公企业和社会组织中建立党组织。

完善基层党组织民主管理机制。开展“四评一创”活动，对街道系统79个社区41324户居民开展入户评议活动，入户率达到91.68%，群众对街道和社区班子满意率均达到90%以上。

创建“特色党建品牌”。各街道以抓服务为导向，开展街道系统特色党建品牌创建活动。

单位名称：中共北京市门头沟区委社会工作委员会
北京市门头沟区社会建设工作办公室
地　　址：北京市门头沟区新桥大街36号
电　　话：69844023
邮　　编：102300

（宋　瑜）

【领导调研】 1月6日，区领导韩子荣到区委社会工委、区社会办调研，听取相关工作汇报，就社会管理创新、新建居住区管理等问题进行研讨，并提出工作要求。6月6日，区领导韩子荣调研街道职能整合工作，与参会单位进行了座谈，并提出工作要求：要进行街道体制机制再造，打造服务型街道；要结合街道工作要求，突破原有行政模式。27日，市委社会工委、市社会办领导到区内调研指导社会动员工作，实地考察了石门营五区社会动员工作开展情况，听取了相关工作汇报，并提出要求。

（宋　瑜）

【完成社区工作者届中体检】 3月1日至31日，组织全区940余名社区工作者开展届中体检，共支出体检费28万余元。

（赵　霞）

【开展解放思想大讨论活动】 3月22日，在街道系统启动以“落实‘三个优化’，多办利民实事，全力建设国家生态文明示范区”为主题的解放思想大讨论活动。

（白丽莎）

【培训工作】 年内，开展“万名社区工作者培训”活动。分别于5月、7月、9月开展3期，每期2天半，共717名社区工作者参加了培训。

（赵　霞）

【开展“寻找最美社工”活动】 8月，在全区开展“寻找最美社区工作者”活动，邀请区文联和作家协会的专业作家到社区，对各社区书记和主任进行实地采访，收集社工典型事迹，并编辑《风采社工》一书。

（白丽莎）

【招补录社区工作者】 年内，招

录社区工作者37人，其中安置退伍军人6名，补录社区工作者34人。

（赵 霞）

【加强社区规范化建设】 年内，创建“六型社区”示范单位23个、社区规范化示范点8个、市级“一刻钟社区服务圈”示范点6个，完成第二批社区用房规范化建设，22个社区用房投入使用，在52个社区推进社区基本公共服务全覆盖工作，在49个社区安装了社区服务站标识。

（宋 瑜）

【组织学习考察】 年内，组织街道系统相关人员赴上海、西城、朝阳、通州等市、区学习考察街道管理模式和社会建设经验。

（宋 瑜）

【启动“专家教授进社区”活动】 年内，邀请中国人民大学、市委党校教授组成专家组与社区结对子，摸查重点社区的建设和发展规律，并针对新建居住区服务与管理、拆迁安置小区新居民培育、社区社会动员模式等方面工作，提出意见建议。

（宋 瑜）

【启动街道体制机制创新】 年内，印发《关于进一步加强街道和地区办事处工作的意见》及与之配套的《关于进一步增强街道统筹协调功能的实施方案》、《门头沟区社会组织“星火工程”实施方案》，建立街道“大工委”和社区“大党委”，将辖区内驻区单位、职能部门派出机构和辖区各类组织纳入区域化党建格局；理顺街道内部机构，设立地区管理委员会，并建立七个服务中心，健全工作机制。

（宋 瑜）

【实施“生命影响生命”行动计划】 年内，通过开展“无线网络无线服务”工程、社区鸿雁行动、“放飞心灵、助人悦己”等系列活动，创新开展老幼互助、健残互助等服务内容；将17个十二类人群服务项目纳入区政府社会建设折子工程，实行专项督查督办；通过购买服务的方式扶持30个涉及特殊人群服务项目。

（刘 迪）

【加强非公企业党建指导工作】 年内，出台了《关于在全区聘请离退休党员干部担任非公有制经济组织党建工作指导员的通知》和《门头沟区非公有制企业党建工作指导员管理办法》，并聘请25名离退休干部担任非公党建指导员，指导企业开展党建工作。

（白丽莎）

【组建商务楼宇党群工作站】 年内，在摸底调查、开展专项调研的基础上，在大峪街道贸易大楼、熙旺大厦和龙泉镇奥新天地新组建3家商务楼宇党群工作站，扩大商务楼宇党建工作站覆盖面。

（白丽莎）

【开展“特色党建品牌”创建活动】 年内，在基层党组织中开展“特色党建品牌”创建活动，出现了永兴社区“少年之家”、城子西街“爱心365服务队”、石门营五区“新联共建团”等30余项特色党建品牌项目。

（白丽莎）

【构建现代化服务管理模式】 年内，出台《门头沟区社会组织“星火工程”实施方案》，鼓励街道为社会组织搭建平台、提供支持；争取90万元市级资金，购买11个社会组织服务项目；向各街道征集服务需求179项、汇总7家“枢纽型”社会组织服务项目97项，完成供需对接，邀请两家专业社会组织机构协助做好政府购买社会组织服务、社会组织培育与发展工作。

（宋 瑜）

【打造“四色”志愿服务队】 年内，打造“四色”志愿服务队（“四色”为：绿色、蓝色、白色、红色）。绿色服务队以市民劝导队为主体，旨在深化其在社区管理中的功能，尤其是发挥其在社区环境维护中的作用；蓝色服务队以社区“蓝铃铛”志愿服务队为主体，重点协助街道和社区做好防汛、扫雪铲冰等工作；白色服务队以大学生社区工作者联谊会为主体，主要以社区内的特殊人群为服务重点，开展志愿帮扶、心理抚慰等活动；红色服务队以街道和社区培育的社会组织为主体，将其纳入区域化党建工作格局，通过政府购买社会组织服务方式，承担辖区内的科教文卫等社会领域工作。

（宋 瑜）

【购买专业社会工作岗位】 年内，按照“一街一岗”、“一所一督导”的标准，购买5个专业社工岗位，即：法律服务专业社工岗4个，康馨社会工作事务所督导岗1个。

（赵 霞）

【开展社会动员试点工作】 年内，制定《2013年门头沟区社会动员试点工作方案》，按照“分类推进、立足基层、循序渐进、探索创新”的原则，选择东辛房街道、石门营五区和蓝龙家园社区作为试点单位，重点在引导社会单位和广大群众参与社会建设、探索建立与市场经济相适应的社会动员机制上下功夫。

（宋　瑜）

【做好新建安置小区服务管理工作】　年内，制定了《关于进一步加强新建安置小区服务管理工作实施意见》，明确新建安置小区配套设施、物业管理和社区环境秩序的建设管理要求；建立联席会议制度，协调解决新建安置小区的商业、交通、物业等方面问题40余项。

（付章妍）

【建立准物业管理费用模式】　年内，在无物业的老旧小区，由街道牵头，采取居民自我服务管理、服务外包、聘请专业维修队伍等方式提供准物业管理服务，费用采取“一统三分”模式。“一统”指将居民缴付部分的费用统一标准；“三分”指除居民缴付费用之外所产生的资金缺口，按照5：4：1的比例，分别由政府补贴、街道补贴和社区自筹，并对残疾人、低保户等困难家庭实施费用减免政策。

（刘　迪）

【开展楼门文化创建活动】　年内，通过设立环保、绿色、廉政、文化、教育、养生、服务等主题楼门，动员居民参与社区建设，改善楼门环境面貌。共创建四星级文化楼门307个，五星级文化楼门73个。

（李岳旸）

民主党派与工商联

民盟门头沟区工委

【概况】　民盟门头沟区工委由教育支部、卫生支部、科技支部、综合支部组成，截止到年底共有盟员80人，区政协委员6人。年内，民盟门头沟区工委在中共门头区委和民盟北京市委的领导下，在中共门头沟区委委统战部的帮助指导下，围绕门头沟区区委和区政府中心工作，切实履行参政党职能，加强自身建设，在门头沟区五位一体建设中发挥作用。在思想建设、组织建设、参政议政、社会服务等工作中取得了一定成绩，受到中共门头沟区委和民盟北京市委好评。

单位名称：中国民主同盟北京市门头沟区工作委员会
地　　址：中国共产党北京市门头沟区统一战线工作部
电　　话：69842327
邮　　编：102300

（张金明）

【建言献策】　1月8日至10日，工委6位政协委员参加门头沟区政协九届二次会议，撰写提案，建言献策。在分组讨论中，张焱的“加强政府与市民信息互通平台建设的建议”受到区委领导的高度重视。民盟代表作了题为“旅游地产是门头沟旅游发展的必由之路”的大会发言。就如何充分发挥门头沟区丰富的旅游资源，深度开发旅游配套设施，加快实现门头沟区旅游发展的战略目标，提出建议：加快完善旅游产业规划和相关规划对接，拓展旅游地产的土地供应，创新促进旅游地产发展的政策机制，用心构建旅游地产发展的运作模式，打造特色区域的重点旅游地产项目。8月1日，在区政协召开的重点提案办理协商会上，围绕民盟的提案《关于加快门头沟区旅游地产发展的若干建议》进行专题协商。协商会议上，提案的主笔及联系人政协委员副主委介绍该提案，生成的背景、缘由及目的，并提出建议。区旅游委、国土分局、规划分局、投资促进局等提案承办单位领导参会并交换了意见。

（张金明）

【组织建设】　1月27日，民盟工委组织召开全体盟员大会。回顾总结2012年的工作，同时对2013年的全局工作进行动员与部署。各支部委员集体与大家见面。工委班子成员集体向全体盟员拜年。1月中下旬，区民盟工委所辖四个支部完成换届工作。支部主委做了微调，各支部补充了新支委成员。年内，区民盟队伍稳步发展，有3－5名积极分子在考察中。

（张金明）

【学习交流】　3月30日，民盟

门头沟区工委主委，副主委及委员，到民盟石景山区工委走访学习。双方委员们围绕班子建设、组织建设、各项活动的组织开展进行工作交流。4月22日，在滨河大厦6层党派办公室，民盟工委召开工委全体会议。就组织建设、宣传信息工作、社会公益及社会服务定位对接工作、调研课题进行分配布置。7月中旬，工委部分成员参加区统战部组织的党派成员统战理论学习班进修活动。8月20日至21日，工委副主委等参加民盟北京市委委员会扩大工作会议，学习统战理论、国内国际形势、中共北京市委党代会文件、民盟市委文件。12月中下旬，民盟区工委组织各支部开展学习活动，学习中共十八届三中全会文件，交流学习体会。工委班子成员参加支部活动。

（张金明）

【走访调研】　3月29日，民盟门头沟区工委主委、副主委一行，到区地税局走访调研。这次走访是民盟门头沟区工委成立后首次就党派发展到政府机关专门开展的活动。

（张金明）

【市领导调研】　2013年6月24日，民盟中央副主席、北京市政协副主席、民盟北京市委主委以及民盟市委领导小组到区永定楼、石泉安置房地块、妙峰山陇上工业园区、水峪嘴村、牛角岭关城等地区就生态建设问题进行专题调研。区委、区政府、区政协领导及区民盟工委主委陪同考察调研。

（张金明）

【社会公益活动】　8月23日，联合市委社会服务部、增爱公益基金会和北京雍和宫共同组织北京协和医院等大医院，包括中医、内外科、消化、骨科、皮肤等专科的11名医生，到区鲁家滩村开展主题为“走群众路线 树高尚医风”义诊活动。接待村民300余人，免费发放价值近2万元的各类药品。

（张金明）

【合作共建】　12月10日，民盟门头沟区工委与民盟北京市委社会服务部和东辛房街道办事处，在门头沟区东辛房街道举行“民盟社区服务基地”揭牌仪式。民盟北京市委专职副主委与东辛房街道办事处主任为“民盟社区服务基地”揭牌。中共门头沟区委统战部副部长，门头沟区政协副主席、民盟区工委主委，民盟怀柔支部主委、北京康益德医院院长，民盟市委妇委会主任、北京石油管理干部学院教学一部副主任等以及街道办事处相关领导、社区居民100余人出席揭牌仪式。

（张金明）

民建门头沟直属支部

【概况】　民建门头沟直属支部共有会员103人。市级政协常委1人，市级人大代表1人，区级政协常委5人，区级人大副主任1人，区级政协委员9人。年内，支部履行参政党职能，为门头沟区的发展积极做出贡献。门头沟支部荣获市级先进支部、网站先进集体光荣称号，5名会员荣获市级优秀会员称号。

单位名称：中国民主建国会门头沟直属支部

地　　址：北京市门头沟区滨河大厦632房间

电　　话：69822562－8010

邮　　编：102300

（李　涛）

【参政议政】　1月，民建门头沟直属支部的参政议政提案《关于打造京西佛教圣地，推进潭柘寺更快更好发展的建议》被门头沟区政协评为优秀提案。

（李　涛）

【社会服务】　4月15日，在门头沟京师实验小学召开由会员云涛出资捐助的“大手拉小手，共同向前走”助学活动。25日，在民建办公室进行为雅安地震捐款活动，35400元善款通过思源扶贫基金会汇向雅安。9月26日，在北京市监狱管理局柳林监狱，举行了《传递关爱 共铸文明》主题帮教大会并进行了《光明行大讲堂》开班仪式。为11名社会工作志愿者颁发了证书。连续12年的社会帮教工作，以《铁窗内的光明》为题，刊登在11月8日人民政协报的A3版上。

（李　涛）

【组织建设】　10月9日，民建北京市委京民建发【2013】11号文件批复民建门头沟直属支部成立工委筹备工作组。年内，共发展新会员15名。

（李　涛）

【学习宣传】　年内，为纪念门头沟区成立65周年，携手门头沟区委统战部、门头沟区政协及京西古道文化发展委员会出版了《图说·门城变迁》画册。会内出版了山水谣《理想与信念》特刊。组织会员联合调研5次，两篇稿件在门头沟区信息报刊发。

（李　涛）

民进门头沟区总支部委员会

【概况】 中国民主促进会北京市门头沟区总支部委员会现有会员64人，分设中等职业学校支部、进修学校支部、新桥路中学支部3个支部。其中北京市政协委员1人，区政协主席1人，区人大代表1人，区政协委员7人。在民进市委的领导下，在区委统战部的关怀支持下，坚持围绕区委区政府的中心工作，发挥民主党派的作用，建言献策，服务社会。

单位名称：中国民主促进会北京市门头沟区总支部委员会
地　　址：中国共产党北京市门头沟区统一战线工作部
电　　话：69842327
邮　　编：102300

（郑华军）

【送春联活动】 1月，总支联合区文联、致公党支部到齐家庄村组织送春联活动，受到村民欢迎。

（郑华军）

【与福利院儿童互动】 4月20日，总支部分会员同区29名社会福利院的孩子游览了门城湖，为其讲解并参加了孩子们的才艺展示和评选活动。8月22日，总支组织全体会员和区社会福利院的孩子们到怀柔区进行采摘活动。参加活动的有民进会员45人，福利院老师和孩子12人。

（郑华军）

【心系雅安献爱心笔会】 5月3日，由北京社会主义学院牵头组织民革、民进、致公、师白艺术研究会在北京社会主义学院三楼报告厅举办心系雅安同舟共济奉献爱心笔会。总支会员参加了笔会及绘画作品捐赠仪式，共捐赠3幅作品。

（郑华军）

【开展蜜蜂知识讲座活动】 10月23日，总支部分会员参加了民进市委经济支部、博物馆支部和总支的联合活动，活动中会员参观了蜜蜂博物馆，听取了蜜蜂知识讲座，活动结束后组织攀登百望山的健身活动。

（郑华军）

【“京西文化人”专栏】 年内，由区永定河艺术家协主办，民进门头沟总支等单位协办在《京西时报》副刊开辟“京西文化人”专栏，每期1人，初选门头沟区永定河艺术家协会10人。

（郑华军）

【社区书画艺术培训】 年内，总支与区美术家协会共同组织书画培训进社区活动。会员到向阳社区文化中心进行义务美术培训17次，参加的居民达到700人次。居民学员的200余幅绘画作品在区博物馆进行展出。

（郑华军）

【居家养老调研】 年内，由总支集体撰写的《应对老龄化挑战加强社区居家养老工作的调研报告》，纳入政府绩效考核体系。

（郑华军）

农工党门头沟区工委

【概况】 年内，农工党门头沟区工委在农工市委和区委统战部的领导下，围绕区委、区政府中心工作，组织农工党员参加社会调研、反映社情民意、开展社会服务，切实履行职能，为全区经济社会发展开展工作。在区政协九届二次会议上提交提案9件，《关于以基本公共服务均等化促进我区城乡一体化发展的建议》被评为优秀集体提案。年内发展新党员2名，培养发展对象4名。

单位名称：中国农工民主党北京市门头沟区工作委员会
地　　址：北京市门头沟区新桥大街36号
电　　话：69842327
邮　　编：102300

（刘克杰）

【慰问活动】 1月下旬，农工党门头沟区工委班子成员到离任老主任、生病老党员家中走访慰问，为他们送上新春的祝福。

（刘克杰）

【完成后备干部推荐】 6月3日，按照农工市委推荐后备干部工作要求，通过民主推荐测评，向农工市委推荐了4名后备干部。

（刘克杰）

【参与医疗定点帮扶活动】 6月5日，与农工市委联合中国农村卫生协会支持门头沟山区医疗卫生的捐赠活动。为门头沟斋堂医院捐赠了价值40余万元的11台医疗血液检测设备，提供使用管理追踪服务，并与农工党市委签订支持门头沟区山区医疗卫生事业发展协议书，拟在设备捐赠、人员培训、对口帮扶等方面开展合作。11月13日，配合农工党北京市委会开展第二十五届中国“国际科学与和平周”活动。农工党北京市副主委带领医疗专家组，到斋堂医院为村民义诊服务，并联合延安常泰药业有限责任公司向斋堂医院捐赠了价值2万元的药品。

（刘克杰）

【开展义诊活动】 6月6日，组织医疗专家一行13人到区妙峰山镇卫生院，开展第六届“中国环境与健康宣传周”送医下乡义诊咨询活动，为当地干部群众和驻区部队战士免费检查诊疗服务92人。7月11日，参加区老龄委举办的门头沟区贯彻《老年人权益保护法》暨“送关爱、进社区”为主题的活动，农工党北京市副主委带领医疗专家组，到区城子街道蓝龙社区居委会开展义诊咨询服务。

（刘克杰）

【参加第四届徒步大会】 9月15日，邀请农工党北京市委会、区委统战部机关干部及部分来区参加过义诊活动的医疗专家，与区内30名农工党员共同组成了一个近50人的农工方阵，参加第四届北京国际山地徒步大会10公里徒步活动。

（刘克杰）

【开展特色社会服务】 10月13日，副主委带领门头沟下苇店的皮影展品参加“2013北京旅游商品博览会”，获得“最受欢迎旅游商品奖”。

（刘克杰）

【报送社情民意信息】 11月4日，关注民生，围绕热点难点问题建言献策。向区政协报送题为《生态文明建设应从公厕管理做起》社情民意信息，得到了有关部门的高度重视。

（刘克杰）

【报送农工市委研讨文章】 11月12日，向农工党北京市委上报了《关于加强人民政协民主监督职能建设》的文章，农工党党员代表门头沟区工委参加2012年市政协和市委统战理论研究征文活动，撰写的《浅析民主党派如何更好地在人民政协中发挥作用》的文章，被编入了市政协理论研究文集。

（刘克杰）

【参加书画摄影征集活动】 11月15日，农工党门头沟区工委积极组织党员参加区委统战部开展的“爱我家乡书画摄影比赛征集活动”，提交摄影作品5份。

（刘克杰）

【参与“8＋1”行动活动】 12月16日，配合农工市委启动“8＋1”行动“名医团”项目，邀请了知名医疗专家到区医院实地考察，进行业务交流和工作对接。

（刘克杰）

人民团体

门头沟区总工会

【概况】 年内，全区共有基层组织1119个，涵盖单位1685个，专职工会干部271人，兼职1958人，共计会员50906人。在区委和市总工会的领导下，在区政府和各部门的支持下，全区各级工会坚持以邓小平理论和“三个代表”重要思想为指导，落实科学发展观，贯彻党的十八大、十八届三中全会，中国工会十五大，市总工会十二届六次、七次全会，区委十一届五次、六次全委会，在区委、区政府和市总工会的领导和支持下，全区各级工会组织围绕全区中心工作，主动适应经济发展方式的转变、劳动关系和职工队伍的发展变化，以服务科学发展、服务职工群众为目标，履行工会组织职责，发挥党联系职工群众的桥梁纽带作用，在全区经济和社会建设大局中作出贡献。

单位名称：北京市门头沟区总工会
地　　址：北京市门头沟区新桥大街34号
电　　话：69843871
邮　　编：102300

（祁吉路）

【送温暖工作】 1月6日，召开元旦春节期间送温暖工作动员会。区领导韩子荣等分别带队，到困难职工和劳动模范家中，了解职工生活、劳模工作情况，送去关心和温暖。区总工会筹集150余万元慰问资金，对全区536户困难职工家庭和152名劳模进行慰问；对226名临时因大病、突发事件而家庭困难的职工给1000元至1.5万元不等的帮扶救助，缓解职工家庭困难。9月29日，举办金秋助学帮扶金发放会，年内，全区共救助困难职工子女90名，助学资金19.82万元。

（雷震宇）

【召开工作会】 3月12日，召开八届八次委员（扩大）会议，区委常委、组织部部长出席会议。会议下发《门头沟区总工会关于直属基层工会工作实绩考核办法（试行）》，进一步规范直属基层工会工作考核管理制度。8月15日至16日，召开区工会第九次代表大会。大会总结了过去五年工作，制定以后五年发展规划，并选举区总工会新一届领导班子。区领导韩子荣讲话。

（祁吉路）

【组织招聘会】 3月23日，区2013年春季大型职业招聘会在体育馆举行，市总工会领导副及主办单位的领导出席招聘会开幕式，招聘会共组织90余家招聘单位，提供119个工种的1700余个岗位，参加应聘人员2000余人，现场签订就业意向700余个，其中区企业签订324个意向。举办3场“门头沟困难职工专场招聘会”，送岗位到家门。

（隗合欣）

【组织旅游讲解员大赛】 3月28日，区旅游服务业从业职工导游讲解知识培训班正式启动，区领导出席并做开班动员讲话。旅游服务业从业职工导游知识培训共举办3期，700余人参加培训。12月12日，举办区首届导游讲解员技能大赛，区领导出席总决赛并为获奖讲解员颁奖。

（王　鹏）

【举办“庆五一”慰问演出】 4月28日，举办以“凝聚职工力量，建设美丽家园”为主题的国际劳动节慰问演出活动。区领导韩子荣出席并为获得先进荣誉称号的集体和个人颁发了奖章。

（隗合欣）

【教育培训】 5月9日，举办机关公务人员公务礼仪讲座，特邀请市总工会干部学院讲师崔金琳，就机关干部普遍关心的日常工作涉及到的实际问题，讲解了公务着装礼仪、办公礼仪规范、标准及禁忌注意事项等工作实际，全区各级机关干部共有300余名参加。

（何婧媛）

【厂务公开工作】 5月14日，召开厂务公开民主管理工作会，部署厂务公开民主管理工作。区领导及厂务公开协调小组成员单位领导共28人出席会议。强化和完善职工代表大会制度，保障职工民主权益的落实，全区职代会建制率达到90%以上。

（王　鹏）

【拓展京卡服务项目】 8月8日，区总工会、京煤集团工会职工持京卡·互助服务卡到区医院、京煤总医院免费挂号就医项目启动仪式在区医院举行。市总工会领导及区领导出席。此项目惠及京西地区9万余职工。区总工会共举办20余场举办“京卡·互助服务卡”及“职工互助保障”专题知识讲座，并印制8万份宣传折页，宣传“京卡互助服务卡”和“职工互助保障”项目的有关知识。

（雷震宇）

【举办职工活动】 10月25日，由区总工会、区乒乓球协会联合组织的区第二届“职工杯”乒乓球比赛在体育馆举行。比赛为期2天，共邀请37支代表队、220名运动员参加。举办公务礼仪、女性养生、“首都女职工流动课堂”等6期职工大讲堂活动；联合区硬笔书法家协会举办6期硬笔书法培训班，举办全区职工硬笔书法比赛。

（祁吉路）

【贯彻全国工会十六大精神】 11月7日，向区委常委会汇报了中国工会第十六次全国代表大会精神。14日，召开学习贯彻中国工会十六大精神专题工作会，号召全区工会干部贯彻会议精神。

（祁吉路）

【开展“三号联创”】 11月12日，与中建三局一公司共同在石龙开发区18号公建项目工地启动“三号联创”暨劳动竞赛活动。区领导出席“三号联创”暨劳动竞赛活动启动仪式，向党员先锋号、工人先锋号、青年文明号授牌，向项目管理型青年突击队、科技攻关型突击队和劳务型突击队授旗。

（祁吉路）

【开展“走基层、入企业、送服务”活动】 年内，在加强和完善工会干部联系基层制度的基础上，专门成立了由各部室、相关直属工会干部组成的“走基层工作组”，开展“走基层、入企业、送服务”活动，宣传工会帮扶服务项目、介绍工会各项业务工作职责及流程，了解企业和职工需求，现场解答企业提出的问题。

（任正新）

【女职工工作】 年内，承办首都

女职工流动课堂——“女人如花，智慧呵护“为主题的健康知识讲座；组织区总工会金辉职工艺术团和电影放映队到一线，慰问全区基层女工干部和优秀女职工；开展组织女职工参与职业女性话题座谈会，宣讲工会服务帮扶项目；组织开展女职工免费体检活动；组织女职工参加市总工会职业女性风采展示活动，全区各直属工会，多形式组织女职工学习《女职工劳动保护特别规定》，并结合市总工会百题组织答卷，共收到近50个直属工会上报的所属基层工会答卷8308份。6月26日，召开了区总工会女职工委员会四届七次（扩大）会议，传达市总工会女职工委员会五届七次会议精神。

（何婧媛）

【税务代收工作】 年内，工会经费税务代收工作平稳有序开展，100%完成费源信息核准工作，全年平均申报率为98.6%。

（郭　燕）

【职工互助保障工作】 年内，完善重大疾病、意外伤害、住院医疗、住院津贴、女职工特殊疾病“五位一体”的互助保障机制。职工互助保障计划共计新增会员2086人，投保金额共计179.5万元，赔付274人，赔付金额37.7万元。《在职职工医疗互助保障计划》二次报销，共为7173名职工报销92.7万元。

（雷震宇）

【三级服务体系建设】 年内，对区职工服务（帮扶）中心进行升级改造，加强完善区总工会职工服务中心功能；二是加强对基层工会服务站的规范化建设，5家工会服务站通过达标考核；三是进一步规范专职工会社会工作者管理，制定《门头沟区专职工会社会工作者管理办法》，提高基层工会工作人员队伍工作能力。

（雷震宇）

【参与重点工作】 年内，完成城子、东辛房地块滞留户的房屋腾退任务；完成第四届北京国际山地徒步大会运动员组织、集结、运送工作。

（祁吉路）

【工资集体协商】 年内，工资集体协商工作实现百人以上企业全部建立协商机制的工作目标，870家企业签订集体合同，覆盖职工2.2万人。

（隗合欣）

【职工之家建设】 年内，区总工会为百人以上企业工会统一制作职工之家牌匾，百人以上企业职工之家建设全部达到实体化，同时指导基层工会按照“一室多用”的原则，完善相关工作制度，开展建家活动。

（王　鹏）

【为民服务信息平台建设】 年内，推进61696156为民服务信息平台建设，年内共受理市民求助事项5.1万余件，接单率100%，办结率95%，办结事项的群众满意率保持在95%以上。

（任正新）

【开展“学雷锋”志愿活动】 年内，2013年组织金辉职工艺术团基层慰问演出25场，电影放映队慰问电影20场，同时免费举办各类技能培训班，免费为职工群众提供就业服务、法律咨询服务，使志愿服务常态化。

（何婧媛）

【劳动争议调解】 年内，共接收劳动争议案件45件，调解成功34件，调解成功率达76%，调解金额30余万元，发挥劳动争议调解和法律监督作用，保障职工的合法权益。

（隗合欣）

共青团
门头沟区委员会

【概况】 年内，在区委区政府和团市委的领导下，全区共青团工作坚持以邓小平理论、“三个代表”重要思想、科学发展观为指导，认真落实中央及市区重要会议精神，紧密围绕推动全区经济社会转型发展、创新发展、跨越式发展工作大局，发挥组织青年、引导青年、服务青年和维护青少年合法权益职能，落实《门头沟共青团服务“三个发展”行动计划（2012－2015）》，完成各项工作任务。以学习宣传贯彻党的十八大和团的十七大精神为主题，强化青少年思想引领。加强共青团基层组织建设和青联组织建设，不断夯实共青团工作基础。以落实优化发展环境为导向，切实服务环境；以落实优化空间布局为导向，切实服务发展建设；以落实优化民生品质为导向，切实服务青年群体。

单位名称： 中国共产主义青年团北京市门头沟区委员会
地　　址： 北京市门头沟区新桥大街36号
电　　话： 69842938
邮　　编： 102300

（赵　健　史　岩）

【召开十三届六次全委（扩大）会】 1月31日，召开共青团门头沟区十三届六次全委（扩大）会。大会以观看2012年门头沟共青团工作短片《汇聚青春力量　服务发展大局》的形式，回顾了团区委2012年开展的各项工作，对2013年重点工作进行部署。全区各直属团组织负责人，共青团门头沟区第十三届委员会委员、候补委员等共计60余人参加。

（赵　健　史　岩）

【志愿服务项目】　年内，团区委探索志愿服务长效机制建设，推进志愿服务工作，打造京西志愿服务名片。3月15日，开展“温情暖工地　雷锋在身边”志愿服务活动。30日，联合区红十字会举办2013年第一期骨干志愿者应急救护知识培训班，全区60余名骨干志愿者参加培训。5月30日，组织志愿者队伍参加“让志愿走进生活　健康伴你同行”2013北京志愿者组织乒乓球团体邀请赛门头沟分赛。6月26日，开展“青春映夕阳　七一送温暖”志愿服务活动，为革命老前辈们送去诚挚的祝福与节日的慰问。7月24日，开展“新家义坊——棚改安置新区青年服务项目”集中行动日活动，50余名志愿者开展生态文明、节水护水、应急救援、禁毒防艾等宣传活动，共发放各类宣传材料2000余份。9月14日至15日，组织动员志愿者177名，累计服务3500余小时，完成第四届北京国际山地徒步大会各项志愿服务工作。10月28日，举办志愿者组织“志愿北京”平台使用培训工作会，全区各志愿者组织和青年汇的80余名志愿团队负责人参加培训。

（赵　健　史　岩）

【调研工作】　年内，团中央领导到区内调研共青团工作。3月18日，北京市青少年发展基金会到区内调研希望工程和社区青年汇工作情况。5月24日，团中央书记处书记汪鸿雁带领团中央农村部一行到区内调研基层共青团工作。7月2日，团区委到朝阳区团结湖街道和通州区玉桥街道调研社区文化建设工作，并考察“智慧社区”和“文明示范楼门”建设的情况。

（赵　健　史　岩）

【青年文化项目】　年内，围绕现代化生态新区建设，推进青年文化行动。4月2日，在潭柘寺镇定都峰举行门头沟区第13届“京西植树生态游”启动仪式。5月16日，区共青团界别政协委员开展“政协委员进社区　共建文明新风尚”活动。8月4日，在门城湖公园举行首届北京市民徒步嘉年华门头沟分会场活动，区国资委系统团组织和区义工联、门头沟论坛等社会组织的120余名徒步爱好者参与了活动。11日，区青联秘书处组织80余名社区青年到青联委员所在部队进行参观活动。11月10日，举办“青春同路　缘来是你”单身青年联谊活动。

（赵　健　史　岩）

【“五四”嘉年华活动】　5月4日，举办“魅力京西·青春style”门头沟区2013年“五四”嘉年华活动，过团青风采、青联风致、志愿风尚、户外风潮四个主题，以展板介绍、活动宣传、现场体验、互动参与等方式，立体展示共青团工作和青年风采。黄克瀛、韩子荣、罗斌、张冰等市区领导及区属相关单位的领导出席活动。门头沟区青联委员、团员青年、青年志愿者及区内外青少年户外运动爱好者等青年群体代表共计500余人参加。

（赵　健　史　岩）

【共青团基层组织建设工作】　5月开始，针对中小学生、社区青年、外来务工人员等群体开展安全知识、文艺美术、体育健身、绿色环保等各级活动90场，直接服务青年及群众2000余人次。年内，加强团建工作。加强基层团组织建设。坚持党建带团建，按照党团关系一致原则，成立区国资委团委，理顺7家企业团组织的隶属关系，新建4家直属团支部，2家直属团支部升格为团总支和团委，进一步扩大团组织覆盖层面；推动镇街年轻班子成员兼任团（工）委书记工作，落实镇街共青团经费保障，为直属团（工）委落实科级职数9个；表彰2012年度“达标创优”竞赛活动先进集体和个人172个，在438个共青团员岗中确认共青团员示范岗40个；开展“青年文明号”创建工作，申报市级“青年文明号”9个。加强共青团阵地建设。在棚改安置石门营新区和龙门新区建立4家社区青年汇，以服务“六型”社区建设为目标，按照“依托社区服务青年　凝聚青年服务社会”的工作理念，打造公益、环保、健康、学习、活力、平安“六型”青年汇；落实市、区、街道三级保障，利用市级资源、重点谋划区级活动、统筹调动社区力量，依托社区、公园等活动场所，做到“月月有计划，周周有活动”。

（赵　健　史　岩）

【青少年思想政治建设工作】　年内，开展“我的梦·中国梦”青少年主题教育实践活动，成立大学生村官宣讲团，举办宣讲活动7场，覆盖青年600余人。举办“中国梦·青春路”青年演讲比赛。组织团干部赴井冈山开展“增强党性锻炼　坚定理想信念”专题培训活动，用“井冈山精神”传承“中国梦”。迎接团中央赴门头沟学习宣传习总书记“五四”讲话精神座谈交流及实地考察活动，落实团中央提出的各项工作任务。开展“感悟十八大　青春正能量”微博知识竞赛，运用新媒体引导青年，营造向上的网络舆论氛围。

（赵　健　史　岩）

【召开十三届七次全委（扩大）会】　7月18日，召开共青团门头沟区十三届七次全委（扩大）会议，会议介绍了团十七大大会概况、传达党中央领导祝词和团十七大报告的主要精神以及习近平总书记和李源潮同志的重要讲话精神，全区各直属团组织负责人60余人参加。

（赵　健　史　岩）

【权益维护项目】　年内，发挥区未保委办公室和区预青组办公室职能，开展青少年权益工作。9月6日，在区委政法委的牵头下，团区委及区公安分局、法院等相关单位召开门头沟区2013年合适成年人暨未成年人犯罪记录封存工作推进会。10月23日，召集区预青组、区未保委有关成员单位召开青少年权益工作例会，探讨权益工作下一阶段发展方向及团中央权益工作试点相关问题。是日，团区委开展“共青团与人大代表、政协委员面对面”活动。11月5日，召开2013年度预防青少年违法犯罪暨未成年人保护工作会，市区相关领导出席活动。12日，门头沟区获批共青团中央“青少年权益工作创新”试点城市。

（赵　健　史　岩）

【捐资助学】　年内，希望工程门头沟工作站，推进各项捐资助学工作，加强并完善贫困学生数据库的管理及更新，落实“希望之星（1+1）奖学金”、“学子阳光”等各类资助项目，全年为289名贫困学生发放各类奖助学金292220元。开展“两节送温暖”活动，争取社会资源，为困难家庭学生、农民工子女、低保重残青少年、涉案青少年及青少年帮矫对象等特殊青少年群体送去温暖和祝福，累计慰问240余人次，发放冬衣110件，发放钱款、学习用品和其他物资价值3万余元。

（赵　健　史　岩）

【区青联工作】　年内，发挥界别组活动机制和青联委员主体作用，根据界别组自身特色和资源优势，分别组织参观社区卫生服务站、海军大院，参与戒台寺新年撞钟祈福法会、国际山地徒步大会，举办羽毛球挑战赛等特色活动，打造平等、诚信、团结、发展的青联组织文化。结合首都国际高端山地旅游文化度假区建设，由2名青联委员共同发起，在潭柘寺打造全国第一所户外运动教育学校——北京潭柘户外运动旅游学院，并被选定为北京青少年户外运动联盟活动基地。坚持“内引外联”的工作思路，各界委员发挥作用，围绕新农村建设、旅游文化休闲产业塑造等主题，到门头沟茶文化产业基地、海淀中间文化创意产业园、北京电信博物馆、北京龙徽葡萄酒博物馆等，开展参观考察和座谈交流活动，为区域经济社会发展建言献策。

（赵　健　史　岩）

【宣传工作】　年内，加强与《北京青年报》、《京西时报》以及区电视台等新闻媒体的联系与合作，加强对全区共青团工作宣传报道。推进宣传阵地建设，继续完善门头沟区志愿者协会网站、门头沟共青团网站。全年向团市委上报信息900余条，位居青农系统首位。

（赵　健　史　岩）

【创业就业项目】　年内，团区委服务青年创业实践。开展“两培训一实习”青年创业就业培训工作，为农村青年提供劳动技能培训、种养实用技术培训、农民自主创业培训等培训课程，全年共举办各类培训班22期，培训青年1632人次。持续推进“贷动青春”青年创业小额贷款工作，全年向13名创业青年发放小额贷款253万元。选拔“蝴蝶画扩建提升项目”和“满族手工艺玲珑枕项目”两个优秀创业项目参加北京市“美丽乡村　创富青春”农村青年创业创富大赛，分别荣获“优胜奖”和“创业奖”。推荐4名优秀创业青年参评“北京市郊区青年致富带头人”，选树青年创业致富先进典型。

（赵　健　史　岩）

门头沟区妇女联合会

【概况】　年内，在区委、区政府的领导下，在市妇联的指导下，紧密结合全区发展新形势，切实发挥“枢纽型”组织作用，突出妇女“发展”与“维权”两条主线，按照“党政所急，妇女所需，妇联所能”的工作定位，坚持服务大局、服务妇女的宗旨，全面开展文化建设发展工程、社会建设助推工程、女性创业带动工程、妇女儿童维权工程、和谐家庭创建工程和自身建设素质工程“六大工程”，推进全区妇女儿童事业的健康发展。

单位名称：北京市门头沟区妇女联合会
地　　址：北京市门头沟区新桥大街36号
电　　话：69842568
邮　　编：102300

（陈　琼　张欣宇）

【绩效考核】　1月10日，区绩效考核组到妇联考核2012年度妇联工作，区妇联主席从抓活动、抓维权、抓发展、抓实事、抓建设五方面对妇联工作开展情况作了汇报。

（陈　琼　张欣宇）

【慰问活动】　1月9日至30日，以“营造温暖之家　共享美好生活”为主题，到各镇街对老妇救会主任、单亲特困女性、贫困“三八”红旗奖章获得者、纯老年人、边缘贫困特因女性及“两癌”贫困妇女家庭共计412人进行慰问，发放各级慰问金和慰问品折合人民币52万元。

（陈　琼　张欣宇）

【召开巧娘产品对接会】　1月30日，联合龙泉宾馆召开巧娘产品对接会，区11家巧娘工作室代表参加会议。

（陈　琼　张欣宇）

【召开九届五次执委会议】　1月31日，区妇联召开九届五次执委会暨妇女儿童工作会。区领导及区妇联执委、妇女儿童工作委员会成员单位主管领导、镇街妇联主席、委办局妇委会主任及妇联机关干部90余人参加会议。会上，区妇联主席作了题为《凝聚力量　展示作为　在现代化生态新区建设中再立新功》的工作报告，传达了全国妇联十届五次执委会、北京市妇联十二届六次执委会和北京市妇女儿童工作会议精神，替补了区妇联九届执委、常委。

（陈　琼　张欣宇）

【举办“三八”节活动】　3月1日，在大峪街道向阳东里社区举办“学习贯彻十八大，服务妇儿办实事，共建美丽门头沟”为主题的送法律进社区活动，百余人参加。3日，联合区公益性社会组织义工联组织巾帼志愿者在龙泉镇水闸西路社区开展庆“三八”——温暖四季巾帼志愿者在行动活动。活动主要内容为“送项目进家庭”。

（陈　琼　张欣宇）

【启动“五进十送”系列活动】

3月4日，举办“学习贯彻十八大　服务妇儿办实事　共建美丽门头沟”为主题的送温暖进家庭活动，全面启动“三八”国际妇女服务节服务月——“五进十送”系列活动。市妇联党组书记、主席赵津芳，区委书记韩子荣等相关领导到“两癌”贫困妇女宋秀云家慰问，并送去慰问金。随后来到永定楼广场观看了巾帼健身操队、腰鼓队和中华戏曲健身操队的巾帼风采展示活动。

（陈　琼　张欣宇）

【启动“雷锋就在身边”主题活动】　3月4日，区委宣传部、总工会、团区委、妇联等单位在永定河文化广场举办了“雷锋就在身边”主题实践活动启动仪式。启动仪式上，区妇联授予区法院未成年人案件审判庭等10个单位（岗组）门头沟区“巾帼文明示范岗”称号。

（陈　琼　张欣宇）

【举办“五进十送”系列活动】

3月5日，与九三学社妇委会在蓝龙社区联合开展庆祝“三八”国际妇女节“五进十送”系列活动之四——送健康进社区活动。在九三学社妇委会的支持和协调下，大医院的专家大夫共10人，现场为社区居民开展健康指导、义诊咨询等服务，并免费为200余名社区居民开展测血糖、量血压等检查。

（陈　琼　张欣宇）

【举办送种苗进基地活动】　3月6日，举办“关注妇女民生　助力妇女发展”——送种苗进基地活动。清水镇、斋堂镇、雁翅镇的中草药种植专业合作社的妇女代表40余人参加活动。区妇联、区科委与北京市科委农村发展中心、市妇联发展部等领导座谈门头沟区从传统农业向现代农业转变的历史及黄芩、金银花等中草药种植产业链发展前景。

（陈　琼　张欣宇）

【举办送技术进农村、家庭活动】

3月6日，在潭柘寺镇举办送技术进农村、进家庭活动，潭柘寺镇各村的妇代会主任和赵家台村的民俗旅游户共80余人参加活动。活动特邀了北京绿山谷芽菜有限公司董事长、北京市农业局12316的专家授课。

（陈　琼　张欣宇）

【举办知识讲座】　3月13日，依托“女性知识大讲堂”，与区人口计生委联合举办了女领导干部健康知识及“阳台菜园”种植知识讲座，全区副处级女领导干部及镇街妇联主席近百人参加讲座。3月16日，区妇联举办“父母的期待像首歌——门头沟区早期科学育儿专题知识讲座”，大峪办妇联、城子办妇联、龙泉镇妇联、区妇幼保健院的 0－3 岁幼儿家长近 150 名参加了讲座。3 月 20 日，在妇女儿童活动中心举办送技能进“妇女之家”即布贴画培训班，区内各个“妇女之家”的 20 余名巧娘们参加了培训。4 月 12 日，区妇儿工委召开“十二五”妇女儿童发展规划中期监测评估部署暨培训会。区妇儿工委办公室主任、区统计局领导、“十二五”中期评估专家指导组专家及各成员单位成员联络员 50 余人参加会议。北京市妇儿工委办公室副主任到会，并针对中期评估工作对区妇儿工委成员单位联络员进行培训。4 月 17 日，举办紫石砚雕刻培训班，北京潭柘紫石砚有限公司副经理出席活动，龙泉镇 20 名雕刻爱好者及相关领导参加培训。4 月 22 日，聘请区文化馆的专业舞蹈老师为大峪街道、城子街道、东辛房街道、龙泉镇、永定镇、军庄镇、门头沟巾帼健身团队的 24 名小教员进行踢踏舞培训。4 月 22 日和 24 日下午，举办家庭种植芽菜（蔬菜）技术培训班，各镇、街道妇联主席、示范“妇女之家”负责人、“妇”字号基地负责人等百余人参加培训。4 月 28 日，举办“珍爱生活　远离邪教”知识讲座，全区各镇、街道和委办局妇联干部及社区居民 200 余人参加培训。5 月 31 日，举办了“庆‘六一’——青少年健康成长公益讲座”，近 200 名 3－15 岁儿童家长参加了讲座。讲座邀请市知名家庭教育专家金子谦老师主讲。6 月 8 日，联合区水务局、区红十字会举办防汛知识讲座，邀请北京市红十字讲师主讲，区 4 个街镇的百余名妇女群众参加培训。6 月 14 日，联合区红十字会举办应急知识讲座，邀请北京市红十字讲师主讲，区百余名妇女群众参加培训。6 月 20 日，举办女性职场礼仪知识讲座，区街道、社区居委和女企业家近 130 位女性参加讲座。邀请北京农业职业学院国际教育学院老师授课。6 月 21 日，联合区教委在开展百场家庭教育系列培训，举办了“家庭教育公益大讲堂”。邀请北京市知名家庭教育专家为全区 600 余名小学家长作“关系就是教育”讲座。7 月 15 日至 16 日，举办的第一期巾帼志愿者骨干培训班开班。96 名巾帼志愿者骨干参加。8 月 21 日－23 日，举办第二期巾帼志愿者骨干培训班，200 余名村、居的巾帼志愿者参加。28 日－30 日，举办第三期巾帼志愿者骨干培训班 200 余区内巾帼志愿者参加。7 月 15 日，举办“女性·家庭·社会大讲堂”——“美”得健康与饮食营养女性健康知识讲座，邀请北京五洲女子医院供给营养讲师徐澄清主讲，全区 100 余名妇女参加讲座。8 月 7 日，区妇联举办农村新任妇联干部培训班，近 300 名村、居妇女干部参加了为期 3 天的培训，其中包括换届选举产生的妇联干部 212 人。8 月 28 日，举办为期 3 天的巾帼志愿者骨干培训班上举办毒品预防知识讲座。29 日，举办了“关爱妇女、远离邪教、幸福生活”为主题的知识讲座，近 200 名来自全区的妇女姐妹参加了培训。近 200 余名村、居的巾帼志愿者参加讲座。区妇联已将禁毒宣传讲座作为区妇联培训的固定内容。30 日，举办了“女性·家庭·社会大讲堂”——“关注女性心理健康　幸福家庭生活”知识讲座，邀请中国心理卫生协会会员、原首都医科大学附属北京安贞医院精神科医生、北京五洲女子医院健康管理中心专家，心理咨询师主讲，全区 80 余名妇女参加。9 月 11 日，举办为期 2 天的低收入村妇联干部培训班，各镇、街近百名低收入妇女参加。9 月 12 日至 13 日，举办为期 2 天的社区妇联干部培训班，全区各镇、街道及社区妇联干部 80 余人参加了培训。9 月 20 日，联合北京合正共赢投资有限公司（全国妇联女性企业助推项目合作单位）举办门头沟区女性企业经营诊断专场讲座，各镇、街“妇”字号基地负责人和女性企业家代表 40 余人参加。

（陈　琼　张欣宇）

【网上妇女之家开通】　3 月 13 日，在区为民信息平台网站首页，区“网上妇女之家”正式开通。

（陈　琼　张欣宇）

【组织巧娘参观活动】　3 月 15 日，组织全区 50 余名巧娘参观市妇联的巧娘展。

（陈　琼　张欣宇）

【组织招聘活动】　3 月 23 日，举办“春风行动”送岗位进家庭活动。区人保局、总工会、妇联区新桥路中学体育馆联合开展“春风行动”送岗位进家庭活动。招聘会共组织 90 余家招聘单位，提供 119 个工种的 1700 余个岗位，参加应聘人员 2000 余人，现场签订就业意向 700 余个，其中门头沟区企业共签订 324 个意向。

（陈　琼　张欣宇）

【举办巧娘特色产品展示推介会】　3 月 24 日，举办的“北京——门头沟巧娘特色产品展示”推介会在朝阳区秀水街举行。区十五家“妇”字号基地的负责人及其工作人员 50 多人参加了活动。

（陈　琼　张欣宇）

【开通“巾帼维权”热线】 3月27日，区“巾帼维权”热线在区为民信息平台正式开通。

（陈 琼 张欣宇）

【召开灵巧手工艺发展促进会】 3月27日，区妇联灵巧手工艺协会在妇女儿童活动中心召开暨2013年灵巧手工艺发展促进会。区巧娘工作室负责人、部分巧娘和“妇”字号基地负责人、特色工艺传承人等协会会员20余人参加会议。

（陈 琼 张欣宇）

【走访慰问两癌患者】 4月6日，区妇联陆续走访慰问两癌贫困母亲，为6名患有乳腺癌、宫颈癌的贫困家庭发放了全国妇联、中国妇女发展基金会“贫困母亲两癌救助”中央专项彩票公益金共计6万元。

（陈 琼 张欣宇）

【联合举办垃圾减分活动】 4月11日，区妇联和区委宣传部、区文明办和市政市容委联合举办“推进生态文明、多彩变废炫宝创意作品暨垃圾减分”主题活动，区领导以及各镇街主管领导和区文明引导员、社区居民、妇女代表近400人参加活动。

（陈 琼 张欣宇）

【市女干部培训班教学考察】 4月11日，市妇联主席和北京市妇女干部培训班成员一行70余人到区实地考察“一湖十园、五水联动”景观体系建设、旅游文化休闲产业培育等情况，区委书记韩子荣、政协主席张冰等领导参加活动。

（陈 琼 张欣宇）

【组织参观】 4月22日，组织示范妇女之家的40余名妇联干部，参观首届北京农业嘉年华。

（陈 琼 张欣宇）

【开展公益行活动】 5月6日，组织20余个家庭到区清水镇和斋堂镇，开展“家庭亲子生态体验公益行”活动。

（陈 琼 张欣宇）

【成立宣讲团】 5月23日，区妇联成立了“我的梦·中国梦”家庭宣讲团。

（陈 琼 张欣宇）

【联合举办中外家庭健走活动】 5月25日，由北京市妇联、北京市徒步运动协会和区政府共同举办的“建和谐家庭，圆美丽梦想”——首都家庭文化艺术节开幕式暨中外家庭健步走活动在区门城湖公园举行。全国妇联宣传部部长王卫国，北京市徒步运动协会会长史绍洁，北京市妇联党组书记、主席赵津芳，门头沟区委副书记、区长等领导和外国使馆嘉宾代表出席活动。来自驻华使馆的外交官及家属41人、在京外国专家及家属38人、以及在京留学生等20余个国家的110多名国际友人和来自北京市各区县的家庭400余人参加活动。

（陈 琼 张欣宇）

【举办非凡宝宝风采展示活动】 5月26日，与区妇幼保健院在区儿童早期综合发展服务中心联合举办了“庆‘六一’秀幸福——第五届非凡宝宝风采展示”活动。区妇联主席、区妇幼保健院院长参加活动。全区近百个家庭参加。

（陈 琼 张欣宇）

【“生态门头沟巾帼率先行”活动】 5月31日，“生态门头沟巾帼率先行”系列活动推进推广工作在龙泉镇水闸西路社区开展。妇联、龙泉镇妇联领导以及社区干部和妇女近200人参加活动。

（陈 琼 张欣宇）

【举办“好家长”经验交流会】 5月31日，举办“好家长”经验交流会，区妇联、教委相关领导出席。会上，宣读了表彰决定，并为区获得北京市“好家长”称号的35名家长颁发了荣誉证书和光荣册。

（陈 琼 张欣宇）

【“十二五”规划评估督导】 6月14日，区“十二五”妇女儿童规划中期评估专家指导组完成对区卫生局、人保局、教委等部分妇儿工委成员单位的“十二五”妇女儿童规划中期评估督导工作。截止2012年底，门头沟区“十二五”妇女儿童规划重点监测的49项可量化指标的达标率为82%，其中40项达标，7项未达标，2项无法取得数据。

（陈 琼 张欣宇）

【和谐家庭评选】 6月26日，在首都和谐家庭创建活动协调小组组织开展的第九届首都和谐家庭评选活动中，永定镇董淑香家庭被评为第九届首都和谐家庭标兵荣誉称号，大峪街道赵文香等9户家庭被评为第九届首都和谐家庭荣誉称号。

（陈 琼 张欣宇）

【党日活动】 7月1日，区妇联党支部以“唱红歌 明党史 做新时代优秀共产党人”为主题开展党日活动，组织机关全体党员干部到斋堂镇黄岭西村观看红色主题文化情景演出，接受革命传统和爱国主义教育。

（陈　琼　张欣宇）

【全国妇联调研】　7月3日，全国人大常委会副委员长、全国妇联主席沈跃跃，全国妇联副主席、书记处书记陈秀榕、全国妇联办公厅副主任刘亚玫一行到区调研基层妇女工作。北京市副书记吕锡文，市人大常委会副主任柳纪纲，市委副秘书长王翔，市妇联党组书记、主席赵津芳，市妇联党组副书记、副主席陈玲，门头沟区委书记韩子荣等陪同调研。

（陈　琼　张欣宇）

【举行军民联欢活动】　7月24日，由门头沟区妇联、区武装部、双拥办、少年宫联合举办的军民联欢活动在61416部队举行。

（陈　琼　张欣宇）

【环保创意作品展】　7月28日，区妇联、东城区妇联在区妇女儿童活动中心联合举办了“遇见材料·变废炫宝”环保创意作品展。有200余人参观，区各级妇联积极组织收集社会单位、社会组织及家庭报送的作品100余件，吸纳东城区妇联32件作品。

（陈　琼　张欣宇）

【庆“八一”慰问演出】　7月30日，组织巾帼志愿者到光荣院，举行庆“八一”慰问演出，为革命老军人和军烈属们送去妇联组织的关爱和温暖。

（陈　琼　张欣宇）

【家庭亲子绿色生态体验活动】　8月20日，组织20余个家庭到灵之秀农业园，开展了“家庭亲子绿色生态体验活动”。也是区妇联开展的暑期家庭道德实践系列活动之一。

（陈　琼　张欣宇）

【召开评估督导协调、汇报会】　9月4日，召开妇儿工委成员单位协调筹备会议。区领导及妇联相关领导参加，区妇儿工委30余家成员单位主管领导参加会议。副区长就此次评估督导工作提出具体要求。10日，召开“十二五”时期妇女儿童发展规划中期评估督导工作汇报会。市妇女儿童工作委员会办公室常务副主任、市“十二五”妇女儿童规划中期评估督导组组长，门头沟区副区长、区妇儿工委常务副主任出席会议。区妇儿工委35个成员单位的主管领导参加了会议。副区长就门头沟区“十二五”时期妇女儿童发展规划中期实施情况作了题为《实施妇女儿童发展规划　促进妇女儿童事业健康发展》的工作汇报。代表督导组对门头沟区规划贯彻落实情况给予肯定，对区政府及各成员单位的工作表示感谢。

（陈　琼　张欣宇）

【参加全国妇女代表大会】　10月28日至31日，区妇联主席参加中国妇女第十一次全国妇女代表大会。

（陈　琼　张欣宇）

【区政协妇联界别组委员走访】　10月29日，区政协妇联界别组委员到清水镇走访“双学双比”示范基地领头人。

（陈　琼　张欣宇）

【获“圆梦”行动之星称号】　11月1日，由北京市妇联举办的“我与中国梦”首都家庭文化艺术节闭幕式暨巾帼志愿服务“圆梦”行动之星命名活动中，门头沟区身边好人杨兴淑等10个巾帼志愿者和团队获得首都巾帼志愿服务“圆梦”行动之星称号。

（陈　琼　张欣宇）

【组织帮扶村干部参观学习】　11月6日，组织妙峰山镇大沟村部分干部群众，到北京绿山谷芽苗菜种植基地和益农缘生态养殖专业合作社参观学习，并给大沟村赠送了五箱芽菜种子。

（陈　琼　张欣宇）

【常委会工作汇报】　11月7日，区召开常委会听取妇联专题汇报，传达了中国妇女第十一次全国代表大会精神，汇报了门头沟区第十次妇女代表大会筹备工作有关事宜和区妇联2013年工作情况。

（陈　琼　张欣宇）

【建立妇女维权工作机制】　11月8日，与区法院联合制定了《关于建立门头沟区妇女维权工作机制的意见》并以各镇街妇联组织、区妇女儿童活动中心建立的“妇女维权合议庭”、“妇女维权诉调对接联系点”、“妇女维权巡回审判点”为载体开展法制共建。

（陈　琼　张欣宇）

【召开“反邪知识”进家庭部署会】　11月22日，区妇联联合区委610办公室召开“反邪知识”宣传进家庭工作部署会，各镇街610办领导和妇联主席参加会议。

（陈　琼　张欣宇）

【“12.4”全国法制宣传日活动】　12月5日，参与了以“做讲法制守秩序的好市民　共筑伟大中国梦”为主题，以宣传男女平等基本国策为主线的全区“12.4”全国法制宣传日活动，悬挂《积极维护妇女儿童合法权益》横幅，并发放《婚姻法》、《妇女权益保障法》、《反对邪教，守护家园》

等宣传品1000份。

（陈　琼　张欣宇）

【召开区第十次妇女代表大会】 12月25日、26日，区第十次妇女代表大会召开。北京市妇联党组书记、主席赵津芳，区委书记韩子荣等市、区领导出席会议，并发表讲话。区妇联主席代表门头沟区妇联第九届执行委员会向大会作了《共筑中国梦想　同普巾帼华章　团结带领全区妇女为加快建设现代化生态新区而努力奋斗》的工作报告。

（陈　琼　张欣宇）

门头沟区科学技术协会

【概况】 年内，区科协在区委、区政府的领导下，在市科协的业务指导下，以科学发展观和“十八大精神”为指导，以实施《北京市全民科学素质行动计划刚要》为核心，结合区“十二五”规划，以普及科学知识为切入点，按照年初制订的工作计划，地完成了各项工作任务。在全区开展种植、养殖、农产品加工、科技参观等各类农业科技需求14项，内容涉及杏树、樱桃、葡萄、李子、蜜蜂等多个品种，范围涉及7个镇14个村，开展种养殖培训共14次，培训农户300余人，赠送科普资料100余份。申报9个优秀科普社区、1个经济适用房社区、1个优秀基层科普场馆、1个户外科普园、5名优秀科普宣传员。科技周期间，组织科普品牌活动共计120项，其中区级重点科普活动23项，基层活动97项；在“第十五届”科普之夏活动中，组织讲座类、展览类、参观类、宣传类等科普品牌活动共计71项，其中区级重点科普活动9项，基层单位活动62项，发放宣传材料1.5万份，制作展出科普展板50余块。编纂《京西科普》刊物6期，全区内部发行3000册，编制发放《科普快讯》24期144条。

单位名称：北京市门头沟区科学技术协会

地　　址：北京市门头沟区新桥大街40号

电　　话：69843535

邮　　编：102300

（李兆琳）

【召开科普工作会】 1月，召开科普工作会。履行科普职能，发挥示范作用。

（李兆琳）

【科技活动进校园】 1月，区科技馆联合首都师范大学科技教育中心到北京实验二小永定分校，组织开展科技馆活动。活动邀请首都师范大学科技教育中心教授讲解气火箭制作及发射。

（李兆琳）

【绩效考核工作】 1月，召开2012年科普工作总结2013年工作思路大会，并进行绩效考核工作。并提出新要求。

（李兆琳）

【组队参加北京青少年机器人竞赛】 2月，组织区代表队共10人参加由北京市科学技术协会和通州区政府联合主办的第13届未来伙伴北京青少年机器人竞赛，区内共7名选手获得二等奖。

（吕志军）

【召开科协系统工作会】 3月6日，召开科协系统工作会，总结了科协上一年工作，部署2013年各项工作任务，同时表彰了“社区科普益民计划”、“科普惠农兴村计划”和信息工作先进集体和个人。各基层学协会、镇街科协负责人和获奖单位及个人共计60人参加会议。

（魏元霞）

【召开科普宣传工作会】 3月，区召开科普宣传工作总结动员会，与会人员就如何增加宣传平台，拓宽宣传渠道，扩大宣传覆盖面以及加强同区外科普教育基地的信息沟通与交流，实现资源共享等方面进行了研讨。

（李兆琳）

【获得“北京市科普基地新周期命名”】 4月，经申报、评审、公示等复核程序，区科技馆通过复核，再次成为北京市科委和北京市科协共同命名的北京市科普基地，命名周期为2013年至2015年。

（李兆琳）

【“科技周”活动】 5月18日至24日，以“携手建设创新型国家”为主题的第十九届“北京科技周”活动开幕。通过举办科技周开幕式、参观北京科技周主会场、参观花卉大观园、举办科普报告会“五进”活动、参观科普示范基地、举办慰问科技科普工作者电影专场等系列活动。科技周期间，共组织讲座类、展览类、参观类、宣传类等科普品牌活动共计120项，其中区级重点科普活动23项，基层单位活动97项。

（魏元霞）

【调研指导工作】 5月，区挂职领导、区长助理、内蒙古呼伦贝尔市副市长，内蒙古巴音诺尔市林河区副区长到区调研指导工作。实地考察了科普设施建设和运行状况。

（李兆琳）

【科幻画优秀作品创作展】 5月，北京科技周期间，举办了主题为“节约能源资源、保护生态环境”的科学幻想画优秀作品创作展。

（李兆琳）

【培训活动】 7月16日；在斋堂镇马栏村联合举办了“2013年北京市信息科普进农村暨门头沟区提高全民信息能力培训活动”。特邀请市旅游委、总参61所教授分别主讲“利用信息技术促进旅游发展”和“中老年人常见病的防治”知识讲座，活动现场，市科协信息中心向村民代表赠送了《掌上快乐生活》信息科普图书600册，环保手袋300个，摆放科普展板20块，受益群众达200余人。17日，对从各镇、街选拔的参加“北京市百万家庭数字生活技能大赛”家庭赛的7支家庭队的20名选手进行数字技能培训。区经信委的老师运用多媒体演示文稿讲解了智慧北京、三网融合、数字机顶盒、智能家居、移动数字等数字科普知识。家庭队选手还进行了家庭才艺展示。年内，召开了科普工作培训会，各镇街科协负责人共计20余人参加会议。会上，交流了社区科普工作的经验和做法，部署了下一阶段的社区科普工作，下发了市科协编制图书《社区科普工作120问》。

（魏元霞）

【科普夏令营】 7月，主题为“情系园博，美丽家园”的区科技馆科普夏令营在园博园开营。区科技馆美术班和科技班的50多名师生参加了科普夏令营活动。

（李兆琳）

【“科普之夏”活动】 7月至9月，以“保护生态环境，建设美丽北京”为主题，围绕“十二五”全民科学素质建设目标，动员社会力量参与，组织开展贴近公众、贴近民生、贴近实际的“第十五届”科普之夏活动。

（魏元霞）

【市科协领导检查工作】 8月30日，市科协领导带领检查组，到区内检查指导“社区科普益民、科普惠农兴村”两项计划的实施情况。检查组采用听取汇报、检查奖补资金的使用情况和实地考察的方式进行检查验收。在听取关于开展科普惠农兴村计划、科普益民计划实施情况的汇报后，市检查组检查了奖补对象购置的科普设施及发票单据以及奖补资金使用成效材料，并实地到妙峰山玫瑰科普示范基地和王平镇西苑优秀科普社区进行检查。通过检查，对区两项计划的实施情况给予肯定。

（魏元霞）

【科普展览】 8月，举办“防灾减灾　安全你我”主题科普展览在馆序厅展出。并将展览内容制作成《防灾减灾安全你我》指导手册，免费向市民发放。

（李兆琳）

【全国科普日活动】 9月14日，作为区全国科普日活动高潮日，组织所属学协会及驻区部队工作人员60余人在新桥大街开展主题宣传服务活动。区计划生育协会、区水利学会等10余家学协会，开展宣传、义诊和咨询活动。共发放各类宣传资料20余种8500余份，印有“全国科普日”标识环保袋200个，展出防灾减灾宣传展板30余块，参与群众2000余人。组织所属学（协）会、镇街科协开展“2013年门头沟区科技人员永定河文化广场健康大道竞走赛”。20支代表队的60名科技人员参加了活动。

（魏元霞）

【特教活动室】 9月，在区特殊教育学校的科技教育活动室建成并开放。

（李兆琳）

【实施科普惠农兴村计划】 年内，门头沟区获得北京市科普惠农计划先进集体3个、先进个人2个。包括2个农村专业技术协会、1个农村科普示范基地、1个农村科普致富带头人、1个专业技术指导员。

（吕志军）

【开展科技套餐配送工程】 年内，结合科普之春工作，到7个镇12个村开展种养殖培训12次、共培训农户300余人，赠送科普资料100份。

（吕志军）

【加强科普画廊建设】 年内，加强科普画廊建设。35座画廊展出“展望生态未来，解读生态文明”、“我爱我家，室内环境污染物”、“画说饮食的误区和禁忌”等共计4期内容，每个季度统一更换展板一次，共计制作展板1400块，受益农民近万人。

（吕志军）

【组织举办青少年科技创新大赛】 年内，区内共有16所学校参加了第33届北京青少年科技创新大赛门头沟区预赛，近3000名学生参加科学论文、发明创造、科学幻想绘画、科技实践活动等多项活动。市区两级比赛中，共有113名同学及50名教师获奖，其中包括获市级一等奖5项、二等奖9项、三等奖28项，1名教师获北京市优秀科技教师。

（吕志军）

【举办“学生科技节”活动】 年内，区教委、科协、科委、体育局联合举区第31届“学生科技节”。科技节以“科技为梦想启航”为主题，期间，区科协、区教委等单位组织开展了科技专家进校园科普报告会等系列青少年科普活动和社会实践。

（吕志军）

【举办科普报告会】 年内，与区教委联合举办“大手拉小手——科学家进校园”科普报告会活动，“北京老科学技术工作者总会”的5位科普专家，分别为区中小学作科普报告。

（吕志军）

【组织北京科普漫画创意大赛】 年内，由市科协主办的“2013年第七届北京科普动漫创意大赛”在区中小学中开展。区中小学以“绿色环保与生态文明”为主题，大峪一小、大峪二小、大峪中学、大峪中学分校等11所中小学的青少年参加创作，共上交作品千余幅。

（吕志军）

【开展科普报告“五进”活动】 年内，以“第十届北京百万家庭数字生活技能大赛”和“第十五届北京科普之夏”为契机，科协在全区范围内，开展以进社区、进学校、进场馆、进农村、进军营为主题的系列科普活动。

（魏　元）

【实施社区科普益民计划】 年内，开展了“社区科普益民计划”优秀集体、优秀个人推荐申报工作。共申报9个优秀科普社区、1个经济适用房社区、1个优秀基层科普场馆、1个户外科普园、5名优秀科普宣传员。经过北京市专家组评审，区内荣获北京市优秀科普社区6个、经济适用房社区1个、优秀基层科普场馆1个、户外科普园1个、优秀科普宣传员4名。

（魏元霞）

【争创全国科普示范社区】 年内，按照中国科协、财政部《关于组织实施2013年基层科普行动计划的通知》的要求，区科协组织开展全国科普示范社区争创工作。从全区21个北京市优秀科普社区中评选出了大峪街道滨河西区和大峪街道德露苑两个社区作为推荐对象，组织参加全国专家答辩评审会，最终，大峪街道滨河西区社区被评为2013年全国科普示范社区，并获得20万元的奖补资金。

（魏元霞）

【“数字生活技能大赛”活动】 年内，区有关部门在全区各部委办局、街道、镇、企事业单位及学校等开展第十届百万家庭数字生活技能大赛活动。一是召开区“2013百万家庭数字生活技能大赛”动员会；二是组织全区5248名公众参与网上知识答题，获市第八名；三是以“我眼中的北京城”为主题，开展数码摄影征集和评比活动，共征集摄影811幅，评出一二三等奖及优秀奖。四是组织开展家庭选拔赛，并选出1支优秀家庭代表队参加第十届北京百万家庭数字生活技能大赛决赛，获优秀奖。五是组织开展活动海报进社区、大赛微博宣传活动、提高全民信息能力培训活动、北京百万家庭数字生活技能大赛“十佳数字生活魅力社区”评选活动等。此项活动全区获市科协优秀组织工作一等奖，新桥西区社区、滨河西区社区、市场街社区获得市百万家庭数字生活技能大赛魅力社区荣誉。

（魏元霞）

门头沟区残疾人联合会

【概况】 年内，“落实三个优化，多办利民实事”的工作主题，全面推进残疾人“两个体系”建设，促进残疾人社会融合，不断提高残疾人社会保障和服务水平，努力履行“代表、服务、管理”职能，完成全年各项任务。区残疾人职业康复中心在全市第一个正式投入运行；率先在全市建立了残疾人电大学校。全区持证残疾人25028人。有16个温馨家园28个职康站，每天有420余名智力残疾人和稳定期精神残疾人参与职康活动。有17个扶残助残基地，从事种植果树、食用菌等项目，安置农村残疾人743人。

单位名称：北京市门头沟区残疾人联合会
地　　址：北京市门头沟区新桥大街58号
电　　话：69859231
邮　　编：102300

（郭金辉）

【就业援助月】 1月12日，与区人保局联合举办“就业援助月专场招聘会”，区内外的8家企业有46个工种的400余个岗位，当天有120余人参加招聘会，初步达成意向26人。至此门头沟区就业援助月活动全面启动，活动期间上街发放宣传材料4000余份，为200余人做了政策解答。

（郭金辉）

【走访慰问】 1月17日，区领导到龙泉镇走访慰问区优秀残疾人运动员，同时启动门头沟区残联两节走访慰问“送温暖”活动，活动期间共走访慰问残疾人5618人，发放慰问金合计314.24万元。

（郭金辉）

【残疾人辅具适配评估】 3月7日，按照市残联统一部署，启动了“福彩、七彩梦”残疾人辅具适配评估活动。活动当天，辅具工程师对全区13个街镇的200余名有康复需求的残疾人进行辅具适配评估。活动期间共为461名残疾人进行评估，发放辅具515件。

（郭金辉）

【举办残疾人专场招聘会】 3月27日，与区工商联联合举办残疾人专场招聘会，为区内餐饮企业百年食府定向招聘残疾职工。全区近百名残疾人参加应聘，通过初步面试，有29名残疾与企业初步达成就业意向。

（郭金辉）

【成立市首家残疾人电大学校】 4月3日，“门头沟电大区残联培训基地揭牌暨2013年春季开班典礼”在区残联举行。市首家残疾人电大学校在区残联职业康复中心开课。

（郭金辉）

【市残疾人棋牌比赛参赛】 4月26日在市第十七届残疾人棋牌比赛中，区残联选手取得了远郊区县团体第1名的成绩。

（郭金辉）

【区残联职业康复中心投入运行】 5月14日，区残疾人职业康复中心正式投入运行。市残联理事长吴文彦、区领导韩子荣等莅临指导工作。

（郭金辉）

【举办残疾人运动会】 5月25日，举办了区第三届残疾人运动会。全区13个街镇、福利企业和培智学校的17支代表队的253名残疾人选手参加了此次大会。区领导、市残联，区教委、民政局、体育局的领导应邀出席了本次大会。

（郭金辉）

【瑞银集团捐赠就业培训基地】 6月16日，瑞士银行（中国）有限公司向区残联捐赠18万元，用于门头沟区永定镇瓜草地扶贫助残就业培训基地项目。

（郭金辉）

【创建职康站】 6月19日，区残联创建的清水镇燕家台村、雁翅镇房良村两个残疾人职业康复劳动站通过市残联就业中心、康复中心评估验收。

（郭金辉）

【盲人艺术家个人演唱会】 6月27日，与区委宣传部、文委等单位共同举办盲人艺术家陈玉林《马泰声腔艺术》个人演唱会。邀请中国残疾人联合会执行理事会理事、中国盲人协会常务副主席兼秘书长、中国盲人协会副主席、中国残奥会副主席、市残联副理事长等领导观看演出。

（郭金辉）

【规范化残疾人就业服务工作】 7月19日，区残联作为远郊区县唯一创建规范化残疾人就业服务工作的区县，通过了市残联就业考察团对门头沟区进行残疾人就业服务机构规范化建设验收，各项标准均达标。

（郭金辉）

【扶贫助残基地综合绩效考评】 8月2日，区残联扶贫助残基地扶持和奖励资金项目绩效考评会在区残联举行。区残联联合区财政局社保科、绩效考评中心成立了绩效考核工作领导小组，并委托第三方会计事务所对全区15个扶贫助残基地进行综合绩效考评。

（郭金辉）

【“我的梦·中国梦”宣讲】 9月5日，邀请“我的梦·中国梦”残疾人宣讲团区为全区的100余名残疾人做演讲报告。

（郭金辉）

【残疾人参加徒步大会】 9月14日，区残联与市残疾人体育协会共同组织20名坐轮椅的残疾人，参加了第四届北京国际山地徒步大会。

（郭金辉）

【举办精神康复者职业技能大赛】 9月25日，区残联与区卫生局联合举办的市第四届精神康复者职业技能大赛门头沟赛区的比赛在龙泉医院举行。

（郭金辉）

【残保金审核】 截至9月30日，核定用人单位8583家，收缴残疾人就业保障金3314.84万元，审核率为86.24%，达到了市残联要求的审核指标。

（郭金辉）

【组织园博园参观】 10月24日，组织温馨家园残疾人到园博园参观。为在参观过程中确保安全，区残联青年志愿者对残疾人一对一全程陪同并介绍了园林知识。

（郭金辉）

【组织重残残疾人免费体检】 10月9日至25日，区残联为辖区内的688名重残残疾人进行免费体检。

（郭金辉）

【体育健身示范点验收】 11月12日，市残联宣文部处长一行到区内检查验收残疾人体育健身示范点建设工作，龙泉镇龙泉雾社区通过残疾人健身示范点验收。

（郭金辉）

【残疾人状况监测】 11月18日，完成2013年度残疾人状况监测工作，除去1户外迁、5名监测对象去世外，实现见面率99%，完成区残疾人状况监测任务。

（郭金辉）

【参与市残联乒乓球比赛】 11月27日，在市残联举办的第七届残疾人“和谐杯”乒乓球比赛上，区残联选派的选手取得女子聋人组个人单打第一名；同时还取得郊区男子肢体站姿组比赛团体第三名；郊区男子聋人组比赛团体第三名的好成绩。

（郭金辉）

【法制宣传活动】 12月4日，以“做讲法制守秩序的好市民，共筑伟大中国梦”为主题开展宣传活动，宣传《残疾人保障法》发放宣传资料1000余份，并现场提供残疾人政策法规咨询服务。

（郭金辉）

【培训工作】 12月5日，举办残疾人信息宣传工作培训班，对区各街镇残联理事长、协管员、信息员及区残联各科室信息员共计40余人进行新闻、信息写作培训。

（郭金辉）

【扶贫助残工作】 年内，享受生活补助的残疾人6790人，发放补贴1604.7万元；为160户特困残疾人家庭给予临时救助19万元；扶持个体开业残疾人15人，发放扶持金5.25万元；新建扶贫助残基地3个，安置残疾人166人就业；为4892名残疾人发放养老助残券，累计发放593.09万元；为4787名残疾人缴纳养老保险补贴362.35万元。

（郭金辉）

【温馨家园与职康站建设】 年内，温馨家园日常活动经费全年发放62万元，职康站日常运行经费366.53万元。

（郭金辉）

【免费上网】 年内，在全区13个街镇共安装24个残疾人免费上网点。

（郭金辉）

【信访维权】 年内，共接待来访群众反映问题135件295人次。信件11封，已全部按期办结。

（郭金辉）

【无障碍建设】 年内，对811户残疾人家庭进行无障碍改造。

（郭金辉）

【下属单位情况】

单位名称：北京市门头沟区残疾人就业服务中心
地　　址：北京市门头沟区新桥大街58号
电　　话：69842909
邮　　编：102300

单位名称：北京市门头沟区残疾人活动中心
地　　址：北京市门头沟区新桥大街56号
电　　话：69821974
邮　　编：102300

单位名称：北京市门头沟区残疾人职业康复中心
地　　址：北京市门头沟区新桥大街56号
电　　话：69867880
邮　　编：102300

门头沟区工商业联合会

【概况】 年内，区工商联贯彻党的十八大精神，以邓小平理论和“三个代表”重要思想为指导，学习实践科学发展观，围绕区委、区政府中心工作，突出工作重点，拓宽服务渠道，采取“非公企业顾问团”成员走进企业指导，针对企业不同类型搭建个性化服务平台，组织部分企业家学习考察等方式，履行各项工作职能，完成全年工作任务。结合“民营企业家与中国梦”主题教育活动，不断加强社会主义核心价值体系建设，采取七项措施开展理想信念教育实践活动，年内共组织报告会、座谈会及主题演讲会等11场次；发挥政治引领作用，为全区发展建言献策，发挥组织优势，采纳意见建议，争取最佳服务。加强与区电视台、《京西时报》的合作，宣传区非公企业的成就，利用《京西工商界》、工商联网站及时宣传报道企业动态，为区非公经济发展营造舆论环境；通过成立法律专业委员会、企业联络员队伍搭建为企业服务平台；全年组织主席会，常委会、执委会及各种活动17次；引导非公经济人士承担社会责任，积极参与“送温暖、献爱心”、产业扶贫和社会慈善事业，全年内会员企业累计捐款、捐物116万余元；年内发展新会员11家，会员总数达到635家，增补、替补执委4名，执委总数82人。

单位名称：北京市门头沟区工商业联合会
地　　址：北京市门头沟区新桥大街36号
电　　话：69842495　69846601
邮　　编：102300

（杨连芝）

【公益活动】 1月15日，组织6家会员企业负责人慰问了区派出所及敬老院，为民警及孤寡老人们送去慰问金和慰问品。19日，向会员企业发出倡议，号召会员企业开展春节慰问活动，年内共组织公益活动10项。

（杨连芝）

【市、区领导调研】 1月18日，全国工商联原常务副主席到工商联会员企业北京远洋芬奇美术用品工贸公司调研，市工商联领导及区领导陪同调研。4月23日，区政协主席张冰，到工商联调研。5月8日，市工商联法律处领导到区工商联调研，市工商联领导就民营企业风险防范与危机处理、调解与仲裁方式等内容提出建议。6月21日，呼伦贝尔市副市长、工商联主席，赴区内精雕科技、聚星复合材料公司考察。10月18日，北京市工商联法律处到区内调研，与区内6家不同行业的民营企业家就非公有制经济领域和谐劳动关系进行座谈。25日，市工商联领导调研区工商联会员组织发展情况。

（杨连芝）

【北京市工商联书画基地】 1月18日，北京市工商联企业家书画会产业基地落户会员企业远洋芬奇美术用品公司，同日，在北京远洋芬奇美术用品公司举行北京市工商联文化（书画）产业发展研讨会。

（杨连芝）

【召开主席会，执、常委会议】 1月19日，召开九届三次执委（扩大）会议。市工商联副主席，区领导出席会议，会上传达了区“三会”精神；传达了中华全国工商业联合会第十一次会员代表大会精神；审议通过了区工商联九届三次执委会工作报告（草案）；听取了2012年度会费收缴、使用情况的报告；确认免职和替补、增补的区工商联九届执行委员、常务委员、副主席名单（草案）；审议通过关于在“春节”期间开展送温暖活动的决定；宣读了关于表彰2012年度光彩事业先进会员企业的决定。3月19日，召开九届三次主席会，会上讨论并审议了免职和替补区工商联九届执行委员、常委委员、主席名单，讨论了《关于支持非公企业加快推进“文游合一”，“农游合一”发展的意见》，讨论了九届四次执委会议程及研讨工商联工作，同日，召开九届五次常委会。4月12日，召开九届四次执委会，会上讨论通过了《关于贯彻落实我区生态文明建设和城乡环境工作的通知》，宣读了《积极参与门头沟区生态友好型工业建设大力推动招商引资倡议书》，会上选举工商联第九届新任主席，市工商联出席会议并讲话。7月18日，召开九届六次常委会，会上讨论通过了区工商联2013年上半年工作总结及下半年工作思路；讨论开展非公有制经济人士理想信念教育实践活动实施方案的有关事宜；关于开展“民营企业家与中国梦”主题宣讲活动的有关事宜；讨论了在会员企业中建立联络员队伍的有关事宜；通报1月至6月参加工商联会务活动和捐款捐物统计的情况。11月26日，召开九届七次常委会，会上传达十八届三中全会精神，集中讨论工商联《关于门头沟区非公企业学习宣传贯彻落实十八届三中全会精神的意见》，总结了2013年工商联工作，讨论2014年工作思路。

（杨连芝）

【开展理想信念教育】 5月6日，中央统战部、全国工商联联合召开全国非公有制经济人士理想信念教育实践活动电视电话会议。市委常委统战部长牛有成，副市长、市工商联主席程红在市分会场作动员部署工作，区领导出席门头沟分会场会议并提出工作要求。6月28日，区理想信念教育活动启动仪式于灵之秀大村山茶种植专业合作社正式启动，会上宣读了《门头沟区理想信念教育实践活动实施方案》。7月30日，在雁翅镇益农缘生态养殖专业合作社举行“民营企业家与中国梦”主题宣讲活动，专业合作社总经理为合作社社员作了题为“梦想点亮人生”的主题宣讲。8月23日，会员北京山农生态农业有限公司董事长，为门头沟区委理论中心组300余名处级以上干部作了题为《梦想点亮人生》的主题宣讲。年内分别于大峪街道工委、石龙管委等单位组织专场报告会、座谈会11场。

（杨连芝）

【个性化服务】 5月10日，组织26家企业，参加中小企业发展政策咨询会，会上，区属各相关委、办、局介绍了与中小企业发展密切相关的政策。22日，区工商联、邮政局联合举办助力企业创新发展——个性化服务对接会，区内27家非公企业负责人体验“商易通”等邮政服务。

（杨连芝）

【缔结友好商会】 5月28日，与大庆市缔结友好商会，促进了大庆市、门头沟区工商界的经贸交往。

（杨连芝）

【成立非公经济法律专业委员会】 8月30日，门头沟非公经济法律服务专业委员会成立仪式举行，区委政法委、法制办等单位领导参加仪式。

（杨连芝）

【成立非公联络员队伍】 10月17日，区非公企业联络员成立仪式举行，同日，区广电中心、区新闻中心相关人员，为联络员分别做了题为《电视新闻报道及信息写作》、《好新闻的五要素》等内容的专业培训。

（杨连芝）

【组织企业家座谈】 10月23日，协调区食品药品监督管理局门头沟分局、清水镇政府、工商银行门头沟分行、农投公司、普洋会计师事务所、承光律师事务所、众信同成（北京）人力资源管理公司等多家单位到清水镇腾达联合社开展座谈。年内共组织企业家与旅游委、经信委、商委等职能部门开展座谈7次。

（杨连芝）

【组织建设】 年内，增补、替补执委4名，执委总数达到82人；年内协助属地党委加强非公党建工作，非公经济党组织覆盖率位居全市前列。

（杨连芝）

【调研工作】 年内，承办的《关于我区非公企业用工情况的调查》调研课题，成为区重点关注调研课题，刊登在区优秀调研成果汇编中，为相关部门了解区非公企业用工情况提供有价值的参考。在区政协九届二次会议期间，区工商联及工商联界别政协委员共提交团体、个人提案40余件，就区社会经济发展的热点难点问题建言献策。

（杨连芝）

【宣传工作】 年内，经过改版的《京西工商界》专版报道会员企业发展历程10版，刊发企业动态及成就60余条，市、区电视台及刊物报道、刊登工商联信息33条。

（杨连芝）

【评优推荐工作】 年内，推荐2家企业负责人为“我身边的先锋”优秀民营企业；北京精雕科技有限公司、北京利德衡环保工程有限公司等会员企业被评为区工业经济突出贡献企业；两家会员企业被评为北京市募捐先进单位，9家会员企业被评为门头沟区募捐先进单位，5名企业负责人被评为市级募捐先进个人。推荐1家企业为全国关爱员工优秀民营企业家。

（杨连芝）

门头沟区文联

【概况】 年内，在市文联和区委宣传部的支持领导下，认真学习贯彻落实党的十八大精神，按照区委十一次会议精神等一系列重要会议部署，履行文联组织、联络、协调和服务职能，围绕区委、区政府中心工作团结引领全区文艺工作者，坚持“二为”方向，“双百”方针和“三贴近”原则，以提高门头沟文化软实力为重点，发挥文联资源优势，围绕大局，服务人民，解放思想，求真务实，搭平台，建载体，为全区经济社会又好又快发展提供思想保证、精神动力和舆论支持，为全区经济社会建设和文艺事业的繁荣发展做出贡献。

单位名称：北京市门头沟区文学艺术界联合会
地　　址：北京市门头沟区剧场东街12号
电　　话：69824090
邮　　编：102300

（张金书）

【工作动态】 1月12日，北京京西古道文化发展协会在王平镇鸿兴园召开协会工作会议，推荐会长。17日，作家协会召开理事会，依据章程对协会领导机构进行调整。23日，区文学艺术界联合会在北京维科宾馆举行第三届第五次理事会暨社会组织党建联席会成立大会，17个协（学）会近百名理事学习贯彻落实党的十八大精神，表示配合区委区政府中心工作，实现“请进来，留得住、带得走，回得来”12字目标。26日，作家协会和诗歌学会联合召开“2012年工作总结暨2013年工作计划年会”并通过领导班子调整和增补事宜。美术家协会参北京市文物局《爱的传承》书画展荣获三等奖。3月，区文联被市文联授予“2012年度北京市文联系统宣传信息先进单位”。4月9日，作家协会召开理事会，依据章程对协会领导机构进行调整。15日，民间艺术家协会召开理事会，采取无记名投票方式，选举民间艺术家协会主席。5月10日，美术家协会在大朝盛世书画院举办挂牌仪式。30日，民间艺术家协会在龙泉雾花露蝴蝶园召开第三届会员代表大会暨民间艺术家协会成立六周年庆典，并揭牌民间艺术家协会总部和民间艺术家协会艺校，到会会员65人。6月26日至29日，组织部分协学会理事一行十余人到古城西安和革命圣地延安采风。7月9日，楹联学会为永定楼悬挂原创楹联。10日，古道协会在王平镇东马各庄小学校址举行会员大会，选举理事会、常务理事会和领导班子成员。9月16日，北京京西古道文化发展协会与北京乡村秀美旅游开发有限公司共同打造的京西古道驿站项目在水峪嘴古道酒家正式挂牌成立。10月，参加“2013年北京市区县（局）、产（行）业文联优秀原创文艺节目展演汇报演出”及颁奖仪式，《签约路上》荣获三等奖，《古村道情》荣获优秀奖。8日，舞协召开理事会，审议决定通过了《区舞协财务管理制度》、《区舞协会员注册办法》。11月15日，作家协会在龙泉小学举行龙泉小作家学会成立和揭牌仪式。18日，硬笔书法家协会与区档案局联合举办“梦的翅膀——残障儿童书法成果展”启动仪式。年内，北京永定河文化研究会协助区电视台举办54讲“永定河文化”。北京京西古道文化发展协会参加“门头沟国家步道系统规划”发布会、高峰论坛和第五届“旅游山会”开山门活动。京西古道文创工作室开展与河北省东光县关于马致远故居文化交流活动，为“故居故里之争”划上句号。民俗协会完成《龙门口红展》和燕家台村“乡情村史陈列室”两个村级展示，

（张金书）

【文艺活动】　1月，书法家协会在区博物馆举办“红红火火博物馆里过大年——门头沟区首届书法篆刻临摹创作展”活动。2月，发挥“大家引领”人才优势，引入诗歌界著名理论家、首师大学院院长，中国诗歌学会秘书长、著名诗人，影视界著名导演和中国楹联学会等国家级“艺术大家”60余人次，分别到斋堂、雁翅、妙峰山、潭柘寺等地参观门头沟新农村建设，对全区民俗、民风等进行挖掘；参观定都阁、永定楼。大家表示，今后一定多来门头沟，写门头沟、画门头沟，为门头沟的经济社会发展多宣传，多献策。书法家协会在门头沟山水居旅游度假村召开《翰墨飘香——门头沟旅游名胜书法楹联作品集》首发式记者招待会，60余家企事业单位参加。舞蹈家协会在喜马峪舞厅举办迎新春联欢舞会。硬笔书法家协会召开年会。3月，美术家协会在大峪街道南路二社区文化活动中心举办“弘扬雷锋精神，传承精神文明文化进社区”主题活动。诗歌学会和北京大峪中学分校共同举办“诗歌与心灵”征文颁奖暨诗歌朗诵会等系列活动，收录了学生和教师创作的诗歌180首，并为33名获奖学生颁发荣誉证书。3月至9月，摄影家协会举办4场摄影沙龙活动，评出优秀作品50幅。4月，区诗歌学会和永定河文化研究会共同举办“永定河杯”诗歌大赛颁奖仪式。在百余首作品中共评选出优秀作品20首。歌学会会员参加了活动。5月24号，美术家协会、书法家协会和摄影家协会受邀参加雁翅镇淤白民俗文化节活动。5月，戏协参加文委组织的戏曲周活动，舞蹈家协会在北京花露蝴蝶园举办“舞动人生　共同追梦”舞友沙龙。6月10日，舞蹈家协会在永定河文化广场举办“喜迎端午　舞炫京西”舞友沙龙活动，20余个社区、百余名参赛选手、17个参赛节目为门头沟区人民献上精彩的舞蹈盛宴。14日，摄影家协会参加拍摄龙泉务举办的世界文化遗产日活动。30日，舞蹈家协会在区文教活动中心举办“庆七一优秀节目选拔赛”。其中《好日子》、《走向复兴》、《吉祥谣》被评为优秀节目。音乐家协会参加《让新家园美起来、绿起来》专场文艺演出。美术家协会参加区2013年政府项目展示活动，作品受到区长的肯定。7月，区文联组织“为永定楼悬挂原创楹联”活动。此活动由区楹联学会邀请中国楹联学会共同为门头沟最新地标性建设“永定楼”创作楹联，经评审最后确定悬挂的四副对联是：中国楹联学会副会长创作的“永日熙春，揽胜而收天地；定宁恬逸，筑楼以鉴古今”；门头沟区楹联学会会长创作的“盛世兴文，重楼添锦绣；浑河觅祖，玉水荡亲情”；门头沟区楹联学会副会长创作的“圣地春晖，九龙腾绿海；长河碧浪，慈母育京华”；门头沟区楹联学会副会长兼秘书长创作的“圣地琼楼，人文光首善；大河永定，形胜耀京西”。组织书画家到部队慰问，在建军节来临之际组织12名书画家到驻区66446部队对官兵们进行慰问、艺术交

流和赠送本区古道文化丛书。书法家协会会员为部队创作百余幅书法作品，美术家协会会员为部队创作10幅美术作品。美术家协会会员还集体为部队创作了一幅八尺的《富贵平安》。8月，音乐家协会参加区委宣传部《军民唱响中国梦》演唱大赛。舞协参与组织策划区石龙经济开发区“同心共筑石龙梦”消夏晚会。9月15日至20日，民间艺术家协会在永定河文化博物馆参加“美丽门头沟民间艺术作品展”展出活动，参加会员69名，35项民间艺术优秀作品中的380余件参展。9月，民间艺术家协会参加北京市第十六届根石艺术优秀作品展开幕式。参展根石艺术作品49件，并荣获首都根艺金奖6枚，银奖2枚，铜奖6枚。舞蹈家协会参加区委宣传部“九月重阳赏金秋，层峦醉染门头沟”主题作品有奖征集活动颁奖仪式的文艺演出活动。参加区文委在影剧院举办的区“第24届文化艺术节”优秀节目汇演。10月，在博物馆举办“美丽门头沟民间艺术作品展”活动。北京手工艺术协会常务会长等5名民间艺术大师应邀参加活动。此次展览集结“非遗”的琉璃和潭柘紫石砚；“老北京手工艺作品”的泥塑、陶艺、面塑、风车、布艺、剪纸、石雕、画蛋、十字绣；“创新手工艺作品”的石头画、草杆粘贴画、变废为宝的易拉罐铝箔画、玻璃粘塑和核桃雕；“民间艺术家技艺展示”的毛猴、鸽子哨、折纸、蝴蝶画等200余件优秀的民间艺术作品，近5000余名区内外各行业人士参观。书法家协会参加《第四届北京美丽乡村书法大展》；组织会员参与门头沟“心系爱国梦，笔书爱国情”地书大赛。11月，民间艺术家协会在区龙泉雾花露蝴蝶园举办社会文化服务手工艺百人培训班。12月5日，书法家协会在河北省唐山市举办“董跃金书法回乡汇报展”活动。美术家协会在区博物馆承办“画笔描绘美好生活”项目成果展暨美术家协会迎新年画展。舞蹈家协会参加市文联2013年“中国梦、乐在社区”百姓健康舞活动中荣获表演奖和组织奖。年内，永定河艺术家协会与北京市法律援助基金会共同开展“笔墨传情献爱心”法律援助书画捐赠笔会活动。楹联学会完成中楹会《当代楹联家大观》的编审工作、完成“中国楹联集成·门头沟卷”初稿。

（张金书）

【文化传播】 2月16日，民俗协会参加北京电视台《京效大地》“追寻年味”节目，与评论员互动，延伸北京永定河文化。3月15日，区文联与影视家协会承办的区影视作品创作研讨会在区委南楼一层召开。中宣部政策研究室领导，北京电影家协会领导、区领导及相关电影人等20余人围绕以“门头沟区影视作品的创作应如何发展”为题展开研讨。5月至6月，摄影家协会邀请中国摄影家协会专家对会员进行3次授课培训。作家协会邀请12位作家为东辛房小学学生进行首届“东方少年——中国梦”中小学生作文大赛讲座；组织《百花山》顾问座谈会。7月，北京京西古道文化发展协会、北京永定河文化研究会与区政协共同举办第二届“京西古道文化”暨“国家步道”开发研讨会。市、区领导，专家学者、协会常务理事共40多人出席会议。8月至12月，区硬笔书法家协会与区总工会联合举办“门头沟区首届职工硬笔书法大赛”，共收到有效作品324幅。62幅优秀作品入围。年底，对优秀作品进行了总结表彰。9月，北京京西古道文化发展协会与京西古道文化创意工作室、共同举办为期两天的马致远与元曲文化（北京）论坛，共有10个省市40余位散曲专家或作者参加。10月，作家协会请《北京文学》副主编举办“中短篇小说创作专题讲座”。年内，北京永定河文化研究会分别参加“第十五次北京学术研讨会”“北京文化论坛”北京历史文化街区保护与发展学术论坛、文化遗产区域保护与活化学术研讨会暨首届中国文化保护研究生论坛，并撰写《门头沟区对古村落保护的探索》等多篇论文。古道协会组织古道文化研究专家、学者、古道驿站负责人实地考察阳原县泥河湾、矾山县黄帝城三祖堂和怀来县交河村（桑干河、洋河交汇处），地质考古专家进行座谈。

（张金书）

【调研工作】 7月，市文联领导在永定楼门城湖公园考察“幸福梦，乐在社区”百姓健身舞在区内推广情况。8月，古道协会和文创工作室与张家口市政协文史委领导就京西古道文化线路延伸与挖掘进行研讨。9月，北京永定河文化研究会组成由市、区级有关专家、学者组成的考察团，考察洋河沿线。市领导及专家共同考察区古道古村落。11月26日，主管副区长调研，对协（学）会工作提出“要管得住、引导好，提升凝聚力，产生社会效益”的要求。年内，北京市文联党组副书记、北京作家协会分党组书记、市作家协会秘书长到区内调研。

（张金书）

【文艺期刊】 年内，出版《百

花山》文艺期刊6期。永定河艺术家协会与《京西时报》共同创办10期“京西文化人”专栏。古道协会和文创工作室共同出版发行《京西古道旅游指南》、《图说门城》；与永定河研究会和区政协文史委合作出版8本“京西古道”文化丛书；汇编《京西古道》1至5期暨京西古道文化研讨文集的合订本；参与编写《山神庙》、《南石洋大峡谷》、《百花山丛书》、《安家庄》、《小龙门》、《达摩庄》及《西达摩》等书。北京永定河文化研究会编辑出版《永定河》季刊4本，永定河研究文集系类丛书10本、《京西的天桥——河南街》、民间故事丛书系列《百花山的故事》、《永定河的故事》和《永定河文化漫谈2012》。作家协会完成《风采社工》——门头沟区社工风采纪实，共采写了社区书记、主任风采纪实114篇16万字。楹联学会出版《京西联苑》二期。

（张金书）

门头沟区红十字会

【概况】 年内，区红会围绕市红会的工作部署和区内的中心工作，依照《中华人民共和国红十字会法》履行职责，贯彻落实《国务院关于促进红十字事业发展的意见》，大力开展应急救护、赈济救助、人道理念传播、志愿服务和“三献”（无偿献血宣传、遗体捐献和人体器官捐献）等工作，完成了全年各项工作任务。全年开展2次募捐活动，共计募集善款177.5万元，其中“博爱在京城”募捐项目募集善款91.1万元，雅安地震筹集捐款86.4万元。接受企业定向捐款共计68.8万元，通过开展助老、助困、助残和关爱特殊人群等活动，投入救助款物总计达313.5万元。全年举办卫生救护培训班52期，3000人获得初级急救员证书，应急救护知识普及培训达到8000人次。通过了北京市审计局对红十字基金账户的专项审计工作和税前扣除资格的认定工作。

单位名称：北京市门头沟区红十字会
地　　址：北京市门头沟区中门寺街16号
电　　话：69843746　69844406
邮　　编：102300

（索登福）

【两节送温暖】 1月，启动“博爱暖京城、人道惠万家”——红十字“两节”期间送温暖活动。活动期间，全区各镇街红十字会和教育、基层工委对辖区内因病致贫、遭受自然灾害和突发事件的困难家庭给予救助和慰问，为困难家庭发放救助款物价值人民币130万元，其中慰问金37万元，发放米面油等救助物资52吨。

（索登福）

【领导调研】 3月21日，区政协领导张冰一行九人到红十字会进行工作调研。红会领导汇报了2013年的工作情况和2014年的工作重点。张冰对区红十字会的工作给予了肯定并提出建议和要求。

（索登福）

【召开六届四次理事会】 3月26日，召开第六届四次理事会，通过《门头沟区红十字会2012年工作报告》、《门头沟区红十字会2012年度募捐救助款收支情况的报告》。完成了理事和常务理事的更换和增补工作。

（索登福）

【召开募捐动员会】 3月26日，召开“博爱在京城”募捐动员暨表彰大会，会上，总结了上年度募捐救助工作，对29个先进单位进行了表彰。一个月内共收到捐款91.1万元。

（索登福）

【社会企业捐赠物资】 4月17日，北京石龙丸信服装有限公司在“博爱在京城”募捐活动中，向红十字会捐赠衬衫100件；用于开展救助工作。

（索登福）

【抗震募捐工作】 4月20日，四川省雅安市发生7.0级地震后，根据市红十字会在第一时间组织开展为灾区募捐工作，全区各镇、街各基层红十字会组织、基层工委等100余个机关、企事业单位宣传，为雅安地震灾区捐款86.4万元。

（索登福）

【西辛房中学防灾演练】 5月7日，会同区地震局、公安局、消防支队、教委等有关单位联合在西辛房中学组织“地震应急疏散与紧急救援”演练。400名师生按照规划路线向指定的安全地点进行疏散和撤离，红十字青少年救援队现场展示了心肺复苏、创伤急救包扎和伤员搬运等急救技术。消防支队的工作人员向师生讲解和展示了灭火技能。

（索登福）

【“五·八”宣传】 5月8日，与区献血办公室、区社区卫生服务中心联合在区影剧院门前广场，开展“五·八”世界红十字日宣传活动，为过往群众发放红十字运动知识简明手册、《红十字会法汇编》宣传材料，宣传意外伤害、应急处理知识。区红十字会学校工作委员会带领红十字青少年在新桥路中学门口设立展台，向过往的路人发放宣传材料，各基层红会也在这期间开展了形式多样的宣传活动。此次活动发放宣传材料5000余份。

（索登福）

【防灾减灾主题日活动】 5月10日，参加了主题为“识别灾害风险、掌握应急技能”的防震减灾宣传活动；区红十字会“青山救援队”20名队员参加了分列式队列表演，展示无线电装备和野外搜救技能；红十字会在现场设置宣传站，展出介绍红十字知识的宣传板8块，发放《应急手册》200本，“地震避险”“火场逃生”等宣传材料5000余份。

（索登福）

【少儿大病救助工作】 5月24日，举行“少儿大病救助金”发放仪式，对区17名符合救助条件的大病患儿实施救助，区领导出席发放仪式。北京精雕科技有限公司，北京神州灵山叶腊石有限公司等6家企业通过区红会捐款14万元，专项用于区红十字会少儿大病救助基金项目。

（索登福）

【市会领导到清水开展工作调研】 8月20日，市红十字会办公室主任一行3人同区红十字会领导到清水镇调研。会上，清水镇主管副镇长、镇红十字会会长王建华就辖区内如何开展红十字各项工作进行汇报，区红十字会常务副会长介绍了2013年区红十字主要工作情况。

（索登福）

【助老慰问】 10月12日，与区老龄委、区慈善协会联合开展百岁老人走访慰问活动。区红十字会拨付慰问款1.1万元，对11名百岁老人进行慰问。13日重阳节当天，与区政协医药卫生界部分委员、德坤瑶医医院在清水镇敬老院共同开展重阳敬老慰问、健康义诊活动。5名医疗卫生专家为老年人开展心内科、心理咨询、内分泌科义诊咨询；并为老人们进行防病知识讲座；区红十字会向清水镇敬老院捐赠3万元助老慰问金、50床棉被，德坤瑶医医院向敬老院捐赠字画、毛毯和药品。

（索登福）

【西城红会到区内慰问】 10月15日，与西城区红十字会共同开展帮扶慰问工作。西城区红十字会向雁翅镇下马岭村和清水镇椴木沟村拨付救助款6万元，专项用于村内困难群众帮扶工作。

（索登福）

【艾滋病防治】 11月29日，会同区卫生局、疾控中心在新桥大街联合举办“行动起来，向‘零’艾滋迈进”防艾主题宣传活动。区论坛、区计生委、文委、禁毒大队等单位也参加了此次活动。27名志愿者一起向全区居民发放艾滋病宣传材料和宣传品。红十字会与学校工委系统开展了艾滋病主题宣传月活动，选拔各学校保健教师组建了讲师团，到区中等职业学校、首师大附中永定分校、育园中学等学校向学生宣讲艾滋病的预防知识，直接听众达1500人。区红会拨付救助款4000元对4名生活困难的艾滋病感染者进行慰问。

（索登福）

【红十字青少年】 12月31日，区红十字会、红十字会学校工作委员会、育园中学红十字会联合在清颐敬老院举办助老慰问活动。此活动被市红十字会评为“人道公益品牌活动”。

（索登福）

【救助特困家庭】 年内，经各基层申请，区红十字会审查核实，对61户因病致贫和意外伤害造成生活困难家庭救助，支付救助款共计24.09万元。

（索登福）

【定向救助工作】 年内，通过推广少儿大病救助、博爱校园行等多个救助项目，与区内部分民营企业建立定向帮扶关系。北京精雕科技有限公司、北京神州灵山叶蜡石有限公司、北京龙泉金子农业科技有限公司等企业，通过捐赠资金共计68.8万元，用于开展助学、助困和文化推广等公益项目。年内，有3家民营企业、6名企业家分别获得第三届北京市红十字系统人道捐赠工作先进集体和先进个人。

（索登福）

【五进农村工作】 年内，按照区委有关工作部署，区红会与雁翅镇下马岭村结为帮扶对象。共向下马岭村拨付救助资金5.2万元，用于村饮用水井工程、贫困户帮扶等工作。

（索登福）

【志愿服务工作】 年内，参与市应急办、团市委等单位举办的应急志愿者培训工作，共参加了“丰台民防应急”、“市爱心车队”等4期志愿者培训，培训市应急志愿者700余人。

（索登福）

【应急救护培训工作】 年内，举办培训班52期，面向社区居民、公共文明引导员、学生和机关企事业单位工作人员开展培训工作，完成初级急救员培训3000人，普及应急救护知识8000人次。

（索登福）

【开展健康知识讲座】 年内，在龙泉镇龙泉雾社区、水闸西路社区、东辛房街道矿建街西等社区举办心脑血管病、糖尿病、流感等常见病预防主题培训班8期，近千名群众听取讲座。

（索登福）

【开展应急救援队】 年内，加大对应急救援队的投入建设力度。选派5名骨干力量，全脱产参加了市红十字会举办的应急骨干培训班。购置了26平方米帐篷1顶，为队员配备了安全绳索、头盔等野外救援等设备。

（索登福）

【百场应急知识大讲堂】 年内，会同区妇联、区水务局等单位，在汛期到来之前举办“百场应急知识讲座”。针对山区水灾、泥石流易发的险村和最易受损害人群，开展防汛知识、避险逃生知识和自救互救技能培训。区红会组织16名师资人员，分组开展培训工作，一个月到镇、街和村居开展64场培训班，6000余人直接接受了培训。同时，向各村配发急救教材、光盘和防汛知识手册共计6000套。

（索登福）

政权　政协

北京市门头沟区人民代表大会常务委员会

【概述】　北京市门头沟区人民代表大会常务委员会（简称区人大），机构设有办公室、内务司法工作委员会、财政经济工作委员会、城乡建设环保工作委员会、教科文卫工作委员会、农村工作委员会、代表联络工作室（市代表联络工作处）、研究室八个工作委室。办公室机构内设有信访接待室、文秘信息科。截至年底，第十五届人民代表大会常务委员会共有代表165名，常委会委员27名。

在中共门头沟区委的领导下，区人大常委会贯彻落实党的十八大精神，以科学发展观为指导，坚持党的领导、人民当家作主和依法治国的有机统一，围绕区委十一届四次、五次全会工作部署，执行区十五届人大三次会议决议，履行宪法和法律赋予的职权，发挥地方国家权力机关作用，为推进全区社会主义民主政治建设、建设现代化生态新区做出贡献。年内，区人大常委会共举行7次会议，依法行使监督权、重大事项决定权和人事任免权。听取和审议“一府两院”报告18个，其中专项工作报告8个，计划与预算报告7个，落实常委会审议意见报告3个。批准财政决算、年度部分计划指标调整和召开区人民代表大会会议依法作出3项决定决议。任免国家机关工作人员36人（次），其中副区长4人（次），区人大常委会工作机构负责人和派出机构组成人员6人（次），区政府组成部门主要负责人17人（次），区法院工作人员7人（次），区检察院工作人员2人（次）。此外，补选市人大代表一名。

单位名称：北京市门头沟区人民代表大会常务委员会
地　　址：北京市门头沟区新桥大街36号
电　　话：69842136
邮　　编：102300

（安文娴）

【第十五届人民代表大会第三次会议】　1月8日至11日，区第十五届人民代表大会第三次会议在龙泉会堂召开。会上，经过表决分别通过了《区人民政府工作报告》、《区2012年国民经济和社会发展计划执行情况与2013年国民经济和社会发展计划报告》、《区2012年预算执行情况和2013年财政预算》、《区人大常委会工作报告》、《区人民法院工作报告》、《区人检察院工作报告》六项报告的决议。

（安文娴）

【第十五届人大常委会会议】　1月18日，区第十五届人大常委会第十次会议召开。会上进行人事任免事项，人大主任向接受任命的同志颁发了任命书，接受任命的同志向常委会作了任职承诺发言。2月5日，区第十五届人大常委会第十一次会议召开。会上进行了三项议程：一、讨论通过了区人大常委会2013年工作要点。二、传达了北京市第十四届人大一次会议精神，介绍了市政府工作报告和市人大常委会工作报告的主要内容，大会议案、建议提交情况和门头沟代表团在大会上的活动情况，传达市委书记在大会闭幕式上的讲话。三、进行人事任免事项。4月16日，区第十五届人大常委会第十二次会议召开。会上进行两项议程：一、听取区农委受区政府委托所作的《门头沟区农产品质量安全及动植物防疫体系建设情况报告》和区人大常委会农村委关于该项报告的调研意见。二、听取区人大常委会代表联络室所作的《关于区十五届人大三次会议代表“建议、批评和意见”交办情况的报告》。三、进行人事任免事项。7 月 12 日，区第十五届人大常委会第十三次会议召开。会上进行四项议程：一、听取和审议区政府所作的《关于门头沟区 2012 年财政决算的报告》、区审计局受区政府委托所作的《关于门头沟区 2012 年度本级预算执行和其他财政收支情况的审计工作报告》，听取区人大常委会财经工作委员会对上述报告的初审意见，同意区政府关于 2012 年财政决算的报告和 2012 年度本级预算执行和其他财政收支情况的审计工作报告，决定批准门头沟区 2012 年财政决算。二、听取区政府所作的《门头沟区人民政府关于采空棚户区改造建设情况的报告》和区人大常委会城建环保工作委员会对该报告的调研意见。三、听取区卫生局受区政府委托所作的《门头沟区人民政府关于医药卫生体制改革情况的报告》和区人大常委会教科文卫工作委员会对该报告的调研意见。四、进行人事任免事项。9 月 9 日，区第十五届人大常委会第十四次会议召开。会上进行三项议程：一、听取《门头沟区人民区政府关于 2013 年上半年国民经济和社会发展计划执行情况的报告》和《门头沟区人民政府关于 2013 年上半年财政预算执行情况的报告》，听取区人大常委会财经委的调研报告和区人大代表在分组讨论中对区政府半年工作提出的意见和建议。二、听取《门头沟区国民经济和社会发展计划第十二个五年规划纲要实施情况的中期评估报告》和区人大常委会财经委关于这项报告的调研意见。三、进行人事任免事项。10 月 15 日，区第十五届人大常委会第十五次会议召开。会上进行三项议程：一、听取和审议区水务局受区政府委托所作的《门头沟区人民政府关于实施〈北京市河湖保护管理条例〉情况的报告》，听取区人大常委会城建环保工作委员会对这个报告的初审意见。二、听取和审议区档案局受区政府委托所作的《门头沟区人民政府关于档案工作情况的报告》，听取区人大常委会教科文卫工作委员会对这个报告的初审意见。三、听取区人民法院所作的《门头沟区人民法院关于法官队伍建设工作情况的报告》和区人大常委会内务司法工作委员会对这项工作的调研意见。四、进行人事任免事项。10 月 29 日，区第十五届人大常委会举行大额专项资金专题询问联组询问会议。会议在区人大常委会财经、城建、农村和教科等四个专题组前期调研和分组询问的基础上，对区政府促进企业发展扶持资金、农业及农村发展专项资金、城市景观照明专项资金和城市公园建养专项资金等四大类专项资金的使用和管理情况进行询问，听取和审议区政府所作的《门头沟区扶持企业发展等四类大额专项资金使用和管理情况的报告》，听取区人大常委会财经工作委员会所作的关于这项报告的初审意见，区市政市容委、农委、经信委、财政局、审计局、园林绿化局负责人回答了常委会组成人员的询问。12 月 17 日，区第十五届人大常委会第十六次会议召开。会上进行九项议程：一、听取和审议区政府所作的《门头沟区政府关于 2013 年部分经济指标调整的报告》，听取区人大常委会财经工作委员会关于该项报告的初审意见，同意批准该调整方案，二、听取和审议了区政府所作的《门头沟区政府关于农民专业合作社发展情况的报告》，听取区人大常委会农村工作委员会关于该项报告的初审意见。三、听取区财政局受区政府委托所作的《门头沟区政府性债务有关情况的报告》，听取区人大常委会财经工作委员会关于该项报告的调研意见。四、听取和审议区政府办公室受区政府委托所作的《关于办理区十五届人大三次会议代表建议、批评和意见工作情况的报告》和区人大常委会代表联络室主任贺其明所作的《关于区十五届人大三次会议代表“建议、批评和意见”办理情况的报告》。五、审查区政府《长安街沿线城市设计实施导则审议意见有关整改措施落实情况的报告》、《关于落实门头沟区第十五届人大常委会第八次会议对〈门头沟区旅游文化休闲产业发展战略规划〉审议意见的整改报告》和《北京市门头沟区人民检察院关于对〈区人大常委会关于对区检察院五年来职务犯罪侦查和预防工作报告的审议意见〉落实情况的报告》，听取区人大常委会城建环保工作委员会、教科文卫工作委员会和内务司法工作委员会关于上述整改工作的调研意见。六、讨论了《关于加强人民法院法官队伍建设的几点思考》、《关于对我区施行〈北京市河湖保护管理条例〉情况的调研》、《固定资产投资对我区经济发展的影响》、《关于我区档案管理工作情况的调研报告》和《我区农民专业合作社发展情况的调研报告》等五项区人大常委会 2013 年度调研课题的调研报告。七、研究关于召开门头沟区第十五届人民代表大会第四次会议的有关事项。八、补选了门头沟区出席北京市第十四届人民代表大会代表。九、进行人事任免事项。

（安文娴）

北京市门头沟区人民政府

【概况】 年内，在市委、市政府和区委的领导下，在区人大和区政协的监督支持下，区政府深入落实科学发展观，完成区人大十五届三次会议确定的各项任务，财政收入、林木绿化率等7项指标，提前完成“十二五”规划目标。经济保持平稳较快增长。全社会固定资产投资230亿元，同比增长20.7%，总量和增速连续三年居首都生态涵养发展区首位；社会消费品零售额48.9亿元，同比增长12%。

生态环境持续改善。在全市率先开展国家生态文明示范区建设工作，完成节能减排和大气污染治理任务，空气中三项主要污染物年均浓度平均下降率居西南五区前列。全区森林覆盖率为41%，林木绿化率达到62.5%，城市人均公共绿地面积提升到33.41平方米。

民生福祉稳步提升。城镇居民人均可支配收入35120元，同比增长8.5%；农民人均纯收入17365元，同比增长10.5%。城镇登记失业率为4.23%。各类安置房及保障性住房完工7279套。教育、医疗、社会管理等改革持续推进，为群众办的45件实事全部完成。

单位名称：北京市门头沟区人民政府
地　　址：北京市门头沟区新桥大街36号
电　　话：69844858
邮　　编：102300

（刘　畅）

【区领导调研、慰问活动等】 2013年12月31日，区领导韩子荣、罗斌、张冰等先后到区国税局、地税局和财政局看望并慰问工作在一线的财税系统干部职工。2014年1月8日，区政府与中信信托公司举行座谈。区领导、中信信托公司党委书记参加座谈会。11日，举行北京市农业融资担保有限公司门头沟分公司成立暨揭牌仪式。区领导、首创集团领导等参加揭牌仪式。区领导为北京市农业融资担保有限公司门头沟分公司揭牌。14日，与北京银行座谈。区领导韩子荣、北京银行董事长等相关负责人参加座谈。同日，与京煤集团举行座谈。韩子荣、罗斌、张冰等区四大部门领导，京煤集团董事长参加座谈，双方就进一步加强合作进行了交流。16日，召开第十五届政府第二次全体会。区领导参加会议。会上下发了区政府目标管理任务书，通报了当年全社会固定资产投资安排和公共财政收入任务分解方案。区领导部署了2013年重点工作。16日，与金隅集团举行座谈。区领导韩子荣、金隅集团董事长、总经理参加座谈，双方就解决军庄镇北四地区安置问题及其他合作项目进行交流。18日，召开区企业家新春联谊会。区四大部门领导韩子荣、罗斌、张冰等参加联谊会，并为驻区企业代表颁奖。驻区企业代表作了典型发言。20日，召开区金融工作座谈会。区领导等20余家金融机构负责人参加座谈。区发改委通报了全区重点工程及固定资产投资情况。28、29日，区四大部门领导带队开展重点户走访慰问送温暖活动。区领导韩子荣、罗斌、张冰等带队分11组对全区65户优抚对象、残疾人家庭、劳模、特困患重病家庭、十大好人等10类重点人群进行走访慰问。31日，召开会议落实北京市2012年度住房保障工作总结电视电话会精神。韩子荣等出席会议。2月1日，召开常务会交办人大代表建议和政协委员提案。区领导等参加会议，听取了区政府办关于交办事项的汇报，对区十五届人大三次会议提出的113件建议、区政协九届二次会议提出的128件提案进行了分解，交由43家承办单位办理。4日，与首钢集团举行座谈。区领导罗斌、张冰等，首钢集团总经理参加座谈。同日，区领导带队检查区安全生产工作。实地检查了区金福龙加油站、物美大卖场、友乐会KTV、京客隆新桥店消防安全情况。6日，召开采空棚户区房屋整体征收工作专题会。区领导韩子荣等参加专题会，听取了区房屋征收事务中心关于采空棚户区房屋整体征收后期相关问题分析及处理工作方案的汇报。8日，区领导走访慰问一线职工及儿童福利院、光荣院。韩子荣等先后到新桥车站、永新社区卫生服务站、城管大峪分队、月季园派出所、石门营集中供热厂、八方达河滩分公司德露苑车队、区供电公司等单位实地察看了节日期间保障情况。17日，区政府与内蒙古第一机械集团有限公司座谈。区领导、内蒙古第一机械集团有限公司董事长、党委书记等相关负责人出席座谈会。19日，区政府与中铁资源集团有限公司举行座谈。区领导、中铁资源集团有限公司总经理、党委书记等出席座谈会。23日，召开区重点工作指挥部工作汇报会。区领导罗斌等参加会议，会上听取了11个指挥部2012年各项工作完成情况和2013年工作计划的汇报，并就相关工作进行了研究部署。26日，召开区农村经营性物业信托化开发运营方案研讨会。区领导等相关负责人出席研讨会，听取了农村经营性物业信托化开发运营方案讨论稿的汇报，并就在区内推行此项工作等相关事宜进行入研讨。3月2日，召开采空棚户区整体征收审核阶段工作汇报会。区领导韩子荣、罗斌、张冰等参加会议，听取了区房屋征收事务中心及各分指挥部关于采空棚户区房屋整体征收审核阶段工作进展情况的汇报。同日，召开门头沟新城04－08街区控规深化方案及周边区域空间发展专题汇报会。区领导韩子荣等参加会议，听取了区规划分局关于门头沟新城04－08街区控规深化方案及周边区域空间发展布局的汇报。4日，与北京市农林科学院举行座谈。区领导参加座谈，听取了区三农工作情况的汇报，双方就合作意向进行交流。6日，与世茂集团举行座谈。区领导罗斌、世茂集团董事局主席参加座谈，听取了世茂集团建设项目进展情况的汇报。8日，举行妙峰山镇旅游开发建设暨骏洋地产大型设备捐赠仪式。区领导、骏洋地产董事长出席捐赠仪式，并为捐赠设备剪彩。9日，区领导主持召开永定镇定都广场项目方案汇报会。听取了关于定都广场项目有关情况的汇报，珠海益健集团、红星美凯龙集团、北京雅枫置业有限公司、澳门亚太低碳循环经济发展促进会等多家企业单位的相关负责人参加会议。11日，召开采空棚户区整体征收转段工作部署会。区领导韩子荣、罗斌、张冰、参加会议，听取了区房屋征收事务中心、龙泉镇、大峪办事处等单位关于采空棚户区整体征收审核阶段工作进展情况、存在问题及下一步计划的汇报，并提出工作要求。12日，与世茂集团举行签约仪式。区领导韩子荣、罗斌、张冰与世茂集团董事局主席参加签约仪式，签订《门头沟区04－08街区整体开发协议》。14日，与石景山区领导座谈。双方领导就两区交界处混凝土搅拌站扬尘污染问题进行了商讨。15日，召开区与匈牙利科技部座谈会。区领导韩子荣等相关人员出席会议，听取了北京高科技生态鹅业研发中心关于项目基本情况的汇报。18日，召开区创建国家生态文明示范区暨百日环境综合整治工作动员大会。区领导韩子荣、罗斌、张冰等四大部门领导参加动员大会，会上布置了《2013年门头沟区建设国家生态文明示范区实施方案》,《2013年门头沟区春季城乡环境集中整治行动工作实施方案》，区市政市容委、区环保局等7家单位作表态发言。22日，与京煤集团领导座谈。区领导、京煤集团总经理参加座谈，双方就相关重点项目进展情况及存在问题进行了沟通，并部署了有关工作。29日，与中铁资源集团有限公司领导座谈。区领导、中铁资源集团有限公司总经理、党委书记等出席座谈会。4月1日，召开会议落实市政府第一次廉政工作电视电话会议精神。区领导出席会议。同日，与北京市基础设施投资有限公司领导座谈。区领导、市发改委副主任，市基础设施投资有限公司副总经理参加座谈，听取了潭柘寺镇市政基础设施建设情况和S1线拆迁资金相关问题的汇报。2日，与市供销合作总社座谈。区领导、市供销合作总社党委书记、理事长等相关负责人出席座谈会，双方主要就合作、加强开发、促进项目落地等事宜进行了沟通和交流。3日，召开生态文明和城乡环境建设动员大会。韩子荣、罗斌、张冰等四大部门领导参加会议，部署了打击违法建设、污水治理、大气污染治理环境整治和垃圾处理等相关工作。7日，召开区2013年一季度经济分析会。区领导韩子荣等及区有关单位领导参加会议。会上总结了区经济社会运行情况，部署了二季度经济任务。7日，区政府与华能碳资产经营有限公司座谈。区领导出席座谈会。双方主要就密切合作、加强开发、促进低碳产业示范园项目落地等事宜进行了沟通和交流。8日，召开区政府与市金融局及相关企业座谈会。区领导和市金融局副巡视员沈鸿以及中植集团董事局主席等部分企业负责人参加会议。5月8日，与市国土局举行座谈。区领导韩子荣、市国土局领导及相关处室负责人参加座谈，并听取了区国土分局关于土地储备开发情况的汇报。14日，召开与市住建委、市住保办座谈会。市住建委领导和区领导韩子荣等参加座谈。14日，召开城子CD地块九龙路房屋征收工作动员部署会。区领导韩子荣、张冰等参加会议，听取了房屋征收事务中心关于城子CD地块、九龙路腾退滞留户清退工作方案的汇报，并提出具体要求。14日，与市电力公司举行座谈。区领导韩子荣、市电力公司总经理参加座谈。听取了区高压线迁改情况的汇报，并就上岸110千伏输变电工程、S1先区域组团土地一级开发项目涉及的线路迁改、门头沟新城（东南部）架空电力线路整合工作等具体问题进行研究讨论。17日，戒台寺举行五百罗汉画册首发式活动。区领导参加活动。戒台寺主持妙友法师介绍罗汉堂有关情况并进行新书签送。20日，召开旅游主导产业融合发展领导小组工作会。区领导韩子荣等参加会议，听取旅游委关于区旅游文化休闲产业项目总体推进情况的汇报以及重点旅游企业关于项目落地情况的汇报。21日，与中信信托公司、中天宇阳公司领导座谈。听取了中信信托公司、军庄镇关于中信养老产业项目进展情况的汇报，区领导做工作部署。23日，与市燃气集团座谈。区领导、市燃气集团党委书记、董事长等相关负责人出席座谈会，并就西北热电中心燃气工程过境方案进行了研究。区领导一行参观了燃气运营调度指挥中心。24日，召开与思源集团座谈会。罗斌和思源集团董事长参加会议，并就思源集团投资事宜进行座谈。27日，与京能集团座谈。区领导、京能集团总经理出席座谈会。29日召开区防汛工作动员会。区领导、参加会议。区领导代表区政府与部分单位签订了防汛责任书并宣布上汛令。29日，召开与市供销合作总社座谈会。区领导和市供销总社党委书记、理事会主任参加座谈，并实地查看了陇上工业园、下苇甸村鞭炮库等地，双方就合作项目逐一进行了研究。31日，与世纪今创房地产公司举行座谈。区领导、世纪今创房地产公司总经理参加座谈，听取了世纪今创房地产公司关于河滩小商品市场地块开发建设情况的汇报。6月1日，召开城子CD地块、九龙路房屋征收滞留户清退工作会议。韩子荣、罗斌、张冰等区四大部门领导和京煤集团总经理参加会议，听取有关部门的工作汇报。7日，召开防汛工作紧急视频会。区领导出席会议，听取了区气象局关于全区总体降雨情况的汇报。19日，与北京思源理想控股集团有限公司举行签约仪式。区领导、北京思源理想控股集团有限公司董事长参加签约仪式，签订合作框架协议，北京思源理想控股集团有限公司、区石龙管委分别介绍合作基本情况。20日，与民生银行座谈。区领导、民生银行北京管理部副行长等相关负责人出席座谈会，双方就雁翅镇9123厂地块等项目进行研究部署。27日，与京投公司座谈。区领导等相关负责人出席座谈会，双方就下一步潭柘寺镇整体开发的相关事宜进行了探讨。7月5日，召开与特华投资公司座谈会。区领导韩子荣、区领导和特华投资公司董事长参加座谈。签订了战略合作协议。9日，与北京首城置业、华夏银行等企业领导座谈。区领导、首城置业总经理，华夏银行房山支行行长、新发展集团董事长等参加座谈。同日，与首钢总公司座谈。区领导等相关负责人出席，双方就鲁家山生物质能源项目建设、首钢汽车解体厂搬迁、高压线迁改等事宜进行研究。11日，与慧友房地产公司举行座谈。区领导、慧友房地产公司总经理参加座谈，并听取了慧友房地产公司关于新城滨河2号地块开发建设情况的汇报。18日，与华远地产公司座谈。区领导等相关负责人出席座谈会。同日，与安徽欣意电缆有限公司座谈。区领导、安徽欣意电缆有限公司董事长参加座谈。19日，与中信信托有限责任公司座谈。区领导、中信信托有限责任公司副总经理，中天宇阳公司总经理参加座谈。听取了中信信托公司、军庄镇关于中信养老产业项目进展情况的汇报。同日，召开与中航（门头沟）通用机场项目专题会。区领导、中航国际投资有限公司总经理，中航汇通公务机场投资管理有限公司总经理参加会议。听取了中航（门头沟）通用机场项目进展情况的汇报。26日，与中信产业基金、京投银泰公司座谈。区领导、中信产业基金CEO，京投银泰公司总裁等相关负责人出席会议，会上三方共同签订了战略合作协议。8月1日，召开金融工作座谈会。区领导、工商银行、北京银行等24家金融机构人员参加会议。7日，举行与国网北京市电力公司座谈会暨签约仪式。区领导韩子荣、国网北京市电力公司总经理、党委书记，京煤集团总经理参加仪式。14日，与人保财险北京市分公司举行签约仪式。区领导、人保财险北京市分公司总经理参加签约仪式，听取了人保财险北京市分公司汇报特色险种情况，区领导签署战略合作协议。23日，与道富基金管理有限公司举行签约仪式。区领导、道富基金公司总裁，北京新发展集团董事长参加签约仪式，签署战略合作协议。28日，举行与北京控股集团有限公司座谈暨签约仪式。区领导韩子荣、北京控股集团董事长、北控置业董事长、总经理等出席会议。9月2日，与万达集团举行座谈。区领导、万达集团中国北方及海外发展部副总经理参加座谈，听取了万达广场商业综合体相关情况的汇报。5日，召开与世茂集团座谈会。区领导、世茂集团执行董事、旅游总裁出席座谈会，听取了区国土分局、区规划分局关于长安街西延长线等拟入市地块有关情况的汇报。17日，与中东海湾集团座谈。区领导、中东海湾集团主席等相关负责人出席座谈会。19日，与中东海湾投资集团等企业举行签约仪式。区领导、中东海湾集团主席沙特班达王子及北京鸿坤雅枫置业公司等相关企业负责人出席签约仪式，会上签订战略合作协议。29日，与中建一局举行座谈。区领导、中建一局董事长、党委书记参加座谈，听取了中建一局集团关于城子大街和三家店改造项目进展情况的汇报，双方就具体工作问题进行了研究。10月18日，与北京光环新网科技有限公司举行签约仪式。区领导、光环新网领导等参加仪式。双方就在门头沟区的开发项目及发展思路进行了座谈，并签订了战略合作框架协议。25日，中信国安集团到区内考察。中信国安集团董事长，国奥集团董事长，区领导韩子荣等参加考察，实地查看了赵家洼地块，并通过门头沟区实景沙盘了解区规划发展重点。30日，与首钢集团座谈。区领导、首钢集团总公司领导等参加座谈，并就鲁家山项目相关问题进行协商。11月1日，召开与东方博特公司座谈会。区领导、东方博特公司董事长等出席会议，听取了东方博特公司拟建门头沟建材城、筹建《北京建筑装饰设计产业联盟》总部基地情况的汇报。4日，举行北京石油交易所股份有限公司与华通投资控股有限公司签约仪式。区领导等参加签约仪式。会上，签订了战略合作协议。8日，与京粮集团举行签约仪式。区领导、京粮集团领导参加签约仪式，会上，签订战略合作框架协议。18日，与北京市公联公司座谈。区领导、北京市公联公路联络线有限责任公司等相关负责人参加座谈，实地察看了长安街西延（门头沟段）道路工程施工现场，听取市公联公司关于长安街西延工程建设情况的汇报。29日，举行“清洁空气·为美丽北京加油”新闻通报会。区领导就落实清洁空气行动计划有关情况进行新闻发布并回答记者提问，新华社、中央电视台、北京日报等19家媒体参加新闻通报会。区政府与中国节能环保集团公司座谈会12月23日召开。区领导、中节能公司董事长、总经理等相关负责人参加座谈。听取了中节能公司的主营业务及发展情况、门头沟龙泉装饰砖公司产业转型及中节能门头沟低能耗绿建示范区建设情况的汇报。

（刘　畅）

【市领导调研、慰问、等活动】 1月7日，在妙峰山镇举行北京市人口计生系统“三下乡”宣传活动暨幸福家庭大讲堂启动仪式。国家人口计生委宣教司副司长，区领导出席启动仪式。与会领导在启动仪式上向区13个镇街捐赠了宣传设备及宣传品，并在启动仪式后分组对妙峰山镇贫困户进行送温暖入户慰问。2月2日，永定镇白庄子、东辛称股份经济合作社2012年度分红大会召开。市领导、市园林绿化局领导，区领导出席会议，并为试点村股东代表发放股份分红通知单。永定镇白庄子村党支部书记介绍了村分红方案，永定镇东辛称村股份合作社股东代表作了发言。4月10日，召开国家五部门联合督查调研组督查工作座谈会。国家宗教局、市宗教局领导参加会议。听取了区民政局、区旅游局的工作汇报。26日，市规划委主任带队到区内调研。与区领导韩子荣等实地查看了棚改安置房、苛萝坨等3个村安置房、永定楼、三家店地区的基本情况，观看了全区规划沙盘，听取规划分局关于全区规划工作情况的汇报。5月1日，市中小河道治理工作现场会在区内召开。市长王安顺、市委常委牛有成等实地查看了冯村沟河道治理情况，并召开了由各区县及有关部门负责人参加的座谈会，市水务局汇报了全市中小河道治理建设进展情况，各区县作了表态发言。区领导韩子荣等参加调研活动和座谈会议。13日，市领导到区内调研。实地查看了大峪中学分校、中航长力能源科技有限公司、中关村门头沟园。市政府副秘书长戴卫、市科委主任闫傲霜、市教委主任姜沛民，区领导韩子荣等陪同调研。区领导汇报区经济社会发展、中关村门头沟园建设及教育有关工作情况。16日，市发改委领导到区内调研。市发改委领导和区领导韩子荣等参加调研，实地查看了区公园建设、水环境治理、棚户区改造及安置房建设等城市建设情况，并听取了区发改委的工作汇报。15日，市防汛督导组检查区安全迎汛工作。市农委领导、市水务局总工程师和区领导实地查看了西峰寺沟、冯村沟下游河道治理和苇甸沟水库除险加固工程情况，并听取了区防汛工作准备情况的汇报。6月5日，组织开展突发地质灾害应急转移演练。市国土局领导，区领导韩子荣等以及相关单位负责人观摩指导了雁翅镇河南台村突发地质灾害应急转移演练工作。同日，水利部、财政部到区内检查水务工作。水利部领导对中门寺沟道治理工程、门城湖及黑河沟治理、永定镇南区生态清洁小流域建设等工程建设情况进行检查。6月17日，市领导到区内调研。与市有关部门领导，区领导韩子荣、京煤集团总经理等，赴大台地区实地察看了区防汛、危房改造、河道清障及违法建筑拆除等工作情况。在随后召开的座谈会上，听取了区领导关于区防汛及经济社会发展等重点工作情况的汇报。26日，驻京中外企业门头沟行暨项目签约仪式在区内举行。市投资促进局领导，区领导罗斌、张冰等及480余家驻京中外企业参加活动。门头沟区分别与中国中铁股份有限公司、京西龙泉文化发展有限公司、JP环球投资（香港）有限责任公司、华能碳资产经营有限公司、深圳市华铁文化科技投资有限公司、中信产业投资基金管理有限公司6家企业现场进行签约，签约协议金额达227亿元。7月3日，全国妇联主席沈跃跃到区内调研妇联工作。区领导韩子荣等陪同调研。5日，区第八届京西人口文化节开幕。市人口计生委领导，区领导韩子荣等出席开幕式，市区领导为“幸福家庭”DV大赛获奖人员颁奖、为深山区0-3岁贫困独生子女家长代表赠送了“百名山里娃人生第一照”相册。11日，国务院安委会督查组到区内进行安全生产督导检查。督察组对区内及京煤集团落实国务院安全生产大检查工作情况进行督导检查。12日，市地税局局长带队到区内调研。地税局、区领导等实地查看了区城市建设情况，并听取了区发改委、地税局关于区经济发展情况和区地税工作情况的汇报。20日，市水务局局长带领市防汛督查组到区内检查防汛工作。区领导等陪同检查。实地查看西峰寺沟、冯村沟、龙泉湾工程建设进展情况，听取了区防汛工作落实和水利治理进展情况的汇报。22日，全国政协视察团到区内调研医改工作。全国政协副主席马飚与视察团成员一同对区公立医院改革工作进行实地调研。区领导韩子荣等陪同调研。会议由韩子荣主持。区领导汇报了区公立医院改革的基本情况，区医院以及凤凰医疗集团汇报了区医院运营及凤凰医疗集团的基本情况。委员们就如何更好地推进区公立医院改革提出了意见建议。23日，区政府与市市政市容委座谈。市市政市容委主任，区领导等参加座谈，双方就鲁家山生物质能源厂供电施工问题进行研究，并达成共识。8月8日，召开银监局领导门头沟区调研座谈会。银监会副主席、北京银监局局长阎、区领导韩子荣以及相关银行代表等出席会议。区棚改中心汇报了区棚户区改造情况，市国土局土地储备中心、市住保办、市金融工作局分别作了讲话，相关银行代表分别作了发言。12日，市领导到区内调研农村能源结构调整工作情况。区领导参加调研，实地察看了妙峰山镇液化气站配送、供给，樱桃沟村农户家庭使用石油液化气生活能源和太阳能供暖，下苇甸村农户使用优质燃煤替代情况及抗震节能改造，以及妙峰山镇惠民型煤供销网点型煤储存、配送、销售情况。在随后召开的座谈会上，听取了关于区农村能源结构调整工作总体情况及下一步工作计划的汇报，并与区政府及有关职能部门、人大代表、政协委员、村民及企业代表进行了座谈。19日，市食品药品监督管理局领导带队到区内调研。区领导韩子荣等参加调研，双方就区食品药品监督管理局筹建工作进行讨论。20日，召开市“减煤换煤、清洁空气”行动现场会。市领导、市农工委领导、区领导韩子荣、市政府有关部门及各区县主管领导参加现场会，实地察看了妙峰山镇液化气站配送、供给，妙峰山镇惠民型煤供销网点型煤储存、配送、销售情况。在随后召开的座谈会上，观看了区“减煤换煤、清洁空气”行动工作专题片，门头沟区、朝阳区、昌平区做了典型发言。21日，召开APEC低碳城镇发展暨模式创新研讨会。区领导出席会议，国务院参事、工信部国际中心主任、国开行研究院副院长等与会人员分别作了发言。9月4日，国土部地环司到区内开展党的群众路线教育实践活动。中央国家机关工委副书记，国土资源部地质环境司司长，市国土局局长和区领导参加实践活动，到区清水镇达么庄村泥石流隐患点检查区镇村三级地灾防治监测网络运行情况，随后到斋堂镇川底下村民俗古村落学习考察，最后参观了斋堂镇马栏村晋察冀挺进军司令部旧址。10月16日，市领导到区内调研医改工作情况。区领导陪同调研，实地查看了区中医医院、区医院，听取了区关于公立医院改革及凤凰医疗集团参与医改有关工作情况的汇报。11月12日，举办北京大学汇丰商学院EDP同学会投资门头沟行活动。市投资促进局领导，区领导韩子荣等和相关企业家参加活动。部分企业家与区有关部门就具体项目进行了研讨。

（刘　畅）

【政府决策工作】　年内，落实《党政机关公文处理工作条例》，强化公文办理工作统一、规范、优化、保密性要求，精简文件简报，减少发文数量，强化政府重大行政决策和行政规范性文件合法性审查，公文处理科学化、制度化、规范化水平进一步提高。年内共制发公文890件，办理批示件收文2910件，批示件转文8200余件次，处理传阅件380件，处理各类信件1900余件，处理各类信息简报2.5万余件，文件归档工作全部完成。组织文字材料撰写工作，完成政府工作报告、领导讲话等各类材料近300篇。报市信息数量稳步增长，被《昨日市情》采用215条，获市领导批示10条。《昨日区情》出刊261期，区领导批示40余条，办结率100%。精简会议活动，做好会议组织、服务工作，组织区政府常务会、区长办公会、区政府专题会、座谈会、领导调研等各类会议活动320余次。

（刘　畅）

【督查工作】 年内，编制完成《2014年目标管理任务书》、《2014年为民办实事项目任务》。全年共督察重点工程、重点工作事项1500项，其中市政府折子工程85项、区政府目标管理任务书458项、其他重要事项167件，处理群众来信316件。高效办理领导批示289件，办复率达100%。

（刘　畅）

【综合联络工作】 年内，办理全国政协委员提案1件，北京市人大代表建议、政协委员提案14件，办理门头沟区人大代表建议、政协委员提案241件，办复率100%。协助组织区人大、政协检查视察及各类会议20余次。

（刘　畅）

【应急指挥工作】 年内，应对年度10起突发事件。出台《门头沟区野外登山走失人员搜救暂行办法》。推进风险管理体系建设，启动全区风险源普查工作，开展各项检查56次，建立区2013年防汛安全隐患台账，新建王平镇湿地公园应急避难场所。加强应急管理宣教培训，提高公众应急意识与技能。加强应急队伍管理，开展各类应急演练154次。

（刘　畅）

【综合保障工作】 年内，贯彻落实《政府信息公开条例》，主动公开各类政府信息1129条，受理政府信息公开申请57件。做好机关大院17个单位的财务管理，被评为政府财务决算优秀单位。制定《门头沟区政府改进工作作风优化发展环境实施意见》、《门头沟区局级领导干部公务用车使用管理办法》。

（刘　畅）

法制工作

【概况】 年内，法制办在区委、区政府的领导下，贯彻《国务院关于加强法治政府建设的意见》和《北京市人民政府关于加强法治政府建设的实施意见》，组织依法行政专题研讨班，开展行政处罚执法案卷评查，依法受理行政复议案件，加强行政应诉工作，加强行政规范性文件审核工作，推进了法治政府建设。

单位名称：北京市门头沟区人民政府法制办公室
地　　址：北京市门头沟区新桥大街36号
电　　话：69843642
邮　　编：102300

（李　娟）

【行政执法资格考试】 8月28日，组织门头沟区2013年度行政执法资格考试，全区172名行政执法人员参加了考试，除1名人员不及格外，其余人员全部合格。

（李　娟）

【行政处罚案卷评查】 9月12日，组织全区行政处罚案卷评查，抽查了10个行政执法部门的20本案卷，评查结果全部优秀。

（李　娟）

【依法行政专题研讨班】 9月16日至18日，组织为期3天的领导干部依法行政专题研讨班，全区共100余名处级干部参加了研讨班。联合区法院、区人力社保局共同组织全区60余家单位近200名主管领导及执法人员旁听一起行政案件的庭审。11月12日，组织全区第二期领导干部依法行政专题研讨班，共有70余名处级领导干部参加，业内专家分别就《规范性文件备案》、《行政调解》、《城乡规划法》和《行政应诉指导》等课题，进行了讲解。

（李　娟）

【召开镇、街依法行政工作会】 11月15日，组织全区各乡镇、街道办事处召开镇、街依法行政工作会。13个镇、街分管领导参加会议。会上主要围绕《门头沟区加强镇政府（街道）依法行政工作意见》展开讨论，提出了工作要求明确了工作任务。

（李　娟）

【落实领导会前学法制度】 年内，制定《门头沟区政府2013年度学法计划》，区政府常务会上学习了《北京市食品安全条例》、《北京市大型群众活动安全管理条例》等12部法律法规。

（李　娟）

【行政复议案件审理】 年内，受理行政复议案件17件，比上一年同期增长21%，审结案件16件，通过撤回申请、和解、调解等方式间接纠错5件，纠错率达31%。接待群众有关行政复议方面的咨询300余人次。

（李　娟）

【行政调解工作】 年内，成立了行政复议调解接待中心，配备了行政调解专职人员，初步形成了行政调解新机制。印发了《行政调解工作手册》，组织召开了全区行政调解工作经验交流会，对推进全区行政调解工作进行了部署。

（李　娟）

【文件审核】　年内，审核政府部门的规范性文件、涉法文书以及强制措施，出具法律意见共78件。其中，协议38件，通告、公告21件，规范性文件及其他文件19件；向市政府法制办备案行政规范性文件11件；反馈法规规章征求意见12件。

（李　娟）

【规范性文件清理】　年内，开展规范性文件清理工作，共清理文件56件，其中保留53件，拟修改1件，废止2件。

（李　娟）

【行政处罚情况统计】　年内，全区44个具有行政处罚职能的部门，作出行政处罚决定13.02万起，罚没金额3120万元，较2012年上升5.94%。

（李　娟）

【依法行政调研报告】　年内，法制办对国务院《纲要》实施以来依法行政工作的开展情况及存在的问题进行总结和分析，完成了《门头沟区人民政府依法行政调研报告（2004－2012）》。

（李　娟）

【改革推进依法行政文件】　年内，法制办起草了《门头沟区2013－2015年依法行政工作纲要》、《门头沟区人民政府2013年全面推进依法行政工作要点》、《关于门头沟区行政复议工作规范化建设实施方案》和《北京市门头沟区人民政府关于加强镇政府（街道办事处）依法行政工作的意见》，由区政府下发全区，指导全区推进依法行政工作开展。

（李　娟）

人力资源和社会保障

【概况】　年内，在区委、区政府的领导和上级部门的指导下，人力社保系统围绕“落实‘三个优化’，多办利民实事”，以“为民、务实、清廉”为目标，促进就业，推进覆盖城乡全体居民的社会保障体系建设，加大人才引进力度，推进人事制度和机关事业单位体制机制改革，构建和谐劳动关系，加强机关内部建设，为全区经济社会发展提供有效的社会保障和人才支持。始终坚持党管人才原则，坚持把服务区经济社会发展作为人才工作的根本出发点和落脚点，注重人才引进、人才培养，大胆探索人才工作新机制，为经济社会发展提供坚强的人才保证。

单位名称：门头沟区人力资源和社会保障局
地　　址：门头沟区滨河路18号
电　　话：69842701
邮　　编：102300

（张　董）

【就业工作】　年内，城镇登记失业人员总量为1.2万人，全区城镇新增就业9688人，失业人员就业7631人，就业困难人员实现就业4518人，农村劳动力转移就业1336人，城镇登记失业率为4.34%。消除“零就业家庭”149户163人，申请市区两级社区公益性就业组织专项补贴共计7634.5万元。发放小额担保贷款82万元，实现创业95人，带动就业219人。

（张　董）

【就业政策体系】　2013年，为统一促进城乡就业政策，扩大了岗补、社补范围，提高了补贴标准，延长了补贴期限。制定《关于调整门头沟区鼓励用人单位招用本区城乡劳动力岗位补贴和社会保险补贴政策有关问题的通知》，用人单位招用区内农村劳动力可享受最长5年，每人每年约1.5万元的补贴；出台《关于调整门头沟区城乡劳动力跨区就业补贴标准的通知》，从2013年起，实现跨区就业人员每人每月就业补贴由100元提高至200或300元，已惠及705名城乡劳动力；实施《享受失业保险待遇人员退费规程》，规范失业人员退费流程，保障了失业保险金的安全；下发《门头沟区社区公益性就业组织资金结余分配方案》和《关于社区公益性就业组织管理岗位设置的实施方案》，规范了公益性就业组织资金使用和岗位管理。

（张　董）

【就业服务体系逐步健全】　年内，将就业服务向基层延伸，加大基层平台建设力度，投入80万为全区97家劳动保障工作站更换计算机、打印机等硬件设备；延伸职业介绍服务网络，在全区52个社区村已开通职业介绍网络的基础上，年内又为23个社区、村开通职业介绍子系统，市、区、街镇、社区村四级服务建设占到全区社区、村总数的30%；加强网络平台建设，投入184万开发“门头沟区基层城乡劳动力信息服务系统”，强化了对全区失业人员的基础管理和信息统计，录入人员信息15.97万条，占全区户籍人口数的65%；加强基层工作人员队伍建设，将协管员和村官纳入政策、业务培训范围，对509名社保所和工作站的基层工作人员开展业务轮训。同时，将全区147名社保所工作人员的工资收入纳入工资规范管理。

（张　董）

【开发就业岗位方式逐步多元化】　年内，结合区域功能定位，以"一湖多园"工程和沟域经济建设为重点，开发绿色就业岗位300个，安置城乡劳动力354人；共搜集用人单位空缺岗位10491个，为4117名各类求职登记人员办理了求职登记手续，为13289人次的各类求职人员提供了职业指导帮助；通过网络发布就业岗位信息，通过发布微博提供岗位2440个，通过发送短信提供岗位2192个；通过与其他区县开展"手拉手"的活动，挖掘就业岗位5368个；通过开展"就业援助月"、"春风行动"、"民营企业招聘周"等专项活动，提供2000余个空缺岗位，促进700余名农村劳动力实现就业。

（张　董）

【提升职业技能培训质量】　年内，围绕区域主导产业、组织技能培训，为产业对接区域发展，优化资源配置提供了支撑。开展针对性培训，分别针对民俗接待经营者、残疾人群体、驻区部队转业军人等不同人群，开展形式多样、各具特色的职业技能培训。转变方式，开创校企结合新模式，与清水镇彩艺星空工艺品有限责任公司、洁利友家政公司等企业合作，使培训后合格的学员可以及时就业。突出教育与产业对接，委托北京第二外国语学院旅游学院，针对区城镇旅游休闲文化产业开展实际调研工作，为下一步职业技能培训发展探索方向。深化职业技能鉴定体系改革，完成"退所转职"任务。推进企业在职职工、失业人员、农村劳动力等各类人员培训，年内共开展各类培训班58期，培训各类技能人才2763人。

（张　董）

【扩大政策覆盖范围】　年内，新增社区医保报销药品224种，报销范围扩大到1435种，满足老年病、慢性病、常见病患者的迫切需要；心脏移植、肺移植术后抗排异治疗也纳入了门诊特殊病报销范围，每年为患者人均减少6万元医疗费；尘肺病和截瘫职工的定额付费标准也提高了20%；同时，企业退休职工基本养老金、最低工资、失业保险金、工伤职工伤残津贴及城乡居民基础养老金、福利养老金标准平均增长10%左右。年内共认定工伤2501人，进行工伤鉴定2920人次。

（张　董）

【提升服务水平】　年内，在全市率先实现"社保业务下沉全覆盖"，将更改定点医院、查询个人缴费信息、灵活就业减员、补办社保卡等业务下沉至社保所，为区居民及深山区群众提供便利。推进社保中心网上申报业务，向参保单位提供快捷、便利的社会保险申报服务，网上申报开通率达到73%。通过"人保政策百村行"、社保大讲堂等方式，为区13个镇街居民及入区企业进行《社保法》、社保相关政策解读及培训，累计发放宣传材料1.5万余份，培训相关人员12次。配合龙泉、永定地区的拆迁工作，解决近3000名农转居人员的档案寄存、补缴保险和档案转移问题。

（张　董）

【管好社保基金钱】　年内，结合廉政风险防范管理加强基金监管，制定《门头沟区审批特殊工种管理办法》、《门头沟区转移接续工作制度》和《门头沟区社会保险待遇支付管理办法》，从制度上对基金的运行进行规范。制定"基金监督要情，月报告管理制度"，每月按时上报基金的运行情况，如遇特殊情况，随时进行报告。同时，强化医保基金监管，二级以上医疗机构全面实行总额预付制度；每月召开医疗保险总量控制指标工作会，发放费用控制指标完成情况；加大费用审核、数据分析和监督处罚力度，控制费用不合理支出。

（张　董）

【聚才引智机制不断完善】　年内，以引进高端、紧缺、急需人才为重点，先后与首都师范大学、首都医科大学等各大院校毕业生就业指导中心对接，初步建立"学校——毕业生——用人单位"三位一体的专业人才预选机制，发布区人才招聘信息，引进人才。同时，申请成为"高端领军人才职称评审直通车试点"之一，对于符合条件的专业技术人才，进行破格评审，特事特办，一人一议，畅通人才引进渠道。引进非京籍毕业生127人，引进外埠高级人才16人。

（张　董）

【丰富人才培养方式】　年内，不断完善人才培养方式。在大学生村官培养方面，对15名大学生村官进行免费创业培训。在专业技术人才队伍建设方面，实行专业技术人员继续教育情况年报制度，确保年度参加继续教育学时不少于72学时；公共知识培训实现事业单位专业技术人员全覆盖；举办市级旅游产业发展高级研修班，培训旅游产业带头人39人；制定专业技术人才继续教育目录和计划，实际参学率达到100%。

（张　董）

【提高人才服务水平】　年内，组织完成各类人事考试19项，服务考生3.04万人次；重新更新区人才中心网站上工作居住证业务指南，增加个人年检模板、房屋借住证明模板、诚信声明和工作居住证系统操作流程等附件，方便办事人员查询使用，受理《北京市工作居住证》申请254件，为614人缴纳各类社会保险；安置军转干部11人，受训率达到100%。

（张　董）

【人才工作】　年内，录用公务员223人，提前启动2014年公务员考录工作，根据市局对生态涵养区县的倾斜政策，适当放宽部分职位招考条件，吸引更多优秀人才报考，发布招录职位75个，1331人报名，1079人通过资格审核。进一步完善科级干部竞争上岗统一笔试工作，组织全区2013年科级干部竞争上岗统一考试，及格率58.23%。科级领导竞争上岗率达100%，全年共有329人次通过竞争上岗方式，陆续走上领导岗位。同时，在事业单位公开招聘中，改进教育、卫生专业技术岗面试方式，使成绩更加科学、公平、合理。稳步开展事业单位公开招聘工作，全年共招聘264人。

（张　董）

【增加公务员培养方式】　年内，公务员培养工作实现两手抓，一手抓理论学习，一手抓实践锻炼。抓理论学习，将公务员职业道德纳入培训课程，并开展入职宣誓活动；制定《门头沟区干部在线学习管理办法（试行）》和《门头沟区干部在线学习管理实施细则》，实现全区2344名公务员、参照公务员管理人员在线学习全覆盖。抓实践锻炼，与组织部共同制定《门头沟区科级干部轮岗交流工作实施意见》，重点对从事执纪执法、干部人事、审计、项目审批和资金管理工作的，在同一职位任职满6年的以及其他在同一职位任职满8年的科级干部进行交流。

（张　董）

【完善工作】　年内，修订完善2012年绩效考核办法，与市政府绩效考核办法对接，对考核条目及部分内容进行调整，完成2012年全区绩效考核和个人年度考核工作。深化机关事业单位工资收入分配改革。调整机关、事业单位离退休人员补贴标准；发放公务员区县保留津贴，加大机关福利保障力度；增加事业单位绩效工资总额，规范发放项目和标准，提高事业单位人员工资待遇。

（张　董）

【提高劳动监察执法效能】　年内，根据区建筑企业的欠薪案件发生率与情节轻重，确定重点监控企业，将29家企业列入重点监控范围。年内，通过采取日常巡查、专项检查、联合执法检查等多种方式，规范辖区用人单位劳动用工管理。共检查用人单位2784户（次）；受理群众来访咨询举报452件，立案查处95件，比上一年同期减少50.3%，结案率100%；为1034名劳动者追欠工资757.12万元，其中为1018名农民工追欠工资754.08万元；处理突发事件12起，涉及农民工589人；督促用人单位为140名劳动者补签劳动合同。

（张　董）

【化解矛盾纠纷】　年内，局推进劳动合同制度实施，完善小型、非公企业劳动合同签订情况调查制度，区属受监控城镇企业劳动合同签订率100%，续订率为95.8%。推进集体合同签订，落实《门头沟区关于推进工资集体协商签订集体合同工作的意见》，全年审核备案集体合同857户，涉及职工50952人。区内成立基层劳动争议调解组织85家，通过和解、调解等方式，最大限度地把劳动争议解决在基层。并制定下发了《关于建立企业、事业单位劳动人事争议调解组织的工作意见》。全年受理劳动人事争议案件400件，结案率99.25%，调解率49.87%。

（张　董）

【研究重点领域体制机制创新】年内，提出了理顺街道工作体制、完善运行机制、推进“大部门制”改革、提供机构编制保障等相关改革意见；对区财政供养编制外人员进行调研，提出源头调控编制外人员总体规模，调整整合重复设置岗位，分类逐步纳入规范管理等具体措施。

（张　董）

【推进事业单位分类改革】　年内，区编办制定并提请区委区政府印发了区事业单位分类改革的相关配套文件，建立健全了区事业单位改革领导组织框架，明确各相关部门的工作任务，开展相关业务培训。在工作中不断优化事业编制资源的使用，系统梳理事业单位职能，健全完善了区住房保障服务工作体制，搭建区新农村建设和生态产业发展服务平台，完成教育、科技、园林等工作部门所属部分事业单位的调整重组工作，推进经营类事业单位转企步伐，完成了钻井队等四家经营类事业单位的转企改制，调整盘活事业编制172名。

（张 董）

【领导慰问】 1月29日，区领导等带领区人力社保局、区工会等相关领导到东辛房葡萄园社区慰问区失业人员代表。

（张 董）

机关事务管理

【概况】 年内，在区委、区政府的领导下，坚持邓小平理论和“三个代表”重要思想，认真学习贯彻党的十八大及两会精神，围绕区委“落实‘三个优化’，多办利民实事，全力建设国家生态文明示范区”的工作主题，加强五型机关党组织建设，将党建工作与日常实际工作相结合，贯彻实施《机关事务管理条例》，推动中心工作科学发展。

单位名称：北京市门头沟区机关后勤服务中心
地　　址：北京市门头沟区新桥大街36号
电　　话：69829929
邮　　编：102300

（史宝倩）

【安全保卫工作】 7月，举办消防安全知识讲座，完成机关各部门的消防知识培训及消防器材的使用演练。新增监控探头13个，对所有监控设备设施进行维护和保养。

（史宝倩）

【美化和绿化工作】 年内，对机关大院15683平方米绿化带进行补栽、修理、完善工作，对大院7棵松柏树进行集中更换；铺设大麦草80余平方米，并协调相关单位使用吊车栽植、修剪树木。

（史宝倩）

【维修与保障工作】 年内，进行电效改造，解决院内用电量大、负荷过高等问题；对政协办公楼损毁电缆及附属设施进行更换，解决多次断电问题；区政府信息公开指挥中心楼建成后，对相关单位办公用房进行调整；完成新址办公楼增设技防设施；对办公楼全自动热水器进行全面检查。对院内会议室、办公室等多处设施进行维修；将原信访大厅改造或独立办公室并进行粉刷、布线，同时对大院护栏进行粉饰。

（史宝倩）

【机关食堂工作】 年内，邀请区卫生防疫站领导对机关食堂全体员工进行知识讲座和现场指导，严格《食品安全法》的贯彻落实。

（史宝倩）

【车辆管理工作】 为保证机关大院车辆进出畅通、停放有序，颁布《区政府大院车辆〈通行证〉使用管理规定》。

（史宝倩）

群众性精神文明创建活动

【概况】 年内，区精神文明建设工作以党的十八大精神为指导，按照首都文明办整体部署，围绕区委、区政府中心工作，以社会主义核心价值体系建设为主线，以建设国家生态文明示范区为主题，以各类文明活动为载体，为加快推进现代化生态新区建设提供精神动力和道德支撑。

单位名称：北京市门头沟区精神文明建设委员会办公室
地　　址：北京市门头沟区新桥大街36号
电　　话：69843219　69867324
邮　　编：102300

（王建玲）

【公共文明建设】 1月9日至14日，对区开展公共文明引导行动的9个公交站点、6个城市公园及BRT4快速公交沿线进行巡查，对检查中发现的问题进行通报整改。21日，开展“文明礼让出行，畅通美丽北京”志愿服务推动日活动。区交通支队、文明办等单位联合组织民警、交通协管员、公共文明引导员及志愿者40余人，在河滩、区政府、双峪环岛等市级示范路口维护交通秩序，发放宣传材料500余份，劝阻闯灯越线等不文明行为46起。2月5日，召开公共文明引导年度工作会，新桥站组、双峪站组等5个站组荣获区级优秀文明引导站组称号，其中17人被评为区级优秀文明引导员。

（王建玲）

【开展“变废炫宝”活动】 1月15日，区文明办、区市政市容委等单位联合开展文明之家·品位生活——“变废炫宝”创意作品征集大赛，拉开了区“文明之家·品位生活”系列活动的序幕。4月11日，区委宣传部、文明办、市政市容委、妇联在城子街道市场街社区举办“推进生态文明·多彩变废炫宝”创意作品展暨垃圾分类成果展示现场会。此次展览分为绘画、实物、展板三个展区，共收到全区各单位、社会组织及市民群众报送的麦秸、废旧石料、废旧纸张、废旧棉布、废旧饮料瓶类等参赛作品570件，中小学生环保绘画作品137件。

（王建玲）

【春风慰问活动】 1月22日，首都文明办到区内开展“三下乡”春风慰问活动。市、区领导共向雁翅镇10户困难家庭送去社会捐助款2万元及慰问品，向学校捐赠图书3000余册，赠送毛绒玩具300余件。

（王建玲）

【“十大好人”评选活动】 1月30日，在区影剧院举办“身边的感动——2012年度‘门头沟十大好人’颁奖典礼”。骆笑然、王淑霞、王腾刚、崔亮亮、陈来云、韩增会、李平、黄长存、徐志刚、蔚飞当选2012年度“门头沟十大好人”。

（王建玲）

【宣传活动】 2月，进行“新家园新生活”主题宣传活动。利用四种宣传形式倡导“棚改新家新生活”：一是张贴宣传画。二是组织文艺演出。三是播放公益广告。四是开展主题宣讲。以市民学校，市民大课堂为阵地，组织文明使者宣讲团开展“身边文明我来讲”活动，引导市民文明入住、文明生活。6月28日，在石门营新区，开展“七一颂党恩·新家园新居民新梦想”专场文艺演出。门城棚改新区镇街、社区党员干部及石门营新区居民近千人观看演出。9月，向全区酒店餐厅、景点饭店、机关单位、学校及驻区部队食堂等发放“文明就餐”宣传牌三类6000个，并要求各相关单位在节前做好桌牌的摆放工作，提示广大市民将“光盘行动”进行到底。

（王建玲）

【“学雷锋”志愿活动】 3月5日，区内开展学雷锋活动。一是开展“雷锋就在身边，共享美好家园”环境整治高潮日活动。机关干部、部队官兵，工青妇、文明引导员、义工联志愿者等近500人到龙门地区棚改安置区清理白色垃圾约2000公斤。二是全区各村居、党政机关、社会团体、企事业单位开展城乡清洁志愿活动。三是各街道社区举办让志愿走进生活“学习雷锋　为民服务”志愿服务推动日活动；四是在公园举办“雷锋就在身边”自编文艺演出宣传活动；五是在社区农村、公园广场广泛开展健康知识讲座、义诊咨询等送温暖、送法律“五进十送”活动；六是卫生系统、驻区部队到敬老院、光荣院举办“让爱传递”主题活动。此次活动全区参与人数万余人次。

（王建玲）

【“我们的节日·清明”系列活动】 4月1日，为倡导文明低碳祭扫新方式，推广生态、环保、文明、节俭新观念，引领“绿色清明，文明祭扫”新风尚，区文明办推出“我们的节日·清明”系列活动。

（王建玲）

【创建活动工作】 4月19日，在全区214家单位中开展创建“人民满意的基层站所、服务窗口示范点”创建活动。从2013年4月持续至2014年4月，重点围绕队伍建设、环境建设、制度建设、作风建设、优质服务等六方面，通过动员部署、自查自创、自评申报、考核评审、总结表彰、交流学习六个阶段，打造一批“环境舒适、办事规范、廉洁高效、服务一流、群众满意”的基层站所、服务窗口。

（王建玲）

【文明引导员专业业务培训】 4月27日，举办公共文明引导员培训班。采取集中授课的形式，邀请区交通局、旅游委、园林局、交通支队及红十字会的专业人员，重点讲授区新开通公交环线、主要旅游景点及门城地区重点公园建设情况，并针对“交通安全知识”、“公共场所意外伤害应急处理”开展专题培训及岗位技能训练。全区70名公共文明引导员参加培训。9月5日，举办了公共文明引导员培训班，重点围绕服务规范及服务技能进行了专业培训。培训班上对公共文明引导工作进行总结，并对下一阶段工作进行部署。

（王建玲）

【“永远的雷锋”主题巡展】 4月23日至5月3日，历时10天在博物馆举办的“永远的雷锋”大型主题巡展闭幕。期间，先后组织社区专场、农村专场、部队专场、志愿者专场及学生专场等，并安排“十大好人”宣讲团代表现场讲述身边的雷锋故事。共有1万余名市民群众参观展览，观众留言362条，现场报名学雷锋志愿者541人。文明引导员向市民发放《好人故事　身边雷锋》图书光盘1000余册。

（王建玲）

【未成年人教育工作】 5月17日，区检察院未成年人检察处与文委、教委、团委、文明办、公安分局等部门联合，在图书馆成立扬帆义工培育基地，使涉罪未成年人在社会劳动和知识相伴的人文环境中重塑自我。6月20日，区内召开关心下一代工作未成年人工作推进会，对暑假期间发挥校外辅导员的作用进行专题研讨。文明办、教育关工委分别介绍了2013年区未成年人思想道德建设工作要点和校外辅导员活动情况。

（王建玲）

【召开垃圾减量分类工作推进会】 6月5日，区文明办、市政市容委、环保局联合召开2013世界环境日暨棚改新区“垃圾减分”工作推进会。区社工委、相关镇街主管领导、宣传干部、环保执法队员、绿袖标引导员、居民代表及文明引导员共300余人参加。

（王建玲）

【宣讲活动】 6月至7月，围绕学习宣传党的十八大精神，在全区文明引导员中开展宣讲活动。最终将评选出优秀宣讲稿件及宣讲员参加全市巡回宣讲。7月5日，区“好人故事·身边雷锋”宣讲活动，在区工会举行。人大代表、政协委员以及各窗口单位机关、街道社区选派的代表近300人参与宣讲。18日，区公共文明引导员宣讲团5名成员分别做了《有这么一群人》、《葡山——我圆梦的摇篮》、《有梦的人是快乐的》、《引导员的梦》和《让站台成为一道美丽的风景线》主题宣讲。宣传部、文明办、公共文明协调办领导和全体公共文明引导员及义工联义工100余人参加报告会。19日代表区参加全市宣讲比赛。12月3日，北京市“清洁空气　绿色出行　蓝天行动”公共文明引导员宣讲团郊区组到区开展巡回宣讲活动。

（王建玲）

【“文明引领　绿色创建”活动】 7月19日，“文明引领——绿色创建活动”启动仪式在大峪德露苑社区立思辰公园举行，标志着区“绿色单位、绿色社区、绿色农村”创建活动全面启动。

（王建玲）

【《您离文明有多远》专栏】 7月24日起，在京西时报设立《您离文明有多远》专栏，特聘区摄影爱好者作为文明监督使者，聚焦社会公共场所的不文明现象。

（王建玲）

【“军民唱响中国梦”活动】 7月30日，区“军民唱响中国梦”演唱活动在区影剧院举行，驻区部队官兵与地方共建单位同台纵情唱响“中国梦”。在动员部署、组队报名、初赛预选的基础上，共有8支共建对子近千人参与。

（王建玲）

【乡情村史陈列室工作】 8月，文明办一行先后到潭柘寺镇桑峪村、龙泉镇琉璃渠村、清水镇燕家台村、斋堂镇马栏村、王平镇西王平村等地进行调研，加快各镇乡情村史陈列室的建设。8月16日，区乡情村史陈列室建设工作现场会在军庄镇香峪村召开。香峪村建成了区第一个乡情村史陈列室。

（王建玲）

【召开社区文明建设工作会】 8月23日，区文明办牵头召开社区文明建设工作会，就门城新建社区、棚改新区的精神文明创建活动及宣传阵地建设等相关工作进行安排部署，社工委、妇联、计生委及街道四办、门城两镇的主管领导参会。

（王建玲）

【“垃圾文明一日行”主题活动】 9月，以第四届“北京国际山地徒步大会”为契机，精心策划“公共文明　生态环保”主题宣传活动，设计制作1500个“文明走京西　勿乱扔垃圾”主题背包，向组委会、参赛选手、学雷锋志愿团队、公共文明引导员发放。

（王建玲）

【“游门头沟　看万山红遍”主题活动】 10月11日，区“游门头沟　看万山红遍”主题作品有奖征集活动颁奖仪式在永定楼广场举行，区领导，文联所属各协会代表、部分获奖嘉宾以及大峪街道、城子街道居民共500余人参加活动。

（王建玲）

【“10.22公共文明推动日”活动】 10月22日为全市公共文明推动日，区公共文明引导员在完成早高峰文明引导服务后，主动延时开展志愿服务及公共文明创建活动。

（王建玲）

【创建考评工作】 年内，开展“绿色单位、绿色农村、绿色社区”创建考评工作。11月4日至5日，区文明办联合全区9个系统组成3个考评组，分别对各系统申报的15个绿色单位、10个绿色农村和6个绿色社区进行实地考评。

（王建玲）

【首都文明办领导到区调研】 11月14日，首都文明办领导到大台中心小学、北京实验二小永定分校，对区乡村少年宫建设运行情况进行调研。听取了两所学校校长关于乡村少年宫建设运行情况的汇报，查阅相关档案资料，实地参观了学校校园、专业教室等，并对文体器材配备情况进行检查。

（王建玲）

【考察“道德讲堂”建设工作】 11月15日，区领导带领文明办实地考察通州区精神文明“道德讲堂”建设工作。听取了通州区文明办关于“道德讲堂”建设的总体情况，并围绕“道德讲堂”建设的主要内容、形式流程、具体类别、活动频次等进行座谈。

（王建玲）

【召开志愿服务活动研讨会】 11月21日，区领导主持召开了区志愿服务活动研讨会，宣传部、文明办、工会、等单位主要领导参加会议。

（王建玲）

【百姓好故事征集活动】 11月，区2013年度“身边感动”百姓好故事征集活动结束。共收到全区各镇街、单位报送稿件374篇，有37个好故事入围，这些故事通过《京西时报》分三个季度，以特刊的形式进行了集中刊登。

（王建玲）

【主题教育实践活动】 12月5日是“国际志愿者日”。为响应全市“清洁空气蓝天行动”由区文明办牵头，在永定楼广场举办生态京西·绿色屏障“清洁空气蓝天行动”主题教育实践活动启动仪式。

（王建玲）

档案史志工作

【概况】 年内，贯彻党的“十八大”精神，落实“三个优化”，以投身全区棚户区改造拆迁工作为中心，以提升档案服务能力为动力，改作风、树形象。以贯彻落实党的“十八大”精神为主线，创建“五型”机关，开展“找差距、改作风、树典型”活动。积极响应按照区委、区政府号召，参与城子CD地块和九龙路棚户区改造拆迁滞留户腾退工作。通过北京市档案局关于“十二五”中期档案工作完成情况专项检查。围绕新农村建设档案测评、机关档案测评，水务普查档案、社保档案检查验收工作，深入基层重点开展档案监督与指导。不断加强对区域内建设工程项目档案管理和业务指导工作，在全区范围内开展档案行政执法检查工作。在开展基层档案员培训的基础上，通过政府常务会“会前学法”，向区政府领导及各单位一把手开展档案宣传。共指导186次，接待来人来电297起次，完成各类培训14次380人次。

以民主评议基层站点活动为抓手，落实区委“三个优化”，提升窗口服务质量，树立档案工作新形象。共接待查档利用者4660人次、调卷2949卷、出具证明1669份、复印8305页、拍照1312张。政府信息公开工作共接收公开文件640件，接待来访咨询167人。对全区部分单位2003年至2005年形成的档案开展接收进馆工作，共涉及24个全宗33个立档单位，接收归档文件51377件，其中永久17806件、长期33571件；会计档案36卷（永久）；组卷归档文件档案183卷，永久78卷、长期105卷。民生档案占36.26%。共征集档案43件。对馆藏形成时间为1982年的档案进行鉴定，共审理75个全宗1569卷档案，予以开放的为1032卷，不宜对社会开放的为537卷。全年扫描7553卷、1601件，907227页。数字化档案累计23158卷，生成电子原文2833909页，占“十一五”馆藏31.1%。举办《足迹》——档案事业回顾展，联合相关单位举办《纪念向雷锋同志学习50周年》展览及“梦的翅膀”特教成果展，举办首届“国际档案日”暨北京市第五届“档案馆日”活动，提高全社会的档案意识。

完成《2012年门头沟党史大事记》初稿撰写工作，全文3.8万字左右。对《门头沟区志》初稿进行修改、总纂，完成《门头沟区志》初审稿共计98万字，征集到37家承编单位的照片共计1818张。完成《2013北京门头沟年鉴》的编纂和出版发行工作。指导《水峪嘴村志》编纂，约40万字。

单位名称：北京市门头沟区档案史志局
地　　址：门头沟区石龙北路31号
电　　话：60804795
邮　　编：102308

（朱　倩）

【地方志工作】 1月8日、9日，局领导将《2012北京门头沟年鉴》送到代表和委员们手中，帮助他们更加全面、客观地了解2011年全区各单位的发展变化，为全区今后的发展提出更好的建议。9月24日起，对二轮《门头沟区志》第一稿进行全面修订。12月，三位同志在北京地方志学会举办第一届“北京方志杯”摄影比赛中获奖。12月，《2013北京门头沟年鉴》正式出版发行，全书近80万字，包含了106张照片，2858个条目。

（付向东）

【档案业务】 1月19日，出台

《门头沟区档案馆2013－2015年档案接收工作计划》。对全区近百家单位的档案进馆时间做了合理安排，将档案的接收工作流程、接收要求、鉴定标准、移交程序等做了详细说明。1月，区委书记韩子荣向馆内捐赠了关于十八大的光盘、图书、报刊等33件实物。6月9日，举办了以“档案在你身边”为主题的首届“国际档案日”暨北京市第五届“档案馆日”活动。28日，北京市档案局检查组一行在副局馆长的带领下，对区档案事业发展“十二五”规划完成情况进行中期综合检查，主管区领导陪同检查，并顺利通过。8月1日，区档案馆停止所有利用档案的收费，市民和组织持有身份证、介绍信等合法证明就可以利用相关档案，进行免费查档、复印和摘录。9月24日，区老年书画研究会向馆内捐赠《门头沟礼赞》书画长卷微缩版。

（车王莹）

【档案行政管理】　2月，联合区民政局、农委转发了《北京市新农村建设档案工作测评办法》通知。要求各涉农部门、各镇、村积极落实整改措施，如期完成测评任务。结合区农村、社区档案工作实际，制定并下发了2013年门头沟区街道（镇）社区（村）档案工作基本情况登记表。针对全区178个行政村和113个社区的档案人员的变更情况、设备设施投入情况和利用情况等相关内容进行摸底调查。3月26日，市档案局、市水务局、区档案局和区水务局成立北京市第一次水务普查档案验收组，对区水务普查档案工作进行验收，区水务普查档案通过验收。28日，在东辛房街道举办档案业务培训，所属辖区内社区工作者和机关科室专兼职档案员共计60余人参加。4月，联合区民政局、区农委转发了《北京市新农村建设档案工作测评办法》通知，在全区部署新农村档案测评工作。4月8日，下发了《门头沟区档案史志局关于开展2013年度档案行政执法检通知》，部署档案行政执法检查工作。19日，启动“档案在你身边”征文活动，共收到作品29篇，在数量上名列全市第三名，荣获优秀组织奖，其中三个作品获得个人三等奖。4月，对市级重点建设工程——城子水厂改扩建工程的档案管理情况进行了相关调研和电话追踪服务。6月，开展2013年度档案人员网络培训工作。涉及全区122家机关、企事业单位的专兼职档案人员。7月4日，局长在区政府常务会上，利用会前学法时间，向区政府组成人员讲解了《中华人民共和国档案法》。8月20日，区档案行政执法检查组邀请了门头沟区人大、政协和法制办的有关领导，对区疾控中心进行档案行政执法检查。9月12日，由市档案局、局、区民政局、区农委及相关单位领导组成的门头沟区新农村建设档案工作测评小组到区王平镇，就新农村建设档案工作进行检查，王平镇通过新农村建设档案工作测评。10月29日，市档案局、局领导一行对区司法局机关档案测评工作进行实地检查和测评验收。通过测评，授予司法局档案工作“市级优秀单位”称号。10月，由区纪委监察局、局相关人员组成政府投资建设项目档案检查小组，对区棚改中心、区市政市容委、公共工程服务中心、园林绿化局、水务局5家单位下发了《关于开展政府投资建设项目档案管理的通知》，主要针对其产生的政府投资建设项目档案整理、归档情况进行重点检查。11月19日，市高级法院档案处、局领导一行8人，根据市档案局的统一要求到区人民法院开展区县机关档案工作测评，区法院通过机关档案测评。26日，印发了《门头沟区档案史志局2013年档案行政执法检查通报》。12月4日，在门头沟区新桥大街参加以“增强法制观念，严格依法办事”为主题的法制宣传活动。11日，局领导带队，到永定镇石厂村进行调研指导档案工作。12月26日，局业务人员对农业局菜田生产主体普查工作的档案管理情况进行现场调研、指导。共涉及区6个镇35个村的52块备案菜田，共计1100余亩。

（贺健松）

【帮扶工作】　2月，局长带领机关干部到雁翅镇高台村为贫困户送上油、米、面等慰问品。5月21日，局领导和“结对帮扶”工作小组到雁翅镇高台村，配合镇、村做好村委会主任、委员候选人换届选举工作。

（康　健）

【政府信息公开】　2月，局在门头沟区人民政府办公室2012年度政府信息公开考核中被评为优秀单位。

（安宏清）

【党建工作】　3月14日上午，组织全体党员干部召开党建工作会议，部署了2013年度党建工作。4月23日，组织机关干部参观《永远的雷锋——纪念毛泽东等老一辈革命家为雷锋同志题词发表50周年大型主题展览》基层巡展。6月30日，局领导带领相关人员，走访慰问局退休老干部老党员。7月3日，开展“庆七一　共产党员献爱心”募捐活动。

29 日，局党支部、团支部联合开展建设“美丽家园”，实现“中国梦”主题活动，组织党团员和积极分子参观第九届中国（北京）国际园林博览会。9 月，组织 10 余名老干部参观了第九届中国（北京）国际园林博览会。

（朱　倩）

【领导调研】　3 月 19 日，市档案局法规处处长到局内调研、指导政府信息公开工作。4 月 18 日，市公安局档案处就口述史工作进行交流。23 日，石景山区档案局领导到局调研档案工作，就馆舍建设情况进行交流探讨。5 月 22 日，河北省张家口市宣化区档案史志局一行 9 人到局内就档案馆“五位一体”建设，档案信息化情况进行交流研讨。6 月，区政府办公室副主任调研，就主动公开政府信息纸质文本移送工作存在的问题提出建议，形成“三个一”，即建立一支队伍、召开一次会议、下发一个文件。7 月 30 日，区人大副主任带领部分区人大代表，对档案管理工作情况进行视察，听取了档案工作汇报，并视察了档案库房、珍藏室、《翰墨兰台门头沟》展室等。10 月 11 日，区委常委、区纪委书记带领区纪委监察局一行 6 人到局内，就 21 项制度重点工程档案管理落实情况开展调研。11 月 1 日，市档案局副局长一行 5 人到局内，就区档案工作进行调研。27 日，主管副区长带队，由区安监局、消防支队等单位参加的安全生产工作检查组到局内检查工作。

（车王莹）

【党史工作】　4 月 8 日，北京市爱国主义教育基地领导小组到区斋堂镇王家山惨案遗址考察，旨在选取一批虽暂不具备市级爱国主义教育基地条件，但又具有一定历史教育意义的革命遗址遗迹，命名为爱国主义教育纪念地，王家山惨案遗址被列入第一批考察对象。5 月，我区冀热察挺进军司令部马栏村旧址、冀热察军政委员会塔河旧址、八路军宋邓支队司令部旧址、冀热察区党委大三里旧址、挺进军司令部塔河旧址、田庄高小党支部旧址、宛平县人民八年抗战为国牺牲烈士纪念碑、平西情报交通站纪念馆、王家山惨案遗址 9 处革命遗址被收录到《北京市革命遗址通览》一书中。7 月，近二十位离休老干部到党史教育基地进行党史区情教育活动。党史教育基地负责人作了生动详细地讲解。8 月 12 日，接待由市委党史研究室组织的邓华、宋时轮等将军子女一行 19 人到门头沟区冀热察挺进军司令部旧址（马栏）陈列馆、邓宋会师纪念地参观。

（高丽敏）

【区人大审议档案工作】　10 月 15 日，门头沟区召开十五届人大常委会第十五次会议，专题听取并审议了《门头沟区档案工作情况的报告》。人大常委会委员一致通过。

（朱　倩）

【口述史工作】　12 月，完成首份档案口述史资料编研工作。此口述档案是由局主要领导带队对我国著名油画家、美术家、美术教育家侯一民先生进行采访，由侯老讲述关于戒台寺民办艺术馆和秋坡村园建立的历史渊源以及他在秋坡村进行琉璃烧制的艺术创作经历。经过档案工作人员的编辑与整理，制作出长达 57 分钟的影像资料及 6000 余字的文字口述记录，形成了首份档案口述史编研资料。

（徐　妍）

政协北京市门头沟区委员会

【概况】 中国人民政治协商会议北京市门头沟区委员会（简称区政协），机构设有提案委员会、经济科技委员会、环境与人口资源委员会、学习与文史委员会、社会法制与民族宗教委员会、教文卫体委员会。办公机构设办公室、研究室、专委会工作一室、专委会工作二室、专委会工作三室、专委会工作四室、专委会工作五室、专委会工作六室，政协办公室下设文秘信息科和委员联络科。截至年底第九届委员会共有委员185名，常务委员会组成人员33名。

年内，在区委的领导和区政府的支持下，以“四个更加关注”为工作主线，团结依靠各界委员，履行政治协商、民主监督、参政议政职能。全年共召开常委会议、主席会议、议政会12次，组织开展调查研究、视察考察、协商座谈、知情通报、学习报告厅等各类履职活动96次，出席委员达1560余人次，完成调研报告8篇，形成建议案1项，累计提出提案152件。一是更加关注政协工作创新，发挥协商民主重要渠道作用。以常委暑期读书班、新委员培训班、政协提案工作培训班、委员学习报告厅等多种形式，增强学习贯彻落实中共十八大、十八届三中全会精神的主动性创造性，结合全区转型发展的区情实际，确定了“四个更加关注”的工作主线。在政协组织内部营造“异中求同讲团结促发展，同中求异讲民主谋创新”的组织文化氛围，提出争做“360度政协委员”的要求，研究制定了政协委员基层日活动方案，创新开展“委员基层日”活动，年内共开展基层日重点活动56次，参加委员达600余人次。《人民政协报》《北京观察》等中央、市属媒体，多次推介区政协发挥协商民主重要渠道作用的经验、做法和成效。在实践中形成了《关于进一步加强和完善政协委员履职服务与管理的暂行办法》等多项制度。

二是更加关注优化发展环境，助力地区经济发展质量提升。围绕《2013年门头沟区建设国家生态文明示范区实施方案》《门头沟区建设国家生态文明示范区指标体系》召开专题议政会，对全区重大规划进行协商，助力国家生态文明示范区创建。编辑出版了《日下传闻录——门头沟卷》《雁翅经纬》《古今北岭》等书籍，完成了《京西古道》《京西武林》等“京西”系列文史丛书的精编工作。成立了“京西古道十里八桥段落开发”课题组，对古道开发中应注意的问题提出了真知灼见。举办了第二届京西古道文化暨国家步道开发研讨会，对国家步道的开发提出了意见建议。

三是更加关注优化空间布局，助推城乡发展一体化。围绕潭柘寺、军庄、斋堂等重点小城镇规划与建设开展“委员基层日”活动，对重点小城镇的规划设计、招商引资、产业运营、环境优化等方面提出了意见建议，助推重点小城镇科学规划与建设。推动清水镇梁家铺村煤改电试点工作。支持委员企业在带动农村地区经济发展和农民就业上发挥作用，助推城乡融合发展。

四是更加关注优化民生品质，促进民生改善和社会和谐稳定。完成了《关于我区新建社区精细化管理模式的探究》以及《关于我区土地现状及利用情况的调研》等8篇调研报告，为区委、区政府科学决策提供重要参考。积极反映百姓诉求，报送社情民意20件，《北京信息》《昨日市情》《净友》等市区级刊物多次采用，市、区委多名主要领导多次作出重要批示，有效促进了相关问题的解决。针对企业需求组织了全区发展情况通报会和中小企业发展政策咨询会，召集相关提案人和提案办理部门开展三次提案办理协商会，与区司法局开设了《法制一刻》专栏，以案例的形式普及法律知识，为促进社会和谐稳定发挥了积极作用。

单位名称：中国人民政治协商会议北京市门头沟区委员会
地　　址：北京市门头沟区新桥大街36号
电　　话：69843038
邮　　编：102300

（杨桂芬）

【全体委员会议】 1月8日至10日，召开政协九届二次全体委员会议，会议审议通过常务委员会工作报告和所作的提案工作报告；列席区第十五届人民代表大会第三次会议开幕式，听取并讨论区长所作的政府工作报告，并讨论其他有关报告；听取区属六个民主党派、人民团体和政协界别代表大会发言；通过政治决议；表彰优秀提案。韩子荣在闭幕式上讲话。区属部委办局和镇街的部分领导列席大会。

（杨桂芬）

【常务委员会会议】　2月5日，张冰主持召开九届常委会第6次会议。学习传达市政协十二届一次全会精神，审议通过第九届委员会常务委员会2013年工作要点（草案）、各专门工作委员会2013年工作安排（草案），审议通过关于进一步加强和完善对政协委员服务和管理的暂行办法（草案）、关于开展政协委员基层日活动方案（草案）和关于调整专门工作委员会委员的决定（草案）。4月9日，召开九届常委会第7次会议暨第四次议政会。以“国家生态文明示范区建设”为主题开展专题议政，听取了关于《建设国家生态文明示范区进展情况》的通报后，与会常委进行议政发言。9月7日，召开九届常委会第8次会议暨第五次议政会。以“全区重点工程建设、为民办实事和提案办理情况”为主题，进行专题议政。实地视察了石龙开发区总部基地和61696156为民服务信息平台建设情况。听取了关于《门头沟区2013年固定资产投资完成情况及重点工程进展情况》《为民办实事进展情况》以及《门头沟区人民政府关于区政协九届二次会议委员提案办理情况》的通报后，与会常委进行议政发言。11月22日，召开九届常委会第9次会议。审议通过了《政协门头沟区第九届委员会第三次会议建议议程（草案）》、建议日程（草案）、常务委员会工作报告（草案）、常务委员会关于提案工作情况的报告（草案），通报了九届三次全会期间主席、副主席分工的决定及表彰2013年度优秀提案的决定，听取了各专门工作委员会工作汇报，会议协商决定了增补政协委员事项。12月11日，召开九届常委会第10次会议暨第六次议政会。听取并协商讨论区政府2013年工作报告和2014年工作思路，并对政府工作报告提出修改意见和建议。

（杨桂芬）

【专题培训】　3月6日，组织全体机关干部开展“转变作风、提高效率、创建学习型机关”专题培训。培训分为开班动员、理念导入、分组讨论、结果呈现、总结提高五个环节，采取互动式教学，以“如何办好政协全会”为主题开展研讨。12日，举办社情民意专题培训，邀请市政协信息处处长，就如何做好社情民意信息工作进行讲解，区政协新委员、联络员、信息员以及机关干部共100余人参加培训。19日，举办机关信息简报专题培训。邀请市政协办公厅负责信息的同志，围绕“政协信息的特点和作用，如何撰写政协信息”等内容，与机关全体干部进行讲解交流。

（杨桂芬）

【“委员基层日”活动】　3月12日，召开“委员基层日”活动启动大会，副主席翟云峰部署“委员基层日”活动方案，并作动员讲话，广大政协委员、政协联络员、信息员、文史撰稿员以及新老政协委员联谊会会员等200余人参加会议。28日，市政协《北京观察》杂志社总编薄茹带队，对区政协“委员基层日”活动进行调研专访。实地到61696156为民服务平台察看了360°委员热线工作情况后，双方围绕“委员基层日”活动方案的整体设计、运行方式、初步效果以及“做360°委员”的理念进行座谈交流，并以《走基层倾听民生民意》《引导委员时时关注及时转达》两篇文章，对区政协开展“委员基层日”活动进行宣传报道。8月2日，召开“委员基层日”活动阶段推进会。共青团界、民主党派界和农业界委员，分别围绕值机委员热线、党派成员深入基层以及开展界别活动的做法和体会作了典型发言。年内共开展“委员基层日”活动56次，参加委员达600余人次。

（杨桂芬）

【教文卫体委员会工作】　3月13日，召开教文卫体委员会2013年专题调研交流会，研究确定调研课题，并形成调研方案。5月28日，组织部分医药卫生界委员视察王平镇社会福利中心工作运行情况，在听取全镇老龄工作及社会福利中心情况介绍后，委员们对社会化养老、居家养老等问题提出意见建议。6月5日，组织教育界委员视察区部分民办幼儿园，听取两所幼儿园负责人情况介绍后，委员们针对民办幼儿园科学化管理、特色园建设等问题提出意见建议。10月25日，组织教育界委员到三家店铁路中学进行实地调研考察。听取学习负责人关于学校现状、办学思路、发展优势和制约瓶颈等情况汇报后，委员们围绕学校管理、新校舍规划与建设、特色课程设置等问题提出意见建议。年内，组织委员围绕“优化全区校园周边环境”等问题进行调研，并形成调研报告。

（杨桂芬）

【走访慰问各民主党派】　3月14日，主席班子集体走访慰问区属六个民主党派组织，围绕“政协如何服务党派，以及党派如何发挥优势助推全区发展”与各民主党派负责人进行专题协商。张冰一行实地察看了区属六个民主党派组织的办公场所，并就各党派关注的社会问题以及如何做好政协九届三次全会党派大会发言交换了意见。各民主党派从自身实际和百姓关注的热点和难点问题出发，提出了全年工作和活动设想。张冰代表主席班子对各民主党派为全区发展建设做出的贡献表示慰问和感谢，也对党派自身建设和发展提出希望。

（杨桂芬）

【提案委员会工作】 3月14日，召开提案委员会工作会，研究部署专委会2013年工作重点，通报了九届二次大会提案的交、承办情况，协商确定了2013年重点提案。28日，组织部分委员到军庄、妙峰山镇调研残疾人工作，实地参观了军庄镇残疾人自主创业、妙峰山镇陈家庄温馨家园和担礼职康站后，与会人员就加强对弱势群体的服务与管理等问题提出意见建议。9月6日，召开提案委员会第三次会议，区委、政府两办负责人分别通报了九届二次会议以来的提案办理情况，提案委就日常提案及重点提案的办理协商工作作了说明。提案委委员围绕提案的征集、审查、立案、分析、交办、督办等问题进行交流协商。全年共召开提案办理协商会三次，围绕重点提案，邀请相关提案人、提案承办部门，就提案办理过程中存在的问题、解决的方法等问题进行交流协商。年内共收到委员提案152件，提案办复率达100%。

（杨桂芬）

【环境与人口资源委员会工作】 3月21日，组织部分委员就“我区人口老龄化状况”进行调研。了解区老龄人口的现状及相关政策后，针对老年养老方式、医疗卫生保障等问题提出意见建议。10月16日，组织部分委员视察国家环保模范城区创建工作。听取情况通报后，实地视察了世纪兴业印刷有限公司治理VOC污染工作。委员们针对加强综合治理，清除环保死角，解决创建难点等问题提出意见建议。

（杨桂芬）

【经济科技委员会工作】 3月28日，组织部分委员视察斋堂镇文化创意产业聚集区建设情况。听取斋堂镇整体建设规划情况通报后，实地视察了灵水村开发建设情况，委员们在文化创意、规划设计、招商引资、运营模式、环境优化等关乎文化创意产业发展的关键要素上提出意见建议。5月10日，举办中小企业发展政策咨询会，组织政府相关职能部门、驻区金融机构，就本单位本部门新近出台的产业支持、沟域经济、企业奖励、科技创新、产品流通、土地规划、小额贷款等企业优惠政策进行针对性的介绍和解读，并与政协委员企业及工商联会员企业代表进行交流座谈。6月6日，组织部分委员和相关民建会员视察潭柘寺镇开发建设情况。听取潭柘寺镇二级开发规划、设想的情况通报后，实地视察了该镇定向安置房一期建设工程，委员们针对水、电、气、路等基础设施建设和农民上楼后农村社区管理等问题提出意见建议。

（杨桂芬）

【新老政协委员联谊会】 3月29日，召开新老政协委员联谊会理事会第一次会议。通报了政协2013年重点工作，讨论并原则通过了《2013年工作计划》，各兴趣小组就如何围绕政协重点工作，开展活动提出了意见和建议。会长杲建忠出席会议并讲话。5月17日，新老政协委员联谊会书法美术小组举办绘画基础知识讲座。邀请区政协副主席、中华书画学会理事朱德友讲授绘画基础知识，并指导会员进行简单的绘画练习。10月29日，新老政协委员联谊会作家与民间艺术小组组织民间手工艺作品参观活动。先后到花露蝴蝶养殖中心、中慧苑手工布艺专业合作社和巧娘工作室等三家区政协委员创办的民间手工艺工作室进行参观。

（杨桂芬）

【学习与文史委员会工作】 5月8日，召开“京西”系列文史丛书精编工作推进会，对年初启动的“京西”系列文史丛书的精编工作情况进行阶段性汇总梳理和研究设计。11月5日，会同区委统战部联合组织“三胞”亲属十余人参观游览第九届中国（北京）国际园林博览会。年内，编辑出版了《雁翅经纬》《古今北岭》《日下传闻录——门头沟》卷等书籍，完成了《京西古道》《京西武林》等“京西”系列文史丛书的精编工作。成立了“京西古道十里八桥段落开发”调研组，对大台地区“十里八桥”遗存进行了实地调研，并形成调研报告。

（杨桂芬）

【常委暑期读书班】 6月17日至21日，以“新建社区精细化管理”为主题举办常委暑期读书班。印制并下发了常委暑期读书班学习材料。先后到江苏淮安市清河区富强社区、上海静安区石门二路街道张家宅社区实地考察，并与当地政府、社区主要负责人就社区精细化管理模式、基础设施建设以及便民服务等情况进行座谈。年内完成了《关于我区新建社区精细化管理模式探究》的调研报告，并形成了主席《关于棚改新建社区精细化管理的建议案》。

（杨桂芬）

【社会法制与民族宗教委员会工作】 7月3日，组织部分委员，对区内两家食品生产单位的质量安全情况进行视察。听取全区生产领域食品安全监管工作情况通报后，实地察看了韭园酱菜厂和蓝涧矿泉水厂两家单位的技术标准，生产、管理及环境建设等情况，委员们针对食品安全的控制和监管等问题提出意见建议，并形成了《关于我区食品生产流通和监督管理情况调查》的调研报告。10月23日，组织部分政协委员，对全区《劳动法》贯彻落实情况进行视察。听取区人保局关于全区贯彻落实《劳动法》情况通报后，实地走访了区内一家建筑工地和大峪社保所，委员们在促进劳动就业、劳动合同履约、维护和谐劳动关系等方面提出意见建议。

（杨桂芬）

【专题研讨会】 7月10日，联合北京京西古道文化发展协会和北京永定河文化研究会共同召开了“门头沟第二届京西古道文化暨国家步道开发研讨会”。按照文化研讨与学术交流相结合、文化研讨与实地考察相结合、文化研讨与国家步道开发相结合的原则，设计了参观考察、古道体验、文化研讨等活动。专家们实地踏察了京西古道最精华的路段之一——牛角岭关城后，对京西古道文化和国家步道的开发提出意见和建议。

（杨桂芬）

【政协学习报告厅】 8月2日，举办“政协学习报告厅——门头沟区发展情况通报会”。会上区委副书记、区长，围绕区委、区政府战略部署的出台背景、旅游文化休闲产业的培育发展、重大工程的进展情况、招商引资的基本态势以及当前和以后的重大形势等大家关心的热点、焦点问题，作了“关于全区经济社会发展工作”的主题报告。区政协委员、新老委员联谊会会员、联络员、信息员、文史撰稿员和政协机关干部共200余人参加会议。10月23日，举办“政协学习报告厅——2013年国际形势报告会”。邀请国际问题研究专家贾寿禄教授，作了题为“当前国际形势的特点与热点”的报告。全体政协委员和政协机关干部参加了报告会。

（杨桂芬）

【召开党派协商座谈会】 12月26日，以“积极参加协商民主实践”为主题召开党派协商座谈会。会上，张冰介绍了“协商民主”理论的发展历程，各民主党派围绕如何推进协商民主广泛多层制度化建设进行交流发言。区各民主党派主委（主任）、副主委（副主任），区政协主席班子和机关委室主任参加座谈。

（杨桂芬）

政法　军事

政　　法

政法工作

【概况】　年内，以邓小平理论“三个代表”重要思想和科学发展观为指导，以学习贯彻党的十八大、十八届三中全会和习近平总书记系列重要讲话为统领，以促进社会和谐稳定为目标，以化解社会矛盾为主线，不断增强执法为民意识，提升化解矛盾、维护稳定、公正司法和服务大局能力，为促进全区社会和谐稳定营造良好社会环境和法治氛围。政法机关围绕做好全国两会、十八届三中全会安保维稳工作任务，开展矛盾排查、化解工作，取得显著成效。在同法轮功、全能神等邪教组织斗争中，开展反邪教警示教育与教育转化工作。在流动人口管理、执法监督、涉法涉诉信访工作中，创新工作方式方法，提升运用法治思维和法治方式处理问题能力。加强政法队伍建设，深入开展解放思想大讨论活动。提升政法干警党性修养，推进政法干警核心价值观教育实践活动。

单位全称：中国共产党北京市门头沟区委政法委员会
地　　址：北京市门头沟区新桥大街36号
电　　话：69843158
邮　　编：102300

（王兴斌）

【维稳工作】　1月5日，召开建筑领域农民工工资问题暨供暖问题专题会，对因欠薪、供暖问题引发的信访事件进行通报并部署化解工作。22日，召开维稳工作例会，听取重点矛盾纠纷化解、重点人稳控以及供暖矛盾纠纷化解情况。2月7日，召开第50次安保维稳工作例会，听取现阶段农民工讨薪、城市公共运营、重点矛盾化解、重点人稳控相关工作。19日，召开第51次安保维稳例会暨全国“两会”安保会，传达市信访联席会议精神，听取重点矛盾化解、重点人稳控以及“两会”期间安保工作。26日，召开第52次安保维稳工作例会，传达郭金龙在全市领导干部电视电话会上的讲话精神及吉林在市维护稳定工作领导小组扩大会议上的讲话精神，听取重点矛盾化解、重点人稳控及落实全国“两会”期间安保工作情况。28日，启动全国“两会”期间社会面防控督查工作。3月4日，召开第5次全国“两会”安保每日会商会，听取全区信访形势、重点人稳控、重点矛盾化解情况，传达习近平关于完善应急预案的重要批示、要求。3月26日，召开S1线、曹各庄部分项目地块拆迁腾退工作专题会，听取S1线组团上市地块、东辛称项目、冯村及何各庄地区土地一级开发项目房屋征收工作遗留问题情况。4月9日，召开建筑领域农民工工资问题专题会，听取近期农民工群体讨薪事件处理、劳动合同签订情况。23日，召开石门营电力工程阻施问题专题会，听取电力工程相关情况，提出关于推进工程顺利实施工作建议。5月15日，召开村委会换届选举安全保卫工作会，听取安全保卫工作总体形势，就存在问题进行研判、部署。17日，对全区8个建筑工地的农民工维权电话张贴情况进行抽查。22日，召开重大决策社会稳定风险评估工作专题会，传达北京市重大决策社会稳定风险评估工作会议精神，部署社会稳定风险评估工作。同日，召开城子CD地块、九龙路及五栋楼征收工作专题会，听取房屋征收工作进展情况、存在问题。30日，召开区拟上市部分收储地块腾退工作专题会，听取国土分局、永定镇等单位工作汇报。31日，召开第75次维稳暨“六四”安保会商会，听取重点矛盾化解、重点人稳控及信息情报搜集工作情况并提出工作建议。31日至6月6日，召开维稳暨“六四”安保每日会商会。17日、18日，召开腾退工作专题会，听取城子CD地块及九龙路项目滞留户详细情况并部署腾退工作。17日、19日，对城子CD地块及九龙路项目11户滞留户进行强制腾退。20日，召开城子CD地块、九龙路和五栋楼征收工作专题会，听取滞留户清退工作情况。6月26日，召开熙旺中心物业与承租户矛盾化解专题会，听取熙旺中心开发商、物业公司与众望服装城法人及承租户之间纠纷情况并部署化解工作。7月1日，召开城子CD地块、九龙路和五栋楼征收维稳工作周例会，通报涉拆维稳信访情况，听取维稳工作开展情况。15日，召开拆迁工作专题会，宣读关于变更拆迁公司的决定并部署工作。17日，召开拆迁维稳工作周例会，听取一周以来重点人非正常访、被腾退户信访、城子CD地块及九龙路涉拆滞留户及重点人稳控化解工作情况。25日，召开第83次维稳工作例会，听取维稳、信访、城子CD地块滞留户及重点人稳控化解工作情况，进行维稳专题培训，传达市委610办相关通知。8月2日，召开信访矛盾化解工作推进会，听取信访矛盾化解工作情况并部署维稳工作。13日，召开专题会议传达全市防范处置个人极端暴力案事件工作会议精神。15日，召开新增100万平方米棚改安置项目用工风险评估工作专题会，听取项目招投标情况及总包、劳务等相关企业情况，梳理分析农民工讨薪情况。22日，召开惠民家园群体性事件协调会，听取21日晚惠民家园群体性事件情况并部署化解工作。23日，召开第85次维稳工作例会暨秋收期间农民工工资专题会，听取维稳、信访、重点人稳控化解及农民工讨薪情况。9月6日，召开第86次维稳例会、城子CD地块及九龙路拆迁维稳周例会，听取维稳、相关地块涉拆滞留户和重点人稳控化解工作情况。18日，召开第87次维稳例会暨“两节”维稳部署会，听取维稳、信访及“两节”期间维稳工作部署情况并提出工作意见。10月9日，召开涉拆重点矛盾及重点人稳控工作专题会，听取被腾退户信访、涉拆滞留户及重点人稳控化解工作情况并提出工作意见。12日，召开第88次安保维稳工作例会，听取维稳、信访及“国庆”期间社会秩序情况并提出工作意见。17日，召开冬季供暖维稳工作专题会，听取冬季供暖总体准备情况。24日，召开整治违法阻施、违法扰秩行为专项行动动员部署会，部署专项行动具体工作，宣读违法阻施、违法扰秩行为惩治和打击措施。25日，召开第90次安保维稳工作例会，听取维稳、信访工作情况。31日，召开医患矛盾维稳工作专题会，听取涉医患纠纷重点人稳控工作情况并提出工作意见。31日，召开城市运行问题维稳工作专题会，听取水、电、气、热等城市运行重点领域总体情况并提出工作意见。11月2日至4日，召开第91、92、93次安保维稳日会商会，听取安保维稳工作基本情况，下发《门头沟区十八届三中全会安保维稳工作方案》，传达市委610办相关文件精神，通报督查组每日检查情况。27日，召开建筑领域农民工工资支付问题专题会，听取近期农民工讨薪事件情况。同日，召开建筑企业招投标维稳工作专题会，听取近期建设项目招投标工作情况。12月20日，召开重大决策社会稳定风险评估专题会，听取重大决策社会稳定风险评估工作开展情况，并进行相关业务培训。25日，召开农民工工资问题专题会，听取建筑领域农民工工资支付及相关信访情况并提出工作意见。27日，召开第106次维稳例会，听取近期信访、维稳工作具体情况。

（王兴斌）

【执法监督】 1月9日，与区纪委、组织部、公安分局等部门联合签署《门头沟区关于党委政法委员会对政法部门执法活动进行监督的实施办法》（试行）。16日，召开执法监督工作座谈会，介绍《门头沟区关于党委政法委员会对政法部门执法活动进行监督的实施办法》（试行）情况，分析开展执法监督面临的问题及解决措施。3月5日，召开涉拆重点人张某某案件协调会。5月21日，召开执法监督检查工作部署会，研究讨论《执法监督工作集中检查阶段实施方案》，明确检查组成员、细化检查方式。6月6日，执法检查小组到区法院开展执法约谈工作。14日，到区检察院开展执法约谈工作。18日，到区司法局开展执法约谈工作。20日，到公安分局开展执法约谈工作。7月18日，启动法治新风杯调研课题活动，下发活动通知及要求。8月28日，向政法各单位转发《关于切实防止冤假错案的规定》。29日，就预防冤假错案工作，向区公安分局、检察院、法院、司法局下发《冤案何以发生》、《错案》等书籍。9月4日，召开信访重点人邵某某案件协调会，部署化解、稳控工作。10月12日，召开涉拆重点人刘某某、史某某、曲某信访案件协调会，听取各单位工作汇报并部署化解工作。18日，向市委政法委汇报涉拆重点人刘某某涉诉信访工作。21日，召开涉诉信访人安某某案件协调会，听取各单位工作汇报、意见并部署化解工作。30日，召开法治新风杯调研报告评比工作座谈会，商讨评分事宜。

（王兴斌）

【流管工作】 1月15日至16日，对增产路、黑山大街周边从事经营活动的流动人口开展集中排查整治行动。17日至2月3日，开展拖欠农民工工资排查工作，共排查建筑工地51个，涉及来京务工人员5111人。1月22日至25日，到三家店东南街、水闸西路和剧场东街居委会开展座谈，协调解决流管工作配合中的突出问题。2月19日，印发《关于排查清理流动人口“三无人员”做好全国“两会”期间流管工作的通知》，全面部署全国“两会”期间流管工作。20日，启动区、镇街两级监测，强化对流动人口的动态监测和数据共享。3月12日，与公安分局就流管工作进行会商，重新划分派出所对流管站的管辖范围。20日，召开门头沟区民宗侨工作会议，部署推进年内少数民族流动人口服务管理工作。4月10日，开展社区流动人口和出租房屋基本公共服务全覆盖工作。11日，召开流管委第一次全体（扩大）会议，印发《2013年流管工作要点》和《流管委成员单位职责》。5月10日，新居民服务大厅上线试运行。11日，组建新居民志愿服务队。13日，印发《关于建立门头沟区清理三无和低端产业流动人口工作体系的实施意见》，启动清理三无和低端产业流动人口工作。17日，举办流管工作培训班。31日，召开流管平台交接工作协调会。6月20日，召开流管工作座谈会，对《门头沟区出租房屋管理办法（试行）》和《门头沟区流动人口和出租房屋管理工作责任制度（试行）》进行座谈。7月5日，召开流管委第二次全体（扩大）会议，印发《门头沟区流动人口和出租房屋管理委员会工作考核制度》，部署工作考核机制、镇街流管办职责任务和“平安出租屋”创建工作。25日，印发《门头沟区新居民服务大厅信息报送制度（试行）》和《关于进一步加强门头沟区新居民服务大厅信息报送的通知》，新居民服务大厅管理维护步入正轨。30日，对龙泉镇梨园地区流动人口登记情况进行抽查。8月9日，召开出租大院违法建设及安全隐患排查整治工作部署会，对排查整治工作进行部署。同日，部署开展出租大院流动人口排查整治工作。22日，对冯村南街及周边区域出租房屋和流动人口进行联合检查。27日，召开出租大院专项整治工作会，听取252个出租大院排查整治工作进展情况并提出工作要求。9月4日，召开出租大院流动人口清理整治暨冯村南街出租房屋和流动人口排查整治工作会，听取出租大院流动人口清理整治进展情况，部署冯村南街出租房屋和流动人口排查整治工作。10月11日至12日，对冯村南街周边区域开展联合整治行动，清理违规停放车辆96辆次，责令违规经营门店停止营业72家，责令经营人员自行拆除广告牌匾32块，强制拆除66块。16日，对冯村南街周边区域流动人口和出租房屋开展夜查，共检查出租房屋48户，涉及流动人口89人，补录信息19人，发放防火、防盗、防诈骗等宣传材料100余份，发现消防隐患5处、治安隐患1处。17日，赴通州区交通局学习交流区域电动出租车管理工作。同日，召开冯村南街周边区域综合整治现场会，部署下一步重点工作。18日，组织召开大峪中学新疆班服务协调工作座谈会。11月5日，赴通州潞河中学考察学习新疆内高班管理工作。7日，召开建筑工地务工人员管理系统试点工作部署会，启动务工人员管理系统试点工作。27日、29日，召开房屋违法出租问题治理工作推进会。28日，检查8家建筑工地务工人员管理系统试点单位系统安装调试情况。29日，组织建筑工地务工人员管理系统试点单位负责人、管理系统操作员、劳动监察责任人、属地派出所责任民警及责任流管员进行系统操作培训。12月3日，召开违法出租问题治理电视宣传工作专题会。6日至20日，围绕梨园、水闸西路2个市级试点社区及24个区级试点村居开展房屋违法出租问题治理工作调查摸底工作，共出动510余人，走访房屋1.2万余户次，新登记出租房屋278户，发现安全隐患出租房屋65户。17日，督查永定镇、龙泉镇房屋违法出租问题治理工作进展情况并对发现的问题提出整改措施。24日，检查建筑工地务工人员管理系统试点运行情况。同日，召开西北环线治理工作专题会，开展西北环线早市整治工作。26日，召开房屋违法出租问题治理工作转段会，对第二阶段工作进行总结梳理，印发《门头沟区房屋违法出租问题治理工作监督检查和责任追究工作实施方案》，部署第三、四阶段工作任务。

（王兴斌　丁　伟）

【调研慰问】　1月31日，区政法委领导到王平法庭调研基层法庭工作开展情况。2月5日，区委政法委领导到斋堂法庭走访慰问。28日，到区信访办调研全区信访形势及全国“两会”安保形势分析研判情况。4月27日，到公安分局调研，听取治安支队、人口大队、经侦支队、预审大队、政治处、纪委等部门情况汇报和相关单位的工作建议。5月6日，到区房屋征收事务中心调研两万户征收审计，城子CD地块和九龙路项目房屋征收维稳工作。7日，到区检察院调研解放思想大讨论活动、案件办理等工作。同日，到区司法局调研年内司法行政工作开展情况。8日，到区法院调研年内业务工作、解放思想大讨论和纪律作风教育活动工作开展情况。28日，到区民政局调研解放思想大讨论活动及年内民政工作情况。29日，到公安分局基层派出所调研流管工作，听取相关单位工作汇报并强调抓好五个环节工作。8月2日，到区消防支队慰问。

（王兴斌）

【反邪教工作】　3月8日，举办区2013年春季干部培训班，开展区处级及后备干部反邪教业务知识培训。14日，召开防范和处理邪教工作会，传达中央、市委防范和处理邪教工作会议精神，总结上一年工作并部署年内工作任务。21日，召开教育争取工作培训暨专项整治行动推进会。4月，通过展板等形式向群众宣传反邪教知识，发放宣传手册1000余份。5月6日，召开反邪教工作推进会，总结“全能神”邪教专项整治行动和教育转化工作，部署“5．13”敏感期防控及邪教底数大调研工作。24日，举办“远离邪教、珍爱生活——门头沟区反邪教警示教育项目启动暨门头沟区反邪教志愿者总队”成立仪式。7月6日，在大峪街道向阳社区举办反邪教志愿者培训班，并启动反邪教警示教育社区行。9月6日，举办门头沟区2013年秋季干部培训班，开展反邪教警示教育暨法制知识培训。10月23日，举办基层村居干部反邪教业务知识培训班。11月，完成市委610办布置的重点教育转化攻坚任务。12月，开展防邪知识进家庭之“守护家园”和“青春无邪行动”。年内，经市委610办考核，门头沟区被评为“2013年度防范处理邪教工作先进区县”。

（王兴斌　李立国）

【召开会议】　3月26日，召开区委政法委年内工作创新汇报会，听取综治办、维稳办、流管办、610办、政治部工作创新点及实施计划。4月8日，召开政法系统工作创新汇报会，听取政法各单位年内工作创新点。5月16日，召开门头沟区国家安全工作会，传达、学习《关于充分发挥首都社会管理综合治理和群防群治工作优势，加强国家安全人民防线建设的工作意见》，对荣获首都国家安全先进集体、先进个人进行表彰。6月26日，召开区加强境外非政府组织在京活动管理工作会，传达北京市加强境外非政府组织管理工作会议精神，对《北京市关于境外非政府组织在京活动管理办法（试行）》进行说明并对相关工作进行讨论。8月20日，召开政法系统半年工作总结会，听取上半年政法各单位工作情况及下半年工作计划。11月28日，召开政法系统年内工作经验总结交流会，听取政法各单位年内工作开展情况及取得的成绩。

（王兴斌）

【队伍建设】　4月3日，启动政法系统政法干警纪律作风教育活动，对公检法司4家单位、105个部门、1124名干警进行全员评议，共走访基层干部群众7000余人，发放评议表4万余张，收集各类意见建议1529条。同日，召开政法系统解放思想大讨论活动动员会。11日，召开政法队伍建设工作会，总结去年政法队伍建设工作，部署年内工作任务，印发《关于进一步加强政法系统先进典型培养选树和宣传工作的通知》。12日，在永定楼广场组织“开放日”主开放点活动，向群众解答疑难问题。5月，对政法系统内的各类先进典型进行梳理，向区委组织部推荐的《高扬的旗帜　朴实的基石——大峪派出所党支部书记、所长李焕成》电教片荣获电教片评审三等奖。6月至8月，政法系统“我的梦．中国梦”百姓宣讲团先后开展9场宣讲活动。7月，通过开展主题征文、理论知识测试、微型党课评比、新党员宣誓等方式开展纪念建党92周年系列活动。同月，组织“勤廉之星”评选活动。9月6日，召开征文点评表彰会，表彰政法系统迎“七一”主题征文活动获奖人员。15日至27日，组织百名政法干部赴井冈山开展以“提高党性修养、密切联系群众”为主题的专题培训。10月，组织推荐2013年度优秀人才评选活动。11月22日，召开政法系统井冈山党性修养培训班学习成果汇报会，政法各单位12名学员代表结合自身实际及岗位工作要求，畅谈学习心得。年内，开办“政法时空”栏目，定期宣传政法系统重点工作和展示政法系统先进典型。

（王兴斌　殷顺凤）

社会治安综合治理工作

【概况】 年内，按照首都综治办总体部署和区委、区政府工作安排，以“平安门头沟”建设为主线，以“大综治”工作体系构建、综治“4 + N”试点创建、“三大秩序”整治、打击非法盗采和铁路护路为重点，推进平安创建工作，完成了年内工作目标。围绕落实区委“三个优化”，多办利民实事，拟定《关于构建门头沟区“大综治”工作体系的实施意见》。围绕全区基层平安建设中的重点难点问题，创新工作方式方法，开展“1 个零刑事发案社区、1 个无诉讼村、1 个平安市场、1 条平安大街和 N 所平安校园”的“4 + N”创建工作。围绕铁路护路工作，强化督导检查，完成全国“两会”和十八届三中全会期间的铁路安保任务。围绕打击非法盗采工作，不断强化技防、人防措施，有效打击盗采行为。根据首都综治委对各成员单位 2013 年综治工作考核审定结果，门头沟区被评为“2013 年度首都社会管理综合治理先进区县”，总排名全市第二。

单位名称：北京市门头沟区社会管理综合治理委员会办公室
地　　址：门头沟区新桥大街 46 号
电　　话：69851674
邮　　编：102300

（张金涛）

【召开综治委全会】 4 月 11 日，召开综治委全体（扩大）会议，总结上一年综治工作，部署年内全区综治重点工作。

（张金涛）

【创建“大综治”工作体系】 年内，拟定《关于构建门头沟区“大综治”工作体系的实施意见》，经区委第十一届第 35 次常委会通过向全区各镇街、各单位转发。构建“大综治”体系，围绕“落实‘三个优化’、多办利民实事、全力建设国家生态文明示范区”主题，抓好基层基础、社会和谐稳定、治安防控、社会服务管理、公共安全领域综合治理、应急处突等重点工作，通过完善七项机制，加强社会管理综合治理，推进平安门头沟建设。

（张金涛）

【开展“4 + N”综治试点创建工作】 5 月 31 日，召开“4 + N”综治试点工作启动动员会，推进“4 + N”综治试点工作。6 月 4 日，召开双峪农贸市场及周边综合治理工作协调会。8 日，召开梨园大街整治工作启动协调会，听取梨园大街整治工作分方案并提出工作意见。11 日，召开梨园大街整治工作启动大会。13 日，在斋堂镇马栏村召开“无诉讼村创建工作座谈会”。19 日，启动第一轮对梨园地区集中清理整治行动。27 日，对校园周边进行综合整治，共取缔无照游商游贩 8 人，收缴小广告 200 余份，对两处卫生情况较差的固定摊位进行警告，限期整改。29 日，组织石门营五区巡防志愿者、巡防员及物业保安进行治安防范知识培训。7 月 18 日，开展梨园站街招嫖专项打击行动，抓获 27 名涉嫌站街招嫖卖淫女和 8 名涉嫌组织容留的男性嫌疑人。8 月 21 日，在石门营五区开展预防未成年人犯罪法律教育宣传活动。

（张金涛）

【打击非法盗采专项整治工作】 1 月 6 日，召开打击非法盗采专题工作会，部署打击非法盗采工作任务。2 月 28 日，对非法盗采迹象重点地区进行拉网式联合巡查。3 月 1 日，召开打击非法盗采销毁罚没车辆现场会，共销毁农用车、轿车、面包车、三轮车 13 辆，实际价值 6 万余元。6 月 4 日，召开修改《打击非法盗采销毁车辆程序性规定》协调会。7 月 1 日，捣毁王平镇吕家坡村安滩一处盗采煤炭资源点，捣毁坑道约 80 米，收缴发电机 1 台，电缆 100 米，铁锹、铁镐等工具 20 余件。11 月 5 日至 8 日，对非法盗采重点地区开展为期一周的集中打击专项行动，在北岭王八盖地区抓获 2 名盗采叶腊石不法分子，收缴手机 1 部，盗采工具 10 余件。12 月 19 日，对王平地区进行突击检查，在南涧社区一出租房屋内没收发电机、风镐、头灯等盗采工具 10 余件，查扣三轮农用车 1 辆、无牌照面包车 1 辆。

（张金涛）

【开展铁路护路工作】 4 月 6 日，在京门铁路遗址公园开展以“人民铁路人民爱、护好铁路为人民”为主题的爱路护路宣传活动，向园区内游人和附近居民群众宣传《铁路法》、《铁路安全常识》和防路伤、禁止大牲畜上路等内容。协调军庄镇和王平镇，制止 2 起铁路沿线安全保护区范围内违章建房事件。5 月 8 日，对因“架设天然气管道，导致铁路旁一柏油马路出现裂缝”事件，责令王平镇东石古岩村将马路上堆积的沙土清运并对开裂处进行修补。同日，首都护路办领导到区内与综治办领导进行座谈，了解区内铁路护路联防工作开展情况。

（张金涛）

【检查指导工作】 1月10日，公安部组成联合检查组（广东公安厅、广东省教委）对全区校园周边安全情况进行检查。5月24日，首都综治委特专组精神病和艾滋病危险人群工作小组督导检查区重性精神疾病管理治疗工作。11月11日，中央政法委、中央综治办领导到区内调研平安建设及社会管理工作，对开展平安建设及社会服务管理工作予以肯定，并提出要求。

（张金涛）

【开展秩序乱点管理整治工作】 1月4日，对非指定区域内游泳、垂钓、滑冰等不文明行为开展联合执法整治。3月5日，对门城重点地区违规占道大型工程车辆开展专项清理整治行动。清明节期间，对108国道沿线非法兜售商品等行为开展清理整治，共罚没无照摊点12处。4月10日至11日，对门城重点地区违规占道停车现象开展专项清理整治行动，清理违章停放的各类机动车、工程机械车60辆次。5月3日，拆除城子铁路货场约500平方米违法建设。9日，拆除东辛房街道安康小区内2000余平米违法建设。13日，对门城地区无照经营、占道经营、露天烧烤等违法行为开展联合执法专项整治行动。20日至26日，开展为期一周的露天烧烤专项执法清理整治。7月29日，对高家园路、峪园路开展综合治理行动，发放《城乡环境综合整治告知书》120份，清理游商、散商50起，清理店外经营、堆物堆料、大排档等违法行为35起。10月14日至18日，开展摩托车、大货车违法专项整治行动，查处摩托车违法4起（扣车1辆），无证驾驶1起，货车违法1078起（扣车13辆），电动车违法12起（扣车5辆）。年内，围绕9大类重点地区，在3处市级挂账乱点、5条重点大街以及5处区域乱点开展38次大规模集中整治行动。针对交通、治安、环境方面存在的突出问题，开展“清城、清商、清源、清路、清车、清街”六大专项整治行动，共查处无照经营、乱堆乱放、店外经营等违法行为339起，罚款37余万元；查处各类交通违法行为15991起，暂扣违法机动车166辆，拘留违法人员3名；查处违法停车6069起；查处货车违法、货车遗撒等8250起；清除违法广告356处、摘除山寨指路牌广告牌110块；警示教育行人2300余人次。

（张金涛）

公安工作

【概况】 年内，门头沟分局紧紧围绕“两最”建设目标和区委关于“落实‘三个优化’、多办利民实事、建设国家生态文明示范区”的主题，把握首都“西大门”区域特点，坚持围绕中心、服务大局，开拓创新、扎实工作，为辖区经济持续平稳健康运行、加快改善民生提供保障。全年共预警处置各类涉稳敏感事件172件，协助破获刑事案件387起，实现了涉稳矛盾和敏感案件不扩大、不升级、不出区。进一步理清主责部门化解主责、街镇稳控责任和公安维护秩序责任，实现对敏感案事件的稳妥处置。共处置群体访239批2609人次，会同区属部门化解不稳定因素47件，依法处理扰序上访人员57名。结合地区实际，先后开展了重大案件的专项排查工作，建立重大安保专项档案。对梳理出的重点，分类分级进行列管，开展针对性督促整改，解决了双峪农贸市场、梨园地区等一批突出治安问题。建立了刑侦打攻坚、破串案，经侦打集群、减损失，禁毒重宣传、查毒品，预审、法制、监所重深挖、促打击的多点支撑、多警联动的立体打击工作格局，向各类违法犯罪活动展开凌厉攻势；全年共破获各类刑事案件1602起，同比上升8.7%，其中深挖破案700起，破获涉毒案件26起，破获经济案件45起，为国家和群众挽回经济损失460余万元，命案发4起破4起，破案率100%；抓获各类犯罪嫌疑人977人。完成113二期工程建设，完成指挥中心二级平台升级改造和派出所三级平台建设，新建前端视频监控点位190个，实现对主要道路、人流密集场所等公共安全区域的图像监控全覆盖。加强与河北涿鹿、涞水、怀来三县的区域警务合作，织严织密西部外围防线；全年，京冀两地警方互通情报187次，互通重点查控警情34次，查获上访人员4人、在逃人员2人、管制刀具3把。强化社区治安巡逻防控，预防和减少了社区发案。全年共发生社区可防性案件171起，同比下降37.8%。完成了46个村庄社区化管理，在每个村庄统一建立了综治中心，配齐配强防范力量和监控系统。采取“一周一行动、一周一重点、一周一清查”的做法，对梨园、双峪农贸市场等重点部位开展集中整治。坚持对流动人口和出租房屋开展不间断安全检查。共开展“拉网式”整治行动69次，纠正无照经营、店外经营77起；开展出租房屋清查行动72次，清查出租房屋18420户次，审查流动人口8.48万人次，直接抓获流动人口违法犯罪人员86人，抓获流动人口网上在逃人员18人，实现了出租房屋重大刑事案件和灾害事故“零发生”。加强对全区行业场所和危爆物品管理，开展不间断的集中检查整治，全年共查破涉黄、涉赌案件44起，依法处理违法犯罪嫌疑人112名。先后开展全国“大排查、大教育、大整治”货车违法专项整治、摩托车“三无一遮挡”整治、清理僵尸车专项整治等13项专项行动，全年共查处交通违法行为158464起，查处酒后驾车127人，醉酒驾车50人，非司机开车36人，涉牌违法3615起。采取定期会商、隐患挂账、限期整改的做法，争取资金430万元，对黑山北街口、中门寺大街、新108国道等6个重点路口、路段交通设施进行升级改造，对36处交通隐患进行整改。会同综治、建委、教委、旅游等部门，先后开展“打基础、除隐患、创平安”消防安全大排查大整治、城乡结合部地区消防安全专项整治等系列专项工作。共开展联合检查76次，形成了部门联合执法长效机制。完善了14个镇（街）大网格、260个村（社区）中网格、789个责任区小网格，落实3499名消防管理力量，对1.5万消防群防群治力量落实实名制，形成了点、线、面三个层面的防控等级。开展山岳救援31次，救出被困群众25人。采取集中检查与日常检查相结合、普遍检查与重点检查相结合的方式，对金融网点、建筑工地、中小幼学校、物流寄递企业、重点单位、要害部位的安全保卫制度、方案预案、人员管理和人、物、技防设施进行严格检查。共检查内部单位2972家次，其中金融单位735家次，水、电、气、油基础设施单位508个次，大中型商市场433个次，其它单位1296个次；发现解决隐患112处；组织各类法制宣讲活动和法制课566次，开展安全应急模拟演练760次，提升了内部单位防控能力。先后完成了妙峰山传统庙会开幕式、第四届徒步大会、永定河文化节传统文化游园会、2013年环北京职业公路自行车赛第四赛段等28项55场次大型活动安保工作，以及园博会、全国人大代表来区调研、中央领导植树等87次警卫工作，未发生任何问题。先后开展刑诉法专题讲座3次，案例讲评8次，基本覆盖了分局各执法办案单位共计600余人。全年行政复议17案30人、行政诉讼11案19人，无一撤销、败诉，执法质量显著提升。扎实开展群众路线教育实践活动，共开展党委集中学习21次，举办主题宣讲活动3场次，征求意见建议266条，两级班子成员间、班子成员与分管单位领导间共开展谈心谈话102人次；分局督导组共开展督导活动46次，累计审阅各单位对照检查材料383份；投诉量连续5个月下降、连续4个月在全市局排名最低，尤其是自9月下旬至年底实现“零投诉”。

单位名称：北京市公安局门头沟分局
地　　址：北京市门头沟区新桥大街45号
电　　话：69842494　9860110－68126
邮　　编：102300

（吴世芳　王朝香）

【开展主题宣传活动】　1月10日，在区体育馆门前广场设立主会场，开展“亲民、爱民、为民，110在您身边”为主题的110宣传活动。局属各派出所分别在辖区开展了特色宣传，共发放110宣传、防诈骗、防煤气中毒、安全燃放烟花爆竹、台历等各类宣传材料4800余份，现场征集群众对110接处警工作的意见建议50余条。1月19日，在区体育馆门前设立中心会场，开展烟花爆竹安全管理集中宣传咨询日活动。全区13个镇街分别设立分会场，通过摆设展板、悬挂条幅、发放宣传品等多种形式向市民宣传《烟花爆竹安全管理条例》、最高法等四部门有关法律、法规和规定，共悬挂横幅64条，摆放黑板报、展板68块，书写标语689条，发放各种宣传品共计10万余份，受教育人数约8万余人。4月28日，联合区农业局、卫生局、社会办、流管办、城管、工商等部门，在区体育馆门前举办2013年养犬管理工作集中宣传活动。活动邀请了区广电中心、京西时报到场做现场宣传报道；各派出所协同镇街政府、城管分队、工商所、卫生所等相关单位在本辖区设立了分会场，分别开展了养犬管理工作集中宣传活动，活动期间，共组织各种宣传力量140人，悬挂条幅16条，展出展板60块，张贴标语30余条，大屏幕宣传3块，印制发放各种宣传材料2万余份。通过宣传，解答群众提问100余个，受教育群众3万余人。5月26日，在区物美大卖场南场组织开展居民身份证登记指纹信息宣传周启动仪式。分局领导和人口管理大队、月季园派出所社区民警等20余人参加活动，通过悬挂宣传图示，现场咨询讲解等方式，向群众宣传公安机关身份证登记指纹信息的相关规定、工作流程，为6月1日全面推进身份证登记指纹工作做好准备；共发放宣传资料600余份，现场解答群众120余人（次），悬挂横幅1条，身份证宣传图7张，受宣传群众800余人。6月19日，会同区食品办在区体育馆门前组织开展“2013年全国食品安全宣传周暨全国公安机关打击食品犯罪保卫餐桌安全”宣传教育活动，向人民群众讲解分析近年来的突出食品犯罪案例及常见假伪食品识别小计巧，共发放各类宣传资料5000余份、受宣传群众2000余人。

（吴世芳　王朝香）

【开展专项治安整治行动】　1月17日，分局以3处秩序乱点和5条严管大街为重点，抽调警力，协调区城管大队及社会力量，集中开展“三大秩序”管理整治夜查行动。共投入警力56人、城管力量8人及交通协管员25人，检查车辆891辆，查处酒后驾车2人、涉牌违法34起、货车违法14起。6月19日，组织区工商、城管、卫生、消防等部门，对梨园地区开展集中清理整治行动。共出动各种执法力量35人，宣传门店80余家，没收、暂扣店外经营物品5家，对门前三包不落实的门店责令立即整改40余家；处罚违法停车9辆；检查小足疗小发廊15家。发现各种问题、隐患6件，批评教育经营负责人、从业人员70余人次。7月5日、6日及24日，会同区工商、商委、消防部门，组织派出所对永定地区、大峪地区废旧金属回收业开展批次联合执法行动。活动共出动各种力量20人，检查金属回收摊位20个，取缔无照收购点2个，收缴禁收电缆线8公斤、破碎雨篦子3块。9月2日，组织交通、巡警及属地派出所，会同城管、工商等部门，对门城地区黑摩的运营情况进行拉网式的集中整治；共出动警力15人，其他执法力量10人，执法车辆7辆；现场批评教育8人，暂扣无照、无牌农用三轮机动车1辆；对区医院门口1辆改装的电动三轮车非法招揽广告的违法人员进行现场训诫，并对违法广告予以收缴。4日至10日，会同城管、工商、交通、巡警等部门，组织相关属地派出所，采取每天确定一个镇街的方式开展集中整治工作。共出动各种执法力量24人，暂扣无证、无牌照的农用三轮机动车、助力三轮电动车9辆，其中，现场处罚违规行驶2起，罚金200元，批评教育15人。11日，集中组织开展夏秋季百日专项第四次打击整治流动人口和出租房屋清理整治行动。期间，共出动警力326人、协警力量296人，检查各类出租房屋3226间，审查流动人口8742人，查获出租房屋犯罪窝点2个，抓获违法犯罪人员4人，处罚违法出租房主2人，消除出租房屋安全隐患36件。10月24日，组织开展了夏秋季专项行动第九次“一周一行动”集中整治工作，通过集中检查、宣传教育等方式，对全区易发生火灾和煤气中毒事故的重点场所和部位进行了全面排查；共出动警力256人，村镇干部97人，协警力量155人；检查房屋5259户，农家乐40户，施工现场16处，商市场9家，易燃易爆场所15家，“六小单位”342家；发放宣传材料1万余份，发现整改安全隐患418处。

（吴世芳　王朝香）

【开展养犬管理执法活动】　1月21日，按照市局关于加强养犬管理工作的整体部署，会同区动监所、城管大队、龙泉镇综治办，对门城地区犬类管理工作进行联合执法。共出动执法力量26人，执法车辆4台，发现违章养犬16起；收缴无主犬14条，罚款2起，批评教育13人；现场进行文明养犬培训1次，参训人员32人。

（吴世芳　王朝香）

【举办离退休干部新春团拜会】

1月25日，举办2013年迎新春离退休干部团拜会。分局党委成员和原分局老领导、离退休老干部共180余人参加。

（吴世芳　王朝香）

【走访河北三县公安局】　1月29日至30日，为深化外围防控警务协作，分局领导带队分别到与门头沟区接壤的河北涞水、涿鹿、怀来三县公安局进行走访和慰问。双方领导就年内春节及“两会”安保相关事宜进行了交流。

（吴世芳　王朝香）

【完成重要节日安保工作】　春节期间，共投入安保力量2589人次，完成春节期间安全保卫工作。先后抽调239名警力，定人、定岗、定责，全力投入烟花爆竹限放和潭柘寺、戒台寺、妙峰山、川底下村等旅游景点的治安交通秩序维护工作，共疏导车辆18064辆，疏导游客52793人次，未发生突出的治安问题。在全区范围内开展以“防火、防爆、防盗、防安全事故”为主要内容的安全大检查，共检查各类单位场所1746家，发现安全隐患628件，当场解决624件，限期整改4件，罚款2.05万元；春节期间，接报110刑事警情6件，同比减少3件，下降33.3%。清明节期间，出动警力880人次，协管员390

人次，到万佛华侨陵园、区殡仪馆、天山陵园及周边沿线维护交通、治安秩序，共疏导车辆55659辆，配合民政、城管等部门接待祭扫群众35.66万余人，确保全区清明节祭扫秩序井然有序，未发生重大火灾、治安和交通事故。4月29日至5月1日，全区共接待游客5.7万余人、车辆1.8万余辆，投入民警930余人次开展巡逻防控和景点景区秩序维护，并开展全区拉网式安全大检查，确保全区未发生重特大交通、火灾事故，未发生重大刑事、治安案件。国庆节期间，分局共出动警力2135人次、动员内部力量2216人次，疏导游客和群众115921人次、车辆3.52万辆次；会同各镇、街道、综治等部门，组织发动1.1万余名治安志愿者，开展义务巡逻、邻里守望等群防群治工作；开展多次安全大检查专项行动，共检查沿街门店、农家乐等各类单位、场所1136家；清查出租大院39处，审查流动人口3153人；发现整改问题隐患58处，下发整改通知书11份；分局共受理刑事案件23起，同比下降32.4%；接报110刑事警情17件，同比下降23%，未发生任何治安、交通、火灾问题。

（吴世芳　王朝香）

【查破多起侵财类犯罪案件】 1月和2月，分局组织力量，严厉打击侵财类犯罪活动，共破获各类侵财案件129起，破案总数与2012年同比多29起，上升29%。

（吴世芳　王朝香）

【区领导调研慰问】 2月6日，区领导等到局内调研，慰问民警，并送去慰问金。3月12日，区领导等到分局交通支队调研全区交通管理工作。5月29日，区委领导先后到东辛房、大峪派出所对流动人口管理体制变更后工作运行情况进行调研，区流管办、区经信委、龙泉镇、东辛房、大峪办事处及分局人口大队有关领导陪同调研。6月27日，区领导到大峪派出所慰问民警，并送去慰问金。

（吴世芳　王朝香）

【完成大型活动安全监管工作】 2月24日（正月十五元宵节），大批游客到潭柘寺景区觐香，分局共组织26个单位165名警力参加勤务工作。共疏导车辆4400辆，疏导群众5000余人次，劝导群众文明燃香1000余件，并积极与景区协商，在高峰时段对天王殿、大雄宝殿等重点部位疏导群众，确保景区觐香秩序。24日至25日，由大台办事处主办的民间传统元宵幡会活动，分别在千军台和庄户村举行。现场接待观众1500余人次。分局出动30名执勤警力，协助主办单位维护现场秩序，确保安全。3月3日，区委宣传部在永定河文化广场举行“雷锋就在身边”主题实践活动等相关领导，以及10个标兵团队共300余人参加了启动仪式；分局组织治安、交通和大峪派出所9名执勤警力，指导并协助宣传部工作人员维护现场治安秩序和交通秩序，确保了启动仪式安全顺利进行。5月10日至24日，妙峰山景区分公司在妙峰山景区举办了第二十一届传统春季庙会。共有50余档民间花会相继到景区进行花会表演，历时15天的庙会活动共接待游客2万余人，分局每天组织49名执勤警力，协助景区维护庙会现场秩序。9月13日至15日，由北京市体育局和门头沟区人民政府主办的“中坤杯”第四届北京国际山地徒步大会在区斋堂镇举行。共有30余个国家、8000余名国内外运动员和徒步爱好者，分别参加了各项赛事活动，分局共组织安保力量2000余人次，其中民警480人次，先后完成了徒步大会开幕欢迎酒会、住宿点、比赛线路、颁奖仪式等各项勤务工作，实现了“五个确保”的工作目标。10月14日，2013环北京职业公路自行车赛第四赛段门头沟段30.2公里比赛和终点颁奖仪式在门头沟区举行。共有21支世界顶级车队的168名运动员参赛。分局多次召开会议做了工作部署，并分别制定了各类工作方案，共组织安保力量2560人次（其中，民警320人次、武警390人次）上岗执勤，确保了门头沟赛段的绝对安全。

（吴世芳　王朝香）

【破获特大运输毒品案】 3月4日，会同市局有关部门，破获一起特大涉毒案件。缴获冰毒、K粉、麻古等各类毒品2500余克，电子秤1个，管制刀具1把；扣押涉毒车辆2台，毒资9万余元。贩毒犯罪嫌疑人黄某某、曾某、胡某某、接货人郝某某先后被抓获归案。

（吴世芳　王朝香）

【开展专项夜查工作】 3月15日夜间至3月16日，按照市局《关于开展“3.15”面包车专项夜查的通知》要求，开展了专项夜查行动，在原有一道防线4个卡口的基础上，新增双峪、石门营、南宫和军庄4个临时卡点，分两个时段，对过往车辆强化安全检查。共投入各类力量120人次，检查面包车187辆，查获酒后驾车3人、涉牌违章案件10件、其他违法交通行为4起，核录354人。

（吴世芳　王朝香）

【完成警卫工作】　4月2日，党和国家领导人到丰台世博园区植树。领导车队途经莲石路，从门头沟辖区进入植树活动现场。分局共出动警力116人，对辖区的莲石路、京原路、永定河森林公园进行控制，确保车队途经辖区的绝对安全。12日，市委书记郭金龙、市长王安顺在市、区领导的陪同下，先后到区焦家坡垃圾无害化处理中心和鲁家山垃圾焚烧发电厂开展调研活动。分局共出动警力115人，维护调研现场和沿线的治安交通秩序。13日，2013年奥运之家植树活动在永定镇永定河森林公园举行。奥促会领导等共计300余人参加植树活动。分局组织治安支队、交通支队、巡警支队、永定派出所等警力，维护植树现场治安秩序和交通秩序。7月22日，全国政协副主席马飚等全国政协考察团一行30余人，在北京市政协主席吉林、区领导韩子荣等的陪同下，先后到区永定楼、区医院进行考察。分局组织有关部门及属地派出所民警到现场维护治安秩序。8月5日，市长王安顺等领导，到位于区三家店地区的河湖管理处就全市水系调配情况开展调研活动。分局抽调8个单位和6个派出所的81名执勤警力，维护领导行车路线和调研现场的治安、交通秩序。11月11日，中央政法委副秘书长、中央综治办主任陈训秋在区委书记韩子荣等领导的陪同下，先后石门营五区、双峪二社区和区为民服务中心开展调研活动。分局组织64名警力上岗执勤，确保了调研活动务的绝对安全。

（吴世芳　王朝香）

【端掉一个赌博窝点】　4月2日，将在潭柘寺南村老灰窑涉嫌以“猜钢镚”方式进行赌博的26名违法嫌疑人抓获，起获赌资14万余元。经审查，其中16人被依法行政拘留。

（吴世芳　王朝香）

【开展安全大检查】　4月11日，组织警力对门城地区文娱、按摩场所开展了拉网式检查，对月季园梨园等地区进行重点检查。共出动警力60人次，检查场所87家，发现问题10件，当场整改8件，限期整改2件。17日，联合区旅游委、卫生、安监等相关部门成立了检查组，开展辖区景区安全管理大检查工作，共检查景区2家。对检查中发现的2处安全隐患，下达限期整改通知书。7月5日，联合商委、工商执法队、消防支队以及回收公司对辖区内龙欣顺达第十三分公司和第十六分公司（共8个摊位）进行联合检查；发现解决问题4件，未发现有收购井盖、雨篦子等市政设施及禁收物品。29日，分局领导带领消防、内保及月季园派出所领导先后到国信滨河大厦、碧海云天商务会馆、物美大卖场，到消防控制室、营业区、库房、餐厅、厨房操作间等部位进行安全检查，随机抽查厨房工作人员灭火毯操作使用。同时，对门城地区巡逻设卡情况进行了全面检查。8月14日晚，分局领导带队对辖区人员密集场所星座商厦、区医院等单位进行消防安全检查，区委政法委、区安监、商务、卫生等部门领导陪同检查。9月5日，组织开展全区内保系统集中大检查行动；主要领导先后到东辛房、三家店派出所，现场检查指导清查行动开展情况。分局全体党委成员分别到分管派出所检查指导内保系统集中大检查行动。

（吴世芳　王朝香）

【打掉盗割电缆犯罪团伙】　5月29日，在市局相关部门的支持下，打掉一个由犯罪嫌疑人丛某某，李某某等人组成的盗割电缆犯罪的团伙，破案40余起，抓获各类违法犯罪嫌疑人43人，其中刑事拘留11人。涉案被盗电缆总价值120余万元。

（吴世芳　王朝香）

【开展敏感期维稳处突演练】　7月1日，组织10个部门和8个派出所，共计130余名警力，分别在京浪岛广场、109国道（杜家庄检查站至芹峪口检查站路段）组织“涉爆现场处置”和“持刀闯卡拦截处置”两个科目实兵实装处突演练。分局主管领导进行了现场总结点评。

（吴世芳　王朝香）

【破获合同诈骗案】　7月12日，破获一起特大合同诈骗案，涉案金额高达3500万元。在上海警方的协助下，分局将案犯徐某某抓获归案。

（吴世芳　王朝香）

【开展看守所对外开放活动】　7月24日，看守所开展对外开放活动，接待了中国水电建设集团房地产有限公司领导干部一行50余人到所内参观，并开展廉政法制教育活动。参观人员在民警的引领下，先后参观了在押人员食堂、收押室、医务室、放风场、筒道、监室等部位，接待民警就看守所职能任务、基础设施建设、在押人员生活保障、权益保障等情况进行了介绍，并解答了参观人员提出的问题。

（吴世芳　王朝香）

【召开汇报工作新闻发布会】 8月21日，举行“向市民汇报工作”新闻发布会，向媒体记者和市民代表汇报上半年全区治安和公安工作情况。北京日报、法制晚报、京华时报、门头沟电视台等10家新闻媒体，以及政府部门、相关单位及全区社会各界代表50余人参加了发布会。会上，分局领导介绍了上半年全区社会治安状况，通报了上半年工作情况，并就当前公安工作、领导干部及党员民警工作情况向参会人员开展了评议和意见征求。

（吴世芳　王朝香）

【参观反腐倡廉警示教育展】 8月26日，按照市局党的群众路线教育实践活动总体部署，分局党委主要领导带领局属各单位副处职以上领导干部共40余人到北京市反腐倡廉警示教育基地参观学习。

（吴世芳　王朝香）

【召开“幸福家庭”表彰会】 9月22日，召开“幸福家庭”表彰会。分局领导及局属各单位政工领导、“幸福家庭”代表参加了会议。会上，宣读了分局级“幸福家庭”的表彰决定，与会领导为获得“幸福家庭”荣誉称号的民警代表颁发了证书和奖品。

（吴世芳　王朝香）

【破获网上销售假药案】 10月31日，门头沟分局在市局经侦总队支持下，破获一起网上销售假药案，在湖北省天门市将犯罪嫌疑人姚某某、曾某某抓获。

（吴世芳　王朝香）

【联合开展校园安全培训班】 11月1日至2日，联合区教委，在雁翅培训基地开展了为期2天的培训班，市局文保总队、教委法安科、分局交通支队、内保大队主管领导以及组织全区中小学幼儿园主管领导以及保卫干部共计86人参加了培训。主办单位针对近期社会治安形势，就如何做好校园安全防范工作进行了讲座；各专业部门根据职责特点，从落实安全责任、处置突发事件、安全隐患排查整改等方面进行阐释。市局文保总队领导对校园主管安全领导以及保卫干部提出工作要求。

（吴世芳　王朝香）

【开展隐患排查行动】 11月28日，分局采取机关警力、专业警种与派出所警力联合行动方式，以排查流动人口中涉恐、涉爆、涉稳、涉罪等具有现实危害性重点人和出租房屋中存在安全隐患、消防隐患为重点，集中开展流动人口和出租房屋隐患排查行动。期间，共出动警力322人，出动协警力量296人，检查各类出租房屋3240间，审查流动人口8742人，发现并消除出租房屋存在防火、防盗、防煤气中毒安全隐患236件。

（吴世芳　王朝香）

【开展内保系统安全整治行动】 12月12日，采取机关警力、专业警种与派出所警力联合行动方式，集中开展内部单位、商场超市、建筑工地、学校等内部单位排查整治行动。期间，共出动警力346人，出动协警力量265人，共检查单位505个，发现各类隐患34件，整改隐患问题25件。

（吴世芳　王朝香）

检察工作

【概况】 年内，区检察院在区委、市检察院的统一领导下，立足检察职能，贯彻落实党的十八大、十八届二中、三中全会精神，为全区经济社会发展、加快生态新区建设提供有力的司法保障。

切实履行批捕、起诉职责，全年共批准逮捕各类刑事犯罪案件148人，提起公诉227人。依法办理社会关注的“色素炒花生”案、销售假保健品系列案等一批危害食品药品安全犯罪，全年无捕后、诉后无罪判决案件。完善执法办案风险评估预警机制，所办案件无一矛盾激化。创造性开展未成年人刑事检察工作，建立多元化义工惩教基地，得到社会各界肯定。

加大查处职务犯罪工作力度。立案查办职务犯罪案件17人，立案人数同比上升240%。其中贪污贿赂案件13人，渎职侵权案件4人。通过查办案件，为国家挽回直接经济损失137.6万元。建立纪委监察部门、检察机关自侦部门、公安机关刑侦部门“各司其职、同步调查、信息共享”的工作模式，完善侦防一体化办案模式，构建来信、来访、电话、网络“四位一体”举报体系。建立惩治和预防职务犯罪年度报告制度，向区委专项报告了2008年至2012年查办和预防职务犯罪情况，为领导决策提供参考。

加强刑事侦查监督，监督立案4件，追诉4人，追捕18人，追诉漏罪19起。重点围绕全区重大、敏感、复杂案件深化提前介入侦查工作，防范和纠正侦查中的违法行为。加强刑事审判监督，提出量刑建议131件157人，量刑建议采纳率96.3%。加强刑罚执行和监管活动监督，对6件案件开展羁押必要性审查，发出变更强制措施建议3份。加强民事检察监督，构建以执法办案为中心的多元化监督格局。

发挥检察职能服务经济转型发展，设立驻中关村国家自主创新示范区门头沟园检察联络室。制定了“全方位服务全区非公有制经济”工作方案。突出打击涉及棚改房屋征收的犯罪活动，立案查办涉拆职务犯罪嫌疑人8人，围绕全区重大工程项目同步推进职务犯罪预防工作，建立了重大工程领域廉洁准入制度。

单位名称：北京市门头沟区人民检察院
单位地址：门头沟区滨河路21号
邮　　编：102300
电　　话：59908182

（王　珏）

【建立“一队一所”监督机制】 1月4日，院侦监处与区公安分局城子派出所、经侦大队分别签订《关于建立两部门监督配合机制的工作办法（试行）》。

（王　珏）

【全票通过区检察院工作报告】 1月11日，区第十五届人大召开第三次全体会议，以举手表决的方式通过了有关决议。区检察院工作报告获得与会人大代表的全票通过。

（王　珏）

【慰问活动】 2月4日，区检察院党组到对口帮扶的斋堂镇军响村走访慰问，并为贫困村民送去1万元慰问金。

（王　珏）

【院领导作检察职能主题讲座】 3月15日，院领导为全体区人大代表作“检察职责职能及检察程序”主题讲座。区人大主任等参加。

（王　珏）

【政治处试行“大部门制”】 3月20日，院政治处，试行“大部门制”，对教育培训、组织宣传、干部培养工作各确定一人牵头负责，主要工作任务量化到个人，并按月份在部门内公示主要工作进展情况和个人完成定量情况，以公开彰勤勉、反慵懒。

（王　珏）

【自侦部门实现查办职务犯罪新局面】 3月27日，针对棚户区改造拆迁过程中，村主任利用协助政府从事行政管理工作之便滥用职权，帮助他人多得拆迁补偿款的案件，区检察院反贪局、反渎局与区纪委成立专案组开展工作，反渎局立案侦查滥用职权案1件1人，反贪局立案侦查共同贪污案2件2人。

（王　珏）

【“五不”“三变”改会风】 3月，采取“五不”、“三变”的方式改变会风。“五不”指：不设主席台，不摆领导桌签，不设会场服务人员，不摆放花草，不制作标语。“三变”指：变照稿“念文件”为结合实际脱稿“讲文件”；变坐着宣讲为站着解读；变领导前排就座主会为后排就座参会。

（王　珏）

【公诉处追诉漏罪九起】 4月1日，院公诉处在办理区公安分局移送审查起诉盗窃案过程中，追诉遗漏罪行9起，法院一审判决全部认定。其中，被告人刘某某、王某因追诉罪行构成流窜作案分别被判处有期徒刑11年、有期徒刑10年。

（王　珏）

【中标两项市检察院重点调研课题】 4月1日，院中标两项北京市检察院年度重点调研课题，连续第五年承担市检院重点课题。

（王　珏）

【与区义工联签订教育合作协议】 4月8日，与区义工联签订《关于开展被附条件不起诉未成年人义工教育合作协议》，建立长期合作共建关系，

（王　珏）

【开展检察开放日活动】 4月16日，开展主题为“看得见的正义”检察开放日活动，以邀请小微企业负责人到检察院、播放检察职能宣传片和向群众发放检务公开宣传资料的方式，宣传检察职能。

（王　珏）

【区领导做批示】 4月27日，区委书记韩子荣批示肯定区检察院对未成年犯罪嫌疑人的监督考察工作。

（王　珏）

【印发预防职务犯罪工作规则】 5月22日，区委印发并在全区施行区检察院与区纪委起草的《门头沟区预防职务犯罪工作规则（试行）》，统一指导全区各部门开展预防职务犯罪工作。

（王　珏）

【“义工培育基地”揭牌】 5月22日，与区图书馆共建的“扬帆义工培育基地”正式揭牌。区关心下一代工作委员会主任、市检察院未成年人检察处负责人及区教委、区文委等单位领导参加揭牌仪式。

（王　珏）

【签订庭前会议工作意见】 5月22日，与区法院、区司法局签订

《关于适用庭前会议程序的工作意见》，意见共19条，对庭前会议的参加主体、适用范围、启动程序、主要内容、处理规则作出了规定。

（王 珏）

【召开义工惩教制度新闻发布会】 5月23日，召开“被附条件不起诉未成年人义工惩教制度”新闻发布会，向媒体通报该制度试行一年情况。发布会后，多家媒体对区检察院的“被附条件不起诉未成年人义工惩教制度”进行报道。

（王 珏）

【签订简易程序工作意见】 5月27日，与区法院、区司法局签订《关于适用简易程序的工作意见》，意见共19条，对简易程序的适用范围、检察院告知义务、案件移送法院程序、量刑建议适用、是否适用简易程序存在争议的解决方法、简易程序转为普通程序等内容进行了规定。

（王 珏）

【交叉民事申诉案获法院再审改判】 6月13日，市第一中级人民法院采纳区检察院的再审检察建议，判决撤销原判、驳回华美公司的诉讼请求。此是区检察院首件刑民交叉民事申诉案获法院再审改判。

（王 珏）

【召开新闻发布会】 6月27日，在举报宣传周期间召开新闻发布会通报涉拆领域案件查办情况，介绍区案件的主要特点、作案手段等，警示社会公众识破“骗局”，远离低价政策性住房的骗购“陷阱”。

（王 珏）

【与区为民服务中心签订协作机制】 8月2日，与区为民服务中心签订《加强为民服务信息平台工作协作机制》，创新检察机关面向人民群众履行法律监督职责、接受外部监督工作方式。

（王 珏）

【发变更强制措施建议】 8月23日，向区法院发出变更强制措施建议书，建议对两名已被医院下达病重通知书的被告人变更强制措施。此是区检察院监所检察部门首次发出变更强制措施建议书。

（王 珏）

【推进施行廉洁准入制度】 8月26日，区预防职务犯罪工作领导小组会议通过区检察院起草的《门头沟区基本建设工程、政府采购及中介组织聘用领域实行廉洁准入管理实施办法（试行）》，该办法共14条，包括廉洁准入管理制度的适用范围、具体内容、相关部门的监管职责等6方面内容。

（王 珏）

【中标高检院理论研究课题】 8月28日，申报的《附条件不起诉对象的考察与管理》课题中标2013年度最高人民检察院检察理论研究课题。

（王 珏）

【启动“区情直通车”系列培训活动】 8月29日，启动“区情直通车”系列培训活动，以利于在依法履职的同时更好地服务全区经济社会发展。

（王 珏）

【设立驻中关村自主创新园检察联络室】 9月17日，区检察院驻中关村国家自主创新示范区门头沟园检察联络室正式揭牌。驻园检察联络室将成为区检察院服务、保护企业正常经营，接受入园企业和各界人士监督的重要平台。与石龙经济开发区管委会签订《合作备忘录》，规定驻园检察联络室的工作制度。25日，区领导对区检察院设立驻园检察联络室作出肯定性批示。

（王 珏）

【被确立“新起点扬帆关护基地”】 10月25日，与区图书馆共建的“扬帆义工培育基地”被北京市人民检察院确立为全市检察机关“新起点扬帆关护基地”。

（王 珏）

【制定为民服务平台工作流程】 10月29日，制定《办理为民服务平台转办事项工作流程（试行）》，流程主要包括规范接单、办理、结案、存档的程序，旨在及时、高效处理人民群众反映的相关事项。

（王 珏）

【举办关爱未成年检察开放日活动】 12月10日，举办“关爱未成年，呵护青春梦”主题活动暨检察开放日活动，邀请20余名区教育系统人大代表和政协委员、区教委领导、中小学校政教主任观看《创新办案模式，试行义工惩教》电视专题片，参观未检工作图片展和涉罪未成年人法制教育基地，了解涉罪未成年人帮教工作。

（王 珏）

审判工作

【概况】 年内，在区委领导、区人大及其常委会监督、区政府和社会各界支持以及上级法院指导下，区法院履行宪法和法律赋予的职责，坚持司法为民公正司法，发挥审判职能作用，加强自身建设，为区经济社会发展营造良好的社会环境和法治环境。全年共受理各类案件5300件，审结5189件，解决争议标的额5.83亿元。审结刑事案件204件，判处罪犯253人。审结抢劫、盗窃、故意伤害、危险驾驶等影响群众人身财产安全的案件123件，判处罪犯153人。结合区阶段性发展特征和治安特点，依法妥善审理与房屋征收、回迁安置房买卖相关的诈骗等犯罪案件，判处罪犯5人；依法从严惩处非法行医、销售有毒有害食品以及运输、贩卖毒品等严重危害民生的犯罪，判处罪犯21人。贯彻宽严相济刑事政策，对92名犯罪情节较轻、认罪态度较好的被告人依法适用缓刑。全年审结民商事案件3510件。组织“法律服务巡回审判组”到房屋征收工作现场和签约大厅，开展法律咨询，调处法律纠纷。发挥小额诉讼程序一审终审的特点，及时、妥善处理数量持续上升的劳务纠纷、物业供暖等涉民生案件420件，调解撤诉率达90.72%。稳妥调处买卖合同、挂靠经营等与企业生产经营相关的案件302件，审结借款纠纷208件，优化经济发展环境。审结行政案件45件。加大行政协调力度，40%的案件经协调后行政相对人主动撤诉，促进行政纠纷实质性解决。制发行政审判年度报告，对审判中发现的执法薄弱环节从加强法律学习、规范执法文书等方面向行政机关提出建议。执结案件1430件，执结标的额3.25亿元。加强与27家单位和基层协助执行网络站点的协调联动，扩大协助执行网络覆盖范围。集中开展9次专项执行活动，妥善执结一批房屋腾退案件。加大对涉民生案件执行力度，及时为70余名外来务工人员发放工资款130余万元。对7名被执行人采取限制高消费措施，将3名拒不履行的被执行人纳入最高法院首批失信被执行人名单，加强对失信行为的制裁威慑。坚持并完善未成年人刑事审判特色机制，依法封存245名未成年人的犯罪记录，组织3名未成年缓刑犯参加志愿服务活动。在未成年人民事审判工作中引入社会观护制度。确定2013年为“科学管理年”，以保障公正审判为核心，推动案件质量管理机制科学运行。开展审判委员会专项评议商事、行政审判工作，制定《民商事大标的及重点案件审理规范》，加大审判动态监控力度。在最高法院31项案件质量评估指标与公正指标排名中，区法院在全市名列前茅。打造一站式、标准化、规范化的诉讼服务平台，全年接待群众2.56万人次。民商事案件调解率同比增长10.74%。推进“和谐无讼村落”试点创建，法官定期到斋堂镇马栏等示范村开展法律咨询、普法宣传，联合当地基层干部、人民调解员开展矛盾化解，总结婚姻家庭、相邻关系、人身损害赔偿等易发多发纠纷的风险点，做好风险提示。区法院被最高法院授予“全国优秀法院”称号，另有14个集体、29名个人受到上级机关的表彰或奖励。

单位名称：北京市门头沟区人民法院
地　　址：北京市门头沟区滨河路74号
电　　话：61868000
邮　　编：102300

（齐志超）

【引入社会观护制度】 1月17日，召开未成年人民事审判引入社会观护制度工作会，通过《门头沟区关于在未成年人民事案件中开展社会观护工作规程（试行）》及《关于保障社会观护制度实施的工作协议（试行）》，对未成年人民事审判中涉及抚养权、监护权、探视权及人身健康权等合法权益保护的问题，由法院委托的社会观护员开展社会调查、参与诉讼调解、跟踪裁判履行，维护未成年人合法权益。5月30日，市高级法院在区法院召开未成年人民事审判社会观护制度新闻通报会，新华社、法制日报、北京日报、北京电视台等30余家媒体进行集中报道。

（齐志超）

【开展司法廉洁教育】 1月25日，召开“扬清风、厚正气、保公平”司法廉洁教育会。6月5日，召开遵纪守法专项教育活动部署会，分层次组织党组成员、全体中层领导干部、普通干警观看警示教育片《折戟沉沙》。21日，院领导为全院干警作《心中有阳光、脚下路更长》的专题廉政党课。

（齐志超）

【加强法制宣传】 1月，开展“司法说理进电台”活动，全年共组织法官录制普法节目79期。5月，组织干警到进城务工子女较为集中的三家店小学开展“学会自护、远离伤害”主题法制教育。6月，于“国际禁毒日”到龙泉花园社区开展“打击毒品犯罪、维护社区秩序”主题法制宣传活动。9月，联合区委党校、法制办、人力资源和社会保障局组织全区60余家单位近200名执法人员旁听行政案件的庭审。12月，于“法制宣传日”开展系列普法活动，发放各类宣传材料2000余份。全年依托基层法制共建，组织法官定期到共建单位，主持现场调解、提供法律咨询、指导模拟庭审，共开展主题法制宣传活动41次，在各级媒体发表普法稿件1900余篇。

（齐志超）

【组织学术论文研讨】 1月，集结历年学术研讨成果，公开出版《基层法院司法理念的多维构建》一书。3月，组织全院重点论文作者参加以“公正司法与行政法实施问题研究”为主题的学术讨论会。5月，举办“门法论坛”，邀请5名北京师范大学博士生做学术研讨专题讲座，提升干警的理论研究能力。12月，区法院2篇论文在全国法院系统第二十五届学术讨论会上获奖，6篇论文在北京市法院第二十五届学术讨论会上获奖，第18次获评“北京市法院系统学术讨论会组织工作先进奖”。

（齐志超）

【加大审判质效动态监控力度】 3月1日，召开首次审判质效分析会，并形成月会制度，每月通报案件评查情况、发改案件情况和审判质量考核情况，评析各部门审判质量情况，提出改进举措。20日，邀请市高院审管办就最高法院和北京法院的考核指标内容进行系统培训。12月21日，在最高法院31项案件质量评估指标排名中，区法院位居全市第一名。

（齐志超）

【开展“珍惜荣誉找差距”活动】 3月5日，召开“珍惜荣誉找差距 胸怀责任谋发展”大讨论活动部署会，总结优良传统和优势，反思问题与不足。7日，邀请4位老院长参加“门法的守成与创新”论坛。14日，召开“增强自豪感、提升认同感、激发紧迫感”中层干部座谈会，查找在审判工作、队伍建设和行政管理等方面存在的差距和不足。22日，举办“珍惜荣誉找差距”主题征文和“我为门法献一策”活动。

（齐志超）

【推行“两专一结合”诉调对接机制】 3月28日，召开“两专一结合”协同化诉调对接工作会，邀请76名重点行业和相关单位人员，建立特邀调解员名录，形成专业调解机构和专业调解人员参与、社会资源和司法资源相互支撑的“两专一结合”诉调对接工作机制。依托专业化、一体化的工作格局，邀请特邀调解员参与诉前调解、现场勘验、强制执行、信访化解等各环节工作，发挥特邀调解员的地缘和经验优势，推动矛盾纠纷及时引导、就地解决。人民法院报、北京日报、北京电视台等二十家媒体进行专题报道。

（齐志超）

【建立改进工作作风长效机制】 3月，制定《中共北京市门头沟区人民法院党组关于进一步加强班子建设、改进作风的意见》，提出院党组“学习在先、发言在后，调研在先、决策在后，实干在先、名利在后，服务在先、管理在后，自律在先、律人在后”等具体措施，进一步改进工作作风、加强班子建设。

（齐志超）

【接受市高院司法巡查】 4月2日，市高院第一巡查组在区法院召开司法巡查动员会，部署为期一周的司法巡查工作，并组织干警对院领导班子和班子成员的履职情况进行民主测评。5月14日，市高院第一司法巡查到区法院反馈司法巡查意见，肯定了院党组在班子建设、履行职责方面的成绩，并提出意见建议。

（齐志超）

【加强团组织建设】 4月23日，召开团员大会，选举产生团支部第四届委员会。5月15日，组织团员青年进行素质拓展活动。12月31日，召开第一次团员代表会，选举产生团委第一届委员会。

（齐志超）

【综合阅览室投入使用】 4月，综合阅览室投入使用，为干警利用午休时间阅览图书、学习提供良好的环境。

（齐志超）

【依法服务征收工作】 4月，组织法律服务巡回审判组到征收签约大厅，开展法律咨询，调处法律纠纷，接待咨询群众221人次，妥善调处纠纷8件。5月27日，组织拆迁法律知识讲座，为房屋征收工作人员讲授有关征收协议效力等法律知识。

（齐志超）

【规范刑事诉讼法制度适用】 5月13日，与区检察院、司法局会签《关于适用简易程序的工作意见》，规范刑事诉讼法修订后相关制度的适用。

（齐志超）

【加强与法学院校交流】 5月，联合中国政法大学组织近百名博士到斋堂镇开展国情教育，并就基层司法工作进行交流。

（齐志超）

【推进实训式培训】 6月9日，

探索“实训式”培训模式，组织商事法官、预备法官围绕“事实合同的成立要件”进行分组讨论，进行案例现场教学。年内，共开展庭审驾驭能力、群众工作能力等专题培训80余次。

（齐志超）

【推进人民陪审工作】 7月24日至25日，举办优秀陪审员表彰会，表彰9名优秀人民陪审员，并开展陪审员履职能力培训。年内，邀请陪审员参与案件审理595人次，普通程序案件陪审率达100%。

（齐志超）

【完善协助执行网络机制】 8月27日，召开协助人民法院执行网络机制工作会议，完善协助执行联席会议机制，将区公安分局、工商局、民政局等14家与协助执行工作密切相关的单位纳入联席会议；在全区建立13个基层协助执行网络站点，确定18名协助执行联络员，“定点定人”式的基层协助执行网络覆盖全部镇街。

（齐志超）

【开展审委会专项评议工作】 9月，审判委员会召开2013年度审判工作质效评议会议。审判委员会全体委员在听取民二庭、行政庭关于2013年商事审判、行政审判情况的报告后，就审判质量等问题进行质询并发表评议意见。经表决，两项工作报告获全票通过。

（齐志超）

【中标最高法院司法调研重大课题】 9月，申报的《关于合同继续履行问题的调研》获准立项为最高人民法院2013年司法调研重大课题。11月，最高法院研究室领导到区法院调研指导课题进展情况。

（齐志超）

【依法接受人大监督】 10月，院长向区第十五届人大常委会第15次会议专题报告法官队伍建设工作情况。全年，共举办人大监督联络活动28次，邀请代表观摩庭审、监督执行、评查案件85人次。

（齐志超）

【建立妇女维权工作机制】 11月，与区妇联联合制发《关于建立门头沟区妇女维权工作机制的意见》，在区法院设立“妇女维权合议庭”，在各镇街妇联组织和区妇女儿童活动中心建立“妇女维权诉调对接联系点”、“妇女维权巡回审判点”，联合开展相关纠纷的调处。

（齐志超）

【建立医患纠纷联动调处机制】 11月，联合区卫生局、保险机构建立医患纠纷联动调处机制：针对医患纠纷，法院在征求当事人同意后，由卫生局在专家库选取专家对医院的诊疗行为是否存在过错进行会商，在专家会商意见基础上，法院组织医患双方进行调解。保险机构全程参与纠纷的调解，开展医患纠纷的定性、定责、定损工作，做到理赔与调解工作同步进行。

（齐志超）

【召开司法改革征求意见座谈会】 12月23日，最高法院司法改革办公室领导到区法院就深化司法体制改革工作与北京法院座谈，与会人员就改革和完善审委会制度、落实合议庭和法官责任制、完善院庭长审判管理权、规范上下级法院审级监督关系、科学界定主审法官概念、完善法官任职制度、推进人财物统一管理和加强基层基础建设等问题进行交流研讨。

（齐志超）

司法行政工作

【概况】 年内，区司法局机关内设行政科室8个，即办公室、政工科、法制宣传科、基层工作科、公证律师管理科、法律援助指导科、社区矫正和帮教安置科、法制科。机关公务员编制28个，实有28人，机关工勤3人；基层司法所13个，司法助理员编制46个，实有41人；参照公务员管理事业单位1个，即法律援助中心，编制5个，实有5人；全额拨款事业单位1个，即阳光中途之家，编制7个，实有4人；自收自支事业单位1个，即北京市华夏公证处，编制8个，实有6人。

法制宣传工作。年内，法制宣传教育工作以“六五”普法中期检查为契机，围绕区委、区政府中心工作，强化组织协调、队伍建设和载体创新，开展与保障和改善民生相关法律法规的宣传。强化组织协调。召开领导小组工作会和中期检查验收工作推进会，制定《“六五”普法中期检查工作意见》和《2013年法制宣传教育工作要点》。召开法制宣传教育检查汇报会，联合区人大对九镇、四街及组织部、人保局、教委、国资委等重点普法责任单位落实“六五”普法规划情况进行检查，并就重点对象学法用法、法律“六进”、队伍建设、法治文化建设等重点工作进行全面部署。强化队伍建设。充实普法讲师团队伍，开展“双百”目标创建活动，召开年度普法讲师团工作会，制定《门头沟区“六五”普法讲师团管理办法》和《普法讲师团年度工作计划》，加强普法讲师团的管理。加强司法干警技能培训，开展“司法所长法制课宣讲比赛”，围绕现代化生态新区建设、棚户区拆迁拆违、村委会换届选举等中心工作，在全区9镇4街开展信访、老年人、青少年、妇女及消费者维权等法制讲座130余场。强化载体创新。与区政协、区电视台联合创办讨论式电视普法栏目《法治一刻》，以三人面对面交流、互动的方式，对社会热点现象兼具百姓关注的热点话题进行法律解读和剖析，进而普及法律常识，传播法治理念。年内制作8期，累计在门头沟电视台播出96次，并将每期节目制作成500份光盘，发放到全区村居、机关单位、学校等。进一步提升《门头沟法治季风》期刊含金量，开展期刊“三进”活动，以“进机关、进社区、进农村”为主题，期刊编辑部分别到区质监局、工商局、工会、人保局、法院等单位和大峪、永定、城子等地开展期刊共建座谈会和宣传活动。制作广播节目《法治播报》，选出与群众生产、生活相关的法律知识点，录制五分钟广播节目，年内完成50期节目录制工作。丰富基层普法用书，编印“六五”普法漫画系列丛书、《法制宣传教育工作典型经验汇编》、《宪法宣传手册》、《加强环境治理法律法规宣传手册》、《廉政法制漫画集》和《预防职务犯罪法律释义》等书籍和“六五”普法系列宣传折页11种。

年内，开展了“营造优美环境　建设美丽北京　做讲法制守秩序好市民”、“第九届村委会选举”、“领导干部学法用法依法行政”、“重点单位、重点行业预防职务犯罪”等一系列主题宣传活动，累计发放法制宣传品1万余件，法制宣传资料6万余册(份)，开展各类法制讲座233余场次，巡回展览30次，法制灯谜有奖竞猜活动15次。

人民调解工作。年内，人民调解工作进一步增强服务意识，夯实工作基础，强化工作规范，完善工作机制，全面加强基层基础建设。继续推行“1带X”工作模式，依托2011年命名的26个、2012年命名的48个示范调委会，加强基层人民调解委员会组织规范化建设，完成94个规范化调委会创建任务。实行“以案定补”制度，为基层人民调解员兑现人民调解补助8.4万元。做好重要节点矛盾纠纷排查调处工作，在元旦、春节、全国“两会”、“五一”劳动节、国庆节和党的十八大期间，分别部署开展了矛盾纠纷大排查活动，确保重要节点辖区安全稳定。加强人民调解的宣传，征集一线的人民调解故事，编印《东方之花——盛开在京西》。规范社会矛盾多元调解专项组工作，做好社会矛盾多元调解专项组办公室的日常工作，牵头推动全区社会矛盾多元调解体系建设。年内，全区共有人民调解组织326个，人民调解员2423名，累计调解矛盾纠纷3122件，涉及当事人6722人，涉及金额301.2万元。防止矛盾纠纷激化60件，涉及287人。

社区矫正和安置帮教工作。年内，社区矫正和安置帮教工作发挥职能作用，搭建社会参与平台，开展社区矫正工作档案评比，促进社区矫正档案规范化建设和社区矫正执法水平的提高。出台《社区矫正人员和刑释解教人员就业与社会保障工作的实施意见》，促进各成员单位相互协作配合，从制度层面破解社区矫正和刑释解教人员就业、社保和住房等方面的难题。开展社区矫正主题宣传月活动，组建社区矫正志愿宣传队，完成阳光中途之家规范化建设，开展3次集中教育活动，组织3次技能培训活动，完成“两类”人员心理辅导和筛查，探索非京籍社区矫正人员训导新机制，完成社区矫正十周年系列宣传活动，打造素质过硬的心理健康服务专业团队，与7家监所签订结对合作协议，推进社区矫正及安置帮教各项业务工作。

法律服务工作。深化公益法律服务体系建设，在原有惠农公益法律服务“三站一中心”网络格局基础上，成立农民工维权工作站，为农民工提供法律咨询、法律援助等服务，《法制日报》、《北京晚报》、《京郊日报》、北京电视台《法治进行时》和《特别关注》栏目、区电视台《视点关注》和《政法时空》栏目、@平安北京微博等各级各类媒体纷纷予以关注和报道。同时，针对工作站的基本情况及存在问题开展专项调研，提出对策建议，获得区委副书记批示。优化法律援助便民服务措施，联合区为民服务平台等部门，推进61696156法律咨询服务专线建设，促进其与“12348”法律热线对接互补。年内，开展61696156法律咨询服务专线调研，针对专线运行情况及存在问题进行调研，提出加强专线建设的对策与建议，此调研获得区委韩子荣书记的批示肯定。推进非诉调解工作，制定《关于法律援助与人民调解对接工作的实施意见》，促进法律援助与非诉调解对接工作的有效开展。强化对律师队伍的指导与监督，完善律师与法官相互关系工作机制，年内实施3例同步考核。打造律师服务品牌，强化对律师参与区法律援助、96156法律咨询、信访接待、房屋征收服务的管理力度，不断提高律师的社会评价。成立服务重点工程律师团队，抽调十余名业务骨干，为工程项目的实施和推进提供法律意见，并到拆迁一线为群众提供法律咨询，参与涉拆涉法矛盾纠纷的调处化解工作。

年内，全程办事代理办公室、法律援助中心接待室、148法律咨询热线共接待各类法律咨询3025人次，共受理法律援助案件285件，其中刑事案件43件，民事案件242件，已为当事人挽回经济损失962万元。全区各律师事务所共办理各类案件1203件，同比增长50%，其中刑事案件诉讼辩护及代理174件，民事案件诉讼代理813件，行政案件诉讼代理46件，非诉讼法律事务170件，并通过各种形式全程参与区重点项目的法律服务工作，年内律师参与区政府信访接待21次。北京市华夏公证处共办理各类公证案件3395件，涉及标的总额2亿余元，共接待来访来电咨询1.5万余人次。

队伍建设工作。年内，组织开展解放思想大讨论活动、政法干警纪律作风教育以及“为民、务实、清廉”党的群众路线教育实践等主题教育活动，编印理论中心组学习折页，推进领导班子下基层制度，加强组织建设，进行党总支届中调整，创新律师党建联系人制度，强化人才培养，制定新进人员培训手册，开展实操性培训，举办青年论坛活动，队伍综合服务能力全成提升。完成人员招录工作，年内共招录公务员7人，事业单位人员4人，外单位调入2人，司法行政队伍力量得到充实。

单位名称：北京市门头沟区司法局
地　　址：北京市门头沟区增产路大街46号
电　　话：69842353
邮　　编：102300

（张士春）

【培训工作】 3月中旬，举办国家心理咨询师培训班，选拔28名矫正帮教业务骨干进行脱产培训，并于5月参加全国统一心理咨询师职业资格考试，有20人取得心理咨询师职业资格证书。3月21日，开展青年干警综合写作能力专项培训活动。此次培训采取现场授课、模拟测试与交流互动相结合的方式，围绕新颁布实施的党政机关公文处理工作条例、信息和新闻写作误区及技巧等开展培训，并结合培训内容进行现场测试。5月17日，举办党支部书记培训会。11位党支部书记参加。会上学习了区直机关工委新制定实施的《关于进一步规范发展党员工作程序的实施细则》、《门头沟区困难党员服务管理办法（试行）》等，并就如何抓好各支部活动与工作展开讨论。6月27日至29日，组织开展全员培训。局领导班子和全体司法行政干警参加。培训主要分三部分，一是开展新闻摄影、政务微博、社区矫正、法律援助等业务知识培训。二是局长讲授“注重工作细节，提升工作水平”主题党课，并以小组学习、讨论交流等形式学习十八大精神、时事政治。三是开展窗口单位模拟测评，以现场模拟的方式，考察司法助理员、公职律师的职业礼仪、业务技能、应变能力等。8月12日至14日，举办社区矫正与安置帮教工作培训班。各司法所司法助理员、全体社区矫正干警、协管员和阳光中途之家工作人员等80余人参加培训。培训前后分别组织了摸底考试和结业考试，通过考试的形式检验了培训效果。11月24日至26日，举办学习贯彻十八届三中全会精神培训班，局机关各部门及13个基层司法所共计150人参加。培训采取授课式、交流式、座谈讨论式及实操式等形式，学习贯彻党的十八大三中全会精神。培训最后，讲解了信息与新闻写作特点和技巧，现场点评各部门信息实例，并进行了文书笔录的培训。

（张士春）

【开展社区矫正档案评比活动】 3月18日，区司法局在全区开展社区矫正工作档案规范化评比活动，从执法文书是否齐全、适用文书是否准确、文书内容是否规范三个方面进行综合评比。共有39份档案参评，其中，评选出优秀档案6份、需要改进档案3份。

（张士春）

【举办主题演讲决赛】 3月22日，举办“我与司法行政同行”主题演讲决赛。市司法局、区委政法委及区委组织部、机关工委、纪委等部门领导出席并担任评委。最终评出一、二、三等奖及优秀奖。

（张士春）

【我区人民调解协议首获司法确认】 4月12日，大峪街道人民调解委员会和诉前调解室联合调解了一起交通事故纠纷。经当事人申请，所达成的调解协议被区人民法院依法确认，成为区首例被司法确认的人民调解协议。

（张士春）

【开展司法行政开放日活动】 4

月中旬，开展“司法行政为人民”为主题的第三届司法行政开放日活动。活动选取永定楼、棚户改造安置小区等地作为开放点，通过摆设展板、设立咨询岗、举办“公证在您身边”法律知识讲座、发放普法宣传品、开展普法灯谜有奖竞猜等方式，与群众进行互动。区普法形象代言人卡通娃娃“苗苗”带领普法宣传志愿者小分队入户，为行动不便的老年人送去包括法律服务便民手册在内的法制礼包。活动共计发放《门头沟法治季风》、各类普法折页书籍1400余份。

（张士春）

【完成跨省居住地变更工作】　4月15日，区司法局矫正帮教科工作人员赶赴河南省罗山县司法局进行社区矫正人员罗某的人员及档案交接工作。此次社区矫正人员跨省居住地变更在区内尚属首例。

（张士春）

【召开工作会】　4月26日，召开区2013年法制宣传教育领导小组工作会，区相关领导以及25个成员单位的主要领导参加了会议。会上总结了2012年全区法制宣传教育工作，部署了2013年工作任务，调整了领导小组成员单位，并与成员单位签订了2013年法制宣传教育工作责任书。

（张士春）

【招录专职人民调解员工作】　招录专职人民调解员工作自5月开始，经过笔试、面试、体检、公示、政审等环节，13名具备法律专业素质的人员通过考试，10月初完成专职人民调解员招录工作。经过专业培训，分别派驻各镇街司法所协助开展人民调解工作。

（张士春）

【创办《门头沟法制宣传信息》】　5月16日，区法制宣传教育领导小组办公室创办《门头沟法制宣传信息》。主要用于宣传贯彻上级普法精神、报道门头沟区普法动态、总结推广相关单位的普法典型经验，推动区“六五”普法工作开展。

（张士春）

【召开“三年行动计划”工作部署会】　6月19日，在区政府召开推进司法行政基层建设“三年行动计划”工作部署会，各镇镇长、办事处主任、财政局局长参加了会议。区司法局领导介绍了市政府、市局相关文件和会议要求，通报了区进展的具体情况和存在问题。

（张士春）

【出台实施意见】　6月26日，联合区财政局、民政局、人力社保局、住建委和红十字会签署了《关于进一步加强社区矫正人员和刑释解教人员就业与社会保障工作的实施意见》。《实施意见》对加强就业帮扶工作、落实社会保障政策、完善帮扶救助机制等方面做出规定。

（张士春）

【宣传活动】　7月9日，举办社区矫正主题宣传月启动仪式。此次主题宣传月活动以“深化社区矫正　严肃刑罚执行”为主题，以社区矫正十周年广场宣传、专题讲座和司法所矫正宣传进社区等一系列活动为载体，展示区社区矫正工作取得的成果。区综治办、财政局、民政局等单位领导参加启动仪式。9月4日，在黑山公园广场举行“携手法律援助、共建美丽北京”为主题的《法律援助条例》实施十周年宣传活动。现场发放农民工法律援助服务系列手册、《法律援助条例》等资料2500余份，解答咨询12人次。此外，通过举办讲座、现场模拟、调查走访、摆放展板、发放宣传资料等形式开展法律援助进军营、进学校、进工地、进社区、进村庄、进公园的“六进”活动，共发放宣传资料4.7万余份，解答咨询200余人次。同时，依托《京西时报》、《劳动午报》等平面媒体、门头沟电视台《视点关注》和司法局《法治一刻》等栏目宣传法律援助工作，增强宣传效果。12月4日，区内开展以“做讲法制守秩序的好市民共筑伟大中国梦”为主题的“12.4”法制宣传日活动。全区45个单位500余名干部在新桥大街开展大型法律宣传咨询活动，13个镇、街同时在辖区设立分会场，开展宣传活动。活动当天，发放各种法制宣传材料和宣传品320余种12万余份，展出法律知识展板110余块，提供法律咨询210人次。

（张士春）

【区领导视察阳光中途之家】　7月9日，区领导视察阳光中途之家，区综治办、财政局等单位领导一同视察。区领导对社区矫正工作开展情况和阳光中途之家功能作用发挥给予肯定并提出要求。8月7日，区人大主任罗斌带队视察阳光中途之家，局领导汇报了全区近年社区矫正工作开展情况及下一步规划，区人大领导实地查看了阳光中途之家各功能区域建设情况。

（张士春）

【成立社区矫正志愿宣传队】　7月25日，在区永定楼公园举办以

“深化社区矫正　严肃刑罚执行”为主题的宣传活动暨社区矫正志愿宣传队成立仪式。区司法局领导、区义工联合会相关负责人和社区矫正志愿者等30余人参加活动。

（张士春）

【开展送法进军营活动】 7月26日，在驻区某导弹、通讯部队举行“迎八一·送法进军营”活动。活动采取了向部队战士赠书、解答咨询、组织观看法制宣传展板等宣传形式。活动当天，向部队官兵赠送法律书籍300余册，法制电视剧光盘30余张，解答涉法问题30余人次。

（张士春）

【成立“驻区部队法制教员”队伍】 7月31日，举行“聘任驻区部队法律教员仪式”，向驻区连级以上部队推选的14名官兵颁发了法制教员聘书，并对新聘任的部队法制教员进行了“部队法制教员”培训。

（张士春）

【建立社区矫正协管员考核机制】 9月12日，区司法局出台《门头沟区社区矫正协管员考核办法》。《办法》规定，协管员考核分为日常考查、季度考评和年终考核三个部分，通过考核主要检查社区矫正协管员的出勤、日常表现和工作任务完成等情况。

（张士春）

【成立律师协会】 10月11日，召开区第一届律师代表大会，选举产生了首届律师协会领导班子，标志着区律师协会正式成立。区领导及市司法局、市律师协会领导出席。

（张士春）

【召开人民调解工作大会】 10月25日，在区总工会召开全区人民调解工作大会。区领导韩子荣、市司法局领导及区社会矛盾多元调解专项组成员单位主管领导、各镇街负责人参加了大会。会上总结了三年的人民调解工作，对以后重点工作任务进行部署，并对全区人民调解工作先进集体和个人进行表彰。

（张士春）

【与北京市监狱建立协作关系】 10月25日，区司法局与北京市监狱签订《协调、解决服刑人员诉求协议书》，协调解决服刑人员婚姻、财产纠纷、老人赡养以及法律援助和刑满释放衔接等需要司法局帮助协调解决的问题。

（张士春）

【荣誉室建成并使用】 10月底，区司法局荣誉室正式建成并使用。荣誉室内部设置有展板区、实物奖区、成果展区、影视集锦四大展区。展板区19块展板，展示了司法局自建局以来在队伍管理、业务建设等方面的工作情况及取得成绩。

（张士春）

【录制法律援助公益广告】 11月1日，与区电视台合作，录制以公职律师成功为农民工讨薪为内容的公益广告，为时30秒，在区新闻之后的黄金时段连续播出3个月。

（张士春）

【回访法律援助受援人】 11月，对已经办结归档案件的受援人进行回访，询问其对承办人在服务质量、服务态度等方面的满意度及当事人对法律援助工作的意见建议。成功对50位受援人进行回访，其中对承办人工作态度满意度为98%，对承办人工作质量满意度为96%。

（张士春）

【下属单位情况】

单位名称：北京市门头沟区司法局大峪司法所
地　　址：北京市门头沟区滨河72号院
电　　话：69827922
邮　　编：102300

单位名称：北京市门头沟区司法局城子司法所
地　　址：北京市门头沟区城子西街1号院
电　　话：69827440
邮　　编：102300

单位名称：北京市门头沟区司法局东辛房司法所
地　　址：北京市门头沟区西辛房大街50号
电　　话：69842867
邮　　编：102300

单位名称：北京市门头沟区司法局潭柘寺司法所
地　　址：北京市门头沟区潭柘寺镇政府
电　　话：60860689
邮　　编：102308

单位名称：北京市门头沟区司法局永定司法所
地　　址：北京市门头沟区永定镇石龙西路58号
电　　话：60850043
邮　　编：102308

单位名称：北京市门头沟区司法局龙泉司法所
地　　址：北京市门头沟区中门寺35号

电　　话：69839436
邮　　编：102300

单位名称：北京市门头沟区司法局军庄司法所
地　　址：北京市门头沟区军庄镇政府
电　　话：60810545
邮　　编：102300

单位名称：北京市门头沟区司法局妙峰山司法所
地　　址：北京市门头沟区妙峰山镇政府
电　　话：61880021
邮　　编：102300

单位名称：北京市门头沟区司法局王平司法所
地　　址：北京市门头沟区王平东大街9号
电　　话：61857278
邮　　编：102301

单位名称：北京市门头沟区司法局雁翅司法所
地　　址：北京市门头沟区雁翅镇政府
电　　话：61839750
邮　　编：102305

单位名称：北京市门头沟区司法局斋堂司法所
地　　址：北京市门头沟区斋堂镇大街45号
电　　话：69818200
邮　　编：102309

单位名称：北京市门头沟区司法局清水司法所
地　　址：北京市门头沟区清水镇政府
电　　话：59260153
邮　　编：102311

单位名称：北京市门头沟区司法局大台司法所
地　　址：北京市门头沟区大台街道办事处
电　　话：61870462
邮　　编：102303

（张士春）

军　　事

人武部工作

【概况】　年内，门头沟区人武部在卫戍区党委和区委、区政府的领导下，完成了政治教育、民兵整组、军事训练、民兵执勤、年度征兵、后勤保障等各项工作任务，单位建设得到加强和巩固。军庄镇武装部被北京市和北京卫戍区评为基层民兵工作先进单位。

单位名称：中国人民解放军北京市门头沟区人武部
地　　址：北京市门头沟区中门寺街18号
电　　话：61892306
邮　　编：102300

（张统兴　赵兰陵）

【迎接综治检查】　1月5日，卫戍区政治部副主任带队对我区社会管理综合治理工作进行检查考评，武装部领导陪同检查，区综治办副主任汇报了全区的社会治安综合治理工作。检查组一行对区平安建设、涉军维权、涉军造假工作给予的肯定和表扬。

（张统兴　赵兰陵）

【慰问退休老干部】　1月24日上午，部领导与部退休的5名老干部进行座谈，向老干部们送去了慰问金，退休干部纷纷表示，一定遵守好卫戍区的各项规定，安排好自己的晚年生活。

（张统兴　赵兰陵）

【参加十大好人颁奖晚会】　1月30日下午，驻区62025、62341、66282、95881等部队60余人参加了区文明办、双拥办、武装部联合组织的门头沟区十大好人颁奖晚会，向全区人民发出了学习好人、争做好人、宣传好人的倡议。

（张统兴　赵兰陵）

【参加图书馆开馆仪式】　2月6日，区新图书馆开馆，驻区海军仓库、车材仓库、军区通信营等部队100余人参加了开馆仪式。三年来，区图书馆一直坚持为区20余家部队配备图书室，定期为官兵更换图书，年年开展送图书进军营活动。

（张统兴　赵兰陵）

【参加全国双拥模范表彰大会】　2月27日，全国双拥模范城（县）命名大会在人民大会堂召开，门头沟区再次被命名为“全国双拥模范城”，实现了“二连冠”目标；区拥军模范李兆娴被评为“爱国拥军模范”荣誉称号。驻区部队80名官兵代表参加了命名表彰大会。

（张统兴　赵兰陵）

【“两会”民兵执勤】　2月28日，区人武部联合检查组到区杜家庄、芹峪口两个执勤点检查指导民兵执勤情况，看望慰问担负一线执勤任务的民兵和专武干部。门头沟人武部受领任务以来，提前筹划，及早部署，多次召开安保执勤协调会，联合相关单位对所有参与执勤的人员进行严格政审、培训，并组织演练。抽调区人武部部分人员及相关基层单位成立联合检查组，每日对执勤情况进行检查，确保不放过一个可疑人员和车辆，受到当地政府和公安部门的高度评价。

（张统兴　赵兰陵）

【开展雷锋就在身边主题活动】3月初，驻区部队总后油研所、492、853、1206等部队90余名官兵在滨河广场举行“我身边的雷锋团队”授旗仪式，仪式结束后，部队官兵走上街头开设了医疗、理发等服务台，为过往群众提供健康咨询、血压测量、电器维修、理发等便民服务，部分驻区部队自制展板宣传雷锋精神。

（张统兴　赵兰陵）

【召开民兵工作大会】　3月18日上午，门头沟区召开2013年度民兵工作会议，区委书记，区长、武装部部长等领导出席会议，区有关委办局的主要领导，驻区企业分管武装工作的领导，各镇（街道）党（工）委书记，国动委各办公室领导，各镇（街道）和京煤集团武装部长、专武干部，部分企业单位的武装部长等80余人参加会议。会上军庄镇、城子街道办的党（工）委书记、武装部第一部长进行了党管武装工作述职，其它单位党（工）委书记、第一部长在会上交流了书面述职材料。通报表彰了基层先进武装部和先进个人。

（赵兰陵　张统兴）

【开展民兵整组培训会】　3月28日，区人武部组织召开2013年度民兵整组业务培训会，部长、政委参加会议，区相关委办局及各镇、街道武装部共47家单位参加了培训。会上，明确了今年的民兵编组任务；部署了区整组工作，通报了下一步的主要军事工作并提出要求，军事科、政工科进行了具体业务培训。区委书记韩子荣等区领导参加了民兵工作大会。

（张统兴　赵兰陵）

【组织义务植树活动】　3月29日上午，组织协调驻区部队3个团以上单位，100余名官兵，到石门营紫荆小区参加了区里组织的义务植树活动，挖掘树坑300个，面积20余亩。

（赵兰陵　张统兴）

【开展祭扫革命烈士活动】　4月2日，区双拥办、文明办、民政局、武装部、斋堂镇与驻区93770部队官兵和斋堂中心小学师生100余人，在部长的带领下再次到斋堂镇宛平烈士纪念园，开展以“缅怀革命先烈　继承革命传统”为主题的祭扫革命先烈活动。活动中军地领导向烈士纪念碑敬献了花篮，集体向为新中国牺牲的革命烈士默哀，并对园区进行了清扫。

（张统兴　赵兰陵）

【山火救援】　4月19日，区潭柘寺镇王坡村突发山火，按照地方政府的统一部署和要求，人武部迅速启动应急预案，组织驻区7支团以上部队以及民兵防火应急分队600余人第一时间赶赴火情现场，历时6个小时将大火扑灭，受到军地领导和干部群众的普遍好评。

（张统兴　赵兰陵）

【迎五一环境卫生大扫除】　4月26日，驻区工兵五团、911、492部队计90余人共同参加了地方政府组织的环境整治卫生活动。

（张统兴　赵兰陵）

【组织计算机培训班】　4月26日，协调驻区5家部队，180余名官兵和驻地随军家属共100余人，参加了“科技拥军”技能培训开班启动仪式。活动由区人武部牵头，区双拥办、人保局联合举办，共开设汽修、烹饪、电脑、财会等十余种技能课程。自2009年开展职业技能培训工作以来，全区共培训部队官兵、随军家属200余人。

（赵兰陵　张统兴）

【召开军（警）民共建座谈会】4月27日，区委宣传部、区人武部、双拥办、文明办、教委等联合组织召开了军警民工作座谈会。区委区政府相关领导以及驻区部队团以上单位主要领导，共计60余人参加会议。会上，5家部队单位做了经验交流，区文明办领导就全区开展军警民共建活动作了简要总结，对2012年军警民工作进行了部署。

（张统兴　赵兰陵）

【防灾减灾宣传】　5月10日，区宣传部、文明办、气象局等相关部门联合行动，在永定河公园文化广场共同举办了全民防灾减灾宣传活动，驻区消防大队、通信营等部队参加。

（张统兴　赵兰陵）

【开展送法进军营活动】　6月26日，驻区5家部队，180余名官兵参加“法律进军营”活动启动仪式，区领导现场为驻区部队分发法制图书和光盘，区法制讲师团进行法制专题讲座，同时观看法制展板、组织法律咨询和灯谜有奖竞猜等活动。

（张统兴　赵兰陵）

【防汛演习】　7月4日，工兵五团70人及地方政府机关等共200余人一同参加三家店水库的提闸演练。

（张统兴　赵兰陵）

【我的梦中国梦歌咏比赛】　7月4日，“我爱我唱门头沟”－门头沟原创歌曲歌咏比赛在区影剧院举行，香峪通信营60名官兵代表驻区23支部队参加比赛，并取得好成绩。

（张统兴　赵兰陵）

【送健康进军营】　7月10日，区计生委、文明办等单位共同开展送健康进军营活动，为军庄镇孟窝空军、通信营等部队送去医疗用品300余件，为官兵解决健康问题10余个。

（张统兴　赵兰陵）

【演出活动】　7月24日，区文明办、区小百花文艺团到潭柘寺载波站开展迎“八一”慰问演出活动，驻区部队官兵一同参与演出。

（张统兴　赵兰陵）

【送科技进军营】　7月25日，区科协、法院等部门共同开展送科技进军营活动，先后邀请地方专家近10名为驻区八个部队授课十余次，就官兵关心的法律问题、最新科技等进行了授课。

（张统兴　赵兰陵）

【八一走访慰问活动】　7月29日，区四大部门领导分别带队对区13支团以上部队进行走访慰问，为他们送去了慰问品、慰问金。

（赵兰陵　张统兴）

【应急灭火分队比武演练】　8月29日，卫戍区石副司令带机关同志对区民兵应急森林防火分队演练情况进行检查指导。对区民兵森林灭火分队训练情况进行全面检验。

（张统兴　赵兰陵）

【欢送新兵】　9月5日，门头沟区召开2013年度新兵欢送大会，区委书记韩子荣等参加会议，各镇、街道武装部长、新兵家长及95名新兵一同参加。大会同时宣读了门头沟区优秀现役军人家属通报，并现场发了证书、奖品。

（赵兰陵　张统兴）

【国防形势教育】　9月23日，区委、区政府组织开展区委中心组理论学习，邀请了国防大学教授围绕《世界军事形势与中国国家安全》进行授课辅导，区四大部门领导近百人一同参加学习。

（张统兴　赵兰陵）

民防工作

【概况】　年内，在区委、区政府和市民防局的领导下，以深入贯彻落实党的十八大精神为主线，着眼有效履行使命任务，融入“五位一体”总体布局，围绕“战时防空、急时应急、平时服务”这个中心，抓防空防灾一体化建设，夯实民防事业各项基础建设，为区经济社会跨越式发展做好服务工作。

单位名称：北京市门头沟区民防局
地　　址：北京市门头沟区增峪路9号
电　　话：69842578
邮　　编：102300

（张文翠）

【召开民防工作会】　1月5日，召开2012年度工作会。总结2012年民防工作，布置2013年工作任务，并层层签订了党风廉政、勤政廉政工作责任书。3月8日，召开党风廉政建设与反腐败工作专题会。会上贯彻学习区领导在全区党风廉政建设工作会上的讲话精神，宣读了“区民防局预防腐败工作措施”。局领导对全局党风廉政建设和反腐败工作提出要求。4月23日，组织全局干部职工召开解放思想大讨论暨机关建设工作部署会。传达“区民防局关于”找差距、改作风、树典型“主题教育活动实施计划”等文件精神，部署“五型机关”创建计划。

（张文翠　安亮　吕娜）

【工作交流】　1月6日，河北省平泉县人防办主任等一行13人考察区民防宣教工作。

（张文翠　雷平）

【执法检查】　1月7日，地下空间综合整治领导小组组织民防局、安监局、住建委、消防中队联合对重点地区地下空间开展联合执法检查。先后实地检查了4处经营场所，现场发出安全隐患告知单、整改单各 2 份。全年签发《人防工程检查记录单》197 份，发放隐患整改通知单 12 份。

（张文翠　刘欣磊）

【领导调研】　1 月 24 日，区领导到局内调研，听取民防局的工作汇报，对以后工作提出具体要求。5 月 16 日，市民防局领导一行 6 人到局内调研民防执法工作，区民防局领导和相关人员参加调研。

（张文翠　杨文华　张柯　刘媛媛）

【上级检查】　1 月 28 日，市民防局领导带队检查指导人防工程安全、信息系统维护管理、节日应急准备和预算执行情况等。5 月 29 日，市民防局领导就防汛、防火和燃气工作情况进行指导检查。8 月 22 日，市民防局领导一行 4 人就区人防工程安全情况进行检查指导。听取了区人防工程情况汇报，查看了相关基础资料，实地检查了人防工程，对下一步工作提出具体要求。

（张文翠　刘纪荣　张柯　刘媛媛）

【宣教场馆建设】　4 月 27 日，筹措资金维修民防宣教指挥中心。对展厅空中翻书等部分设备进行维修，修建了一条参观宣教中心的独立通道。

（张文翠　雷平）

【宣传工作】　5 月 10 日，在永定河文化世纪广场举办了“5. 12”防灾减灾主题日宣传活动。区政府、市重大动植物疫情应急指挥部、市农业局联合主办以“识别灾害风险，掌握应急技能”为主题的防灾减灾宣传活动。市政府领导、区领导等领导参加活动并致辞。

（张文翠　雷平）

【召开防汛工作会】　5 月 30 日，召开人防工程防汛工作会。会议宣读了《2013 年门头沟区人防工程防汛应急预案》、部署了防汛应急工作、签订了《人防工程属地管理责任书》和《人防工程防汛责任书》。7 月 21 日，成立人防工程防汛领导小组，召开由各街道（镇）、人防工程管理和使用单位负责人参加的人防工程防汛工作会，并制定了实施方案，进行了再动员、再部署。

（张文翠　刘欣磊）

【执法检查】　8 月 6 日，由主要领导带队分用电、消防、存储危险化学品和防汛 4 个小组对辖区内的人防工程进行安全大检查。重点对人防工程的电气线路敷设及配电箱柜安全运行情况和电气设备、设施安全运行情况进行了详细排查。现场下发了 2 份整改通知书，提出了整改意见。10 月 11 日，区安监局领导带队对区人防工程安全管理相关工作进行督导检查。12 月 25 日，召开人防工程可燃物清理专项行动再部署工作会。

（张文翠　刘纪荣　苑拥军）

【培训工作】　9 月 3 日，举办人防工程安全使用管理培训班。聘请市民防局法制处、市人防开发建设总公司、区消防支队和区民防局有关人员进行授课。全区各镇（街道）主管领导、人防工程使用管理单位负责人及局机关全体人员参加培训。11 月 29 日，在民防宣教中心组织开展社区民防志愿者培训。培训内容主要包括志愿者简介、民防相关知识、应急逃生及紧急救援技能等。12 月 10 日，对应急通信指挥车和有关区内应急值守系统、视频会议系统进行加电测试，并对操作人员进行了技术培训。24 日，对全区 60 名志愿者进行了红十字应急救护培训。培训重点内容为急救的操作程序、现场救护技能、心肺复苏操作等。26 日，组织民防应急救援培训。聘请“浩天救援队”技术教官对灾害风险防护、危险识别、地震逃生、突发事件应急处理、火灾自救互救、灾区生活和心理援助、现场应急基础指挥、通信 GPS 使用、检伤分类演练、应急救援等知识进行普及。12 月，组织民防志愿者骨干培训，重点培训了《北京市注册应急志愿者基础培训手册》内容及在线考核操作。

（张文翠　张柯　吕莹　罗强　刘媛媛）

【设备维护】　12 月 15 日，邀请具有电力运行维护资格的公司对发电机组进行冬季运行维护，并更换了蓄电池，为冬季应急供电保障做好准备。

（张文翠　刘媛媛）

农业与农村经济

农业工作

【概况】 年内，全区农村干部群众贯彻落实中央、市、区各项强农惠农富农政策，实现农业农村经济稳中有进、稳中向好。全区农村经济总收入实现86.5亿元，比上年同比增长6.3%。农林牧渔业总产值53307.9万元，同比增长0.2%。其中农业产值实现11310.4万元，同比增长1.1%；林业产值实现28381.6万元，同比增长7.4%；牧业产值实现12796.3万元，同比下降13.9%。全区农民人均纯收入实现17408元，同比增长10.8%。做好低收入村和低收入农户增收帮扶工作，全区8524户低收入农户实现脱贫。92.2%的农村劳动力实现就业。支撑农民收入稳步增长的因素主要有两方面：一是区外出务工人数及务工人员人均工资均有所增加，劳动力加快转移带动工资性收入增长，农民人均工资性收入为11517元，同比增长12.6%；二是保障性政策推动农民转移性收入高速增长，在各种惠农政策影响下，农民转移性收入达3179元，同比增长36.2%。

深化农村改革。创新"新三起来"发展模式，启动"富民2号"信托管理项目，将16个村7.206亿元资金进行信托，8299名农民年人均增收6078元。建立农村产权交易中心，规范农村土地流转。完成80个村的农村集体"三资"监管定期检查和90个村的村干部任期和离任经济责任审计工作。对全区1679份集体经济合同进行清理。

加快农业转型。全域景区化的发展基础持续巩固，旅游文化休闲产业加快推进。创建北京休闲农业与乡村旅游示范乡镇1个、星级农业园区27个。加强动植物防疫和农产品质量安全体系建设，规范养殖业管理，开展农业面源污染和畜禽养殖污染防治。

推进村镇建设。潭柘寺镇农民安置房一期实现封顶；军庄镇葡萄酒文化产业基地建设步伐加快；王平镇中瑞休闲养老园一期工程基本完工；斋堂镇1号地块成功上市，古村落度假酒店体系初见雏形。在一般镇及重点村，通过旅游及生态产业项目组团建设、新型农村社区试点、旅游村开发、山区险村搬迁等多种措施，促进农民相对集中安置并培育产业。新农村建设稳步实施。启动清水镇张家庄等3个村"煤改电"能源结构调整试点。

加大生态建设。加强生态文明建设，落实平原造林工程200亩，实施京津风沙源治理（后续）工程10.86万亩，启动109国道沿线绿化美化工作，建成绿化节点13处，完成彩叶树种造林2200亩，公路绿化40公里。创建首都绿色村庄4个、生态村13个。对11个镇街27处安全隐患部位实施防洪除险工程。实施小流域治理40平方公里。加强河湖景观管护工作。开展永定河河道拆违和村庄环境整治，打击农村违法建设行为。

健全服务体系。发挥区果蜂协会和科技引领作用，实施农业科技项目12项。新建成10所农民田间学校，新选聘91名村级全科农技员，缓解科技进村入户"最后一公里"难题。村级动物防疫员扩充到85人。建立25个灾害监测站，构建联合防灾救灾工作机制。

夯实党建基础。做好纪念建党92周年系列活动，开展解放思想大讨论活动。推进"双向联评"工作。制定村"两委"工作目标考核工作指导意见。对全区正常离任村党组织书记发放生活补贴。开展村级党组织后备干部队伍选拔工作。加强政务公开、党务公开、村务公开等基础工作，落实农村党风廉政建设责任制。1人获得“北京市有突出贡献的农村实用人才”荣誉称号。

单位名称：中共门头沟区委农村工作委员会
门头沟区农村工作委员会
地　　址：北京市门头沟区永定镇石龙北路33号
电　　话：69842675
邮　　编：102300

（符乃清）

【市领导调研】　2月20日，市农委领导到区内调研，听取了相关汇报，对农村改革发展问题提出要求。7月26日，市农委领导到区内调研促进低收入农户增收及经济薄弱地区发展情况，实地考察了雁翅镇太子墓村和斋堂镇法城村的产业带动低收入增收情况，听取区农委对全区低收入增收总体情况的汇报。11月21日，市农委领导到区妙峰山镇，就2014年妙峰山玫瑰谷沟域经济（2014年市级重点沟域）发展前期情况及2013年险村搬迁工作情况进行调研，并听取区、镇对妙峰山玫瑰谷沟域总体发展思路及2013年妙峰山镇险村搬迁进展的汇报。

（符乃清）

【培训工作】　3月8日，举办村党支部书记培训班，区领导韩子荣等参加培训授课。培训班就区农村发展基本思路、农村基层党组织建设、农村党员干部廉洁履行职责、农村“三资”管理等热点问题进行了讲解。20日，组织各镇相关人员参加在北京农学院举办的全市山区致富带头人培训班。市农委领导作培训动员讲话，并就山区搬迁与沟域经济发展相关政策内容进行授课。培训班就北京山区“三农”政策解读、沟域建设与山区搬迁典型经验介绍等内容进行了讲解。7月8日，组织区内26名农村实用人才带头人参加2013年农业部实用人才带头人培训班。

（符乃清）

【召开清水镇农口项目推进会】
4月18日，区内召开清水镇农口项目推进会，区发改委、财政局、农委13个相关单位的主要领导参加会议，听取了清水镇2013年重点项目情况汇报，并就清水镇在推进项目过程中需要区相关部门协调解决的问题进行探讨。

（符乃清）

【清水镇新增两个市级民俗旅游村】　年内，经市旅游委、市农委相关部门和专家对各区县申报的市级民俗村申报单位进行评定验收，区清水镇西达么村和张家铺村达到市级民俗旅游村评定标准，被授予“市级民俗旅游村”称号。至此，全区已有6个镇的23个村被评为市级民俗旅游村。

（符乃清）

【完成低收入村（户）调研工作】
8月至9月，按照区委、区政府统一部署，开展低收入村、低收入农户专项调研工作，对各镇低收入村（户）现状进行全面摸底调查。

（符乃清）

【成立合作联社】　年内，清水镇11家农民专业合作社组建成立了北京腾达乡村旅游联合社，共吸收社员1376户，注册资金1005万元。

（符乃清）

【高级农村实用人才评定工作】
年内，全市开展了第二批高级农村实用人才评定工作。全区共有13人被评为北京市高级农村实用人才。其中清水镇2人、斋堂镇1人、雁翅镇2人、王平镇3人、妙峰山镇1人、龙泉镇1人、潭柘寺镇3人。

（符乃清）

【政策性农业保险工作情况】　年内，共开办小麦、玉米、豆类、水稻、西瓜、苹果、桃、梨、葡萄、柿子、樱桃、枣、露地蔬菜、温室大棚、种猪、能繁母猪、生猪、奶牛、肉鸡、肉鸭、农机综合21个险种，并按照农业保险高档保额、保费标准及保费承担比例进行投保，累计投保资金141.4万元。其中玉米、生猪补贴比例为中央与市财政承担60%保费、区财政承担30%、农户承担10%保费；其他险种按照市补50%、区补40%、农户自筹10%保费的原则进行。

（符乃清）

【完成星级评定工作】　年内，经镇自荐、区初评、市审定，全区共审核评定出一星级休闲农业园区（企业）3家，二星级休闲农业园区（企业）9家，三星级休闲农业园区（企业）11家，四星级休闲农业园区（企业）4家。

（符乃清）

【乡村旅游发展情况】　年内，全区乡村旅游接待游客105.4万人次，同比下降7.8%；实现总收入11445.9万元，同比下降9.3%。

（符乃清）

【设立农村发展基金】 年内，设立农村发展基金，首批启动资金额度为5000万元。使用范围为区域内的农业项目（包含但不限于种养殖业、农产品深加工与销售、农村专业合作社、农业综合体等）、旅游项目（包含但不限于农业旅游、文化旅游、古村落开发等）、旧村改造项目、农村基础设施建设等。

（符乃清）

【生态村创建】 年内，创建市级生态村13个，包括清水镇双涧子村、清水镇艾峪村、清水镇梁家庄村、斋堂镇桑峪村、斋堂镇双石头村、斋堂镇吕家村、斋堂镇杨家村、斋堂镇沿河口村、雁翅镇黄土贵村、雁翅镇杨村、雁翅镇马套村、潭柘寺镇王坡村、军庄镇东杨坨村。

（符乃清）

林 果 业

【概况】 年内，在区委、区政府的领导和市园林绿化局的支持下，区园林绿化局、区绿化办围绕生态涵养发展区和首都西部综合服务区的功能定位，围绕“一带、两线、四点、多组团”的空间布局，提前谋划、周密部署、攻坚克难、狠抓落实，完成21项园林绿化工程，投资固定资产3.3亿元，新增城市绿地48.5万平方米，栽植各种乔灌木105.07万株。

单位名称：北京市门头沟区园林绿化局
地　　址：北京市门头沟区石龙北路33号农林大厦12层
电　　话：69842575
邮　　编：102300

（陈嘉迎）

【义务植树工作】 3月30日，先后组织区内外17.5万人，完成全民义务植树25.2万株，完成“一树一库”抚育75.82万株。

（陈嘉迎）

【京津风沙源治理工程】 4月3日，北京市门头沟区京津风沙源（二期）治理工程全面开工。此项目绿化造林总任务10.86万亩，包括人工造林2万亩、爆破造林600亩、封山育林8.8万亩。涉及清水镇、斋堂镇、王平镇、清水林场、马栏林场等共8个镇和2个林场。

（陈嘉迎）

【宣传工作】 5月1日，开展以“依法保护湿地，共建美丽北京”为主题的《北京市湿地日》宣传活动：制作展板10块、横幅2条、宣传材料共2700份，接受宣传人数达到3000人。12月4日，在全国第13个法制宣传日，集中开展园林绿化法制宣传活动。宣传活动共悬挂横幅2条，展出森林防火等展板6块，发放宣传册、年历、环保袋法律法规单行本等各种宣传品40余种，逾5万份。

（陈嘉迎）

【林木绿地林地养护管理】 8月17日，集中开展林木绿地林地养护管理和景观环境综合治理行动。抓好辖区内新造林及原有林木加强养护，对林地绿地进行彻底清除，突出抓好重点区域的景观环境治理，确保不留死角。

（陈嘉迎）

【公益林管护】 9月6日，在抚育地块完成质量较好的斋堂镇军响村抚育作业现场召开观摩及培训会，市、区、镇各级相关负责人以及施工队长计30余人参加。邀请了区生态林管护办公室专家结合现场的施工作业效果，详细讲解修枝、割灌、定株、抚育间伐和清理可燃物等各项措施的技术要点。

（陈嘉迎）

【公园建设】 9月19日，窑神庙公园和新桥苑公园正式完工迎接游客。至此，区内已新建、改建、扩建城市公园43个。

（陈嘉迎）

【应急救援工作】 9月20日，区应急大队按照半军事化的标准和要求，从实战出发，严格训练，做到有警必出、出警必快、快速反应。队员通过理论知识考试及体能测试，已全部取得北京市专业森林消防队上岗资格证书。

（陈嘉迎）

【平原造林工作】 9月25日，区平原地区造林工程，总投资900万元，涉及3个地块共200亩，分别为108国道石门营绿色通道70亩、永定河绿色通道74亩、冯村沟中段绿色通道56亩。工程所选树种以油松、白皮松、银杏等大规格苗木为主。

（陈嘉迎）

【森林防火工作】 10月15日，编制了森林防火预警指挥监测信息系统项目方案，对现有21处林火监测基站进行升级改造，并新建50处林火监测系统基站，建设区森林防火指挥信息平台，提高区森林防火预测、预警能力。

（陈嘉迎）

【果峰产业】 10月25日，在北京世纪金源燕莎商城举办第一届“门头沟京西白蜜”文化节。

（陈嘉迎）

【区绿化美化工作】 11月18日，第九届中国（北京）国际园林博览会上，区立体花坛作品《门城如花》获“立体花坛优秀奖”，区园林绿化局获“先进集体”，多名工作人员被评为“先进工作者”。

（陈嘉迎）

【退耕还林工作】 12月23日，按照国家政策进行补助，平均每亩收益在3000元左右，对三个退耕还林生态观光园区进行提升。

（陈嘉迎）

【集体林权制度改革】 12月27日，完成2013年林权制度改革生态补偿资金落实。涉及集体生态公益林面积为161.59万亩，共向我区9个镇167个村3.9万户7.3万林权股民（人）兑现生态补偿金3878.22万元。

（陈嘉迎）

【林木有害生物防治】 截至年底，优化完善测报点500个、测报虫种41种、测报员92个，累计发放太阳能杀虫灯10台，美国白蛾、红脂大小蠹及其他有害生物诱捕器共计21种700余套。全年共出动64支病虫害防疫队伍，车辆1300余台次，飞防100架次，防治美国白蛾、红脂大小蠹等有害生物面积5.86万亩，防治率100%，无公害防治率98%，疫情检疫率100%。

（陈嘉迎）

【古树名木保护】 截至年底，区园林绿化局复壮古树名木100株，共用资金100万元。

（陈嘉迎）

【下属单位情况】

单位名称：小龙门林场
地　　址：清水镇小龙门林场
电　　话：61827665
邮　　编：102311

单位名称：清水林场
地　　址：清水镇清水林场
电　　话：60855454
邮　　编：102311

单位名称：马栏林场
地　　址：斋堂镇马栏林场
电　　话：69816704
邮　　编：102309

单位名称：西峰寺林场
地　　址：永定镇冯冯西路临1号
电　　话：69802612
邮　　编：102300

单位名称：西峰寺森林公安派出所
地　　址：龙泉镇三家店西街137号
电　　话：69800648
邮　　编：102300

单位名称：百花山森林公安派出所
地　　址：清水镇清立林场院内
电　　话：60855814
邮　　编：102311

单位名称：色树坟森林公安派出所
地　　址：王平镇王平大街东路16号
电　　话：61859437
邮　　编：102300

单位名称：小龙门森林公安派出所
地　　址：清水镇小龙门林场院内
电　　话：61827399
邮　　编：102311

单位名称：林业工作站
地　　址：门头沟石龙北路33号农林大厦10层
电　　话：61864246
邮　　编：102300

单位名称：园林服务中心
地　　址：门头沟区滨河路22号
电　　话：69858419
邮　　编：102300

（陈嘉迎）

水资源开发利用

【概况】 年内，在区委、区政府的坚强领导下，水务全体干部职工以艰苦奋斗的精神践行科学发展观，“落实‘三个优化’，多办利民实事，全力建设国家生态文明示范区”，开展水务基础设施建设，构建生态水环境，强化安全保障能力，为地区经济社会发展提供水务支撑和保障。

全年共实施及启动重点工程项目29项，包括承担政府目标任务书项目15项，完成投资7.3亿元，全区年总用水量控制在6620万立方米以内，年污水处理率达到69%，再生水可利用量480万立方米，完成了区委、区政府交办的各项工作。

单位名称：北京市门头沟区水务局

地　　址：北京市门头沟区石龙北路33号7层

电　　话：69842049

邮　　编：102300

（董　博）

【荣获光荣称号】 2月28日《樱桃沟小流域生态涵养功能与可持续发展研究》获得北京水利学会科学技术三等奖。

（董　博）

【领导调研】 3月11日，副市长带队检查全市中小河道治理工作。在门头沟区检查中，到冯村沟治理工程现场仔细查看工程进展情况，详细了解了门头沟区水务工作情况。区领导韩子荣等陪同检查。3月19日上午，市水务局领导到区检查节水工作。听取区水务局近三年来节水工作情况汇报，现场检查妙峰山镇鲁家山矿用水远程监控系统运行情况，对门头沟区节水工作给予肯定。6月5日，由水利部规划计划司、财政部经建司联合对区水务工作进行现场检查。7月20日，市水务局局长金树东率队，联合市国土局、市旅游委等部门到区内督查防汛工作。9月3日，北京市水利工程质量监督中心站对苇甸沟水库除险加固工程进行质量监督大检查，检查内容包括内业资料检查和工程现场施工质量检查。经检查，该工程施工质量合格，内业资料齐全。

（董　博）

【宣传工作】 3月22日是世界水日，联合北京市水务局永定河管理处在永定河门城湖广场举办以“水合作”为主题的宣传活动。活动中，开展了水利知识问答，邀请群众参与互动。共发放宣传画册、水务知识读本等材料2000余册。12月4日，在滨河路举行了“12.4”法制宣传日宣传活动。本次活动的主题是“做讲法制守秩序的好市民，共筑伟大中国梦”。摆放展板4块、发放《北京市河湖保护管理条例》、《中华人民共和国水土保持法》、《北京市节约用水管理办法》等以水法制为主题的宣传材料8个种类3500余份，接受群众现场咨询300余人次。

（董　博）

【水利工程大会战】 3月27日，区“水利工程大会战”建设项目通过市水务局现场检查。

（董　博）

【提闸演习】 5月15日，区防办组织王平镇、河道管理所、应急抢险大队、京西发电有限责任公司，开展落坡岭水库人工提闸演练。

（董　博）

【召开安全迎汛工作会】 5月29日，召开全区防汛工作动员会，各分指、成员单位、驻区部队及应急抢险大队近300人参加了会议。指挥部领导等出席会议。

（董　博）

【降雨情况】 6月7日，区内出现大到暴雨天气状况。截至到15时30分，当日平均降雨量35.6毫米，最大降雨量64毫米（北岭），最小降雨量13.8毫米（水务局）。

（董　博）

【开展百日整治行动】 7月29日，北京市召开河湖水环境百日整治动员大会后，门头沟区积极行动，对全区河湖管理范围内的垃圾、渣土、水面集中漂浮物以及排污口等现状进行调查，形成工作台账，制定了《门头沟区开展河湖水环境百日整治行动（2013年）工作方案》，采取“四项措施”，全面开展河湖水环境百日整治行动。

（董　博）

【重点建设工程】 8月1日，市水务局、财政局相关人员组成市级复验组，对门头沟区2008－2012年国家水土保持重点建设工程进行复验。经过讨论，一致认为：门头沟区2008－2012年国家水土保持重点建设工程按计划完成了治理任务。

（董　博）

【发布公报】　8月22日，《2012年门头沟区水土保持公》正式向社会发放。10月15日《2012年门头沟区水资源公报》正式向社会发放。

（董　博）

【全国第一次水利普查】　8月29日，区水普办根据《北京市水文化遗产调查实施方案》的工作要求，聘请市水普办、水利科学技术研究院及北京永定河文化研究会的专家，对门头沟区第一次水务普查水文化遗产调查专项进行验收。

（董　博）

【管水员工作】　9月11日，在王平镇镇政府举办农民用水协会，全镇农村管水员业务知识培训班。

（董　博）

【荣获光荣称号】　10月21日门头沟区水土保持工作站获得北京市京津风沙源治理工程先进集体称号。

（董　博）

【建立健全工作机制】　年内，建立农村安全饮水管理长效机制，规范完善了《门头沟区村镇供水管理办法》、《门头沟区农村供水管理机制实施意见》，做到了考核规范化管理资料完备详实，管理有章可循，门城地区水质综合合格率100%。

（董　博）

农业发展服务

【概况】　农业局下设农业综合服务中心、动物卫生监督所、动物疫病预防控制中心和农业执法队4个单位（各下属单位与农业局机关合署办公）。年内，区农业局贯彻落实各项强农惠农富农政策，在区委、区政府的领导及上级业务主管部门的支持与帮助下，深入贯彻落实科学发展观，加快都市型现代农业发展的阶段性特征，服务旅游文化休闲主导产业发展，促进农游深度融合，履行自身职能，完成了四项区政府折子工程，加强农业服务、农产品质量安全、动植物防疫三大体系建设，促进了“三农”工作又好又快发展。

单位名称：北京市门头沟区农业局

地　　址：北京市门头沟区石龙北路33号

电　　话：69843135

邮　　编：102300

（梁　晓）

【新品种引进与示范】　年内，采用“公司＋基地（农户）”模式，在国道沿线种植万寿菊1000亩并实现每吨鲜花800元收入，完成了万寿菊机械化定植技术及菊花露天存放试验，示范种植高山雪菊等景观作物。

（梁　晓）

【“三品一标”认证工作】　年内，与园林绿化局联合下发《“三品一标”认证工作意见》，推行“三品一标”奖励政策，引导全区经济组织申报优质农产品，有20家企业符合奖励条件（有机产品认证企业14家，无公害产品认证企业4家，绿色产品认证企业2家）。

（梁　晓）

【农业废弃物处理及综合利用】　年内，推进清水镇农业废弃物加工处理厂续建工程，修建办公用房，实施厂区道路硬化和水电配套等工程。

（梁　晓）

【养殖小区污染源治理】　年内，完成聚兰兴养种植合作社田园清洁工程。对大东台等4个肉鸡养殖小区进行了污染治理，在聚兰兴养种植合作社养猪场建沼气池1个。

（梁　晓）

【农业基础建设】　年内，启动500亩标准化菜田建设项目，实施斋堂镇500亩口粮田施肥及畦埂修缮，申报了清水镇500亩口粮田建设项目，完成丁家滩食用菌种植基地提升改造项目设计。

（梁　晓）

【规范养殖业管理】　年内，全区生猪、禽类、特种养殖类基本完成舍饲。牛、马、驴、骡等大牲畜，除役用及清水镇一处肉牛集中舍饲、灵山98匹马将实行统一管理外，已全部退出。羊退出比例达到52%。全区退出养殖奖励资金共325.9万元。

（梁　晓）

【惠农政策补贴】　年内，发放价值258.2万元补贴农机具139台（套）、保温被3368平方米，发放能繁母猪补贴9.28万元，申报粮食直补、农资综合补贴及农作物良种补贴116万元，落实生态作物补贴46.4万元。发放春耕大田种子1.5万余斤，生物农药5700余斤，有机肥480余吨，检验农机车辆387台，代上保险396份；引进春玉米等新品种26个，示范推广455亩；投资91万元为镇级农业综合服务机构配备18种仪器设备，加强田间学校建设，实施“阳光工程”项目；完成2012年京津风沙源治理工程有关任务，新种黄芩9000亩，完成暖棚建设7000平方米，启动2000平方米暖棚续建项目；完成4处老旧肉鸡养殖小区改扩建。

（梁　晓）

【重大动植物疫病防控体系建设】　年内，严格常规防疫，强制免疫畜禽300万头只，采集血样2500份，完成免疫登记注册犬7570条，完成农田灭鼠4.31万亩。加强进京路口检查及官方兽医室建设，完成动物产地检疫243.2万头只，动物产品产地检疫0.98吨，过境动物检查17.1万头只。连续8年未发生重大动植物疫情。

（梁　晓）

【农业安全生产体系建设】　年内，实现了动物、农机等重点领域监管全覆盖，开展执法337次，出动人员1000余人次，抽检样品820个，发放材料2.3万份。全年未发生劣质农资、劣质农产品伤农害农事件。

（梁　晓）

【基层农技队伍建设】　年内，新聘91名村级全科农技员，总量达到147名，涵盖9镇147个村。村级动物防疫员由60人扩充到85人，补贴由600元增加到1164元。加强农产品质量安全管理站建设，人员、经费及装备到位，抽检药残样本8000余份，把农产品监管关口延伸到源头。

（梁　晓）

【新能源利用】　年内，维修太阳能路灯3000余盏次，实施《太阳能公共浴室管理办法》，在3个试点村推广家用太阳能热水器并补贴安装161台，在淤白进行取暖试点，安装水暖机390台。

（梁　晓）

【防控H7N9禽流感】　年内，发挥动物执法检疫职能，掌握全区养殖及防疫人员健康动态，实施流行病学调查，强化运输环节监督，加强进京路口24小时应急值守检查工作，严格活禽检疫审查与运输车辆消毒举措。发放了一次性禽类养殖补贴35万元。

（梁　晓）

【种羊场搬迁】　年内，完成局种羊场搬迁工作，以保公交场站建设工程顺利实施。

（梁　晓）

农村经济经营管理

【概况】　年内，在区委、区政府的领导下，在市农经办的指导帮助下，学习落实党的十八大及十八届三中全会精神，围绕全区改革发展大局，推进“五讲、五树、九推进”工作目标，完成90项目标管理任务，重点突出“三个推进、三个强化、一个创新”的“331”工作主线，即落实“新三起来”工作要求，推进农村产权交易、资产信托化经营、合作社提升改造三大重点工程；围绕农村改革发展基础，强化农村产权制度改革、农村集体“三资”监管、农村收益分配和低收入监测三项工作重点；创新基层管理体制，不断加强机关建设，构建统筹管理工作新格局。年内，全区实现农村经济总收入86.5亿元，比上年同期的81.4亿元增加5.1亿元，增长6.3%，人均所得实现12605元，比上一年同期的11610元增加995元，增长8.6%。

单位名称：北京市门头沟区农村合作经济经营管理站
地　　址：北京市门头沟区新桥大街36号
电　　话：69844255
邮　　编：102300

（张晔晖）

【召开“富民1号”分红大会】　2月2日，召开“富民1号”信托2012年度分红大会，东辛称和白庄子两村村民人均分红 1.1 万元，林克庆副市长及市区有关领导参加了大会。

（张晔晖）

【“富民 2 号”签约】 5 月 2 日，举行“富民 2 号”签约仪式，将永定镇和王平镇 16 个村共计 7.206 亿元资金进行信托，8299 名农民年人均增收 6078 元。

（张晔晖）

【农村产权交易中心】 年内，制定《关于建立农村产权交易中心的意见（试行）》及《门头沟区农村产权交易管理办法（试行）》，并以区委区政府的名义下发全区贯彻执行。11 月 29 日，区农村产权交易中心正式启动。12 月，初步确定首批 10 个农村产权交易项目。

（张晔晖）

【农民专业合作社】 年内，成立了区第一家乡村旅游合作联社——清水腾达乡村旅游合作联社，由 11 家合作社共同参与，共吸收社员 1376 户，注册资金 1005 万元。改造提升 20 个农民专业合作社，整理 34 项合作社规章制度，统一挂牌、制度上墙。印发《门头沟区农民合作社服务指导工作读本》300 本。

（张晔晖）

【农村产权制度改革】 年内，完成区镇村共 191 个集体经济组织的农村产权制度改革工作，占应改制单位总数的 99%，居全市第一位。

（张晔晖）

【“三资”监管平台】 年内，通过平台共查看 961 个村次、24532 笔账目，发出预警 203 次，预警金额 3.96 亿元。

（张晔晖）

【“三资”监管定期检查】 年内，完成 80 个村的“三资”监管定期检查工作。

（张晔晖）

【村干部任期和离任审计工作】 年内，完成 90 个村的村干部任期和离任经济责任审计工作。其中，离任审计 50 个，任期审计 40 个。

（张晔晖）

【经济合同清理规范】 年内，建立区农村合同监管平台，将全区 1679 份经济合同全部纳入平台管理并逐份进行清理。印发宣传材料 1 万册。

（张晔晖）

【农村征地补偿费的监管】 年内，对潭柘寺、军庄、王平等镇农村征地补偿费的使用进行指导和监督。

（张晔晖）

【农民负担监督管理执法检查】 年内，按照市农村负担监督管理领导小组办公室的统一部署，组织开展春、秋两季农民负担监督管理执法检查工作。

（张晔晖）

【低收入农户监测】 年内，实现了 64 个低收入村全部消除，8524 户低入农户脱贫的目标。

（张晔晖）

【农村管理信息化】 年内，更新 97 个村的电脑和区镇两级 11 台服务器，完成 8.2 万人、3 万份家庭资料和 186 个村的社会综合管理库的数据更新工作。

（张晔晖）

【培训工作】 年内，举办信托化、产权交易、“三资”管理、合同清理、农经统计报表等培训班 53 期，培训 2455 人次。

（张晔晖）

【加大政策宣传力度】 年内，编印《农村经管工作集萃》400 本和农村集体资产信托化经营管理图册、光盘 500 份。

（张晔晖）

工　业

区属工业

【概况】　年内，区经济和信息化工作在区委、区政府的领导下，贯彻落实党的十八大精神，落实区委、区政府的工作部署，突出重点，狠抓落实，信息化建设、工业和镇村企业发展等各项工作稳步推进。

（一）抓好经济运行监测，有效遏制工业经济下滑态势

（二）集成政策优势，强化中小企业服务工作

（三）加快镇村集体企业改制，做好镇村经济的指导和管理。

（四）拓宽产业发展空间，推进浅山产业基地建设

（五）推进落后低端产能退出，促进产业结构优化。

（六）服务于全区经济和社会发展，全面推进信息化建设

（七）全面落实“清洁空气”行动计划，做好清洁型煤全覆盖工作。

（八）加强已关闭煤矿巡查，充分利用现代化手段，严厉打击私挖盗采违法行为

单位名称：北京市门头沟区经济和信息化委员会
地　　址：北京市门头沟区新桥大街46号
电　　话：69864977
邮　　编：102300

（张洁　吕金玲）

【开展全区政府网站评比】　3月28日，召开全区网站评比动员会，在全区范围内开展年度网站考评工作。对全区各委办局、镇街共42个单位围绕网站内容、网站安全、网站建设技术水平和网站运行管理四个方面进行考评工作。评审过程包括专家评审、网站投票等方式，对42个单位的政务网站进行综合评比。

（贺　虹）

【开展信息化培训及宣传工作】　年内，开展信息化培训及宣传工作。一是3月28日召开云门户平台应用培训会，平台建设方对平台运行的机制、权限、运行使用等进行培训，全区31个委办局、9个镇、4个街道办事处的办公室主任及平台使用人员参加培训。二是为响应“第十届北京百万家庭数字生活技能大赛”，联合区科协开展家庭数字生活技能培训。三是开展“北京科技周”活动，组织协调区联通、移动、电信和歌华四大运营商，围绕“携手建设创新型国家”的主题，开展科技产品展示活动，与群众进行互动式的科普宣传，并发放相关宣传材料。四是开展无线电管理主题宣传咨询日活动，现场展出无线电宣传板面10块，发放《无线电管理宣传手册》1000余份。

（贺　虹）

【开展绩效评估】　6月25日，召开项目绩效考评准备会，启动2013年度政府投资信息化项目绩效考评工作。年度考评对象是区民政局的“社会救助信息平台”项目和区人口计生委的“人口和计划生育综合管理平台”，考评的方式遵循本市“智慧北京”工作相关文件精神。7月17日，邀请信息化专家对项目绩效考评资料进行评估后打分评定，信息化专家对项目提出了具体评估意见，项目绩效评估合格。

（贺　虹）

【开展“智慧门头沟”项目工作】　截至年底，通过对区社工委、为民服务中心、旅游委等9个单位开展“智慧门头沟”项目综合调研，“智慧门头沟”项目总体规

划已初步制定。区经济信息委为加强各单位对智慧门头沟总体规划的理解、征求改进建议，于12月24日组织区14个单位和信息化专家召开智慧门头沟总体规划研讨会，会议主要围绕智慧门头沟总体规划方案展开，各单位结合本单位实际情况对总体规划提出改进建议，并由信息化专家对总体规划进行综合点评。

（贺　虹）

【惠民清洁型煤供应】 年内，按照《北京市2013年农村地区减煤换煤清洁空气行动实施方案》（京政办发［2013］51号）中推进郊区农村地区“减煤换煤、清洁空气”行动的总体要求，区内被列为全市唯一一个清洁型煤全覆盖的试点区县，为此区经信委按照区政府的要求做好清洁型煤的全覆盖工作这一“惠民民生工程”：一是继续做好山区7个镇惠民清洁型煤的供应工作。制定《关于向“两镇四街”供应清洁优质型煤的方案》，在大峪街道办事处、大台街道办事处、龙泉镇、永定镇4个地区建立了销售网点，并引导北京良飞伟业商贸有限公司，调动社会资源力量，与供煤企业进行试点为东辛房街道及龙泉镇部分地区进行供煤。11月中旬销售网点已经建设完毕并投入使用，“两镇四街”清洁型煤供应工作有序展开。此外加大对辖区内型煤加工企业的监督检查力度，以及对进入区内的各类煤制品的检查力度，确保市场销售的型煤符合清洁型煤标准，实现优质燃煤的替代工作。

（王　亮）

【区视频监控平台整合】 年内，为加强政府领域信息系统整合，提升服务效率，从全区层面对各部门所辖视频资源进行整合。区经信委按照课题组要求，配合区科委、区应急办做好课题的技术指导，对全区9家单位的视频系统进行有效整合，整合图像视频采集点435个，对视频资源进行的利用，让视频监控相关设备、资源发挥效用。

（贺　虹）

【工业】 年内，全区规模以上工业实现总产值78.7亿元，比上年同期减少25.1%；完成销售收入82.6亿元，比上年同期减少21.6%。

（魏立童）

【亿元企业】 年内，规模以上工业企业中，销售收入超过亿元的12家企业累计完成工业总产值64.8亿元，实现销售收入66.3亿元，分别比上年同期减少28.2%和24.8%。

（魏立童）

【镇村企业】 年内，全区镇村经济累计完成营业总收入53.3亿元，比上年同期增长3.9%；完成利润总额5.6亿元，比上年同期减少1.75%；完成增加值9.1亿元，比上年同期减少25.41%；上交税金1.1亿元，比上年同期减少15.38%。

（贾岩琦）

【企业技术改造】 年内，北京精雕科技有限公司投资6100万元的Carver600V型数控雕刻机的研发与产业化项目完工，项目投产后预计新增年产值2.8亿元。北京明航科技发展有限公司的Argos浮标北斗信息传输设备生产线、北京中创华拓科技发展有限公司的磁能开水器技术改造、北京双吉制药有限公司的GMP改造等项目启动。

（刘　毅）

【工业节能减排】 年内，按照区清洁空气行动计划要求，制定出《门头沟区工业领域空气重污染应急预案》，5家重点企业在重污染期间必须采取停产或减排30%的措施。按照区加快压减燃煤和清洁能源建设工作方案要求，制定出《门头沟区工业领域淘汰落后产能和压减燃煤工作方案》，年内，退出（或生产环节退出）了北京三聚环保新材料股份有限公司、北京三毅有岩金属材料有限公司、北京市京浆工贸有限公司、北京市门头沟滚塑制品厂4家企业。

（刘　毅）

【集成政策优势　引导企业发展】 年内，以推动产业转型升级和发展方式转变为目标，坚持把培育和支持现代制造业、高新技术产业等行业发展作为产业结构调整的主线，通过政策扶持，引导和鼓励企业开展技术改造、加快自主创新。累计为北京精雕科技有限公司、北京竞业达数码科技有限公司等4家企业争取国家和北京市中小企业发展专项资金1238万元，带动固定资产投资2.3亿元。

（刘　毅）

【中小企业融资服务】 年内，有针对性地组织银企对接会3次，促成19家企业融资1.6亿元，共给予企业364万元的贴息补助，缓解了企业融资难题。推动集合信托、融资租赁、诚信纳税等新型融资方式，首次通过融资租赁方式帮助北京大源非织造有限公司融资1933万元，通过集合信托方式帮助北京华油兴业能源技术有限公司等4家企业融资1800万元。

（刘　毅）

【投资项目立项备案】　年内，共办理完成北京鑫华源机械制造有限责任公司的基于物联网的智能立体停车系统、北京首钢鲁家山石灰石矿有限公司的消石灰生产线建设等18项非政府投资工业固定资产投资项目的备案，项目固定资产投资共计5.7亿元。

（刘　毅）

【镇村集体企业改制】　年内，30家镇村集体企业完成改制，其中，镇办企业7家，村办企业23家。

（贾岩琦）

【扶持镇村企业发展】　年内，贯彻落实《门头沟区促进和扶持乡镇企业发展办法》，年内，对北京清水阿嫂野山茶加工厂、北京灵之秀文化发展有限公司、北京山农生态农业有限公司等21家企业的技术改造项目进行扶持，扶持资金共计200万元。

（贾岩琦）

【完成信息化顶层设计的编制】　年内，编制了《门头沟区信息化顶层设计》。《顶层设计》综合阐述了总体架构、业务架构、应用系统架构、数据资源架构、基础设施技术架构、标准政策体系和顶层设计实施方案等共九个方面的内容。

（贺　虹）

【保障网络与信息安全】　年内，保障网络与信息安全。一是按照全市网络信息安全、通讯保障等应急预案的总体要求，提升新时期应对突发应急事件的能力和水平，修订《北京市门头沟区应急通信保障预案（专网）》和《北京市门头沟区网络与信息安全事件应急预案》，并报区应急办备案。二是做好节假日和重要时期的保障工作。在春节、两会、国庆和三中全会等重要节点前下发加强安全工作的通知，确保本区重要网络信息系统、网站和无线电的安全。三是开展检查与自查工作。一方面定期对区信息中心、统计局、教委、为民服务中心、联通分公司、歌华有线分公司等责任单位网络安全情况进行检查，要求重点单位做好节日期间、重要时期安全值守工作和应急响应工作，确保全区的网络安全；另一方面制定了区电子政务网络与信息系统安全检查的工作方案，从管理和技术两方面，对全区58家单位开展安全自查工作。

（贺　虹）

【推进信息化基础设施提升工作】　年内，根据北京信息化基础设施提升计划要求，推进我区信息化村、宽带小区建设，引导移动、联通、歌华、电信开展信息化基础设施建设工作。无线城市建设方面，我区在石龙开发区、斋堂商业街、门头沟区医院等重点区域大规模开展无线城市建设工作和公益性无线宽带接入工作。年内新建50个热点、重点区域已建成并全部开通，新增AP480个，累计开通150个区域，AP累计1104个，实现了区热点、重点区域的全覆盖。落实光纤宽带普及提速工程方面，围绕宽带业务和移动业务发展的需要，加快了宽带网络的建设，全年新增光纤覆盖小区20个，用户1.5万户；改造老旧小区和其他已建小区46个，用户1.22万户，两项共计3.8万户。WLAN站点建设：年内新增24个WLAN热点，覆盖门头沟区主要政府及商业楼宇WLAN，及重点街区、工业区。基站建设：全年新建3G基站48个，2G基站32个。此外，年移动在区政府架设了TD－LTE基站2个，已开通并建立TD－LTE演示网络。

（贺　虹）

【开展信息系统建设】　年内，开展区网格化社会服务管理信息系统建设。依托网格化社会服务管理体系，统计全区人、地、物、事、组织等基础信息，建立区级网格化综合信息平台，实现上下级、部门之间数据共享、信息共用、资源整合、动态跟踪、全面覆盖的社会管理新格局。区经信委指导区社会办在社区服务系统的基础上，以网格化为载体、以信息化为支撑，推进大峪街道网格化建设试点，邀请信息化专家小组对区网格化社会服务管理信息系统技术方案进行评审以及对项目进行初步验收，听取专家小组的意见，保障了项目完成的质量。截至年底，区网格化社会服务管理信息系统已扩展至全区所有镇街，实现街道（镇）之间和居村之间无缝衔接。

（贺　虹）

石龙开发区

【概况】　北京石龙经济开发区，位于门头沟新城南部，2012年10月，经国务院批准加入中关村国家自主创新示范区，正式定名为中关村国家自主创新示范区门头沟园，规划面积扩展到2平方公里，并成立了相应的管理机构。20余年的滚动开发，园区已完成了1.2平方公里的建设，拥有土地产权企业60家，房屋产权企业88家，登记注册、异地经营企业6800余家，国家级高新技术企业50家，中关村高新技术企业70家；已形成以数控装备、生物医药、仪器仪表、机械等行业为主体的产业集群，北京精雕科技有限公司、北京凝华科技有限公司、北京科星瑞特电磁兼容工程技术有限公司等为代表的数控装备制造产业主导着石龙经济开发区的产业形态，且有上千家涵盖房地产、商业物流、信息技术、电子商务、现代服务等诸多行业的注册挂靠企业，有北京立思辰科技股份有限公司等多家上市公司。石龙经济开发区将建设北京城西总部新基地，发展高端制造业、网络金融业、现代服务业三大产业作为发展目标，打造企业研发中心、结算中心、行政中心、销售中心“四位一体”的总部集群。年内，园区完成技工贸总收入283.14亿元，上缴税金39.28亿元，区财政留成11.7354亿元，工业总产值103.6亿元，固定资产投入5.45亿元。年底，累计投资达到68.9亿元、上缴税收175.13亿元、区财政收入52.52亿元、就业人员达到4500人。

单位名称：北京石龙经济开发区管理委员会
地　　址：北京市门头沟区永安路20号
电　　话：69803404
邮　　编：102308

（亢　建）

【搭建园区金融建设战略合作平台】　3月2日，由石龙管委主办的“北京银行、石龙管委、农担公司园区金融签约仪式”在石龙管委会议室举行。三方代表分别在《支持园区金融建设的战略合作框架协议》上签字。北京银行股份有限公司根据石龙开发区建设发展需求，意向性给予区内重点企业、重点工程和重点项目、符合政策导向的中小企业等重点服务客户授信额度人民币5亿元，以提供金融服务，以及结构化融资等投行类产品服务。

（亢　建）

【召开工作会】　3月7日，召开石龙经济开发区工作部署大会。中关村管委会、区经济信息化委等相关单位领导以及园区所属公司、入区企业代表共120余人参加。会上，石龙管委主任作了题为《攻坚克难、求真务实，开创石龙经济开发区工作新局面》的工作报告，总结了上一年的工作，对2013年各项工作进行总体部署。石龙管委、北京石龙经济开发区投资开发有限公司、北京精雕科技有限公司、北京立思辰科技股份有限公司4个单位的代表作主题发言。有关单位相关人员针对企业发展的相关政策、可补助的项目等做了讲解；石龙管委与企业代表签定了2013年安全管理责任书和党风廉政责任书。

（亢　建）

【成立企业协会】　4月10日，由石龙管委主办的“北京石龙经济开发区企业协会成立大会”在北京山景苑服务中心举行。区政府、石龙管委等相关单位领导，30家首批会员单位负责人出席会议。会上，宣读了区民政局《关于成立石龙开发区企业协会行政许可决定书》；表决通过了《北京市门头沟区石龙开发区企业协会章程（草案）》、《北京市门头沟区石龙开发区企业协会选举办法（草案）》、《北京市门头沟区石龙开发区企业协会会费收缴办法（草案）》；选举产生了第一届理事会成员，副会长及名誉会长。

（亢　建）

【成立党支部】　4月18日，由石龙管委工委主办的“北京华尔盾生物技术有限公司党支部成立大会”举行，区委组织部、区委社会工委等相关单位领导，华尔盾公司负责人及全体党员参加。仪式上，宣读了石龙管委工委关于北京华尔盾生物技术有限公司成立党支部的批复，并为该公司党支部授牌。

（亢　建）

【北京思源集团总部基地签约】　5月28日，投资开发有限公司与北京思源恒丰置业投资有限公司“北京思源集团总部基地签约仪式”在石龙高科大厦举行，石龙管委主任、北京思源集团董事长以及相关单位领导参加。仪式上，双方共同签署了《北京思源集团总部基地合作开发协议书》。

（亢 建）

【三聚裕进研发生产基地奠基】 6月7日，由北京三聚裕进公司主办的“北京三聚裕进研发生产基地建设项目奠基仪式”在石龙开发区华园路4号举行，北京三聚裕进科技发展有限公司、香港裕进公司以及相关设计、监理等单位代表出席。

（亢 建）

【北京银行进驻石龙开发区】 8月31日，投资开发有限公司与北京银行股份有限公司签约，门头沟支行石龙开发区网点正式成立。网点租用石龙高科大厦为经营办公用房，建筑面积969.26平方米，租期10年。

（亢 建）

【门头沟园流动检察联络室签约】 9月10日，由石龙管委和门头沟检察院主办的“中关村门头沟园流动检察联络室签约仪式”在石龙开发区举行，市检察院、门头沟检察院、石龙管委工委等相关单位领导及部分入区企业代表参加。仪式上，区检察院、石龙管委签订《门头沟区人民检察院驻中关村门头沟园流动监察联络室合作备忘录》并为联络室揭牌。

（亢 建）

【组织乒乓球比赛】 9月14日，主办秋季乒乓球比赛。有石龙管委、精雕科技、东西分析等9支队伍的60余名职工报名参加男单、女单、男团、女团等4个项目的比赛。

（亢 建）

【举行消防安全技能竞赛】 11月7日，在石龙广场举行了区第二届“石龙杯”消防安全技能竞赛。竞赛由石龙管委，区消防支队，永定镇派出所联合举办，北京精雕科技有限公司，北京万辉双鹤药业有限公司，北京利德衡环保工程有限公司等20家入区企业和北京京煤集团，北京门头沟区医院，北京龙泉宾馆有限公司等10家镇街单位共计190人参加。

（亢 建）

【开发区首个企业职工之家揭牌】 12月13日，石龙开发区首个企业职工之家揭牌仪式在北京东西分析仪器有限公司举行，职工之家的建立是企业、工会、职工之间的桥梁和纽带。

（亢 建）

商贸　旅游

商　　贸

【概况】　年内，在区委、区政府和市商务委领导下，在全区各部门及行业企业的支持下，贯彻落实党的十八届三中全会和市委十一届三次全会精神，以科学发展观为指导，履行部门职责，以产业结构调整为主线、以保障和改善民生为根本，商业设施内外环境全面改善，服务水平、便利程度不断提高，消费品市场持续繁荣。实现社会消费品零售额48.9亿元，同比增长12.1%，高出全市3.4个百分点，按照“月月有活动，节日有促销，百姓得实惠”的工作目标，组织企业开展促销活动。积极服务民生，建设完成3个便民菜市场和5个回收站点建设任务，完善早餐工程建设工作，50余辆早餐车覆盖全区门城主要交通枢纽和社区。构建商旅结合消费新模式，宣传区域特色饮食文化及农副产品，组织“食在门头沟”系列活动之婚宴大赛、名店名菜活动、品牌家电进棚改社区、农超农餐对接、流动超市菜车、年货大集、送货下乡等10余场促销活动。不断优化贸易投资环境。全年实际利用外资100万美元，新增合同外资额为1319万美元。外贸进出口总额达4.39亿美元，其中出口2.43亿美；进口1.96亿美元。开展项目对接、国际洽谈交流活动，申请三家企业入选北京市重点总部企业（第一批）。搭建融资平台，并帮助10家企业34个项目，申请获得84万余元中小企业国际市场开拓资金。为推进区内市场的升级改造和企业特色创意项目发展，按照《北京市商业流通发展专项资金管理暂行办法》和《北京市支持中小企业发展专项资金管理暂行办法》，经过审核，完成4个项目153.6万元扶植资金的申报和审核工作。

单位名称：北京市门头沟区商务委员会
地　　址：北京市门头沟区新桥大街36号
电　　话：69842571
邮　　编：102300

（万　颖）

商业流通

【增强应急保障能力】　年内，加强生活必需品市场监测和三级联动应急机制，提前做好应急物资储备工作。与区相关企业签署应急物资调运、存储责任书，确保分工有序，责任到位，物资储备充足、人员随时到岗，车辆整装待发，全力做好应急物资保障工作。汛期和防火期前夕，启动《门头沟区粮食供给应急预案》，斋堂应急加工点进入“备战”状态，确保设备正常，措施到位，责任到人。

（万　颖）

【完成再生资源回收站点建设】2013年，建设完成中门花园、惠民家园、石泉砖厂B1社区、石泉砖厂B9社区、临镜苑社区5个回收站点建设任务。

（万　颖）

【便民利民工程】　年内，完成3个便民菜市场的建设任务（石门营2个，石泉1个），并以鑫维康公司“流动超市”和“流动菜车”为补充，定时、定点、定线为社区居民送货80余次。

（万　颖）

【完善早餐工程建设】　年内，完

善早餐工程建设工作，加强规范管理，提高从业人员素质，定期组织开展业务培训，不定期抽查日常经营情况，确保食品安全。有50余辆早餐车覆盖全区门城主要交通枢纽和社区，基本可以满足周边居民早餐需求。

（万　颖）

【主题促销活动】　年内，根据年初工作计划，组织家庭健步走活动的特色商品展卖、国际山地徒步大会特色商品展卖、特色山品进山区、年货大集（大台办事处、东辛房办事处、斋堂镇）等主题促销活动10余次，印制宣传海报1万余张。

（万　颖）

【提升再生资源分拣效能】　年内，按照环保、低碳和可循环利用的模式，提升再生资源分拣中心效能，日加工能力在80吨左右。在行业企业和消费者中开展“垃圾减量，垃圾分类”和“光盘行动”等主题活动，累计开展再生资源宣传日活动10次。

（万　颖）

【加大流通发展资金扶持作用】　年内，完成了2012年40个商业流通发展项目470.5万元的绩效评审工作。商业流通发展专项资金带动40个项目总投资6133.54万元，实现销售收入1.4亿元，税收贡献达700万元，提供就业岗位968个。完成2013年市级商业专项资金项目申报工作，扶持四个项目共153.6万元扶植资金已拨付到位。

（万　颖）

【做企业引进和扶持工作】　年内，申请专项扶持资金，帮助百年食府餐饮进行升级改造，完善无障碍设施建设。协调相关部门帮助金春百货做好开业前后的服务工作。与迪卡侬、家乐福、居然之家、国泰百货等知名公司联系，力促企业入区。帮助企业打开销路，年内农餐对接企业实现蔬菜及蛋类采购量163.1吨，肉类63.4吨。

（万　颖）

【行业促进工作】　年内，联合《参考消息》组织海尔、格力、新飞等10余家电商在石门营新区开展家电促销活动。通过北京电视台、京郊日报、千龙网等媒体宣传报道门头沟区特色商品。在“建和谐家庭，圆美丽梦想”－暨中外家庭健步走和“中坤杯第四届徒步大会”活动中组织特色商品现场展卖。连续4年组织“食在门头沟”系列活动之婚宴大赛、名店名菜活动活动，拉动作用显著，规模以上餐饮企业分别从负增长实现稳步增长。

（万　颖）

【重点流通企业信息监测工作】　年内，新增重点流通样本企业4家，累计达60家。全年开展报送总结和信息员培训2次，评选出优秀信息员5名，全年月报报送率达到百分之百。

（万　颖）

【行业安全工作】　年内，根据市区两级对十八届三中全会和市委十一届三次全会期间的统一部署，全面推进安全规范化建设，安全执法检查共出动200余人次，检查重点商业企业、重点餐饮企业300家（次）。发现挤占通道安全隐患37处，全部整改完毕。

（万　颖）

【开展酒类、食盐监督检查工作】　年内，贯彻落实食品安全责任制，加强对酒类流通、食盐市场监督检查力度，食品安全执法累计检查300余人次，共检查各类食品经营户1172家次。配合区疾控中心完成了5个乡镇，20个村居委会，300户村居民食用盐入户抽样调查，达到了全市碘盐食用合格率。

（万　颖）

【做好安全防范工作】　年内，区商务委会同区消防支队、区安监局在京客隆超市新桥店开展了消防演练，并组织区各商务行业单位安全生产负责人进行现场观摩。组织召开区商务行业安全生产工作观摩及座谈会，组织28家规模以上商务行业单位安全生产负责人对物美大卖场安全生产工作进行观摩，并召开座谈会。

（万　颖）

【储备粮电子交易工作】　年内，委托北京国家粮食交易中心举办竞价交易会，通过采取邀标、现场计算机网上竞价交易方式进行销售和采购，最终完成区储备粮的轮换工作。相对于传统的储备粮轮换逐一处理方式，电子竞价交易模式填补区储备粮电子交易空白。

（万　颖）

【开展粮食行业统计专项检查】　年内，在企业自查的基础上，区商务委组织人员，分3次，共12人次，分别到三家店粮库、杨坨粮库、斋堂粮库、北京本乡良实面业有限公司等9家经营企业开展统计复查工作。

（万　颖）

【退耕还林补助粮食供应工作】　年内，退耕还林补助粮食供应范围覆盖全区9个镇，累计涉及314个自然村，9952户，共计供应面粉569.3吨，供应大米798.4吨。

（万　颖）

对外经贸

【加强对外宣传】 年内，依托“京交会”、“9.8洽谈会”等知名会展，扩大招商引资。通过沙盘、专题片，宣传推介首都西部综合服务区的功能定位，10余家企业参与专场对接洽谈，重点推出石龙电子商务产业园等26个投资项目。

（万　颖）

【帮扶企业发展】 年内，鼓励外贸企业多种渠道开拓国际市场。先后3次组织企业参加市商务委等部门主办的培训座谈。积极搭建融资平台，并帮助10家企业34个项目，申请获得84万余元中小企业国际市场开拓资金。

（万　颖）

【填补我区对外贸易经营者备案】 年内，为北京汇安通科技有限公司办理对外贸易经营者备案，标志着门头沟区正式成为经商务部授权的对外贸易经营者备案部门。

（万　颖）

京门良实

【概况】 年内，公司在京粮集团的领导下，按照“调整、创新、规范、高效”的工作要求，围绕推进粮食产业转型升级这个中心，以“强产业促发展”为己任，做好粮食储备，开展粮油贸易，发展资产经营，重点工程实现突破，基地建设取得成效，应急能力得到加强，企业管理进一步规范，推动了企业健康、持续、稳步发展。年内，实现营业总收入4.6亿元。缴税总额完成627万元。储备粮存储总量13.5万吨，安全储粮率达到100%。军粮供应完成军粮销售1434吨，实现销售149万元。退耕还林补助粮食供应工作完成1367吨。综合效益：实现利润384万元，比上一年同期32万元增加352万元。

单位名称：北京京门良实国有资产经营管理公司
地　　址：北京市门头沟区滨河南路3号
电　　话：69842491
邮　　编：102308

（张希瑶）

【召开工作会议】 1月21日，召开工作会议，确定2013年工作重点，签订经营目标责任书和安全责任书，并对先进企业、先进班组、先进个人代表进行表彰。

（张希瑶）

【法务工作】 2月22日，京粮集团进行法务工作检查，公司进行法务工作汇报，订立并初步完善合同会签制度，建立健全合同台账，制定合同范本，进行法律审核培训，制定规章制度，定期开展法律知识讲座。

（张希瑶）

【明确仓储工作重点】 年内，召开仓储工作会议，明确工作重点：1、严格管理，确保各级储备粮储存安全。2、开展库存检查工作，确保账实相符。3、做好各级储备粮轮换出入库计划。4、实现“两增两降”目标。5、抓好仓储队伍素质教育。6、做好储备粮安全度汛工作。7、做好政策性粮油供应。

（张希瑶）

【清仓查库】 4月17日至19日，北京市粮食局库存检查组对公司储备粮实物、账务及财政补贴等项目进行了检查。经检查，储备粮管理账账相符、账实相符，完成粮食库存自查工作。

（张希瑶）

【考勤考绩】 年内，公司制定印发了考勤考绩相关制度，严肃工作纪律。5月2日和6月1日，公司机关和三家店粮库分别使用影像打卡考勤机进行上下班签到。

（张希瑶）

【退耕还林补助粮食供应工作】 5月5日至6月10日，公司2013年退耕还林补助粮供应工作完成。总计供应粮食1367吨，其中大米798吨，面粉569吨。

（张希瑶）

【领导调研】 5月21日，市国资委监事会主席、京粮集团党委书记一行到公司调研指导工作，听取公司京门良实米业东北基地建设及贸易工作汇报，并对石门营还建工程提出指导性建议。7月11日，京粮集团总经理一行对公司仓储设施、存量资产开发盘活和企业改革实施情况进行调研，实地考察了三家店粮库、斋堂粮库、清水粮库，并给予指导性建议。

（张希瑶）

【安全检查】 7月16日，京粮集团检查组对杨坨粮库、三家店粮库、大台市场、下苇甸粮库和野溪粮库等库点和出租点进行安全生产检查，对安全管理规章制度、安全生产、内保、防火防汛等各项内容进行排查，并结合安全生产标准化创建工作提出整改意见。

（张希瑶）

【会计核算检查】　8月22日，京粮集团会计核算检查小组对公司进行企业会计核算操作规范检查。主要检查账务核算、原始凭证的完整性和真实性及执行集团一本一册情况，对公司财务工作表示肯定。

（张希瑶）

【通过ISO9000复评审核】　9月22日至25日，华夏认证中心对公司进行ISO9000质量管理体系监督审核，抽查领导层、综合办公室、储运贸易部、三家店粮库、斋堂粮库、本乡良实面业有限公司，全部通过审核。

（张希瑶）

【安全标准化工作】　10月22日，京粮集团和中安质环评审中心组成的评审小组对三家店粮库、杨坨粮库进行安全标准化二级企业评审。标准化创建过程中共修订和新制定安全制度38项，安全生产责任制38个、安全操作规程35个、应急救援预案15项。标准化创建工作共投入资金316万元，通过审核，达到了二级安全标准化企业的水平。

（张希瑶）

【规范化验收】　11月20日至21日，市粮食局检查组对三家店粮库、斋堂粮库和杨坨粮库的规范化管理水平进行了评价验收，三个粮库全部获得“北京市储备粮规范化管理优秀企业”称号。

（张希瑶）

【档案验收】　11月27日，京粮集团和市档案局领导组成验收组，对公司档案工作进行检查验收。对档案管理重视程度、制度的落实，档案收集、分类整理及档案完整、准确、系统性，档案室建设、设施设备配备等进行检查，通过验收。

（张希瑶）

【石门营粮库还建库】　年内，完成一期工程的立项审批手续和招投标工作。石门营还建库总占地面积63亩，总建筑面积2.3万平方米，总投资1.8亿元。

（张希瑶）

【良实米业建设】　年内，完成土地购置及一期、二期工程生产设施建设，总占地面积3.9万平方米，总建筑面积8685平方米，总投资3650万元。

（张希瑶）

【机动车检测场】　年内，公司所属门头沟区机动车检测场，共检测车辆49805辆，收入830万元，实现经济反哺。

（张希瑶）

【粮油贸易情况】　年内，加强市场调研，加强产区合作，开展外购外销、外购内销活动，全年共完成粮油贸易经营总量9.3万吨，实现销售收入2.15亿元，利润49万元。

（张希瑶）

【防汛及消防演练】　年内，三家店粮库、杨坨粮库、斋堂粮库举行防汛、消防演练，以提高突发事件的应急反应能力、应急作战能力。

（张希瑶）

商业网点

【概况】　年内，在区委、区政府的领导下，区商务委的指导下，围绕全年的工作目标和任务开展工作，完成了各项工作和任务。全年房租收入为174万元，同比增加25万元，增长17.17%。费用支出212万元，同比增加24万元，增长13.01%。人事编制隶属商业网点管理处的区商业联合会和区饮食服务修理旅店业行业协会完成了各项工作指标。

单位名称：北京市门头沟区商业网点规划建设管理处
地　　址：双峪路35号1号楼A1007室
电　　话：6984.3983
邮　　编：102300

（陈　娇）

【开展送货下乡活动】　春节前，区10余家名店，带近千种粮油、百货、家电、服装、鞋帽、糕点小吃等到山区，以方便山区百姓购物。

（陈　娇）

【举行“食在门头沟”大赛】　8月，举办2013年第四届“食在门头沟”系列活动之婚宴大赛，全区9家具有地方特色的餐饮企业参与此项活动。各参赛企业在绿色、节约、低碳的总之下派出优秀厨师团队参加比赛，通过比赛推出一批有地方特色的招牌菜品及特色婚宴。

（陈　娇）

【举办餐饮业技能培训会】　10月，举办“2013年商务系统餐饮业技能培训会”，全区12家餐饮企业员工参加培训，培训会邀请了两位评审专家，从食品卫生，成本核算，烹调原则，厨艺理论及实操到宴会设计，摆台操作等方面都进行了耐心细致的说明与示范，使餐饮企业受益匪浅。

（陈　娇）

【房屋资产维修和修缮】 年内，投入资金3.1万元，对四局的商业用房做防水修理，保证了商户的正常使用。

（陈　娇）

【健步走活动】 年内，在“首都家庭文化艺术节”健步走活动中，组织选取区内多家特色商户，进行特色展卖，商品包括蜂蜜制品，区内特色的茶叶，特色小吃，蝴蝶画，美术用品等。

（陈　娇）

【餐饮行业大练兵】 年内，组织餐饮行业大练兵，在市餐饮行业评比中，区内晨光饭店入选“北京市十大婚宴”，今天假日饮食有限责任公司入选“北京市十大商务宴”。在“第七届全国烹饪技能竞赛”餐厅服务比赛中，今天假日饮食有限责任公司6人获得铜奖，1人获得优秀奖。在“北京市商业服务业技能大赛餐厅服务大赛”中，今天假日饮食有限责任公司1人进入决赛获得银奖，区内还有10人获得“感动服务之星”称号。

（陈　娇）

【调整租金，续签合同】 年内，对8户租用单位商业用户合同到期的商户，续签了2014年租用商业用户合同，此次续签合同在上一年的租金基础上增加经济收入12余多元。

（陈　娇）

供销合作社

【概况】 区供销合作社是集体所有制合作经济组织。现有7个基层供销社（清水供销社、斋堂供销社、雁翅供销社、妙峰山供销社、军庄供销社、永定供销社、潭柘寺供销社）和3个直属单位（贸易大楼、生产日杂公司和物资回收公司。其中清水供销社合并到回收公司，永定供销社、军庄供销社、合并到妙峰山供销社与雁翅供销社合署办公，保留原供销社单位名称），截至年底，有在职职工179人。

主营业务收入总额完成1280.5万元，同比减少6.9万元，减幅0.5%；三项费用合计1627.9万元，同比增加50.2万元，增幅为3.18%；营业外收入完成909.6万元，同比减少31.2万元，减幅3.3%；利润净额2.4万元，与2012年持平；纳税总额147.8万元，同比增加24.9万元，增幅20.3%；资产负债率71.96%，同比减少10.95个百分点。全员工资增加478765元，同比增加5.8%，在岗职工工资增加350969元，同比增加4.4%，实现连年持续增长。

单位名称：北京市门头沟区供销合作社
地　　址：北京市门头沟区新桥大街2号
电　　话：6984.2992
邮　　编：102300

（苏卫国）

【举办消防安全培训演习】 1月22日，举办消防安全培训班，邀请北京市公安消防总队老师讲解火场如何逃生自救、初级火警的预防和扑救、灭火器的种类和使用方法等。基层党政一把手、主管安全的副职领导及有关安保人员共26人参加培训。10月23日，在贸易大楼举行消防演习。机关干部、贸易大楼职工及商户共计127人参加，使用灭火器35个。

（苏卫国）

【开展“两节”送温暖】 “两节”期间，开展“面对面”、“心贴心”、“实打实”为主题的送温暖活动，机关和基层各单位工会组织走访困难群体51户，送去慰问款物34150元。

（苏卫国）

【领导检查】 3月12日，区国资委副主任与相关科室到供销社对2012年各项考核任务指标进行检查，予以认可。

（苏卫国）

【召开党委理论中心组学习会】 3月25日，召开党政联席暨党委理论中心组学习会。会上贯彻市社七届五次理事会、区国资委2013年经营业绩暨目标管理责任书签订大会和区商务委2013年度商务工作会议的精神，区社党委委员、机关部（室）主要领导参加。

（苏卫国）

【军响供销社大饭店营业】 4月，斋堂供销社投资建设的军响供销社大饭店投入营业，解决了因灵泰药店拆除部分职工无法安置就业的困难。

（苏卫国）

【分拣中心通过验收】 4月24日，市商务委和市供销社有关领导对位于区物资回收公司在建再生资源分拣中心进行验收，验收合格。

（苏卫国）

【分拣中心二期工程提前完成】 5月底，回收公司分拣中心二期工程提前一个月全面交工。

（苏卫国）

【开展“再生资源回收日”宣传】 6月18日，区回收公司与区商务委、区为民服务中心，在绿岛家园社区，开展了“再生资源回收日”进社区宣传活动，现场咨询居民人数480人，发放各类宣传材料600余份，发放环保购物袋500余个。

（苏卫国）

【开展“庆七一”红色旅游教育】 6月24日，组织党员和入党积极分子35人，到北京市房山区霞云岭堂上村《没有共产党就没有新中国》纪念馆，举行庆祝中国共产党成立92周年活动。

（苏卫国）

【为公安机关提供破案线索】 6月18日，区物资回收公司所属分公司收购员，在回收旧的保险柜中发现两只手枪和数十发子弹，及时拨打110报警。公安机关根据公司严格的收购管理登记制度信息迅速查找到了出售该保险柜的当事人并及时予以抓获。

（苏卫国）

【荣获区乒协杯乙组冠军】 10月，在区乒协杯的团体比赛中，荣获乙组冠军。

（苏卫国）

【开展领导干部民主测评】 12月，对区社领导班子、区社领导及所属机关部室、基层单位正副职领导干部进行民主测评工作，优称率达97%以上。

（苏卫国）

【东胡林养蜂专业合作社完工】 年内，东胡林养蜂专业合作社项目施工工程上半年竣工，下半年基本完工。

（苏卫国）

【做好区防汛物资储备供应】 年内，日杂公司承担着区防汛物资储备供应工作，汛期提供农膜、雨具、编织袋、排水泵、应急灯等多种防汛抢险物资价值58983.2万元，仓库储备的防汛物资总价值479716.8万元，可满足防汛工作需要。

（苏卫国）

【加大安全保卫资金投入】 年内，投入安保资金12.3万元，用于安装远程监控设备、老化电线改造、完善安全设备、进行房屋修缮、购买学习宣传资料用品等。

（苏卫国）

【组织发展工作】 年内，新发展中共预备党员3人。

（苏卫国）

【下属单位情况】

单位名称：北京市门头沟区供销全作社
地　　址：门头沟区绿岛家园8楼会馆三层
电　　话：6984.2685

单位名称：斋堂供销社
地　　址：门头沟区承泽苑二号楼底商
电　　话：6984.5044

单位名称：雁翅供销社
地　　址：门头沟区雁翅镇雁翅村
电　　话：6183.0203

单位名称：妙峰山供销社
地　　址：门头沟区妙峰山镇陇驾庄村
电　　话：6188.1642

单位名称：军庄供销社
地　　址：门头沟区妙峰山镇陇驾庄村
电　　话：6081.1522

单位名称：永定供销社
地　　址：门头沟区妙峰山镇陇驾庄村
电　　话：6980.3491

单位名称：潭柘寺供销社
地　　址：门头沟区潭柘寺镇鲁家滩村
电　　话：6086.2409

单位名称：贸易大楼
地　　址：门头沟区新桥大街2号
电　　话：6984.2971

单位名称：生产日杂公司
地　　址：门头沟区绮霞苑甲3号楼2单元903号
电　　话：6984.2088

单位名称：物资回收公司
地　　址：门头沟区绿岛家园8楼会馆三层
电　　话：6984.2685

（苏卫国）

旅　　游

【概况】　年内，全面贯彻落实党的十八大、十八届三中全会精神，围绕区委关于“三个优化”的要求，结合旅游工作实际，坚持“文化引领、文游合一、农游合一”的发展思路，推进旅游资源多样化、旅游管理精细化、旅游服务便利化、旅游市场规范化，为打造国家生态文明示范区、全面推进现代化生态新区建设奠定基础。全年旅游产业固定资产投资2.01亿元，接待游客343万人次，实现旅游综合收入19.2亿元，同比分别增长21.6%和14.1%，增速分别位居全市第三位和第一位，完成年度计划指标。

单位名称：北京市门头沟区旅游发展委员会
地　　址：北京市门头沟区新桥大街46号
电　　话：69862525
邮　　编：102300

（安新颖）

【黄金周情况】　“春节”黄金周期间（2月9日至2月15日），全区共计接待游客7.5678万人次，实现旅游收入728.39万元，分别同比增长8.24%和3.2%。其中民俗旅游共计接待游客1.61万人次，实现旅游收入85.94万元，分别同比增长21.08%和3.67%。“五一”假期（4月29日至5月1日），全区共计接待游客8.9万人次，实现旅游收入629.38万元，分别同比增长18.22%和12.3%。其中民俗旅游共计接待游客3.72万人，实现旅游收入302.56万元，分别同比增长44.6%和17.81%。“十一”、“中秋”双节假期（9月30日至10月7日），全区共计接待游客22.6554万人次，实现旅游收入1862.54万元，分别同比增长8.3%和14%。其中民俗旅游共计接待游客13.37万人，实现旅游收入1138.4万元，分别同比增长10.58%和14%。

（安新颖）

【旅游主导产业融合发展工作】　3月11日，根据《关于加强文化引领发展　推动“文游合一”、“农游合一”建立旅游主导产业融合发展工作体系的意见》（门发[2013]9号），在原区旅游工作领导小组基础上，成立“门头沟区旅游主导产业融合发展领导小组”，包括区委宣传部、农委、文委等16家成员单位；落实领导小组会议制度，召开旅游主导产业融合发展领导小组工作会、“利用金融政策推动旅游产业发展培训（研讨）会”、潭柘寺旅游交通规划论证会等，汇集相关部门的集体智慧，促进资源政策的整合、对接及落实；协助文委开展永定河文化节、红歌唱响黄岭西、文化之旅、旅游主题剧场等系列品牌特色活动，第四届徒步大会期间在斋堂主会场设置站点开展旅游咨询服务，由农委组织斋堂镇、妙峰山镇参加“北京市休闲农业与乡村旅游示范乡镇评选”及市级星级园区评定工作，推动旅游与文化、体育、农业融合发展格局的初步形成。

（安新颖）

【参加北京旅游春季推介会】　4月27日，北京旅游春季推介活动在地坛公园举行。此活动由市旅游委主办，以“现在出发”为主题，潭柘寺、戒台寺、妙峰山、爨柏景区、十八潭、双龙峡、珍珠湖、百花山、定都阁等多家区内旅游企业参会，活动期间发放宣传资料5000余份。

（安新颖）

【机构调整】　5月15日，根据门编委字【2013】18号文，设立“门头沟区旅游事业发展服务中心”（简称：区旅游发展中心），为区旅游委所属事业单位，机构规格为相当副处级，经费形式为全额拨款，设综合部、旅游咨询服务部、信息部、培训部、行业协会管理部5个内设机构。

（安新颖）

【妙峰山春季民俗庙会】　5月10日至25日，第二十一届妙峰山传统民俗庙会在妙峰山景区举行。庙会期间，五虎少林会、中幡会、高跷会、馒头会、茶会等近50档传统民间花会朝顶进香、酬山赛会，再现明清香会全过程；设有施粥布茶、舍馒头、舍缘豆等传统民俗活动以及今昔图文展、“撞吉祥钟敲太平鼓”、“带福还家”等祈福纳祥活动，并设有妙峰山玫瑰制品、薄皮核桃等特色旅游商品展卖。

（安新颖）

【组织第五届北京市旅游山会】　5月21日，第五届北京旅游山会“开山门”仪式暨门头沟国家步道高峰论坛活动在龙泉宾馆举行。活动由市旅游委、门头沟区委区政府主办，市旅游委相关处室、区内相关区委办局、各镇、各A级景区、永定河文化研究会、古道协会、AECOM团队及特邀嘉宾、北京市主流徒步社团、媒体等近300人参加。区领导韩子荣发布了国家步道LOGO，台湾、美国的专家围绕门头沟国家步道系统规划以及美国、台湾国家步道系统发展情况等内容进行了演讲，以“徒步京西　乐享四季”为主题的全年旅游文化活动拉开帷幕。

（安新颖）

【参加义乌国际旅游商品博览会】 5月24日至27日，组织区内部分旅游商品获奖企业赴浙江义乌考察国际旅游商品博览会，期间共收集全国旅游纪念品信息30余条，实物10余件，收集商品设计企业单位信息35余家，为区内旅游商品研发工作提供了有利的资源支撑。

（安新颖）

【参加北京国际旅游博览会】 6月21日至23日，北京国际旅游博览会在国家会议中心举办。组织区内5家旅游企业参加，展出琉璃、紫石砚、曹长旭泥塑、麦秸画等数十种特色旅游商品。

（安新颖）

【旅游企业标准化创建工作】 年内，成立区旅游行业质量等级评定工作机构，对旅游景区、宾馆饭店、民俗村户开展质量等级评定与复核工作；集中对区内16家次旅行社分社和门市部的经营管理情况开展专项检查整顿，完成3家旅行社门市部备案登记；配合区委宣传部对灵山景区生态现状和下一步管理措施进行调研并完成调研报告，6月，正式启动灵山景区改制工作，联合清水镇、人保局等相关部门，协调做好交接过程中的人员安置、资产评估、安全运营等各项工作，确保灵山景区平稳完成退市回归、理顺经营管理体制，实现景区可持续发展和自然资源的永续利用。

（安新颖）

【未来之星潭戒之旅】 8月20日，举行未来之星——中国国情教育培训班潭戒之旅活动。此活动由香港文汇报主办，潭戒两寺作为中国宗教历史文化教育体验的重要一站，吸引了2013未来之星、清华大学师生、大峪中学学生代表100余人参加。由香港高校大学生组成的百名未来之星在讲解员的陪同下参观了潭戒两寺，体验了皇家寺院文化，并与区内学生代表开展了互动交流活动。

（安新颖）

【参加十八届北方旅游交易会】 8月29日，北方旅游交易会——门头沟区旅游专场推介会在河北省石家庄市举行，河北的50家旅行社、11家新闻媒体及区内十余家旅游企业代表参加，共推出8条精品旅游线路。30日至9月1日，北方旅游交易会期间，发放各类区内宣传资料近3000份，现场接待群众咨询3000余人次。

（安新颖）

【北京国际山地徒步大会】 9月14日至15日，第四届北京市国际山地徒步大会举行。大会以“徒步古道古村落、引领休闲新生活”为主题，推出了5条精品徒步路线。区旅游委在斋堂主会场设置旅游咨询接待点，大会期间共发放宣传资料1000余份，接待参赛选手及市民500余人。

（安新颖）

【海外华文传媒潭戒禅修之旅】 9月28日，举办海外华文媒体合作组织潭戒禅修之旅活动。海外华文传媒合作组织代表分别参观了潭柘寺景区、戒台寺景区，并与区相关领导就借助海外媒体深化新闻资讯、经营创收的实质性合作开展讨论交流。

（安新颖）

【参加北京国际旅游商品博览会】 10月10日至13日，北京国际旅游商品博览会在全国农业展览馆举行，琉璃工作室、曹溪制陶、大山山货、绿纯科技等7家区内旅游企业参加，展出了大山山货纸皮核桃、绿纯蜂蜜、曹长旭泥塑作品等特色旅游商品。展会期间共接待游客5万余人，产品销量近7万元。区旅游委荣获博览会“最佳展台奖”和“优秀组织奖”。

（安新颖）

【北京重阳文化宣传活动】 10月11日，“2013北京重阳宣传文化活动”启动仪式在定都峰景区举行。活动期间，区旅游委在定都峰景区搭设旅游咨询展台，重点推荐了全区具有代表性的景区景点及精品旅游线路，为游客提供旅游资讯及出行建议。共接待游客2500余人次，发放旅游宣传资料1200余份。

（安新颖）

【无痕山林活动】 10月13日，首届门头沟国家步道体验行暨“无痕山林”公益活动启动发布会在斋堂镇柏峪村举行，共设置了敬山仪式、徒步古道等环节，旨在推广“无痕山林”公益行动，倡导社会大众做一个负责任的户外人。此次国家步道体验行的路线位于门头沟国家步道柏峪至黄草梁路段，往返全程约有8公里，部分社会知名人士、公益环保组织、企业家代表和户外运动团体等约200人参加。

（安新颖）

【参加北京市旅游商品大赛】 10月13日，第十届“北京礼物”旅游商品大赛评选颁奖活动在北京全国农业展览馆举行，由区内选送的潭柘紫石有限发展公司《紫石》系列作品获得第十届“北京礼物”旅游商品大赛优秀奖，区旅游委荣获大赛优秀组织奖。

（安新颖）

【培训工作】 年内，围绕旅游服务质量提升工程，强化培训力度，联合区总工会、人保局、民政局等部门共举办各类培训班7个，内容涵盖旅游行业讲解员培训、旅游产业发展高级研修班、惠农旅游培训班、两期京郊旅游“百千万”培训班、旅游咨询培训班等，共计1800余人参加；11月，与区委宣传部、区总工会联合举办全区首届讲解员技能大赛，共17家景区、25名讲解员参赛，最终选拔出一等奖1名、二等奖2名、三等奖3名，4名优秀讲解员，另外授予一名同志为金牌讲解员称号。

（安新颖）

【戒台寺五百罗汉认捐仪式】 年内，区旅游委多次组织五百罗汉认捐仪式，戒台寺根据历史资料，参考五百罗汉内容绘制了白描图稿，制作完成五百罗汉铜像，安放在戒台大殿南北两侧配房内。鸿坤雅枫集团、俊洋地产、物美集团、北京思源理想控股集团、北京国信嘉业房地产开发有限公司等企业对五百罗汉进行认捐，认捐活动共筹集善款近600万元。

（安新颖）

【旅游宣传促销工作】 年内，在首都经济报道、北京您早等多档电视节目中播发新闻30余条，在《天气预报》中播放资源推介广告36期，在北京电视台《请您欣赏》栏目中随机播出区旅游形象片1000分钟；通过1039交通广播连续7个月每日5次高频率播报区内旅游资讯；拍摄完成了《走遍中国》、《美丽中国乡村行》、《这里是北京——寻古门头沟》、《走遍门头沟》等专题节目；《北京旅游》、《北京日报》等多家报刊杂志对区内旅游资源进行宣传推广。

（安新颖）

【旅游商品研发推广工作】 年内，设计完成《五百罗汉》画册、《如诗如画门头沟》画册、《曹溪陶艺》陶艺制品等一批旅游商品及外事礼品；组织区内旅游商品企业参加义乌国际旅游商品博览会、北方旅游交易会等大型展会；特邀北京工美集团、北京华流文化发展公司围绕潭柘寺景区、戒台寺景区、潭柘紫石砚三类元素进行定向研发设计；搭建旅游商品展销平台，建成首批门头沟礼物龙泉宾馆、晨光饭店专营店，正式开放永定楼四层“门头沟礼物”旗舰展厅。

（安新颖）

【旅游产业项目推进工作】 年内，全区旅游文化休闲产业项目共87项，包括《政府2013年目标管理任务书》项目54项和33项续建项目，总投资约为36.42亿元。其中41项已完工，项目完工率47.1%；累计开工项70项（其中29项工程在施），开工率80.5%；17项启动前期工作，完成年初预定目标。

（安新颖）

【旅游调研规划工作】 年内，汽车露营地总体规划已完成潭柘寺镇桑峪村、阳坡园老村和妙峰山镇丁家滩村、下苇甸村房车露营地的详细方案；旅游示范村规划已完成柏峪、塔河方案编制，启动苇子水方案编制；旅游产业用地规划进行项目前期准备工作。

（安新颖）

【旅游基础设施建设工作】 年内，景区旅游标识牌项目、景区厕所改造提升、108及109国道旅游交通服务站、旅游资源普查及旅游资源和产业项目管理平台、潭柘寺旅游咨询站项目已完工；国家步道一期工程已完成可研报告及实施方案的编制工作，完成柏峪至黄草梁段、黄草梁至灵山段及黄草梁至沿河口段的里程标识安装工作；门头沟区旅游虚拟现实3D漫游项目申报已完成，与市科委签订科技项目任务书，并与合作单位签订合同，启动项目建设工作；109国道沿线交通整治龙泉镇、王平镇、雁翅镇段工程已完工。

（安新颖）

【旅游公共服务提升工作】 年内，制作完成6家3A以上景区GPS手机智能导游软件和7家3A以上景区360全景图并上线，完成10家A级以上景区360全景秋季取景工作；完成门头沟区旅游资源分布图更新工作，建立旅游资源普查系统；与驻区多家银行合作为旅游企业、民俗旅游接待户免费安装POS机；调查摸底全区旅游场所无障碍设施现状，监督各旅游企业开展无障碍设施建设；开展区旅游集散中心前期选址、现场踏勘、方案制定等工作，协助区交通委开展109高速公路规划设计的前期论证调研，推进旅游公共交通体系建设；实施为民办实事工程，完成2个景区、6家市级民俗旅游村和1家乡村旅游新业态的游客中心、旅游厕所、停车场、旅游标识牌提升改造工程；对全区A级景区“九个一”工作现状进行评分，分析各景区“九个一”各项内容的发展水平，为景区升星及完善景区建设提供参考。

（安新颖）

【旅游环境整治工作】　年内，制定景区环境卫生检查方案，到景区及周边检查环境卫生20余人次，组织重点景区开展节前大扫除；召开重点景区周边环境问题排查会，彻底排查景区周边30米范围内环境卫生情况，建立工程手段治理景区周边环境项目库；组织专人对景区景点、宾馆饭店等旅游公共场所的英语介质（英语标识、宣传导购材料、双语菜单、设施设备说明等）进行排查，共排查英语介质5547块，发现问题介质33类450块；与相关部门联合开展集中清理“非法小广告”、打击非法一日游活动，不断规范旅游市场秩序。

（安新颖）

【旅游安全监管工作】　年内，与各旅游企业签订安全生产责任书，启动全区旅游行业安全生产标准化创建工作，推进企业旅游安全主体责任落实；开展“旅游行业从业人员安全生产培训日”活动，组织重点企业开展逐级岗位安全生产培训和演练；组织区内16家旅游企业80名从业人员参加北京市旅游行业安全与保险知识竞赛，并印制《公共安全与旅游安全知识读本》2000册作为旅游行业日常安全培训教材；加大安全物力投入，为旅游企业提供宣传横幅25条、消防灭火弹1000枚、消毒喷雾器具5具、消毒药片6000余片，联合相关执法部门出动检查人员457人次，检查旅游企业127家次，下达检查文书80张，查出安全隐患38处，已整改完毕。

（安新颖）

【旅游企业复核工作】　年内，共完成7家A级旅游景区、4家星级饭店的复核工作。经复核，龙门涧景区被取消A级景区资格，农梦园度假村、龙门涧度假村、塔岭山庄被撤销星级饭店资格，其他企业均通过年内复核。

（安新颖）

【旅游咨询服务工作】　年内，区旅游咨询中心每月专人定期对旅游港湾、咨询站的整体环境、人员服务进行全面检查与监督，及时发现问题并严格监督整改；积极开展旅游公益咨询服务，在石景山沃尔玛超市、香山公园、西坝河东里社区、地坛公园、双峪咨询站、滨河西区、石门营六区等地开展旅游进社区、旅游进公园活动共8次，接待社区居民1.35万人次，发放宣传资料6.88万余份。年内，全区旅游咨询中心共接待咨询161962人次，其中电话咨询49020人次，上门咨询112942人次，发放各种宣传材料9万余份。

（安新颖）

综合经济管理

发展改革工作

【概况】　区发展改革委是负责全区国民经济和社会发展统筹协调、经济体制改革综合协调的区政府工作部门。现设有办公室（监察科）、规划发展科（区国防动员委员会国民经济动员办公室）、经济体制改革办公室、基础设施发展科、经济社会发展科（区域经济合作办公室）、固定资产投资科、法规稽查科、物价管理科、金融工作办公室、电力管理办公室、产业发展科、区物价检查所12个科室。区政府采购中心（参公）、区重大项目建设指挥部是区发展和改革委员会直属事业单位。

单位名称：北京市门头沟区发展和改革委员会
地　　址：北京市门头沟区新桥南大街甲28号
电　　话：69842187
邮　　编：102300

（刘　捷　陈　亮）

【领导调研】　2月28日，区领导韩子荣听取区发展改革委2013年工作汇报，韩子荣对区发展改革委2013年工作思路给予肯定，要求要从长远出发，科学谋划，多做战略性研究，为区委、区政府决策奠定基础。

（刘　捷　陈　亮）

【年审工作】　3月至6月，开展行政事业性收费验审和换发新收费许可证工作。区2012年有收费许可证105个单位，通过年检的有行政机关46个，事业单位58个，社会团体1个。此次年审合格率达到100%，通过年审工作，达到了加强收费管理和规范收费行为的目的。

（刘　捷　陈　亮）

【鑫融公司方案通过初步审核】
4月26日，鑫融公司债券发行方案完成并上报市发改委财金处，并召开了初步评审论证会，市发改委表示会支持区企业债发行工作。

（刘　捷　陈　亮）

【区第二家小额贷款公司获批】
5月14日，经北京市金融工作局批准，北京华财小额贷款有限公司获批设立，成为区第二家小额贷款有限公司。

（刘　捷　陈　亮）

【首钢白热一二线拆除工程完工】
6月24日，首钢白热一二线拆除工程（一期）顺利完工，4天时间就完成了11200米线路和四座高压塔的拆除工作，比预计工期提前了16天。

（刘　捷　陈　亮）

【举办金融知识专场培训】　10月10日，市金融工作局与区发改委共同举办区首次针对镇街领导干部和金融商会成员的金融知识专场培训会。区各镇主要领导及金融商会会员参加了培训。

（刘　捷　陈　亮）

【京津风沙源治理】　截至12月底，完成人工造林1.39万亩、爆破造林1000亩、封山育林5万亩、人工种草9000亩、暖棚建设7000平方米、小流域35平方公里、生态移民140人。

（刘　捷　陈　亮）

【价格监督检查】　年内，开展专项价格检查18项，查处价格违法案件2件，罚款1500元，答复群众价格咨询25人次。受理各类价格举报83件，办结83件。

（刘　捷　陈　亮）

【固定资产投资完成情况】 年内，全区完成全社会固定资产投资230.1亿元，同比增长20.7%，完成全年投资任务的100.8%，完成投资额居生态涵养区第一，增速居全市第一。

（刘 捷 陈 亮）

工商行政管理

【概况】 年内，贯彻党的十八大精神，以深化工商服务品牌，夯实市场监管基础，倡导多元社会管理，打造重学习、规范型工商队伍为主线，坚持稳中求进、进中有为、效能为主的工作原则，落实市局、区委、区政府工作部署，促进地区经济社会稳定发展。

打造工商服务品牌促进地区经济社会发展。一是着眼地区经济宏观发展：分局推动招商引资，开展乡镇招商事前指导，为50余户区级招商项目、科技文化创新产业主体、小微困难主体提供全程服务。实施商标战略再跨越，推进“一村一标、一景一标”的年度工作目标。支持中关村门头沟园建设，发挥优势为主体融资解困，拓宽企业融资渠道，协调邮储、珠江村镇银行为52户主体贷款7207万元，完成动产抵押登记12件，抵押物价总价值12.89亿元，同比增加1倍，实现为企业融资6.26亿元。二是促进市场秩序监管：开展送法送服务活动，活动遍及企业、社区、市场、学校等单位95次。优化年检验照措施，提高服务监管效能，采取多渠道事前提示、简化内部流程、免收相关费用、推行CA用户“全程电子化”年检、集中上门一次性受理、设立特殊群体快速通道、邮寄送达报告书等系列服务措施，截至工作结束，企业年检率93.21%，外资企业年检率97%，个体验照率77.01%。推行合同示范文本，到企业指导签约；三是维护地区经济秩序稳定：优化促进社会和谐的消费服务品牌，构建工商主导、相关部门和社会力量共同参与的多元消保工作格局。全区34家绿通企业自行解决消费纠纷162件；全年开展宣传、维权等活动近40次，确保全年未发生影响社会稳定的消费群访群诉事件。深化服务措施缓解社会矛盾，扩大办照区域、降低准入门槛、统一出证标准。

发挥工商执法效能规范市场秩序管理。一是加强无证照经营治理，无照经营挂账649户，已销账292户；二是加强网络交易行为监管，网上巡查6516户次，查办涉网案件44件，数量增长91.3%，罚没款金额增加84.9%；三是协作配合，完成社会秩序整治任务，全程参与拆迁秩序维护、城乡环境、梨园地区整治、打击私挖盗采、扫黄打非、缉毒、养犬、再生资源、物流快递、清明祭扫、禽流感、大排档、中介机构、黑网吧整治、黑车整治等超过30项整治执法工作；四是加强行政执法制度体系建设和规范建设，组织召开案审会审定案件41件；制作完成《执法办案手册》，选取常规性案件22种，建立工商所执法办案谈话室，规范行政行为，提升执法办案水平。

持续推进工商管理社会化建设。一是推进工商自设试点工作，在两个试点开展登记指导、送法、送服务、联合执法、特约监督员调查等主题活动25次，实现工作对接、工作互补、协调联动，并实现工商监管网格与区政府试点地区社会网格的对接；二是推进区重点工作，成为区为民服务中心建设主力；三是探索解决政府难点工作，将工商参与社会管理创新应用到棚改回迁社区管理和商务楼宇监管，实现5个新建社区属地牵头、多部门无缝隙监管，解决商业布局、无照经营、环境治理、人口管理等综合问题；实现两个商务楼宇信息化集中监管。

稳步推进队伍整体建设。一是群众路线教育实践活动推进。二是加强党风廉政和队伍规范化建设，对行政职权进行集中梳理，编制了《政务服务手册》，共核定政务服务、行政许可、行政确认、行政检查等事项83项，绘制权力运行流程图44个，各项制度规范27个。三是文化建设激励感召正确工商价值观，完成《门头沟工商行政管理志》初稿撰写工作，先后组织承办门头沟十八大宣讲团活动、“我的梦中国梦”百姓宣讲团报告等活动。

单位名称：北京市工商行政管理局门头沟分局
地　　址：北京市门头沟区滨河路70号
电　　话：69869749
邮　　编：102300

（刘 刚 古 龙）

【完成元旦市场监管】 元旦期间，分局出动60人次、24车次，检查各类经营主体171户次，开展行政指导纠正不规范经营行为3起；12315投诉举报中心共接听咨询电话28个，申诉0件，举报0件。节日期间，未发现违法、违规经营行为。

（刘 刚 古 龙）

【开展安全隐患检查】 1月7日，中门寺街63号院住户因燃气泄漏发生爆炸事故。为消除安全隐患，保障63号院临街商户的人身和财产安全，8日，门城工商所对63号院商户进行了专项检查走访。此次专项走访共检查商户15家，其中4家关张未开，1家不涉及。

（刘 刚 古 龙）

【普法下乡工作】 1月14日、15日，食品科与永定工商所共同到潭柘寺镇平原村、赵家台村，为辖区百姓开展食品快速检测、食品安全宣传活动和为个体工商户提供集中上门验照服务。2天共为147户个体户办理了验照手续，发放宣传材料211份，解答群众咨询20余次。

（刘 刚 古 龙）

【检查工作】 1月底，对辖区有年夜饭消费服务的餐饮单位进行检查，一是检查各餐饮单位是否与消费者签订相关协议，协议内容是否合法，是否存在订金不退、加收服务费、不能刷卡消费等霸王条款；二是检查规范餐饮单位预订年夜饭内设广告宣传用语，是否存在表示含糊或欺骗消费者行为；三是加强对经营单位的法律宣传，节日期间要加强自身的规范管理，确保正规渠道购进原材料，杜绝出现乱收费、不履约等侵害消费者权益事件发生。28日，对辖区肉类市场进行突击检查。重点检查了双峪市场、黑山市场、圈门市场、宏太仓等市场内的22户猪肉、6户牛羊肉摊位销售的猪、牛、羊肉。经查各市场内所售牛肉未发现曝光的河北无极县的私自屠宰注水牛肉，各摊位均能出具动物检疫合格证明，进货渠道全部从锦绣大地批发市场，其中猪牛羊肉质量较好。2月1日，对辖区内的超市及市场开展了节前食品安全大检查。主要检查鲜肉、水产品、熟肉制品、现场加工制售的食品及炒货等食品，检查组仔细询问了食品的进货来源及产地，查看了相关食品台账，检查了熟食制品的贮藏条件，未发现不合格食品。18至22日，对全区有形市场、商场、超市等销售元宵、汤圆等食品的场所进行专项检查。共检查经营主体112户次，送检、快检元宵产品共45个，未发现不合格食品。26日至28日，联合区商务委、区公安分局等单位对新桥大街、双峪大街两侧广告设置情况进行全面检查和清理，重点整治商户广告设置与临窗广告，共检查商户39户，清理广告牌匾、户外显示屏76块；临窗广告整治共入户检查24户，清理拆除违规广告40块。2月28日至3月1日，联合区政法委、综治办等相关部门，对斋堂、清水等地区所有五金建材商店进行实地检查；随后对经营矿山设备、矿用木材经营主体进行清查。未发现违法经营行为。3月1日至11日，加强对食品质量安全、旅游市场安全检查，共出动执法人员253人次，规范经营行为13起，现场检测食品17样（均未发现问题）。同时，分局联合公安、城管等部门开展临窗广告整治、地下空间安全检查、旅游景区专项检查5次，保证“两会”期间市场秩序的。11日至12日，配合区流动人口管理办公室、区建委联合开展对辖区从事房地产经纪行业的经营主体进行专项检查，检查重点是房地产经纪机构主体资格、实际经营范围、合同格式、广告公示等情况。期间共检查经营主体15户，其中包括永定、潭柘寺、大峪、城子等地区。此次检查中，未发现违法经营行为。4月2日至4日，分局集中力量开展了节日期间市场专项整治工作，严厉打击违法经营祭扫、殡葬用品行为。此次检查活动，重点对非法销售冥币、无照经营、超范围经营等违法行为进行了查处。节日期间，共出动执法人员32人次，16车次，检查市场经营户80余户，查处非法经营冥币的经营户2户，并责令这些经营户限期改正。取缔在集贸市场上流动经营冥币的经营户1户。13日、14日，组织执法人员开展假日市场执法检查活动，出动执法人员25人次，检查经营主体47户次，超市14户次，有形市场7次。15日，出动执法人员30人次，检查经营主体106户次，检查超市30户次，有形市场11次，维护禽类市场经营秩序。16日，对双峪市场开展环境专项整治工作，重点对市场内销售副食品经营主体进行督导检查。共检查经营主体17户，规范经营行为3起，行政指导10余次。23日至28日，加强对流通领域食品安全监管工作，重点对超市、食品店开展检查，检查60户次，抽检食品160个，发现问题食品9个，立案3起。节日期间启动节假日应急机制，检查各类经营单位205户次，检查旅游景点10个次，快速检测食品样本20个，未发现问题。5月8日，对辖区内各大超市的羊肉及其制品进行了检查。未发现不合格羊肉。6月4日，开展端午节粽子市场专项检查，以超市、批发市场、农贸市场、食杂店和现制现卖点为重点检查对象，共检查各类粽子食品经营主体45户，对5户不规范经营行为作出行政指导，现场快速检验粽子样品15中，全部合格。7月13日至14日，安排部署，组织执法力量对全区商场、超市、孕婴店、奶粉经销商进行逐户排查，对标称“上海锐可营养食品有限公司”的“可尼可”“善臣”“奥利乐”“贝诺贝滋”“乐氏”等品牌的乳粉进行认真清查，共检查奶粉经营户60户，未发现有在售的问题乳粉。29日，组织执法人员到辖区重点鲜肉批发零售市场检查，现场对肉类水分含量进行检测，共计检测样本21个，全部合格，未发现有注水肉流入市场。同时对市场内鲜肉摊位逐个抽取样本进行抽样检验，共计20个样本，对其进行瘦肉精（莱克多巴胺）含量检测，20个样本均未发现瘦肉精。9月30日至10月7日，分局启动节假日应急机制，加强执法检查，开展市场秩序综合整治，确保市场秩序安全稳定。出动306人次，检查经营主体1500户次，取缔无证照经营8户，纠正轻微违法行为行政指导18次。10月下旬，开展对冬季取暖用品市场开展专项整治。检查取暖设备经营业主体90余户次，规范经营单位6家。11月初，分局加大重点领域检查力度，加强对炉具、烟囱、电暖器、电热毯、电炉、暖风机等取暖用品的质量检查，通过对辖区内市场、超市、家用电器商场和街边杂货店进行检查，进行商品抽样检测等途径，对不合格产品采取强制退市措施，共检查经营单位400余次，规范经营单位22家。年内，开启消费类电子产品市场专项整治。科所联动，全面排查。通过排查，全区经营手机、电脑等消费类电子产品商家共计25户，其中门城所辖区9户、城子所辖区7户、王平所辖区4户、永定所辖区3户、军庄所辖区和斋堂所辖区各1户。手机、电脑行业商家重点分布于门城所辖区、城子所辖区，共计16户，占全区总户数的64%，分局将上述三个地区纳入整治工作重点。

（刘　刚　古　龙）

【整顿炉具市场】 1月，开展为期1个月的冬季炉具市场专项检查，此次专项检查分局累计出动执法车辆32车次，执法人员85人次，检查辖区内民用炉具销售商户52户次，发放提示书13份，与33户民用炉具经营者全部签订责任书。

（刘　刚　古　龙）

【服务大厅设备升级】 1月，为辖区6个工商所服务大厅安装无线路由器，使企业随时随地能用移动设备修改企业网上年检的错误数据。

（刘　刚　古　龙）

【开展慰问活动】 春节前夕，分局“红盾志愿服务队”联合龙泉雾小学到龙泉雾村开展慰问打工子弟特困家庭活动，为他们送去了米、面、油等生活物品，并到学生家庭走访、交谈，宣传食品安全知识、消费维权知识，为学生们发放分局编制的《中小学生消费教育系列教材》。

（刘　刚　古　龙）

【开展“学习雷锋”活动】 3月3日，门城工商所慰问龙泉镇社会福利院老人，送去米面粮油蛋奶等生活用品，门城所学雷锋小组连续26年到龙泉镇敬老院献爱心。24日，龙泉镇社会福利中心为门城工商所送两面锦旗——“关爱孤寡老人　承担社会责任”、“情系夕阳献爱心　中华美德永流传”对门城工商所26年来关爱福利中心孤寡老人的爱心行动表示了感谢。

（刘　刚　古　龙）

【举行食品安全巾帼在行动活动】 3月5日，联合妙峰山镇政府举行“食品安全巾帼在行动”主题活动。“巾帼”代表进行座谈交流，分局还向巾帼服务队赠送了首批食品安全相关的法律书籍。

（刘　刚　古　龙）

【宣传活动】 3月15日，开展以“有效化解消费纠纷　努力构建和谐社会”为主题的3.15消费者权益保护系列宣传活动。此次宣传活动共设立葡东社区、双峪社区、新河社区、杨坨车站市场、吕家坡村社区、斋堂镇6个宣传点。工作人员向到场群众讲解如何依法保护自己的合法权益，现场解答咨询，受理消费投诉。共有1500余名群众参加宣传活动，发放各种宣传材料5000余份，接待咨询100余人次，现场受理消费投诉4件。4月26日，开展“4·26世界知识产权日”宣传活动，此次执法送法工作以门城商业集中地区为核心，以商场、专卖店为重点整治业态，以服装、鞋帽为重点整治商品，对辖区众望服装城、今春百货、星座商厦进行拉网式检查与指导。共检查59户经营主体，做出行政指导6次。5月15日，开展“5.15”全国打击和防范经济犯罪宣传日活动。联合区公安、地税、烟草等多个部门组织大型宣传活动，通过宣传展板和发放宣传材料的方式向群众宣传打击和防范经济犯罪知识，发放宣传手册500余册，并邀请绿色通道成员企业到分局参加法律知识培训。6月14日，在滨河公园设立安全宣传咨询站，就流通领域内的食品安全监管、消费维权等热点问题向群众进行现场解答，共发放宣传材料上千份，接待咨询150余人次。8月21日，到东辛房街道北涧沟社区进行专题普法讲座，并向社区群众发放各类普法宣传资料300份。“12.4”法制宣传日期间，开展以“做讲法制守秩序的好市民 共筑伟大中国梦”为主题的系列普法宣传活动。出动50余人，发放10类宣传资料约5000份，普法活动惠及经营单位、群众超过600人次。

（刘　刚　古　龙）

【召开食品安全工作会】 3月20日，区食品办组织各成员单位、各镇街政府和全区食品安全监督员，召开食品安全工作会议，会上总结了上一年食品安全总体开展情况，并就2013年工作进行了部署。

（刘　刚　古　龙）

【开办访谈节目】 3月27日，联合门头沟电视台开办了《北京市食品安全条例》访谈节目。节目中，分局工作人员就如何办理食品流通许可证、无店铺销售、网点禁售散装食品等辖区百姓关心的问题进行了详细解释。

（刘　刚　古　龙）

【推进石龙工业区商标战略工作】

3月27日，到石龙工业区上门服务，通过集中年检和现场办公的形式开展“两送”活动。分局商广科现场接待了东方众合餐饮有限公司、烃化高分子助剂研究所等20余位企业负责人，解答了商标注册中易发生的问题。

（刘　刚　古　龙）

【开展食品迅速检测新设备竞赛】

4月1日，开展2013年第一季度食品快速检测新设备使用比赛。通过以干代训，以赛代训等多种形式，提高基层工商所干部的专业化水平及快速检测能力。

（刘　刚　古　龙）

【推动地理标志注册工作】 4月18日，会同北京同茂堂知识产权事务所，驱车50公里到海拔1300米的妙峰山镇禅房村，实地考察万亩玫瑰园的种植现状，调研争创地理标工作进展情况。

（刘　刚　古　龙）

【举办“工商开放日”活动】 4月25日，举办以“依托工商工作站，推进工商社会化管理服务”为主题的“工商开放日”活动。活动邀请了区人大代表、政协委员、纠风办领导、特约工商监督检查员、社区负责人、社区市民代表等各界人士共计20余人。10月29日，举办以“打击假冒伪劣，加强商品质量管理，维护首都消费者权益”为主题的“工商开放日”活动，邀请了区人大代表、政协委员、纠风办领导、特约工商监督检查员、社区负责人、企业代表、消费者代表等各界人士共计20余人参加。

（刘　刚　古　龙）

【区政府常务会通过实施意见》】

5月8日，在区政府常务会上，分局局长向与会领导进行了《治理无证无照经营行为维护市场经营秩序实施意见》专题汇报。经区政府常务会审议，予以通过，并以区政府名义印发至相关单位执行。区领导对全区治理无证无照工作提出要求。

（刘　刚　古　龙）

【启动消费无障碍退换货试点】

5月14日，区首个小额消费无障碍退换货试点——星座商厦正式启动。

（刘　刚　古　龙）

【依法取缔黑电玩城】 5月28日，同区公安、文委、网安、通信中队联合查处德露苑小区一无证无照经营电玩城，收缴18台赌博机。

（刘　刚　古　龙）

【联合清理梨园地区自办幼儿园】

6月17日，联合多部门对梨园地区自办幼儿园进行彻底的清理整顿。共出动执法人员30余人，对梨园地区及月季园东街4所自办幼儿园进行综合治理，下发了教委制发的《停办自办幼儿园通知》，对4所自办园进行了取缔。

（刘　刚　古　龙）

【市局领导调研检查工作】 6月21日，市局监察处领导带领工作人员到局内，针对政风行风建设、规范执法行为和年检工作纪律等内容进行督察检查。8月15日，市局领导带领消保处和商品处工作人员，到斋堂工商所调研。22日，市局领导到分局军庄工商所开展群众路线调研活动。

（刘　刚　古　龙）

【召开治理工作联席会】 6月27日，区无证无照经营行为治理工作联席会第一次会议召开，对贯彻市政府37号文件和加强城乡环境建设开展无证无照经营行为治理工作进行了安排部署，明确了工作重点和具体措施。

（刘　刚　古　龙）

【开展防范打击传销进社区活动】　7月17日，在辖区开展以“严厉打击传销、维护市场秩序”为主题的宣传活动，共发放各种打击传销、规范直销宣传材料400余份，受众150人次。

（刘　刚　古　龙）

【促成地区首家合作联社成立】　7月底，区首家农民专业合作联社：北京清水腾达乡村旅游专业合作社正式成立，分局为其颁发营业执照。

（刘　刚　古　龙）

【集中销毁罚没假酒426瓶】　8月初，对前期工商所执法办案罚没的假冒伪劣白酒147瓶、红酒279瓶进行集中销毁，监察部门全程监督。

（刘　刚　古　龙）

【完成人员划转工作】　9月25日，局组织全体干部职工，召开划转区食品药品监督管理局人员欢送大会，正式完成机构职能调整人员划转工作。分局共划转30名人员（公务员编制29人，事业编制1人）到区食药监局，划转人员占全分局人数的六分之一。

（刘　刚　古　龙）

【做好“环京赛”保障工作】　年内，配合属地政府，协同城管、环境等部门，按照区政府赛段环境整治工作方案，对各赛段环境进行联合整治。9月至10月中旬，对辖区赛段共开展了10次巡查工作，出动执法人员近百余人次。

（刘　刚　古　龙）

【加强网络监管规范商业促销】　“双十一”前夕，加强对有形市场及网络经营主体的商业促销行为整治力度，规范交易行为和商品促销行为。一是加强对辖区商场、超市、有形市场的检查，重点检查经营单位是否存在不正当商业促销行为，进一步指导经营单位合理用语，规范促销行为。二是依托电子商务研判小组，切实提高网络巡查力度。强化对网上经营行为的巡查监控，防患于未然。检查辖区网络经营主体，排查虚假宣传、非法促销等行为。

（刘　刚　古　龙）

【对拍卖会现场实施监督】　11月26日，北京艺融国际拍卖有限公司在北京亚洲大酒店开展会前预展活动，分局于组织人员对此次拍卖会拍品展示现场实施现场检查。

（刘　刚　古　龙）

【启动制度规范月活动】　12月3日，召开制度规范月动员大会，党组研究决定把12月定为制度规范月，以清理、修订、完善、健全工商监管工作基本制度为重点，以强化制度意识，健全和完善制度体系，增强制度的执行力和约束力为目标，干部队伍建设制度、行政管理和行政执法监督制度，为提升工商监管服务效能、服务地区提供保证。全体人员参加。

（刘　刚　古　龙）

【分局官方微博正式开通运行】　12月3日，分局新浪官方微博“门头沟工商”正式开通运行。微博将及时发布市场准入、竞争监管、消费提示等最新消息，为经营者和消费者提供快捷的咨询服务。并加强与网友互动，处理经营者和消费者反映的问题。

（刘　刚　古　龙）

【区市场主体发展情况】　年内，区市场主体发展情况：实有市场主体26590户，同比增长0.63%。其中：内资企业2539户，同比减少了3.57%，注册资本总额274亿元、同比增长5.15%；外资企业94户、同比增长2.17%，注册资本总额2.3亿元、同比增长18.34%；农民专业合作社257户，同比增长4.05%；个体工商户12334户，同比减少5.52%；私营企业11366户，同比增长9.34%。

（刘　刚　古　龙）

【开展商业促销专项整治】　年内，开展商业促销专项整治活动，在辖区商场、超市等大型购物场所内，重点检查商家在有奖促销中的五大行为：一是检查商家在促销活动中使用含糊、易引起误解的语言、文字、图片或形象的行为；二是检查商家在促销活动中以保留最终解释权为由，损害消费者合法权益的行为；三是检查商家在促销活动中利用虚构原价打折或者使人误解的标价形式或价格手段欺骗、诱导消费者购买商品的行为；四是检查商家在促销活动中，将不合格的物品作为奖品、赠品的行为；五是检查商家在促销活动中虚构奖品、赠品价值额或含糊的语言文字误导消费者的等欺诈、侵害消费者合法权益的行为。

（刘　刚　古　龙）

【探索社会化管理工作】　年内，探索社会化管理工作新型服务模式。一是变盲目推动为典型带动，精品社区辐射效应显现；二是变单打独斗为齐抓共管，多部门融入共同推动；三是变固守职能为满足百姓需求，服务效能更为突出；四是变少部分受益为惠及社会，共赢成为建设主题；五是变单调宣教为灵活的文化活动，群众参与影响力凸显。

（刘　刚　古　龙）

【促进工商站优化发展】 年内，促进工商工作站优化发展。一是强化工商工作站工作职能，坚持到社区、居委会，强化调查研究；二是结合区平原少山区广的特点，加大宣传力度；三是打造工商工作站综合服务平台的效应。把固定工商工作站和流动工商工作站有机地结合起来；四是加强辖区消费维权联络员的指导和培训。开展活动178次，培训111次，接待各类咨询2.64万人次；发放宣传品55400余份，受理消费投诉121件，为消费者挽回经济损失达12.4万余元。

（刘　刚　古　龙）

【服务地区小微企业】 年内，采取多项措施服务地区小微企业。一是落实免征小微企业开业、变更登记费，减轻小微型企业负担；二是组织发动搭建银企融资平台，助小微型企业盘活资金；三是改进年检验照服务方式，简化小微型企业办事程序；四是推进商标、合同战略实施，提高小微型企业市场竞争力；五是深化“走访听增”活动了解需求，不断优化投资环境。

（刘　刚　古　龙）

【开展专项行动】 年内，开展“打击侵犯知识产权和制售假冒伪劣商品”专项行动。一是加强分局三级组织建设；二是确立双打三个阶段行动；三是落实监管三项措施实施；四是强化外部三层联动整治。净化我区市场经济秩序，保障知识产权所有人正当权益。

（刘　刚　古　龙）

【强化流通领域商品质量监管】 年内，强化流通领域商品质量监管。一是加大对大型商场、超市的抽检抽测力度；二是加大对流通领域商品质量违法行为的查处力度。分局采取将案件线索移送相关科所、行政指导与行政处罚和从重行政处罚相结合的方法，进一步加大对不合格商品经营主体的处罚力度；三是加强信息沟通。分局畅通12315平台热线，以工商工作站为触角，扩大社会影响力，加强信息收集，四是加强培训和宣传力度。对涵盖门城地区主要商场、超市的34家绿色通道成员单位进行了商品质量培训。

（刘　刚　古　龙）

【加强油品企业经营监管】 年内，对辖区油品企业加强监管。一是摸底排查，建立工作台账。二是强化巡查，严格制度落实。三是加强抽检，确保质量合格。

（刘　刚　古　龙）

【推动区农业产业商标建设】 年内，积极推动区农业产业商标建设。一是调查摸底。结合“一村一标”目标，对各类涉农产品进行摸底排查，根据调查结果制作成台账，有的放矢地进行指导帮扶；二是因地制宜，重点扶持。对已注册商标的，加强宣传，搭建平台，扩大影响；对已形成生产规模而未注册商标的作为重点培育对象，确定帮扶工作办法，拟定申报时间，加强指导，协助完成申报注册商标工作。

（刘　刚　古　龙）

【服务区招商引资工作】 年内，服务区招商引资工作。一是全年畅通准入绿色通道；二是完善镇街招商引资平台建设；三是支持科技园区建设；四是极力缓解企业融资难问题；五是合同手段保障农村经济安全运行；六是完善信息交换共享机制优化投资环境。

（刘　刚　古　龙）

【推进“五型”机关建设】 年内，推进五型建设。一是完善学习机制，集中学和自学相结合，将学习情况纳入年度考核。二是创新学习载体，以青年学习小组为平台，开展多种形式活动，营造浓厚的文化氛围；加强内网网站建设，搭建学习、交流平台。三是丰富学习内容，围绕政治理论、工商法律法规知识，开展多学科知识学习。四是强化学习效果，服务辖区经济发展。

（刘　刚　古　龙）

【助推地区产业优化升级】 年内，结合地区建设现代化生态新区要求推进地区经济转型。一是促进形成与区域功能定位相适应的产业发展格局。二是支持个体户升级转型和国有集体企业改制重组。三是规范符合“生态涵养深山区”功能定位行业准入标准。四是健全与镇办联络机制和上级平台业务衔接机制。五是全力配合区域招商引资工作。

（刘　刚　古　龙）

【推动工商廉政文化建设】 年内，推动工商廉政文化建设。一是加强领导，积极动员。二是建立“崇廉、明廉、倡廉”文化阵地。三是着力打造门头沟分局工商特色廉政文化。

（刘　刚　古　龙）

【规范执法行为】　年内，多项举措规范执法行为。一是加强行政执法制度体系建设，落实规范执法行为的相关制度和规则；二是明确执法办案重点和导向，实现从事后处罚向事前教育防范转变，从个案处罚向规范整个行业转变，从单纯以办案数量和罚款数额作为考核标准向注重解决严重影响市场经济秩序问题、有效控制监管风险转变；三是推行柔性执法，实现惩戒与教育相结合；四是加强法制部门的建设，探索建立“大法治”的执法监督机制。

（刘　刚　古　龙）

【配合区政府落实拆迁政策】　年内，配合区政府落实拆迁政策。一是坚守政策底线，防范履职风险，与拆迁办及区政府相关部门勾通协调，掌握有关政策信息；二是坚守道德底线，防范廉政风险，分局再次重申工作纪律，严格落实专人专办制度，规范办事流程；三是坚持“三心”服务，提高服务质量。

（刘　刚　古　龙）

【加强市场诚信建设】　年内，加强市场诚信建设。一是注重执法监管。强化市场监管，加强执法力度，规范市场主体经营行为；二是注重加强经营者诚信教育；三是注重消费者参与，通过“3. 15”系列宣传活动以及法制宣传活动，增强消费者参与意识。在全区范围内建立“12315 维权工作站”，编织消费维权安全网。

（刘　刚　古　龙）

【立足职能优化区域社会经济环境】　年内，立足职能优化区域社会经济环境。一是建立健全与各镇街的联络与衔接机制；二是不断完善传销直销打、防、控、管长效机制；三是建立工作站、社区管理相互衔接机制；四是开展公共历史文化资源商标的保护；五是深化行业协会建设，提高社会化管理效果；六是开展消费教育、消费调解体系建设和协会建设。

（刘　刚　古　龙）

【下属单位情况】
单位名称：门城工商所
地　　址：新桥南大街 47 号
电　　话：69869753
邮　　编：102300

单位名称：永定工商所
地　　址：石龙南路甲 12 号
电　　话：69802734
邮　　编：102308

单位名称：城子工商所
地　　址：三家店新建路 25 号
电　　话：69869772
邮　　编：102300

单位名称：军庄工商所
地　　址：军庄镇
电　　话：60811024
邮　　编：102300

单位名称：王平工商所
地　　址：王平大街东路 7 号
电　　话：61859467
邮　　编：102301

单位名称：斋堂工商所
地　　址：斋堂大街 53 号
电　　话：69816729
邮　　编：102309

（刘　刚　古　龙）

统　计　工　作

【概况】　年内区统计局、调查队落实“三个优化”目标任务，按照局队“立足一个深化、抓好两个坚持、把握一个重点”的工作思路，不断推进统计改革和建设，服务于区域经济社会发展。

发挥统计职能作用，完成全年重点工作任务。1. 推进第三次全国经济普查，联系实际做好各项组织工作。为保证正式普查工作开展，提前完成综合试点及单位核查工作。开展“统计开放日”和“经普宣传月”等活动增强三经普工作公众知晓度。2. 建立并完善居民消费价格监测体系，将居民消费价格调查点由去年 108 个增加至 122 个，对全区调查点规格品抽查率由 10% 上调为 30%，制定价格调查员选聘、薪酬量化管理等多项工作制度，与多部门建立联动协调通报机制，强化了对区域居民生活消费价格现状的综合分析。3. 建立统计统一管理平台，包括统计数据管理与挖掘、统计日常协作办公、统计信息服务等具体建设内容。用以实现多个业务部门数据资源有效衔接，保障信息资源共享，服务于门头沟区社会、经济发展建设。年内，完成了招标及前期需求分析工作。

深化服务体系建设，为区域发展提供数据信息支撑。1. 开展《当前我区城市升级改造中的劳动力安置问题研究》、《门头沟区城乡经济社会一体化进程监测研究》、《文化创意产业发展潜力研究》等19个重点专项课题研究。在2012－2013年度全市优秀统计分析报告评比中区统计局、调查队两篇形势类报告分获一等奖和三等奖，两篇专题类报告分获二等奖和三等奖，获奖分析数量在各区县中排首位。2. 加强统计监测评价。定期召开经济形势分析会，开展重大企业、重大项目实时调研，改版《门头沟区经济社会统计资料》，对经济走势进行准确预判。3. 加强对各专业领域的分析研究。建立完善工业高端产业动态监测台账和未开工项目储备库，开展亿元以上投资项目重点监测和中小微工业企业生产经营状况调研，建立景区重要节庆定期监测机制和大型赛会长效监测机制，开展文化创意产业发展监测，多角度监测经济发展；开展城市升级改造对劳动力影响研究，关注招工难、就业难等结构性失业情况，开展全区医疗服务监测调查、党政机关职工租房需求调查、“摇号购车政策”民意调查、居民文化消费现状及需求意向调查、居民养老现状与需求调查、绩效管理公众评价调查等一系列反应社情民意的专项调查，高度关注社会建设领域。

进一步加强基层统计建设。1. 为加强中关村自主创新示范区门头沟园统计调查力量，健全园区统计体制，准确反映区招商引资工作情况，提高统计基础工作管理水平，筹备石龙统计所建立工作。2. 加强农村基础统计工作，完成农村统计调查基层基础工作检查。根据区村级统计工作现状，推进行政村建立统计站，完善区域统计体系。

单位全称：北京市门头沟区统计局、北京市门头沟区经济社会调查队
地　　址：北京市门头沟区中门寺街16号，民生大厅东楼6－8层
电　　话：69842503
邮　　编：102300

（赵令恬）

【开展专项调查工作】　1月5日，完成全区投入产出调查单位核实确认工作。上旬，局队在全区72家机关、事业单位及街道居民中开展了绩效管理专项调查。下旬，开展房地产价格统计调查工作“查漏补缺”活动。3月12日，完成“摇号购车政策”民意调查工作。14日，落实市局总队关于开展“摇号购车政策”民意调查工作的各项要求，采取措施，完成调查工作。6月3日，开展区引进人才和青年职工租房需求调查，以了解门头沟区引进的人才和35岁以下青年职工的住房情况，同时掌握其租房需求，为妥善解决这两类人群住房问题提供依据。25日，开展农业农村经济形势半年系列调研，把握半年农业农村经济形势，发现农业农村发展中出现的新情况、新问题，做好半年农业统计数据评估。30日，落实市局总队关于开展居民文化消费现状及需求意向调查的工作要求，对区4个街镇60个样本的调查任务进行部署调研，采取“3＋4”模式开展工作完成调查。8月中旬，展开区医疗卫生服务调查，了解全区医疗卫生服务现状，摸清群众需求，为提升全区医疗卫生水平提供参考。9月13日，召开年度人口抽样调查动员会，筹备2013年度人口抽样调查工作，保证备战三经普的同时顺利完成2013年度人口抽样调查工作。16日，完成人口抽样调查样本核实工作。23日，采取“四心”战略，从布置调查到入户访问，再从检查审核到准确上报，保证每个环节工作做到家，完成了节水调查工作。10月16日，开展区城市升级改造对劳动力影响专项调查。调查对象为区内已完成搬迁入住安置房的家庭户，覆盖10个搬迁后新成立的社区，抽取样本量为1050户。调查内容主要包括门头沟区内涉拆住户的家庭情况、对城市升级改造效果的评价、就业需求及社会保障满意度、家庭理财方式等。11月上旬，贯彻市局总队关于开展非公经济和中小微型企业发展状况调查的工作要求，结合区域企业规模特点，为企业填报调查问卷提供主动服务和悉心指导，开展非公经济和中小微型企业发展状况调查工作28日，按照2013年北京市区县反腐倡廉建设民意调查的工作要求，局队确定了以“三强化”为核心的工作思路，完成了反腐倡廉建设民意调查工作。

（赵令恬）

【召开统计工作会】　1月9日，召开领导班子务虚会议，总结2012年全年工作，学习十八大会议精神，研究探讨下一年工作思路。18日，组织召开贯彻落实2013年北京统计工作会会议精神专题会。2月1日，召开2013年第一次镇统计所长工作会，会议以十八大精神为指导，以区“两会”和市统计工作会议精神为指针，结合区情，明确全年镇统计所的重点工作。3月22日，召开

2013年统计工作会暨党风廉政建设部署会，国家统计局北京调查总队领导杨万强出席会议并讲话。区局领导做了题为《务实创新积极有为 开创统计服务区域发展的新局面》的统计工作报告及《注重教育 加强防控 为统计事业发展提供有力保障》的党风廉政建设报告。会上，举行了2013年统计目标管理任务书签发和党风廉政建设责任书签订仪式，部分科室代表就如何做好2013年的重点工作进行了典型发言。8月9日，召开2012年度领导班子和领导干部年度考核及“一报告两评议”党组（扩大）会，国家统计局北京调查总队领导出席会议并提出意见。12月27日，召开处级领导班子及领导干部述职述德述廉述学及“一报告两评议”。

（赵令恬）

【统计月报、季报和年定报工作】 1月16日，组织召开2013年工业生产者价格统计调查定报工作布置会。3月22日，根据市局总队要求，完成了2012年基本单位年报数据的全面评估，确保数据质量真实可靠。未出现未上报未验收单位。4月上旬，启动中关村月报工作。10月31日，完成了2013年年报调查单位的确认工作，最终确认年报调查单位510家。11月25日至27日，先后召开服务业小微企业、三农郊区统计、城镇住户调查专业年定报工作布置会，部署2013年年定报工作。12月18日，召开2014年工业生产者价格统计调查定报工作布置会，市局总队生产投资价格处李力红处长参加会议。

（赵令恬）

【召开统计工作专题研讨会】 1月18日，组织召开贯彻落实2013年北京统计工作会会议精神专题会。2月4日，组织能源统计人员开展学习活动，学习十八大报告以及区委书记韩子荣《生态文明建设是门头沟区立区之本》等文章。2月下旬，局队“三农”统计业务人员集中学习了中央一号文件，并结合门头沟区2013年政府工作报告，查找“三农”统计的区域服务点，提高服务的针对性和有效性，并据此确定2013年局队“三农”统计重点工作任务。4月12日，召开2013年一季度经济形式分析会。5月9日，组织召开2013年19个重点课题开题报告会，共同研究课题重点、难点及思路，服务区域经济社会发展。6月8日，召开农村基层基础统计工作座谈会，镇统计所长就村级统计人员现状、存在的问题和工作难点进行座谈，探讨研究进一步加强村级统计工作可能采取的模式，提出了加强门头沟区村级统计工作的意见建议。25日，落实国家统计局“三查”视频会精神召开领导班子会专题研究，在全局范围内统一开展对名录库及联网直报单位数据质量等的自查工作。8月12日至14日，先后召开村镇和企业新能源与可再生能源调查工作布置会，部署相关调查，摸清区可再生能源发展的基本情况和动态变化。

（赵令恬）

【统计执法检查】 2月1日，召开2013年业务科室执法培训会，部署2013年督导及催报等统计执法检查工作，启动全年统计执法工作。5月16日，召开专题执法培训会，对兼职执法人员进行培训。培训内容涉及2013年常规执法文书与执法程序使用、重点指标、立案标准、检查取证方法等。8月，会同区发改委金融工作办公室，对区全部金融业法人单位开展统计执法专项检查。此次专项检查涵盖全区共10家金融业法人单位，以查询书形式重点对J103－1表中的“本年营业收入”和“本年应付职工薪酬（贷方累计发生额）”两个指标的数据质量进行了检查。9月25日，提前完成了2013年统计执法检查工作。截至月底，共检查企、事业法人单位189家，其中常规督导检查126家，常规检查63家，超额完成9家，完成全年执法检查任务的105%。检查过程中对15家单位进行当场处罚，对10家单位采取发出执法检查查询书的方式开展专项检查。

（赵令恬）

【统计监测工作】 2月6日，重视居民消费价格统计工作，召开专题会议研究部署节日期间居民消费价格监测统计工作。4月，为做好妇儿“十二五”规划中期监测，局队快速响应市妇儿工委和市统计局关于开展中期评估监测的工作要求，在做好自身职责内指标数据搜集的基础上，开展对各部门妇儿数据的采集和评估。6月5日，开展“十二五”妇儿规划中期督导评估工作。9月，编制特色农产品名录库，从镇村两级微观层面反映区域特色农产品生产及分布情况。

（赵令恬）

【制度方法制定】 2月，结合区情，按照北京市部门统计制度的制定要求，建立《门头沟区部门统计报表制度》，包括51张统计年报和13张定期统计报表。部门统计报表制度的建立有助于局队及时准确地提供《门头沟区经济社会统计资料》和《北京市门头沟区统计年鉴》等资料。5月上旬，局队开展重点镇村划分工作，对区9个镇及178个行政村进行分类，划分出“三类重点镇、五类重点村”，准确把脉“三农”统计工作基础。

（赵令恬）

【统计报表采集系统开发】 3月4日，为实现对部门统计数据即时审核、修改、上报等功能，完成部门统计报表网上采集系统开发工作，依托网络实现部门统计数据采集和数据验收一体化，提高部门统计报表的时效性。

（赵令恬）

【党团活动】 3月5日，以“传承雷锋精神，美化城市环境”为题，组织开展学雷锋日活动，动员团员青年参与区域环境整治建设工作。4月下旬，局队中层以上干部围绕“思想认识要有新突破、服务科学发展要有新作为、队伍素质要有新提升”的“三新”目标组织召开研讨会。5月6日，开展“我的中国梦”主题党团教育活动，庆祝“五四”青年节。8日，组织参加帮扶村西胡林村换届选举。7月3日，到斋堂镇西胡林村，慰问老党员和老干部。23日，中国统计信息报社与门头沟局队联合开展以贯彻党的群众路线为题的主题党日活动，组织全体干部到斋堂镇，以座谈和参观的形式与基层统计工作者进行交流，了解基层统计工作情况，听取基层统计干部意见。

（赵令恬）

【统计文化建设】 3月8日，组织开展以“感·悟”为主题的女职工座谈会。5月17日，组织开展2013年第一期统计流动课堂，统计流动课堂是由局队科长、高校教授和各领域专家所构成的师资队伍定期对局队全体人员开展涉及经济、文化、统计、管理等内容的综合性统计培训项目。统计流动课堂的主要内容是由11个业务科长围绕统计知识和个人擅长的领域进行的轮流集中授课活动。8月5日至7日，为新入职员工举办了为期3天入职培训，以讲座授课、户外拓展、统计沙龙等多种形式相结合，帮助新人尽快了解统计工作、融入统计生活，提升人才培养工作的质量与效果。

（赵令恬）

【领导调研】 4月11日，市局总队服务业处领导到局队就文化创意产业单位、旅游核算等内容进行调研。7月2日，国家统计局北京调查总队领导到区内反馈2012年度综合考核评价结果，9日，市总队领导到区妙峰山统计所和潭柘寺统计所开展党的群众路线教育实践活动调研并与基层统计工作者座谈。11月12日，国家局教育中心领导到局队调研统计从业资格认定工作，就北京市统计从业资格认定权限委托区县后的工作开展情况与门头沟局队进行了交流和探讨。12月11日，国家统计局北京市调查总队领导到局队座谈调研并实地检查消费价格统计工作。

（赵令恬）

【统计从业资格】 4月25日，向社会发布2013年北京市统计从业资格考试公告，将门头沟统计从业资格考试报名、培训情况向社会公告。6月30日，完成统计从业资格报考工作，全区共有471名考生报名参加2013年统计从业资格考试，比上年增加5%。12月13日，完成2013年统计从业资格认定工作，为所有成绩合格的考生办理统计从业资格证书。

（赵令恬）

【统计资料】 4月28日，下发《关于做好2013年度信息工作的实施意见》和《2012年至2013年度信息任务情况分析》。7月29日，局队从封面、版面设计到指标、内容设置等方面对《门头沟区经济社会统计资料》进行升级改版，新版统计月报的封面使用了门头沟区特色风景建筑图片的剪影，对新版月报的目录结构和内容顺序重新进行了梳理，对相关章节和相关指标分别进行了合并归类。11月8日，《北京市门头沟区统计年鉴——2013》编印完成。

（赵令恬）

【普法宣传工作】 5月上旬，局队编制《漫话统计法》普法宣传手册，以漫画形式宣传统计持证上岗法律要求，提高基层单位领导及统计人员的思想认识。8月上旬，局队自主编印了《漫话统计法》普法手册2万份，内容包括统计数据的质量要求、调查对象的基本义务、统计从业的基本条件、基层资料的保密规定、违法行为的法律责任等方面，以漫画形式向调查对象解读统计法。12月4日，组织开展2013年“12.4”普法宣传活动。此次宣传活动以“大力弘扬法治精神，推进依法统计”为主题，重点围绕依法统计、依法普查，为第三次全国经济普查营造良好的法制环境。

（赵令恬）

【统计专业知识培训会】 5月15日，召开农业产量调查培训会，布置2013年区农业产量调查工作。7月4日，与区经信委联合，组织石龙工业区在区新增规上单位召开培训会，宣传统计法律法规、培训统计登记证的办理及限额以上审批流程等相关内容。10月18日，开展统计分析研究报告系列专题讲座。18日，邀请市局统计应用研究所所长做题为《浅谈统计分析与课题研究》，25日，邀请中国信息报总编辑作《如何做好统计分析和写作》专题讲座。

（赵令恬）

【统计基础工作】 5月24日，采取区、镇、村“三级联审”的方式，对全区记账户前五个月的账本进行集中的审查和规范，推进日记账工作由规范性向精细化管理的转变过程。7月17日，召开建立村级统计站筹备工作会。8月，围绕乡村旅游业、畜牧业、农产品产量价格等基本情况，重点关注观光休闲业、设施农业和种业等在农业农村经济中所占比重较大的行业，完成农村统计基层基础工作检查，并针对查出的问题组织讲解和改正，规范统计工作规程，提高统计调查数据质量。12月6日，区加强农村基层统计工作现场会暨村统计站授牌仪式在妙峰山镇下苇甸村举行，区领导到会并讲话。区178个行政村村级统计站全部建立。

（赵令恬）

【第三次经济普查工作】 6月5日，区政府召开常务会会议，讨论通过了《门头沟区人民政府关于开展第三次经济普查的通知》，区领导出席会议并讲话。21日，区政府印发了《北京市门头沟区人民政府关于开展第三次全国经济普查的通知》（门政发〔2013〕61号）。门头沟区政府决定，根据《全国经济普查条例》的规定和《国务院关于开展第三次全国经济普查的通知》（国发〔2012〕60号）精神，按照北京市政府的部署和安排，在全区开展第三次全国经济普查工作，并对有关事项做出明确安排。25日，成立“门头沟区第三次全国经济普查领导小组办公室”，明确经济普查办公室下设11个工作组，并抽调出相关人员作为各组组长，明确各组责任分工。7月15日，组织召开区第三次经济普查区域划分工作布置会，讲解区域划分工作的具体方法和划分原则，确保区域划分成果“不重不漏、界限清晰、归属唯一、责任明确”。17日，区内召开第三次全国经济普查领导小组（扩大）会议。8月26日，区经普办召开区第三次全国经济普查综合试点工作布置会，由区经普办工作人员面向试点地区的所有企事业单位负责人和各街镇、石龙开发区选派的此次普查综合试点的工作人员，布置综合试点总体工作并讲解综合试点报表，确保各单位能更清楚如何配合此次普查工作，准备相关材料。4日，区普查办召开普查综合试点工作汇报会。17日，区普查办召开全国第三次经济普查动员大会，进行第三次全国经济普查动员工作。10月1日，开展第三次全国经济普查单位核查中期质量抽查工作，抽取区内13个街镇及石龙经济开发区所属重点普查区进行实地检查。12日，在市局总队三经普暨2013年年报和2014年定报工作动员会结束后立即召开门头沟区动员会，落实三经普及年定报工作动员会议精神，并针对门头沟局队特点提出总体要求。24日，区经普办在区级、街镇、村居三级同时开展经普知识竞赛活动。区经普办明确要求局队80余人全员参与，同时向全区13个街镇及石龙经济开发区布置了经普知识竞赛工作，面向各街镇发放1100余份试题及答题卡。区经普办联络全区38个成员单位，邀请成员单位参与到此次竞赛中。同日，区经普办制作完成“经普宣传产品”。设计并制作出精美的“三经普年历”；根据区域特点选取“经济普查靠大家，摸清家底惠百业”等宣传标语；制作两种不同图案的易拉宝海报和宣传展板；编制并设计双折页版“经普小知识折页”，区经普办设计并制作经普宣传布袋。12月18日，开展以“见证中国梦　经普我出镜”为主题的经普宣传日活动。

（赵令恬）

【统计开放日】 9月28日，开展了以“普查为您服务，建设生态新区”为主题的统计开放日活动。12月18日，开展以“见证中国梦　经普我出镜”为主题的经普宣传日活动。

（赵令恬）

【统计调查诚信单位评选】 11月下旬，根据市局总队关于开展统计调查单位诚信建设工作的指导意见，局队采取三种举措开展诚信统计宣传，评选统计调查诚信单位。12月上旬，开展诚信统计宣传，评选统计调查诚信单位。

（赵令恬）

质量技术监督

【概况】 年内，在区委、区政府及市质监局的领导和支持下，深入学习贯彻党的十八大、十八届三中全会精神，贯彻落实全市质监工作部署和要求，按照国家质检总局“抓质量、保安全、促发展、强质检”十二字方针，以及局“两贴近、两加大”工作要求为抓手，以落实“三个优化”为重点，以全面提升全区产品质量水平，保障人民群众生命财产安全为目标和已任。全年共开展行政执法活动958起，查处各类行政违法案件41起，罚没款合计71219.40元，受理群众投诉举报48起，解决48起，挽回经济损失3万余元。完成强制检定计量器具13040台件，完成特种设备检验2285台件。加强服务民生工作：按照市质监局关于减煤换煤、清洁空气行动部署及全区整治大气污染阶段性整治任务要求，做好煤炭质量监督工作，宣贯煤炭新标准，加大监测力度，确保人民群众得实惠，为整治大气污染发挥作用。开展乳制品严防三聚氰胺、食品H7N9疫情防控、夏季食品安全整治等多项食品安全监管工作。配合《北京市食品安全条例》的实施，组织开展食品安全培训，制定完成《门头沟区食品生产加工作坊监督管理办法》，完成食品职能划转工作。开展农资产品质量监督专项行动，联合区有关部门先后对消防产品、儿童玩具开展专项检查，维护公众安全。推进民生计量，严厉打击利用计量器具弄虚作假等违法行为，保护消费者合法权益。深入贯彻落实《特种设备安全法》，保障特种设备安全，对超市、商场、居民住宅区、医院等人员密集场所和锅炉供暖场所、燃气充装站进行特种设备综合安全检查，重点对电梯安全进行服务指导及检查。强化服务社会工作：推进全区标准化战略实施工作，起草、制定了《门头沟区关于贯彻落实<首都标准化战略纲要>和<北京市“十二五”时期标准化发展规划>的实施意见》，并经区政府第32次常务会审议通过。发挥标准化对区域经济社会跨越式发展的支撑作用。与区民政局共同开展对养老机构复评工作，促进养老机构的发展和服务质量的提升。检查指导申报第八批国家农业综合标准化示范区项目工作，促进新农村建设。组织召开“京白梨”地理标志产品保护监管工作会，加强地理标志产品保护工作。会同区交通局对芹峪口综合检查站计量设备检查，做好车辆超限超载工作。做好组织机构代码推广服务工作，优化窗口服务环境，打造质监文明窗口形象，为区委、区政府等多个部门提供全区代码数据信息，为领导决策提供依据。

单位名称：北京市门头沟区质量技术监督局
地　　址：北京市门头沟区新桥大街60号
电　　话：69842304
邮　　编：102300

（张西浩）

【节日期间安全检查】 1月22日，召开食品生产企业节日期间食品安全工作部署会，对节日食品安全工作进行部署。元旦、春节、五一、十一及法定节假日期间重点对肉制品、乳制品、白酒、糕点等节日市场需求量大的食品企业开展品安全、计量监督、标准化、特种设备为内容的监督执法检查。对商场、超市、锅炉房、居民住宅区、医院等人员密集场所和燃气充装站开展特种设备综合安全检查。“两会”期间对饮用水生产企业开展食品安全检查，对宾馆、商场、超市电梯开展特种设备检查。4月24日至25日，对潭柘寺景区、灵山景区、双龙峡景区的厂内机动车、游乐设施及客运索道开展“五一”前特种设备安全检查。25日，对超市、餐饮、加油站、金银饰品店开展“五一”前计量监督检查，检查单位22家，在用计量器具115台件。9月16日开展中秋节月饼计量专项检查，检查大型超市4家，检查4个品种的7个批次月饼产品。27日，对109国道沿线陇家庄集贸市场计量器具开展国庆节前免费检定，检定台案秤、电子秤107台件。29日，对双龙峡旅游景点开展黄金周特种设备安全检查。

（张西浩）

【食品安全检查】 1月22日，召开区食品生产领域食品安全工作部署会，对全年工作进行部署。开展乳制品严防三聚氰胺专项行动，每月抽取乳制品4批次，原料生鲜乳9批次，送指定质检机构检验，合格率100%。3月20日，参加区食品办组织的乡、镇街道办事处食品安全培训，就质监食品安全职责、法律法规进行宣讲。4月18日，与区食品办、工商局召开食品企业座谈会，促进辖区食品企业发展。4月中旬对肉制品企业开展严防禽流感疫情专项检查。5月7日，开展饮用水产品专项检查。16日，召开门头沟区食品标签专项整治工作会，规范食品标签标注行为。6月至9月，开展夏季食品安全专项整治工作。9月，完成食品监管职能划转工作。

（张西浩）

【特种设备监察检查】 1月23日，对供暖锅炉安全使用情况开展夜间抽查行动。3月6日，召开全区特种设备安全工作会，部署2013年特种设备安全监察工作，全区110余家单位和镇街代表参会。20日，组织全区锅炉安全管理人员对新版《锅炉安全技术监察规程》宣贯。4月上旬，对住宅电梯使用单位在用特种设备进行检查。5月17日，组织指导北京京煤集团总医院开展电梯安全应急演练活动。23日，联合区公安分局、安监局、燃气办、交通局在门头沟区液化气站开展应急事故演练。7月29日，对棚户区安置房石门营小区电梯安全开展服务检查工作。30日，对北京京煤集团木城涧煤矿开展特种设备生产大检查。8月22日，组织部分单位人员收看国家质检总局《中华人民共和国特种设备安全法》实施宣贯视频会议。29日，会同区燃气办、安监局、工商分局、清水镇政府对清水镇餐饮行业使用的燃气进行联合检查。9月中旬，分别举办起重机械安全管理人员培训班和电梯安全管理人员培训班。11月29日，对门头沟区液化气站和北京天龙燃气有限公司开展冬季液化气充装安全检查。

（张西浩）

【标准化管理检查】 2月7日，与石龙工业区管委会协商标准化建设工作。4月8日至11日，对食品、百货用品等开展商品条码专项检查，检查4家商场的500余件产品，纠正4起违法行为。4月25日，对绿纯（北京）生物科技发展中心检查申报第八批国家农业综合标准化示范区项目工作。5月17日，对环保除尘产品、公安防爆产品、广播电视监测产品等重点产品企业标准实施工作开展检查。6月21日，联合区农村工作委员会，召开“京白梨”地理标志产品保护监管工作会。7月31日，联合妙峰山镇政府检查妙峰山玫瑰花国家农业标准化示范区工作。12月下旬，对供销社三家店日杂销售店等3家单位所销售烟花爆竹执行标准情况开展专项检查。

（张西浩）

【开展煤炭质量监管检查】 3月上旬，对17家单位的20个锅炉房开展煤炭质量监督抽查工作。10月10日对北京西宝惠民型煤有限公司型煤产品开展监督检查工作。

（张西浩）

【机动车检测场检查】 3月11日、11月21日，联合相关区县局及市质量技术监督局抽调的机动车检测专家组成的联合检查组对区机动车检测场进行专项检查。

（张西浩）

【质监开放日活动】 3月12日，开展“质检邀您看企业，食品安全大家行”质监开放日活动，邀请区人大代表、政协委员、消费者代表及记者等20余人参加，参观饮用水生产企业——北京中宝饮用水有限公司，了解质监部门食品安全管理工作内容。

（张西浩）

【宣传活动】 3月15日，举办315消费者权益保护日宣传活动，局长带领26名执法人员参加活动。发放宣传材料1000余份，接待群众咨询50人次。28日，会同工商、卫生等部门到大峪南二社区开展“落实食品安全条例，保障食品安全”主题宣传活动。6月9日，局组织执法人员参加全区“强化安全基础，保障城市运行安全”为主题的大型安全生产月宣传咨询活动。10月14日，开展世界标准日宣传活动。12月4日，举行以“做讲法制守秩序的好市民，共筑伟大中国梦”为主题的全国法制宣传日宣传活动。出动行政执法人员20余人次，悬挂宣传条幅1条，陈列宣传展板20张，向群众发放质量技术监督有关法律法规宣传材料800余份，解答群众咨询50起。

（张西浩）

【计量监督检查】 3月20日，开展加油站专项检查，检查加油站8家，加油机36台，解决投诉举报1起。4月下旬，开展对金银制品销售单位计量专项检查，检查6家单位、产品证书、说明书18份，对1家电子天平超期未检单位进行现场处罚。5月上旬对工业企业在用计量器具开展监督检查，检查了6家单位的158台件在用计量器具。7日至9日，对医疗卫生系统计量器具开展专项检查。29日，会同区交通局对芹峪口检查站开展车辆超载超限检查。6月13日，联合工商、卫生等部门对双峪农贸市场（计量器具）开展联合检查。18日，开展眼镜制配行业计量器具专项检查。25日，对计量器具生产企业开展专项检查。8月6日至7日，对煤矿、非煤矿山等重点领域使用的安全防护用计量器具开展专项检查。检查6家单位的2235台件计量器具。10月24日至25日，开展供暖季热量表计量专项检查，检查2家单位的857块热量表。12月上旬，对北京昊华能源股份有限公司等3家单位开展能源计量审查评价工作。

（张西浩）

【召开行风监督员聘请会】 4月3日，门头沟区质监局召开行风监督员聘请会，聘请6名区人大、政协、企业等社会各界人士为行风监督员，并发放了聘书。

（张西浩）

【市、区领导走访调研】 5月23日，市质监局领导一行对区食品生产企业及食品安全监管工作进行调研。29日，市质监局领导到北京首钢生物能源科技有限公司进行调研。7月3日，区政协主席张冰一行到局内走访调研食品安全工作。10月28日，市质监局领导到局内对全区型煤生产企业走访调研。12月12日，区领导韩子荣到区招商引资服务大厅综合调研政务服务工作，看望质监工作人员。

（张西浩）

【党课活动】 6月14日，开展党课学习活动，局长主讲了“铭记国难　珍惜和平　空谈误国　实干兴邦”的党课报告，全局60余人参加了党课学习。

（张西浩）

【产品质量检查】 6月19日，对眼镜配验店开展产品质量监督抽查。20日，对2家工业产品生产企业开展生产许可证年度审查实地核查工作。6月至11月，开展联合检查工作。7月下旬，开展了烧结砖产品监督检查，检查生产企业5家，对10批次产品进行抽查。8月8日，参加区农委、农业局、工商局、安监局、交通支队联合召开的农机安全生产联合行动工作会。19日，开展学生装产品专项检查、抽查工作。

（张西浩）

审计局

【概况】 年内，开展审计项目57个。其中，政府投资审计项目28个，经济责任审计项目18个，预算执行审计项目6个，其他审计和审计调查5个。审计工作在落实“三个优化”、服务政府宏观决策、维护财经秩序、加强管理、促进党风廉政建设等方面发挥了作用。

年内，采取切实措施抓审计业务，促进审计质量整体提高。一是加大政府投资审计力度，扩大审计覆盖面，调整投资审计结构。政府投资审计项目已增至28个，同期增长近一倍。特别是跟踪审计项目，由去年的3个增至13个，增长近5倍。在拆迁的背景之下，加强对两万户整体征收项目的审计工作。区分征收不同阶段，在初期锁定“基础数据”的基础上，针对无证房审核有关政策，提出控制大规模抢建的政策执行标准和实施方法，通过卫星图片比对有效遏制大面积抢建情况的蔓延。此方案实施后，核减面积约6万平方米，节约财政资金上亿元。二是继续深化领导干部经济责任审计。全年共开展经济责任审计项目18个。审计中根据被审计对象应承担责任，作出客观评价，针对单位财政财务收支及资产管理等方面存在的问题和薄弱环节，提出相应整改意见和建议。对于领导干部经济责任审计以领导干部贯彻区委区政府的工作部署和本部门职责履行为核心，重点关注计划、财务、行政、重大项目和法务等多环节。三是强化预算执行审计。对区财政局及区民政局、园林绿化局等5个部门的预算执行和其他财政收支情况实施审计，采用计算机辅助审计技术，重点审计财政预算编制、审批、执行、管理等多环节，同时加大了对二级单位审计力度，取得良好效果。在注重审计业务的同时，围绕“如何创新审计机制，加强规范管理”进行制度建设，推进形成工作的长效机制。制定《门头沟区党政主要领导干部和国有企业领导人员经济责任审计评价办法》，规范经责审计评价的程序和操作，着力优化审计制度；制定《门头沟区审计局审计组审计项目管理办法》，规范执行审计业务的行为；制定《门头沟区社会中介机构参与政府审计项目管理办法》，加强对社会中介机构的管理。

单位名称：北京市门头沟区审计局
地　　址：北京市门头沟区滨河路72号
电　　话：69842121
邮　　编：102300

（刘皓楠）

【团支部活动】 5月4日，召开局领导与青年干部经验交流座谈会。6月25日，组织青年团员到中国人民抗日战争纪念馆参观《光辉典范——抗战时期中国共产党党风廉政建设》的主题展览。7月26日，召开老科长与青年干部业务交流会，给青年干部交流学习提供新的平台。

（刘皓楠）

【市局检查指导工作】 6月14日，市审计局派出联合检查组，对区2012年度平原造林绩效审计工作开展情况进行检查。检查组听取审计情况汇报并实地察看此次平原造林永定河西堤地块。

（刘皓楠）

【审计项目表彰】 6月15日，组织召开优秀审计项目经验交流会。全体机关人员参加会议。3名审计组长先后发言并介绍关于提高审计质量的先进经验和做法。

（刘皓楠）

【内审协会培训】 6月17日，市内部审计协会我局联合举办2013年区内部审计人员业务培训暨继续教育培训。

（刘皓楠）

【慰问帮扶村老党员】 6月30日，局领导带领包村干部到斋堂镇桑峪村走访慰问80岁以上老党员。审计干部到每名老党员家中，送去米、面、油等慰问品。

（刘皓楠）

【投资审计工作】 上半年，开展跟踪类政府公共工程审计项目6个，审计各类文件协议1.6万余份，共节约财政建设资金1.3亿元。通过“三项举措”做好公共工程和房屋征收全程跟踪审计工作。一是健全规章制度；二是把握重要环节；三是充分沟通协调。

（刘皓楠）

【跟踪审计工作】 7月5日，召开永定镇苛罗坨村房屋征收工作动员会。局内派出由12人组成的审计组对房屋征收项目进行全程跟踪审计，全程参与入户调查，跟踪审计工作全面启动。

（刘皓楠）

【预算执行审计结束】 7月12日，区第十五届人民代表大会常务委员会第十三次会议审议通过了门头沟区2012年度区级预算执行和其他财政收支审计工作报告。至此，区2012年度预算执行审计工作结束。

（刘皓楠）

【经济责任审计完成】 截至7月底，区审计局完成镇、街领导干部经济责任审计工作。此轮审计历时1个月，共审计8个乡镇领导干部，其中4个为任中审计，4个为离任审计。

（刘皓楠）

【建立完善各项制度】 8月1日实行结合工作实际制订的《门头沟区审计局委托社会中介机构实施审计工作规则》。

（刘皓楠）

【召开预算执行审计务虚会】 12月9日，召开了2014年预算执行审计工作务虚会。财政金融科及综合科相关人员就预算执行审计工作思路、重点内容、计划安排及设想等进行讨论，各分管局长分别对下一年预算执行审计工作提出建议和意见。

（刘皓楠）

【经济责任审计工作】 年内，开展领导干部经济责任审计，在进行领导干部经济责任审计的过程中采取划分类型、突出重点的措施，区领导干部经济责任审计突出三大变化，一是尝试对同类型单位经济责任审计综合评价，二是有针对性的制定同类型经责审计工作方案，三是审计重点突出领导干部核心职责履行情况。

（刘皓楠）

食品药品监督管理

【概况】 年内，食品药品监管工作以完善监管体系、执法体系为目标，落实监管责任，加快职能转变，确保食品药品监管工作的有序开展。在市食药监管局和区委区政府的领导下，以确保辖区人民用食品、药品安全为核心任务，加大对高风险品种的专项查处力度，开展中药饮片、流感等专项行动；加强与工商、公安、卫生等部门的协调，组织大规模突击检查4次，对5家保健食品生产企业、66家经营企业进行检查，覆盖率100%。检查化妆品生产企业5家次，化妆品经营企业45家次，覆盖了全区所有的商场、超市、专卖店，覆盖率为100%。共检查医疗器械生产企业25户次，其中，检查国家重点监管企业3家次，突击检查3家次，检查覆盖率达94%；检查医疗器械经营企业86家次，其中，高风险医疗器械产品经营企业28家，突击检查4家次，检查覆盖率达87.5%；检查医疗器械使用单位55家次，其中，一级以上医疗机构11家次，一级以下医疗机构44家次。加强第一类及贴敷类医疗器械注册的专项检查。国庆假日期间，对物美大卖场、京客隆超市、晨光饭店、百年食府4家企业进行节前检查。在全区范围内开展肉制品、烘烤食品的专项检查工作，检查覆盖率达100%；接待各类咨询400余人次，受理63件；办理举报、批转和移送案件28件；受理投诉56件，食品立案31起，罚没款40余万元，作出“三品一械”行政处罚6起，其中，药品类案件1起，医疗器械类案件1起，化妆品类案件1起，保健食品类案件3起。没收物品折合金额人民币3116.00元，没收违法所得人民币659.40元，罚款1万元。在商场、超市和便利店开展便民义务食品快速检测24次，开展义务快检活动11次。抽检保健食品18批次，其中生产企业6批次，经营企业12批次，抽检合格率为94.4%。开展化妆品抽验30批次，其中，生产企业4批次，经营企业26批次，抽检合格率为96.7%。开展全区性食药样本抽验1322个，其中，食品类抽验498件；药品类抽验824件。按抽验方式计，市级以上送检和抽验样本共1205个，日常性抽验117件，合格率为99.8%。开展食品安全宣教进社区、进学校、进军营、进农村活动19次，培训经营者300人次，消费者3800余人次，发放各类食品安全宣传品5000余份。开展安全用药知识宣传19次，在城子、大峪、潭柘寺等地开展“小小药品安全员”选拔、“争当安全用药小使者”等系列宣传活动。讲师团进行“六进”宣传培训工作及安全用药知识讲座，组织活动22次，发放宣传资料1.4万余份，下发到275个村居委会，受众人数达5000余人；各社区利用板报、电子屏、橱窗，入户走访等手段，开展药品安全宣传服务活动。与区电视台联合拍摄《关注过期药品回收构建健康和谐京西》节目，宣传药品回收工作，提升百姓用药安全意识和百姓民生发展意识；采取“以案说法”方式，制作2期情景再现普法剧，在区电视台播出。开展“新版《药品经营质量管理规范》”等内容的知识培训，共召开8次行政相对人培训会，计831人次参加。12个街镇通过了药品安全示范街镇的创建工作，12家药品、医疗器械生产、经营企业通过了安全示范企业。

单位名称：北京市门头沟区食品药品监督管理局
地　　址：北京市门头沟区滨河路87号
电　　话：69848954
邮　　编：102300

（任海鹏）

【药品安全绩效考核工作】 1月6日，市药监局局长带领检查组到清水镇对药品安全工作进行绩效考核。14日，检查组又到城子街道办事处对药品安全工作进行绩效考核。1月，到大台街道办开展2012年药品安全绩效考核工作。

（任海鹏）

【开展“今天我主讲”宣讲比赛】 1月17日，开展主题为“传播安全用药　打造健康京西”——“今天我主讲”用药安全宣讲比赛。分局9名讲师参加比赛，由市药监局法规处、区纪委纠风办、大峪街道办事处、城子街道办事处、区法制办的相关领导担任评委。

（任海鹏）

【学习中共中央政治局八项规定】 1月18日，组织全体干部职工集中学习讨论中共中央政治局关于改进工作作风、密切联系群众八项规定。

（任海鹏）

【专项检查】 1月，针对治疗感冒类药品进行集中抽查。对辖区2家药品生产企业进行重点检查。未发现异常情况。春节前夕，组织开展节前保健食品市场巡查。2月初，对药品使用单位开展药品安全检查。采用突击检查、日常监管、行政许可现场检查相结合的方式，共检查医疗器械经营单位5家次，医疗器械使用单位8家次。2月，开展保健食品“阳光一佰牌山芪参胶囊”专项检查，对辖区内全部（67家）保健食品经营企业下发了相关通知，并对其中10家企业进行抽查，未发现辖区有该类违法产品。21日，对辖区胶囊剂药品生产企业的生产检验能力进行调查，对企业使用的空心胶囊进行检查。3月3日，全国第十四个“爱耳日”，对辖区内助听验配类医疗器械经营企业进行监督检查。经查，企业人员和产品资质齐全，接待室、医学检查室、听力测试室等场所卫生环境良好，测听仪、音叉等耳科检查器械及助听器调试专用设备运行状态正常，管理制度和档案完整，企业均能守法经营，未发现违法违规行为。3月，开展辖区内打击虚假广告宣传的监督检查。出动检查人员36人次，以外埠进药经营企业内部张贴的广告为重点，重点检查店堂内部张贴的广告是否有批文、药品广告是否与说明书内容一致、非药品广告是否涉及药品的宣传，检查未发现药品零售企业内部存在张贴违法广告等现象。4月，对辖区内中药饮片使用单位开展专项监督检查。重点针对从外埠购进中药饮片的医疗机构，要求被查单位，结合本单位实际情况，对中药饮片供货企业资质、每批次中药饮片合格的检验报告等内容进行自查，并上报自查结果。是月，在全区范围内开展流感防控医疗器械专项检查。是月，结合辖区实际，对药品生产企业开展流感防控专项检查。是月，成立以局长为组长、副局长为副组长、相关科室负责人组成的“门头沟区中药质量专项检查工作领导小组”，部署专项检查工作，统一调配监管资源，同时，制定了专项检查方案，明确了重点检查地区、单位和环节。是月，结合辖区实际，对药品生产企业开展流感防控专项检查。“五一”前夕，结合保健食品化妆品日常监督检查重点，开展市场安全隐患排查。共检查企业8家。5月，完成中药质量专项检查工作。是月，对辖区19家医疗器械生产企业进行了风险排查，并倡导企业签订产品质量承诺。是月，开展人用狂犬病疫苗监督检查工作。6月，推进打击保健食品“四非”专项行动，出动检查人员48人次，对16家保健食品经营企业进行了突击检查，并现场抽取5批次样品，送市药检所检验。是月，继续开展打击保健食品“四非”专项行动，突击检查18家保健食品经营企业，对减肥、辅助降血糖、缓解体力疲劳三类产品抽样5批次。7月，联合辖区相关部门开展打击保健食品“四非”专项检查，出动检查人员72人次，检查企业18家。31日，启动药品安全“两打两建”专项行动。8月8日，对辖区大中型连锁化妆品经销店和商场、超市的防晒类化妆品进行突击监督检查，检查防晒类化妆品20余种。8月，完成打击保健食品“四非”检查整治阶段任务，出动检查人员213人次，检查车辆71车次，对辖区5家保健食品生产企业，66家经营企业进行检查，检查覆盖率达100%，并抽验保健食品13批次。是月，结合日常监督检查，启动辖区内药品经营环节“两打两建”专项行动。9月，完成药品生产环节“两打两建”专项检查和抽验工作。6日，协调工商部门对食品流通领域进行节前检查。“两节”期间，局开展保健食品市场节前检查。27日，大峪食药监管所联合公安、工商、城管以及大峪街道办事处综合治理办公室、安全科开展节前食品安全大检查。30日，对辖区内的食品流通市场开展节前安全监督检查。30日，开展节前食品药品安全检查。10月，组织行政执法人员对辖区内肉制品生产企业进行监督检查。17日，到鑫源市场开展调查、监管工作。18日，开展辖区肉及肉制品专项整治工作。20至22日，按照《门头沟区食品药品监督管理局关于检查食品流通领域炒货的通知》工作部署，由军庄镇食药监管所所长带队，联合镇内相关科室对军庄地区流通领域“炒货”开展为期3天的拉网式专项检查。21日至23日，斋堂镇食药监管所按照《关于进一步开展肉及肉制品专项治理工作的通知》和《关于检查食品流通领域炒货的通知》工作部署，对辖区内食品流通和餐饮服务企业开展了食品安全专项检查行动。重点对斋堂镇主大街进行拉网式摸底排查，3天共监督检查食品经营企业20家，其中餐饮15户、食品店5户。22日，大台食药所结合“学良”牌花生专项整治行动，联合王平工商所、大台城管分队、大台办事处综治科对大台主街道开展食品安全联合检查活动。24日，大台食药所加强肉类市场监管检查工作，对大台市场、大台主街道开展检查工作。潭柘寺镇食药监管所对所管辖区域内食品生产、食品流通领域以及餐饮服务单位进行安全检查。29日，王平镇食药监管所联合镇社保所工作人员一同对王平镇养老机构和工矿棚户区安置房项目建筑工地食堂进行了监督检查，出动监督检查人员16人次，检查4个工地职工食堂。31日，永定镇食药监管所联合永定镇政府、工商、公安、城管、区食药监管局稽查大队等部门，开展零售预包装食品全面大检查。11月5日，王平食药监管所联合镇工商所、城管分队及镇综治办人员联合执法，对位于王平镇河北社区的自由市场进行突击检查。5日至8日，联合区教委开展学校及托幼机构食品安全专项检查，共对辖区内51家中小学校和托幼机构的食品安全工作进行了检查指导。7日，大峪食药所联合区建委、城管大峪分队、大峪办事处安全科等部门，对辖区内3家工地食堂进行监督检查。21日，龙泉镇食药监管所会同区食品药品稽查大队食品分队，针对一起群众举报，对龙泉镇辖区的北京坡头新村农副产品市场中心相关商户开展实地调查。22日，城子食药所联合城子办事处综治办、区消防支队、派出所、城管支队等部门，开展对城子辖区经营主体综合安全大检查。12月3日，大峪办事处食药监所、综治办、安全科、以及城管、工商、公安等部门共同参与，开展法制宣传日前食品安全大检查。11日，大台办事处食药监管所对大台中心小学附属幼儿园食堂开展检查工作。12月，完成无菌和植入类医疗器械经营企业专项检查工作。是月，开展了病死甲鱼骨专项监督检查工作。

（任海鹏）

【药品安全示范街镇工作】 1月，市药品安全示范街道（乡镇）评审委员会评审组对区军庄、龙泉、潭柘寺、永定、妙峰山、斋堂、雁翅、王平和东辛房街道办事处共9个镇街进行了为期4天的药品安全示范街道的评审检查工作。

（任海鹏）

【党风廉政建设责任制工作】 1月，市药监局对分局2012年贯彻落实党风廉政建设责任制推进城防体系建设情况进行全面自查自评。经查，分局做到了“四无现象”：1. 无收受财物现象。2. 无以权谋私现象。3. 无奢侈浪费现象。4. 无不作为和被投诉现象。

（任海鹏）

【企业统计年报工作】 1月，完成辖区药品经营企业2012年度的统计年报工作。

（任海鹏）

【联合执法】 1月，由区药品安全责任体系成员单位大台办事处牵头，市药监门头沟分局、区卫生监督所等4部门组成联合检查组，对大台地区开展专项整治工作。

（任海鹏）

【抽验工作】 1月，市药监局门头沟分局结合辖区特点及实际情况，制定2013年药品抽验计划，至此分局对辖区药品生产、使用单位的抽验工作全面启动。2月21日，分局对辖区通过新版GMP认证的剂型范围开展全覆盖抽验（生物制品除外）。3月4日，开展药品快筛、快检工作。当日在门城地区的多家药店开展了化学药、中成药及中药饮片的快速检验。截至5月7日，已抽验药品124件，其中专项抽验6件，监督性抽验82件，评价性抽验36件，未发现不合格样品。截至5月27日，共完成监督性抽验检品122件（完成全年监督性性检验任务的50.8%），其中化学药品59件、抗生素5件、中成药39件、中药饮片19件，未检出不合格品种。监督性抽验的品种涉及药品经营企业13家，使用单位13家以及生产单位1家；全部检品中包括国家基本药物27件，检验结果全部为合格。6月，完成辖区保健食品生产企业所有在产品种的抽样工作，按时保量的完成了上半年保健食品抽样工作。是月，8家药品监测站全覆盖抽验，共计抽验51件，其中化学药46件，中药5件。8月9日，完成全年13批次的医疗器械抽验任务。11月，区药品检验所联合分局相关科室完成全年药品基础测试工作。全年共完成快检样品161件，包括化学药101件、中成药45件、中药饮片15件；完成快筛样品40件。经检测，未发现不合格药品。28日，开展餐饮服务环节的食品抽检工作，累计抽取样品20件50份，其中冷荤凉菜10件20份，蔬菜水果10件30份。12月2日，开展餐饮具监督抽检工作，共采集各类餐饮具涂抹样品20件。

（任海鹏）

【廉政教育】 1月，召开全体会议，由监察科全文传达并学习了国家食品药品监督管理局下发的《食品药品监督管理工作人员八条禁令》，中共北京市门头沟区委、区政府下发《关于节假日期间加强领导干部廉政自律和厉行节约工作的通知》。5月17日，新入职的5名工作人员开展廉政谈话和规范行政行为的培训。

（任海鹏）

【帮扶工作】 1月，局帮扶干部4人，到帮扶村斋堂镇杨家村，走访困难家庭，开展献爱心、送温暖活动。5月5日，选派工作人员到斋堂镇杨家村，配合当地政府落实帮扶村村民委员会候选人选举工作。7月19日，分局帮扶干部等一行10余人，到帮扶村斋堂镇杨家村，走访贫困学生家庭，开展党员献爱心帮扶活动。

（任海鹏）

【新版GMP工作】 2月22日，市药监局安监处领导到区内北京万辉双鹤药业有限责任公司就新版GMP推进工作进行调研。分局相关工作人员一同参加。

（任海鹏）

【廉政建设】 2月25日，组织全体干部职工集中学习讨论区党风廉政建设工作会议精神。3月，召开党风廉政建设工作部署会，全体干部职工参加会议。分局将“提升素质、转变作风、强化服务、务求实效”作为党风廉政建设工作的重点内容。是月，组织全体干部职工逐级签订了《党风廉政建设责任书》和《行政执法责任书》，强化了全员的责任意识。4月25日，对新任职的2名干部开展廉政谈话。9月初，出版了“算好清廉七笔帐　树立正确权力观”廉政专刊，刊登了局内人员创造的廉政艺术作品29幅和廉政征文33篇。

（任海鹏）

【清理过期药品】 2月，到城子西街社区进行安全用药知识的宣传，为空巢老人送去用药安全宣传材料和知识。工作人员讲解了用药安全知识，并帮助清理家庭小药箱中的过期药品。

（任海鹏）

【确保两会安全】 年内，采取多项举措，加强医疗器械监管。自3月2日至12日，共检查企业19家，其中：器械经营企业2家，医疗器械使用单位17家。

（任海鹏）

【工会工作】 在“三·八”国际劳动妇女节到来之际，分局为全体女职工举办了“秀出美丽”皮肤护理与化妆知识讲座。7月12日，举办职工趣味运动会，分局全体干部职工均报名参加。

（任海鹏）

【召开药品监督管理工作会】 3月13日，市药监局门头沟分局召开2013年区药品监督管理工作会，区领导及市药监局领导出席会议。

（任海鹏）

【召开座谈会】 3月13日，组织召开区药品安全员、信息员培训座谈会，辖区20名药品协管员、信息员代表参加会议。同日，组织召开了2013年度区药品安全责任体系成员座谈会，区卫生局、工商分局等成员单位主管领导参加了会议。同日，组织召开了特约监督员座谈会，区政协、人大、龙泉镇、清水镇等单位的特约监督员参加会议。

（任海鹏）

【保健食品化妆品工作】 3月22日，召开保健食品化妆品生产经营企业工作会，辖区5家保健食品生产企业、1家化妆品生产企业、60家保健食品化妆品经营企业的负责人参加会议。上半年，按照市局年初部署的工作计划，围绕打击保健食品“四非”专项整治工作，检查保健食品生产企业6家次、经营企业57家次，抽验辖区全部保健食品生产企业在产产品6批次，所有检品均按照时限进行产品确认、送检。

（任海鹏）

【签订《安全保卫工作责任书》】 3月28日，召开安全保卫工作会议，按照分级负责的原则，与分局全体人员签订2013年《安全保卫工作责任书》。

（任海鹏）

【团支部工作】 3月，分局团支部召开支部委员会，对新一届支部委员进行职责分工，并围绕分局中心工作，部署了全年工作。5月6日，分局团支部组织开展以“将热情献给第二故乡，让青春在药监事业中闪光”为主题的青年职工交流座谈活动。7月31日，响应团区委号召，参加“新家义坊——棚改安置新区青年服务项目”活动。

（任海鹏）

【宣传工作】 3月，开展“学雷锋，转作风，药品安全知识进家庭活动”，活动当天，工作人员，到辖区大峪街道绮霞苑居委会宣传安全用药知识，发放宣传材料和宣传用品，现场回收过期药品带回分局统一进行无害化处理。7日，在组织宣讲团到永定镇侯庄子村，为150名妇女宣讲保健食品和化妆品甄选及使用知识。27日，联合城子街道办事处，开展“城子街道用药安全回收过期药品”主题活动。5月12日，联合区义工联到大峪街道滨河西区进行“珍爱亲情·关爱生命”为主题的药品安全宣传活动。6月7日，“保山区用药安全　铸生态文明新区”为主题的宣传月启动仪式活动，在斋堂举行。同日，组织全局职工开展“保山区用药安全，铸生态文明新区”宣传月活动，现场展板展示安全用药知识、专家解答群众关心的用药安全问题、现场假劣药品鉴别、用药安全宣传材料发放等，7月24日，辖区龙泉镇东南社区到局内，领取自制的百姓安全用药宣传品，拟对社区居民宣传药品安全知识并在“八一”建军节进辖区军营送药品安全知识慰问官兵。30日，讲师团到辖区驻军某油料仓库开展“庆八一、安全用药知识进军营”活动。8月6日，到城子街道西宁路社区居委会，为暑期中小学生及家长讲解药品安全知识。11月25日，大台食药所联合大台办事处举办以“关注食品药品安全，加强自我保护意识”为主题的食品药品安全宣传活动。26日，城子食品药品监督管理所与城子办事处、区食药监管局、龙泉小学、龙门社区三区居委会共同组织开展了以“小手拉大手　安全路上走”为主题的药品安全知识讲座。12月4日，雁翅镇食品药品监督管理所同雁翅镇司法所、安全科、计生办、办公室等职能科室来到雁翅村文化主题广场组织主题为“法律与你一路同行”的12.4法律宣传活动。同4日，龙泉镇食药所联合司法所、综治办、东南街社区在三家店村开展以“弘扬宪法精神　构建和谐社会”为主题的普法宣传活动。同日，城子食药所联合办事处综治办、司法所等相关科室到三家店新建路社区开展了“12.4”普法宣传活动。同日，在辖区内开展了“12.4”普法宣传系列活动。

（任海鹏）

【医疗器械监管工作】　4月11日，召开2013年医疗器械监督管理工作会，辖区内生产企业、经营企业法定代表人（负责人）、一级以上医疗机构主管院长及器械科科长共198人参加了会议。

（任海鹏）

【培训工作】　4月18日，对辖区中药饮片经营企业进行《中药饮片管理与鉴别》专业知识培训。相关企业质量负责人、中药师、中药调剂员等50余人参加。5月，邀请北京市药品不良反应监测中心老师，对辖区二级以上及部分一级医疗机构的主管院长、医疗器械科科长、医疗器械不良事件联络员及相关医护人员进行了医疗器械法律法规、医疗器械不良事件监测等方面的知识培训。全区11家医疗机构的393人参加培训。9月29日，召开食品安全工作集中约谈暨培训会，部署工作要求，强调重点环节，辖区内32家重点食品经营企业负责人参加。11月29日，潭柘寺镇食品药品监管所对辖区内12个行政村的14名食品药品信息员开展专题培训。12月4日，城子街道食药监管所配合城子街道办事处到雨润发超市，开展《食品安全法》、《消防法》等法律法规宣传工作，对全体店员和超市配送商共150人进行培训。19日，组织开展了新版GSP暨冬季用药安全培训，北京市医药行业协会的讲师对辖区41家药品零售企业质量负责人、企业负责人共计80余人进行了业务指导。

（任海鹏）

【召开宣传工作会】　4月25日，召开宣传工作会，市药监局领导，宣传部领导，医药信息研究所领导，新华社北京分社主任记者，《首都医药》杂志社总编等以及分局全体人员共48人参加会议。

（任海鹏）

【案卷互评工作】　5月30日，市药监局门头沟分局、东城分局、丰台分局联合组织召开了稽查培训交流暨行政执法案卷互评工作会。

（任海鹏）

【获药品安全示范街道（乡镇）】　5月，区9个镇街（东辛房街道办事处，潭柘寺、妙峰山、斋堂、雁翅、王平、永定、龙泉、军庄镇）荣获北京市第二批“药品安全示范街道（乡镇）”称号。

（任海鹏）

【药品安全三级监督网】　6月，北京市药品监督管理局门头沟分局召开药品安全三级监督网半年总结会，市药监局领导、驻局纪检组长陈淑兰、13个乡镇办事处的主管领导、协管员、分局领导班子及工作人员共计30余人参加会议。

（任海鹏）

【安全风险排查工作】　7月，结合日常监督检查，启动辖区内药品经营企业安全风险排查工作。

（任海鹏）

【机构改革工作】　9月3日，食品药品监督管理局举行揭牌仪式，区领导韩子荣、市政府副秘书长、市食品药品监督管理局、局长等领导参加了典礼仪式。26日，完成“食药监管所”所长人选推荐工作和常务副所长人选推荐工作。27日，完成全局干部职工岗位确定。30日，镇街食品药品监督管理所举行授牌仪式，宣布13个镇街食药监管所正式成立。并完成了固定资产及设备的划转工作。10月16日，为清水、斋堂监督管理所配备了执法车辆，完成交接工作。11月1日，13个食品药品监管所正式对外履职。

（任海鹏）

【领导调研】 9月9日，区领导到局内，对新组建的区食品药品监督管理局的各项工作开展情况进行了调研。11月28日，市食品药品监督管理局领导到永定镇食品药品监督管理所进行工作调研。12月，市政府副秘书长、市食品药品监督管理局到局内视察检查工作。

（任海鹏）

【召开食品安全工作交流会】 9月17日，区食品安全监管工作经验交流会局内召开，区监察局等6个部门主管领导及有关人员共20余人参加了会议。

（任海鹏）

【召开食品流通安全工作会】 11月7日，组织召开食品流通安全工作会，全区21家大型商场超市、农副产品市场的负责人参加了此次会议。

（任海鹏）

【食品安全示范店授牌】 12月27日，举行2013年度餐饮服务食品安全示范店授牌仪式。全区24家餐饮服务单位被授予了示范店称号，区人大、政协、社会工委、法制办的领导为他们颁发了证书和牌匾。

（任海鹏）

【下属单位情况】

单位名称：北京市门头沟区食品药品安全监控中心
地　　址：北京市门头沟区大峪南路6号
电　　话：69832041
邮　　编：102300

单位名称：北京市门头沟区食品药品稽查大队
地　　址：北京市门头沟区滨河路87号
电　　话：69828800
邮　　编：102300

单位名称：北京市门头沟区大峪街道食品药品监督管理所
地　　址：北京市门头沟区滨河路72号
电　　话：69847155　69827628
邮　　编：102300

单位名称：北京市门头沟区城子街道食品药品监督管理所
地　　址：北京市门头沟区门头沟路24号综地公司院内城子办事处
电　　话：010－61898177
邮　　编：102300

单位名称：北京市门头沟区东辛房街道食品药品监督管理所
地　　址：北京市门头沟区西辛房大街50号东辛房街道办事处内
电　　话：61893135
邮　　编：102300

单位名称：北京市门头沟区大台街道食品药品监督管理所
地　　址：门头沟区大台街道大台路8号
电　　话：69870355
邮　　编：102303

单位名称：北京市门头沟区潭柘寺镇食品药品监督管理所
地　　址：北京市门头沟区潭柘寺镇人民政府院内
电　　话：60860667
邮　　编：102308

单位名称：北京市门头沟区永定镇食品药品监督管理所
地　　址：北京市门头沟区永定镇石龙西路58号
电　　话：010－60850130
邮　　编：102308

单位名称：北京市门头沟区龙泉镇食品药品监督管理所
地　　址：北京市门头沟区中门寺街35号
电　　话：010－69839742
邮　　编：102300

单位名称：北京市门头沟区军庄镇食品药品监督管理所
地　　址：北京市门头沟区军庄镇人民政府院内西跨院2层203
电　　话：60810748
邮　　编：102300

单位名称：北京市门头沟区妙峰山镇食品药品监督管理所
地　　址：北京市门头沟区妙峰山镇政府大院南楼一层
电　　话：010－60815674
邮　　编：102300

单位名称：北京市门头沟区王平镇食品药品监督管理所
地　　址：北京市门头沟区王平镇王平大街东路18号
邮　　编：102301
电　　话：61857115

单位名称：北京市门头沟区雁翅镇食品药品监督管理所
地　　址：北京市门头沟区雁翅镇付家台村镇政府大楼110室
电　　话：010－61839311
邮　　编：102305

单位名称：北京市门头沟区斋堂镇食品药品监督管理所
地　　址：北京市门头沟区斋堂镇镇政府南楼四层
电　　话：010－69812630
邮　　编：102309

单位名称：北京市门头沟区清水镇食品药品监督管理所
地　　址：北京市门头沟区清水镇镇政府一层西侧
电　　话：010－59260281
邮　　编：102311

（任海鹏）

财税　金融　保险

财　税

财　政

【概况】　年内，按照“落实三个优化，多办利民实事”的工作要求，加强公共财政体系建设，发挥财政职能作用，保障区域发展重点领域支出，财政收支执行情况总体平稳，完成了全年预算任务。全区公共财政预算收入预计完成 20.70 亿元，同比增长 8.5%，完成年度预算的 103.0%。区级政府性基金收入预计完成 18.44 亿元，增长 10.01 倍，完成年度预算的 138.1%。按照规划引领发展的要求，加大征地拆迁力度，实现土地出让收益 17.96 亿元。全区公共财政预算支出预计完成 72.70 亿元，增长 21.0%，其中区级财力支出预计完成 50.67 亿元，增长 10.3%，完成年度预算的 110.7%。

单位名称：北京市门头沟区财政局
地　　址：北京市门头沟区滨河路56号
电　　话：69844680
邮　　编：102300

（吕　娜）

【提高机关事业单位福利费】　1 月 1 日起调整机关事业单位福利费计提标准，由原来的每月 17.5 元/人，提高到每月 189 元/人。

（王广伟）

【社会保障工作】　1 月，财政局 3 方面做好社保工作：一是提高城乡最低生活保障标准。自 2013 年 1 月 1 日起，城市最低生活保障标准由每月 520 元/人提高至每月 580 元/人，农村低保标准由每月 400 元/人提高至每月 500 元/人。二是累计为全区 9978 名城市低保对象、2551 名农村低保对象、281 名农村五保对象、729 名优抚对象及 48 名孤残儿童，拨付 2013 年春节期间城乡困难群众一次性生活补贴 653.964 万元。三是对 6 名低保人群中有清真饮食习惯的少数民族群众，除享有以上补贴，再按照 300 元/人的标准给予补助。

（陈羽佳）

【会计从业资格无纸化考试】　3 月 16 日至 18 日，会计从业资格无纸化考试。报名参考人数 1170 人，实际参考人数 1019 人，出考率达 87.1%。其中 247 人考试成绩合格，通过率达 21.1%，出考率和通过率均比 2012 年上升 7 个百分点。

（王卫华）

【政府信息公开工作】　3 月，采取措施做好政府信息公开工作：一是充实政府信息公开内容，按照“公开为原则，不公开为例外”的总体要求，加强对公众关注度高的政府信息的梳理，方便公众查询。二是规范信息公开流程，完善政府信息公开内容审查和更新维护等工作制度，保证政府信息公开工作能按照既定的工作流程有效运行。三是强化检查督办，严格执行政府信息公开工作制度，落实公开责任，确保信息公开准确、及时、有效。四是畅通公开渠道，保证网站信息及时更新，加强政府信息公开咨询服务，做好相关管理人员培训和工作交流，有效提高信息公开服务质量。

（李　妍）

【有序推进“营改增”扶持政策】　3 月，推进“营改增”扶持政策：一是制定财政扶持工作实施方案，围绕北京市营业税改征增值税试点改革中心任务，结合全区实际情况，明确试点改革过渡期财政扶持工作的指导原则、部门职责和实施要求。二是健全财政扶持申请审核机制，会同区国税、地税联合开展财政扶持资金申请受理与审核专项工作，面向改革试点纳税企业提供公开、便捷、高效的政策指导与业务服务。三是密切关注试点改革中出现的新情况、新问题，对纳入试点改革范围的企业进行全面深入的分类评估，全面跟踪分析改革成效。

（苏　斌）

【为全区户籍人口投保】　3月，门头沟区与中国人民财产保险股份有限公司北京市门头沟支公司签署协议，为全区24.83万名户籍人口投保自然灾害公共责任险，区财政共投入资金24.83万元。此项保险包括自然灾害公众灾后补偿机制和见义勇为救助补偿机制，在自然灾害发生时出现区内户籍人口和流动人口身亡事件，灾后补偿责任限额5万元。

（陈羽佳）

【支持学前教育投入】　截至4月底，市区两级财政投入资金共计4503.9万元，用于全区学前教育事业发展。一是投入3130万元，用于石门营二幼等7所新建园教育教学设备购置和七所现有幼儿园扩班建设及办园条件达标建设。二是按照每生每年1.2万元的标准安排全区两所政府委托办幼儿园教育经费补助1080万元，支持全区学前教育公益性和普惠性发展。三是投入191.895万元，用于部门办园生均经费补助及民办学前教育经费补助，进一步扶持民办及部门办园发展。四是投入34.875万元，用于减免低保等困难家庭儿童托儿保育费，减轻困难家庭负担。五是安排67.14万元，用于七所幼儿园早教基地建设、示范园支教补助、特殊教育基地建设及学前教育师资培养。

（王亚楠）

【加大职业教育投入】　截至4月底，市区两级财政共计投入资金3386.2万元，支持全区职业教育事业发展。一是继续贯彻落实职业教育奖补政策，安排资金101.485万元用于职业高中学校奖学金、免学费及助学金的发放。二是继续加大职业教育基础设施建设，投入资金2096.6755万元，用于职业教育实习实训基地办公楼装修、室外地面修复等工程，改善办学环境。三是继续加大职业教育实训室建设，投入资金1188.0418万元，用于学前教育、汽修、计算机等专业实训室设备购置及设施改造。

（王亚楠）

【“五进农村”帮扶工作】　4月，落实“五进农村”帮扶工作：一是与帮扶村干部开展“解放思想大讨论”暨发展思路规划座谈会，确定2013年度帮扶目标、帮扶项目。二是积极争取财政政策和资金支持，发展特色种养、农家休闲旅游、观光采摘等，为低收入农户增收致富提供有力支撑。三是协助帮扶村更新图书馆书籍，同时把优秀影视作品引进村，倡导文明生产生活方式。四是组织青年党、团员深入低收入农户家庭开展献爱心活动，加大对贫困老党员、空巢老人、因病致贫人员、低收入农户子女的帮扶力度。五是与帮扶村党员共过组织生活，共同解决党建工作中存在的突出问题。

（陈　杰）

【政府债务管理】　4月，加强政府债务管理：一是加强政府债务日常统计管理，建立政府债务统计管理责任机制，保证政府债务统计的及时性和准确性。二是制定偿债资金安排计划，根据年度政府债务到期规模及财政财力状况，制定偿债计划，并纳入财政预算。三是加强融资项目资金监管，严格执行《关于门头沟区银政合作资金运行管理办法》。四是建立防范财政风险预警机制，根据全区财力状况及举债额度，运用负债率、偿债率等监测指标，监控政府性债务规模和风险。五是研究制定门头沟区政府性债务管理办法，贯彻落实北京市关于加强政府性债务管理的文件要求，研究制定全区政府性债务管理办法，强化制度建设。六是清理担保债务，根据《担保法》的有关规定，区分有效担保和无效担保责任，对超时效担保和无效担保及时清理核实，免除政府担保责任。

（李　飞）

【出台办法】　4月，出台《门头沟区预算绩效管理办法（试行）》《门头沟区财政支出绩效评价管理办法（试行）》《门头沟区项目支出事前绩效评估管理办法（试行）》《门头沟区预算部门整体支出财政绩效评价管理办法（试行）》《参与财政支出绩效评价中介机构工作规范》《财政支出绩效评价专家工作规则》《专家资料手册要求》。7月，《门头沟区政府性债务管理办法》

（综计科）

【提高公务卡使用率】　4月，采取措施提高预算单位公务卡使用率：一是根据公务卡管理文件规定，结合全区实际情况制发了

《区属预算单位公务卡强制结算目录》。二是将对公务卡使用的监管职责明确到各主管业务科室，利用财政国库集中支付系统软件和预算执行动态监控系统加强对预算单位公务卡使用的监督指导。三是及时将公务卡改革情况和制定的规章制度通报审计、监察部门，建立公务卡管理工作齐抓共管的联动机制。四是配合公务卡代理行采取的大额提现收取手续费的措施，提高预算单位现金使用成本。五是建设与公务卡代理行公务卡消费信息反馈专线，确保公务卡支持系统的稳定、高效。

（安 斌）

【社会养老金发放工作】 4月，全区累计发放养老金9.2万人次金额3，350万元。年内，财政共计安排居民社会养老金9，861万元，其中基础养老金3，339万元，福利养老金6，522万元。

（马 骏）

【支持残疾康复工作】 5月14日，全区残疾人职业康复中心正式投入运行，成为北京市首家正式运营的残疾人职业康复中心。区财政一是争取市专项资金1347.815万元，用于全区残疾人职业康复中心无障碍建设和设施改造，为残疾人营造安全舒适的康复环境。二是投入专项教师培训费30万元，推进门头沟区与西城区康复机构“我们的家园”合作提升全区康复水平。三是投入专项资金499万元（其中配置康复器材资金287万元、厨房设施资金78万元、特殊康复电器器具98万元、儿童托养间家具资金36万元等），分别用于残疾人职业康复中心儿童康复园、辅具资源中心、家庭康复培训学校等不同功能分区，满足残疾人各项康复需求。

（高 雅）

【领导调研】 5月15日，北京市财政局领导到门头沟区调研财政支农工作，听取了全区2012年财政支农工作情况汇报，对全区统筹财政支农资金、规范支农资金管理，提升资金使用效益，促进农民增收等方面给予肯定。8月17日，北京市财政局领导到局内调研，对门头沟区会计从业资格无纸化考试补考工作进行巡视。22日，北京市财政局领导到局内开展专题工作调研。9月26日，区领导韩子荣参加财政局专题民主生活会。

（吕 娜）

【公务用车管理】 5月，采取措施强化党政机关公务用车管理：一是按照区公务用车问题专项治理工作领导小组办公室的统一部署，召开门头沟区党政机关公务用车认定工作部署会，向各单位通报全区公务用车认定情况，并要求在单位内部进行公示。二是制定了《门头沟区党政机关公务用车管理规定》三是巩固公务用车问题专项治理成果。

（刘 飚）

【财会业务培训工作】 6月24日，为全区民政系统干部做题为《加强单位内控、诚信面对公众》的财政业务专题培训。此次培训以“财政与领导的关系”、“财务与领导的关系”为主题，并就会计核算的规定、资产的管理、收入支出的管理等15个方面以及目前财政推行的公务卡使用、工程预算审批程序、固定资产处置等财政业务规定进行强调。

（张惠琴）

【支持乡村医生补助】 6月，财政安排资金落实乡村医生补助，从2013年1月1日起，全区调整乡村医生补助标准由每月800月调整至每月1600元。财政筹措资金159.6万元，支持此项工作。

（张学敏）

【支持全民健身工程】 6月，支持全区全民健身工程，一是拨款44万元，为滨河世纪广场等6个公园更换健身器材共计142件。二是与区体育局共同制定全民健身工程维护管理办法，强化基础数据管理，定期对全区健身器材进行检修及保养，延长器材的使用寿命，有效节约财政资金。三是充分利用市级资金支持政策，协助预算单位组织立项，完善项目库，争取市专项资金，为全区全民健身工程提供资金保障。

（张桂玲）

【支持科技创新】 6月，采取措施支持科技创新发展：一是足额保障科技创新资金。安排科技创新专项资金500万元，用于鼓励门头沟区域内的企事业单位自主创新，促进全区产业结构调整，逐步由以资源为主导的粗放型经济发展向创新驱动型发展转变。二是加大科技进步、科技推广资金投入。年内科技奖励和科技推广项目资金标准由31.7万元提高至178万元。三是积极筹措科技项目资金。四是支持科技人才队伍建设。安排专项资金40万元用于博士后工作站建设。

（孟孜琦）

【加大文化事业投入】 截止7月，财政投入资金780万元，用于雁翅镇碣石村，清水镇塔河村、田寺村等村级文化活动室改扩建工程和18个村文化活动室音响设备购置。二是财政投入资金244万元，支持永定楼“门头沟区文化资源展览项目”。三是积极争取市级资金，重点支持第七届中国北京永定河文化节等大型文化活动及柏峪村旅游文化主题剧场设备改造等特色项目。

（孟孜琦）

【一事一议工作】 7月，采取措施推进“一事一议”财政奖补工作：一是建章立制，建立和完善了筹资筹劳、资金、项目、考核评价等一事一议财政奖补工作的相关制度，畅通了农民参与村级公益事业建设的有效途径。二是发挥财政奖补资金激励引导作用，各级财政累计投入资金625万元，带动了村民筹资筹劳，村集体投入资金156万元，初步形成了村级公益事业多元化投入格局，为破解村级公益事业建设难题发挥了积极作用。三是规范一事一议财政奖补项目规划编制，建立一事一议财政奖补建设滚动项目库。四是规范项目管理工作，项目实施中实行监理制、报账制，项目实施后落实后期管理维护制度，确保项目长期发挥效益。五是加强项目监督检查和考核评价。年内，加大投入力度，保障村级公益事业一事一议财政奖补工作顺利推进：一是投入财政奖补资金1，019万元，引导村集体及农民投入250万元，筹资人数2，576人，筹劳人数353人；二是提高受益对象覆盖面，2013年一事一议财政奖补项目涉及8个镇22个村，受益人口达到11，411人，项目的实施将进一步改善村内道路、水利设施、环境等生产生活条件，为农民创造了发展致富的条件和机会；三是明确资金使用重点。

（董大鹏）

【票据使用管理】 7月，加强行政事业单位资金往来结算票据使用管理：一是贯彻落实财政部、市财政局印发的《进一步加强行政事业单位资金往来结算票据使用管理的通知》要求，及时将文件转发到各用票单位，并将文件在财政局门户网站公开，便于预算单位查阅。二是要求全区各用票单位对于通过国库集中支付取得的财政性资金，不得开具资金往来结算票据，须使用《财政直接支付入账通知书》或《财政授权支付额度到账通知书》及相关银行结算凭证入账。三是对于各用票单位取得非国库集中支付来源的财政性资金，暂时可向付款单位开具资金往来结算票据。

（李　飞）

【“营改税”试点改革特点】 截至9月30日，门头沟区“营改增”试点改革特点：一是试点运行税制转换平稳，纳税申报有序过渡。全区试点改革纳税企业累计6137户，年内新增试点企业1，484户，占比24.2%，原有企业4,653户，占比75.8%。二是试点效应链条良性循环，企业创新驱动增强。全区财政累计入库改征增值税8,238万元，按原营业税计缴收入13,159万元，税负下降37.4%，累计总减税5,413万元。从行业分布来看，交通运输业入库462万元，占比5.6%；现代服务业入库7,776万元，占比94.4%；应税服务入库前三位依次为研发和技术服务2,348万元（28.5%），文化创意服务2,018万元（24.5%）和鉴证咨询服务1，186万元（14.4%）。三是试点改革政策落实到位，扶持工作科学严谨。全区财政集中开展试点过渡性扶持资金申请、受理、审核三周期，累计受理试点企业申请9户次，审核拨付扶持资金合计36.7万元。

（苏　斌）

【启动“煤改电”试点村改造工程】 10月中旬，门头沟区取暖“煤改电”改造工程正式启动，对雁翅镇淤白村、清水镇张家庄村、清水镇梁家铺村3个试点村800余户家庭进行了电网升级及户内线路改造，改造完成后试点村村民取暖将全部采用高效节能的电采暖设备。

（陆　宽）

【支持防震减灾】 11月，支持防震减灾事业：一是支持地震应急指挥信息化建设。投入320万元用于区级地震应急指挥平台系统建设，建立起集灾害信息监测、收集、处理、传送于一体的现代化指挥平台，及时传达应急处理指令，区级地震应急指挥处理能力得到显著提高。二是保障对“群测群防、专群结合”工作机制的投入。安排105万元强化“三网一员”和安全社区、示范学校建设，并给予451名监测预报员财政补贴；对地震前兆观测员、防震减灾助理员、应急救援志愿者开展地震观察观测和应急抢险救援知识培训，支持下基层村（居）宣讲宣传活动，创建安全社区6个、示范学校3所，切实满足了公众对应急避险知识的需求。三是统筹安排地震应急避难场所建设资金。依托现有的公园、绿地，累计投入31万元在门城地区建成地震应急避难场所7个，在山区建成2个，共设置引导牌、标志牌19种，疏散面积共计32.5万平方米，可满足16万人紧急避险需求。

（刘伟宏）

【乡村公路】 12月底，总计47条、累计总长131.8公里的乡村公路“7.21”水毁恢复建设项目全部完工，并按相关规定进行交（竣）工验收，建设养护工程同步完成。该项目建设投资共计9503.02万元，其中区级财政负担2842.32万元。

（孙立军）

【支持垃圾分类工作】 12月，支持区内垃圾分类工作。全区已有78个小区陆续开展了垃圾分类工作，累计投入资金3800余万元，主要用于3个方面：一是为试点小区配置垃圾桶、垃圾收集车等垃圾处理设备及支付垃圾处理费用。二是为各小区配备的“绿袖标”指导员发放补贴。三是印制垃圾分类政策宣传手册。

（崔　颖）

【投资农业项目管理】 年内，采取措施加强财政投资农业项目管理：一是加强立项申报财政审核，实地调研申报的农业项目，核实、规范、完善项目申报文本，细化项目内容，及时录入项目库，为项目建设实施提供基础保障。二是加强立项评审，按要求收集整理完整的农业项目申报资料，上报市财政局评审，科学核定投资预算，为财政资金正确投向提供科学依据。三是加强农业项目运行管理，建立区、镇两级财政投资农业项目资金管理体系，定期组织项目主管镇和相关单位召开工作会，督促批复项目落实。四是加强财政农业项目资金管理业务培训，针对资金报账制度和报账程序等内容开展专题培训，建立和规范项目专帐核算，完善项目明细统计台账，加强对中标单位工程款发票的审核，严格按项目建设内容列支，保证资金安全有效使用。

（连春玲）

【支持全区妇女儿童事业发展】 年内，支持全区妇女儿童事业发展：一是提升幼儿园办学硬件标准，优先安排资金用于公办幼儿园、新建小区配套幼儿园、企业办幼儿园和民办幼儿园购置教育教学设备、改造基础设施等。二是全力保障妇幼保健人员经费、妇幼设备购置、公共卫生补偿等医疗卫生经费支出。三是强化重大和基本公共卫生项目资金保障，支持开展适龄妇女宫颈癌和乳腺癌筛查、正常待孕妇女叶酸发放、农村孕产妇住院分娩补助发放以及0－6岁儿童免费体检和新生儿免费筛查工作。

（梁媛媛）

【支持送电下乡工作】 年内，持续推进送气下乡工程，累计投入资金1798.5万元在四镇一办建设12座二级瓶装液化石油气供应站，购置钢瓶罐35115个，并按照补贴标准累计向山区百姓发放补贴资金606.36万元。

（崔　颖）

【调研工作】 年内，注重做好调研工作：一是注重理论与实践相结合，在年初确定调研课题时紧密围绕区委、区政府工作重点、市财政局工作要点和财政改革的难点热点，力争做到用理论研究指导实际工作。二是注重强化组织管理，年初按照局领导分工情况，为每位局领导确定重点调研课题，要求局领导亲自参与撰写工作，强化领导责任，同时明确由办公室负责全局调研工作的组织管理和督办工作，并统一纳入目标管理任务，作为年底考核时的重要依据。三是注重调研成果的转化，在年底调研报告评比时，邀请有关专家参与评比和指导点评，通过组织调研成果交流会等多种形式，强化调研成果的应用，确保调研成果能够发挥指导工作的重要作用。四是注重自主研究和借助外脑相结合，邀请相关专家举办各种类型的调研工作培训。

（郝鑫岐）

【支持消防安全工作】 年内，全力保障城乡消防安全工作。一是加强防火安全经费保障。拨付524万元，用于消防支队人员及公用经费、应急救援大队节日补助和慰问扑火队经费、武警森林靠前驻防后勤保障；拨付725万元，确保区各应急救援中队扑火队的正常运转。二是提高消防队站装备建设水平，拨付100万元，为政府专职消防队购置消防业务装备及消防支队更新执勤执法用车。三是加大训练资金投入，拨付23万元，用于区应急救援大队培训、防火联合检查宣传等，有力保障了增强消防安保力量建设。四是加强村居消防设施建设维护。拨付66万元，用于老旧小区消防设施综合改造；拨付92万元，支持森林防火指挥中心维护、观察塔管护取暖、清理防火道及林下可燃物等工作，确保了群众的生命安全和财产安全得到有效保障。

（张晓晨）

【提高预算执行率】 年内，采取措施措提高预算执行效率：一是细化预算编制，严格项目审核筛选，在编制预算时，统筹使用各类资金，提高年初预算到位率。二是强化收入管理，及早落实收入计划，下达收入任务。建立财税联席会议机制，加快推动财税库银横向联网，加强收入调度分析。三是加大支出进度监控力度，依托预算执行系统信息平台，动态跟踪预算执行情况。建立财政支出通报制度，落实责任，合力推动。四是严控预算追加，除按照支出预算管理办法规定的基本支出及政策确定的预算追加外，原则上未经政府批示申报项目不予追加，强化对预算管理约束性。

（王一桥）

【加强三公经费管理工作】 年内，加强“三公经费”管理：一是落实上级精神，严格贯彻落实中央厉行勤俭节约各项要求，努力构建节约型政府，杜绝各种铺张浪费。二是强化预算管理，严格执行各项经费管理制度及开支标准，严控“三公经费”开销，切实发挥预算刚性约束作用。三是加强制度建设，构建厉行节约长效管理机制，制定了《门头沟区2013年区级部门厉行勤俭节约、加强预算管理工作实施方案》，强化遏制奢侈浪费的制度保障。四是严控运行成本。

（赵 瑾）

【支持环境监测】 年内，财政局配合做好环境监测站标准化达标验收工作，投资475万元用于专业仪器设备购置，其中争取市级补助资金213.76万元，区财政配套261.24万元，标准化建设项目于2014年完成并接受验收。

（尹翠君）

【政府采购】 年内，完成政府采购预算52，223.72万元，实际采购金额50，844.82万元，同比增长25.8%，节约资金1，378.9万元，节约率为2.64%。公开招标金额为50，606.42万元，占实际采购金额比例99.5%。

（李 宁）

【监察工作】 年内，监察工作取得良好的效果：一是反腐倡廉工作扎实推进。二是工作作风不断改进，严格落实“八项规定”及市委、区委意见要求，严控三公经费使用，主要领导深入基层调研、走访困难群众并开展了形式多想的“廉洁奉公、勤政为民”反腐倡廉主题教育活动。三是廉政风险防控管理进一步完善。细化“三重一大”决策事项目录，突出了党组、局长办公会、预算编审委员会职权目录，全年共召开13次涉及“三重一大”事项会议，并对27个“三重一大”决策事项进行跟踪督察；印制《门头沟区财政局廉政风险防控工作手册》，共梳理涉权事项202项，制作流程图249个，查找风险点334个，制定防控措施464条；四是党务、政务公开更加规范。将党务公开目录细化4大类15项，并通过电子政务公开栏和网上政务公开，方便群众查阅和监督。

（杨 璐）

【党建工作】 年内，强化基层党建工作：一是加强思想政治建设。二是改进机关作风建设。三是大力推进党务公开建设。四是落实党风廉政建设。五是大力夯实基层党组织建设基础。

（陈 杰）

【支持安全稳定工作】 年内，支持全区安全稳定工作：一是拨付51.64万元，用于保障全区食品药品安全工作。二是拨付313.28万元用于预防居民煤气中毒，按照60元/台的标准对全区燃煤自采暖户安装一氧化碳报警器进行补助，补助资金300万元；对738户新增城乡燃煤自采暖低保、低收入家庭进行免费安装一氧化碳报警器，共补助资金13.28万元。三是安排58.08万元，用于社区矫正人员开展社会调查和矫正教育管理。四是拨付74万元用于加强普法宣传工作。

（梁媛媛）

国家税务

【概况】 北京市门头沟区国家税务局实有干部、职工268人，内设机构12个科室（另设机关党委办公室）、直属机构1个（稽查局：内设6个科）、派出机构共6个税务所，事业单位3个，所辖纳税企业15003户。

年内，各项工作取得了较好成绩，全年累计完成各项税收收入260478万元，完成北京国税局全年计划任务260478万元的100%。区级税收累计完成39038万元，同比增加1314万元，增长3.5%，完成计划任务38300万元的101.9%，并提前15天完成区级全年计划任务。

单位名称：北京市门头沟区国家税务局
地　　址：北京市门头沟区新桥南大街39号
电　　话：69865090
邮　　编：102300

（王 蔺）

【税企沟通】 1月7日，与涉及试点纳税人和注册税务师事务所进行座谈交流，就如何提高“营改增”税收分析工作进行探讨。8日，就出口退（免）税工作与企业进行点对点座谈交流，进一步加强对企业出口退税工作的服务指导。29日，召开2013年重点税源企业培训会。11月28日，对自印发票企业进行“一对一”培训，对新的管理办法的条文、附件、备案及申报自印流程等进行了讲解及辅导，并就企业提出的问题进行了现场答复。

（王　蔺）

【学习十八大会议精神】　1月21日，召开中心组理论学习扩大会议，观看了学习解读十八大重要精神专题讲座。6月19日，组织开展庆七一宣讲“中国梦”主题教育活动，学习十八大会议精神。7月18日，组织开展区直机关“我的梦·中国梦”百姓宣讲团宣讲展演活动，学习宣传党的十八大会议精神。

（王　蔺）

【市、区两级领导调研】　1月22日，北京国税局领导到局内视察基建工程。30日，门头沟区纪委监察局领导一行4人到局内调研执法监察工作。6月13日，区领导到局内调研指导工作。21日，北京国税局纪检组长到局内调研党风廉政建设和反腐倡廉教育工作开展情况。9月4日，北京国税局巡视办公室主任到局内部署巡视相关工作。11月14日，北京国税局总经济师到局内调研指导工作。12月26日，北京国税局纪检组长等到局内参加门头沟国税局党组2013年民主生活会。31日，区领导韩子荣等领导一行到局内进行节前慰问。

（王　蔺）

【党风廉政建设】　1月25日，在工作通报会上学习传达北京国税局、门头沟区委、区政府关于厉行勤俭节约、反对铺张浪费文件精神。3月15日，召开2013年第一次党风廉政建设领导小组工作会议。21日，召开党风廉政建设工作会，部署党风廉政建设工作。4月25日，组织50名党员干部到中国人民抗日战争纪念馆，参观《光辉典范——抗战时期中国共产党党风廉政建设》大型主题展览。5月8日，召开党风廉政建设中心组理论学习（扩大）会。7月31日，召开第二次党风廉政建设领导小组工作会议。9月11日，组织召开中秋、国庆“两节”期间廉政教育专题工作会。9月24日至10月10日，开展会员卡专项清退工作。11月26日，组织干部到昌平区廉政教育基地——“明镜昭廉”明代反贪尚廉历史文化园开展参观学习。

（王　蔺）

【教育培训工作】　2月1日，组织召开2012年度门头沟国税青年公务员税收相关法律知识考试暨新录用大学生初任培训总结会。7月23日，组织召开青年公务员公文写作实务考试动员会。8月6日，召开“两重案源”专题业务培训会。8月26日至9月13日，组织135名干部分三批参加了2013年公务员更新知识培训。10月9日至18日、10月21日至30日，分两批开展科级领导干部专门业务培训班，共62名科级干部参加。11月9日，组织部分科级领导干部及青年公务员共计50余人，参加公文写作培训。

（王　蔺）

【召开工作会议】　2月26日，召开了2013年工作会议。局党组书记作了题为《强化责任　抓好落实实现门头沟国税事业新跨越》的工作报告。

（王　蔺）

【税务文化】　3月6日，举办青年学习会各社队启动仪式暨《家园》杂志创刊号发行仪式。5月10日，组织篮球队参加“贺龙杯”中国业余篮球公开赛（CBO）暨门头沟区第十五届“篮协杯”篮球比赛。6月1日、2日，在北京市第二实验小学永定分校举办“和谐杯”乒乓球比赛。6月1日，组织税务干部参加第五届门头沟区“羽协杯”羽毛球比赛，取得机关团体第一名。

（王　蔺）

【召开税务稽查工作会】　3月14日，召开2013年稽查工作会，研究部署2013年稽查工作任务。全年组织稽查查补税款2827万元，有力打击了涉税违法行为。

（王　蔺）

【税收宣传】　4月11日，与区地方税务局、北京市石龙经济开发区管委会、区投资促进局、建设银行门头沟支行联合举行以“创新纳税服务新举措、促进纳税企业新发展”为主题的税收政策电子书发布仪式暨中关村科技园门头沟园政策宣讲会。门头沟国、地税局干部现场展示了纳税服务电子书内容、使用方法和“门头沟12366”微博服务情况，还向纳税人赠送了税收宣传手册、电子书光盘、招商引资、融资贷款、入园政策等资料。门头沟国税局的税收宣传月活动被国家税务总局评为“全国第22个税收宣传月优秀项目”。4月18日，门头沟国税局税法宣传小组到新桥路中学开展“税法进校园”活动，为“宏志班”师生举办税收知识讲座。12月4日，成立法制宣传工作小组，在门头沟区新桥大街设立宣传站点，开展以“做讲法制守秩序的好市民　共筑伟大中国梦”为主题的宣传活动。

（王　蔺）

【召开财税经济部门联合会】　5月15日，与门头沟地税局召开征管工作联席会议，加强国地税税务登记联办工作。5月30日，与区地税局、财政局、工商局联合组织永定镇、大峪街道办事处、石龙经济开发区等15家招商引资职能部门召开“发挥职能作用、服务区域经济发展座谈会”。12月6日，与地税局召开联合税务登记研讨会。

（王　蔺）

【税收征管改革】　5月24日，门头沟国税局进行涉税审批事项前移测试工作，为进一步深化征管改革打下坚实基础。6月26日，局领导班子成员到征管一线召开征管改革现场会，推进税收征管改革。门头沟国税局共梳理70项涉税事项前移至办税服务厅，其中即办事项38项，转办核查事项3项，转办事项29项。7月1日，门头沟国税局规范化办税服务厅正式进入运行阶段。国税局办税服务厅共受理119项涉税业务。7月10日，对辖区筛查确认的43户广播影视服务单位，开展“营改增”政策培训。8月1日，“营改增”扩围正式开始运行，国税局领导带队，到基层一线调研“营改增”扩围运行情况。

（王　蔺）

【为纳税信用A级企业授牌】　6月4日，门头沟国、地税局到荣获2013－2014年度“A级纳税信用等级”称号的北京精雕科技有限公司上门授牌并开展调研工作。

（王　蔺）

【“两重案源”专题培训】　8月6日，召开“两重案源”专题业务培训会。结合北京国税局“两重案源”（重点税源企业和重大税收违法案件）的检查管理办法、检查工作流程及查前培训要求，进行了为期一天的培训。

（王　蔺）

【重大税务案件审理工作研讨会】

9月5日，国家税务总局政策法规司、北京国税局政策法规处及北京国税局稽查局相关领导，以及北京国税系统部分区县局政策法规部门工作人员，在门头沟区召开重大税务案件审理工作研讨会。

（王　蔺）

【税检联席会议】　11月7日，与门头沟人民检察院召开税检联席会议。通过与检察部门加强合作，门头沟国税局进一步深化了对腐败的预防和治理。

（王　蔺）

【召开局领导班子述职廉会】　12月24日，召开2013年度局领导班子述职述廉大会。

（王　蔺）

【下属单位情况】

单位名称：门头沟国税局第一税务所
地　　址：门头沟区石龙工业区雅安路9号
电　　话：60803707
邮　　编：102300

单位名称：门头沟国税局第二税务所
地　　址：门头沟区石龙工业区雅安路9号
电　　话：60803723
邮　　编：102300

单位名称：门头沟国税局第三税务所
地　　址：门头沟区石龙工业区雅安路9号
电　　话：60803719
邮　　编：102300

单位名称：门头沟国税局第四税务所
地　　址：门头沟区斋堂大街50号
电　　话：69816731
邮　　编：102309

单位名称：门头沟国税局第五税务所
地　　址：门头沟区石龙南路25号
电　　话：69806941
邮　　编：102300

单位名称：门头沟国税局第六税务所
地　　址：门头沟区石龙工业区雅安路9号
电　　话：60803717
邮　　编：102300

单位名称：门头沟国税局稽查局综合科
地　　址：门头沟区石龙南路25号
电　　话：60803310
邮　　编：102300

单位名称：门头沟国税局稽查局综合选案科
地　　址：门头沟区石龙南路25号
电　　话：60803007
邮　　编：102300

单位名称：门头沟国税局稽查局检查一科
地　　址：门头沟区石龙南路25号
电　　话：60804076
邮　　编：102300

单位名称：门头沟国税局稽查局

检查二科
地　　址：门头沟区石龙南路25号
电　　话：60803049
邮　　编：102300

单位名称：门头沟国税局稽查局审理科
地　　址：门头沟区石龙南路25号
电　　话：60804081
邮　　编：102300

单位名称：门头沟国税局稽查局执行科
地　　址：门头沟区石龙南路25号
电　　话：60804079
邮　　编：102300

单位名称：门头沟国税局票证中心
地　　址：门头沟区石龙工业区雅安路9号
电　　话：60803709
邮　　编：102300

（王　蔺）

地方税务

【概况】　北京市门头沟区地方税务局（简称区地税局）共有干部职工249人。设置14个职能科室、1个稽查局、10个税务所和1个机关后勤服务中心。主要负责门头沟辖区内22962户税源户的税收征管工作。

全年累计组织各项税费收入330388万元，同比增收27170万元，增长8.96%。其中：地方公共财政预算收入265147万元，同比增收17267万元，增长6.97%。

年内全局共有正常户22962户（含个体户6654户），同比增长2248户（含个体户188户），其中：注册资金1000万元－5000万元（不含）的852户，5000万至1亿元（不含）的103户，1亿元以上（含）的80户，税源质量稳步提升。全年对350户无税申报企业进行核实清查，补缴税款、滞纳金和罚款共计38047.94元。全年共组织评估1452户，评估补税及滞纳金合计2702万元，对建筑业等重点行业开展专项评估。稽查工作稳步推进，全年共立案检查129户，查补税款、滞纳金、罚款合计3084.84万元，入库3009.94万元。

单位名称：北京市门头沟区地方税务局
地　　址：北京市门头沟区滨河路52号
电　　话：69848224
邮　　编：102300

（禹珊瑚）

【帮扶、慰问活动】　1月29日，与丰台地税局、石景山地税局的领导带领基层工作科、后勤服务中心等相关人员，到结对帮扶村进行节前走访慰问。10月17日，与石景山局一起到帮扶村实地调研，了解帮扶村实际困难，帮助解决了部分资金缺口，以加强基础设施建设。

（禹珊瑚）

【开办地税讲坛】　1月29日，邀请到慈铭国际医院的专家举办以“饮食健康与四季养生”为主题的讲坛。3月20日，邀请南开大学教授以“传统的审美历程”为主题，举办2013年度第2期地税讲坛。8月30日，邀请首都经贸大学教授，讲授以“税务干部如何抵制‘四风’”为主题的讲座。10月31日，举办以“加强防范，提高意识，确保安全”为主题的地税讲坛。12月12日，请中国社科院马研院研究员，为全局干部讲授题为《决定中国命运的七个关键词》的讲座。

（禹珊瑚）

【团支部活动】　1月31日，在共青团门头沟区十三届六次全委（扩大）会议上，局团总支受到通报表彰。4月2日，第13届“京西植树生态游”启动，组织团员青年开展义务植树活动。5月7日，组织团员青年到北京新文化运动纪念馆参观学习。

（禹珊瑚）

【召开特约监督员座谈会】　1月，召开2013年首次特约监察员座谈会，向新一届特约监察员颁发《门头沟区地方税务局特约监察员证》，汇报了2012年纪检监察工作情况和2013年工作思路。特约监察员就如何进一步发挥特约监察员作用和增强纳税服务工作水平提出意见和建议。

（禹珊瑚）

【参观专题展览】　1月，组织人员到国家博物馆参观《复兴之路》大型主题展览。4月，分两批组织科级以上领导干部到中国人民抗日战争纪念馆，参观《光辉典范——抗战时期中国共产党党风廉政建设》专题展览。

（禹珊瑚）

【志愿服务】　3月5日，学雷锋志愿者到门头沟区光荣院开展“青春映夕阳”活动。参观了该院爱国主义教育展室，观看反映院内老人革命事迹的《民族精神永放光芒》专题片；与老革命军人座谈，向老人们赠送了日常生活用品。4月26日，组织干部到石泉小区参加门头沟区迎“五一”

环境卫生大扫除暨春季城乡环境百日行动高潮日活动。6月，全局干部职工响应爱心倡议，向病危干部捐款3万余元。10月23日，后勤服务中心组织干部职工参加北京市无偿献血活动，科所领导带头参加。

（禹珊瑚）

【党风廉政建设工作】 3月6日，召开2013年党风廉政建设工作会，会议总结了2012年党风廉政建设和反腐败工作，并对2013年党风廉政建设工作进行全面部署。3月28日，局领导带领监察科部分干部到西城局，就西城局开展的廉政风险防控管理试点工作进行学习交流。

（禹珊瑚）

【工作调研】 3月14日，局领导带队走访市级重点企业，就企业关心的涉税问题进行解答。12月19日，副局长带队走访市级重点企业，听取了企业负责人对单位经营情况及发展规划的介绍，重点了解企业办税人员对地税相关部门提供服务方面的意见和建议。

（禹珊瑚）

【市、区领导检查指导工作】 3月19日，召开2012年度处级领导班子和领导干部考核测评工作会。考核组对局领导班子进行考核测评，对干部选拔任用工作进行民主评议。4月11日，市局纪检组长，到王平税务所检查指导工作。12日，区纪委副书记一行3人调研廉政风险防控管理工作，查阅了廉政风险防控工作的有关资料，肯定了近年来廉政风险防控的工作成果。26日，区人大财经委主任和区人大代表专题听取局内2012年组织收入工作和2013年一季度地方税收完成情况的汇报，对组收工作给予了肯定。5月7日，市地税局局长一行，就如何发挥税收职能作用，促进生态涵养区的经济社会发展问题，与局班子成员进行座谈和交流。6月18日，区总工会主席到区局，对2013年度首都劳动奖章获得者王平所干部进行慰问并送上了奖金。26日，区领导等以及区政府办、组织部相关领导代表区委慰问一线全体党员干部。7月18日，区人大常委会领导和区人大代表等10余人，专题听取上半年税收收入完成情况和2013年地方税收形势的报告。8月8日，区委常委、纪检委书记带队到王平所检查“两规范一提高”工作的落实情况。13日，市地税局票证管理中心副主任一行到局指导工作，重点对税控商服务、税控升级的各项准备工作进行检查。10月11日，区纪委副书记、监察局局长等到王平税务所检查“两规范一提高”工作的落实情况。10月15日，市地税局副局长带领征管处、科技信息处领导调研征管、信息化工作。12月31日，区领导韩子荣等一行慰问局内的干部职工并听取工作汇报。

（禹珊瑚）

【学习两会精神】 3月20日，党组理论中心组进行2013年度第三次集中学习。学习十二届人大一次会议上温家宝总理所作政府工作报告和习近平主席讲话精神，同时观看了《第十八届中纪委二次全会精神专题辅导》光盘并进行交流讨论。

（禹珊瑚）

【TAX861网站在线答疑】 3月21日，做客TAX861北京地税网站，以“依法行政　优化服务　营造良好税收环境”为主题开展网上在线答疑活动。在2小时的答疑活动期间，在线浏览量达774人次，其中，在线注册参与互动的网友33人，提出涉及征管、税政、法制等各类税务问题共42个。

（禹珊瑚）

【举办健步走活动】 3月27日至28日，在永定河公园举办10公里健步走活动，全局130余名干部职工积极踊跃参加。

（禹珊瑚）

【党建工作】 3月，机关党委办公室建立了党员活动室，并制定相应管理办法，给支部和党员提供集中学习、开展组织生活、落实“三会一课”以及学习教育的场所。

（禹珊瑚）

【培训工作】 4月1日，组织开展《小企业会计准则》集中培训，聘请首都经贸大学老师进行授课讲解，采取课上集中串讲，课下练习相结合的形式，帮助参训干部提高业务能力。5月7日至9日，组织三期市、区两级重点企业税收政策培训，与会纳税人达到300余人。培训重点为企业所得税汇算清缴中的热点、难点问题；小企业会计准则执行中会计与税务的差异、与企业会计准则的区别。5月，组织召开2013年全国税收调查工作培训会，240户纳税人和各税务所负责税收调查的干部参加，传达了2013年全国税收调查工作要求，对NTSS税收调查软件的下载、安装及使用进行培训，并对信息表、企业表和货物劳务表进行了详细的讲解。同月组织在线学习三级管理员培训，对在线学习的重要性和学习的目的、目标进行了强调，系统讲解了北京干部教育网应用操作方法、在线学习流程、网络修改设置，为推进干部在线学习工作奠定基础。7月，依托环球职业培训学校开展中级经济师培训。8月5日，税务学会和京煤集团联合举办“税收政策税企联合培训班”，京煤集团所属企业会计和科长50余人参加培训，培训内容涉及税收征管工作中的基础工作以及发票的管理使用等。11月6日，税务学会完成“纳税人应知应会100问”的培训任务，参加培训人员共计480人。11月18日，分两批对全体公务员开展为期五天的更新知识培训，以全国注册税务师执业资格考试教材《税法Ⅰ》《税法Ⅱ》为主要培训内容，并聘请了首都经贸大学财税学院专家作辅导。

（禹珊瑚）

【发布税收政策电子书】 4月11日，联合区国税局、投资促进局、石龙经济开发区管委会、建设银行门头沟支行举办以“创新纳税服务新举措、促进纳税企业新发展”为主题的“税收政策电子书发布仪式暨中关村科技园门头沟园政策宣讲会”活动，44家园区企业代表和5家主办单位领导及工作人员参加。活动围绕总局“税收·发展·民生”税收宣传月主题，首次发布了由区国、地税局自行制作的《税收政策电子书》，纳税人可以在两局的网站免费自行下载，利用手机、MP4、平板电脑等移动终端阅读。

（禹珊瑚）

【税收宣传月活动】 4月，税收宣传月期间，搭建宣传平台，扩大税法宣传覆盖面，增设“依法行政”专栏，刊登图片并配以文字说明，直观、生动地反映出活动内容；同时，利用互联网、LED显示屏、电视、宣传展板、税收政策电子书、纳税人例会等开展税法宣传。

（禹珊瑚）

【荣誉表彰】 4月，被区直机关工委分别评为创建综合先进单位和帮扶先进单位。王平税务所干部荣获“2013年首都劳动奖章”。5月9日，两名干部在团区委举办的“中国梦·青春路”演讲比赛中分获二等奖、三等奖，两人均被评为“演讲十佳”。5月，在北京市地税系统第一届“健康”杯乒乓球比赛中取得好成绩，纪检组长获得男子单打冠军。5月，报送的新闻作品《今年底年终奖到底该怎么算?》，荣获国家税务总局颁发的全国税收好新闻评选“文字通讯类”三等奖。8月，局内两名干部的作品荣获2013年“门头沟区廉政微小说和平面廉政公益广告创作征集活动”廉政微小说类优秀奖。10月，参加区举办的第十七届“乒协杯”乒乓球赛上，取得男子乙组第六名。年内，被大峪街道工委、大峪街道办事处评为“社区建设先进单位”。被区交通安全委员会评为“门头沟区2012年度交通安全先进单位”，连续六年获得此荣誉。在北京市无偿献血工作中成绩突出，被北京市献血办公室评为先进集体。

（禹珊瑚）

【打击发票违法犯罪活动】 5月15日，稽查局联合驻区公安分局、工商分局及烟草公司等部门，在区体育场举行2013年“打击经济犯罪”为主题宣传活动，通过发放税收宣传资料，向过往行人广泛宣传，强化社会舆论导向，调动社会各界参与打击和防范经济犯罪工作的积极性。

（禹珊瑚）

【召开服务区域发展座谈会】 5月29日，组织召开“发挥职能作用服务区域经济发展”座谈会。石龙管委会、各镇、办事处、区财政局、区国税局等单位参加，会议介绍了办理税务登记所需资料、注意事项以及如何共同加强对招商企业的管理和服务工作，对石龙管委会、各镇、办事处提出的问题做了解答。

（禹珊瑚）

【联合办理税务登记研讨会】 5月，国、地税召开加强联合办理税务登记工作研讨会，总结联合办理税务登记的工作情况，对纳税人填写注册地址与经营地址一致和重点地区停办税务登记等问题进行研讨，对出现的问题制定解决办法，进一步明确下一步联合办理税务登记工作的安排。

（禹珊瑚）

【举办地税服务礼仪讲坛】 5月，请北京广播电视大学教授以“圆梦从我开始”为主题的地税服务礼仪讲坛，讲解了税务工作者礼仪的重要性，怎样保持端正的态度、大方的仪表、谦逊和气的语言、得体的行为，为树立地税工作者的良好形象和营造和谐的工作环境找准了目标。

（禹珊瑚）

【召开纳税信用A级企业座谈会】

6月7日，我局组织22家A级企业召开“以诚为本，营造诚信税收环境”座谈会，为A级企业颁发了证书，并就税企双方就依法诚信纳税，营造和谐税收环境，如何促进区域经济社会发展进行了沟通和交流。

（禹珊瑚）

【召开扩大营改增试点改革工作会】 6月25日，召开扩大营改增试点改革工作小组会，传达了市地税局营业税改征增值税扩围工作动员部署会议精神，就营业税改征增值税试点扩围工作方案、工作任务进行讨论并提出要求。

（禹珊瑚）

【开展农村帮扶共建活动】 6月26日，机关第二党支部、斋堂税务所党支部部分党员，到结对帮扶村清水镇上清水村，为该村送去了部分文化书籍，并与支部进行了座谈。

（禹珊瑚）

【设立“法制宣传站”】 6月27日，在第二税务所举行“法制宣传站”成立暨揭牌仪式。

（禹珊瑚）

【庆祝建党92周年暨七一表彰会】 6月28日，召开纪念中国共产党成立92周年暨七一表彰大会。大会进行了2012年度新党员入党宣誓，老党员重温入党誓词的活动，并表彰了2012年度先进党支部和优秀共产党员。

（禹珊瑚）

【开展党的群众路线教育实践活动】 8月13日，组织召开深入开展党的群众路线教育实践活动动员大会，对全局进行动员部署。市局党组成员、纪检组长吴鼎、监察处处长吕新利带领市局第三督导组成员参加了大会。8月21日，市地税局领导班子成员征求“四风”意见座谈会在区地税局召开，参会干部，围绕“四风”问题进行讨论，并结合工作提出意见和建议。8月，局党组理论中心组进行“党的群众路线教育实践活动”专题学习，集体学习《党的群众路线教育实践活动学习文件选编》部分内容、《关于认真学习“中央纪委通报8起顶风违反中央八项规定精神典型问题”的通报》等内容，观看了北京市党的群众路线教育实践活动专题片——《把群众放在心上》等。9月，召开部分纳税人座谈会，听取纳税人在“四风”方面的意见和建议，纳税人代表与局领导班子进行沟通，就税务干部的业务水平、税收政策的解读以及纳税人培训的针对性等方面提出意见。9月10日，召开落实党的群众路线教育实践活动特约监察员座谈会。22日，组织干部集中观看了主题教育影片《周恩来的四个昼夜》。23日，组织正科级以上领导干部参观北京市反腐倡廉警示教育基地。9月，组织正科级以上干部参观国家博物馆《复兴之路》展览。12月6日，召开党的群众路线教育实践活动班子专题民主生活会。

（禹珊瑚）

【“12·4”全国法制宣传日活动】 12月4日，开展以“做讲法制守秩序的好市民共筑伟大中国梦”为主题的法制宣传活动，活动中，共发放法制宣传资料500余份，宣传手册1000余册，同时针对法律法规、税收政策、涉税事项及相关工作职责进行了广泛宣传和咨询解答。

（禹珊瑚）

【下属单位情况】

单位名称：第一税务所
地　　址：北京市门头沟区龙园路5号
电　　话：60803016
邮　　编：102300

单位名称：第二税务所
地　　址：北京市门头沟区新桥大街48号
电　　话：69828140
邮　　编：102300

单位名称：第三税务所
地　　址：北京市门头沟区龙园路5号
电　　话：60804651
邮　　编：102300

单位名称：门城税务所
地　　址：北京市门头沟区龙园路5号
电　　话：60803035
邮　　编：102300

单位名称：石龙税务所
地　　址：北京市门头沟区龙园路5号
电　　话：60803050
邮　　编：102300

单位名称：永定税务所
地　　址：北京市门头沟区龙园路5号
电　　话：60803084
邮　　编：102300

单位名称：大峪税务所
地　　址：北京市门头沟区龙园路5号
电　　话：60803052
邮　　编：102300

单位名称：潭柘寺税务所
地　　址：北京市门头沟区龙园路5号
电　　话：60803046
邮　　编：102300

单位名称：王平税务所

地　　址：北京市门头沟区王平办事处后院
电　　话：61859435
邮　　编：102300

单位名称：斋堂税务所
地　　址：北京市门头沟区斋堂镇斋堂大街8号
电　　话：69816874
邮　　编：102309

单位名称：稽查局
地　　址：北京市门头沟区新桥南大街65号
电　　话：69849554
邮　　编：102300

（禹珊瑚）

金　　融

工商银行

【概况】　年内，工商银行门头沟支行贯彻总、分行党委经营战略决策和金融监管要求，按照稳中求进的总基调，围绕中心目标，统筹抓好经营管理各项工作，全行继续呈现出盈利较快增长，信贷结构趋向优化，区域优势得以巩固，资产质量稳步提高的良好发展态势。全行认真贯彻中央和总分行党委关于党的群众路线教育实践活动工作会议精神，扎实开展各项工作，加强基层党组织建设。注重发挥人力资源效力，加强中层干部队伍建设和培养锻炼力度，提倡员工投身“学习新知识、接受新事物、推广新产品、开办新业务、开拓新市场”的实践中。发挥党政工团组织优势，全面实施员工关爱计划，加强思想教育，帮助员工解决困难，增强支行可持续发展的动力和后劲。
单位名称：中国工商银行股份有限公司北京门头沟支行
地　　址：北京市门头沟区新桥大街16号
电　　话：69838898　69857880
邮　　编：102300

（李　威）

【短途竞赛】　年初，开展“开门红”短途竞赛。

（李　威）

【金融服务】　3月，开展“与雷锋精神同行”志愿者进社区金融服务活动。

（李　威）

【公开竞聘】　5月，开展网点负责人公开竞聘。

（李　威）

【营销活动】　5月，开展“工行进市场　服务进商户”商友卡直销宣传活动。8月，举办账户贵金属交易大赛。

（李　威）

【金融服务】　5月，门头沟支行携手区文创促进中心开展金融服务及产品推介会。

（李　威）

【主题教育】　7月起，开展党的群众路线教育实践活动。10月，配合区法宣办在行内开展预防职务犯罪法制宣传教育活动。

（李　威）

【企业文化】　9月，开展“工行梦·青春梦”青年梦想秀活动。10月，开展“爱家乡爱工行”步行比赛活动。

（李　威）

建设银行

【概况】　年内，支行认真贯彻总、分行“三大一高”战略要求，加快经营战略转型，以“做区域最活跃银行，创造区域同业竞争新格局”为努力方向，围绕“持之以恒地继续实施赶超战略，加速推进战略转型，下决心打造专业化队伍”三方面重点工作，找准郊县行特色定位，紧跟市场，倾力营销，整合资源，小步快跑，经营管理工作稳步推进。年末全口径存款余额92.77亿元，期末地区余额占比22.72%，排名地区同业第二位。其中储蓄存款余额46.46亿元，新增额市场占比27.20%，增长率14.43%，两项指标均列地区同业首位。对公存款余额46.31亿元，继续保持区域同业第一。各项贷款余额23.01亿元，期末余额占比25.49%，余额列地区同业首位。其中企业贷款余额19.84亿元，期末余额占比27.56%，列地区同业首位。年内，与区财政局签订直接支付、公务卡、统发工资三项业务的委托代理协议，实现财政代理资格全覆盖。加强网点建设。个人业务以“数据深挖掘、商业总动员”个人客户拓展专题营销活动等为重点，以代发拆迁款为渠道，有效整合资源，利用E动终端、移动理财POS等先进移动设备为社区百姓提供便捷金融服务。民主管理公开透明，党务公开工作落到实处。请区检察院同志到行进行“预防职务犯罪”专题讲座，与区内企业——北京精雕科技有限公司等客户进行座谈，了解客户需求，搭建银企合作平台。加大安全、服务、核算工作检查力度，对发现问题落实问责和整改。年内，支行通过建总行“中国建设银行安全管理标准——安全隐患分级分类标准JAB 800”检查验收，获得2013年度“平安示范支行”称号。

单位名称：中国建设银行股份有限公司北京门头沟支行
地　　址：北京市门头沟区双峪路22号
电　　话：69832674
邮　　编：102300

（曹静云）

【举行冬衣捐赠活动】 1月7日，支行团委开展“送温暖、献爱心”——冬衣捐赠活动，为受灾地区民众送上温暖。

（曹静云）

【举办产品推介活动】 1月28日，承泽苑支行开张营业，网点定位为“为百姓提供综合金融服务的社区银行”。4月11日，联合区国税局、地税局、投资促进局以及石龙经济开发区管委会，在区地税局三层报告厅召开以“银企合作共发展，助力未来共成长”为主题的产品推介活动，就建行信贷产品及相关政策向区内近40余家纳税企业进行介绍和解读。

（曹静云）

【举办军队武警客户联谊会】 7月25日，与区民政局、武装部，共同开展庆“八一”建设银行军队武警客户联谊会。

（曹静云）

【加强基层党组织建设】 年内，对支行党支部进行调整，正式党员超过3人的部门、网点单独成立党支部，通过党员大会选举产生新的支部书记及委员，调整后的党支部数量为9个。全年新发展党员3人，预备党员转正4人，确认入党积极分子3人，年末党员人数达到72人。

（曹静云）

【防范电信诈骗】 年内，以“平安建行”创建工作为契机，开展“安全生产月”、金融机构安全评估等活动，组织网点开展各类案防及应急演练，加强防范电信诈骗、防抢、防盗定期安全检查。全年成功堵截各类诈骗2起，涉及金额10.7万元。

（曹静云）

农村商业银行

【概况】 2013年，北京农商银行门头沟支行在总行党委的领导下，确定建设“好银行”的目标，全体干部职工共同奋斗，深入贯彻年初工作会议精神，以专业化经营、系统化管理和集约化控制为手段，以建设流程银行、特色银行和精品银行为目标，拓展市场，推进经营网点转型，强化风险防控，不断增强竞争能力，提升服务水平，稳步推进各项经营管理工作，业务发展呈现平稳良好势头，为新中长期发展规划打下良好开端。实现各项存款余额80亿元，各项贷款余额15亿元。以深化分支机构改革为契机，加强精细化管理，建立“后勤事务中心”，推进主辅业分离工作。开展“畅行天下　万事通达”、“养生有道　乐享人生”等宣传活动。组织开展公众教育服务日、普及金融知识万里行活动，进企业、进乡村、进社区宣传活动共45次。加强安保人员队伍的建设，促进保安队伍年轻化、专业化，确保全行营业网点安全运营。

单位名称：北京农商银行门头沟支行
地　　址：北京市门头沟区滨河路115号滨河大厦一层、十二层
电　　话：69835548
邮　　编：102300

（郝　晶）

【发行2013贺岁纪念币】 1月9日，完成2013贺岁普通纪念币兑换发行工作。

（郝　晶）

【召开改革发展研讨会】 1月14日，召开改革发展研讨会，行班子成员、各部门经理、各网点支行负责人对《北京农商银行门头沟支行3-5年中长期发展战略规划（讨论稿）》进行讨论，从区域经济发展格局、同业竞争态势分析、业务发展总体思路、发展战略措施、规划实施保障等方面明确门头沟支行发展的主要思路和方向。

（郝　晶）

【领导慰问困难职工】 1月30

日，总行领导等一行3人到困难职工家中走访慰问，为困难职工送上农商行的温暖和关心。

（郝 晶）

【领导视察活动】 1月29日，由人行营管部主办，北京参考消息报承办，北京农商银行协办，在门头沟区龙泉雾村开展涉农支付环境建设现场宣传活动，共有13家金融机构参加。

（郝 晶）

【工作调研】 年内，上级单位领导到门头沟支行调研共7次。分别就重点工作部署、农村信用环境建设、授信业务、安全维稳等方面进行具体指导，要求支行明确目标，狠抓落实，按照行政、经营两手抓的双轨道路，实现门头沟支行的可持续发展。

（郝 晶）

【组织宣传活动】 5月14日，由门头沟区金融办主导，各家金融机构协办的“2013门头沟金融安全宣传活动”在双峪物美广场进行。门头沟支行结合农商行特色金融产品、非法集资宣传、反假币宣传等各项内容，开展金融知识宣传。9月1日，“金融知识进万家”银行业金融知识宣传服务月活动总体安排，门头沟支行选取5个宣传点，开展集中宣传日活动。

（郝 晶）

【特色银行申报评审工作】 10月25日，北京银行业协会评审员一行9人到门头沟支行对龙泉支行申报特色银行进行现场评审。龙泉支行行长作了题为《立足京郊，情系三农，做百姓身边的金融顾问》的汇报，得到银行业协会评审员的一致认可。

（郝 晶）

【培训工作】 年内，共组织网点转型、保险理财、安全保卫、机构信用代码发放、远程集中授权、会计业务等培训156次，参加培训达2348人次。

（郝 晶）

【召开工作会】 12月11日，召开推进主辅业分离、组建后勤事务中心工作会。行领导、综合管理部相关人员以及后勤事务中心工作人员共计25人参加。

（郝 晶）

保 险

财产保险

【概况】 年内，结合公司内的实际，确定了立足全区，辐射乡镇，进军城区，坚持以发展为第一要务，有效益的发展为主基调，围绕“以制度规范管理，以管理促进发展”的总体思路，坚持“以客户为中心”的转型，通过革新经营管理理念，强化内控制度建设，不断提高管理深度；通过企业文化及精神文明建设，加强员工队伍建设，不断提升服务能力；通过由粗放式管理到精细化管理的转变，紧抓发展机遇，不断促进业务发展。全面提升客户服务能力建设为保障的工作思路。

单位名称：人保财险门头沟支公司
地　　址：北京市门头沟新桥大街18号
电　　话：69843284
邮　　编：102300

（张 志）

【与区政府签署战略合作协议】 自2012年开始，加大与区政府合作的力度，并经过与门头沟区政府的沟通与协调，完成民生保险的投保工作，实现部分乡镇农房保险工作。8月14日，与门头沟区政府完成了战略合作协议的签署工作。

（张 志）

【完成业务经营指标】 年内，实现保费收入8827.95万元，完成全年计划指标的101.39%。分险种：车险实现保费收入8096万元，完成全年计划指标的101.36%；非车险实现保费收入589万元，完成全年计划指标的100.7%；农险实现保费收入142.59万元，完成全年计划指标的105.62%。

（张 志）

【农网建设工作】 年内，农网建设做为分公司近两年的重点工作，支公司投入到强农惠农，践行三农保险服务工作中，建立起涵盖全区的8个三农保险服务站，年内，在门头沟区经济发展重点永定镇地区，新建“三农”自有门店，已实现产能。26个村级服务站，26名协保员的全方位、零距离的三农保险服务体系。

（张　志）

人寿保险

【概况】 年内，中国人寿保险股份有限公司北京市门头沟支公司按照分公司党委、总经理室制定的方针，结合地区内实际情况制定了以持续发展为主题、以提高效益为中心、以深化改革为动力、以强化内控为保证的工作策略，公司把握“攻坚克难、稳中求进、奋力拓展”的总基调，坚持紧盯市场形势，业务稳定发展；强化规范经营，基础逐步夯实；精心调整结构，经营效益增强；强调以人为本，环境日益和谐。公司在业务发展、队伍建设、风险控制、品牌形象、服务水平等方面都取得了可喜的进步。

年内，支公司共实现保费收入10714.79万元，其中新单保费收入3287.51万元，续期保费7427.28万元。全年新单保费由团体部实现保费收入460.15万元，银行保险部实现保费收入3189.86万元，个险业务部实现保费收入7064.78万元；全年总保费包括：健康险保费收入196.6万元，意外险保费收入270.85万元。公司连续17年被首都精神文明建设委员会授予“首都精神文明单位”荣誉称号。

单位名称：中国人寿保险股份有限公司北京市门头沟支公司
地　　址：北京市门头沟区滨河路64号
电　　话：69866673
邮　　编：102300

（刘　瑜）

【“送温暖”活动】 2月4日，门头沟支公司领导向支公司的特困职工发放春节慰问金，并转达了分公司领导的关怀与祝福。

（刘　瑜）

【传达分公司保险工作会议】 4月24日，门头沟支公司召开全体员工大会，组织全体员工学习总经理在一季度经营形式分析会上《勇担责任、锐意变革、矢志崛起》的讲话。

（刘　瑜）

【二级部经理岗位公开竞聘】 4月，市分公司开展空缺二级部经理岗位公开竞聘，门头沟支公司有8人参加公开竞聘活动，经过资格审查，笔试，面试，答辩，民主测评，有3名员工被聘任为二级部经理。

（刘　瑜）

【参加金融办活动】 5月14日，门头沟支公司参加门头沟区发改委金融办主办的健康理财你我他，金融安全送万家为主题的“2013门头沟金融安全宣传活动”。

（刘　瑜）

【与银行领导座谈】 5月15日，门头沟支公司班子全体成员与工行、中行、建行的行长及分管个金业务的分管副行长进行座谈。座谈会上支公司经理向各位行长介绍了门头沟支公司业务发展的总体情况。双方领导就现阶段业务开展情况展开了探讨和交流，并对下阶段的合作方向，重点工作及目标达成一致。

（刘　瑜）

【启动社区代表活动】 5月22日，公司召开“构建和谐社区、中国人寿驻社区代表”启动大会。分公司推广驻社区代表，累计收到面谈表324人，260人参加“驻社区代表”说明会，现场面试177人，持证15人，代资考报名116人，考试通过59人，最后办理工号57人。入营49人，出勤率60%，1Q转正30人，达2Q为19人。10月，市分公司第二期驻社区代表推广，累计收取面谈表190张，参加创说会91人，面试85人，报考30人，入司25人，新兵营第一个月，出勤率60%，1Q转正4人，达到2Q为2人。

（刘　瑜）

【门头沟团体部进园活动】 门头沟团体部开展进园活动，为区内几所幼儿园的小朋友购买了DIY的T恤。

（刘　瑜）

【党员活动】 8月28日，门头沟党支部组织全体党员及重点培养对象到中国坦克博物馆参观学习，接受爱国主义和革命传统教育，缅怀革命先烈。

（刘　瑜）

【升级营销】 9月，个险销售部推广业务新模式升级营销，单月共完成10年期保费240万元。

（刘　瑜）

【党的群众路线教育实践活动】 9月26日，北京分公司总经理到门头沟区支公司开展党的群众路线教育实践活动专项调研。与支公司班子成员、各部门二级部经理和部分员工代表进行座谈。会上，北京分公司总经理认真听取了支公司经理室成员关于各渠道业务发展情况的工作汇报，以及当前发展的中的困难、问题和建议，下一步的发展思路和各渠道队伍发展情况、以及党的群众路线教育实践活动的开展情况的汇报。

（刘 瑜）

【领导调研】 10月9日，北分公司业务管理中心总经理到门头沟客服调研，考察。了解门头沟客服的工作情况，并做出了解决柜面未来发展的基本思路，对下一步的工作进行了安排布署。

（刘 瑜）

【柜面功能调整】 11月，石景山内柜面应业务的发展和销售部门的需求充实人力、增加了服务设施，并进行了柜面改造，因此石景山内柜于11月从门头沟客服基本独立出去，开始实施主柜面的功能服务。

（刘 瑜）

【与区领导座谈】 12月10日，股份公司副总裁、北京市分公司党委书记带领分公司相关部门负责人、国寿投资股份有限公司负责人区内，与区领导韩子荣座谈，区发改委、人保局、民政局等12个委、办、局负责人参会。分公司党委书记首先介绍了中国人寿的整体发展情况，国寿投资负责人简要介绍了公司投资情况，门头沟负责人汇报了业务发展的基本情况，及下阶段需要政府支持的项目。

（刘 瑜）

【老年人意外伤害保险】 12月16日，中国人寿北京分公司与北京市政府合作推出了针对老年人意外风险的“老年人意外伤害保险”。

（刘 瑜）

【客户服务部荣誉】 年内，客户服务部参加市公司业管条线的“服务升级达标”活动。获得“柜面服务升级达标先进集体”的荣誉称号。在市分公司“互助共赢，创新催收的”业务活动竞赛中获得金奖。在柜面“互访”活动中荣获一等奖。

（刘 瑜）

【柜面活动】 年内，客户服务部派员工参加北戴河之行“我和空姐有个约会”的活动。年内，市公司组织优秀柜面经理到江苏省公司进行考察学习。

（刘 瑜）

城 乡 建 设

规 划 管 理

【概况】 北京市规划委员会门头沟分局是北京市规划委员会的派出机构（正处级），其主要职责是按照规定权限，负责组织实施行政区域内的规划编制、规划审批和规划监督工作。内设机构有办公室、综合业务科（全程代理）、规划科、建设工程管理科与建设用地管理科合署办公、市政交通工程管理科共一室四科，行政编制20人；门头沟区规划监察执法队为所属执法机构，执法编制8人；下属事业单位北京市门头沟区城市建设档案信息中心，事业编制6人。北京市门头沟区规划研究中心，事业编制10人。

单位名称：北京市规划委员会门头沟分局
地　　址：北京市门头沟区新桥大街51号
电　　话：69843398
邮　　编：102300

（蒋晓娇）

【市领导调研】 4月25日，市规划委主任带队到区内现场办公实地调研，区领导韩子荣等一同调研实地视察了棚改安置房、苛萝坨、秋坡、石佛3村安置房、永定楼及三家店地区的建设情况，观看全区规划沙盘，听取分局关于全区规划工作情况的汇报。年内，梅州城乡规划局局长一行到区内调研考察，期间，组织了专题座谈交流会，同时邀请市规划院、中建设计院等单位共同参与，交流经验，共谋发展。区规划分局介绍了门头沟区经济社会发展概况，对门头沟新城规划、新城南部地区城市设计导则等规划成果组织编制与实施情况做了说明，着重介绍了区域功能划分、产业布局、百里画廊、历史文化名镇名村保护与发展及城乡规划管理等方面的做法。梅州市领导就梅州市经济社会现状及规划情况做了介绍，对门头沟注重规划引导重点区域发展、镇村规划全覆盖、建立督查督导制度等方面做法给予肯定。

（张　刚）

【党建“3+1”结对共建帮扶】 7月4日，市规划委研究室、标准化办公室、门头沟分局3个部门到雁翅镇房良村开展“规划下乡学习基层”主题帮扶实践活动，与镇村干部群众开展座谈交流并进行了实地走访，了解到房良村的村情和发展实际需求，宣传规划部门的各项服务内容。

（张　刚）

【服务窗口示范点创建工作】 7月11日，区领导带领检查组创建“人民满意的基层站所、服务窗口示范点”活动的开展情况进行临时性检查。分局纪检组长向检查组介绍创建活动的方案以及采取的措施，包括完善全程办事服务公示牌、办事指南、办事流程等内容。

（张　刚）

【推动棚户区改造项目落地】 年内，新增100万平方米棚改安置房项目，采取以下措施推动项目的尽快建设：一是主动完成规划选址工作，完成永定镇小园3A地块、小园8号地块、小园4、5地块、曹各庄北地块、曹各庄A地块和龙泉镇城子C、D地块、城子村委会地块规划选址工作。二是会同市勘察测绘管理办公室就区棚改中心提交的方案组织专家多次召开方案评审会，从建筑布局、配套设施以及建筑体型、立面形式、建筑色彩等多方面进行论证，提高住宅设计水平。三是与市规划委协调，推动棚改安置房地块控规审查工作，并取得市规划委相关处室审查的同意。四是配合实施主体开展前期手续办理工作，为推动棚改安置房手续办理工作，配合区棚改中心开展工作，全力推动棚改安置房手续办理工作。

（张 刚）

【规划编制与研究】 年内，完成重点沟域及小城镇的总体规划，为区域跨越式发展提供了保障。一、街区控规深化方案编制工作。完成门头沟新城21街区（石龙新发展）控规深化方案编制及报审工作，支持后续的土地一级开发工作。配合区棚改中心，完成采空棚户区7平方公里涉及的城子西街区、东西龙门街区、圈门街区、东西辛房街区、黑山街区等街区控规深化方案编制工作，为土地腾退及一级开发奠定基础。二、地块控规编制工作。已经取得沿海地块（调整）、门头沟八中地块、东辛称C地块、城子村委会周边地块等6项规划的批复，使全区已批地块控规已近30余项。三、乡镇规划编制工作。保证乡镇重点项目建设，主动联系沟通各相关镇政府，经共同努力，已经按照区政府蓝皮书的要求提前完成了全区镇域规划全覆盖，其中斋堂、潭柘寺、军庄等镇总规已批复。针对各乡镇村庄地区的规划建设，继续发挥规划引导作用，配合乡镇政府完成涉及村庄规划编制及报审工作并完成妙峰山镇担礼、上苇甸等10个村庄规划的审查批复工作。

（张 刚）

【规划管理】 年内，办理选址意见书及规划条件18件，总用地面积约72.18公顷；办理建设用地规划许可证18件，用地面积共计85.51公顷；办理规划意见复函27件，建筑规模共计344.5万平方米；办理建设工程规划许可证50件，建筑规模共计149.36万平方米；办理回复红头及局交办文件98余件；提前预审新增100万棚改项目，建筑规模约150万平方米；此外，对位于重要大街两侧、重点区域的保障房项目上报区政府办公会审议，一方面将前期审查工作进行专项汇报，另一方面听取区政府领导、相关部门和镇街意见，对方案进行集体研究、科学决策。

（张 刚）

【规划监督】 年内，完成规划监督65件，其中规划验线36件，面积814138.7平方米；规划验收29件，面积686555平方米；卫星查违图斑核实：6批次10处，逐一进行现场核实并上报；向区房屋征收中心出具大面积抢建房屋认定函共360份，并协助区房屋征收中心对涉及存在违法建设被强征户的规划审批情况出函进行说明；配合区城管大队及镇政府出具案件协查单25件；信访接待：15件。

（张 刚）

建 设 管 理

【概况】 年内，全区完成社会固定资产投资230.1亿元、同比增长20.7%，房地产开发投资96.02亿元、同比增长30.8%；房屋施工面积401.9万平方米、同比增长31.4%，竣工面积134.9万平方米、同比增长1168.5%，商品房销售面积25.1万平方米、同比减少47.7%，建筑业总产值80.6亿元、同比增长12.5%。推进保障性住房建设管理分配、建筑节能及抗震节能型农宅建设工作，加大棚改工程安全质量监管力度。

单位名称：北京市门头沟区住房和城乡建设委员会
地　　址：北京市门头沟区永定镇石龙西路88号
电　　话：69842655　61801940　69842910
邮　　编：102308

（姜 楠）

【汛期房屋安全管理】 6月至10月，4支抢险队共集结上岗值班30次，上岗值班人数达到了956人次。雨中巡查房屋650间次，出动巡视人员200余人次，出动车辆20车次，抽排水3处9次，清通水道2处。汛期共修复平房漏雨230处，楼房20处。

（韩少伟）

【抗震节能综合改造】 年内，根据北京市关于老旧小区综合整治的相关规定，对1980年前建成的，经鉴定未达到现行抗震设防标准的31栋，5.87万平方米老旧楼房开展了抗震节能综合改造；对22栋，4.89万平方米非节能建筑楼房进行节能综合整治；对市政府确定的8栋简易住宅楼予以拆除，异地安置。

（高彦斌）

【物业企业及人员管理】 年内，在区内注册备案的物业服务企业53家，绝大多数在区外经营。在我区从事经营服务的物业管理企业共31家，其中10家为异地经营企业，共管理小区和服务项目53个（其中居住小区41个）、436.85万平方米；从业人员约1500人。

（张云涛）

【房屋权属登记】 年内，完成国有土地各类登记业务7559件、建筑面积162.50万平方米，其中初始登记11件、20.42万平方米，转移登记3744件、42.89万平方米，变更登记107件、5.99万平方米，注销登记1028件、22.90万平方米，抵押权登记2585件、68.22万平方米，预告登记11件、0.20万平方米，其他登记73件、1.87万平方米。

（魏英慧）

【工程安全质量监管】 年内，进行拉网式监督检查，全区在建工程103项、450.6万平方米。全年开展安全质量检查1054次，出动安全质量监督检查人员2884人次，协管检查人员3150人次，查出隐患3200余条；下发《责令改正通知书》94份，立案处罚33起、罚款40.975万元；在监督执法巡查过程中通过短信平台对全区各项目传达各类应急、突发、会议等各类信息4.43万条。

（王海梦）

【房屋安全鉴定工作】 年内，共受理房屋安全鉴定申请119件，总建筑面积为5602平方米。其中低保户（困难户）房屋安全鉴定16件，建筑面积为676平方米；廉租房房屋安全鉴定98件，建筑面积为2873平方米；依据产权人申请进行的房屋安全鉴定5件，建筑面积为2053平方米。

（池宝全）

【房屋安全普查】 年内，制定《2013年度门头沟区城镇房屋安全检查工作计划》，并组织召开年度全区城镇房屋安全检查工作会。全区总面积618.13万平方米。全年检查楼房1524栋、平房33615间。

（韩少伟）

【城镇低收入家庭危房治理】 3月中旬，对3个镇、18户、37间房屋495.79平方米进行危房治理工作，9月底全部完工，资金总额为126.6万元。

（韩少伟）

【招标投标工作】 年内，共受理招投标项目150项，金额48.78亿元，规模165.05万平方米，道路里程5.5千米。其中，国有项目130项，金额34.77亿元，规模123.48万平方米，道路里程5.5千米；非国有项目20项，金额14.01亿万元，规模41.57万平方米。公开招标项目134项，金额41.48亿元，规模147.11万平方米，道路里程5.5千米；邀请招标项目11项，金额7.29亿元，规模12.27万平方米；直接发包项目5项，金额250万元，规模0.67万平方米。

（朱　凡）

【保障性住房建设与分配】 年内，公租房项目共开工905套，其中包括：龙泉镇F1地块配建公租房项目157套；高家园配建公租房项目748套。2013年，共配租配售各类保障房共计1530套。其中包括：西辛房廉租项目24套；石门营经济适用房项目6套；丽景长安配建限价房项目594套；S1线12地块配建两限房项目906套。截止到年底，区内经适房轮候家庭775户，限价房轮候家庭135户，公租房轮候家庭1413户，廉租房实物配租轮候家庭210户。全年累计发放廉租房租赁补贴283户，共126.56万元。

（石书霞）

【信访维稳与信息公开】 年内，共受理来信来访206件。其中，来访77件，市住建委转办19件，市信访办转办16件，区信访办转办2件，市长信箱92件。同时，受理信息公开14件次，接到为民服务平台转办案件1567件、办结率100%。

（杜　凯）

国 土 资 源

【概况】 北京市国土资源局(以下简称市局)门头沟分局(以下简称分局)是市局的派出机构，在市局的领导下，按照管理权限，负责组织实施行政区域内土地、矿产资源行政管理工作。按照市局批复的新“三定”方案，分局设置6个内设机构，即：综合科、地籍科、土地利用科(耕地保护科)、地质矿产科、办公室(财务科)、政工科，另设纪检监察科。所属8个事业单位：北京市土地整理储备中心门头沟区分中心、北京市门头沟区国土资源执法监察队、北京市门头沟区土地权属登记事务中心、北京市门头沟区土地利用事务中心及北京市国土资源局门头沟分局第一、第二、第三、第四4个国土资源管理所(办公地点分别设在永定、军庄、王平、斋堂)，现有干部职工97人。

年内，加大土地一级开发力度，完成开发面积113.29公顷，完成投资42.08亿元。完成保障性住房供地12公顷，完成经营性供应土地83.47公顷，实现土地收益91.5亿元。认真落实地质灾害防治责任制，启动应急响应8次，共转移群众845户2091人，全区未发生因地质灾害引发的人员伤亡事故。加强国土资源执法监察，巡查主动发现率87%，履职尽责到位率100%。积极开发后备资源，在施土地开发整理项目工程3个，完成工程总量的90%。集体土地所有权登记颁证工作通过验收，完成确权登记766宗，确权登记率96.1%。集体建设用地使用权确权登记颁证工作基本完成，完成确权510宗，确权率70.3%。加强地质环境恢复治理，完成矿山环境恢复治理项目竣工验收2个。完成“北京市西部山区百花山地区废弃矿山地质环境治理示范工程”清水镇达摩沟口、斋堂镇长峪沟、永定镇北岭王平口3个治理区工程建设，完成投资4000万元，治理面积130万平方米。地质灾害治理稳步推进，实施地质灾害治理工程项目5个。扎实开展党的群众路线教育实践活动，不断加强党组织建设，认真落实党风廉政建设责任制，不断提升行政服务工作水平，稳步推进干部队伍建设。

单位名称：北京市国土资源局门头沟分局
地　　址：北京市门头沟区新桥大街48号
电　　话：69856773　69829676
邮　　编：102300

(杨立新)

【联合整治检查】 1月4日，会同区打非督导组、永定镇政府对永定镇北岭南区、黑土洼地区盗采叶腊石、煤炭行为再次进行联合检查。未发现新的盗采行为。6月14日，会同区打非督导组、潭柘寺镇政府到潭柘寺镇与丰台区交界处菜地沟区域，就非法盗采石灰石情况开展联合检查。未发现盗采行为。7月8日至12日，由区综治办、流管办牵头，组织区打非督导组、经信委、国土分局、公安分局、工商分局、安监局、交通局、园林局及镇政府等部门，在全区开展了为期5天的打击非法盗采联合执法专项行动。期间，共出动车辆60台次，执法人员180人次，对大台街道大华沟、草巷沟，王平镇吕家坡村安滩，清水镇第一煤矿、上达摩煤矿，斋堂镇黄岭西、大三里沟及马栏等盗采易发区域进行了拉网式检查。检查出租房屋80余间、流动人口近300人。未发现盗采迹象和可疑人员。10月6日至8日，由政法委牵头，组织区综治办、打非督导组、国土分局、公安分局、安监局、园林局、经信委、交通局、工商分局等部门，联合属地镇街政府，采取白天拉网巡查、夜间突击检查的方式，开展了为期3天的联合执法专项行动。期间，共出动车辆20台，执法人员80余人，对大台街道大华沟、南巷沟，清水镇第一煤矿、上达麽煤矿、洪水峪兴华煤矿，斋堂镇马栏大槽、蔡家岭、河洋铺，王平镇吕家坡安滩、砑石山等区域煤熏口封堵情况进行了检查。同时，对潭柘寺镇阳坡园和永定镇北岭北坨、瓜草地南区果园等盗采叶腊石易发地区进行了重点检查，其中在夜间突击检查瓜草地南区果园时，现场抓获2名盗采叶腊石人员，收缴盗采工具10余件。

(杨立新)

【区领导调研】 1月5日，区领导等到分局调研。分局汇报了2012年重点工作完成情况和存在的问题及2013年重点工作思路。区领导对下一步工作提出要求。3月19日，区委常委、区纪委书记到分局调研。听取了分局关于党风廉政建设和反腐败工作等有关情况汇报。6月21日，区领导就

“三定三限三结合”定向安置房项目情况到分局调研。听取了分局关于相关政策的情况汇报和区审计局项目审计工作的情况汇报。7月23日，区领导就年度土地储备拟入市项目情况到分局调研。分局汇报了北旅广场、东辛秤项目C地块、物美B等重点拟入市项目的进展情况及存在问题。8月21日，区领导就“三定三限三结合”定向安置房项目管理实施办法到分局调研。听取了分局相关工作情况汇报，了解了三定三限安置房项目相关政策，要求针对区安置房具体情况制定管理实施办法，明确各委办局责任分工，未履职的要追究相应责任。

（杨立新）

【市领导调研】 1月5日，市土地整理储备中心领导就区2013年土地储备工作到分局调研。分局汇报了2013年拟入市项目情况、储备资金需求及存在的主要问题。市领导对存在的问题提出了解决思路及办法，将给予政策指导和技术支持。5月8日，市局党组领导到区，就土地储备工作调研。区领导韩子荣等参加调研。分局汇报了区土地储备项目总体情况和2013年拟入市项目情况及需研究解决的问题。11月14日，市局领导就土地入市工作到区调研。区领导韩子荣等参加调研。分局汇报了全区拟供应经营性用地项目情况。

（杨立新）

【召开打击非法盗采专题会】 1月6日，召开打击非法盗采专题工作会。会上，公安分局、国土分局、安监局及有关镇街汇报了打击非法盗采工作情况。区领导就下一步工作提出要求。7月3日，召开打击非法盗采工作专题会。会议研究了上半年工作，对下半年工作进行了部署。

（杨立新）

【市检查组检查】 1月8日，市局到分局检查《北京市国土资源局执法监察发现、制止、报告和查处工作监督管理办法》落实情况，听取了分局2011年以来国土资源违法违规行为发现、制止、报告和查处的情况汇报，并检查了相关内业档案。16日，市局到分局检查2012年国土部土地变更调查与卫片执法检查工作情况，市局与分局对此次卫片监测发现违法违规用地整改查处及补办手续等情况进行沟通交流，并就存在问题进行研究商讨。5月17日，市局到区检查地质灾害防治工作，听取了王平镇政府关于地质灾害防治工作的情况汇报，查阅了相关档案资料，实地检查了西王平村及十八潭景区的发放防灾明白卡、设置警示牌、避险场所等地质灾害防治措施落实情况。20日，市颁证办、市权属登记中心到区复查集体土地所有权确权登记发证成果，随机抽查了40宗集体土地所有权确权档案，核实了档案内容和数据库信息，复查结果全部合格。23日，市局领导带队到区检查汛前地质灾害防治工作。市局先后到大台街道办事处灰地社区朝阳街、灰地小学隐患点，以及军庄镇灰峪村隐患点和军庄灰峪废弃矿山地质环境治理现场进行实地检查，听取了分局、大台街道、京煤集团的工作汇报，并与区政府就地质灾害防治工作交换意见。6月5日，市局领导到雁翅镇河南台村实地检查区突发地质灾害应急转移演练。8月1日，市局就2012－2013年度国土资源执法监察工作到分局进行立项行政检查，重点检查了卫片核查准确率、信访举报答复率、巡查处理到位率及案件查处规范性等情况，实地到现场察看了违法用地查处及整改情况。

（杨立新）

【土地整治规划】 1月29日，召开区土地整治规划（2011－2015年）专家评审会。评审组由北京大学、国土部，以及区财政、农业等部门组成。评审组通过听取汇报、提出质询、审核成果资料后，同意通过评审。

（杨立新）

【国家土地例行督察】 1月29日，国家土地督察北京局专员带队到区内，就土地例行督察交叉验收后续工作督导沟通。市局总规划师，区领导韩子荣等出席沟通会。分局汇报了土地例行督察交叉验收指出问题的整改情况。3月25日，国家土地督察北京局专员带队到区，就2012年土地例行督察交叉验收问题整改情况检查验收。检查验收组听取了区政府关于2012年区土地例行督察交叉验收问题整改情况汇报，查阅了违法违规用地相关资料。8月20日，国家土地督察北京局副局长带队到区，就2012年土地例行督察整改及2013年土地征收等情况进行检查。检查组听取了区关于违法用地整改查处情况及土地征收、补偿、保障农民权益等情况的汇报，审查了相关内业卷宗资料，实地查看了部分征地现场。北京局领导对区土地征收等管理工作给予肯定，并强调，要切实从保护农民利益，加强土地征收监管，落实违法整改查处工作；要加强土地管理共同责任机制建设，实现土地“大家用、大家管”。

（杨立新）

【土地开发整理】 1月，启动实施了清水镇黄安坨、雁翅镇田庄、妙峰山镇上苇甸等三个土地开发整理项目工程建设。工程总投资4740余万元，总建设规模1640余亩，预计新增耕地1080余亩。12月，在施的三个土地开发整理项目已完成总工程量的90%，完成投资2128万元，占工程总投资的45%。

（杨立新）

【土地招拍挂】 2月4日，高家园（1、3号地）部分地块在市土地交易市场招标成交。该地块总用地面积16.96公顷，建设用地面积14.18公顷，建筑控制规模16.26万平方米，由中国水电建设集团房地产有限公司和金地（集团）股份有限公司联合体中标，中标价213000万元。2月7日，高家园（1、3号地）部分地块在市土地交易市场招标成交。该地块总用地面积38.02公顷，建设用地面积29.4公顷，建筑控制规模33.91万平方米，由中国水电建设集团房地产有限公司和金地（集团）股份有限公司联合体中标，中标价403000万元。5月7日，新城MC09－004地块（小商品项目）在市土地交易市场完成入市交易。该地块土地面积3.04公顷，建设用地面积0.86公顷，建筑控制规模3.29万平方米，交易起始价18000万元。经过82轮现场竞价，最终由北京世纪今创房地产开发有限公司以36800万元竞得，超出交易起始价18800万元。5月30日，门头沟新城MC09－065－066地块C2商业金融用地项目（滨河西区2号地）在市土地交易市场完成入市交易。该地块土地面积0.86公顷，建设用地面积0.48公顷，建筑控制规模0.96万平方米，交易起始价4800万元。经过44轮现场竞价，最终由北京慧友房地产开发有限责任公司以10600万元竞得，超出交易起始价5800万元。9月26日，门头沟新城MC04－149地块F3其它类多功能用地（原物美半岛）地块在市土地交易市场完成入市交易。该地块总土地面积3.4公顷，建设用地面积2.66公顷，建筑控制规模9.33万平方米，交易起始价73100元。经过90轮现场竞价，最终由北京锦华盛业装饰工程有限公司以133000万元竞得，超出交易起始价59900万元。10月10日，斋堂1号地（A地块）在市土地交易市场完成入市交易。该地块总土地面积15.12公顷，建设用地面积9.94公顷，建筑控制规模8.9961万平方米，最终由基卓投资有限公司以26775万元竞得。11月21日，北旅广场项目用地在市土地交易市场招标成交。最终由北京市华远置业有限公司和北京金秋莱太房地产开发有限公司联合体以230000万元竞得。12月18日，曹各庄、桥户营村项目C地块（部分）在市土地交易市场以招标方式入市交易。经过现场评标，最终由北京住总房地产开发有限责任公司、北京融创恒基地产有限公司和北京骏洋房地产开发有限公司联合体中标，中标价586600万元。

（杨立新）

【廉政建设工作】 3月22日，召开党风廉政建设工作会。会上，传达了中纪委、市委、区委和国土资源系统党风廉政建设工作会议精神。会议总结了2012年工作，部署了2013年任务，逐级签订了党风廉政建设责任书。4月3日，召开廉政建设工作会。会上，传达了中纪委关于6起违反“八项规定”典型问题的文件。9月24日，组织干部到市检察院反腐倡廉法制教育基地参观。

（杨立新）

【矿山地质环境治理】 4月9日，市局组织专家对首钢鲁家山石灰石矿和龙世源采石场矿山环境恢复治理保证金实施方案进行专家评审。专家组听取了治理方案汇报，查阅了相关资料，实地查看了治理现场。经评审，同意两个项目治理方案。4月，北京市西部山区百花山地区废弃矿山地质环境治理示范工程（门头沟区）开工建设。该工程分为清水镇达摩沟口、斋堂镇长峪沟、永定镇北岭王平口等3个治理区。8月20日至21日，市局组织监理公司、设计单位及有关专家对分局承担的清水达摩长峪沟煤矿矿山地质环境治理项目、军庄灰峪矿山环境治理项目进行竣工验收。验收组通过实地查看、现场质询、听取报告、查阅资料后，同意两个项目通过竣工验收。12月，完成了清水镇达摩沟口、斋堂镇长峪沟、永定镇北岭王平口3个治理区工程建设，完成投资4000万元，治理面积130万平方米。

（杨立新）

【地质灾害防治】 5月8日，召开区地质灾害防治工作会。会议部署了汛期地质灾害防治工作，并提出要求。会上，区地质灾害应急指挥部与各单位签订了地质灾害防治责任书。5月10日，在区滨河世纪广场开展第5个全国“5.12”防灾减灾日宣传活动。活动主题为“识别灾害风险、掌握应急技能”。期间，采取现场咨询、摆放展板、发放宣传材料、展示应急装备和器材等多种形式，宣传地质灾害防治知识。6月6日，分局接到市局与市气象局联合发布的地质灾害黄色预警后，立即启动预警响应。此次降雨大台地区共转移65户178人。10日，接到区应急办转来的崩塌灾害报告后，会同市应急调查队对大台灰地社区路口、妙峰山景区公路崩塌灾害点和109国道担礼至下苇甸路段崩塌隐患点开展应急调查。经勘察，大台街道和旅游委已经分别对所属崩塌灾害点进行了现场处理，采取了防护措施。6月，开展了“地灾避险进村入户”主题宣传月活动。内容包括：完善应急预案、开展应急演练、入户登记、建立台账、加强应急队伍建设等12个方面。7月17日，召开区主汛期地质灾害防汛工作专题会。会议传达了国务院办公厅关于切实做好汛期灾害防范应对工作的紧急通知，传达了李克强总理关于切实加强汛期灾害防范应对工作的重要批示和王安顺市长在市防汛抗旱指挥部的重要指示。通报了全区地质灾害防汛工作情况及存在的一些问题。会上就下一步工作要求。

（杨立新）

【采矿权年检】 5月，完成了区2012年度采矿权年检工作。应检矿山7家，实检矿山7家，年检率100%。此次年检与往年相比，增加了对矿山企业履行矿山生态环境恢复治理、土地复垦义务、矿山生态环境恢复保证金缴纳、标识牌设立等检查内容，并首次将年检情况上报全国采矿权年检信息网管理系统备案。

（杨立新）

【保障房安居工程供地】 5月，保障性安居工程用地供应全部落实到地块。其中，定向安置房项目为棚户区改造黑山地块和高家园2号地块，土地面积15.35公顷；公租房项目为高家园1、3号地块，土地面积3公顷。

（杨立新）

【高标准基本农田建设】 6月7日，组织区财政局、农业局、审计局及市局有关专家到清水镇燕家台、李家庄、梁家铺3村高标准基本农田建设项目进行验收。该项目于2012年实施，总建设规模1080.61亩，其中基本农田面积1023.52亩，新增耕地面积94.84亩。验收组通过听取汇报、查阅资料、审核规划设计、专家质询等方式进行了认定，同意该项目通过验收。

（杨立新）

【全国土地日宣传】 6月25日是第23个全国土地日。分局在新桥大街，各国土所在辖区主要街道，采取悬挂横幅、设立宣传站等形式开展土地日宣传活动。活动主题为“珍惜土地资源、节约集约用地”。期间，悬挂横幅10条，发放宣传材料2300余份，接待群众咨询20余人次。

（杨立新）

【国土部廉政建设检查】 7月3日，国土部廉政建设监督第16检查组到分局检查指导。检查组听取了分局关于贯彻落实中央八项规定、规范领导干部行为、监督行政权力运行、查处违规违纪等4个方面的工作汇报。区领导介绍了区经济社会发展和党风廉政建设的总体情况。检查组就行政监督、行政问责、干部轮岗等问题提出了相关意见和建议。期间，检查组查阅相关资料，并与分局部分干部开展座谈，实地到分局第一国土所进行了检查。

（杨立新）

【农村土地确权登记颁证】 7月10日，市委市政府召开全市农村集体土地所有权确权颁证成果验收会。会上，区确权登记颁证工作通过市级验收。

（杨立新）

【党的群众路线教育实践活动】 8月19日，召开党的群众路线教育实践活动动员大会。会上，分局党组就开展党的群众路线教育实践活动进行了安排部署，党组书记作了动员讲话。8月31日，召开党组中心组理论学习（扩大）会。会上，集体学习了习近平总书记在党的群众路线教育实践活动工作会上的重要讲话精神，中央党史研究室副主任讲《群众路线的形成发展和重大意义》辅导讲座。会上总结了教育实践活动前期开展情况，并就下一步工作提出要求。12月10日，召开党的群众路线教育实践活动专题民主生活会。会上，分局对照检查内容报告了领导班子贯彻中央“八项规定”的情况，剖析了领导班子在“四风”方面存在的突出问题，并提出了以后的努力方向和改进措施。班子成员逐一开展了批评与自我批评。

（杨立新）

【法律法规培训】 9月6日，会同区监察局在潭柘寺镇，组织开展镇村级干部国土资源法律法规培训暨“送图进村”活动。培训班上，分局相关科室负责人，结合典型案例，就国土资源管理法律法规及政策等进行了解读。

（杨立新）

【地质灾害治理】 9月，启动实施清水镇塔河、永定镇岢萝坨、雁翅镇碣石、房良等4个地质灾害治理项目工程建设。12月，启动实施斋堂镇柏峪地质灾害治理项目工程建设。塔河项目工程建设完成工程进度的90%，碣石、房良项目工程建设基本完工。

（杨立新）

市 政 管 委

【概况】 区市政市容委2013年共承担区重点工程、重点工作任务59项，其中：续建工程3项，区重点工程20项，为民办实事任务4项，创建国家环保模范城区暨国家生态区重点项目3项，重点推进任务24项，政府其他重点任务5项。配合市有关部门做好陕京三线工程、北京首钢生物质能源项目规划、拆迁、及相关服务保障工作。苛园路、莲石湖西路、黑江路及石泉、石门营市政配套和河道治理基本完工，泰安路、华园路进行雨污水管线施工中。小园安置房市政配套工程上园路南延全段完成面层沥青铺设，新30路、新31路、砂石坑西侧路进行雨、污水管线施工，工程完成50%。曹各庄安置房市政配套工程进行规划八路、上园路北延、华园路北延管线施工，工程完成60%。东辛称、白庄子土地一级开发市政配套工程规划一街、规划三路、六环西侧辅路道路底层油完成，进行规划二街管线施工，工程已完成90%。九龙路已开工，采空棚户区黑山地块市政配套工程招标工作基本完成。黑山大街北延正在进行拆迁和招投标工作。采空棚户区中门寺地块市政配套工程进行施工招投标工作。黑一路西延、滨河路南延一期、冯村、何各庄A地块市政配套、城子大街国有资源整合改造项目市政配套、及S1线01、02地块市政配套办理前期手续。城子地区集中供热工程进场进行基础施工。焦家坡垃圾综合处理厂工程已报市发改委申请工程立项，进行重新选址。为民办实事、国家环保模范城区暨国家生态区重点项目等重点工作任务以及区政府临时交办的工作全部完成。小市政道路及排水工程完工，实施旧楼天然气入户改造工程500户完成通气，新入住小区开展垃圾分类实施4个具备条件的居住小区。开通新城社区公交专线站台完成。推进国信恒望热力有限公司煤改气工程建设做前期调研工作，黑山、石龙集中供热厂脱硝工程完工，加强施工工地环境整治和运输车辆的专项整治，严查乱倒建筑渣土现象，打击泄漏遗撒行为。24项重点推进任务进行方案设计、规划、土地、水保、环评等前期手续。西北热电中心工程拆迁、征地工作全部完成。与石景山麻峪地区合作开展环境建设园林局接收土地。西六环建设工程历史遗留问题协议签订。完成城子、新桥地区环境建设区域达标规划设计及综合提升工作。开展20项市级重点任务、5条市级达标路和10条区级达标路环境建设工作。健全城市景观照明台账，对人保大厦、农林大厦等楼体实施夜景照明工程。园博园（门头沟段）沿线环境整治提升工作已全部完成。共完成34次中央、市领导及市有关部门到区内调研及重大活动的环境保障任务。全面改造提升老旧小区、整治背街小巷、校园周边的环境整治建设。修缮胡同道路、粉刷立面、维修更换果皮箱、协调开设便民设施，完善老旧小区绿化环境。全面提升环境建设整体水平。

单位名称： 门头沟区市政市容管理委员会
地　　址： 门头沟区永定镇侯庄子村215号
电　　话： 69854076
邮　　编： 102308

（肖　霄）

【城市住宅供暖工作】 1月10日，解决滨河路79号院住户家中不热问题。经调查该问题是由于圣海湖宾馆私接供热管线所致。北京华源热力管网有限公司在圣海湖宾馆的供热管线上安装了调节阀门，确保流量平衡。10月24日，供暖工作准备充分，有供热单位29个，锅炉房54座。年内全区供暖面积约652.2万平方米，其中住宅面积约487.8万平方米。11月7日，各供热单位已全部点火试运行。28日，石门营A5社区供暖不热问题已解决。该社区的热力站和管网疏通的改造工作已完成，长时间造成部分居民家中不热问题已彻底解决，整个小区供暖恢复正常。

（肖　霄）

【市区领导调研】 1月21日，区领导调研，听取了区市政市容委的工作汇报，对所取得的成绩给予了肯定。2月18日，区领导韩子荣，区政协副主席、区市政市容委党组书记、主任就2013年工作计划、市政基础设施工程征地手续办理等相关情况进行汇报。

（肖　霄）

【安全生产、消防】　1月30日，门头沟区垃圾无害化处理中心加强春节前安全检查工作，安全检查小组对消防安全、安全生产等工作进行检查。10月18日，请国家安全生产监督管理总局教授就安全生产知识进行“践行北京精神，弘扬安全文化”安全生产讲座。11月1日，对机关和所属单位进行消防安全检查，对检查出的问题逐一整改。

（肖　霄）

【道路改造工程】　3月13日，续建工程泰安路、黑江路、苛园路、莲石湖西路、石门营河道治理、石泉砖厂河道治理等8项工程已复工。4月28日，对潭柘寺景区道路路面进行修复工作。同日，石门营经济适用房市政配套工程3条道路铺设面层油。5月22日，泰安路、华园路开工建设。7月31日，中门寺街道路改造工程完工。8月29日，黑江路改造工程施工。该工程已完成过半，降方、填方约22万方，一号桥及2号桥基本完工，污水完成约650米，燃气管线完成650米。同日，华园路北延热力完成井室3座，管线铺设110米。华园路北延给水管线沟槽开挖，管道安装完成100米。雨水29#至34#、污水31#至39#，检查井全部完成，沟槽回填完成。

（肖　霄）

【扫雪铲冰】　3月19日，启动扫雪铲冰应急预案应对雪情。19日，及时向各相关单位发出了扫雪铲冰通知，各成员单位启动扫雪铲冰方案。

（肖　霄）

【垃圾渣土管理】　4月7日，加强施工工地环境整治开展运输车辆专项治理。联合区住建委、城管、交管和环保等职能部门对建筑施工工地进行日常检查。19日，开展联合检查工作，定期日查、夜查；加强日常巡检工作力度；提高办证核查比例。5月2日晚、6日晚、9日，会同区环保局、城管监察大队、公安交通支队、交通局对市建筑垃圾运输综合执法检查。23日，区市政市容委五项措施严控乱倒垃圾渣土。8月6日，联合城管、住建委及龙泉镇政府等多部门对龙泉镇2号储备地高家园安置房项目等施工工地的工地管理、渣土消纳等工作进行联合检查。

（肖　霄）

【燃气工作】　6月14日，在区斋堂镇开展燃气使用安全宣传活动。联合区质监局、区液化气站、燕华液化气站共同举行送气下乡安全使用液化气知识宣传活动。20日，市政、安监、质检等相关部门组成的联合检查小组对大峪地区餐饮场所进行燃气安全专项检查，向餐饮企业讲解了燃气安全知识。26日，组织召开全区燃气安全工作会，对区内燃气安全检查进行部署，并听取了相关部门及各镇、街开展餐饮场所燃气安全联合检查工作汇报。8月7日，联合北京华油燃气门头沟分公司在石门营新区举行天然气安全使用宣传活动。11月26日，组织召开门头沟区燃气企业安全生产工作会，对区内燃气企业安全生产大检查工作进行部署，全区9家燃气企业参加会议。

（肖　霄）

【区垃圾无害化处理】　8月6日，区垃圾无害化处理中心开展安全检查工作。组织召开动员会，完善安全生产应急预案，与职工和管理人员签订安全责任书，展开由点到面的安全检查，对中心重点部位进行定期隐患排查，发现问题及时处理。

（肖　霄）

【夜景照明工程】　10月10日，对区内城市夜景照明的运行、维护与管理进行了规范。

（肖　霄）

【大气污染治理】　11月6日，采取五项措施，加大大气污染治理力度。

（肖　霄）

【征地手续办理】　12月9日，开展西六环工程征地转非工作。西六环工程征地补偿二次预付款9000万元已经到账，分别拨付永定、龙泉、军庄各镇。资金到位后即可向国土、民政、公安、人保部门开展农转非工作。

（肖　霄）

【地下管线排查】　年内，区城市地下管线总长度为2560.73公里，占全市城市地下管线总长的1.81%；井盖类设施数量为71548套，占全市井盖类设施总数的3.46%。管线密度为1.77公里/平方公里，井盖类设施密度为49.32套/平方公里，万人管线保有量为87.10公里/万人，万人井盖类设施保有量2433.61套/万人。

（肖　霄）

【垃圾分类】 年内，垃圾减量垃圾分类达标小区市级任务共13个，共涉及居民16740户、50696人、共配备垃圾分类指导员247人。针对棚改新区居民由农民变居民、平房上楼房，在石门营、龙门等13个棚改安置小区实施垃圾分类宣传活动。

（肖 霄）

【信访工作】 年内，共接到市长信箱信件22件、北京市信访综合办公系统来信件3件、群众来访26件27批次46人次，其中集体访3件4批19人次，为民服务中心平台接收案1628件，未发生集体访、越级访。全部按信访程序予以答复办理，办复率100%。

（肖 霄）

【下属单位情况】

单位名称：北京市门头沟区市政市容服务中心
地　　址：北京市门头沟区侯庄子村215号
电　　话：69854076
邮　　编：102308

单位名称：北京市门头沟区住宅锅炉供暖管理办公室
地　　址：北京市门头沟区侯庄子村215号
电　　话：69854076
邮　　编：102308

单位名称：北京市门头沟区垃圾无害化处理中心
地　　址：北京市门头沟区永定镇焦家坡
电　　话：60804382

单位名称：北京市门头沟区市政设施养护队
地　　址：北京市门头沟区侯庄子村215号
电　　话：69854076
邮　　编：102308

单位名称：北京市门头沟区市政市容施工队
地　　址：北京市门头沟区侯庄子村215号
电　　话：69854076
邮　　编：102308

单位名称：北京市门头沟区垃圾渣土管理所
地　　址：北京市门头沟区侯庄子村215号
电　　话：69854076
邮　　编：102308

（肖 霄）

公 共 事 业

供 水

【概况】 北京市自来水集团有限责任公司门头沟分公司坐落于门头沟区城子大街128号。

公司占地5.3万平方米。供水面积约31平方公里，主要供水区域包括：门城镇地区及石景山的广宁、麻峪、五里坨、黑石头等地区，并承担相应的给水管道安装、维护、修理和水费查收工作。公司现有11个加压泵站，12眼补压井，为加强管理，每个加压泵站及井室内都安装了远程数据传输监控装置，终端设在门头沟分公司办公室。公司下设管理、多经、营销、生产、工程5个班组，在职职工总数90人。

单位名称：北京市自来水集团有限责任公司门头沟分公司
地　　址：北京市门头沟区城子大街128号
电　　话：69842649　69828134
邮　　编：102300

（罗亚巍）

【党建与精神文明】 8月6日，公司党支部于召开党的群众路线教育实践活动动员会，正式启动了教育实践活动，并对活动安排进行部署，集团第一督导组参加动员会并提出要求和希望。12月6日，召开专题民主生活会，会议围绕保持党的先进性和纯洁性，按照“照镜子、正衣冠、洗洗澡、治治病”的总要求，以为民务实清廉为主题，以反对“四风”、服务群众为重点，班子成员分别作个人对照检查发言，并开展批评和自我批评，集团第一督导组组长对民主生活会情况进行了点评。19日，召开组织生活会，和党员们一起探讨群众路线教育实践活动中存在的问题以及每个人在“四风”方面需要改进的地方，大家主动进行自我批评，大胆提出问题，并虚心接受其他同志的意见。

（罗亚巍）

【经济指标】 年内，完成供水量1997.44万立方米，售水量1507.12万立方米，实现总产值3216.45万元。高日供水量发生在7月6日，达到62326立方米。全年生产耗电量964.97万千瓦小时。产销差率为24.55%。管网水质合格率100%，管网压力合格率100%，管网修漏及时率100%，水费回收率99.48%。

（罗亚巍）

【水厂改扩建工程】 年内，在城子水厂改扩建工程中承担着对工程进度、质量、安全等方面的全面监督管理工作，分公司项目部对工程进行日检、周检，查出施工现场存在的各类问题60余条，并要求施工单位整改，落实整改复查，防止类似问题再次发生。组织3次专题会议与集团各相关部室协商重要设备技术、经济问题，协助施工单位完成2个重要设备二次招标工作，组织技术人员与设备厂家进行技术交流，并派遣技术人员到工厂目睹设备出厂试验。分公司在工程中协调设计院、施工单位做好配合工作，截至年底，工程整体进度完成17%，未发生安全责任事故。

（罗亚巍）

【优化对外服务】 年内，组织营销柜台工作人员开展各岗位文明礼仪培训。此外，开展“遵守纪律无特权 执行纪律无特殊”的活动及“干一行 爱一行 学一行 精一行”的岗位学雷锋活动。制订并贯彻落实《门头沟分公司营销员服务标准及查表工作十不准》和《门头沟分公司柜台业务员服务标准及服务六项规则》。

（罗亚巍）

【安全教育】 年内，加强安全生产教育培训，外请老师对有限空间作业人员、生产运行人员进行专题授课，组织技术人员编制学习资料，帮助高压运行维修操作人员进行资格复审。

（罗亚巍）

【深化制度建设】 年内，完善原有工作票、操作票填写制度；优化了报修单制度；将水处理工艺异常情况上报制度、工艺巡视制度上墙；厂级工作任务单、供水工艺参数调整审批单及设备检修工作票已通过研讨，计划2014年实施；研发供水报装网上申报系统。

（罗亚巍）

【精细化管理】 年内，贯彻集团“在少水中增水，在无水中生水”的理念，对水处理工艺进行调整，细化加药、反冲洗等工作环节，高峰供水时期无降压、停水事故。管网水质合格率、管网压力合格率及管网修漏及时率均达到100%。

（罗亚巍）

供电

【概况】 国网北京门头沟供电公司贯彻党的十八大精神，持续巩固提升“三集五大”体系建设，贯彻区委、区政府及国网北京市电力公司各项决策部署，落实二届五次职工（会员）代表大会暨2013年工作会要求，完成了国网北京市电力公司下达的各项指标和工作任务。年内，公司完成售电量9.37亿千瓦时，同比增长4.21%；实现主营业务收入5.59亿元，同比增长5.74%；完成固定资产投资5917万元，资产总额达到6.02亿元，利润超指标352.5万元；线损率完成5.77%，同比降低0.17个百分点；供电可靠率完成99.9563%；当年电费回收率达到100%。

单位名称：国网北京市电力公司门头沟供电公司
地　　址：北京市门头沟区滨河路66号
电　　话：69844354
邮　　编：102300

（王滨　王颖超）

【获赞誉表扬】 1月7日，公司收到区棚改中心负责人送上的印有“似寒冬里暖阳 如风雪中送炭”的锦旗。2月9日，公司收到95598服务台关于抢修班以快捷、优质的服务为用电客户排除故障恢复供电的表扬工单。2月20日，公司收到门头沟区建设街居民的一面印有“优质服务 贴心为民”的锦旗。8月27日，北京京西燃气热电有限公司将一面印有“服务燃气调试电源工程，携手撑起首都蓝天”的锦旗送到公司，以感谢公司在燃气调试电源工程中提供的优质服务。

（王滨　王颖超）

【完成各项保电任务】 1月10日，完成2013年门头沟区政协会议保电工作，期间地区电网安全稳定，未发生任何停电事故。28日，召开专题会议，部署各项工作，备战春节保电。“两会”召开前，公司对带有地区重要负荷的变电站、线路进行隐患排查和治理；对站室设备进行监测，掌控设备状态；公司领导带队对重要客户内部进行检查；各相关部门对两会期间各项应急处置预案进行梳理。“两会”期间，公司统筹安排运行保障及应急抢修队伍13支，260人参与运行保障及应急值守，经受住了“3.9”大风和

"3.12"首场降雨恶劣天气考验，电网保持安全稳定运行。6月7日，对高考现场大峪中学学校供电设备、上级电源及外电源再次进行检查，安排专人在学校值守，提供全天候保电服务，强化考点涉及重要线路的巡视检查，确保考点可靠供电。6月24日至26日，完成为期3天的中考保电。10月27日，完成北京市高等教育自学考试和成人高考的供电保障工作。12月25日上午9时，完成圣诞节保电任务。

（王滨　王颖超）

【区保障房项目供电服务】 1月15日，与区棚改中心及各管理分公司就2013年各保障房项目用电需求进行座谈。为保障用电项目工程推进，公司将保障性住房用电报装项目列入重点工程，及时协调处理施工过程中存在的问题，确保质量和进度。5月13日，区领导带队到公司，就地区安置房涉电问题与公司进行座谈，交换意见，并现场协调解决。

（王滨　王颖超）

【客户走访工作】 1月22日，与石龙经济开发区管理委员会就"十二·五"期间用电需求进行座谈，就2013年石龙工业区的经济发展及电力需求进行交流。2月22日，开展节后大客户走访活动，与门头沟区石龙经济开发区管理委员会就未来5年的用电需求进行探讨。

（王滨　王颖超）

【军企共建】 1月28日，与共建部队召开军企座谈会，就部队用电情况及用电需求进行了沟通和交流，并就双拥共建工作思路和具体方案进行交流和商讨。7月25日，组织对某驻地部队进行户外电源、内部供电设备等运行情况进行全面检查。

（王滨　王颖超）

【西北热电中心配套项目】 1月30日，区领导组织召开政府专题会，与北京市电力公司和公司领导启动了西北热电中心工程电力配套项目门头沟地区前期工作。4月14日，区境内涉及西北热电中心工程电力配套项目的高门二线停电改造工程开始实施，标志着公司初步完成工程前期任务。

（王滨　王颖超）

【共产党员服务队活动】 1月30日，公司共产党员服务队主动上门为老人送去生活用品。2月1日，公司相关人员及共产党员服务队负责人与挂牌社区召开新春慰问座谈会，就公司共产党员服务队工作开展情况及社区居民的反响交换了意见。4日，收到龙泉花园社区刘主任带着送来的印有"携手共建谱新篇，爱心服务送温暖"的锦旗。3月5日，到门头沟区培智学校开展"学雷锋"活动。5月17日，到区特殊教育学校，与学校师生开展扶残助教献爱心活动。7月18日，国网北京门头沟供电公司举行国家电网首都电力共产党员服务队东南街社区服务站挂牌仪式。公司党员服务队与地方联系，开展共驻共建工作，已先后完成13个社区服务站点的挂牌工作。7月19日，举行"绿色创建活动"启动仪式，共产党员服务队门头沟分队作为绿色创建活动形象大使加入到"绿色创建活动"中。27日，永定支队队员到永定镇敬老院，为老人们送去慰问品和关爱，并义务进行安全用电检查。30日，到共建部队——某研究所，为部队官兵送去慰问品和节日问候。同日，到向阳东里社区、葡东社区、永新社区等多个社区服务站，就高温天气下社区及爱心卡客户用电情况进行入户走访。8月24日，永定支队将永定镇敬老院设置为服务站，这是公司第15个服务站，也是首次在敬老院设置服务站。9月6日，参加门头沟区特殊教育学校的开学典礼，并提前为学校进行安全用电检查，同时赠送书籍和学习用品给孩子。10日，国家电网首都电力共产党员服务队门头沟分队延伸服务及时为36户居民恢复供电。10月10日，到区区冯村何各庄A地块安置房项目现场，对该项目所涉及的10千伏电力设施迁改情况进行实地考察。11日，到永兴小区实地考察低压线路及低压居民用电状况。11月5日，位于永定镇的解放军某部队，为客户提供安全用电延伸服务。11月6日，华源热力公司石龙热力站开展冬季供暖设备巡视。11月15日，到区军庄镇的西山枫景苑小区，现场对客户电工开展电气设备管理培训。11月，对区内所有保障房项目工程用电情况进行检查。

（王滨　王颖超）

【开展安全生产工作】 1月31日，开展安全生产督导检查工作。3月5日，完成防污闪、冰闪反事故演习预案制定工作。4月1日，组织运行人员进行跨越山区、林地的输配电线路的再次特巡。17日，组织运行人员进行石泉地块、黑山地块等建筑工地周围架空线路的特巡，开展架空线路综合整治百日行动。25日，启动18项反事故措施专项监督检查自查工作。成立领导小组和专业工作小组，检查涉及输电线路运维管理、变电站运行检修管理，变压器抗短路能力措施等多个方面。6月25

日，对圈门路、麻峪路施工作业现场情况进行实地检查。12 月 25 日，组织对所属低压线路进行线路隐患大排查。截至 12 月 31 日，公司安全生产周期达到 3148 天。

（王滨　王颖超）

【区领导慰问检查】 2 月 8 日，区领导一行，慰问公司一线员工。3 月 13 日，区领导一行到公司城子变电站，就“两会”期间电网运行情况进行检查。4 月 15 日，韩子荣等区领导一行带领区发改委、国土分局、规划分局等相关委办局负责人，到公司慰问、调研。8 月 27 日，区发改委、公安分局、区安监局等一行到公司对安全生产大检查工作进行督导检查。

（王滨　王颖超）

【服务乡镇】 3 月 14 日，公司听取斋堂镇政府提出的关于斋堂地区拆迁安置房、旅游村建设等重点难点用电需求方面的问题，双方就如何解决好用电相关难题、满足地区发展需求进行沟通交流。4 月 24 日，与潭柘寺镇政府就潭柘寺地区发展所需求电力供应难题进行沟通。5 月 14 日，与永定镇政府就永定地区年内供电需求及历史遗留问题进行沟通交流。23 日，到王平村开展调研走访活动，双方就 2013 年计划完成的王平地区采空棚户区回迁、远景规划中地区完全脱离矿采及种植为主转以旅游度假等第三产业为主要支柱产业的经济发展模式所涉及的用电问题和需求沟通。28 日，到军庄镇政府，双方就解决军庄镇多个重点项目的用电问题进行了讨论，就军庄镇远景电力规划方向达成共识。6 月 4 日，与雁翅镇政府就地区发展规划供电需求及电网规划建设等项目进行调研走访。双方就雁翅镇在电力需求方面遇到的问题进行商讨。

（王滨　王颖超）

【企地共建工作】 3 月 15 日，与区检察院就企地共建工作进行了座谈，共同研究、探讨推进企地共建工作的措施和方法。5 月 22 日，与区检察院反贪局局长及预防职务犯罪处就如何加强依法从严治企、预防职务犯罪、廉政宣教等工作进行沟通交流。

（王滨　王颖超）

【地区客户服务交流工作】 4 月 15 日，与区自来水公司就水利改造用电需求进行调研沟通。双方就电力需求、电力工程建设周期、相关手续办理等问题进行沟通和交流，并达成共识。6 月 6 日，与区京煤集团就电网建设、用电需求、用电建议等方面进行交流。10 月 9 日，对大台煤矿、区医院等 10 个重要用户进行专项检查。12 月 17 日，对所属重要客户进行供用电安全隐患专项排查。

（王滨　王颖超）

【反外力宣传活动】 4 月 18 日，到门头沟区大型机械集散地和施工工地，进行反外力破坏、保护电力设施宣传活动。此次宣传活动共发放《电力设施保护宣传册》60 余册，印有“保护电力设施，人人有责”宣水传杯 80 个。6 月 9 日，在区滨河公园门口开展反外力宣传活动。宣传展板 5 块，发放各类宣传材料 600 余份，100 余人接受安全咨询。

（王滨　王颖超）

【迎峰度夏及防汛】 5 月 8 日，公司按照电网停电计划对辖区所属站、线进行检修维护和改造。门头沟电网春季检修工作在 3 月展开，针对春季安全大检查、隐患排查等工作中暴露的问题进行全面维护、消缺、整改。23 日，到辖区重要客户进行防汛用电安全隐患排查工作，确保客户在迎峰度夏及防汛期间安全稳定用电。7 月 9 日 12 时，根据气象台消息，发布雷雨二级预警。公司采取措施，确保地区电网安全稳定运行。

（王滨　王颖超）

【区领导与北京市公司座谈】 5 月 14 日，北京市电力公司总经理、副总经与门头沟区领导韩子荣等，就门头沟地区重点电力建设项目进行座谈。

（王滨　王颖超）

【山区智能表换装】 5 月 22 日，在雁翅镇大村开展智能电表换装工作。结合地区实际，制定工作方案，组织专题培训，工作前期通过专题宣传、张贴通知、发放宣传材料、走访村民等多种形式，加大智能电表换装的宣传力度。

（王滨　王颖超）

【开展节能减排工作】 5 月 29 日，召开节能减排座谈会，北京华商能源节能管理有限公司、区代建办的领导参加。

（王滨　王颖超）

【召开行风监督员座谈会】 5 月 30 日，召开社会行风监督员座谈会，区政府部门、部队、学校、企业的 15 名行风监督员参加会议。

（王滨　王颖超）

【国家能源局调研指导工作】 8 月 7 日，国家能源局市场监管司调研组到公司，就用户售电工程管理工作进行调研指导。

（王滨　王颖超）

【鲁家山垃圾焚烧发电厂工程】 9月17日，鲁家山垃圾焚烧发电厂110千伏送出工程鲁元一线发电，为推动该发电厂首次设备运行调试提供了先决条件。10月15日，鲁家山垃圾焚烧发电厂110千伏送出工程鲁元二线发电。

（王滨 王颖超）

【工程建设保障工作】 9月30日，公司35千伏峪东站消弧线圈改造工程投运。11月2日21时，门城110千伏切改工程高元、元下两路出线发电。6日19时15分，35千伏军庄变电站最后一路10千伏线路发出，公司35千伏军庄变电站全站综合改造全部完成。该工程历经工期21天，竣工发电后，公司变电站集中监控覆盖率和继电保护微机化率指标全部成为100%。

（王滨 王颖超）

【"煤改电"工程】 10月10日，就地区农村煤改电工作涉及到的相关数据再次与区农委进行对接确认。公司全年完成3个村926户居民"煤改电"工程。

（王滨 王颖超）

【网络文明传播志愿者】 11月7日，公司作为全国文明单位代表参加了由首都文明办举办的网络文明传播志愿者骨干培训会。

（王滨 王颖超）

【"网格化"配电网规划】 11月20日，门头沟区第40次区政府常务会专题审议并批复通过了公司"网格化"配电网规划报告。12月26日，与区政府举行输电线路通道网格化管理合作协议签订仪式，双方共同签订了《输电线路通道网格化管理合作协议书》。

（王滨 王颖超）

【下属单位情况】
单位名称：门头沟供电公司永定供电所
电　　话：69804934

单位名称：门头沟供电公司龙泉供电所
电　　话：69844654

单位名称：门头沟供电公司潭柘寺供电所
电　　话：60861465

单位名称：门头沟供电公司妙峰山供电所
电　　话：61881412

单位名称：门头沟供电公司雁翅供电所
电　　话：61830371

单位名称：门头沟供电公司斋堂供电所
电　　话：69819754

单位名称：门头沟供电公司清水供电所
电　　话：60855075

（王滨 王颖超）

环 境 保 护

【概况】 年内，门头沟区环保局完成2013年市政府下达的空气质量任务。截至12月31日，门头沟区可吸入颗粒物（PM10）平均浓度为114.8微克/立方米、二氧化硫（SO2）平均浓度为24.8微克/立方米、二氧化氮（NO2）平均浓度为51.8微克/立方米，可吸入颗粒物（PM10）和二氧化氮（NO2）平均浓度分别同比2012年同期上升了5.4%和0.6%，二氧化硫（SO2）同比2012年同期下降15.5%。平均变化比率同比下降3.2%。完成市政府下达的平均同比下降2%的任务。2013年细颗粒物（PM2.5）年均浓度为91.1微克/立方米，接近全市平均89.5微克/立方米水平。加强煤烟型污染源的环境监管，开展餐饮企业油烟专项检查，超额完成主要污染物总量减排目标任务。门头沟区化学需氧量、氨氮、二氧化硫和氮氧化物四项主要污染物的削减比例分别为6.04%、10.14%、2.06%和6.34%，均超额完成市政府下达的2013年二氧化硫、氮氧化物、化学需氧量和氨氮排放量均比2012年下降1%的目标任务。其中化学需氧量、氨氮和氮氧化物三项指标提前完成了整个"十二五"时期的总任务。生态文明示范区和"创模"工作稳步推进。《2013年门头沟区建设国家生态文明示范区实施方案》通过区委和区政府审议并批准实施。确定经济支撑、社会进步、资源承载、环境保护与生态建设和生活质量5大类34项建设指标及配套53项年度重点工程任务。牵头推进国家级生态村创建工作，灵水村等5个国家级生态村建设规划通过专家评审。完成市、区环境监测任务，组织环境应急演练，完善突发环境事件应急预案，着力解决群众关心的环境热点问题。通过加强煤烟型污染源的环境监管、施工工地扬尘污染监管、印刷行业及挥发性有机物专项检查、餐饮企业油烟等专项检查，共出动监察执法人员2364人次，处罚9家，罚款8.73万元。同时完成建设项目环保审批151件，验收55项。查处环保信访件358件，办结率100%。排污申报登记425家，开出排污费108家，共收取排污费58万余元。2013年污染减排奖励资金88.69万元。淘汰高排放老旧机动车3212辆，超额完成市政府下达2750辆的目标任务。

单位名称：北京市门头沟区环境保护局
地　　址：北京市门头沟区剧场东街11号
电　　话：69842681
邮　　编：102300

（崔建红　吕　瑶）

【应急工作】 1月13日上午9时，区空气质量指数已达到446，属于严重污染。采取措施，应对不利天气，北京市环保局到区内督促检查门头沟区应急环境预案落实情况。28日，全市各地区PM2.5浓度持续较高，截至16：00，门头沟区空气质量指数为364，首要污染物为PM2.5，属于严重污染。区环保局根据《北京市空气重污染日应急方案（暂行）》，对采暖季燃煤锅炉单位、施工工地开展检查，加强对上路机动车尾气的检测，减少大气污染物。29日，区领导召开会议部署重污染日应急工作，要求各部门落实责任，密切配合，做好工业企业关停、公务车停运等相关工作。下午区经信委完成区5家工业企业的停产工作。重点检查石门营环岛机动车尾气遥感监测、石门营锅炉房运行，部分机关单位机动车停运及加油站油气回收等情况。5月14日，接报“门头沟人民检察院对面永定河边发现不明仪器物质，具体为2个气体罐瓶，一个不明放射性标志可疑盒子有气味”的电话后，门头沟模拟环境突发事件在市环保局未提前通知的前提下，开展环境应急演练。环境应急小组立即行动，启动突发环境应急预案，集结环境监察支队、监测站、辐射和固废监管科人员，携带仪器立即赶赴现场，按照规定动作，展开监测工作，并及时将结果上报应急指挥部，指挥员拿出针对性处置措施，现场人员依照指令处置。演练结束后，市环保局应急检查组领导对门头沟快速反应、防护到位、熟练使用仪器、监测结果准确、处置到位给予肯定。9月2日，组织召开应急预案评审会，评估组由相关部门管理人员、行业协会和重点风险源代表及应急专业技术方面的专家组成，局相关领导和工作人员参加了此次评审会。11月13日下午17：00，区环保局接到市应急办应急演练的通知，启动空气重污染预警一级（红色）应急预案。通知区重点污染物排放单位（北京金源管网有限公司石门营集中供热厂和黑山集中供热厂），要求落实《北京市空气重污染应急预案》，进一步采取措施，减少污染物排放。10分钟后，执法人员到达厂区进行现场检查，检查两家重点排污单位脱硫除尘设施运行状况以及在线监控设施运行情况。同时对两家集中供热单位提出要求。

（崔建红　吕　瑶）

【帮扶工作】 1月15日，到帮扶村——沿河口村走访慰问贫困户。与沿河口村两委班子座谈，随后走访了村里的贫困户，给他们送去了米和油。17日，参加沿河口村“村务公开日”活动。会上，通报了2012年工作情况和2013年工作计划、村里当年来收支情况及村内各项工程和财务开支的监督情况。8月23日，到斋堂镇沿河口村进行帮扶对接，与镇包村干部、村两委班子进行座谈，挖掘沿河口村现存的经济发展问题，对现有45户低收入户贫困原因进行逐户分析，了解致贫原因，并结合沿河口村实际，提出“一户一策”致富措施，提出发展沿河口村特色古长城遗址游，开办农村经济合作社，种植蔬菜水果，引进新品种，为村民增产增收。

（崔建红　吕　瑶）

【召开特约监督员工作会】 1月16日，召开30位环境保护特约监督员工作会。首先通报了2012年环境保护各项工作完成情况及2013年工作计划，明确环境保护特约监督员主要职责为宣传国家及北京市有关环境保护的法律法规、对造成环境污染的违法行为进行监督和举报、对环境污染防治工作提出意见和建议、参加环境保护工作的相关活动。环保监督员对环境保护工作给予肯定，并提出了保护环境的建议。

（崔建红　吕　瑶）

【区领导检查工作】 1月29日，区领导带队，重点检查了石门营环岛机动车尾气遥感监测、石门营锅炉房运行，部分机关单位机动车停运及加油站油气回收等情况。2月26日，区领导等到中门寺沟入河口、门城湖和三家店水闸等永定河平原段，对水环境进行检查，并在永定河管理所召开现场会。区领导听取水务局、环保局、卫生局和市政管委等部门的汇报并提出要求。4月10日，区人大城建环保工作委员会代表一行11人到区环保局调研指导大气污染防治工作。10月10日，区监察局局长带队到局内了解污染物总量减排及清洁空气行动计划工作开展情况，环保局针对2013年污染物总量减排工作取得的成绩及存在的困难进行了汇报，并讲解了空气中污染物的主要成因及目前清洁空气行动计划中为大力改善空气质量拟采取的主要措施。10月16日，区政协环资委部分委员视察区内创模和国家生态区建设工作，委员们实地考察了北京世纪兴业印刷有限公司印刷车间，听取了企业负责人关于挥发性有机气体VOC的污染治理情况汇报，就其承担主要污染物总量减排任务，为区内空气质量改善做出贡献给予好评。随后听取了关于2013年创模暨国家生态区建设重点工作进展情况、存在的主要问题、下一步工作安排的汇报。委员们就区内如何做好环境保护工作开展讨论，提出意见和建议。10月16日，区纪委直派纪检第三组对承担过区内重点减排任务的黑山集中供热厂、石门营集中供热厂和区再生水厂进行现场检查。在黑山集中供热厂和石门营集中供热厂，企业负责人介绍了两个集中供热厂的供热面积、燃煤消耗等情况，并结合重点对新建的脱硝设施进行介绍；在区再生水厂，按照污水处理流程进行现场参观，听取企业负责人讲解具体处理工艺及流程。

（崔建红　吕　瑶）

【业务培训】　2月27日，区环保局组织业务培训，重点讲解了大气污染与人体健康、北京市大气污染防治情况、面临的问题及原因分析和进一步措施进行讲解。5月9日，区农委、环保局组织召开门头沟区生态村创建培训会。请专家对国家级、市级生态村各项考核指标进行了解读，对上报文字材料进行了统一规范。

（崔建红　吕　瑶）

【召开工作会、协调会】　2月27日，召开全区重点流域水污染防治工作座谈会，区水务局、卫生局、自来水公司及局内监察队、监测站有关同志参加会议。会上，向各单位介绍了《重点流域水污染防治规划（2011－2015）》，各单位结合自身工作职责，介绍了在重点流域水污染防治方面的工作开展情况，讨论了区内的饮用水源地保护和地下水保护等问题。3月19日，召开门头沟区水环境综合治理及减排工作协调会。会上，相关单位进行情况沟通及表态发言。4月23日，区农委、环保局组织召开国家级、市级生态村建设协调会。会议通报了2012年区内国家级、市级生态村创建情况，对创建指标和去年验收存在的问题进行解读和指导，并部署了年内的创建工作任务。25日，组织召开住建委、城管大队等10个成员单位参加的2013年扬尘污染控制联席会。会上，对2013年扬尘污染控制工作进行部署。5月8日，联合组织门城污水处理厂和区再生水厂召开了门城污水处理厂排泥问题协调会。10月19日，区委宣传部、环保组织召开落实《北京市2013－2017年清洁空气行动计划社会宣传教育活动实施方案》工作部署会。会议通报了北京市相关文件精神，讨论通过了《门头沟区关于落实＜北京市2013－2017年清洁空气行动计划社会宣传教育活动实施方案＞的方案》，分解任务指标，部署了下阶段工作重点。

（崔建红　吕　瑶）

【联防联控】　3月14日，门头沟区、石景山区主管领导就两区交界处——麻峪地区大气污染治理工作召开联防联控座谈会。会上，就麻峪地区混凝土搅拌站及建材运输车辆引起的扬尘污染影响的空气质量问题及以后两区大气污染联防联控机制达成共识。

（崔建红　吕　瑶）

【创建国家生态文明示范区】　3月18日，区委、区政府组织召开门头沟区创建国家生态文明示范区暨环境综合整治工作动员大会。4月9日，区政协召开第九届常委会第七次会议暨第四次议政会，区领导会上听取了区国家生态文明示范区建设领导小组办公室关于建设国家生态文明示范区进展情况的汇报，与会委员就生态文明管理机制、重点工程后续管理制度、教育、卫生、农村环境保护等方面进行了讨论，并对区内国家生态文明示范区建设献言献策。5月17日，召开区一季度生态文明建设工作例会。区生态文明示范区建设领导小组常务副组长与52个成员单位主管领导参加会议。领导小组办公室通报第一季度门头沟区国家生态文明示范区、国家环保模范城区、大气环境污染治理和污染物减排等重点任务进展情况、存在的问题，部署了下阶段工作任务。22日，区农委、环保局组织召开生态村创建指标协调会。请专家对国家级、市级生态村各项考核指标进行了解读，对各部门出具指标证明文件的内容及格式进行统一规范。

（崔建红　吕　瑶）

【党风廉政建设工作】　3月21日，召开党风廉政建设工作会，环保局全体工作人员及直派纪检三组的领导参加了会议，会上传达了区党风廉政建设工作会及韩子荣讲话精神，宣布环保局党风廉政建设工作计划，局长与副职、副职与科室领导层层签定了党风廉政建设责任书。7月15日，召开全体干部会，开展廉政警示教育活动。会上，通报了南通市环保系统发生在固废处置监管环节、环境监察执法环节、环境监测、排污费征收、专项资金申报环节、环评审批环节的违法违纪案件的情况、特点和原因剖析。9月16日，召开安全和廉政主题教育会议，会上学习了市、区《关于对中秋、国庆期间党员干部廉洁自律情况开展监督检查的通知》《关于在正风肃纪专项整治中严明若干纪律规定的意见》《关于坚决刹住中秋节国家公款送月饼送节礼、公款吃喝和奢侈浪费等不正之风的通知》及《关于在正风肃纪专项整治中严明若干纪律规定的意见》等廉洁从政的文件。

（崔建红　吕　瑶）

【组织职工参观活动】　4月18日，组织党员参加由市纪委和市委宣传部共同主办，中国人民抗日战争纪念馆承办的《光辉典范－抗战时期中国共产党党风廉政建设》展览活动。23日，组织干部职工在城子街道蓝龙小区参加了《变废炫宝》作品展活动。展览展出近百种优秀作品。

（崔建红　吕　瑶）

【开展环保宣传教育活动】　5月10日，参加由区应急办在永定河文化广场主办的门头沟区2013年“5·12防灾减灾宣传日活动”。宣传活动的主题是“识别灾害风险、掌握应急技能”。活动现场，工作人员讲解了应急、辐射、防护等相关知识，并现场进行了演示。发放宣传材料3种共1500余份，宣传包500余个。17日，参加门头沟区2013年“北京科技周”宣传活动。宣传活动主题是“携手建设创新型国家”。在活动现场发放环保宣传材料2种共1000余份，宣传包500余个。向市民普及了公众防护PM2.5、绿色汽车低碳出行的知识。到学校、社区、棚户新区开展主题为“思前，食后，厉行节约”和“同呼吸　共奋斗”的纪念“六．五”世界环境日活动。“一进”学校，在小学开展主题班会，从娃娃抓起，树立低碳、环保理念，通过小手拉动大手，推动全社会积极参与环保行动。“二进”社区，讲授环保知识并邀请台湾慈济会志工现场指导用餐厨垃圾制作“酵素”，实现垃圾减量循环利用的绿色低碳环保理念。“三进”棚户区，开展推进生态文明建设美丽门头沟2013世界环境日暨棚改新区“垃圾减分”工作推进会，通过播放《垃圾分类、再生利用》专题宣传片和专家现场演示垃圾的循环利用、现场交流以及新居民代表发出倡议等，共发放宣传材料4000份，宣传挂图400份，宣传品4000个，悬挂主题横幅4条，并在区有线电视台循环播放主题公益广告1条。6月，全区召开可持续发展教育项目培训会，请专家进行培训。三家店小学开展“志愿北京之蓝天行动”，向学生普及林业碳汇知识，发放环保知识罗盘。琉璃渠小学召开“资源回收清洁环境　校园小白鸽在行动”启动会。三家店铁中和东辛房幼儿园开展节能减排宣传周活动。

（崔建红　吕　瑶）

【联合执法、检查】　7月4日，会同海淀，丰台，石景山，房山等区共同进行机动车排放遥感监测联动专项执法检查。检查点位于海淀区万柳大街中路，当日共检查车辆2394辆，其中排放超标车辆40辆，所有数据已向市机动车中心汇总。8月29日，区环保局、石景山区环保局由主管领导带队，对两区交界处生活污水的排放方式、排放去向进行联合调查，重点对三家店村、铁三局四处、石景山南宫、麻峪村周边污水管线进行摸排，并对石景山区五里坨污水处理厂的建设、运行情况进行调研。9月17日，区环保局、区住建委、城管大队对中门寺地块安置房施工工地扬尘污染进行联合执法检查并为施工现场进行环境监察量化考核评分。总体评分都在85分以上，基本达标。26日，区环保局监察队人员与房山区环保局辐射所执法人员对昊华能源股份有限公司长沟峪煤矿的辐射安全情况开展联合检查，重点检查了该单位的辐射工作场所及辐射安全管理制度，检查结果基本符合相关法规要求。执法人员要求该单位在国庆期间进一步加强安全工作，确保不发生辐射事故。10月28日，联合区质监局对集中供热中心北京华源热力管网有限公司（石门营集中供热厂）进行现场执法检查。检查人员向企业宣传《低硫散煤及制品》标准，督促企业加快脱硝设施的安装工作以及在线监控设施的调试工作，确保采暖季能够投入使用。要求企业加强管理，确保供热开始后脱硫、除尘、脱硝等环保设施能够正常运行，确保各类污染物稳定达标排放。12月11日至12日，区农委、环保局等部门对清水镇、斋堂镇、雁翅镇“减煤换煤、清洁空气”工作进展情况进行了检查。在听取各镇的工作汇报会后，检查组实地查看了液化气配送、型煤销售以及“煤改电”等工作的进展情况。19日，市环保局环境监察总队联合区环保局在区内开展燃煤锅炉专项执法检查，对燃煤锅炉进行监督性监测。25日，市环保局副局长带领市环保局、市农业局、市水务局相关人员组成的市政府绩效管理工作领导小组对门头沟区2013年污染减排工作进行实地现场检查。领导小组重点走访了承担减排项目的世纪兴业印刷有限公司、北京市京浆工贸有限公司、西老店污水处理站和石门营锅炉房，听取各企业的汇报，现场查阅了在线中控系统和日常维护记录，主要检查了清洁能源改造、脱硫脱硝治理、挥发性有机物治理、污染企业关停、污水处理厂建设运行等总量减排项目完成情况和污染减排统计监测考核体系落实情况。现场核查结果将作为各区县、各重点企业污染减排年终核定和区县政府绩效管理环境质量改善专项考评重要依据。

（崔建红　吕　瑶）

【市领导视察】 9月4日至5日，市新农办组织专家对区内16个创建村进行考核验收。检查组在查阅了各村申报资料之后，实地检查各村的村容村貌、街道硬化、户厕改造、垃圾收集、污水处理等情况。检查组对农村生态创建工作取得的积极成效给予了肯定，并提出意见，组织相关镇村进行整改。11月27日，北京市环保局机动车处处长、机动车排放管理中心主任带领相关工作人员及部分区县机动车排放管理站人员到区环保局调研并交流。调研组分别听取了门头沟区、房山区以及石景山区和丰台区环保局2013年流动污染源监管工作情况汇报，以及对《2014年流动污染源监管工作细则》（征求意见稿）的修改意见和建议，并就有关问题进行了讨论。

（崔建红　吕　瑶）

【国家级生态村通过评审】 12月13日，召开斋堂镇灵水村等5个国家级生态村建设规划（以下简称《规划》）专家评审会。区环保局、斋堂镇、清水镇、王平镇、雁翅镇及各村相关领导和工作人员出席会议。与会专家听取了《规划》编制单位的汇报，就污水处理、垃圾安全处置等方面进行了解。专家组经认真讨论和集中审议后，认为《规划》对5个村的自然地理和社会经济发展现状进行了调研，并进行了必要的环境监测，对国家级生态村各项指标的达标情况进行对比分析，提出规划目标，进行生态功能区划，针对各个生态功能分区编制了规划方案，具有较好的针对性和可操作性，对5个生态村建设有指导作用。最后，区环保局相关领导指出，与会专家从不同角度给我区5个国家级生态村建设规划提出了具有科学性、指导性的建议，为我区今后创建工作提供了有力的技术支持。规划编制单位要按照专家及与会代表提出的意见认真修改完善，镇村两级政府要加强后续领导机制的建立与资金保障措施的落实工作。《规划》修改完善后，将按程序报批实施。

（崔建红　吕　瑶）

环 境 卫 生

【概况】 环境卫生服务中心共有在编干部、职工174人。中心机关下设六个科室，分别是办公室、财务科、政工科、业务科、设备科、安监科；下设六个正科级专业作业单位，分别为环卫中心一队、环卫中心二队、环卫中心三队、门头沟区生活垃圾转运站、门头沟区斋堂环卫所、门头沟区粪便无害化处理厂（委托北京龙润公司管理）。环卫中心担负着门城地区道路清扫保洁、垃圾清运、粪便清掏、垃圾压缩转运任务以及承担全区域内的环境卫生技术性、事业性工作。年内环完成了2013年各项工作任务。保质保量完成262万平方米干路清扫任务。每天按时普扫，白天保洁到位，清扫保洁率能够达到100%。主要大街使用机械作业，洒水降尘。负责10座过街天桥的清扫保洁及小广告清理。垃圾清运做到日产日清日转完，环卫设施遍及全区。对29座垃圾楼进行管理、维护及垃圾转运。2013年共压缩、转运垃圾8.25万吨。完成257座厕所清淘、清运及保洁工作，粪便清掏量为10.19万吨。完成《2013年门头沟区人民政府目标管理任务书》（蓝皮书）中，涉及环卫中心的各项工作，完成了绿化、信息、计划生育、献血及区委、区政府和市政管委下达的其它工作任务。

单位名称：北京市门头沟区环境卫生服务中心
地　　址：北京市门头沟区冯村西里
电　　话：69843036
邮　　编：102308

（周　莹）

【节日期间工作】　元旦期间，环卫中心干部、职工对管辖的垃圾箱果皮箱、垃圾站、垃圾楼、交通护栏等环卫基础设施进行粉刷。出动人员2621人次，各类车辆921车次，完成282座公厕保洁，233万平方米道路清扫保洁。共清运垃圾655.31吨，转运垃圾321.4吨，清掏粪便487.9吨。春节期间，环卫中心干部职工共出动人员6817人次，出动车辆5636车次，清扫道路面积达3961万平方米，清运垃圾3990吨，清理烟花爆竹残留物183.2吨。五一期间，环卫中心干部职工共出动人员2000余人次；作业车及检查车879部次。每天清扫、保洁干路233余万平方米。负责280座公共卫生间的保洁。共清运垃圾541吨，转运垃圾494吨，清掏粪便948吨。国庆节期间，环卫中心干部职工，共出动人员5930人次；作业车及检查车2972部次；累计清扫、保洁干路1827万平方米，负责286座公共卫生间的保洁，共清运垃圾1306吨，转运垃圾1289吨，清掏粪便2073吨。

（周　莹）

【扫雪铲冰】　1月3日，普降小雪，启动扫雪铲冰应急预案，共出动各类作业人员680人，出动机械融雪设备45台；使用除雪物资融雪剂200余吨。31日，区出现雨雪天气，中心紧急启动扫雪铲冰应急预案，全体干部职工到岗到位。并成立5个检查组，对道路结冰情况进行巡回检查，将检查情况上报环卫中心指挥部，及时调整人员、车辆除雪作业，增强除冰针对性、有效性。中心共出动各类作业人员390余人，出动机械融雪设备43台；使用除雪物资融雪剂150吨。确保环卫中心所负责的233万平方米道路全部畅通。2月5日，普降小雪，启动扫雪铲冰应急预案，以分段清扫的方式推进作业，共出动各类作业人员530人，出动机械融雪设备25台，使用除雪物资融雪剂160余吨。25日，普降小雪，启动扫雪铲冰应急预案，成立了5个检查组，对道路积雪情况进行巡回检查，并将检查情况及时上报环卫中心指挥部，及时调整人员、车辆除雪作业，增强除雪、融雪针对性、有效性。3月19日，区普降中雪，启动扫雪铲冰应急预案，出动各类作业人员680人，出动机械融雪设备39台，使用除雪物资融雪剂50余吨。

（周　莹）

【学习交流】　1月22日，房山区市政市容委副主任带领三个环卫管理所到区内学习交流。环卫中心主任，就区内环卫中心业务工作情况，人员配置情况、运行经费情况、机构设置情况，及近年来各项事业的发展情况，向房山环卫的各位同仁进行了介绍。就环卫事业现状和未来的发展情况，与房山环卫领导干部进行了探讨。3月21日，通州区环卫中心到区内学习交流。环卫中心主任，就区内环卫中心业务工作情况，人员配置情况、运行经费情况、机构设置情况，及近年来各项事业的发展情况，向通州环卫的各位同仁进行了介绍。

（周　莹）

【领导调研】　1月28日，区领导石军就区内环境建设发展现状到区中心调研。调研中，中心主任从机制建设、队伍建设、为民办实事工程完成情况等方面进行了简要介绍，重点对2013年的工作计划进行了汇报。区领导对环卫中心取得的工作成绩给予肯定，并提出意见。11月20日，石军就冬季扫雪铲冰工作准备情况，到中心调研。听取中心主任领导对冬季扫雪铲冰工作准备情况的汇报，对中心2013年工作情况及2014年工作计划做了简要介绍。并先后对中心厂区内的融雪池，石门营厂区内的大型融雪车辆，步道扫雪机等小型融雪设备，进行了实地查看。11月29日。区领导到中心调研。中心主任汇报了环卫中心2013年工作情况及2014年工作计划。区领导对环卫中心的工作给予了肯定，并提出五点意见。

（周　莹）

【业务工作】　1月29日，启动《重污染日城市道路清扫保洁作业预案》，对扫车、水车、洗地车和保洁人员都增加了作业频次和强度。，环卫中心共出动211人，出动新工艺扫车76车次，出动水8车次，出动洗地车20车次。与此同时，成立4个检查组，分组分段，对各保洁路段进行实时监控、检查。2月4日，开展春节环境卫生整治活动。出动环卫工人100余人次，道路清扫车3辆，垃圾清运车4辆，挖掘机2台，对石门营路段、西北环线在内的26万平米主干道路进行了清扫，对四局市场，东辛房河南街、石巷，圈门三店等12个卫生死角进行了整顿，共清除生活垃圾9.6吨，铲除冻土80余平方米，清理冻垃圾箱23个，垃圾场5座。25日，680名环卫工作者，凌晨3点开始清理烟花爆竹残余。3月4日，开展白色污染、树挂清理活动。，此次清理活动共出动人员200余人，垃圾收集车5辆，三轮车30余辆，快速保洁车10辆，清理白色污染1.2吨。3月5日、6日，开展对石龙工业区部分施工路段及周边部分地段的渣土堆积、白色污染集中清理整治活动。共出动人员120余人，自卸车4辆，铲车2辆，大型清扫车3辆，清运渣土共19吨。3月6日，针对“背街小巷”的作业化管理，启动环卫作业长效管理机制，对区域内的285座公厕、24座垃圾楼及各路段两侧的卫生环境，特别是全区的“背街小巷”地带，进行地毯式的春季环卫工作大检查。检查中，对辖区内负责清扫的保洁公司，各公厕保洁员，垃圾楼工作人员，根据实际工作情况，严格打分，对考评不合格者，严重违规操作人员，一经发现，坚决撤换。3月6日、10日、12日，集中对对桥园路、平安路、栗园路等干线两侧环境进行清理。共出动人员96人次，自卸车40车次，铲车12车次，大型清扫车10车次，水车10车次捡拾白色垃圾，清运渣土共计60吨，清理小广告40余处。4月1日，应对风沙天气造成的环境影响，采取三项措施应对大风极端天气。一是加强洒水、降尘作业力度和频次。及时启动《风沙扬尘天气清扫保洁应急预案》。对全区范围内及区域交界处的莲石路、阜石路等主要干线及两侧进行了降尘作业。据统计，环卫中心共出动人员280余人次，出动洒水车8辆，多功能清扫车15辆。二是加强巡视巡查力度。成立3个检查组，对道路两侧绿化较为密集的路段进行巡视巡查，并根据实际及时增派人员对树挂和沟渠内的白色垃圾进行全面清理。三是加强垃圾箱的管理。环卫中心根据西北环线、三家店等所在地的4个露天市场，容易在刮风天气出现散落垃圾的情况，按垃圾产生量不同临时配备了移动式密闭垃圾箱，并为每个市场分别安排了1名保洁人员，及时清理市场散落垃圾。26日，联合下属各分队及保洁公司，按日常负责工作的差异，分别成立了7个检查小组，对区域内的285座公厕、24座垃圾楼及主要干路两侧的卫生环境，进行地毯式的全面检查。7月29日，对高家园地区开展环境集中整治行动。出动人员120余人，出动作业车辆3辆，集中清理堆积的黄土18车次，清掏树坑100余个，喷雾降尘5车次。

（周　莹）

【领导慰问工作】　2月1日，区环卫中心组成春节慰问小组，到全中心160名退休职工和1名遗属家中慰问。

（周　莹）

【学习培训】　2月1日，举办业务综合知识培训班，基层队、站、所及保洁公司的负责人共计40余人参加。公厕气水冲改造及公厕电伴热公司的负责人，分别就设备的维护、保养注意事项及使用操作规程进行了系统培训，提升了大家对设备使用和维护的技能。

（周　莹）

【防汛工作】　6月7日，雨量大，区环卫中心，启动应急预案。一是对各厂区内及家属院的防汛工作进行了检查，各队、站、所铁锨、雨衣、雨鞋、手电、沙袋、抽水泵等防汛设备均准备到位，厂区院内无积水，房屋无漏雨、漏电情况，排洪沟、雨篦顺畅。二是检查组对区内的282所公厕、24座垃圾楼进行了突击检查。经发现个别所公厕和垃圾楼出现轻微的漏雨现象，中心及时安排工作人员进行了精细修补，保证万无一失。三是检查组对所负责区域内的全部道路及垃圾站点进行了及时排查，环卫设施无损坏现象，垃圾箱的摆放也没有对排洪线路造成影响，出现的个别积水情况，环卫中心已安排人员及时处理。四是检查组对进行公厕改造的施工工地做了防汛部署，防汛物资安排到位，确保汛情对在建工程无影响。

（周　莹）

【安全工作】　7月30日，联合各队、站、所及保洁公司，对全区所属的280余座公厕，25座垃圾楼及城镇主干道路进行了地毯式的安全及业务工作综合检查。此次检查，特制定了《环卫中心联合检查工作方案》，成立了11个检查小组。对环卫作业设施进行了安全隐患排查，特别是对环卫车辆的使用情况进行了检查，包括是否存在酒后驾驶现象，车辆照明设备是否完善，及在环卫作业中是否出现超速现象。对中心所属的各公厕、垃圾楼及主干道路安全、业务工作情况进行了全面检查，对出现问题的责令立即整改，并严格按照考评标准进行处理。9月5日，开展清扫职工安全教育培训，清扫队长、班组长和部分一线工人共计50余人参加了培训。交通队的警官就最近一段时间有关环卫工人发生交通事故的案例进行讲解，分析了导致环卫工人频繁发生交通事故的原因，包括驾驶员安全意识淡薄、车流量大，新车手增多、环卫职工长时间、频繁在马路上工作职业危险性增加等。11月9日，邀请区消防支队永定中队的消防官兵，到中心厂区内部进行现场教学及消防演练活动。消防支队领导，从家庭防火安全、消防器材使用、灭火时的注意事项及火灾发生时的紧急避险和逃生等四个方面，为广大环卫职工进行讲解。并为参与演练的职工发放了消防安全知识手册100余册。

（周　莹）

城市管理监察

【概况】　门头沟区城市管理监察大队是集中行使包括市容环境卫生、城市规划管理（无证违法建设处罚）、工商行政管理（无照经营处罚）、市政管理、公用事业管理、城市节水管理、停车管理、园林绿化管理、环境保护管理、施工现场管理（含拆迁工地管理）、黑车、黑导游、市人民政府决定由城管执法机关集中行使的其他处罚权等14个方面职能的综合行政执法机关。

年内，认真落实区委区政府工作部署，实现“服务全区建设发展、提升城市管理水平”的总目标，采取“两个创新”破解城市管理难题，扎实做好“三个保障”，开展“四大工程”，搭建“互动平台”，使城管工作得到良好发展。全年共出动执法人员8.9万人次，处罚各类违法行为865起，罚款总额为125万元。

围绕全区中心工作，分别与1000余家社会单位、门前三包责任人、重点商户建立共建关系，协商解决环境秩序难点问题；与50余个社区以及市区重要活动以及重大节日期间设立城市文明加油站；分别在6个大型新建社区建立城管社区工作站；在区电视台开办《公众城管》专栏新闻；在《京西时报》开设“城管说事”专栏，开创城市管理综合执法的良好舆论环境。

单位名称：北京市门头沟区城市管理监察大队
地　　址：北京市门头沟区龙泉花园D座1单元
电　　话：69861597
邮　　编：102300

（张　华）

【环境保障工作】　1日至3日，累计出动执法人员447人次、车辆136台次，纠正及规范各类违法行为209起，受理并办结各类群众举报案件18件，未发生公共突发事件。春节期间，出动执法人员1369人次；执法车辆462台次；检查街区213条次、门前三包商户593家次，处理群众各类举报78起，规范整治无照经营、店外经营137起。完成元宵节环境保障工作。节日期间，对区各商务中心区、旅游景点、主要大街、108、109国道及重点点位进行盯守巡查，保障各点位及其周边环境秩序管控良好。共规范售香户47户，清理无照经营、店外经营行为23起，清理户外广告38块，受理群众举报1起、办结1起，服务游客20余人次，未发生各类突发性事件。年内，圆满完成“两会”环境保障工作。一、开展城管法规宣传。在新桥大街设立宣传服务站，发放各类宣传品2000余份，宣传群众800余人。二、严厉查处运输车辆违法行为。在卧龙岗桥、军庄路口等违法行为高发路段设立检查站，检查各类运输车辆70余辆，查处违法行为5起。三、全面净化市容环境秩序。联合公安、工商、市政等部门开展户外广告、无照经营、门前三包等违法行为专项整治，清理灯箱牌匾194块、广告257处，纠正占道经营、店外经营、乱堆物料等行为51起。完成清明假期环境保障工作。一、净化陵园及周边环境。在辖区万佛华侨陵园、天山陵园等地开展文明祭扫宣传，发放宣传材料1500余份，宣传群众300余人，集中清理陵园周边无照经营、占道经营祭扫用品违法行为98起。二、集中整治景区违法行为。严厉查处潭柘寺、妙峰山等景区周边无照经营、堆物堆料、乱倒垃圾渣土等违法行为，累计走访商户60余户，发放《致售香户的一封信》23份，联合镇政府、综治办及相关行政村域，清除堆物堆料30余处，取缔无照经营1户，先行登记保存敬香600余把，冰柜等各类经营工具10件。三、扩大夜间巡查范围。加大对夜间违法扰序行为的查处力度，扩大巡查范围，加强对新建社区的巡查次数。取缔各类夜间违法行为10起，查扣三轮车4辆，查扣烧烤用碳盒1个。第四届北京国际山地徒步大会期间，启动赛事保障工作应急预案，重点对109国道、斋堂大街等路段两侧堆物堆料、广告牌匾、白色污染、乱贴乱挂及非法小广告集中进行清理整顿，共出动执法人员140余人次，宣传走访商户110家，提醒工地20家，规范游商散商23起，清理堆物堆料12处50余吨，统一更换破损广告牌匾49块。9月14日、15日，每日出动50人次12车次保障徒步大会活动现场周边及109国道沿线环境秩序，门城分队全力保障大会期间门城主要街区环境秩序，营造整洁、优美的比赛环境氛围。国庆节期间，大队每日出动至少一半执法保障力量，对辖区内各主要大街、重点地区的街面秩序实施“人盯车巡”严密管控，规范整治无照经营、店外经营、散发张贴小广告、露天烧烤、违规设置户外广告、“门前三包”脏乱等违法行为；对108、109国道沿线以及景区周边加大执法力度，重点加强对黑导游、无照售香、追客强买强卖等不法行为的取缔力度，引导自产农产品进入旅游港湾规范经营，依法取缔占道经营等；同时，执勤人员加大施工工地、运输车辆、大排档等环境问题的管控力度，严格防控施工扬尘、道路遗撒、露天烧烤等违法行为的发生。节日期间，共出动执法人员1225人次，车辆256台次，纠正规范街面各类违法行为300余起，清理广告牌匾条幅30余块，没收非法小广告2000余张，检查施工工地50家，查扣运输车辆违法行为20起。

（张　华）

【集中整治工作】　1月1日至3日，出动执法队员54人次，车辆24台次，对黑山北街环境秩序进行不间断巡查。规范各类违法行为19起，下发《责令改正通知书》2份。年内，开展户外广告集中整治工作。城管大队联合公安、工商、市政市容委等部门对区内主要道路沿线商户违规设置牌匾、墙体广告等行为进行集中整治。累计检查商户482户，拆除违规设置临窗广告、玻璃贴字116处，规范门前三包139家，查处超范围经营店铺1家。

（张　华）

【联合整治工作】　1月6日起，联合龙泉镇政府、公安等部门集中对梨园地区环境秩序开展专项集中整治，整治重点主要是梨园地区存在的店外经营、无照经营、乱堆物料、乱设广告牌匾等违法行为，严厉打击通过出租房屋从事各类非法经营行为。出动执法人员60余人次，车辆20台次，共清理非法广告灯箱牌匾20块，拆除墙体广告40张，清理店外经营12起，清理乱堆物料11皮卡车，清理挤占盲道车辆16辆。1月11日，协调区环境办、公安、交警、工商、卫生、环卫中心7家单位，对月季园地区的社会秩序进行集中整治。落实“门前三包”60余家，清理堆物堆料25处，规范店外经营行为23起，纠正违章停车30起，清运垃圾杂物2吨。

（张　华）

【创建绿色工地】　1月11日，组织召开“三大环境秩序整治，创建绿色施工工地”推进会，全区52家在建工地的项目负责人参会。

（张　华）

【启动雾霾天气应对预案】　1月25日，启动雾霾天气应对预案。及时通过短信提示告知全区65家工地停止扬尘有关的一切作业；出动执法人员60人次，执法车辆30台次，开展施工扬尘的专项执法，检查施工工地34家，责令停止土方施工3家；出动执法人员50余人次，严查运输车辆泄露遗撒，处罚运输车辆违法行为2起，罚款人民币3500元；配合政府对辖区内停工企业进行检查、盯守，动员其他单位减少污染物排放。

（张　华）

【督导扫雪铲冰工作】　2月5日，全市普降小雪，大队及时启动扫雪铲冰预案，共出动人员200人次，车辆50余台次，检查主要大街37条，检查“门前三包”单位及商户1259家，发放提示告知短信500余条，发动扫雪铲冰群众3500人次，清理积雪约5000平方米。

（张　华）

【整治节日期间交通违法】　2月5日至7日，区公安、城管、交通、消防等部门联合对区内各主要大街、重点区域内非法占用消防通道、酒后驾驶、醉酒驾驶及其他运输车辆违法行为进行查处，共检查各类车辆300余台次，查处占用消防通道违章停车行为1

起，清理占道经营行为2起。

（张　华）

【领导调研】　4月8日，区领导到城管大队进行工作调研，大队长就城管大队开展的主要工作进行汇报。区领导认真听取汇报，并提出具体要求。4月22，区领导韩子荣到大队调研指导工作，听取了大队工作情况汇报。区领导对班子建设、队伍士气、工作思路、工作绩效等各方面给予肯定，并提出具体要求。12月3日，区领导到城管大队调研指导工作。大队政委对近期城管开展的一些工作，包括队伍建设情况、街面环境管控、建局筹备情况、下一步工作打算等进行了梳理汇报。区领导听取工作汇报后，提出具体要求。

（张　华）

【整治109国道沿线】　4月24日至26日，开展109国道沿线环境整治。相关分队对沿线镇街进行拉网式走访告知，并联合村、镇政府对商户进行教育疏导，告知率达到100%。4月27日起，山区分队组成联合执法队，分两组对浅山区、深山区开展全面检查，依法严肃查处无照经营、占道经营、门前三包脏乱、乱设广告牌匾等违法行为。“五一”期间，对109国道沿线出动执法人员252人次，出动执法车辆60台次，彻底清理取缔国道沿线违法行为。发放告知书400余份，规范游商散商到旅游景区97人次，取缔露天烧烤7处，清理各类广告、牌匾184处，纠正店外经营、乱堆物料行为101起，处理举报2起，发放责令改正通知书1份，批评教育70人次，全面提升109国道沿线生态环境品质。

（张　华）

【“五一”环境卫生大扫除】　4月26日，清洁办公地点室内外卫生，全面走访“门前三包”责任单位，查处门城地区无照经营、店外经营、违规设置户外广告牌匾等违法行为。共出动执法人员72人次，执法车辆17台次，发动商户和企事业单位172家，动员群众400余人次，清扫面积8000余平方米；拆除广告牌匾20余块，清理乱堆物料11吨、白色污染物5公斤。

（张　华）

【开展运输车辆专项执法周】　5月13日起，开展为期一周的运输车辆专项执法行动。每晚10点至早6点，在卧龙岗桥、双峪路口、军庄路口、石门营环岛、水闸桥等进出区内关键地段设卡，并在检查点前方200米处设立观察点，搜寻涉嫌违法行为运输车辆。同时，对门城主要大街和重点地区进行不间断无缝隙巡查，共检查过往运输车辆190余台次，查处运输车辆不符合要求行为24起，罚款4.9万元。

（张　华）

【专项培训】　5月21日，法制科重点组织门城及特勤分队法制员进行食品安全快速检测专项培训。此次培训以亚硝酸盐检测为例，由专业人员进行操作全流程系统讲解，参训队员观摩学习。9月13日，法制科组织开展查处运输车辆违法行为专项培训。以办案程序为主线，对违法行为查处过程中涉及到的法规、文件、专项治理要求、城管系统裁量权标准等内容全面讲解，并对案件办理过程中容易出现的问题重点解析。同时强化现场取证意识，要求队员重证据、重程序，规范执法。

（张　华）

【开展协管员岗前培训】　7月16日，大队新招录的40名协管人员正式到岗并开始接受岗前培训。召开新录用协管员总结表彰大会。

（张　华）

【环京赛环境保障】　9日至13日，会同属地政府等相关部门加大整治力度，对赛事沿线环境秩序开展拉网式排查，发现问题立即处理，彻底清除各类环境问题，确保沿线环境无脏乱死角。14日，共出动100余名执法队员及志愿者，重点加强军温路、109国道、妙峰山路段及各重点路口点位的环境保障力度，采取定点盯守，严格确保赛道沿线及周边良好环境秩序。环京赛期间，出动执法人员342人次，车辆69台次，开展集中检查整治7次，发放环境整治整改告知书57份，清理非法广外广告牌匾5块，纠正无照经营、占道经营34起，检查整改沿线3处问题施工工地。10月初，抽调全大队骨干力量对赛事沿线存在的无照经营、店外经营、堆物堆料、乱贴乱挂、摆摊设点、运输车辆泄漏遗撒、工地扬尘污染等违法行为进行提前告知，对存在问题的单位及商户下发整改通知书。

（张　华）

【全员封闭式军训】　10月21日起，在全员范围内分三批次开展为期一周的封闭式军训培训，以“内强素质，外树形象，推进全区城市精细化、长效化管理”为主题，在严格开展集中军事化训练的同时，请市、区相关资深专家从依法行政、新闻写作、媒体应对、违法建设查处等方面进行专题讲座，并组织队员就实际工作中的重点难点问题开展研讨交流。

（张 华）

【全市空气重污染应急演练】 11月13日，在全市组织开展北京市空气重污染预警一级（红色）应急演练。此次演练，共出动执法人员168人次，执法车辆38车次，规范轻微违法行为2起，宣传告知30起，检查工地4家，运输车辆20辆，查处露天烧烤1起，办理96310任务单1起。在演练过程中全程确保执法人员及车辆安全，无暴力抗法和突发事件发生。

（张 华）

【校园周边环境秩序整治】 年内，区城管大队加强校园周边环境秩序管理。提前介入，加强同辖区学校联系。开学前完善校园周边工作台账；宣传、引导学生抵制校园周边违法行为。配合学校，组织开展相关教育，累计走访学校15所，发放宣传材料2000余份。查处校园周边各类违法行为。共查处各类无照经营、店外经营违法行为14起；清理校园周边堆物堆料2处。

（张 华）

【成立特勤分队】 年内，成立特勤分队，抽调20名精兵强将，加强夜间执法力量，坚决遏制无照经营、露天烧烤等现象的反弹。

（张 华）

【严查乱倒垃圾渣土行为】 年内，联合交通、公安、军庄镇政府在曹家沟路口、军庄路口设立检查站并在卧龙岗桥、石门营环岛等重点路段开展夜间联合巡查，共检查车辆68辆，查处违法车辆8辆，已罚款4000元。

（张 华）

【露天烧烤大排档整治】 年内，由区政法委、综治办牵头，联合公安、城管、工商、卫生、环保及相关镇街政府等部门对区内夏季露天烧烤大排档开展专项整治。区城乡环境办、公安局、工商分局、环保局、卫生局、城管大队六部门共同印发了《城乡环境综合整治告知书》。对月季园路、梨园路、增产路、黑山北街的243家商户进行走访告知，对各商户营业执照、卫生许可证进行登记备案。7月29日至8月2日，开展取缔石门营新区露天烧烤专项行动。行动中，共教育相对人50余人次，约谈6人，先行登记保存烧烤工具14套，烧烤用碳约10公斤。

（张 华）

【施工工地及运输车辆专项整治】 年内，联合市政、交通、大台街道办事处等单位，对门城地区施工工地、主要大街、重点路段及109国道沿线路段进行路面巡查。在滨河路检察院门前、石门营环岛、大台检查站三处路段设卡检查，共检查运输车辆49台，处理运输车辆违法行为21起。

（张 华）

【城乡环境建设】 年内，参与全区城乡环境建设，共计拆除违规设置广告牌匾30余块，清理小广告80余处、堆物堆料4处，规范无照经营、占道经营等违法行为100余起，发放宣传材料120余份，拆除东辛房、永定、大台等地区违法建设19处，共计858余平方米。

（张 华）

【户外广告、路标专项执法】 年内，对109国道沿线违规设置的户外广告牌匾、条幅和宣传品开展专项执法。累计清理彩旗条幅80余条、规范广告牌匾48块、暂扣10块，清理非法小广告25处、其他宣传品30处；发放环境秩序整治告知书16份。同时，联合交通队对门城主要路段非法设置山寨指路牌进行联合检查，查处山寨指路牌5块，罚款6000元。

（张 华）

【军庄地区环境整治】 年内，开展军庄镇环境秩序专项整治行动。向沿街商户、无照摊贩下发《军庄镇主要道路两侧环境综合治理告知书》共114份，要求各商户切实做到自觉履行“门前三包”责任，保持环境整洁、秩序井然；游商散商逐步进入市场正规经营。整治门前三包秩序，由镇政府出资统一制作的店面牌匾并安装，军庄分队加大检查力度，各商户及时整理门前环境秩序。对采摘节道路沿线及自行车比赛沿线的堆物堆料进行集中清理，与沿线产权单位和各村、居委会联系，主要是保持好环境秩序。协同派出所、工商所等职能部门，配合镇政府共清理军庄主要道路两侧清理堆物堆料120处，拆除违规广告牌匾37块，纠正店外经营行为23起，设立集贸市场，不允许出现占道经营现象，游商散商一律进入市场经营。

（张 华）

【冬季视觉环境提升行动】 年内，根据区内冬季季节性特点，扎实开展冬季视觉环境提升行动。行动开展期间，共走访规范门前三包1530家次，检查破损广告78块，清理非法广告牌匾灯箱、条幅121块，打击无照游商散商135起，查处违规运输车辆31辆，检查施工工地43家。

（张 华）

【清洁空气专项行动】 年内，按照《北京市2013－2017年清洁空气行动计划》的具体要求，结合我区实际和城管职责，城管大队开展清洁空气专项行动。行动内容：一是及时启动空气重污染应急预案。在重污染天气条件下，大队统一下发指令，启动应急预案，开展针对空气重污染条件下的各项执法检查工作。二是严格控制施工扬尘污染。直属二队、属地分队针对区内各施工工地的扬尘防控情况开展专项执法检查，更新施工工地管理基础台账，联合区住建委等部门对工地施工进度、防尘措施等进行日常管控。三是严格控制道路扬尘污染。直属一队、属地分队加大对道路运输车辆的检查力度，不定期开展夜间检查，联合公安、交通等部门加强对重点地区、重点路段渣土运输的执法监管，杜绝道路遗撒。四是严格控制生活垃圾污染。各属地分队加强城镇、农村地区的生活垃圾焚烧治理，对焚烧树叶、秸杆、生活垃圾等行为进行严厉查处，杜绝引起大气污染等行为。五是严格控制露天烧烤等污染。特勤分队加大夜间露天烧烤的整治力度，每晚六时至凌晨不间断巡查区内主要大街和重点地区，坚决取缔各类露天烧烤违法行为。开展行动期间，共检查施工工地48家次，开展道路夜查34次，检查道路运输车辆135辆，纠正治理焚烧树叶、秸杆、生活垃圾等违法行为13起，严查露天烧烤等违法行为5起。

（张　华）

交通　邮电

交　　通

公路建设

【概况】　北京市交通委员会路政局门头沟公路分局，是北京市交通委员会路政局在门头沟区的派出机构，行使门头沟区域内县级及以上公路的规划、建设、养护、安全、应急、路政执法、高速公路路政管理以及农村公路的监督、指导等职能。公路分局为参照公务员管理全额拨款事业单位，下设10个机关科室和1个直属路政大队。截至年底，分局在编人员69名，其中党员50名，参公人员52名，工勤人员17名。辖区内公路总里程1003.03公里，公路密度为69.14公里/百平方公里。按行政等级划分：国家高速19.02公里/1条，国道112.55公里/2条、省道69.24公里/4条、县道276.84公里/34条、乡道352.05公里/73条、村道164.29公里/124条、专用公路9.04公里/13条。按技术等级划分：高速公路19.02公里，一级公路28.52公里，二级公路216.28公里，三级公路332.15公里，四级公路407.06公里。公路分局负责管养的国道、市道和县道全长458.63公里，负责路政管理的高速公路全长49.7公里；乡镇政府负责管养的乡道、村道全长516.34公里。全年建设、养护、管理等各项任务完成。全年计划内公路建设、养护及水毁恢复重建计划总投资3.44亿元，实际完成投资3.44亿元，完成投资计划的100%。其中：新增固定资产项目完成投资0.33亿元；养护工程类项目完成投资1.51亿元；水毁恢复重建项目完成投资1.60亿元。鲁坨路4.2公里、108国道一期6.8公里建成通车；实施妙峰山路大修7.6公里、东方红隧道和龙王沟桥桥隧改造541米/2项；完成108国道示范改造15.7公里；水毁恢复工程71项，其中国道1项，市道4项，县道19项，乡村公路47项全面完工。完成了门头沟路3.96公里、增北路2.15公里的城市道路代建工程。

单位名称：北京市交通委员会路政局门头沟公路分局
地　　址：北京市门头沟区龙泉花园1号楼
电　　话：69828999
邮　　编：102300

（周　猛）

【门头沟路改建工程】　2006年9月至2013年4月22日，门头沟路改建工程完工通车。又名门支线，起点河滩地区城子大街，终点门头沟圈门（370公交总站），设计标准为城市主干路，设计时速60公里/时，道路全长3955米。

（周　猛）

【108国道改建工程】　2007年10月开工，2013年4月29日通车运行。起点为门头沟区南村，终点为门头沟区小园，路线全长6.787公里，道路设计标准为山岭重丘区一级公路，设计速度为60公里/小时，整体式路基全宽23米、分离式路基全宽11.25米，主路为双向四车道。全线设互通式立交3处，桥梁12座，隧道工程4座，桥梁设计荷载为公路Ⅰ级，工程概算投资5.4亿元（不含征地拆迁）。主要工程数量包括：路基土石方130.29万立方米、路面工程18.55万平方米、桥梁工程12座、隧道工程4座总长3069米，以及道路排水、交通工程和机电工程等附属工程。其

中，南村隧道结构荣获 2012 年度市政基础设施结构长城杯。

（周　猛）

【增北路道路工程】　2010 年 4 月开工建设。2013 年 6 月全线完工。起点门头沟路，终点九龙路，全长 2.15 公里，道路标准为城市次干路，红线宽 25 米至 30 米。

（周　猛）

【鲁坨路道路工程】　2012 年 9 月 10 日开工建设，2013 年 7 月 10 日建成通车，起点为潭柘寺镇区与京原公路旧路相接，终点为首钢鲁家山石灰石矿场东侧，与现况路相接，路线全长 4.2 公里，道路设计标准为山区二级公路，设计速度为 60 公里/小时，道路红线宽 30 米，路基宽 10 米，路面宽 8.5 米，桥梁设计荷载标准为公路 - Ⅰ级。施工单位为中交一公局五公司，是北京市首条采用 BT 模式组织建设的公路项目。

（周　猛）

【G108 国道改造示范工程】　2012 年 11 月开工，2013 年 9 月完工，北京段全长 114.85 公里，其中门头沟段全长 15.7 公里。通过预防性养护、公路绿化、交通工程、路侧港湾停车、环境整治、道班建设、信息系统建设七个方面的综合整治，为市民提供全新的公路出行体验，同时也为全国干线公路改造工作搭建示范平台。2013 年 10 月 9 日，交通运输部开始进行示范工程路况检测验收工作，主要检测 G108 国道北京段路面破损（PCI）和平整度（RQI），同时录取路域环境综合感观影像。

（周　猛）

【领导检查、调研及慰问】　1 月 7 日，路政局检查组对公路分局 2013 年年度整体工作进行年终千分制检查考核。24 日，区领导到公路分局调研，汇报了年度重点工程及征地拆迁难点，察看了路网应急处置系统。28 日，总参冯村卫星站部队参谋长带队到分局慰问。28 至 29 日，公路分局领导班子带领 5 个慰问小组，对离退休职工及劳模进行走访慰问。30 日，公路分局慰问结对帮扶村 - 上苇甸村。2 月 5 日，路政局领导春节前慰问已故曹广辉副局长的父母及家人。8 日，区人大常委会党组书记等到公路分局路政大队慰问。4 月 27 日，公路分局对分局 2 位离休干部和 5 位劳动模范进行了走访慰问。5 月 24 日，市交通委纪检组组长到公路分局调研，视察了 108 国道新改建工程与监控系统。6 月 6 日，北京公路学会牵头，组织华北地区各省市公路学会参观 109 国道（门头沟段）安保工程。7 月 5 日，市交通委副主任到公路分局调研党风廉政建设和宣传工作，实地查看 108 国道一期工程潭柘寺隧道监控室。31 日，总参冯村卫星站（61096）部队给公路分局送锦旗："拥军爱民筑新路，鱼水情深暖兵心"。9 月 30 日，公路分局慰问离休干部及退休劳模。10 月 9 日，公路分局开展重阳节敬老活动。

（周　猛）

【行政执法】　1 月 8 日，会同区交通局、区交通支队等在西六环路军庄出口路段开展流动治超联合检查，出动路政执法车辆 3 辆、执法人员 9 人次，检查货车 12 辆次。3 月 28 日，组织北京路桥瑞通养护中心八处，在 108 国道 K18 + 600 - K40 + 300、杨东路等路段开展非公路标志专项整治行动，共出动执法人员 10 人次，执法车辆 2 辆，养护车辆 1 辆，清理非公路标志牌 9 块。4 月 18 日，会同区工商、城管、公安、综治办及清水镇政府等有关执法部门及属地政府，对 109 国道沿线开展路域环境整治联合执法行动，累计出动执法车辆 1 辆、执法人员 4 名，发放宣传册 10 余册，累计清除道路两侧废弃物、障碍物 20 余处、劝导 10 余起占道经营行为。5 月 23 日，会同区交通局、公安分局交通支队等在 108 国道潭柘寺环岛附近路段开展流动治超联合检查，共出动路政执法车辆 2 辆、执法人员 5 人次，检测过往货车 35 辆。31 日，会同区综治办、城管、公安、妙峰山镇、龙泉镇政府等，对 109 国道、石担路沿线进行专项执法，共出动执法车辆 6 辆，执法人员 28 人，累计清理非公路标志 1 处，打击制止非法摆摊设点行为 3 起。7 月 10 日，与首发安畅分公司路产队就《高速公路突发重大路政事件应急处置预案》召开了联席会议，对西六环桥下空间进行检查。15 日，召开治超工作例会。8 月 8 日，会同区治超办、公安、交警等，在 108 国道石门营环岛开展联合执法，夜查货运车辆超限行动，共出动路政执法人员 5 人，执法车辆 2 辆，查处车辆 23 辆。23 日，召开 2013 年度公路路政社会监督员座谈会。区交通队、旅游局、规划委、市政管委、乡镇政府，首发安畅分公司、瑞通养护中心八处等 16 位路政社会监督员参加会议。9 月，协同妙峰山镇政府、城管、工商等部门，针对 G109 国道、石担路道路沿线进行路域环境集中整治，共出动路政执法车辆 2 辆，执法人员 7 人，制止占道经营摊位 17 个，拆除私搭乱建违法行为 6 处，处理堆物堆料行为 2 处。9 月 24 日，会同监理单位对辖内行政许可涉路工程进行监督检查，主要涉及北京市燃气集团、热力公司挖掘公路埋设管线工程，六环路3个占用桥下空间修建停车场项目。12月6日，组织召开109国道K48+500——K50+000埋设线杆工程协调会。11日，召开公路执法专项整改工作动员会。

（周 猛）

【安全、应急、防汛工作】 1月13日17时左右，斋幽路K15+700处发生山体塌方约1000立方米并发生阻断，分局组织养护公司于20时上行车道打通，恢复车辆通行，至14日11时，公路恢复正常通行，共出动抢险车辆15台/次，抢险队员30人。14日，区安全检查组检查公路分局2012年度安全生产工作。16日，对权属房屋开展节前安全专项检查。3月13日，召开公路行业安全生产警示会。3月，开展安全培训月活动，鲁坨路项目部、108国道改建项目部、瑞通养护中心八处、鑫实路桥门头沟工程处等参加培训人共200余人。4月23日，路政局副书记带队检查公路分局汛前安全工作。24日，北京路桥瑞通养护中心八处在108国道新建潭柘寺隧道组织防火应急演练，公路分局指导演练。26日，到鲁坨路改建工程项目部进行“五一”节前安全检查。5月17日，市交通委督查组到公路分局检查安全生产工作。30日，组织召开2013年第一次安委会（扩大）会议暨“安全生产月”、防汛工作会。6月8日，组织安全宣传日系列活动，鲁坨路项目部为咨询主站点，瑞通八处、鑫实路桥设立分站点。25日，开展安全大讲堂活动。7月9日，路政局养护处检查公路分局2013年防汛准备情况。16日，对109国道东方红隧道大修工程开展安全生产“百日大检查”专项行动。24日，109国道东方红隧道大修工程举行隧道安全应急演练。26日，路政局安监处、建设处、质检站组成“平安工地建设”达标验收检查对鲁坨路道路工程“平安工地建设”情况进行末期检查验收。8月15日，召开加强“消防安全大排查”、“百日安全大检查”工作部署会，对两项工作方案进行解读。9月10日，市交通委带队检查门头沟公路安全生产大检查工作。16日，路政局副局长带队检查公路分局“安全生产大检查活动”的落实情况。

（周 猛）

【职工活动、教育及培训】 1月31日至2月1日，举行迎新春文体活动。3月13日，市交通优秀年轻干部学习十八大精神宣讲团第十场宣讲活动在公路分局举行。4月16日和18日，分两批组织51名党员，到中国人民抗日战争纪念馆参观了《光辉典范——抗战时期中国共产党党风廉政建设》展览。22日，召开“深入开展解放思想大讨论活动”、“深入开展机关环境文化建设活动”、“深入开展找、改、树主题教育活动”三项活动的动员部署会。五一前夕，局团委组织35岁以下青年13人进行户外拓展训练。5月22日，路政大队参加区直机关工委组织的“圆梦从我开始”为主题的窗口服务礼仪培训。29日至31日，路政大队参加由路政局公路管理处、督察队组织的路政案卷制作交流研讨会。6月9日，组织职工到北京工人疗养院进行体检。12月24日，开展消防安全知识培训。

（周 猛）

【巡视工作】 5月13日，路政局副书记任组长的市交通委巡视组进驻门头沟公路分局，进行为期两个月左右的巡视工作。主要采取领导班子见面会、列席办公会、民主测评、职工谈话、听取汇报、走访相关单位等方式方法。

（周 猛）

【龙王沟桥大修工程】 5月22日开工，9月30日完工。位于百花山路K5+150处，采取拆旧建新，增设栏杆的方式，其中新建桥梁按公路－I级荷载标准设计，上部结构为1×8米整体现浇普通钢筋混凝土简支实心板；下部结构为普通钢筋混凝土轻型桥台，扩大基础；全长10米，全宽9米，包括两侧各1米人行道和7米行车道。

（周 猛）

【东方红隧道大修工程】 5月28日开工，12月10日完工。位于原109国道K46+487处（现路线调整为下安路），全长526米，隧道宽8.03米，高5.85米，山区三级公路，设计车速30公里/小时，单洞双向行车，主要对隧道病害进行处理，包括修补无衬砌段，新建套拱、增设拱内防水层、交通安全设施、消防设施和路面沥青混凝土铺装面层增加阻燃剂，新增了隧道照明86个、隧道监控6套以及洞口边坡增设800平方米的SNS主动防护网等工程。

（周 猛）

【乡村公路水毁恢复工程】 6月19日，区“7.21”乡村公路水毁恢复工程首批45条路/115.6公里完成交（竣）工验收工作。9月29日，在清水镇政府组织召开黄百环路7公里、灵九路8公里，总计15公里/2条水毁恢复工程的交（竣）工验收会。至此，门头沟区“7.21”乡村公路水毁恢复工程全部47条路/142.797公里完成交（竣）工验收工作。

（周　猛）

【国家干线公路网迎检】　7月19日，召开109国道沿线环境整治工作会，对109国道两侧环境整治、违法占路、交通管制等工作进行专题部署。109国道全线96.85公里作为交通运输部2013年年度国家干线公路网检测路段，7月22日代表北京市接受交通运输部检测。

（周　猛）

【妙峰山路大修工程】　8月25日开工，9月30日完工。起点为109国道（担礼桥东“妙峰山金顶”牌楼南），向北经杨庄、桃园至终点南庄桥，全长约7.6公里，路面宽6米，路基宽7.5米，设计行车速度30公里/小时。

（周　猛）

运输管理

【概况】　2013年，交通局围绕市、区中心工作，结合区内交通运输行业实际，完成各项工作任务。截至年底，全区共有客运公交企业3家，分别是：八方达河滩分公司，公交总公司客四分公司五队、六队、十一队，祥龙公司一分公司。有中心站、首末站和五级客运站47个，其中39个为永久场站（含32个五级客运站），临时场站8个，城区范围内现有公交场站共11个。通达区内的公交线路共29条，公交线路总长约为400余公里，共设200余个站点，配备运营公交车975部，日均发车量5038班次，日均输送乘客37.2万人次。出租汽车企业1家，21户个体，共82辆车，从业人员105人。危险化学品运输企业5家，车辆86辆。组建“绿色车队”99家，车辆2290辆。机动车维修企业49家，其中，一类汽车维修企业7家，二类汽车维修企业18家，三类汽车维修企业24家。监管铁路道口10个，道口监护人员共计85名。水域游船单位4家，其中自航船舶17艘、非机动船舶54艘；机动船驾驶员21人，救生员27人，相关从业人员200余人。

单位名称：北京市门头沟区交通局
地　　址：北京市门头沟区滨河路60号
电　　话：69842840
邮　　编：102300

（王元媛）

【公交线路调整】　1月26日，调整981路。首站：紫金路南口，末站：常青园西门；共设42站，营业时间：首站5：00－20：30，末站6：30－22：00。配车18部，日班次134次。线路由首站上岸种植园迁至石门营小区紫金路南口；撤销上岸种植园1站，增设上园路北口、上园路南口、小园村、紫金路、紫金路南口，共5站，线路长度由原26.3公里调整为28.0公里，延长1.7公里；最高票价3元，有人售票。同时，调整959路末站，由原来的世界公园站延长至公交驾校。4月26日，调整961路（东山－远洋山水小区），线路调整后首末站（三家店火车站－大瓦窑村）。方便乘客换乘地铁14号线。运营时间：三家店火车站5：20－20：40，大瓦窑村6：30－22：00。撤销962路（三家店火车站－北辛庄），以削减重复线路和重复设站，撤销路线由961、972路替代。9月22日，调整960路。首站：石厂村，末站：西辛房西；共设24站，线路长度由原12.4公里调整为现13.6公里，增加1.2公里，营业时间：首站6：00－21：30，末站6：00－21：30。线路配车20部，日班次134次。线路调整后，原路线由981路替代。调整931路。首站：地铁苹果园站，末站：潭柘寺；共设28站，营业时间：首站6：15－19：00，末站6：00－18：00。配车20部，日班次300次。增设双峪环岛西1站。线路走向由首站至侯庄子后直行，经双峪路到京煤集团，至苛萝坨，经108国道隧道至门头沟区南村，恢复原路线；线路长度由原30.5公里调整为24.1公里。票价由原来最高票价6元，调整为最高票价5元，有人售票。线路调整后，原路线由892路、891替代。另外开通石门营至戒台寺的通勤班车。

（王元媛）

【市、区领导调研慰问】　2月8日，区领导一行，到八方达河滩分公司德露苑场站进行慰问。询问了客运站工作人员春运期间运营安排及安全工作落实情况，并提出具体要求。22日，区领导就区公共交通发展到交通局进行调研。听取《北京市门头沟区公共交通系统专项规划》和《门头沟区社区公交线路建设方案》的情况汇报并提出具体要求。10月31日，市交通委副主任、运输管理局局长带队到交通局调研。12月3日，区领导到交通局进行调研。25日，区领导到交通局调研。

（王元媛）

【开通新城社区公交线路】　门头沟区第一条区域内的新城社区公交线路3月28日开通运营。该线路为门头沟区新城内社区公交“一环两纵”中的“一环”，配车10部，首末车时间为春夏秋6：00－23：00；冬季6：00－21：00，全日发车共224车次，运营里程8公里。该线路的开通能够接驳区内通往市区的全部23条线路，覆盖5所学校，4所医院，4个商业中心，总揽滨河世纪广场等10个公园，方便新城中心城区21个社区居民的日常出行。

（王元媛）

【H7N9禽流感疫情防控】 自4月10日开始，配合公安、交通、动物检疫3个部门，在芹峪口综检站内设立固定岗，联合执法查处不合格禽类，截至疫情解除，禽流感固定岗出动执法人员882人次，检查430车次，动检所检验运载动物活禽均无疫情，正常放行。

（王元媛）

【处理紧急情况】 4月10日上午9时35分，一辆装满沙子的农用三轮车，在经过龙泉镇琉璃渠村的斜河涧下行铁路道口时，忽然侧翻在丰沙铁路线上。当班监护员严格按照紧急情况处置预案进行处置，向即将通过该道口的火车发出警报并及时截停火车，并疏散停留在农用车旁的司机和围观群众撤离到安全地带，避免一起火车与机动车相撞的重大交通事故。

（王元媛）

【开通新城社区公交线路】 4月26日，门头沟区第二、三条新城社区公交线路964路、965路，即“一环两纵”中的“两纵”，开通运营。964路（首末站：东山——紫金路南口），配车14部，运营时间：东山5：00－21：30，紫金路南口6：00－22：30，设置站点31个，全日发车156车次，发车间隔10分钟，线路长度18.8公里。965路（首末站：中门寺——紫金路），配车12部，运营时间：中门寺生态园6：00－20：00，紫金路6：30－20：30，设置站点24个，全日发车128车次，发车间隔10分钟，线路长度13.8公里，解决了西北环线、紫金北路3.9公里有路无车问题。

（王元媛）

【出租汽车治安年检工作】 4月27日，市公交分局出租支队对区个体出租经营者和金银出租公司出租车的治安防范装置进行检验。全区21户个体出租经营者和金银出租公司的61辆出租车全部通过检验。

（王元媛）

【开展应急演练活动】 5月24日，组织公交分局、八方达河滩分公司等多个部门，共60名管理人员和司售人员在坑木场开展消防演练活动，并针对运营中司乘人员遇突发事件的“十八个怎么办”应采取的应对措施进行了培训。6月7日8时30分，交通局接到九龙山道口监护员报告，该道口附近一处铁路路基因降雨产生积水造成路基下沉。交通局接到报告后，立即联系京西工务段通报险情，并第一时间赶赴现场。经勘察，九龙山道口看护房以南5米处铁路西侧，因排水不畅产生积水，造成该处铁路路基下沉。交通局与京西工务段抢修队根据现场情况研究后，由京西工务段抢修队立即开展紧急抢修。经过一个半小时抢修后，排除了险情，保证了铁路线正常运行。6月18日，组织八方达河滩分公司、公交总队苹果园派出所、向阳消防中队等多个部门，共106名管理人员和司售人员在八方达河滩分公司西北旺车队院内开展消防应急疏散演练。25日，组织北京天龙燃气有限公司、区质量技术监督局、燃气办等多个部门，共40名管理人员和工作人员开展特种设备抢险应急演练活动。8月22日，组织监管的10个监护道口的监护员共30人，在丁家滩1号道口开展监护道口应急演练交流动。9月26日，区燕华液化气站开展危险化学品安全事故应急处置综合演习。交通局、斋堂镇政府等相关部门以及其他危化企业负责人共计40人共同进行观摩。11月7日，组织北京公交第四客运分公司第五车队、公交派出所等相关部门，共50名管理人员和工作人员开展安全维稳消防模拟演练活动。

（王元媛）

【召开拆解违法改装车辆现场会】 5月29日，在龙泉雾混料厂召开依法拆解违法改装车辆现场会，治超办相关部门负责人参加此次活动。执法人员当场向货运经营者宣读门头沟区治超办关于依法拆解违法改装车辆的决定书，并依法对北京柳成文运输户的4辆货车和北京润通公路无机料厂的两辆货车，擅自加高的车厢栏板进行切割拆解。

（王元媛）

【宣传活动】 6月9日，开展安全生产月法制宣传活动，共设立宣传站点6个，摆放展板2块，悬挂宣传横幅6条，发放《北京市道路运输条例》北京市水域游船安全管理规定（摘要）、乘坐公共交通工具注意事项等宣传材料800余份（8000余张），出动工作人员27名。12月4日，开展以宣传交通运输法规和常识为重点的普法宣传活动。共摆放展板3块，悬挂宣传横幅1条，发放各类宣传材料1000余份，有宣传标语的无纺布购物袋200余个，月票夹100余个，共出动工作人员8名。

（王元媛）

【组织开展宣讲活动】 7月25日，区直机关工委在系统内举办“我的梦·中国梦”百姓宣讲活动，第六党建联谊组专场在交通局举办。交通局、水务局、体育局等11家单位，共计80人参加此次宣讲活动。机关工委系统的11名宣讲员围绕学习宣传贯彻党的十八大精神，以“我的梦·中国梦”为主题，宣讲了区直机关系统普通工作者和基层党组织的感人故事。

（王元媛）

【应急综合指挥中心投入使用】 9月6日，交通安全应急综合指挥中心通过终验并投入使用。交通应急指挥中心系统是集交通战备、安全应急和行业监管三位一体的综合服务平台，秉持平战结合的设计理念，战时为指挥服务，平时能够将日常安全监管纳入其中，为应急工作提供准确的行业基础数据。

（王元媛）

【依法查处越线经营省际客运】 10月29日，交通局经过缜密侦查跟踪取证，制定执法预案，对不按规定线路行驶的省际客车进行依法查处。经查，该车道路运输证核定行驶线路为北京永定门长途车站到河北省保定市，该车经营者已构成不按规定的线路、班次行驶的违法行为，违反《中华人民共和国道路运输条例》的相关规定，交通局对该车经营者依法作出责令停止违法经营，并处以1000元罚款的行政处罚。

（王元媛）

【组织召开座谈会】 12月17日，组织食药局、机动车维修、汽车租赁、化危运输经营等6家相关单位的社会监督员召开座谈会。监督员对交通局在规范执法、优化公共交通路线等方面取得的成效给予肯定，同时结合自己所了解的情况，在治理交通拥堵、引入电动出租车、维护交通运营环境等方面提出意见和建议。

（王元媛）

【开展专项治理工作】 12月24日晚，协调区公安分局交通支队、巡警支队在卧龙岗桥下至永定冯村联合开展打击非法危险货物运输车辆的专项治理“平安行动”。共出动交通执法人员12人，民警6人，盘查可疑车辆22辆，查扣非法运输液化气“面的”车1辆。12月24日夜，与公安分局交通支队、巡警支队，在卧龙岗桥下联合开展打击非法危险货物运输车辆的专项治理“平安行动”。当晚查扣倾倒建筑、生活垃圾违法行为的运输车1辆。

（王元媛）

【组织专题宣讲活动】 12月27日，组织全体干部职工观看、学习“交通大讲堂”暨“绿色出行 畅通北京”专题宣讲活动。

（王元媛）

【更换车况较差公交车】 12月，北京八方达客运有限责任公司调配了105部公交车，替换了区内部分公交线路中车况较差的公交运营车辆。

（王元媛）

【开展运输车辆专项治理工作】 年内，针对三石路沿线、军庄地区、大台地区运输车辆进行重点检查，同时配合区城管大队、市政市容委、交通支队进行联合执法检查，打击乱倒垃圾渣土违法行为，全年共开展专项检查、联合执法125次，出动执法人员626人次、检查1592车次。

（王元媛）

【新建2个五级客运场站】 年内，新建完成2个农村五级客运场站，分别是雁翅镇马套客运站、妙峰山镇樱桃沟客运站。

（王元媛）

【“双超”治理工作】 年内，全区治超检查车辆8249辆，超限21辆，卸载17辆，卸载93.75吨，劝返4辆，出动治超执法人员5933人次；开展流动治超检查155次，出动执法人员2100余人次；处理擅自改装车23辆，罚款11.2万元。

（王元媛）

【农村客运实现“村村通”公交】 年内，全区农村（山区）客运线路网基本形成，全区下辖9个镇、178个行政村，已基本实现“村村通”公交。自2008年至今，全区共建设完成山区五级客运站32个，涉及山区7镇1办，其中部分位于斋堂、清水两镇，通达上述两镇的公交车，均需到斋堂客运换乘中心进行换乘。区内“村村通”公交线路暂有23条，配车58部，全部为2010年购置的新版空调车，日发车172班次。其中，21条线路号统一为892路；另有一条通达草甸水的线路与931路公交车混合运营；另外一条通达香峪的线路由于线路线网布局，与961路公交车混合运营。

（王元媛）

【加强党建工作】 年内，开展党建工作。以“五抓”为重要举措，落实好“大讨论”活动，即：提高素质抓能力，深化工作抓标准，查找问题抓整改，落实转变抓保障，巩固成效抓创新。

（王元媛）

【受理小客车指标申请业务】 年内，共受理各种申请1877份，其中个人新申请1092份，单位新申请76份，更新指标申请90份，指标延期申请597份，被盗抢小客车申请摇号22份。

（王元媛）

【打击非法盗采和环境治理】 全年，共出动执法人员1000余人次，检查运煤车辆1500余车次，协同斋堂执法队检查煤熏口1000余次，填埋塌陷煤熏口16个，未发生私挖盗采违法行为，取得良好的社会效果。此外，芹峪口检查站配合打击私挖盗采检查运煤车辆2246辆。牵头或配合区相关部门开展春节两会期间交通、治安、环境三大秩序整治、“建筑垃圾运输车辆”夜查、河滩东路及永定冯村大桥货车乱停乱放整治、永定河非法冰钓清理执勤等专项工作任务，出动执法人员1000余人次。

（王元媛）

【废弃机油回收与无害化处置】 年内，回收废弃机油1.83万公斤，铁削1800公斤，废稀料、废乳化液共1860公斤，废棉丝700公斤，烤漆房专用废纤维棉100公斤，废漆痛310个，废滤芯500个，全部交给中首精滤有限公司回收处置。

（王元媛）

【安全生产大检查工作】 年内，开展安全生产大检查工作。一是采取多种形式对大检查工作进行宣传，其中进行电话宣传300余户次，会议宣传10余次，领导带队入户宣传157户次，利用局电子信息屏，全程办大厅窗口，芹峪口综检站窗口，稽查大队路查等形式广泛宣传，全行业发放安全告知卡宣传共计2000余份。二是形成行业检查为主、督导检查为辅、领导带队抽查的工作格局，采取多部门联合检查、部门间互检互查、日夜查相结合等检查方式，在入户检查时采取听、看、问的方法细致检查每一个环节，共到企业检查354户次，出动执法人员864人次；三是针对查处的隐患，狠抓整改落实。通过检查发现各类隐患共计97处，对于查出的每一个隐患和问题，都现场依法提出整改意见，并及时督促落实整改。

（王元媛）

【依法行政工作】 年内，共办理各类行政许可、备案手续3027件，接待经营者咨询5500余人次，查处违法案件119起，制作一般程序案卷117卷，简易程序2卷，罚款30.92万元。所有的许可事项办理和行政处罚实施过程中没有出现违反程序、刁难怠慢经营者的情况，未出现一例投诉事件，经营者满意率100%。

（王元媛）

【人大、政协建议及提案工作】 年内，共接到人大代表建议及政协委员提案14件，涉及公交线路改线、停车站点选择、客运线路加班加点、公交站点的增设等公共交通问题。交通局深入调研，协调相关部门、办理方案研究、上门征求意见，全部完成了回复，人大代表、政协委员满意率达100%。

（王元媛）

【为民服务事项转办工作】 年内，共接收“区为民服务中心”网上转办的有关交通运输行业投诉案件119起，交通局指派专人进行处理，收转的119件投诉案件全部按规定进行回复，未出现迟报漏报现象。

（王元媛）

【交通战备工作】 年内，对区交通战备系统成员单位进行了调整、核实工作，全区国防动员委员会交通战备成员单位共34个。完成了区国防交通保障队伍的整组工作，全区共有6支专业保障队伍，13支镇、街基层分队，共有1445人，217台装备。

（王元媛）

【培训工作】 年内，共培训货运驾驶员19期5585人，出租汽车驾驶员3期52人，汽车驾驶员等级培训22人（中级17人，高级5人）。

（王元媛）

【党风廉政建设】 年内，开展党风廉政建设，注重廉政风险防控“五个”体系建设。一是构建“三重一大”决策事项风险防控体系，二是构建重点领域风险防控体系，三是构建重点岗位风险防控体系，四是构建廉政风险项目化管理体系，五是构建廉政风险防控预警体系。突出重要节点廉政风险防控，积极组织开展廉政教育活动。年内，依托交通局理论学习中心组，局领导班子成员带头加强廉政教育，多次组织廉政主题学习。

（王元媛）

【加强干部队伍建设】 年内，通过多种形式加强干部队伍建设，以加强学习型组织建设为重点，搭建局内领导班子、党支部、科室三级学习平台；完善奖罚制度，对工作表现突出的33名同志进行了奖励，对1名同志进行了处罚；公开招考高素质高学历专业人才，不断完善干部队伍。年内，累计全员培训14次，其中法律、法规培训8次、考试7次，综合类全员培训6次。

（王元媛）

【道路运输协会工作】 年内，组织召开道路运输协会第二届第二次会员代表大会，对10家学习型先进企业进行表彰。到产废企业宣传国家固体废物污染环境防治法，开展续签废弃机油回收工作。年内，共有25家企业签订废弃机油回收协议，其中新签5家，比2012年增长56%。加强与企业的联系、沟通，全年共走访会员企业58家，对5家会员企业生病职工进行慰问；协助会员企业办理从业资格证；协助相关部门有效解决车辆进入北京市城区问题，帮助会员企业减少了损失。

（王元媛）

【非公党建工作】 年内，加强交通行业非公党建，破解非公企业发展难题。对9家汽车修理企业开展党建调研。通过调研，拟在门头沟区汽车修理企业中采取“行业联合式”的党建框架模式，实行交通局机关支部与行业非公企业联合发展，共同开展组织活动。重点培养企业负责人、中层管理人员、业务骨干，将其纳入交通局党支部开展组织培养、发展工作。

（王元媛）

【获奖情况】 年内，交通局荣获2013年度门头沟区安全生产工作先进单位；2013年北京市无偿献血先进单位；2013年道口安全管理先进管理区县；2013年门头沟区全民健身项目表演赛（广播操比赛）三等奖。

（王元媛）

邮电

·邮政

【概况】 机构设置为四部（人力资源部、计财财务部、监督检查保障部、市场经营部）一室（办公室）四个专业局（商函分局、代理业务分局、分销业务分局，报刊发行分局）一个专业公司（集邮公司）。分支机构共3个支局11个邮政所。全局职工302人，其中正式工164人，劳务工138人。邮路总计59条，其中汽车邮路6条，自行车邮路53条，邮路总长1616.6公里。

单位名称：北京市门头沟区邮政局

地　　址：门头沟区河滩路2号

电　　话：69842560

邮　　编：102300

（谭文贤）

【领导调研】 2月5日，市公司党委书记等人到大峪支局投递组看望投递人员，送来慰问品。2月22日，区领导等及财政局、民政局、市政市容委、园林绿化局等委办局领导到局内调研。6月17日，市公司总经理调研邮政村邮站建设工作。考察村邮站运行情况，并与村邮员进行交谈，了解村邮站建成运营情况。7月24日，市邮政管理局相关部门协同区农委主管领导到军庄地区对村邮站运行进行检查指导。管局领导对区内村邮站运行情况、邮件投递、制度执行及村邮员补贴发放等情况进行了解，并对检查中发现的问题进行了讲解和指导。7月31日，市公司党委书记来到门头沟邮局大峪支局慰问一线员工，送来防暑降温饮料，对投递员在炎热天气下仍然努力工作，保质保量的完成投递任务给予肯定。随后到营业，储蓄的工作前台，查看了营业大厅的服务情况，看望服务在一线的营业人员，并对大家的工作予以肯定与鼓励。在与局领导班子座谈时了解营业网点的业务收入、客户结构、局务公开以及员工薪酬等情况，对局内的经营工作提出要求。

（谭文贤）

【完善绩效考核办法】 3月12日，根据市公司相关办法修订完善绩效考核办法，并印制发到基层单位及职工代表手中，使大家对文件内容进行了解。由人力、计财、市场、监保、工会等部门组成宣讲小组。到支局进行宣贯解读，征求职工意见和建议。由宣讲小组汇总意见提交局务会讨论继续修订，最终提交职代会审议通过后下发执行。

（谭文贤）

【荣誉情况】 3月，大台邮政所王自殿被市文明委授予“身边雷锋．最美北京人”标兵。10月，局工会被中华全国总工会授予全国模范职工之家称号。12月，全区生态文明创建活动中被区文明委授予绿色单位称号。12月，宣传工作获得北京邮政新闻宣传优秀单位。北京邮政郊区新闻宣传优秀杯。12月，门头沟大峪支局营业组被区文明办、区工会、区妇联授予“巾帼文明示范岗”称号。

（谭文贤）

【与区工商联座谈发展合作】 5月21日，邀请区工商联合会领导座谈，市场部对各项业务进行宣讲，并为工商联的下属企业策划了“强强联手、资源共享、共赢市场”合作方案。28日，与区工商联组织召开“邮政局、工商联助力企业创新发展个性化服务”对接会，邮局领导班子、工商联领导班子及40余家商户参会，会上区邮局利用PPT方式介绍了商易通、彩信、个性化邮票、DM广告等业务，并对商易通进行现场演示。

（谭文贤）

【《金铜佛造像》特种邮票首发仪式】 6月16日，与区委宣传部在潭柘寺举办《金铜佛造像》特种邮票的首发仪式，同时潭柘寺主题邮局——“京都第一寺”邮局也正式揭牌，这是北京市首个佛教主题邮局，也是门头沟开办的第一所主题邮局。

（谭文贤）

【经营服务情况】 年内，业务收入完成市公司下达预算进度的116.9%，同比增长26%。服务工作没有出现大的问题，用户满意度、质量指标达到市公司规定。未发生重大安全事故，确保安全生产。

（谭文贤）

【营销体系建设】 年内，共有16人参加了市公司牵头举办的营销人员岗位资格培训活动，其中销售类岗位12人，参加人员全部通过考试，通过率达到100%。

（谭文贤）

【建立业务宣传办法】 年内，规范了《京西时报》业务宣传流程，加强了各部门之间的合作，使居民能在第一时间了解局内最新业务及相关信息。

（谭文贤）

【金融业务管理工作】 年内，与同级支行共同召开邮银协调会共11次，协调会中支行审计稽查部对网点所查内容、网点出现的问题进行通报，邮银双方对需协调的问题共同协商解决，制定解决方案，提高网点风险意识，防范风险的发生。进行“强化执行、固化习惯”专项整治主题活动，对现金、重要空白凭证管理及支行长、综柜履职进行了自查。对柜员、理财经理、综合柜员、支局管理人员、及代理金融分局人员，共计92人进行了风险排查工作。

（谭文贤）

【网点转型】 年内，三家店所参加全市转型试点，局内示范网点石龙支局，两个网点同步进行，支行长、综合柜员、理财经理、柜员在全局范围内通过不同岗位经过面试选拔，人员已全部确定。

（谭文贤）

【预算监控】 年内，根据市公司下达各项预算目标，细化收入结构，确定利润目标。核算成本结构，测算运营成本及直接成本所需费用，提前对各项收入、成本预算进行预测，按月通报各经营单位完成情况，分析各项板块结构的变化、合理控制成本项目，目标管理，确保收支平衡保利润。

（谭文贤）

【管理工作】 年内，按照《北京邮政营业服务规范、投管服务规范理检查标准》要求进行自查，落实日常检查制度，对邮政通信服务质量实施全面监控，对发生重大通信服务质量案件或通信服务质量低劣的单位组织专题检查或剖析检查。

（谭文贤）

【劳动竞赛】 年内，开展投递岗位“战酷暑、保安全、提服务、保质量、保时限”劳动竞赛。年内，开展牵手文明交通，共创平安邮政交通安全竞赛活动，抓好两会期间安全，汛期安全、交通安全，召开专题会议布置工作，签订安全责任书，组织防爆、防抢演练，提高员工自我防范意识，确保安全生产。

（谭文贤）

【开展转变机关作风活动】 年内，开展转变机关作风，全力服务支撑一线工作讨论活动。组织机关管理人员、支局长、支行长参加为期两天的职能管理人员胜任力培训班。

（谭文贤）

【人员定编工作】 年内，建立符合适应市场竞争需要的组织管理体系，科学核岗定编，逐步解决竞争性业务缺员和普遍服务业务结构性冗员的矛盾，对于业务发展、人员流动等原因出现的增员需求，采取盘活内部人力资源的方式解决，通过选拔优秀投递员充实邮政营业储蓄等岗位，选拔优秀营业员充实营销员岗位等。

（谭文贤）

【薪酬管理】 年内，薪酬分配向一线倾斜。建立完善宏观调控机制，按照“效率优先、兼顾公平”的原则，奖励分配向重点部门、一线员工倾斜，共享企业发展成果。

（谭文贤）

【员工教育】 年内，制定了新的教育培训管理办法，明确各部门教育培训的具体职责，对各类培训班的考勤、考试、考核管理规范，各类培训已经按计划完成。

（谭文贤）

【内训师队伍建设】 年内，由局领导、相关部门领导、人力资源部共同选出营销、金融、发行、集邮、投递等7个专业，共计5名员工参加市公司和邮校举办的内训师培训班，5人已完成第一阶段的学习，完成第二阶段的模拟授课。

（谭文贤）

【职业鉴定】 年内，有55名员工参与职业鉴定考试，涉及9个工种，持证率达到90%。

（谭文贤）

【劳务工管理】 年内，按邮政聘用工管理，转聘制度，有3名理财经理业绩突出，通过选拔推荐转聘为合同用工B类人员。有33名劳务人员转聘为合同用工B类人员。

（谭文贤）

【效能监察】 年内，分别对治理小金库、三重一大制度进行效能监察立项，纪检部门负责相关制度落实和执行的日常监督，并根据监察事项的性质和内容由相关部室进行监督，主管局长抓落实。

（谭文贤）

【绿色企业创建工作】 年内，开展节能降耗、降本增效等方面工作。一是建立了效能监察工作制度。二是制订了节能降耗、降本增效工作措施。三是制订了安全用电措施。四是制订了物料领用规范。

（谭文贤）

【下属单位情况】

单位名称：大峪支局
地　　址：门头沟河滩路6号
电　　话：6984.2515
邮　　编：102300

单位名称：军庄所
地　　址：门头沟军庄镇（大峪支局管辖）
电　　话：6081.1504
邮　　编：102300

单位名称：三家店所（大峪支局管辖）
地　　址：三家店水闸路11号
电　　话：6984.2177
邮　　编：102300

单位名称：承泽苑所
地　　址：滨河居住区承泽苑2号楼一层
电　　话：6186.4313
邮　　编：102308

单位名称：西辛房所（大峪支局管辖）
地　　址：6月27日拆除
电　　话：6984.2484
邮　　编：102300

单位名称：王平村所（斋堂支局管辖）
地　　址：王平镇西村
电　　话：6185.9647
邮　　编：102301

单位名称：大台所（斋堂支局管辖）
地　　址：大台矿内
电　　话：6187.0374
邮　　编：102303

单位名称：木城涧所（斋堂支局管辖）
地　　址：木城涧玉皇庙
电　　话：6187.2380
邮　　编：102304

单位名称：斋堂支局（斋堂支局管辖）
地　　址：斋堂镇西斋堂
电　　话：6981.6804
邮　　编：102309

单位名称：清水所（斋堂支局管辖）
地　　址：清水镇上清水
电　　话：6085.5495
邮　　编：102311

单位名称：雁翅支局（斋堂支局管辖）
地　　址：雁翅镇雁翅村
电　　话：6183.0189
邮　　编：102305

单位名称：石龙支局
地　　址：门头沟石龙北路 62 号
电　　话：6980.4026
邮　　编：102308

单位名称：双峪路所（石龙支局管辖）
地　　址：门头沟大峪南路 2 号
电　　话：6984.2523
邮　　编：102300

单位名称：潭柘寺所（石龙支局管辖）
地　　址：潭柘寺镇
电　　话：6086.2394
邮　　编：102308

（谭文贤）

·电　信

【概况】　年内，北京联通门头沟区分公司干部员工，贯彻落实北京联通的总体工作部署，结合地区实际，围绕门头沟经济文化发展大局，全面完成了 2013 年各项工作任务，在五小郊区县中排名第二，实现企业管理、市场经营、客户服务、网络维护建设新突破。

单位名称：中国联合网络通信有限公司北京市门头沟区分公司
单位地址：北京市门头沟区新桥大街 4、6、8、10 号
电　　话：69842616
邮　　编：102300

（安德国）

【市场经营工作】　年内，业务收入完成全年计划的 108.57%。

（安德国）

【客户服务工作】　年内，分公司在服务工作中，创新管理机制，严格考核激励，入户服务水平显著提升。入户服务满意度位居“五小”第一名；开展营业厅服务提升工程，厅台服务满意度持续提升。年内营业厅台服务检查中，有 50% 月份进入公司前三。落实闭环管理，提升客户满意度。全年共处理客服热线派发的工单 3820 张，入户服务满意率每月均完成考核指标。

（安德国）

【网络维护及建设工作】　年内，分公司加强网络维护和建设，认真落实 52 周作业计划，加强对网络设备的预检预修，提升网络能力，优化网络覆盖，完成汛期、重大政治活动、重要节日的通信保障任务。

（安德国）

科技　教育

科　　技

科技工作

【概况】　门头沟区科学技术委员会（简称区科委）是门头沟区人民政府主管全区科技工作的综合职能部门，负责全区的科技管理和科技服务工作。

年内，组织实施各类科技计划项目23项。完成区域应急救援体系建设方案设计等3项课题验收。发挥科技创新资金引领，提高区内企业发展实力，推进全年科技创新项目的实施工作，投入资金500万元，实施科技创新项目15项，涉及农业、医疗等多个领域，专利奖励14家企业45项专利。强化科技企业服务，做好高新技术企业的管理与服务工作，完成2012年度高新技术企业统计工作。组织召开门头沟区第一届知识产权联席会议。区知识产权局专利行政执法委托协议正式签约。与知识产权服务机构合作，加强知识产权的培训工作。加大科普宣传力度，制作“应急科普教育”与“生态重建”为切入点的公益科普视频片，并在电视台播放。完成12期《京西科技》和2期《视点关注》电视栏目的制作，有效提高了各类人群的科学素质。

单位名称：北京市门头沟区科学技术委员会
地　　址：北京市门头沟区新桥大街40号
电　　话：69843260
邮　　编：102300

（王亚娟）

【实施科技项目】　1月10日，启动实施基于物联网的老年人健康与安全服务管理平台研究与示范课题。争取市科技资金397万元，带领课题组成员，对蓝龙家园社区60岁以上老年人开展访谈及问卷调查。24日，特色中草药产业科技示范工程正式启动。该项目总投资450万元，建设期1年。经过前期调研、沟通协调等方式，区科委山地研究所与雁翅镇，共同研究和落实项目建设内容及其实施方案讨论并确定项目实施地点、协作参加单位、建设任务等事宜。实施灾后重建及应急科技支撑体系建设项目。争取市科技资金2000万元。包括“门头沟区区域应急救援体系建设方案设计”、“门头沟区应急指挥统一调度系统完善与提升”等5个课题全面启动实施。与中国科学院生态环境研究中心等相关单位开展门头沟区农村人居环境生态基础设施调研，确定在妙峰山镇水峪嘴等村落实施人居环境改建关键技术研究与示范。总投入资金785万元。3月21日，启动实施面向灾后边坡生态修复关键技术集成及示范应用课题。该课题总投资680万元。完成潭王路沿线三种典型坡面共计2万平方米的坡面修复。

（王亚娟）

【专家论证课题】　1月25日，面向山区旅游的应急救援系统建设与示范应用课题通过专家立项论证。争取市科技资金300万元。课题按照景区应急救援的实际需求制定的课题目标、任务和考核指标符合实际，技术路线基本可行。5月14日，市科委组织专家对智慧景区信息化管理系统应用示范课题实施方案进行论证。

（王亚娟）

【科技成果推广普及活动启动】

1月30日，科技成果（门头沟区）推广普及活动在新桥西区社区启动，该活动由市科委主办、市可持续发展科技促进中心和区科委承办。

（王亚娟）

【市、区领导调研】 2月4日，市科委副主任到区调研科技工作。听取关于门头沟区生态建设与科技合作情况的汇报，并进行了实地考察，对以后科技工作开展提出了建议。3月22日，区领导张永参加2013年科技项目启动会，对科技项目申报提出具体建议。8月8日，区领导听取关于拟上报的市级绿通项目和27项年度储备项目的汇报。8月22日，市科委社会发展处调研员检查可持续发展实验区建设专项“浅层采空区综合探测及灾害风险评价关键技术示范研究”课题，实地考察已封闭煤矿的旧址以及采空区塌陷造成的房屋、土地受损面貌，观摩课题承担单位采用多道面波方法对采空区进行测绘的作业过程，听取了课题实施总体进展和下一步工作计划的汇报。并对下一步工作提出了具体要求。9月2日，市科委考察组一行先后考察了龙泉镇龙泉务村辽瓷窑文化科普展室、妙峰山镇涧沟村玫瑰博物馆与玫瑰种植基地，听取了辽瓷窑文化科普体验厅升级改造设计方案的汇报，对辽瓷窑文化科普体验厅的设计给予好评，10月24日，区领导听取关于2013年门头沟区科技项目、区科委2013年绩效考评完成以及2014年财政项目部门预算等情况汇报。

（王亚娟）

【引种牡丹、芍药】 3月19日，启动牡丹、芍药引种工作，确定在潭柘寺镇开展牡丹、芍药种植示范，其中牡丹3000株，芍药9000株，共计10个品种，7个色系，栽植面积10亩。同时研究牡丹盆花的反季栽培技术，生产优质牡丹盆花和牡丹功能性产品。

（王亚娟）

【验收课题】 3月21日，王平镇沟域农林（养）复合系统示范区建设子课题通过市科委专家组验收。该课题建设规模830亩，建立有效适用的复合农林（养）系统的技术体系；培养技术骨干5名，培训新型农民326人次，建成门头沟王平沟域典型示范区，促进农民增收。8月20日，市科委组织专家对区域应急救援体系建设方案设计课题进行验收。专家组听取了课题承担单位的汇报，审阅了相关文件，并进行质询，认为该课题完成了任务书规定的工作内容。

（王亚娟）

【博士后工作站工作】 4月2日，北京林业大学的多名专家及区委组织部、人力社保局、科委相关部门对博士的中期研究报告进行考核，专家组评定博士中期考核结果为优。8月23日，召开博士后工作站进站博士报告研讨会。12月，区委组织部、人力社保局、科委相关领导及北京林业大学的多名教授对博士后出站研究报告《门头沟区植被碳储量及其发展碳汇林业策略研究》进行考核。领导、专家全体同意博士后出站。

（王亚娟）

【召开区对口协商会议】 4月10日，区政协科技界委员与科委进行对口协商会议。听取科委关于科技工作情况的汇报，双方就区科技支持和服务企业政策进行互动交流。

（王亚娟）

【调查研究工作】 4月19日至21日，区科委主要领导一行10人到山东菏泽考察了牡丹、芍药产业发展情况。先后参观了曹州牡丹园和“山东省菏泽市高科牡丹应用研究所”牡丹芍药种植示范基地，并与相关企业负责人就牡丹、芍药的栽植技术要点、牡丹产品的开发利用以及市场前景等方面的内容。4月26日，区科委领导一行7人参观海淀区生态科技中心三维立体电子沙盘。听取了三维立体电子沙盘的设计理念和整体思路介绍以及海淀区北部地区总体规划思路。了解三维电子沙盘的优点等，节约成本。9月5日，区科委、清水镇相关人员就禁牧工作到涿鹿县赵家蓬区进行考察，学习当地禁牧经验。了解禁牧工作采取的举措和退牧后农民生产生活发展的新思路及赵家蓬区生态建设方面的宝贵经验。11月19日，中国农业大学的相关领导和专家到军庄镇调研京白梨的种植情况，实地考察了京白梨教授工作站的情况。在军庄镇孟悟村实地考察了京白梨的种植情况后，专家组就京白梨品质退化进行分析，提出授粉组合筛选、优良株系选育等建设性意见。

（王亚娟）

【知识产权相关工作】 4月23日，市领导、区领导召开首届知识产权联席会议。区内22个部门的主管知识产权工作领导出席会议。会上，总结门头沟区2012年知识产权工作，部署了2013年重点工作任务。26日，是世界知识产权日，联合区知识产权保护协会、区工商分局开展上街宣传活动，为过往群众发放知识产权漫画读本、宣传折页、中国知识产权报、展会知识产权保护指导案例、实施商标战略指导手册等宣传品1200份，解答群众知识产权问题20项。5月16日，在王平镇举办2013年门头沟区知识产权对农特产品及旅游品牌保护培训班。培训会邀请北京易正达知识产权代理有限公司律师为大家讲“如何用知识产权对农特产品商标和地理标志进行保护”，参加培训的有王平镇企业人员、种养殖专业户共计60余人。年内完成2012年专利奖励申报工作。据统计，2012年共14家企业45项专利获奖。其中：发明专利9项、33项实用新型、3项外观设计。确定奖励资金11.4万元。

（王亚娟）

【召开区科普联席会】 4月24日，召开科普工作联席会议。区领导以及科普联席会成员单位参加会议。会议对2012年科普工作进行总结，部署2013年重点科普工作任务。同时为北京市创新型科普社区考评工作中获得北京市优秀创新型科普社区（龙泉镇龙泉务社区）和优秀组织奖（门头沟区科委）颁奖，并对2013年北京科技周活动进行动员。

（王亚娟）

【开展科技奖励工作】 5月9日至10日，组织专家召开2012年度门头沟区科学技术进步奖、科技成果推广奖评审会。2012年度区内共有71个项目申请评选门头沟区科学技术进步奖，9个项目申请评选门头沟区科技成果推广奖，涉及到化工、生态、医药卫生、种植、文教等多个技术领域。评选出科学技术进步奖21项，其中：门头沟区中医医院的《温针经筋刺法治疗卒中后痉挛性肩痛》1项被评为门头沟区科学技术进步奖一等奖。

（王亚娟）

【学习交流】 5月17日，组织区内科技工作者、社区居民、解放军战士近200人到北京科技周主会场参观，场馆内分为衣、食、住、行、用五大主题。6月6日，组织80余名科技人员到第九届中国（北京）国际园林花卉博览会进行考察学习。科技人员们学习园博园中的智能灌溉、可再生能源等高科技亮点和湿地生态、雨水收集等绿色理念。10月12日，区科委一行8人到2013北京国际旅游商品博览会学习。

（王亚娟）

【开展多类科普活动】 5月17日，以“携手建设创新型国家”为主题的门头沟区2013年北京科技周开幕式在区体育馆门前举行，开幕式上宣读《关于表彰门头沟区在第33届北京青少年科技创新大赛中获奖人员的决定》。7月25日，开展“科普进军营”系列双拥活动。先后到军庄镇空军95881部队与大峪街道空军93508部队慰问，为他们赠送了科普书籍、光盘和体育器材。完成全区科普统计工作的组织、报表发放、回收、审核、汇总工作，接受各镇、各街道、各委办局等单位的导出电子数据及纸质科普统计调查表，汇总整理后上报北京市科委。9月27日，由市科委可持续发展中心与区科委共同举办的“北京市电子科普行”活动门头沟区启动仪式在大峪中学新疆楼前启动，参加此次活动的有市科委科宣处、可持续发展中心、生产力促进中心、区科委、区教委、大峪中学的有关领导，以及大峪中学160余名师生。10月17日组织召开2013年门头沟区科普工作者培训班。参加此次培训的有区内科普联席会议成员单位、科普教育基地、创新型科普社区等多家单位的科普工作者。培训班内容包括开班仪式和野外生存及基础急救培训相关课程。

（王亚娟）

【高新技术企业完成年度备案】 5月31日，完成区内55家高新技术企业2012年度信息备案工作。据统计，2012年度获得发明专利授权32项、实用新型93项、外观设计5项、软件著作权110项。大专以上学历人员数7770人，占从业人数42.8%；从事研究开发人员达3864人，占职工总数达21.3%。高新技术产品（服务）收入90.38亿元，占企业销售收入94.9%。

（王亚娟）

【京白梨教授工作站落户门头沟区】 6月20日，与中国农业大学新农村发展研究院签署京白梨教授工作站合作任务书，标志着京白梨教授工作站正式落户门头沟区。双方以前期合作为基础，以教授工作站为依托，搭建专业硕士培养、大学生URP计划、国家大学生创新实验计划、暑期社会实践小分队“三农”“调查与服务”等教育基地平台，探索高校师生服务社会的新模式。

（王亚娟）

【科普能力建设项目】 6月20日，2012科普能力建设项目通过结题验收。通过该项目的实施，开展了11期具有全区特色的多项科普活动，有1700人次参加。立项2013年门头沟区科普能力建设项目，争取市科普专项资金31万元，开展科普培训、科普参观、科普统计等工作。

（王亚娟）

【签约专利行政执法委托协议】 6月26日，市知识产权局与门头沟区科委（知识产权局）的假冒专利行政执法检查委托签约仪式。

（王亚娟）

【开展七一特色党日活动】 6月27日，组织机关党支部全体党员到京西山区中共第一党支部纪念馆参观学习。先后参观《京西星火》展览、崔显芳故居、田庄高小党支部旧址，并在宣誓碑前重温了入党誓词。

（王亚娟）

【完成科技创新项目评审】 10月18日，召开“门头沟区2014年科技创新项目专家评审会”。此次评审会分为装备制造及材料、电子信息与技术、能源与环境、现代农业与医疗四组。相关领域的20位专家就36项申报项目的主要研发内容及考核指标、技术路线可行性、创新度、项目成果应用及产业化前景、项目建议单位技术团队及管理能力等内容听取申报单位的汇报。

（王亚娟）

【立项各类科技课题】 10月21日，召开市科委组织专家论证，通过了区科委提出的“灵山亚高山草甸保育技术集成与示范”课题实施方案。

（王亚娟）

【完成2012年高新技术企业统计】 年内，全区高新技术企业总数55家（其中驻区企业20家）。区内高新技术企业技工贸总收入95.36亿元。企业人员总数17966人，大专及以上学历人员达到8256人，其中：博士34人，硕士342人。区高新技术企业总收入2000万元以上企业35家，亿元以上企业13家，其中北京昊华能源股份有限公司、北京精雕科技有限公司总收入已超20亿元。

（王亚娟）

【顺利完成2012年区科技创新项目15项】 年内，共实施的区科技创新项目15项，涉及农业、医疗卫生、能源环境、信息技术与装备制造等多个领域。投入资金458.39万元，带动企业科技投入2165.83万元，部分项目已实现科技成果产业化。项目本科以上技术人员参与率达57.2%，带动就业200余人。二是实施过程中申报专利11项，其中发明专利5项；获批专利8项，其中发明专利2项；全部项目中7项项目成果已达国内先进水平，其中2项成果均达国内行业领先水平。三是科技创新资金支持项目累计为企业增收近4000万元，年增利税280余万元。

（王亚娟）

【下属事业单位情况】

单位名称：北京市门头沟区科技开发服务中心
地　　址：北京市门头沟区新桥大街40号
电　　话：69865984
邮　　编：102300

单位名称：北京市门头沟区国家生态修复科技综合示范基地
地　　址：北京市门头沟区新桥大街40号
电　　话：69855030
邮　　编：102300

单位名称：北京市门头沟区科技开发实验基地
地　　址：北京市门头沟区石龙北路33号
电　　话：60801599
邮　　编：102308

单位名称：北京山地生态科技研究所
地　　址：北京市门头沟区清水镇双塘涧村
电　　话：69840480

（王亚娟）

·地震工作

【概况】 年内，在区委、区政府的领导下，在市地震局的支持下，门头沟区防震减灾工作以科学发展观为指导，贯彻落实市区两级工作任务，探索改进防震减灾工作长效机制，推进防震减灾事业发展。履行震情跟踪制度和监测预报管理制度，确保观测数据真实、及时、有效。保障区域监测台站运行工作，提高监测预报水平。加强“群测群防、专群结合”的工作机制，建立覆盖全区的宏观观测网络，规范化管理地震宏观观测台站。加强地震工作基础研究，开展区域地质地理勘察项目，为防震减灾决策部署提供基础地质特征、生态资源环境等相关资料。严格监管，认真执法，全年完成辖区内4项重大建设工程项目的烈度审核工作。建立起聘任制防震减灾助理员工作机制，强化队伍建设，组织专业培训，促进防震减灾工作在基层的深入发展。年内，荣获“2013年度北京市监测预报工作先进单位”；所撰写的《首都圈地区二〇一四年度地震趋势研究报告》获得北京市2014年度地震趋势会商报告评比第二名；齐家庄台和沿河城台分别获得上年度形变学科压磁应力优秀奖和流体学科人工观测优秀奖；完成3项市局地震科研项目，课题名称分别为《门头沟区地震地质特征初步研究》《门头沟区地震宏观观测研究》和《地震灾害风险管理区位论》。

单位名称：北京市门头沟区地震局
地　　址：北京市门头沟区新桥大街40号
电　　话：69842450
邮　　编：102300

（杨　芸）

【防震减灾科普示范学校建设】 5月7日，联合区应急办、公安分局、消防支队、红十字会和教委在西辛房中学举办“识别灾害风险、掌握减灾技能”的地震应急疏散演练与防震减灾科普示范学校授牌活动。

（杨　芸）

【宏观观测培训】 5月16日，组织召开全区宏观观测员业务培训会。会上，请相关专家就圈养动物的常规状态、异常行为和震前异常反应三方面的知识进行归纳分析，培训以实际案例为具体内容，以长期基层工作的经验为依据，从动物个体的特殊性出发，将动物宏观异常与动物疫病的甄别常识进行讲解。

（杨　芸）

【防震减灾宣传】 年内，开展宣教活动。先后在学校、街道乡镇、重点企事业单位组织宣传活动30余场，参与人数近3万人次，制作29块宣传展板，发放各类宣传材料3万余份。

（杨　芸）

【地震安全社区建设】 年内，完成绿岛家园、滨河西区、德露苑和月季园东4座社区的应急预案编制、组织机构建立、避难场所建设、志愿者队伍建立与培训、应急疏散演练等创建工作。完成以上4座“门头沟区地震安全社区”的授牌仪式。

（杨　芸）

【防震减灾科普基地建设】 年内，区防震减灾科普教育基地位于区公共安全馆内，该馆建筑面积1500平方米，馆内地震科普展览面积900平方米，包括地震模拟震动台、倾斜小屋、门头沟区应急避难场所分布图、地震安全教育主题墙、空中翻书电子设备、触摸屏以及公共安全多媒体培训教室等。年内共接待集体参观学习8次，包括学校、社区、区应急管理干部、区为民服务中心及平泉县人防局等，累计参观人数达600余人。

（杨　芸）

【地震应急疏散演练】 年内，组织不同层级、不同形式的地震应急演练4次，包括西辛房中学、绮霞苑、华新建社区和军庄镇，累计参与的学生和居民达4000余人。

（杨　芸）

【应急避难场所建设】 年内，完成王平镇湿地公园应急避难场所的设计及施工工程，可紧急疏散约8000余人。至此，全区有应急避难场所9座，总疏散面积约33.2万平方米，可疏散人员约16.85万人。

（杨　芸）

【应急救援队伍建设】 年内，区内现有地震应急救援队伍8支，其中专业救援队伍2支，分别为门头沟应急救援大队和地震灾害应急救援队；志愿者队伍6支，分别为门头沟区地震应急志愿者队、绮霞苑地震应急志愿者队、绿岛家园地震应急志愿者队、德露苑地震应急志愿者队、滨河西区地震应急志愿者队、月季园东地震应急志愿者队，注册人数共计281人。年内共完成6次相关人员业务培训，共计400余人次参与。

（杨　芸）

【重大工程地震烈度复核】 年内，共受理建设工程项目4个，受理件完成率100%，投诉0件。

（杨　芸）

【防震减灾助理员队伍建设】 年内，纳入全区财政补贴的防震减灾助理员队伍上岗，工作内容包括地震宏观观测、防震减灾宣传、地震灾情速报等。区地震局制定各项规章制度对其进行管理，并提供培训和宣传品，支持助理员开展各项工作。区地震局对防震减灾助理员举办9场宣传或演练活动。

（杨　芸）

【强震台建设】 年内，依法保护区内各强震台和微观观测台的观测环境，对辖区内所有观测台站做好日常维护和故障检修工作，严格做到每季度定期检查，每半年设备检修，以确保所有台站运转正常。

（杨　芸）

【地震宏观观测体系建设】 年内，新增10处地震宏观观测站，全区13处地震宏观观测站已形成全方位、全天候、覆盖所有镇、街的宏观观测网络。

（杨　芸）

【严格执行会商制度】 年内，严格执行周、月、年中、年度、加密和紧急会商制度，特别是着重做好元旦、春节、五一、十一长假期间的震情会商工作，全年共组织会商55次，及时、广泛地分析处理了数据资料，进行分析讨论，并按时将会商意见上报至市局监测预报中心。严格执行24小时震情值班制度，确保信息畅通。

（杨　芸）

【应急处置】 年内，有效应对清水镇附近M2.4级有感地震，联系市地震局确认地震要素信息，了解会商意见，并组织人员到现场进行实地调查。全体工作人员做好震情跟踪，并及时向有关部门报告震情及相关工作开展情况。

（杨　芸）

【地震工作基础研究】 年内，启动区域地质地理堪察项目，推动全区防震减灾工作，以为政府防震减灾决策部署提供基础地质资料参考为主要目的，以野外科学勘察为主要手段，以勘察活动报告和调研报告为最终成果。调研报告以实地勘察材料为基础，内容包括门头沟区地震地质特征、山区生态资源与环境、山区村落人文地理环境、山区建筑抗震能力等部分。所搜集资料和研究成果收入门头沟区地震应急指挥中心数据库，成为地震监测预报和应急指挥工作的重要依据。勘察活动的参与人员以行业相关专家为主，年内，已完成7期野外勘察活动。

（杨　芸）

【区内震情】 年内，经观察，门头沟辖区内共发生地震18次，最大为11月15日7时57分51.4秒，东经115°62′，北纬39°93′，发生M2.4级地震。

（杨　芸）

·气象工作

【概况】 年内，在区委区政府和市局的领导下，围绕2013年工作计划和工作重点，根据单位实际，把气象防灾减灾机构建设、预警服务、新址建设作为工作重点，全面提升门头沟区气象防灾减灾能力和水平。与门头沟区农业局、园林绿化局、国土资源局、为民服务中心签订了防灾减灾合作协议，联合开展地质灾害、森林防火、扫雪铲冰等预警服务和培训；与安监局联合发布《门头沟区防雷安全大检查实施方案的通知》，与安监局、住建委联合开展防雷安全执法检查。与教委联合，10月底，完成少年宫气象科普基地建设，将教委系统纳入预警服务平台，联合开展中小学气象灾害防御；与为民服务中心联合对外发布突发事件预警信息；多次参与市局、区政府组织的防灾减灾应急演练，与区国土资源局、水务局、各镇街等部门开展专题应急演练；自主开展专题应急演练2次。

区气象局保持首都花园式单位、首都文明单位标兵称号，被门头沟区精神文明建设委员会评为“门头沟区生态文明创建活动绿色单位”。

单位名称：北京市门头沟区气象局
地　　址：北京市门头沟区滨河路22号
电　　话：69804766
邮　　编：102300

（刘龙改　石炳茹）

【新旧址对比观测】 1月1日，区气象局新站正式进入对比观测阶段。

（刘龙改　石炳茹）

【区电视台栏目组采访】 1月16日，区电视台“视点对焦”栏目组到区气象局进行了采访，局相关人员介绍了入冬后平原地区和山区气温的特点、发布预警信号和服务情况、低温对城市运行和农业的影响，以及后期气温走势情况。

（刘龙改　石炳茹）

【节前安全检查】 2月5日、6日，对局内、斋堂站、各人影基地进行节前的安全检查。

（刘龙改　石炳茹）

【召开党风廉政专题会】 3月12日，召开2013年党风廉政建设工作专题会，成立党风廉政建设领导小组。

（刘龙改　石炳茹）

【气象科普进校园、进公园】 3月18日，到门头沟职教中心学校，进行气象科普宣传。22日，到黑山公园进行“3.23”气象知识宣传，并向大家发放气象科普宣传材料。

（刘龙改　石炳茹）

【市局领导指导新台站建设】 4月7日，市局巡视员带队，预报处、计财处、信息中心、保障中心一行7人到门头沟局指导台站建设工作。巡视员对区气象局前期开展的工作表示肯定，并对新台站的建设工作提出指导性意见和解决办法。

（刘龙改　石炳茹）

【人影安全检查】 4月19日，到人影基地对通讯设施、视频监控、消防设施、炮库、弹药库等进行了安全检查，对老旧消防警示牌进行了更换。同时，区人影办负责人与炮长及全体作业人员签订了《2013 年门头沟区人工影响天气安全责任制》。

（刘龙孜　石炳茹）

【党风廉政宣传月活动】　4 月 27 日，开展党风廉政宣传月活动，组织全体干部职工学习如何加强为民务实清廉教育，并向每位职工发放《廉政家庭倡议书》。

（刘龙孜　石炳茹）

【宣传工作】　5 月 10 日上午，到滨河世纪广场参加区政府举办的“5.12”防灾减灾日宣传活动，市和区委相关领导及成员单位参加了活动。12 月 4 日，门头沟气象局参加区法宣办组织的法制宣传活动，并将气象知识明白卡、气象预警信号、气象小常识等内容的宣传材料带到活动现场，并发放有关气象法、农村防灾减灾、气象灾害预防、防雷避险常识等材料。

（刘龙孜　石炳茹）

【市局领导汛前调研】　5 月 14 日，市气象局副局长带领办公室、减灾处、预报处、人影办领导一行 8 人到气象局检查指导汛前准备工作。

（刘龙孜　石炳茹）

【召开汛期工作动员部署会】　5 月 29 日，区气象局召开 2013 年汛期工作动员部署会，传达市气象局和区政府汛期工作会的精神和要求，并提出具体工作要求。

（刘龙孜　石炳茹）

【气象科普进社区】　5 月 31 日，到梨园社区进行防灾减灾科普宣传，并与月季园派出所联合，在梨园社区进行“防灾减灾”安全演练。

（刘龙孜　石炳茹）

【区防汛桌面推演】　6 月 14 日，开展 2013 年防汛桌面推演，模拟推演 2012 年 7.21 场景，演练中区气象局及时发布预警信号，根据不同场景进行预报预测。

（刘龙孜　石炳茹）

【新增自动气象站】　6 月 14 日，完成山洪灾害保障工程中斋堂镇向阳口村、清水镇达摩庄村、李家庄村三个雨量站的安装调试工作。

（刘龙孜　石炳茹）

【召开预警信息发布协调会】　6 月 27 日，联合区应急办召开全区汛期气象预警信息发布协调会，参会单位有水务局、国土局、民防局等相关单位。门头沟区应急办主任重点强调了气象预警信息发布的重要性、发布和管理机制。

（刘龙孜　石炳茹）

【工作调研】　7 月 25 日，到区为民服务中心进行气象为民服务需求与合作的调研。

（刘龙孜　石炳茹）

【区领导视察自动气象站】　7 月 30 日，门头沟区主管农业和农村防汛工作的区领导带领区气象局、国土局、水利局、农委、经管站、清水镇等人员对清水镇重点村庄进行视察和调研。气象局领导汇报了气象工作。

（刘龙孜　石炳茹）

【区气象局纪检组成立】　9 月 2 日，区委组织部下发了《中共北京市门头沟区委组织部关于成立中共北京市门头沟区气象局纪检组的通知》（门组字［2013］37 号），批准成立中国共产党北京市门头沟区气象局纪律检查组。

（刘龙孜　石炳茹）

【召开民主生活会】　9 月 6 日，区气象局召开“落实八项规定，增强纪律观念，促进作风建设”专题民主生活会。会上，传达了门组字［2013］43 号文件要求，并就局领导班子建设和廉洁自律、自身廉洁自律等方面情况进行了汇报。

（刘龙孜　石炳茹）

【召开两节工作部署会】　9 月 13 日，召开全体职工会议。会上，把“七个严禁”传达到每一名职工，切实做到令行禁止，进一步改进工作作风；转达市局党组对离退休职工的节日慰问。

（刘龙孜　石炳茹）

【徒步大会气象服务】　9 月 14 日、15 日，中坤杯第四届北京国际山地徒步大会在门头沟区斋堂镇举行，区气象局提前一周开始每天报送滚动天气预报，到大会现场提供气象服务。在两天的比赛过程中，市气象台、区气象局合作，准确、及时地为大赛组委会提供气象服务。

（刘龙孜　石炳茹）

【成立区气象灾害防御指挥部】　9 月 22 日，区编委批复成立“北京市门头沟区气象灾害防御指挥部”，并列入区应急组织体系，即为区应急委下设的专项应急指挥部。

（刘龙孜　石炳茹）

【召开全体职工大会】　9 月 30 日，召开全体干部职工会议，传达了《中共北京市纪委关于查处违反中央八项规定精神的违纪案件的通报》、区政府“六个不准”、市气象局和区政府《关于会员卡专项清退活动的通知》文件精神，并提出具体要求。

（刘龙改　石炳茹）

【气象观测业务工作切换完成】 10月31日21时，门头沟国家一般气象站新址首份正点实时数据文件成功发出，次日8时新址正常准确发出首份地面气象观测报文，门头沟站成功实现了新旧两址地面气象观测业务工作的转换。

（刘龙改　石炳茹）

【召开气象灾害防御专题工作会】 12月9日，召开门头沟区气象灾害防御专题工作会。区应急办、农委、社会办主管领导、气象局领导、各镇街主管领导和气象协理员参会。

（刘龙改　石炳茹）

【召开气象信息员培训会】 12月24日，召开2013年度气象信息员培训会。

（刘龙改　石炳茹）

【年度气候评价】 年内，全区平均气温为12.3℃接近历年平均值（12.1℃），年极端气温为37.8℃，出现在7月24日，年极端最低气温为-16.6℃，出现在1月4日，年度内降水总量为469.3毫米，比常年降水量（601.4毫米）偏少，降水主要集中在6月至-9月，降水量为425.1毫米。年内降水主要集中在汛期，11月只出现微量降水，12月未出现降水天气。全年出现13次大风和124次霾的天气现象，日最大降水量为43.7毫米，出现在8月1日。78天连续无降水，对农业极其不利。年内气温接近多年平均值，全年平均气温于常年相比1月至4月、6月、10月偏低，1月至2月比历年偏低2.1℃，4月偏低2.3℃，除此之外其余个月的平均气温较常年都有不同程度偏高，其中，8月、12月的平均气温均高于常年值2.0℃。年降水总量比常年（601.4毫米）偏少约22%，主汛期（6月至8月）的降水量为332.8毫米，比历年（450.6毫米）偏少约26%，年内日照总量为2170.4小时，较常年（2346.1小时）偏少约7%。

（张殿芳　石炳茹）

教　育

【概况】 年内，门头沟区小学31所（含九年一贯制小学部2所），开设教学班384个，毕业生1846人，招生2017人，在校生1.11万人。教职工1481人，其中，专任教师1081人。中学16所，开设教学班230个（初中155个、九年一贯制初中部9个，高中66个）。毕业2344人（初中1540人，高中804人），招生2400人（初中1671名、高中729人），在校生7284人（初中4794人、高中2490人），教职工1330人，其中，专任教师891人。在校生中北京市户籍学生13163人（小学7167人，中学5996人）。初中入学率100%，巩固率100%，毕业及格率100%，升学率98.7%，高中应届毕业生高考录取率99.7%。特殊教育学校1所，毕业生4人，招生12人，在校生65人，教职工17人，其中专任教师14人。校外教育单位5个，教职工125人，其中专任教师96人。工读学校1所，毕业9人，招生2人，在校生2人，教职工38人，其中专任教师23人。全区中小学教师学历合格率100%（小学100%、中学100%），高级技术职务教师903人（小学685人、中学218人）。中小学占地面积726818平方米，建筑面积325034平方米，图书馆藏书98.84万册，固定资产总值52718.12万元。全年教育经费投入163128.9万元，其中，国家拨款159354.6万元，自筹经费3774.3万元。

单位名称：北京市门头沟区教育委员会
地　　址：北京市门头沟区新桥大街67号
电　　话：69842564
邮　　编：102300

（周文涛　刘　云）

【召开德育工作会】 1月7日，召开全区德育工作会。会上，做《立德树人　努力提高全区德育工作实效》的德育工作报告。

（刘亚丽）

【开展学校文化建设系列活动】 1月7日，在军庄中小学召开“班级文化建设促养成教育研讨会”。11 月，组织实施门头沟区学校文化建设示范校创建活动，选出大峪中学、新桥路中学、北京实验二小永定分校、育园小学为市级学校文化建设示范校申报单位。12 月，市教委组织验收组专家团队，对 4 所文化建设示范校申报单位开展验收工作。

（陈明欣）

【成立名师工作站门头沟分站】 1 月 11 日，举行名师工作站门头沟分站启动仪式。会上，解读工作站活动方案，介绍工作站成立的背景、目标、策略、任务。语文、物理两名特级教师分别做《成为一个有故事的人》《当一名学生欢迎的物理老师》的讲座。

（王　艳）

【两所中学调整为完全中学】 1 月 30 日，北京市大峪中学和北京市育园中学经门头沟区编委批准同意，调整为完全中学。北京市育园中学和北京市门头沟区育新学校调整整合为“北京市育园中学”。北京市大峪中学增设初中“课改科技实验班”。

（梁国辉）

【完成经费报表工作】 1 月至 2 月，财务科组织核算中心、各单位财务人员完成 2012 年财政决算和市教委全国教育经费报表工作。区财政教育经费总拨款 111337.5 万元，比上年 84836.5 万元增加 26501 万元，增长 31.24%。其中教育事业费 61861.4 万元，教育费附加 16017.2 万元，离退休经费 14469.7 万元，技术推广与培训 24.7 万元，科研拨款 6.3 万元，地方基金 8665.5 万元。教育经费总支出 96362.7 万元，比上年 71200.94 万元，增加 25161.76 万元，增长 19.26%。其中人员经费支出 59133.2 万元，占总支出的 61.37%，公用经费总支出 37229.5 万元，占总支出的 38.63%。

（章若诗）

【媒体集中报道门头沟教育发展】 3 月 4 日，新华社、中新社、北京日报、北京电视台等 14 家国家和市级媒体的 20 余位记者对区内教育的新思路、新举措、新发展进行集中报道。

（赵文娜）

【召开课程德育工作启动会】 3 月 15 日，召开 2013 年课程德育工作启动会。会上解读《门头沟区关于加强课程德育工作的实施意见》，明确区域课程德育工作的方向和重点举措。广渠门中学校长、德育特级教师做相关培训。

（陈明欣）

【召开党风廉政建设工作会】 3 月 15 日，召开区教育系统 2013 年党风廉政建设工作会，教育纪工委做《贯彻落实党的十八大精神，深入推进党风廉政建设和反腐败工作》的工作报告。教工委书记与部分学校党委书记、校长签订《门头沟区基层单位党政一把手教育系统党风廉政建设责任书》，教育工会主席与教委机关科长签订《教委机关科长党风廉政建设责任书》。区检察院预防职务犯罪处领导为全体与会人员做《珍爱工作　珍爱家庭　远离职务犯罪》的培训。

（任建辉）

【开展山区学生励志教育活动】 3 月 21 日，在雁翅中学举行山区优秀中学生表彰交流会。9 月，制定《山区中学生励志教育实施方案》。11 月，在斋堂中学举行“放飞梦想，你我同行”山区中学生励志教育行动启动仪式。12 月，分批组织山区中学生在大峪中学和中等职业学校进行游学。

（陈明欣）

【召开研讨会】 3 月 25 日，开展“落实‘三个优化’多办利民实事　全力建设国家生态文明示范区”解放思想大讨论研讨活动。7 月 13 日至 15 日，举办京台青少年教育研讨会。京台两地的教育工作者围绕“传承文化，共同发展”的主题，展开讨论。新桥路中学、北京实验二小永定分校分别与台湾新北市漳和中学、中山小学建立友好学校联系。9 月 24 日，召开门头沟区小学德育体系构建交流研讨会。10 月 17 日，在付家台中心小学召开“农村寄宿制管理项目”培训研讨会。4 所学校制定了关于寄宿管理方面的德育研究项目，组建“寄宿制管理德育研究共同体”，交流项目研究方案。11 月 14 日，北京市课程中心领导带领专家团队到大台中心小学，开展“名师同步课程（BDS）助力学校课程建设”——北京数字学校资源使用研讨活动。活动安排国家课程和校本专题课程两大类课程的研讨。专家团队分组到课堂听课，并结合学校实际情况给予点评、指导。12 月 7 日，在京师实验小学举行门头沟区减负提质系列活动暨京师实验小学改革实验一周年交流研讨会。会上，进行《综合改革，系统减负》改革实验一年工作汇报。与会领导和专家听取了京师实验小学 4 名教师所做的汇报课，并分别进行了点评。18 日，大峪一小召开“低起点　抓养成　为学生发展奠基”低年级习惯培养研讨会。会上，进行养成教育片段展示《快乐的一天》。

（刘 云）

【市、区领导调研】 4月1日，区领导就教育改革创新和重点工程建设到区教委调研。区教委汇报了教育发展情况。9月27日，北京市政府教育督导室领导到区内调研，听取了门头沟区教育发展思路以及采取举措的整体介绍和区教育督导室《务本求实，全面推进义务教育均衡发展》的报告，并与学校领导班子进行交流座谈。29日，北京市教委领导到教委调研，观看门头沟概况和教育发展的宣传片，听取区教委关于门头沟区教育发展情况的汇报。11月6日，北京市关工委领导视察区校外教育工作。区教委作了工作汇报。市关工委领导观看了校外教育展板，到潭柘寺公园，现场观摩了十大品牌活动之一——潭柘寺小学的我是家乡小导游活动。

（赵文娜）

【聘任教育政风行风监督员】 4月2日，举行区教育系统政风行风监督员聘任仪式。共聘请了6名政风行风监督员

（许中山）

【开展春季收费检查工作】 4月15日至17日，区治理教育乱收费联席会议办公室对中小学、幼儿园开展春季收费检查工作。检查分为3个大组，每个大组分为6个小组，采取先分组检查，后总结整理的方式，发现问题及时整改。被检单位47个，其中高中3个、初中13个、小学21个、公立幼儿园3个、附属幼儿园5个、民办幼儿园1个、培训机构1个，抽检率达90%。

（刘 文）

【举办师德演讲比赛】 4月19日，举办“闪光的教育故事”师德演讲比赛决赛。参加决赛的共有17名选手，通过比赛，中等职业学校、王平中学、大台中心小学3个单位参赛教师荣获一等奖。

（石明廷）

【召开项目推进会】 4月26日，举行北京市基础教育新课程改革“教与学策略”、“学习者分析”项目2013年推进会暨门头沟区试验项目展示交流会。与会人员观摩《绝句》和《北京的春节》两节课，听取了区内当前经济社会发展形势和教育发展整体情况的介绍。课题组总负责人对2012年的项目研究工作进行总结，对2012年项目研究的优秀论文和案例进行表彰。

（刘亚丽）

【开展小学班主任基本功竞赛】 5月25日，联合教师进修学校教科所开展门头沟区第二届小学班主任基本功竞赛活动。全区各校的47名小学班主任参赛。参赛教师分1－3年级组和4－6年级组进行情景问题分析和才艺展示。9月24日，在班主任基本功总结表彰会上，43位班主任老师受到表彰。

（刘亚丽）

【签订合作协议】 6月5日，与首师大基础教育发展研究院举行合作签约仪式。合作协议规定，2013年至2016年，双方将在建设优质学校、提升学科质量、培养教学骨干、优化教研队伍、深化合作办学等方面开展合作。

（王 艳）

【学前教育队伍提升项目启动】 6月25日，组织召开门头沟区学前教育队伍提升项目启动会，区学前教育管理研修站和青年教师研修站成立。

（何 苗）

【召开教育系统勤廉之星表彰会】 6月28日，召开区教育系统“勤廉之星”表彰大会。会上，对获奖人员进行表彰，获奖代表进行了发言。

（许中山）

【举行工作交流活动】 6月30日，在王平中学举行“搭建实现梦想的阶梯”——2013年初中学生综合素质评价成果展示与工作交流活动。王平中学进行了成果展示。与会代表多角度对“初中学生综合素质评价电子平台”的使用进行交流。

（陈明欣）

【开展校园安全生产大检查】 6月，联合区安监局、消防队、市政市容委燃气办、分局内保处、地震局等单位，开展治安、消防、燃气、交通、防雷电、危险化学品管理等专项校园安全大检查；联合基建科、房管所、职成科等部门，对教育系统60家单位及民办园、非法园进行3轮抽查，并开展了2次片组互查，共查出并整改问题52处，及时消除了安全隐患。

（王冬冬）

【开展骨干教师评选推荐工作】 6月至7月，组织开展2013—2016届市级骨干教师的评选推荐工作。经过学校推荐、民主测评、区级量化考核等环节，共推荐12名市级学科教学带头人，50名市级骨干教师，10名农村中小学骨干教师。经过市级评选，最终门头沟区共产生9名市级学科教学

带头人、47名市级骨干教师、8名北京市农村中小学骨干教师。

（梁国锋）

【培训工作】 7月，召开门头沟区第三届中学班主任基本功培训与展示活动启动会；9月至11月，开展全区中学班主任全员培训，进行基础教育理论、主题活动设计及教育情景问答等方面的专题讲座；12月，组织以“实践智慧、专业理性、教育情怀”为主题的区校两级班主任基本功展示活动。7月至9月，与北京市青少年法律与心理咨询服务中心开展合作，在区中小学内开展25场“教师·安全·责任”——门头沟区教师校园安全培训工程。8月26日，举办2013年门头沟区中小学办学条件达标培训工作会。会上，对各校办学条件达标工作进行总结。年内，开展区初中教师基本功培训与展示系列活动。650名教师参与区、市级基本功报名、笔试考核活动；11月，举行的市级竞赛中，18人参加15个学科的基本功展示比赛，有9人获得市一等奖；6人参加理化生实验技能展示比赛，2人获市一等奖。

（刘　云）

【举行教师节庆祝大会】 9月6日，举行2013年教师节庆祝大会暨梦想教师颁奖典礼。会上，对10名梦想教师进行表彰。

（赵文娜）

【召开“基于评价　改进教学”报告会】 9月11日，举行“基于评价　改进教学”——2012年北京市质量监控反馈报告会。报告会上，专家强调教学质量评价的作用，同时分析目前教学工作中存在的问题，给教学干部和老师们提出建议。

（刘亚丽）

【启动中小学文明礼仪主题活动】 9月13日，在三家店铁路中学开展以“我行我愿，晒一晒我的好习惯”为主题的区文明礼仪教育活动启动仪式。活动中，社区、家长、老师和学生代表对全区中小学生发出遵守文明礼仪的倡议。

（陈明欣）

【开展办学质量评估工作】 9月，与北师大合作实施为期三年的办学质量第三方发展性评估实验项目，以增强评价的科学性和有效性。11月19日，全区中小学四、七年级全体学生参与了评估前测工作，评估内容包括阅读能力测试、数学能力测试、发展问卷和满意度问卷，涉及全区四年级学生1717人，七年级学生1594人。

（裴　军）

【召开中学班主任表彰交流会】 10月15日，召开中学班主任表彰交流活动。表彰市区两级评选的紫禁杯班主任、十佳班主任、学生喜爱的班主任和优秀班主任。紫禁杯特等奖获得者、区级优秀班主任、学生喜爱的班主任、十佳班主任代表从不同视角讲述自己的教育理念、育人经验和教育情怀。

（陈明欣）

【召开小学“三杯”课堂教学比赛】 10月19日，在城子小学举行门头沟区第五届小学“三杯”课堂教学大赛评优综合知识测试。全区223名干部教师参与测试，对全区13个学科的176名教师和47名干部进行了理论和专业知识的测试。47名教学干部分组观看了数学和语文课堂教学实录进行评课稿撰写比赛。

（杜　飞）

【开展双走进活动】 11月26日、12月21日，组织区内23所各类型园所以及区教委、区进修学校领导约80余人到龙泉大地幼儿园、区幼儿园，召开校园文化建设研讨会。北京师范大学专家参与活动。

（何　苗）

【举办区级中学生时事论坛】 11月27日，举办区级首期中学生“雏鹰翱翔”时事论坛，主题为“传承文化，书写文明”。论坛第一环节，区内3所高中校的4位同学分别从“汉字之美”、“汉字与中国梦”、“汉字流变之伤”及“做汉字小英雄”等方面进行主题演讲。论坛第二环节，3名学生代表学校参加汉字听写大赛。

（裴　军）

【中小学校文化建设示范校验收】 12月23日、24日，市教委组织验收组专家团队对北京实验二小永定分校、育园小学、新桥路中学和大峪中学4所文化建设示范校申报单位开展验收工作。由教育专家、知名校长及媒体组成的11人验收团队听取校长汇报，并与教师、学生座谈、察看课间操等形式，了解学校文化建设工作，交流经验。

（杨　帆）

【开展融合教育双走进系列活动】 12月25日，在特殊教育学校开展门头沟区融合教育双走进系列活动暨黑山小学走进特殊教育学校主题教育活动。活动以特教学校学生趣味运动的形式开展，在运动会上，两校的孩子一起参与模拟投篮、串珠子、电子拼图、双人协力车等多项活动。31 日，特教学生到黑山小学，参与他们的新年活动。

（李　执）

【区级创新实践人才培养】　12 月 25 日，召开基础教育“生态山水”创新实践人才培养工作推进会暨协作体成立大会。会上解读《门头沟区基础教育“生态山水”创新实践人才培养行动方案（2014－2016）》。

（裴　军）

【启动岗位全员竞聘工作】　12 月，启动教育系统教职工岗位全员竞聘工作。教委人事科反复召开座谈会，征求意见以修订完善改革文件。

（梁国锋）

【优化校园及周边治安环境】　年内，与综治办、城管、交通、卫生、工商等各成员单位联合，对校园周边 200 米范围进行综合治理，对游商小贩、违规经营、乱停车辆、垃圾堆放等现象进行综合治理，并通过与公安、办事处、社区居委会等部门联合开展上下学高峰警务执勤、社区志愿者服务、学校带班执勤等活动。

（王冬冬）

·教育督导

【概况】　年内，门头沟区人民政府教育督导室按照工作计划，按时完成了市督导室 2013 年教育法律法规督导检查接待任务；针对教育热点难点问题，开展减轻中小学生课业负担专项督导以及全区高校课堂项目开展情况调研；针对委托办园和民办幼儿园开展社会评价和满意度调查；针对全区“小学规范化建设工程”作总结；配合市督导室完成国家义务教育均衡发展督导检查前期准备调研工作；协助市督导室、市教科院完成义务教育阶段小学五年级、初中二年级学生生活状况抽样调查；正式施行督学挂牌督导试点。

（陈菊新）

【研讨督政新途径】　1 月 24 日，召集人大、政协特邀督学、区教委与监察局领导就如何提高教育工程进度与质量，财政经费的投入与合理使用以及校园周边环境治理问题进行商讨。

（陈菊新）

【反馈德育督导回复意见】　1 月 29 日，与市督导室联合对区中等职业学校进行德育督导回复意见反馈。责任督学宣读反馈意见，市专家对反馈意见提出意见和建议。

（陈菊新）

【介绍校外教育督导工作经验】　2 月 21 日，区督导室主任代表门头沟区在全市督导主任会上介绍门头沟区校外教育督导工作经验。

（陈菊新）

【开展专项督导调研】　3 月 18 日至 29 日，对城子小学、育新学校等 18 所中小学，进行中小学高效课堂建设专项督导调研。对 271 位教师进行访谈。听课 155 节。

（陈菊新）

【开展督导检查】　3 月 18 日至 29 日和 5 月 7 日至 9 日，组织专兼职督学及部分学校教学主管领导及骨干，对区内义务教育阶段学校开展减轻中小学生过重课业负担状况进行督导检查。共调研学校 38 所，涵盖全区全部义务教育学校，包括 24 所小学、14 所初中。检查通过听课、访谈、问卷和和查阅资料等方式获取信息。听课 138 节，访谈 271 人，问卷 2270 份。

（陈菊新）

【召开上报会商会】　4 月 11 日，召开“小学规范化建设工程”总结上报会商会。会上对区内“小学规范化建设”取得的成绩和存在的不足进行研讨和交流，分别就“小学规范化建设督导”的基本框架、课程建设和德育特色进行了梳理和修改。5 月 6 日，完成区内“小学规范化建设工程”总结材料。

（陈菊新）

【召开聘任兼职督学年度总结会】　5 月 23 日，召开 2012 年聘任的兼职督学年度总结会。会上，对 2012 年督导室工作做总结。

（陈菊新）

【市领导调研】　9 月 27 日，市政府教育督导室一行到区内调研，听取了区教育发展思路、采取举措的整体介绍，以及区督导室《务本求实，全面推进义务教育均衡发展》的报告。随后实地参观了京师实验小学和坡头中学，并与学校领导班子进行座谈。

（陈菊新）

【召开兼职督学聘任会】　10 月 17 日，召开 2013－2014 学年兼职督学聘任会。会上向 36 位兼职督学受聘人员颁发聘书，并向全体督学就督学的职责、义务和权力进行初任培训。

（陈菊新）

【开展教育执法检查】　12 月 2

日至3日，市教育督导室一行到区内开展教育执法检查。对区内贯彻落实有关体育工作的规定，确保“两操一课”、“学生阳光一小时体育活动”的落实情况，贯彻执行《职业教育法》等法规情况以及职业教育教师队伍建设情况开展检查。2日，市督导检查组分别召开义务教育和职业教育座谈会。会上，做自查工作汇报，各相关委办局主管领导参加座谈，汇报了贯彻执行教育法律法规，支持教育工作情况。市督导检查组还查阅了区内体育和职业教育工作档案材料。3日，市督导检查组分4组检查了6所学校，听校长汇报、召开教师、学生座谈会、观看课间操、参观学校教学和实习实训场所。

（陈菊新）

【实施督学挂牌督导试点】 12月30日，区内首批10所学校正式施行督学挂牌督导试点。包括大峪一小、大峪二小、育园小学等。

（陈菊新）

·学前教育

【概况】 年内，门头沟区有幼儿园23所，开设教学班196个。离园幼儿1156人，入园幼儿1779人，在园幼儿5442人。教职工644人，其中专任教师406人。学前三年教育普及率94.2%。全区一级园4所，市级示范园1所，北京市早教基地7所，北京市特殊教育基地2所。

（何　苗）

【区人大视察学前教育工作】 3月21日，区人大领导及人大代表40余人察看区内学前教育工作。先后到新建的城子幼儿园、金色摇篮幼儿园和智慧摇篮倚山幼儿园实地考察，了解公办园、政府委托办园、民办园等不同类型园所的办园理念、特色。听取《坚实推进三年行动计划　打造普惠优质学前教育》工作汇报。

（何　苗）

【幼儿园开园】 4月23日，两所委托办园的幼儿园开园。与会人员观看《全力打造多元化优质普惠的学前教育》专题片，区教委就委托办园的背景、办园性质、管理方式以及工作思路和目标进行简要的说明。6月14日，育园小学附属幼儿园开园。育园小学附属幼儿园位于门头沟区育新学校内。该园已开设4个班，收托幼儿120名。11月，妙峰山民族学校附属幼儿园、军庄中心小学附属幼儿园开园。妙峰山民族学校附属幼儿园开设6个教学班，是区内集满族、蒙族、彝族、汉族等民族幼儿为一体的唯一一所民族学校附属幼儿园。军庄中心小学附属幼儿园开设4个教学班。截至11月，区内小学附属幼儿园数量达10所。

（何　苗）

【综合治理自办园】 6月，协调公安、消防、龙泉镇、大峪办事处等部门对梨园地区的4所自办园进行综合治理。区教委整合资源将育新学校改造为幼儿园，降低收费标准，接纳自办园幼儿入园；组织各相关部门进行联合执法检查，下达相关行政处罚文书；出租房主与自办园负责人解除房屋租赁合同。通过治理，4所自办园已全部关闭。

（赵盈春）

【扶持奖励民办幼儿园】 9月，落实金色摇篮及龙泉大地2所政府委托办园第一次经费补助共计127.7万元。10月，落实民办幼儿园扶持奖励经费共计20.775万元。

（赵盈春）

【中科绿岛幼儿园通过验收】 12月9日，北京市早教基地验收组的专家到中科绿岛幼儿园进行北京市社区早教示范基地的验收工作。验收组专家实地考察社区早教活动站的教育环境，观看0－3岁亲子现场活动，查阅早教工作相关档案资料，同时听取园长的早教工作汇报。专家对幼儿园早教工作的开展和建设情况给予肯定。

（何　苗）

【开展美术观摩研讨活动】 12月27日，区教师进修学校学前教研员组织全区各幼儿园的美术教师到城子幼儿园，开展“插上翅膀的小画笔，开启幼儿想象的空间”的美术观摩研讨活动。

（曹　洁）

·职业与成人教育

【召开建设学习型城市工作会】 4月12日，召开2013年门头沟区建设学习型城市工作领导小组会。会上，总结回顾2012年全区建设学习型城市工作，部署2013年重点任务，表彰14个各类学习型组织创建工作先进单位、4个区级学习品牌和10名区级学习之星。

（赵盈春）

【参加“文明风采竞赛”】 5月16日，在北京商业学校举行的第九届全国中职学生文明风采竞赛中，区中等职业学校学生获国家级一等奖4名；市级一等奖4个。

（赵盈春）

【开展“智慧社区”培训】 6月至7月，社区学院对8个试点社区的居民组织开展计算机基础及网络培训，共培训320人。为蓝龙家园社区、南路二社区、石门营新区五区社区等8个试点社区提供60台培训用计算机。

（赵盈春）

【组织纵横汉字输入法比赛】 7月，组织21名选手代表门头沟区参加北京市纵横汉字输入技能大奖赛，4名学员获得一等奖。

（赵盈春）

【开展心理健康教育工程】 9月，门头沟区心理健教育工程被评为北京市“首都市民学习品牌”。年内，开展市民心理健康教育培训工程。共组织邻里关系、老年人健康、快乐工作及情绪减压等20场共3000人次心理健康调试活动。

（赵盈春）

【举办教师基本功竞赛】 12月13日至25日，区教委职成科和进修学校学前职成研修中心组织2013年门头沟区职成教教师基本功竞赛。100余名职成教师参加。比赛分为笔试和现场演示两个环节，通过两轮筛选，共有37名教师获一、二、三等奖。

（赵盈春）

【开展市民素质提高教育工程】 年内，开展以“提升市民素养，助力学习型城市示范区建设”为主题的市民素质提高教育工程，开设了盆栽花卉、工艺插花、市民英语、书法、国画、摄影、计算机网络应用、广场舞、葫芦丝、声乐、行政公文写作12个班的培训课程，各类培训班达445人。

（赵盈春）

【开展阳光工程培训】 年内，开展农村阳光工程培训。开设了蔬菜园艺工、农村经纪人和乡村旅游服务员工种，共完成600人的培训。在辖区的9个镇举办19个培训班，共发放相关技术资料2400份。

（赵盈春）

【设置农广校镇、村工作站】 年内，在清水镇、斋堂镇、雁翅镇、王平镇、军庄镇设置了农广校镇级工作站。在斋堂镇马兰村、雁翅镇淤白村、永定镇万佛堂村、王平镇东马各庄村、军庄镇军庄村5个村设置村级工作站。

（赵盈春）

·城子幼儿园

【概况】 年内，门头沟区城子幼儿园为教育部门办园，幼儿园日托制。占地面积5000平方米，校舍建筑面积2950平方米。固定资产48万元，全年教育经费投入619.63万元，其中国家拨款592.36万元、专项27.25万元。拥有音体室、美劳室、电子图书室、教师备课室、会议室专用教室5个，普通教室9个。教室内设有互动电视和投影机、大中型玩具100余种、小型玩具300余种，图书4000余册等教学设施。有教职工40人，其中教师27人。学历层次本科8人，专科13人，小学高级教师16人，区骨干4人。每班都有一名党员或骨干教师，带班人员都是本专业或师范类教师。开设9个教学班，其中小班5个、中班4个。幼儿入园130人、离园100人、在园247人。

（贾文红）

【为孩子们创设新家环境】 2月底，城子幼儿园迁址到石泉地区。教师们利用各种材料进行设计制作，娃娃家、表演区、区域规则图等。

（曹 洁）

【组织系统学习】 3月初，给每位教师配备了《3－6岁儿童学习与发展指南》一书，利用每周二业务学习时间，结合实际工作教师提出问题并进行交流。

（谭霄羽）

【开展我为新家献力量活动】 3月8日，开展“我为新家献力量——用实际行动换我美丽校园”活动。活动中，全体教职工统一行动起来，用“劳动”这种特殊的方式向自己的节日献礼。

（黄婵媛）

【开展“防踩踏疏散演练”活动】 3月中旬，开展2次“防踩踏疏散演练”活动。每次演练后园领导和教师都对疏散情况进行分析和总结，并提出改进意见。

（谭霄羽）

【开展新玩具探究活动】 3月，开展新玩具一物多玩探究活动。老师把玩具放在一起，通过教师的智慧、操作，创造出不同的玩法。

（于 洪）

【开展“家长进课堂”活动】 4月18日，开展“家长进课堂”活动。家长主动参与，活动中家长们利用自身的优势，把自己所在岗位的相关工作经验，用生动有趣的形式展现在孩子面前。

（岳春清）

【开展亲子远足活动】 4月28日，在门城湖公园举行第二届“爱家乡健康行”亲子远足活动。幼儿园组委会为每位幼儿准备了一个小证书，以在每个中间站盖奖章的形式激励幼儿坚持走完全程。

（岳春清）

【开展“装扮美丽幼儿园”活动】 5月4日，团支部开展“装扮美丽幼儿园”活动。团员们利用中午休息时间将牙签、纸盒、石头、玻璃瓶、坚果壳等废旧材料进行大胆想象，精心制作出富有童趣的作品。

（谭霄羽）

【开展创意画大比拼活动】 11月26日，开展青年教师“小树叶，大创想”创意画大比拼活动。教师们将收集到的各种形状、大小、颜色不同的树叶，制作出跳舞的小人、海底世界、动物乐园等作品。

（曹　洁）

【开展书写风采活动】 12月4日，开展“弘扬中华文化，用心书写风采”教师软笔书法展示活动。

（谭霄羽）

【组织参观】 12月23日，组织中大班的小朋友到门头沟博物馆、门头沟美术家协会迎新年画展参观。

（黄婵媛）

·大峪第二小学

【概况】 年内，大峪第二小学占地面积1.2万平方米、校舍建筑面积7300平方米，运动场地面积4800平方米。全年教育经费投入1881.89万元，其中国家拨款1881.89万元。固定资产总值1759.64万元，包括教学仪器资产值660万元。图书馆（室）藏书4万册。普通教室33个、专用教室10个。拥有计算机269台。多媒体教室座位35个。学校信息化经费投入32万元，校园网出口总带宽100Mbps，数字资源量1000GB，“信息技术”课程10课时/周。教职工97人，其中高级职称7人、中级职称70人。专任教师82人，包括特级教师1人、北京市骨干教师8人，本科以上学历76人。开设教学班29个。毕业211人、招生260人、在校生1251人。网址：www.mtgdyex.bjedu.cn。

（高海英）

【开展宣传活动】 3月3日，在新桥大街开展“垃圾分类、垃圾减量”展示宣传活动。活动中展示学生在学校回收活动的记录资料、节能减排活动的展板、用餐勺制作的工艺品、用废旧物品制作的环保时装，并有专门负责的同学为路人进行讲解和介绍。还开展塑料水瓶兑换铅笔的活动，共收回路人送来的塑料水瓶61个，换出了铅笔20支。

（刘井红）

【开展教学研讨活动】 3月18日，与门头沟教师进修学校小学语文教研组联合举办“落实课标精神，转变教与学的方式，提高课堂实效”教学研讨活动。参会教师170余人。活动中，由获全国阅读教学大赛特等奖的两位教师现场授课，分别执教了《怀念母亲》和《圆明园的毁灭》两篇课文，课后进行说课。市教科院基教研中心小学语文教研室主任做了“阅读教学的取舍之道”专题讲座。

（杜瑞敏）

【开展小升初衔接成长体验活动】 3月23日，与新桥路中学联合举办“准备着，迎接初中新生活”小升初成长体验活动。六年级200余名学生及学生家长参加。新桥路中学为学生们准备了《快乐篮球》《趣味汉字》《天籁之音》等体验课程，学生分组进入特色课程体验教室进行体验活动。

（宋福燕）

【举办家长开放日活动】 5月中旬，分别开展二、三年级“根基自然拼音英语”家长开放日活动。活动中，从什么是“自然拼音英语”，学习“自然拼音英语”对学生英语学习能力的形成有哪些好处，作为家长应该如何辅导学生学习英语三个方面进行讲解。

（杜瑞敏）

【开展专题培训】 8月28日，请北京市民族教育学会专家到校进行贯彻落实《学校民族团结教育指导纲要》专题讲座。专家从荣获民族团结教育示范校各学校的特点、优势；《学校民族团结教育指导纲要》的结构、内容等方面向全体教职工进行讲解、培训。

（宋福燕）

【承办教学观摩交流活动】 9月18日，承办中国教育学会小学教育专业委员会北京地区（郊区）语文学科课堂教学观摩交流活动。活动聘请了2位北京市特级教师，以及区教师进修学校教研员担任评委。来自怀柔三小、房山窑上小学、房山北潞园小学、门头沟大峪二小的4位教师参加。经评委会评审，大峪二小教师获得了观摩交流活动第一名。

（朱建光）

【科技教育示范校评审认定工作】 11月12日，北京市科技教育示范校评审认定工作组成员到校进行新一轮科技教育示范校评审认定工作。会上，校长以《科技教育——为学校办学特色助力》为题汇报了学校开展科技教育工作的情况及取得的成绩。区教委领导对学校科技教育工作进行评价，并介绍了全区科技教育工作及发展趋势。专家组还与学校科技教师座谈，查阅了科技教育资料，观看了学校的四节科技类校本课程。

（宋福燕）

【参加中小学师生电脑作品评选】 11月21日，在北京市第十四届中小学师生电脑作品评选活动中，大峪二小参加信息技术与学科整合课例、多媒体课件、学生动画等项目的评比。在参赛的2469件作品中，课程《位置》获得信息技术整合课例一等奖。同时，课程《位置》讲授教师还被北京市信息中心邀请在此次评选活动总结中进行现场经验交流。

（李文宾）

【召开研讨会】 12月26日，召开“思维规律与课程融合，转变教与学方式，提高教学有效性”研讨会。区教委、小幼科、参加项目学校以及朝阳区八十中学分校、陈经纶中学分校的领导、教师共计160余人参加。大峪二小推出8节思维规律与学科教学融合的现场课，汇报项目开展情况，北师大两位教授进行现场点评。

（朱建光）

【开展感恩校园安全志愿者活动】 12月30日，开展“孩子们安全成长——感谢有您”感恩校园安全志愿者活动。活动中，少先队员代表宣读了感谢信，向全体志愿者敬献了小小礼物及感谢信，并在一年级小同学的带动下演唱了手语歌《感恩的心》。

（宋福燕）

【开展“低碳新年我先行”活动】 12月31日，学校各年级围绕“低碳新年我先行”主题开展形式多样的新年庆祝活动。一二年级开展低碳亲子秀。三四年级举办环保新年装。五六年级开展寻找我的新年祝福行动。

（王　娜）

·龙泉小学

【概况】 龙泉小学创建于2013年5月1日，前身为工人子弟小学，由工人子弟小学和河南街小学并校迁址而成。此前，2011年9月，龙门小学并入工人子弟小学。三校合并后，人员超编严重。在区棚户拆迁及教委教育布局优化改革形势下，从2012年人事制度改革酝酿，到2013年3月正式开始，干部、教师竞聘上岗，直至2013年7月完成改革，形成现在24个教学班的正规编制。学校占地面积1.2万余平方米，总建筑面积1.198万平方米。有普通教室26个，专用教室20个，一个870平方米的风雨操场。现有20个教学班，在校学生630人。在职教职工67人，其中行政人员9人，专职教师53人，后勤5人。中学高级教师2人，小学高级教师49人，小学一级教师17人，北京市学科带头人1人，市级骨干教师2人，区级骨干教师13人。

（王　鑫）

【召开研讨会】 6月7日，在龙泉小学召开全国“十二五”教育技术重点课题《基于互动反馈技术的教学研究》研讨会。龙泉小学承担了语文、数学、英语三个学科课堂教学展示的任务，200余人参加。

（王　鑫）

【举行第一个开学典礼】 9月1日，学校全体师生和部分家长举行“梦想从这里启程”开学典礼。

（王　鑫）

【禁毒教育进社区】 9月3日，联合龙门三区筹备组及区公安分局与以“弘扬禁毒文化　倡导阳光生活”为主题，开展法制教育讲座。

（王　鑫）

【开展感恩教育大讲堂】 9月12日，全体师生和学生家长认真听了由“争当四好少年”讲师团所做的“让真爱洒满人间”大型公益感恩演讲。整个报告会以“感恩教育”为主题，内容共分三部分：“感恩祖国”、“感恩父母”、“感恩教师”。

（王　鑫）

【开展主题教学精读课例展示】 9月25日，《中国教师报》中国特色品牌学校共同体语文课程建设项目中心到学校开展主题教学精读课例展示活动。潍坊市名师讲了两节高品位悦读课，课后做了有关主题教学设计的讲座。

（王　鑫）

【承办小学电化教育年会】 10月23日至25日，承办北京市第十四届小学电化教育年会。北京市教育信息技术及网络中心和区教委领导及其他各个区县信息中心的主任、校长及教师共300余人参加会议。此次年会中，龙泉小学共开设了23节研讨课，涉及语文、数学、英语、科学、美术、音乐等多门学科。

（王 鑫）

【成立龙泉小作家学会】 11月25日，龙泉小作家学会举行成立和揭牌仪式。北京市部分知名儿童文学作家和区作协部分骨干应邀担任龙泉小作家学会顾问。

（王 鑫）

【开展形体健康培训】 11月28日，学校在多功能教室对全体任课教师和部分学生家长进行形体健康培训。

（王 鑫）

【开展德育共同体研究项目展示】 12月20日，区德育共同体研究项目成员到龙泉小学，开展研讨活动。活动中，以“携手全员育人 提升文明素养”为主题，做了展示交流。市教委基础教育一处、区教委、北京教育科学研究院领导和专家，龙泉新区社区干部，各中、小学教育教学干部，龙泉小学部分师生、家长共百余人参会。

（王 鑫）

【观摩ipad实验展示课】 12月24日，区教委、小幼科、教师进修学校相关领导以及全区十几所学校的领导与实验教师到龙泉小学，观摩研讨ipad课堂教学实验展示。展示课中，学生运用ipad手持终端移动平台进行个性化的交互学习探索。

（王 鑫）

·京师实验小学

【概况】 年内，京师实验小学占地面积7722平方米、校舍建筑面积8787平方米，运动场地面积5200平方米。全年教育经费投入1191.162619万元，其中国家拨款1191.162619万元。固定资产总值773.952185万元，包括教学仪器资产值13.182341万元。图书馆（室）藏书2.4656万册。普通教室22个、专用教室9个。拥有计算机137台。多媒体教室座位890个。学校信息化经费投入19.1万元，校园网出口总带宽1000Mbps，数字资源量8GB，“信息技术”课程2课时/周。教职工58人，其中，高级职称37人、中级职称15人。专任教师41人，本科以上学历46人。开设教学班18个。网址：http：//58.117.159.138/。

（丁永红）

【成立学生自主社团】 年初，由少先队员自主设计、自主招生、自主活动的学生社团成立，第一批成立的社团有动漫社、轻音社和废物也疯狂社团。

（丁永红）

【举行开学典礼】 3月1日，召开“门头沟区与北师大教育学部战略合作项目研讨会暨京师实验小学开学典礼”。区教委主任对门头沟区与北师大教育学部战略合作项目进行介绍，京师实验小学校长做了教育教学改革汇报，教师、家长、学生代表也依次发言。随后，京师实验小学师生代表为学校揭牌。

（梁国红）

【创新课堂教学模式】 3月，学校启动改革实验。2012年11月12日，原坡头小学更名为京师实验小学。改革实验以语数学科为主进行“自学辅导教学模式”的教法改革。

（邓顺章）

【实施学生营养健康计划】 3月，开始实施学生营养健康计划，包括每天上午为孩子们提供一次课间餐（点心、牛奶）；改善学生午餐条件和环境，购置餐桌椅集中就餐；解决师生午睡问题，为师生购置睡垫、毛毯，安排学生每天50分钟午休；经常请专家开展家教讲座，为家长提供健康食谱和家庭锻炼计划书。

（徐 荧）

【举行改革实验交流研讨会】 12月7日，举行门头沟区减负提质系列活动暨京师实验小学改革实验一周年交流研讨会。与会领导和专家到语文和数学课堂，听取了4名教师所做的汇报课，并分别进行了点评。京师试验小学校长进行《综合改革，系统减负》改革实验一年工作汇报。

（邓顺章）

【开展学习资源建设】 年内，为方便学生阅读图书，开展学习资源建设。将绝大部分适合孩子阅读的图书都放置到各个教师的书架上。每班都不少于500本，课间学生可以自由选择阅览，周末假期也可以借走阅读。

（丁永红）

·人大附小京西校区

【概况】 年内，中国人民大学附属小学京西校区占地面积1.2万平方米、校舍建筑面积1.2万平方米，运动场地面积8399.36平方米。全年教育经费投入2133万元，其中国家拨款2133万元。固定资产总值2133万元，包括教学仪器资产值131万元，图书馆（室）藏书2.4212万册，普通教室26个、专用教室10个，拥有计算机298台，多媒体教室座位1440个。学校信息化经费投入1868万元，校园网出口总带宽700Mbps，“信息技术”课程8课时/周。教职工41人，其中高级职称1人、中级职称18人。专任教师41人，包括特级教师1人、北京市骨干教师2人，本科以上学历38人。开设教学班15个。毕业生37人、招生126人、在校生462人。网址：www.rdfx.net

（宋世红）

【校区揭牌并举行开学典礼】　8月31日，人大附小京西校区揭牌并举行开学典礼。中国人民大学、市教委、区委区政府、区教委及人大附小的领导出席开学典礼。

（王洪婴）

【开办免费早餐】　9月开始，针对京西校区很多学生吃不到早餐，学校开始为学生们免费提供早餐。家长们被学校的大爱所感动，自发去学校做义工，帮助孩子们分发早餐。

（王洪婴）

【参加区中小学生田径运动会】
10月12日、13日，学校运动员代表人大附小京西校区首次参加门头沟区中小学生田径运动会。比赛中，获得男子铅球第一名。

（李永辉）

【开展七彩游学活动】　自10月14日开始，开展“走进附小，七彩游学”活动。分别组织京西校区四、五、六年级学生到主校区学习、生活一周，与主校区的学生一起上课学习、生活、玩耍，还安排了晚间体验课程。

（王洪婴）

【制定三年建设发展行动方案】
10月，制定《人大附小京西校区三年建设发展行动方案》，确定未来三年发展的总体目标。

（宋世红）

【参加足球、篮球基本技能比赛】
11月23日，在门头沟区体育局举办的中小学生首届足球、篮球基本技能比赛中，人大附小京西校区在篮球基本能力比赛中获得团体二等奖，足球基本能力比赛中获得团体三等奖。

（李永辉）

·大峪中学分校

【概况】　年内，北京市大峪中学分校占地面积17014.14平方米，建筑面积14039.14平方米，体育运动场（馆）面积7907.07平方米。图书馆（室）藏书51671册，订阅杂志、报刊144种。固定资产总值1045.5万元。全年教育经费投入1707.442211万元，其中国家拨款1707.442211万元。学校信息化经费投入460万元，多媒体教室座位330个，校园网出口总带宽100Mbps，数字资源量10GB，“信息技术”课程2课时/周。普通教室26个、专用教室18个、实验室7个。拥有计算机360台。教职工96人，其中高级职称22人、中级职称34人。专任教师74人，包括特级教师1人、北京市骨干教师2人；本科以上学历90人。开设教学班23个，毕业243人，招生305人。在校生803人，包括寄宿生14人。网址：http://58.117.141.1/

（赵　斌）

【申办北京市艺术教育特色校】
3月，学校研究决定重新申办北京市艺术特色学校。6月，被市教委批准。

（李清华）

【开展学科德育评比活动】　3月至4月，开展学科德育校级培训及评比活动。对获奖的老师进行表彰。

（李清华）

【举办期中教育教学质量分析会】
5月10日，召开期中考试质量分析会。会上进行总体分析和总结，然后分班讨论研究。

（尚永刚）

【举办初中地理专题研讨活动】
6月14日，在大峪中学分校举办“北京市初中地理专题研讨暨2013年初中乡土地理录像课评比总结活动”。参加此次活动的专家有首都师范大学基础教育研究院院长、首都师范大学专家，以及北京市8个远郊区县教研员及相关教师近百余人。大峪中学分校老师获得此次录像课评比一等奖，并做了《门头沟区独特自然环境》一节乡土地理研究课，课后与会专家、教师进行研讨；首都师范大学专家进行《乡土素材的教学应用》的讲座。大峪中学分校校长介绍校内发展的新形势、新面貌，以及近年来史地政教研组在教学、科研、学科活动等方面取得的成绩。

（尚永刚）

【落实“阳光一小时活动”】　9

月，学校对阳光一小时工作，重新进行了布置。完善组织机构，设立领导小组、执行小组、保障组和检查组。每天一小时活动通过体育课（初中每周3课时）、上午课间操（40分钟）、下午课外体育活动（20分钟）、小型比赛等形式进行保证。凡当天有体育课的班级，下午不参加课外体育活动。

（李清华）

【中考改革与课堂教学研讨会】 10月31日，北京教科院基教研中心中学语文教研室在大峪中学分校召开北京市中考改革与课堂教学研讨会及2012年“北京市义务教育教学质量监控评价与反馈系统”语文学科反馈会。北京教科院基教研中心领导及教研员、天津市、陕西省语文教研员、门头沟区教委主管领导、各区县部分初中语文教师及区全体语文教师共300余人参加。朝阳区教研中心老师围绕2014年中考的相关内容做了题为《关注学习过程　提升语文能力》的发言。北京教科院基教研中心老师做了题为《全国中考命题的发展走势》的讲座以及题为《北京市义务教育教学质量分析与评价反馈系统测试结果》（2012年八年级语文）专题发言。

（尚永刚）

【初一年级开展家校共建】 10月，学校对初一年级家长开办家长学校，12月27日，成立初一年级家长教师协会，每班设立3名会员，会上进行相关学习和讨论。家长学校共设5讲内容，涉及学校情况和办学思想介绍、学生学习习惯培养、人格习惯培养、青春期教育、读书习惯等内容。

（李清华）

【开展“志愿北京”活动】 11月，学校团委发起“志愿北京——参与实名注册、记录服务时间、成为星级志愿者”的活动。初一初二年级在校内开展从小事做起、从身边事做起的“美化环境，爱我班级”志愿服务，“校园公益行——做环保小卫士”的校园志愿服务，“第七届学生会竞选活动”的志愿服务等16项志愿服务项目。此次活动有443人次参与，服务时间累积665个小时。

（黄　静）

【举办第十九届读书会】 12月5日，举办初二年级读书会暨大峪中学分校第十九届读书会。此次读书会共设三个环节。第一，为各班评选出的“读书小状元”颁奖。第二，经典文学作品读后感演讲，作品包括《格兰特船长的儿女》《老人与海》等。第三，《西游记》知识竞答。

（尚永刚）

【举办诗词朗诵会】 12月23日，举行“纪念毛泽东诞辰120周年诗词朗诵会”。请北京教科院基教研中心中语室主任，通州区研修学院副院长及两位著名诗人。

（尚永刚）

·新桥路中学

【概况】 年内，新桥路中学占地面积34668.4平方米、建筑面积16757.57平方米，运动场地面积5000平方米。全年教育经费投入3363万元，其中国家拨款3355万元、自筹经费8万元。固定资产总值2151.66万元，包括教学仪器资产值43万元。图书馆（室）藏书4万册。普通教室38个、专用教室14个、实验室6个。拥有计算机432台。多媒体教室座位1600个。学校信息化经费投入31万元，校园网出口总带宽100Mbps，数字资源量80GB，“信息技术”课程1课时/周/班。教职工155人，其中高级职称35人、中级职称66人。专任教师114人，包括市骨干教师1人、市学科教学带头人1人；本科以上学历139人。开设初中教学班38个，毕业303人；招生383人；在校生967人，包括寄宿生17人、外省市借读生196人。网址：http：//www.mtgxqlzx.bjedu.cn/xql/。

（王业霞）

【金帆舞蹈团工作】 1月9日，与少年宫、大峪一小、大峪二小、育园小学、城子小学、北京实验二小永定分校召开金帆工作研讨会，共同探讨以金帆团为龙头的艺术工作。此次研讨会以新桥路中学金帆团建立分团为契机，在涵养区内艺术生源，发展艺术品牌，推动艺术社团的建设等方面进行探讨。3月7日和21日，新桥路中学金帆舞蹈团实验二小永定分校分团、大峪一小分团分别举行成立仪式。6月2日，中国关心下一代工作委员会、北京市人民政府、教育部、全国妇联、宋庆龄基金会等单位联合主办的万名青少年文体展示活动在天安门广场举行。新桥路中学金帆舞蹈团团员们进行了太平鼓表演。10月4日，新桥路中学金帆舞蹈团到台湾进行为期8天的参访交流。和前金国小、漳河国中、集美国小等学校开展文体活动。两岸学生共同完成了DIY香皂手工制作，并进行了演出。前金国小进行管弦乐团的演奏，金帆舞蹈团表演《悠悠太平情》等舞蹈。

（王业霞）

【开展孝行天下活动】 2月3日，学生社团到区清颐敬老院，开展“送福添寿 孝行天下”特色活动。活动中同学们分别为敬老院的老人赠送刻有他们名字的印章和精美的贺年卡，表演曲艺节目、贴福字等形式祝福老人们。

（张 汀）

【市教委领导调研】 3月12日，北京市教委基教一处领导到校进行开学情况调研。调研过程中，市、区教委领导到课堂听课，并听取校长对学校减轻学生过重课业负担工作具体落实情况的汇报。区教委领导进行总体汇报。

（王业霞）

【举行第26届艺术节开幕式】 4月1日，举行学校第26届艺术节开幕式。艺术节主题为“梦想从这里起航”。开幕式上，校领导解读了艺术节计划，随即宣布艺术节开幕，学校历史上第一支民乐队为全校师生演奏了乐曲《喜洋洋》。

（许 亮）

【培训工作】 4月16日，请北京市中小学中职学校教师培训中心主任为教师做“高效能教师的成长之路”的专题培训，重点从学会选择、把握准则、运用策略三个方面讲解高效能人士的成长之路。会上宣读《关于第八期北京市农村中小学教师研修工作站站点学校重新遴选结果的通知》，与会领导为工作站特聘指导教师、北京市市级骨干教师发聘书。12月10日，召开“发挥骨干作用，促进教师成长”的青年骨干教师专业成长培训会。会上，学校教务主任做学期内骨干教师发展和师带徒工作方面的总结，提出了以“青蓝工程、发展工程、名师工程”为主干的学校队伍建设的目标思路。师徒代表进行了师带徒经验交流。教委人事科科长为老师们做了题为“做一个幸福的教师”的教师专业成长培训。

（王业霞）

【专家讲座】 4月17日，陈经纶中学语文教研组长到校做了《初中语文阅读与写作教学策略指导》的讲座。

（安淑娥）

【民族艺术进校园活动】 5月6日，组织“民族艺术进校园”活动。全校师生观看了北京歌舞剧院演员们的表演。有相声、杂技和魔术表演、唢呐、京胡、葫芦丝串烧等。

（王业霞）

【举行同课异构教学展示】 5月15日，北京市语文特级教师李卫东名师工作站在校内举行同课异构教学展示。西辛房中学、新桥路中学的老师分别讲解《济南的冬天》，课堂展示后对两位老师的课堂进行讲评。

（李 扬）

【举行北京市数学微格教学比赛】 5月20日，在新桥路中学举行北京市数学微格教学比赛，此次比赛场分三个会场，全市共有20位数学老师参赛，新桥路中学老师取得一等奖。

（王业霞）

【市检查组到校检查工作】 5月21日，北京市首批中小学党建示范点检查组一行9人到校进行工作检查。检查组听取新中党支部书记《秋实思回眸，新芳更宜人》的汇报。查看新桥路中学党员活动场所和党建基础设施建设。

（王业霞）

【承办京台青少年教育研讨会】 7月16日，承办主题为“崇奉国学 发展文明”的京台青少年教育研讨会第一分论坛。有高雄市教育局，中学校长；国台办交流局、市教委、市台办、区政府、区教委领导；北京市中学校长代表共160人参加论坛交流。首先观看了太平鼓表演，参观了学校校史馆。论坛上新桥路中学校长做了题为《太平鼓促文化传承 艺术特色促学校发展》的报告，高雄市鼓岩小学校长围绕“一心、二根、三好、四教、五行”阐述了学校教育理念。高雄市九如小学、北京景山学校、门头沟大峪中学分校等学校相关负责人也介绍了各自学校的教学特点。在此次活动中，新桥路中学和台湾新北市漳河国中建立友好学校，并举行了签字仪式。

（王业霞）

【育新学校并入新桥路中学】 8月，区育新学校初三年级并入新桥路中学，育新学校部分教师通过教师岗位竞聘的办法，正式调入新桥路中学。原育新学校不再招收新初一学生，初二学生留在原校址上课。

（王业霞）

【岗位竞聘工作】 11月至12月，先后进行副校级和中层干部的竞聘上岗工作。竞聘工作包括自主报名、条件审核、竞聘演讲、现场答辩、竞聘领导小组打分、教代会代表打分、民主测评等环节，全程有监督小组监督。参会人次均达到200人，新聘任的副校级领导和中层干部分别签订了岗位责任书，任期为三年。

（王业霞）

【考察验收工作】 12月24日，北京市中小学学校文化建设示范校验收小组到校进行考察验收工作。检查组先听取了中学校长《坚持“三个琅琅”的办学理念，营造尚美和谐的学校文化氛围，全面提升学校文化品位》的汇报，区教委主管副主任对新桥路中学的文化创建工作做了说明，领导和专家观看了学生课间操，参观了学校校史馆，并到各个校本课程和社团活动教室，体验学生学习生活，和学校教师及学生进行座谈。

（王树明）

【市级“瞭望杯”竞赛中获奖】 年末，在北京市“瞭望杯”时事知识竞赛中，新桥路中学的同学荣获得一等奖。

（王业霞）

·中等职业学校

【概况】 年内，中等职业学校占地面积2.1679万平方米，产权校舍建筑面积1.9179万平方米。全年教育经费投入3352万元，其中国家拨款3294万元、自筹经费58万元。固定资产总值5827.56万元，其中教学、科研仪器设备总值789.5万元。图书馆建筑面积200平方米，藏有纸质图书4.4485万册。拥有计算机355台。多媒体教室座位540个。学校信息化经费投入605.60万元，网络信息点500个，校园网出口总带宽100Mbps，上网课程18门，数字资源量500GB。开设中餐、幼儿教育、汽车运用与维修等共9个专业，27个教学班。教职工149人，其中专任教师94人、教辅人员55人。专任教师中具有研究生学历2人，本科及以上学历占教师总数96%；高级专业技术职务23人、中级45人；“双师型”教师62人。毕业生667人，就业率95%，职业资格证书取证率98%。招生12人。在校生502人。

（彭 利）

【成立学雷锋志愿者服务队】 3月5日，举行“学雷锋志愿者服务队”成立大会。当天，志愿者服务队到市场街社区两户人家中，开展第一次服务活动。

（彭 利）

【观摩幼儿英语特色教学】 4月12日，到凯尔宝宝婴幼园（西三旗园）观摩幼儿英语特色教学。

（李振勇）

【参与天安门文体展演活动】 6月2日，在天安门广场参加万名青少年文体展示活动。90余名学生表演了《京西太平鼓》。

（彭 利）

【共建校园法制文明】 7月9日，中等职业学校法治校长工作室正式挂牌。

（彭 利）

【参与志愿服务活动】 9月14日至15日，参加第四届北京国际山地徒步大会志愿服务活动。学校50余名师生参与志愿服务活动。

（彭 利）

【体验中餐技艺感受中国文化】 10月16日，开展“学习中餐技艺 感受中国文化”的活动。活动中北京市六一中学和英国Kenton外国师生体验学习抻面、包饺子、学炒中国传统热菜，并且观摩刻花技艺，品尝北京小吃。

（肖 刚）

【职业体验活动】 10月22日至12月5日，大峪中学370名学生分5次到校进行职业体验活动。活动以烹饪、汽修和服务3个专业7个项目为内容进行职业体验。

（王 鑫）

【参观分局看守所】 10月24日，学校27名师生到区公安分局看守所进行参观。看守所民警介绍了建所历史，对被羁押人员的政策和管理方法，并带领学生实地参观被羁押人员的生活和活动场所。

（彭 利）

【召开优秀毕业生主题报告会】 10月25日，召开2013～2014学年实习就业指导论坛——暨“精彩中职，绚丽青春”第三届优秀毕业生主题报告会。会上历届优秀毕业生讲解实习就业经验。

（李振勇）

【召开师徒帮带会】 10月30日，组织召开“中等职业学校师徒帮带会”。会上25对师徒确立了师徒帮带关系，明确了师徒的责任与义务并制定相应的帮带目标。

（王海萍）

【举办十佳校园歌手大赛】 12月7日至26日，校团委举办第三届十佳校园歌手大赛。共40余人报名参加。

（方吴璇子）

【开设培训班】 12月13日，与教育学院联合开办“2014年职高文化课教师高级研修培训班”。“高研班”分为文、理两科。

（王海萍）

【参加基本功竞赛】　12 月，学校 77 名教师报名参加了职成教系统教师基本功竞赛。竞赛以职业培训为内容，分为笔试和展示两部分。

（王海萍）

·特殊教育学校

【概况】　2012 年 12 月 26 日，北京市门头沟区特教中心更名为北京市门头沟区特殊教育学校。现学校占地面积 2598.67 平方米，建筑面积 962 平方米，操场面积约 600 平方米。图书室藏书 2100 余册。固定资产总值 235.8 万元。全年教育经费投入 43.3 万元。学校信息化经费投入 41.8 万元，拥有计算机 26 台，多媒体教室座位 17 个，校园网出口总带宽 100Mbps，"信息技术"课程 4 课时/周。现有普通教室 4 个、专用教室 3 个。教职工 17 人，包括中级职称 15 人，专任教师 14 人，包括区级骨干教师 1 人。开设教学班 4 个，当年毕业生 6 人；当年招生 11 人；在校生 55 人。网址：http：//blog.sina.com.cn/u/2941071081

（邓小燕）

【校级家长教师协会成立】　1 月 10 日，校级家长教师协会成立。区家长教师协会项目负责人对会员就协会组织、任务、功能等相关内容进行培训。区教委小幼科、进修学校教科所的相关领导以及校级家教协会的会员 14 人参加启动仪式。

（邓小燕）

【安全教育系列活动】　3 月 25 日，区交通队的交警校园，进行"交通安全伴我行"交通安全知识讲座，向学生及家长发放交通安全知识图册与宣传单，全体师生及家长一同观看交通安全展板。4 月 1 日，开展乘坐公交车的体验活动，掌握看信号灯过马路、排队上下车、走过街天桥、识别机动车转向灯等交通常识，并参观了交管指挥中心。

（孙守信）

【开展游新城爱家乡活动】　4 月 25 日，开展"游览生态新城　感受家乡变化"主题活动。学校全体师生及家长委员会的成员游览了葡山公园、石门营公园、永定河文化广场、永定楼。

（邓小燕）

【展示课程教学成果】　5 月 17 日，开展主题为"等待花开收获幸福"课程成果展示活动。与会人员观看了反映学校教育教学成绩的展板，现场观摩了残障儿童的"十字绣"、数字油画、书法、合唱表演和教师的文艺表演。北京市特教中心、北京妇女儿童发展基金会、区残联、区供电公司、区硬笔书法协会、区教委等单位领导及家长共 70 余人参加活动。

（邓小燕）

【在特奥运动中展示自我】　5 月 25 日，学校师生参加全区第三届残疾人运动会。有足球射门、托球 50 米折返跑、保龄球、沙包掷准 4 项比赛。

（邓小燕）

【举行主题教育活动】　9 月 6 日，举办"爱的传递"主题教育活动暨新学期开学典礼。由区科技馆资助的"科技活动室"落户学校。区教委、残联、供电公司、科技馆和区硬笔书法协会的领导、学生家长和全校师生 80 余人参加。

（邓小燕）

【开展实践活动】　10 月 10 日，到灵溪中小学生态教育基地开展实践活动。学生们参观了灵溪博物馆，亲手制作了软陶小玩偶，开展电子模拟探雷活动，参与包饺子生活体验。

（邓小燕）

【培训工作】　10 月 31 日，请区中小学生保健所专家为全校师生与家长作《秋冬季预防传染病知识》和《红十字会急救知识与技巧》讲座。保健所老师结合事例，就学生中常见的流感、水痘、手足口、流脑和麻疹等传染病的特征、症状、危害等方面作了讲解。同时还通过老师与家长、学生的教学互动，介绍了突发意外伤害的应急处理中包扎与心脏复苏等知识与技巧。

（邓小燕）

【特殊教育学校学生作品展】　11 月 18 日，区特殊教育学校学生作品成果展在门头沟区档案史志局举行。手工十字绣、数字油画、硬笔书法等共 90 余幅学生作品参展。此次活动由门头沟区档案史志局、门头沟区硬笔书法家协会与特殊教育学校联合举办。

（陈海凤）

·工读学校

【参加专门教育学校教学设计评选】　3 月 29 日，市专门教育学校第一届优秀教学设计说课环节比赛在东城区古城职业高中举办。工读学校 4 名教师获"一等奖"。

（安秀娟）

【举办趣味运动会】 4月27日，举办工读学校第四届“真善、友爱、健身”师生趣味运动会。运动会设置保龄球、八字跳、赶猪等10余个项目。学校师生50余人参加活动。

（安秀娟）

【参加全国工读教育学校培训班】 7月12日至18日，校内两位老师参加了在太原市明德学校举办的第三届全国工读教育学校教学改革理论与实操培训班。两位教师提交的《透视情绪》、《少年长拳》获教案评比优秀奖。

（安秀娟）

【工读学校迁址】 暑假前，学校由门头沟区体北路13号迁址到妙峰山镇丁家滩村。

（安秀娟）

【市关协赠送书法作品】 11月26日，北京市关心青少年教育协会执行会长一行到校赠送中青年书法家捐献的书法作品，看望、慰问工读学校的教职工。工读学校校长就学校的工作和办学方向做了介绍。

（安秀娟）

【开展干部竞聘】 11月29日，召开工读学校副校级岗位竞聘大会，参与2个副校级岗位竞聘的4名教师分别进行了演讲和答辩，学校竞聘领导成员及教职工分别打分，择优推荐人选上报。12月11日，召开中层岗位竞聘会，6名教师参与3个中层岗位竞聘。经过竞聘，两位老师被任命为副校级干部。

（安秀娟）

【承办中学生法制安全知识竞赛】 12月下旬，举行门头沟区第一届中学生法制安全知识竞赛，竞赛由门头沟区教委主办，工读学校承办。

（安秀娟）

文化　卫生　体育

文　化

·文化文物

【概况】　区文化委员会是区人民政府主管文化、文物、新闻出版、版权、广播电视、扫黄打非、文化综合执法工作的职能部门，内设7个职能科室及1个文化行政执法队，即办公室、文化科、文物科、文化市场科、计划财务科、纪检监察科、政策法规科、文化行政执法队（含信息举报中、行政执法一分队、行政执法二分队、行政执法三分队）。下属7个基层事业单位：文化馆、博物馆、图书馆、影剧院、电影发行放映服务中心、文物事业管理所、文化创意产业促进中心。文委系统共有在职职工141人。年内，在区委区政府的领导下，深入贯彻落实科学发展观，认真抓好基层公共文化服务建设和基层公共文化设施达标建设，加强文物保护和利用，加大文化执法检查力度，确保文化市场和文物保护单位的安全。完成了区委、区政府交办的各项任务。

单位名称：北京市门头沟区文化委员会
地　　址：北京市门头沟区门头沟路8号（门头沟博物馆6层）
电　　话：69843315
邮　　编：102300

（张　晨）

【举办过大年系列活动】　2月5日至26日，永定河文化博物馆举办《博物馆里红红火火过大年》系列活动之“大美门头沟，翰墨寄深情首届书法篆刻临摹创作展”，展览汇聚了区内书画艺术家和爱好者共300余幅作品。

（张　晨）

【清明踏春　北京坛庙文化展】　3月19日至4月15日，永定河文化博物馆联合北京庙坛文化研究会、历代帝王庙博物馆、西城区档案局等单位，举办“清明踏春——北京庙坛文化展”、“北京传统庙会拾零”为主题的展览，此展览由近百块展板展示了北京庙坛文化和庙会风俗。

（张　晨）

【举办民歌、诗歌专场音乐会】　4月2日在影剧院举办“山歌吟唱、诗韵清风”——门头沟区2013年清明节民歌、诗歌专场音乐会。以“山里的歌”为主题，特别请北京戏曲研究所专家演唱《二十四节古人名》《打灯虎》《水工哥》等采录于区内大山深处原汁原味的民歌。此外，大峪中学及其分校的师生朗诵了新创作的诗歌《清明组诗》《校园文学组诗》《门头沟的沟》等。文化志愿者、在校师生、文艺爱好者700余人观看了演出。

（张　晨）

【召开消防安全工作会】　4月10日，召开文化娱乐场所安全生产会，区文化馆、影剧院、图书馆、博物馆及歌舞厅娱乐场所、网吧、电玩城主要负责人参加会议。

（张　晨）

【义工教育基地建设工作】　截至4月12日，与区人民检察院在区图书馆建立未成年人义工考察基地，完成了2个未成年人的教育帮扶工作。区检察院根据具体案情及未成年人的自身特点确定义工考察时间，并根据义工的具体表现情况缩短或延长未成年犯罪嫌疑人做义工时间。

（张　晨）

【启动农村文艺演出星火工程】 4月14日，召开门头沟区2013年农村文艺演出星火工程工作会，20支市级专业团队、36支区内业余团队负责人参加会议。对2013年的星火工程进行安排并提出具体要求。

（张　晨）

【召开基层公共文化工作会】 4月17日，召开2013年基层公共文化工作会。全区13个镇街主管领导、文化中心主任以及文化科、文化馆、电影放映服务中心的领导参加。对2012年基层文化考核、星火工程演出进行了总结。对2013年的工作进行了布置。

（张　晨）

【“净网”行动】 4月22日，区网管办、工商分局、公安分局、文化执法队组成联合执法行动小组，对辖区内3家大规模网吧进行抽查，检查是否存在人员利用网站、在线播放软件、网络资源下载含有淫秽色情的内容，网吧是否存在违规接纳未成年人的情况。未发现违法行为。

（张　晨）

【“世界读书日”系列活动】 4月23日，区图书馆在永定实验二小附属幼儿园举办主题为“热爱读书、快乐成长”的活动，拉开了门头沟区图书馆“世界读书日”主题系列活动的序幕。区图书馆采集了低幼各类最新图书605余册、低幼儿童期刊100余册，请民间折纸艺术家和剪纸艺术家到现场为孩子们授课。

（张　晨）

【主题展览基层巡展】 4月23日，图书馆举办为期10天的“永远的雷锋”主题展览基层巡展。

（张　晨）

【文化创意产业工作】 4月26日，门头沟区文化创意产业领导小组在区政府召开第一次联席会。区文化创意产业领导小组成员单位主管领导、区重点文化创意项目建设企业代表40余人参加会议。总结了2012年文化创意产业发展工作及2013年的工作思路和工作重点任务。5月22日，区文促中心组织召开区文化创意产业银企对接会，为银行与企业之间搭建融资平台。区文促中心请工商银行门头沟支行行长、工商银行北京分行公司二部负责人及区内30余家重点文化企业负责人参加活动。7月8日至11日，区文促中心对全区文化创意产业工作室情况进行摸底调研。共收集北京漕溪雕塑陶艺工作室、北京琉璃渠成厚琉璃艺术工作室、玻璃粘塑工作室等11家文创工作室。11月7日至10日，门头沟区参加第八届中国北京国际文化创意产业博览会，展览以“开门从头跃　沟通连世界”为主题，以斋堂古村落古道文化旅游产业集聚区为重点，宣传门头沟区深厚的历史文化和产业发展亮点及前景，推动全区文化创意产业快速发展。展会期间发放了《开门从头跃　沟通连世界——推介手册》《门头沟招商引资项目册》《皇都古镇　风雅斋堂》《门头沟区旅游图》等8种6000余册宣传资料。

（张　晨）

【出土文物】 5月10日，门头沟城子商场拆迁工地出土清代残碑一通及完整赑屃碑座1个。通过查阅《门头沟文物志》证实，石刻出土地为郭罗洛园寝。该石刻文物对研究清代园寝制度及京西地区墓葬文化提供了新的实物资料。8月2日，戒台寺上塔院在修缮时发现一尊佛像，佛像高16厘米，铜质鎏金，座后下沿刻有题记。经鉴定为明代早期铜质鎏金释迦牟尼像。9月23日，在对戒台寺东南塔院进行修缮施工过程中，于塔院东南方一墓塔内出土一通刻有佛经的残碑。出土石碑为整通碑的下半部分，形制为长方形，大理石质，碑阴及碑阳均施刻经文。

（张　晨）

【少年宫师生书画作品展】 5月25日到6月17日，永定河文化博物馆举办“春色盈门艺海圆梦”少年宫师生书画作品展。活动展出200余幅获得过国家、省市级及区县级书画比赛奖项的师生书画作品。博物馆开设拥有上千册十几种学生读物的青少年阅读厅。

（张　晨）

【开展戏曲演出周活动】 5月20日至26日，在区影剧院举办戏曲演出周。演出活动包括京剧、评剧、河北梆子等戏曲专场演出。演出的剧目有东辛房飞龙河北梆子剧团的《喜荣归》《金水桥》；玉林评剧团先生《马泰声腔艺术》个人演唱会；京韵京剧队的《坐宫》《二进宫》；黑山小学的京歌《誓为京剧写新篇》、戏歌戏舞京剧表演唱等。

（张　晨）

【稳固放映队伍　健全放映网络】 6月5日至7日，举办放映员培训班，共培训镇村级放映员210名，对熟练掌握操作流程的放映员发放了放映资格证书，至此全区共登记注册放映员238名。

（张　晨）

【举办文化遗产日主题活动】　6月14日，由门头沟区文化委员会、龙泉镇人民政府主办，文化馆非遗保护办公室、龙泉镇文化中心承办的2013年门头沟区文化遗产日主题活动暨龙泉镇非物质文化遗产展演展示活动在门头沟区龙泉镇龙泉务村旅游驿站广场开场。活动分为三家店舞龙、国家级非遗项目京西太平鼓、市级非遗项目龙泉务童子大鼓会等7个非遗项目展演；琉璃制品、紫石砚、麦秸画等非遗技艺作品及特色手工艺品展示；三皇炮捶义诊、贾氏中医义诊非遗传统医药展示；香白杏、骆驼黄、特莱等特色农产品展卖四大部分。

（张　晨）

【京西太平鼓获奖】　6月20日，区京西太平鼓表演队参加了2013北京·大兴全国鼓舞邀请赛，与广西铜鼓舞、陕西腰鼓、山东鼓子舞、河南盘鼓等全国各地的11支专业鼓舞表演团队同台竞技，门头沟京西太平鼓艺术团的《鼓舞太平》夺得全国鼓王金鼓奖。

（张　晨）

【新疆和田文工团专场演出】　6月21日，新疆和田市文工团到门头沟区开展主题为“阗舞四季”的专场演出。近千名观众观看了演出。

（张　晨）

【参加首届北京诗歌朗诵大赛】　6月23日，由北京市文化局、市文联、石景山区人民政府联合主办的“放飞梦想”——首届北京诗歌朗诵大赛在石景山区举行。各区县的293件作品、367名诗歌朗诵爱好者参赛。区文委选拔了13名选手参加复赛。最终《放飞梦想大讲堂》《梦想》《中国梦》3篇原创作品分别获得优秀奖和鼓励奖。区文委获得“放飞梦想”——首届北京诗歌朗诵大赛的组织奖。

（张　晨）

【社区文化室设备发放仪式】　6月26日，联合区社会办、民政局在京浪岛公园举行2013年门头沟区第一批社区文化室设备发放仪式。为35个规范化社区文化室配置近560万元的室内设备和近280万元的户外文化广场设备。

（张　晨）

【召开安全消防工作会】　6月26日，召开以“打基础　除隐患　创平安”为主题的安全消防大排查大整治专项行动布置会。7月24日，召开全区2013年暑假期间文化娱乐场所安全工作会。会上解读了《门头沟区2013年暑假期间文化市场专项整治方案》，对检查中发现的问题进行了通报。

（张　晨）

【第七届中国北京永定河文化节】　7月16日，第七届中国北京永定河文化节在龙泉宾馆启动。永定河博物馆出版的永定河文化系列丛书——《永定河志书》首发。200余人参加活动。此届永定河文化节以“相约永定河”为主题，在7月至11月举办“大爱门头沟　情系永定河”剧本征集展示、“聚焦门头沟　印象永定河”微视频作品征集、“古韵门头沟”传统文化游园会、“畅游门头沟　印象永定河”门头沟文化之旅等一系列活动。12月17日，第七届永定河文化节闭幕式暨第二届门头沟区“优秀人才奖”、“青年人才奖”颁奖典礼在区影剧院举行，为期半年的第七届永定河文化节结束。市文化局副局长、区领导韩子荣等出席闭幕式并为永定河文化节微视频征集活动优秀作品和剧本征集活动优秀作品颁奖。

（张　晨）

【开展执法检查工作】　7月17日、18日，区文化执法队协同区公安分局、消防局、安监局、电信局等相关部门开展电气安全隐患专项执法检查行动。检查组主要针对全区歌舞娱乐场所、网吧、宾馆、饭店等重点场所进行了地毯式的检查。对存在安全隐患的场所，已提出整改意见并责令限期整改，对拒不履行整改或整改不完全的进行处罚。8月6日至15日，区文化执法队共出动7个检查组，23人次，检查区内网吧12家次、歌舞娱乐场所6家次、游艺厅4家次、报刊亭1家次、印刷复制企业3家次、书店2家次、文保单位3家次，发现火灾隐患14处，均要求整改，并要求主要负责人到文委谈话。文委组织区博物馆、影剧院、图书馆、文化馆法人代表召开安全生产学习会。9月5日，由区文化执法队牵头，联合区安监局、公安分局、消防支队、工商分局共同进行区内主要文化娱乐场所的专项清理整治行动。9月16日、17日、23日，区执法队检查了歌舞娱乐场所及主要网吧，对发现的问题，责令场所管理人员立即整改，要求各场所对工作人员进行安全培训，检查消防设施。9月17日，区文委对戒台寺千佛阁复建、圈门窑神庙抢险修缮工程等文物修缮重点工程进行“两节”前进行安全检查，要求施工单位要严格按照设计图纸施工，保障质量、人员安全的同时加快工期进度，确保按时完工。

（张　晨）

【文博系统职工摄影比赛】　7月22日，北京市文博系统职工摄影比赛作品展在北京艺术博物馆举办。区文化委6名同志共报送27幅作品参赛。门头沟区文委会获得优秀组织奖，《圣水峪佛造像》获得三等奖，《爨底下》组照及《灵水火神庙》均获得优秀奖。

（张　晨）

【戒台寺千佛阁项目地下基础部分验收顺利通过】　7月24日，戒台寺千佛阁项目地下基础部分完工，并顺利通过验收。

（张　晨）

【文物修缮工程进行现场技术交底】　7月24日，区文物事业管理所组织北京市文物工程质量监督站、北京城建亚泰建设集团有限公司、古代建筑保护设计所、华林源工程咨询有限公司对沿河城与敌台修缮工程、灵水天仙圣母庙抢险修缮工程、南海火龙王庙抢险修缮工程进行现场技术交底，施工单位、设计单位、监理单位汇报了施工进度、技术要求及安全措施方案。

（张　晨）

【专题讲座】　7月26日，区文委在北京95881部队举办“京西民俗文化进军营”专题讲座。区双拥办、图书馆、区文委、部队领导及官兵60余人参加此次活动。活动邀请北京民俗学专家，从北京的胡同街市文化、京西民俗旅游文化、门头沟特有的古道文化等方面做了讲座。

（张　晨）

【庆“八·一”部队慰问活动】　7月29日至30日，文化馆组织文艺骨干共计25人的慰问团队，到四九二部队、八五三部队进行专场慰问演出活动。7月31日、8月1日，区电影中心到北京通讯一营、北京军区通讯三营，放映公益影片《极情迷峰》《人在囧途之泰囧》等。

（张　晨）

【不可移动文物挂牌工作】　7月31日，北京市文物局开展对全市内的不可移动文物进行挂牌保护，由北京古代建筑研究所负责此项工作的实施，要求各区县文委配合。门头沟区文物管理所负责提供辖区内不可移动文物点数量，共涉及10个乡镇159处不可移动文物点。

（张　晨）

【参加“乡村大舞台”总决赛】　从8月开始，在门头沟区13个镇街开展“一村（居）一品”活动，对每个镇街对文化节目进行评选，组成区内第二十四届文化艺术节优秀节目汇演。市级评委对汇演中的节目作品进行评估，挑选了民乐坐唱《美丽的乡村》参加“乡村大舞台”总决赛。最终，民乐坐唱《美丽的乡村》获得最佳原创奖，区文委获得组织奖金奖。

（张　晨）

【组织学习交流】　8月7日，区文促中心到西城区宣传部进行文化创意产业工作学习考察。西城区工作人员介绍了西城文化创意产业发展情况，重点介绍了文创产业发展的思路、工作机制、工作重点、有效的工作措施及先进的工作经验。8月12日，到怀柔区文化产业发展促进中心交流学习。参观了中影集团电影数字制作基地、星美影城、以及北京老爷车博物馆，交流了产业链形成的经验与展望。

（张　晨）

【参演中国首届沙滩秧歌节】　8月11日，京西太平鼓团参加“好客山东·相约海阳”首届中国沙滩秧歌节，与河北、安徽、胶州等地的优秀团队共同演出。

（张　晨）

【古村落古道规划座谈会】　8月12日，召开门头沟区古村落古道规划座谈会，邀请北京市建筑工程学院教授参与座谈，并协助文委做好古村落古道整体保护规划。

（张　晨）

【社区大讲堂之诗歌诵读进社区】　8月14日，图书馆在军庄镇举行暑期“讲座进社区”活动，请中国人民大学文学院教授为众多学生和家长作“谈谈今天孩子们的人格教育”专题教育讲座。共有军庄镇各村各社区50余名学生和家长参加。

（张　晨）

【苇子水关帝庙抢险修缮工程】　8月16日，苇子水关帝庙抢险修缮工程已完工。此项工程由北京市房地集团有限公司施工、北京市古代建筑保护设计所设计、北京市华林源工程咨询有限公司进行全程监理，经施工单位负责人介绍情况及现场实际勘察、技术检测，该项工程通过验收。

（张　晨）

【培训工作】　8月19日至24日，区文化馆组织为期5天的“文化组织员培训班”。结合基层群众文化实际需求，开设摄影基础知识，民族乐器——弹拨类、吹奏类、弓弦类合奏训练的培训课程。4个街道办，9个乡镇，共计170余人参与培训。10月21日，举办2013年非遗工作培训班。全区13个镇街主管领导、文化中心主任以及文化科、文化馆、影剧院、文促中心30余人参加。此次培训班历时6天，分别以专家授课、实地观摩、参观考察相结合的方式开展。11月4日，基层文化工作者培训活动在北京电影制片厂开班。此次活动由区文化委员会主办，区文化馆承办，北京电影制片厂协办。为基层文化工作开设针对形体表演、群众文化基础知识、主持人、舞台化妆、戏曲形体表演等文艺技能的培训班。区内的13个镇街道办事处的500余人的文艺骨干和爱好者参与培训。

（张　晨）

【读书益民杯全民诵读活动】 8月21日，区图书馆举办“实现中国梦　先从读书始”读书益民杯全民诵读活动，区内9个镇的15名选手参赛。评选获奖的6名选手代表门头沟区参加北京市“读书益民杯”诵读比赛。

（张　晨）

【促六型社区创建工作】 8月27日，区图书馆为推动“六型社区”建设，采集了适合社区居民生活和文化需求的最新图书，打包分配给各办事处所属社区。区图书馆先后为25个参评社区配备新书6万余册，还为一部分社区图书室解决了图书室必需的设备，举办各类知识文化讲座和读书活动30余场。

（张　晨）

【畅游门头沟　探访永定河】 8月30日，“畅游门头沟　探访永定河”门头沟文化探秘活动在门头沟旅游景区结束。此次活动是由区委宣传部、文化委员会、旅游发展委员会联合主办，是第七届中国北京永定河文化节的系列活动之一，也是首届北京惠民文化消费季活动的一部分。

（张　晨）

【赠书图书】 9月10日，图书馆将200余册图书送到北京实验二小永定分校附属幼儿园36位教师手中。截至9月24日，图书馆先后为回迁房建筑工地建成了4个工地图书室，并为其配备了图书设备、文体用具和新书，在区刚建成的最大回迁房社区——石门营建成了图书室，活动共送书20余次，轮换图书2万余册。

（张　晨）

【开展群众路线实践教育活动】 9月26日，北京市文物局副局长到区文委开展群众路线实践教育活动，讨论了门头沟区文物工作深入群众、服务群众的实践情况，并听取了文委对市文物局机关的相关建议和意见。

（张　晨）

【老年书法绘画作品展】 9月29日，在永定河文化博物馆举行了老年书法绘画作品展，此次书画展是由门头沟区老年人协会和永定河文化博物馆共同举办，展览历时10天，共展出区老年书法爱好者书画作品170余幅。

（张　晨）

【传统文化游园会开园】 10月1日，作为“相约永定河”第七届中国北京永定河文化节的一个组成部分，“古韵门头沟”传统文化游园会在永定河文化广场开园。游园会为期3天，面向广大群众，举行展演、展览和互动体验等多项活动。总客流量达3.15万人。

（张　晨）

【石窟崖摩崖碑保护工作】 10月3日至11月3日通过对石碑本体表面排盐，裂缝的粘结修补等方法完成了对摩崖碑的科技保护。位于门头沟区王平镇石佛岭古道崖壁之上的石窟崖摩崖碑，现为区级文物保护单位，碑文对研究京西古道发展历史具有重要价值。因常年受外界自然因素与人为因素的破坏作用，导致表面出现裂隙与空鼓，文字风化严重。

（张　晨）

【文物修缮工程通过验收】 10月9日，组织施工、监理方及设计方接受北京市文物工程质量监督站对石佛岭古道修缮工程、周自齐墓修缮工程进行现场竣工验收。2013年4月开工至9月中旬陆续完工，历时近6个月。此次修缮工程重点对墓地围墙进行加固垒砌，铺设方砖、草坪，补配石构件，恢复墓地历史原貌。

（张　晨）

【对文物保护单位划定保护范围】 10月11日，北京市文物局对门头沟区龙泉镇琉璃渠村的清工部琉璃窑厂办事公所进行考察。清工部琉璃窑厂办事公所位于龙泉镇琉璃渠村内，与市级文保单位三官阁过街楼毗邻。

（张　晨）

【文物保护抢险　修缮工程验收】 10月11日，西山北大道石佛岭古道、玉河古道、门头沟石佛岭及牛角岭古道、周自齐墓4项保护抢险修缮工程已完工，经现场实地勘察、技术检测及施工单位、监理单位现场汇报，解答各部门及相关专家质询，西山北大道石佛岭古道等4项保护抢险修缮工程验收通过。

（张　晨）

【开展民间艺术作品展览】　10月15日，“美丽门头沟民间艺术作品展”在永定河文化博物馆正式开幕，此展分为四个部分，共200余件作品，作品涵盖雕刻、刺绣、泥塑、绘画等多个种类。

（张　晨）

【参加全国电视舞蹈大赛】　10月15日，京西太平鼓《鼓舞太平》参加CCTV中央电视台第七届全国电视舞蹈大赛决赛。

（张　晨）

【文化企业座谈会】　11月22日，区文化创意产业领导小组办公室，区文促中心组织召开文化企业座谈会，区文委、石龙经济开发区，以及辖区内10家文化企业共同参加。

（张　晨）

【举办山水画展】　11月22日《超以象外，得其环中》山水画展在永定河文化博物馆的二层展厅开展。此次展出韩济民作品共43幅，其中丈二6幅，长卷2幅，及其他风景习作。

（张　晨）

【召开可移动文物普查动员会】　12月12日，召开区第一次全国可移动文物普查动员会，区各机关、各镇相关负责人参加，此次普查工作持续至2016年12月。

（张　晨）

【建成文化艺站志愿服务岗亭】　12月中旬，区文化馆、文化志愿者服务中心在清水镇、雁翅镇、斋堂镇、王平镇等街镇的活动广场搭建了17个文化艺站志愿服务岗亭工程并准时完成市级验收工作。为基层乡镇开展文化活动提供便捷服务设施。全区共搭建文化志愿服务岗亭30个。

（张　晨）

【美术家协会迎新年画展】　12月20日，“画笔描绘美好生活”成果展暨美术家协会迎新年画展在永定河文化博物馆展出，共展出区美协画家及社区爱好者绘画作品200余幅。

（张　晨）

【建立传统村落信息库】　12月底，对全区的传统村落建立信息库，将全区传统村落中的传统建筑、村落选址和格局特征、非物质文化遗产等相关信息采集后归类建档，以填写调查表、摄制录像、拍摄照片的方式，完善传统村落资料搜集工作。全区现有传统村落75个，现已完成33个古村落的信息库建设。

（张　晨）

【惠民月电影展映活动落幕】　年内，门头沟区影剧院，走进社区、工地、部队、敬老院等。放映《铜雀台》《泰冏》《龙门飞甲》《忠烈杨家将》等80部影片，放映电影场次共计9575场，939976人次。其中固定电影放映7986场；流动电影放映1589场。

（张　晨）

·广播电视

【概况】　年内，广电中心坚持以邓小平理论、“三个代表”重要思想和科学发展观为指导，深入学习宣传贯彻党的十八大和市、区第十一次党代会精神，围绕区委“落实‘三个优化’，多办利民实事，全力建设国家生态文明示范区”的工作主题，开展新闻宣传工作，为推进全区经济社会转型发展、创新发展、跨越式发展提供精神动力、思想保障和舆论支持。门头沟电视台年内共播出新闻3440条，专题216部（期）。

单位名称：北京市门头沟区广播电视中心
地　　址：北京市门头沟区新桥大街36号
电　　话：69843348
邮　　编：102300

（高艳蕊）

【召开工作会】　3月1日，召开2013年工作会。会议总结了广电中心2012年工作，对2013年重点工作进行部署。会上表彰了2012年度中心先进个人、优秀中层干部及先进科室。

（高艳蕊）

【特色党团活动】　4月20日，机关党支部、团支部组织机关党员及团员青年到房山区参观平西抗日战争纪念馆，接受革命传统主义教育。6月15日、16日，机关党支部组织全体党员到徐州参观淮海战役纪念馆。

（高艳蕊）

【栏目创新】　5月，开播“走基层”《视点关注》特别节目。

（高艳蕊）

【网站建设】　5月，门头沟广电中心网站建设工作正式推进。

（高艳蕊）

【签订合作协议】　6月21日，与北京北广科技股份有限公司就斋堂培训中心的开发签订战略合作框架协议。

（高艳蕊）

【北京电视台“走转改”】　11月1日，北京电视台“走基层”到门头沟广电中心，对广电中心的记者编辑进行业务指导。

（高艳蕊）

【宣传工作】　年内，一是集中强势宣传重要会议精神及区委区政府重大决策部署。围绕年初区两会的召开、学习宣传贯彻党的十八大精神及区委区政府重大工作部署，先后在门头沟新闻里开办了《凝心聚力共谋发展两会专题报道》《贯彻落实党的十八大精神　加快建设现代化生态新区》《落实三个优化多办利民实事　全力建设国家生态文明示范区》《我的梦　中国梦》等多个栏目。二是围绕区委、区政府的中心和重点工作，开展新闻宣传。围绕棚户区改造建设、旧城改造及基础设施建设、生态环境建设、便民服务热线运行、国家卫生区创建等涉及全区经济、社会、民生方面的工作进行重点宣传，开设了《百日环境整治在行动》《办实事　惠民生　促和谐》《转文风　改作风——记者在基层》《直击安全现场》《需求与反馈－61696156为民信息平台》《确保完成签约收尾工作　共享棚户区改造成果》《层峦醉染门头沟》《来自重点工程的报道》等十几个专栏，重点对区内百日环境整治、城子C、D地块腾退、永定石佛村拆迁、61696156办实事惠民生、拆除违法建设、推进百里画廊建设、棚改安置房运营管理等重点工作进行了集中持续报道。截至年底，共播出新闻3440条，专题216部（期）。三是对外宣传。年内，电视完成外宣126条、广播完成外宣213条。其中，2月25日、26日、27日、28日以及3月1日，连续5天区内的新闻亮相北京电视台的《北京新闻》《北京您早》《直播北京》《特别关注》等档栏目。全年全区累计发稿量在全市各区县名列前茅。

（高艳蕊）

卫　生

【概况】　年内，卫生工作进一步解放思想，凝心聚力，强化内涵，创新发展，深化医药卫生体制改革，加强基本医疗和公共卫生体系建设，优化区域卫生布局，提高整体运行效率，促进和维护了辖区百姓健康，取得了新的工作业绩。医改重点工作全面推进。按照“保基本、强基层、建机制”的要求，区内医改工作统筹安排、突出重点，不断健全制度、加大投入，基本医疗保障制度、基本药物制度、基层医疗卫生服务体系建设，公立医院改革，公共卫生服务均化等医改重点任务取得显著成效和阶段性成果。医疗卫生服务体系基本建成。完善规划，调整布局，结合全区新城建设，新建社区卫生服务站3个，新增社会办医疗机构6个。以区医院和北京京煤集团总医院为医疗龙头，以疾控中心、妇幼保健院、龙泉医院等专业机构为公共卫生龙头，以社区卫生服务中心和卫生院为枢纽，以社区卫生服务站和村卫生室为网底的基本医疗和公共卫生服务体系，逐步形成了三级医疗卫生服务网络。区医院集团规模扩大，妙峰山、军庄镇卫生院纳入集团管理。实现区内卫生资源整合提升，初步做到为百姓提供高品质基本医疗卫生服务。公立医院改革取得初步成效。全年门急诊55.20万人次，同比增长14.50%，连续4年增幅超过10%；出院9114人次，同比增长4.09%；平均住院日、转院率同比下降0.58%和23.56%。区统计局针对1162名患者和498户家庭为样本进行的医疗服务监测专项调查显示，74%的群众看病首选区内综合医院。2013年在全市医改综合考核中，区内医改创新考评、社区卫生工作考评均获评第一档。《北京日报》报道了门头沟区医改成绩。基本药物制度有效落实。基层医疗机构执行《2012年北京市基本药物目录》，用药品种增至699种。扎实开展国家基本公共卫生服务11类43项和重大公共卫生服务14项。国家慢病防控示范区创建稳步推进。加强孕产妇及儿童健康管理，孕产妇系统管理率98.65%，5岁以下儿童死亡率4.77‰。加强和创新精神卫生管理服务，精神病患者规范管理率达到90%。公共卫生安全得到强化。全区无重大传染病暴发流行、无重大食品安全事故和饮水污染事件发生，无户籍孕产妇死亡，无精神病人重大肇事肇祸事件发生。传染病综合防控取得阶段性成果。全区无甲类传染病报告，乙、丙类传染病报告同比下降 7.41%。及时启动 H7N9 流感防控应急响应，全区未发生确诊病例。完成重大节假日及 50 余项重要活动医疗卫生保障任务。卫生监督执法日趋规范。办理行政许可项目 559 件，监督检查 5750 户次，实现全覆盖。健康门头沟建设持续推动。建成永定河文化广场等 3 条健康步道，滨河西区等 2 间健康自测小屋及新桥西区健康知识一条街，营造健康支持环境。以慢病防控为重点，开展健康科普专家巡讲等主题宣传活动，普及健康知识。组织健康之星评选等活动倡导健康生活方式。健康管理训练营、高血压患者自我管理等健康管理新模式取得成效。巩固国家卫生区成果，启动斋堂镇国家卫生镇创建工作。以“三好一满意”活动为抓手，完善预约诊疗、临床路径和优质护理服务措施，加强病历和医学诊断证明管理，妥善处理医患纠纷。开展抗菌药物临床应用专项整治，住院患者抗菌药物使用率、门诊患者抗菌药物处方比例分别同比下降 6.71 和 1.9 个百分点。保障临床用血安全，实施血库准入制度。着力打造社区卫生服务品牌。重点学科建设得到加强。

单位名称：北京市门头沟区卫生局
地　　址：北京市门头沟区新桥南大街 9 号
电　　话：60801936
邮　　编：102300

（张　莹）

【中医医院装修改造工程】 1 月 23 日，区中医医院门诊、病房楼改造工程完工，并通过验收。该工程自 2012 年 9 月中旬开始，历经四个多月。2 月 4 日，门诊、病房楼正式启用。

（张　莹）

【无偿献血】 1 月，组织龙泉镇、潭柘寺镇群众及全区部分企事业单位开展无偿献血活动，共计 228 人，献血 82800 毫升。

（张　莹）

【召开卫生工作会】 2 月 4 日，召开卫生系统 2013 年卫生工作会，总结 2012 年卫生系统工作，部署 2013 年工作。对 2012 年度考核获奖单位，以及荣获优质服务奖、医学论文奖、成果推广奖及“支援边疆　服务百姓”先进个人进行表彰。6 个单位代表做大会发言。

（张　莹）

【领导调研】 2 月 28 日，延庆县副县长带领卫生系统各单位到区医院调研医改工作。3 月 18 日，区领导到卫生局调研基层卫生工作。了解全区社区卫生服务中心（站）、镇卫生院及村卫生室工作现状、问题和困难。29 日，北京市编办调研组调研医改法人治理结构试点工作。4 月 17 日，中国医药卫生事业发展基金会理事长、北京市卫生局副局长、首都社会经济发展研究所所长等领导到区调研健康门头沟建设。7 月 22 日，全国政协副主席马飚等全国政协委员到中医院、区医院调研公共医院改革。9 月 4 日，国家卫计委调研组调研指导医改工作。12 日，平谷区卫生局考察组调研公立医院改革及医院集团运行情况。12 月 30 日，武汉市卫计委巡视员、医政医管处处长一行 4 人到区中医院、区医院进行调研。

（张　莹）

【主流媒体采访】 3 月 6 日，北京市 20 余家主流媒体到门头沟采访卫生工作。

（张　莹）

【国家慢病综合防控示范区创建】 3 月 11 日，召开创建国家慢性非传染性疾病综合防控示范区工作启动会。明确开展社区诊断、加强慢性病监测等 7 类 30 项重点工作任务；聘任中华预防医学会慢性病分会、中国疾病预防控制中心慢性病中心、北京市疾病预防控制中心的 4 名专家为区创建工作顾问组成员；聘任区医院、京煤集团总医院等单位的 17 名副主任以上医师为创建工作专家组成员。5 月 31 日，走向健康——区卫生系统健康徒步行暨创建国家慢病示范区启动仪式在永定河广场举行。卫生系统 19 个基层单位的 200 余名徒步爱好者参加。徒步大会以“吃动平衡走向健康，引导全民健康生活方式”为主题，自永定楼广场出发沿河道至北京之巅广场，全程约五公里。组委会还开展了徒步行摄影展及徒步随笔征文活动。

（张　莹）

【新型农村合作医疗工作】 3 月 11 日，区新农合管理中心召开年度新型农村合作医疗（以下简称新农合）工作会，启动 2012 年重大疾病二次补偿工作和 2013 年参合工作。2013 年全区参合农村居民 49220 人，参合率 98.95%。6 月 28 日，区政府与人保健康北京分公司正式签署了新型农村合作医疗共保联办合作协议，该协议 7 月 1 日正式生效。7 月 5 日，召开“共保联办”新农合项目启动会。2013 年新农合政策较 2012 年有所变化。一是调整了基金筹集标准和补偿政策。村民个人参合缴费标准仍然为每人 100 元不变。增加了政府出资，达到 580 元。筹资总额从 640 元/人/年提高到 680 元。二是对 2012 年度患“十五类重大疾病”住院并享受住院补偿政策的参合人员进行住院二次补偿。在一次补偿基础上，住院补偿率达到 75%。三是提高了十五类重大疾病住院补偿比例，由新农合基金补偿可报费用的 75%。对五种特病门诊医药费，补偿可报费用的 70%。另外，父母已参合或一方参合、一方参加城镇职工基本医疗保险农民工的新生儿，当年取得北京市户籍，可在当年 12 月份参合，享受当年补偿政策。

（张　莹）

【麻疹消除工作】　3 月 12 日，组织召开 2013 年门头沟区麻疹消除工作部署会，区教委、公安分局、流管办等 7 个部门和各镇、街相关负责人参加。会上介绍了全国、北京市及门头沟区麻疹流行趋势，对学龄前流动儿童强化查漏补种和外来务工人员麻疹、流脑接种工作进行了部署。

（张　莹）

【春季城乡环境整治】　3 月 11 日至 4 月 12 日，组织开展第二十五个爱国卫生月活动，美化工作生活环境；3 月 29 日，组织开展全区统一的环境卫生大扫除活动，清除卫生死角；4 月 12 日，组织开展春季统一灭鼠活动，清除乱堆物料等鼠类栖息环境；5 月 31 日“世界无烟日”，开展以控烟为主题的健康行为宣传活动。

（张　莹）

【人感染 H7N9 禽流感防控】　4 月 2 日，召开人感染 H7N9 禽流感防控工作紧急会。会上提出具体要求。

（张　莹）

【领导干部管理素质培训】　4 月 19 日至 20 日，举办领导干部素质拓展训练班。8 月 13 日，举办系统领导干部管理素质培训班。卫生局基层单位领导一把手，以及近两年新任和轮岗的领导干部共 40 余人参加此次培训。11 月 11 日，请区教委主任介绍区内教育系统在新形势、新背景下体制改革工作经验；随后组织基层和机关领导干部到区龙泉大地幼儿园、京师实验小学门头沟分校和大峪中学进行实地参观学习。

（张　莹）

【健康门头沟建设】　5 月 29 日，区内首条健康步道位于永定楼至北京之巅标志建筑之间，全长 2500 米，除起终点设置大型提示牌外，每间隔一定距离设置了提示短语，为百姓徒步健身提供参考。

（张　莹）

【“世界无烟日”主题宣传活动】　5 月 31 日，区爱卫办、文明办、区疾控中心联合开展“世界无烟日”主题宣传活动，并向过往市民发放控烟宣传资料。

（张　莹）

【农工党市委支持区卫生事业】　6 月 5 日，在斋堂医院召开农工党北京市委支持区内医疗卫生事业发展座谈会，农工党北京市委专职副主委、上海亚能医疗设备有限公司北京分公司经理、中国农村卫生协会培训部主任，区领导及农工党门头沟区工委、区卫生局、区医院、斋堂医院等领导参加会议。会上，农工党北京市委与门头沟区委统战部、区卫生局签署了农工党北京市委支持门头沟山区医疗卫生事业发展协议书。

（张　莹）

【对口支援工作】　6 月 9 日，中医医院与北京中医医院举行协作签约仪式，正式结为协作单位。8 月 21 日，举办与北京中医药大学第三附属医院结为对口支援医院的揭牌仪式。9 月 12 日，与东方医院建立对口支援关系。11 月 7 日，妇幼保健院与世纪坛医院组建医联体。19 日，区医院与中国人民解放军海军总医院正式签约，成为军民共建合作单位。

（张　莹）

【社区卫生服务中心通过复审】　7 月，军庄镇社区卫生服务中心通过全国示范社区卫生服务中心的复核评审，成为区内第一家全国示范社区卫生服务中心。

（张　莹）

【家医岗位练兵区级选拔赛】　8 月 6 日，社管中心举办“家庭医生式服务岗位练兵活动区级选拔赛”。全区 11 个社区卫生服务机构，共 66 名社区医生、护士和防保人员。比赛分为演讲、技能操作、病例分析共 3 个环节。经过比赛，门城地区社区卫生服务中心以三项总成绩排名第一获一等奖，并代表门头沟区参加市级比赛。在“2013 年北京市家庭医生式服务岗位练兵活动市级决赛”中，门头沟区代表队以总成绩 670 分获得全市三等奖。

（张　莹）

【乡村医生岗位培训】　8 月 7 日至 11 月，各教学点正式启动 2013 年度乡村医生岗位培训工作培训，共 187 名乡村医生参加培训。培训内容包括临床技能实践、慢病管理适宜技术、门诊病历和处方规范书写及消毒方法和无菌操作。

（张　莹）

【开展安全生产检查】　8月12日至17日，卫生局分3组对所属基层单位进行安全大检查，检查内容包括：消防安全、交通安全、汛期安全、食堂燃气安全、危险化学品安全管理、特种设备安全管理（高压氧舱、消毒锅、电梯、锅炉等），以及人员密集场所、公共卫生安全和医疗安全等各项工作。此次检查共出动检查人员28人次，检查发现的问题，责令有关单位立即进行整改。

（张　莹）

【创建国家卫生应急综合示范区】　8月20日，召开全区创建国家卫生应急综合示范区启动会，区领导参加，并提出工作要求。

（张　莹）

【徒步大会医疗卫生保障】　9月，完成第四届北京国际山地徒步大会医疗卫生保障工作。成立医疗卫生保障部，结合徒步线路多、路况复杂、参赛人数多的特点，制定保障实施方案和应急处置预案，按照5公里设置一个医疗点、15公里至20公里安排一部救护车的原则，5条徒步线路设立19个医疗服务点，出动9部救护车提供服务。同时将斋堂医院设为定点救治医院，开通急诊绿色通道，由区医院选派骨科、心内科和消化内科3名专家配合开展救治工作。徒步大会期间共为137名运动员提供简单治疗、包扎等服务，医院接诊的4名百公里运动员和1名裁判员得到及时救治。共15家医疗卫生单位的102名医务人员参加保障。

（张　莹）

【“国际科学与和平周”活动】　11月13日，第二十五届中国“国际科学与和平周”活动仪式在斋堂中心举行。活动中，延安常泰药业有限责任公司副总经理向斋堂社区卫生服务中心捐赠了价值2万元的药品。向农工党北京市委颁发“国家科学与和平周贡献奖”奖牌，随后全科、B超、心电图、中医内科、内分泌科、中医骨科等6名农工党医学专家为斋堂镇辖区群众进行义诊咨询服务。

（张　莹）

【区域卫生信息化建设】　年内，以区域卫生信息管理平台、远程医疗、居民健康卡、电子病历、社区居民电子健康档案为重点，制定《区域卫生信息化建设规划（2014年－2016年）》，逐步形成互联互通，资源共享的区域卫生信息化系统。远程医疗平台建设项目获批并组织实施。

（张　莹）

【卫生人才队伍】　年内，加强重点学科人才梯队建设，引进学科带头人5名，其中博士研究生2人，副主任医师4人。加大人才招聘力度，招录公务员9人，事业单位人员59人，其中博士研究生1人，硕士研究生24人。继续与高等院校合作，签订定向培养毕业生协议24人，年内15名毕业生回区工作。推荐新毕业本科生13人参加住院医师规范化培训。举办继续医学教育培训330项，培训4.9万人次，达标率98.78%。

（张　莹）

·卫生监督

【概况】　年内，门头沟区卫生局卫生监督所在局党委的领导和支持下，深入贯彻十八届三中全会精神，以完善卫生监督执法体系、加强监督执法能力建设为目标，以推进依法行政为主线，坚持宣传、培训、监督齐抓共管原则，开展食品卫生、公共场所、生活饮用水、医疗卫生、职业卫生等各项监督执法工作，全力保障全区公共卫生安全。全面落实全市卫生监督工作会议和门头沟区卫生工作会议精神，履行卫生监督工作职能，加强公共卫生监督综合执法，不断提升卫生监督服务能力，全区全年未发生水污染事件，职能划转期间未发生食物中毒事件，确保了全区公共卫生安全。9月26日，所内完成了食品卫生许可、监管职能向食品药品监管局划转，划转卫生监督执法编制17个，划转人员13名。全年共监督检查5750户次，实现管理相对人全覆盖。

单位名称：北京市门头沟区卫生局卫生监督所
地　　址：北京市门头沟区石龙南路甲12号
电　　话：60804950
邮　　编：102308

（王　勇）

【区“两会”公共卫生保障任务】　1月4日，为确保区“两会”的顺利进行，区卫生监督所提前介入，对龙泉宾馆的食品安全，住宿、会议等公共场所和生活饮用水卫生进行了监督检查及采样检测。对接待单位全体餐饮管理人员及餐饮服务工作人员进行食品安全知识培训，对存在的餐具消毒问题和重点环节进行强调，并签订食品安全责任书，明确接待单位的职责和义务。会议期间，卫生监督员每天将监督情况向主办方汇报，并与医疗保障组进行接洽，随时沟通，以便第一时间掌握各类突发事件的发生情况。

（郑素音）

【举行示范店授牌仪式】 1月18日，举办餐饮服务食品安全和公共场所卫生示范店授牌仪式，6家餐饮服务单位和4家公共场所单位被授予2012年示范店称号。区法制办、食品办、工商分局、大峪办事处的相关领导、社会监督员和60家餐饮服务和公共场所单位负责人参加了授牌仪式，晨光饭店、大峪中学和龙泉宾馆3个示范店的代表发言。

（陆沈凤）

【公共卫生安全专项稽查】 2月5日，卫生监督所对具有承接年夜饭、会议能力的4家餐饮服务单位和2家住宿单位进行专项稽查。重点检查各餐饮单位证照及各项管理制度是否齐全、采购食品是否索取有效证件和票据、加工经营场所是否干净整洁以及食品添加剂能否做到五专管理；住宿接待单位是否对公共用品进行定期消毒、消毒程序是否正确等内容。针对稽查中发现的问题，向相关执法队发出了卫生监督稽查工作通知书，要求其对存在问题的单位进行复查并上交整改报告。

（张云志）

【开展幼儿园食品安全检查】 2月27日，会同永定镇政府对永定镇辖区内的5家民办幼儿园开展联合检查。对幼儿园食堂的人员管理、场所环境、清洗消毒、采购储存、加工、售饭等环节进行了全面检查，并督促食堂管理人员做好开学前食堂的各项准备工作。在检查中，对3家无证经营的幼儿园下达了现场检查笔录和卫生监督意见书。

（刘 鹏）

【培训工作】 2月28日，对潭柘寺镇12个村39名农村管水员进行生活饮用水安全集中培训。卫生监督所相关负责人就农村水实操规范及在日常卫生监督过程中发现的蓄水池无反扣盖、无锁、无溢水管、无排水管，通气孔设置不规范，水源井口设置不规范，无排风设施，无防护门窗等问题进行了讲解，同时就“两会”期间农村水安全管护问题明确责任，晓以利害。3月18日，举办主题为“构建核心价值观，形成优秀文化传统”的培训。区教师进修学校的老师讲述了核心价值观的重要性、单位文化建设的紧迫性，同时强调责任心、感恩心、团队精神在工作中的必要性。4月14日，与区疾控中心联合开展公共卫生应急培训。参加此次培训的有卫生监督所应急小分队成员和一线卫生监督员、疾控中心的流行病学调查人员共39人。市卫生监督所和市疾控中心的4位专家，分别就“生活饮用水污染事故调查处理”、“餐饮服务食物中毒调查处理卫生监督工作要求”、“处理食物中毒体会”、“食品安全事故流行病学调查思路与步骤”4个方面进行了讲解，并重点强调了处置突发公共卫生事件的注意事项、处理程序和职责分工。4月24日，对雁翅镇各村共50余名管水员进行集中培训。针对农村饮用水普遍存在的问题比如无卫生许可证、无有效健康证、蓄水池无反扣盖无锁、无溢水管、无排水管、通气孔设置不规范、水泵房卫生环境差、水源井口设置不规范、无排风设施、无防护门窗等，卫生监督员进行讲解。5月21日，开展“卫生监督技术大练兵——快速检测设备使用”培训。全所共20余名卫生监督员参加培训。培训采取理论学习和实际操作相结合的方式。卫生监督员分别对食品快速检测的流程、方法及公共场所、生活饮用水现场检测原理及操作方法进行了讲解，并在现场演示了农药残留、甲醛、亚硝酸盐、一氧化碳、末梢水余氯检测设备的使用。10月23日，协同区水务局对妙峰山镇17个村的51名管水员进行集中培训，发放《北京市生活饮用水卫生管理条例》等宣传材料100余份。在培训会中，就如何开展农村生活饮用水检查、农村生活饮用水监督检查过程中的重点问题、执法依据及主要处罚条款、区内目前农村水存在的主要问题及饮用水卫生安全巡查等进行了详细讲解。

（杨宏恩 陆沈凤 王志刚 田炜炜 刘 鹏）

【团员学雷锋】 3月5日，发起“向雷锋同志学习，做市民身边的雷锋”的号召，青年团员根据工作特点和利用专业特长，走上街头，向市民宣传食品安全、饮用水安全等卫生常识。此次活动共发放宣传材料150余份，向市民解答食品、饮用水问题20余条。

（陈 资）

【检查建筑工地传染病防控工作】 3月6号，对辖区内黑山地区棚改建筑工地食品安全及传染病防控工作进行监督检查。主要涉及建筑工地的环境卫生、公共卫生管理制度以及传染病防治措施及登记等落实情况。经查发现，各工地都安排了传染病防控工作负责人、建立了相关卫生制度，但部分工地仍存在未制定公共卫生突发事件应急预案、未建立饮用水卫生管理制度、工人健康监测登记不完善等问题。针对发现的问题，卫生监督员提出了相应整改意见。

（韦　晶）

【学校公共卫生安全工作约见会】 3月7日，与区教委联合召开门头沟区2013年春季学校公共卫生安全工作约见会，全区中小学校及托幼机构主管领导和食堂管理员59人参加会议。会上，所相关负责人就食品安全和学校卫生工作进行相关培训。对2013年春季学校公共卫生安全工作进行重点部署。会后，各单位要认真开展公共卫生安全自查自纠，发现问题后及时整改，消除安全隐患。

（安文娇）

【学校安全卫生督查】 3月12日至20日，联合区教委、疾控中心对辖区内49家中小学校及幼儿园进行春季公共卫生安全联合督查。重点检查了各学校及幼儿园的学校卫生、食品卫生管理制度是否落实，原料采购、加工制作是否规范，清洗消毒是否符合要求，生活饮用水卫生管理以及学校传染病防控是否到位等工作，累计出动监督员56人次，监督车辆12车次，监督检查49家，其中学校29家，幼儿园20家。检查结果总体良好。

（陆沈凤）

【落实层级审批】 4月7日，所长带队，主管所长、审批科审核人员一行对位于石龙经济开发区永安路20号的南京晨光集团有限公司北京物业管理分公司提出的变更许可项目的卫生行政许可申请进行了现场审核。审核中，所长对该单位的操作流程、加工场所、卫生设施等进行了认真查验，要求申办单位提高风险责任意识，加强日常管理，并提出相关意见。

（庆欣燕）

【防控人感染H7N9禽流感】 4月7日，对门城地区4家二级以上医疗机构传染病防控工作开展专项检查。重点检查各医疗机构感染性疾病科的设置情况，防护用品和消毒药品的储备情况，人感染H7N9禽流感等突发急性传染病防控的组织管理、预检分诊、消毒、预防控制等工作的落实情况和全员防控知识培训情况等。

（高　岩）

【督查重点区域】 4月17日，防控禽流感工作督导组对清水镇、斋堂镇和雁翅镇3家乡镇卫生院进行监督检查。重点检查医疗机构感染性疾病科或发热筛查室的设置情况，人员培训和知识掌握情况以及预检分诊、个人防护、消毒隔离、防护物资贮备等方面的传染病防控措施落实情况。针对人感染H7N9禽流感防控形势，防控禽流感工作督导组对各医疗机构提出具体要求。

（高　岩）

【节前加强检查】 4月23日、26日、27日，对双龙峡旅游景区、京西十八潭景区、妙峰山景区、潭柘寺景区、戒台寺景区及周边的餐饮单位进行节前食品安全监督检查。

（王　明）

【饮用水宣传周】 5月13日至17日，开展为期一周的生活饮用水宣传活动。主题是“科学认识饮用水健康惠及千万家”。宣传周期间，卫生监督员到乡镇农村、城镇社区、工矿企业以及景区景点，通过悬挂横幅、摆放展板、发放宣传折页、现场答疑解惑及水质快速检测等形式，开展有针对性的宣传活动。与区电视台联合制作了关于生活饮用水方面的专题节目。同时还对全区各乡镇管水员及卫生监督协管员分批次进行培训。此次宣传周活动，共张贴宣传海报150张，发放宣传单3000份，宣传折页5000份；发放饮用水调查问卷200份，实际收回182份；开展现场咨询答疑30次，现场水质快速检测13次。300余名供管水人员及200余名卫生监督协管员参加了培训。

（杨宏恩）

【妙峰山庙会保障】 5月10日至25日，妙峰山传统庙会隆重举行。为确保庙会卫生安全和成功，卫生监督所对妙峰山景区的供水设施及餐饮单位进行了专项监督检查。检查总体情况良好。此次专项检查，出动监督员13人次，车辆4车次，检查餐饮服务单位25家。

（刘　鹏）

【高考餐饮保障】 6月4日，对高考考点周边餐馆卫生进行提前监督检查，对易引发食品安全事故的关键环节进行监督，规范餐饮服务经营行为。6月7日至8日考试期间，加强考点周边餐饮服务单位的监管，尤其对含有冷荤间的单位，要求其严格按照冷荤间“五专”要求，做好紫外线消毒及消毒记录登记工作。高考保障期间，共出动卫生监督员12人次，出动执法车辆6车次，监督检查餐饮服务单位18户次。

（安文娇）

【打击违法医疗广告】 7月13日，与工商、药监等部门联合行动对门城地区3家医疗机构及3家药店开展专项监督检查。此次专项检查重点打击未取得《医疗广告审查证明》擅自发布的医疗广告，擅自篡改《医疗广告审查证明》审批内容发布的医疗广告，利用非法出版物或内刊形式、新闻形式、医疗资讯服务类专题节（栏）目变相发布的医疗广告，利用公交站牌、道路指示牌、户外宣传栏等违规发布的户外医疗广告等违法行为。

（韦　晶）

【养老机构医疗专项督查】　8月26日至9月10日，对辖区内养老机构内开展医疗服务活动专项监督检查工作。共检查辖区养老服务机构11家，其中由各级政府开办的9家，社会办2家。未发现超出诊疗科目和安排非卫生技术人员开展诊疗活动的行为，未发现发布医疗广告的行为。

（邓俊琴）

【对快捷酒店进行督查】　9月2日至30日，对区内的4家快捷酒店进行监督检查。主要检查内容：消毒间的使用情况、清洗消毒池的数量以及相应的消毒剂配比容器、公共用品清洗情况等进行了现场监督检查。按照文件的要求对酒店的从业人员进行了集中培训和现场问卷的方式进行考试。此次参加考试共有12名从业人员参加，从业人员基本都能够正确回答问卷的内容。此次专项共监督检查4家酒店，出动执法人员24人次，执法车辆6车次。

（郎柏忠）

【公共场所示范店授牌】　11月13日，组织召开门头沟区“公共场所示范店”授牌仪式，此次共有8家公共场所单位参加2013年度“公共场所卫生示范店”评选工作。邀请社会监督员作为评审委员分组对申报单位进行实地评查打分，以评查人员评分和卫生监督员日常监督检查评分各占50%的比例确定总成绩。北京瑶台月美容等6家公共场所被评为2013年度“公共场所卫生示范店”。

（郎柏忠）

【组织水污染应急演练】　11月18日至19日，组织生活饮用水污染事件应急演练。此次应急演练，通过学习《生活饮用水污染事件应急处置指南》的相关内容，克服以往只有宏观应急预案而没有具体操作指南的不足，在以后处理水污染事件时我们从微观操作层面可以更加有的放矢。此次应急演练采取的是以限定时间的饮用水污染案例桌面推演的方式开展的，全体队员都参与其中。

（刘　鹏）

【法制宣传】　12月4日，在新桥大街体育馆门口开展以“做讲法制守秩序的好市民，共筑伟大中国梦”为主题的法制宣传活动。卫生监督员为来往群众宣传相关法律法规知识，发放《传染病防治法》《生活饮用水卫生监督管理条例》《公共场所卫生管理条例实施细则》等宣传材料100余份，解答群众饮用水安全、卫生行政许可审批、医疗卫生等方面咨询10余次。

（程　旭）

【区委巡视组调研】　12月16日，区委巡视三组到卫生监督所进行巡视调研，巡视三组听取了所领导关于2013年卫生监督所工作情况的总结汇报。巡视组对卫生监督执法工作取得的成绩给予分肯定。指汇报结束后，巡视组领导查阅了卫生监督所综合执法、支部建设、制度建设等相关资料。然后又实地察看了所内的办公环境，到每个科队进行了走访，和监督员进行了亲切的交谈。

（王　勇）

【卫生许可】　年内，共接待群众咨询3812人次，公共卫生许可共受理568户，其中：餐饮414户（新办92户、延续304户、变更14户、注销4户）、公共场所109户（新办35户、延续63户、变更7户、注销4户）、生活饮用水24户（新办10户、延续14户）、放射卫生21户（校验11户、变更5户、卫生审查5户）。医政办结1690件，其中：医师100件（注册54件、变更46件）、医疗机构451件（设置18件、执业登记13件、变更65件、校验190件、换证165件）、麻卡11件（变更11件）、护士注册1128件（变更129件、延续999件）。

（王　勇）

【卫生监督抽检】　年内，监督抽检406件，合格399件，合格率98.28%。其中食品监督抽检140件，合格140件，合格率为100%；生活饮用水抽检90件，合格90件，合格率为100%；公共场所抽检176件，合格169件，合格率96.02%。

（王　勇）

【现场快速检测】　年内，共进行现场快速检测969件（其中食品和餐饮具380件，生活饮用水565件，公共场所24件），合格件969件，合格率为100%。

（王　勇）

·疾控中心

【概况】　年内，在区卫生局党委

的领导下，在市疾控中心的指导下，区疾控中心以科学发展观为指导，以创新发展为主题，以疾控能力建设为重点，以创建优美、和谐、文明的工作环境为基础，围绕“防疾病、保健康、建和谐、促发展”的宗旨，全面落实传染病及慢性病防控、免疫规划、卫生应急、食品安全风险及生活饮用水监测、健康教育等工作任务，不断提升综合管理水平和技术服务能力，确保了疾病预防控制工作得到进一步巩固和发展，有力地保障了全区经济社会健康发展和人民群众生命安全。

切实强化传染病网络直报督导检查，不断提高传染病报告管理工作质量，加强流感、霍乱、艾滋病等重点传染病疫情监测和症状监测，严把疫情监测关，强化肠道门诊和发热门诊规范化管理，有效遏制疫情扩散和蔓延。加强卫生应急管理和应急队伍建设，完善突发公共卫生事件预警机制，确保突发疫情和公共卫生事件的应急处置工作防控有力、处置科学，全年无甲类传染病报告。加强免疫预防门诊管理，信息化系统规范有序运转，第一类疫苗报告接种率继续保持100%，计划免疫相关传染病得到有效控制。全面启动慢病综合防控示范区创建，继续开展成人慢病及危险因素监测、意外伤害监测及干预工作，全民健康生活方式行动顺利推进，健康管理训练营、高血压自我管理项目取得初步成效。组织开展健康大课堂469场，直接受众达17344人次，举办“世界卫生日”、“世界无烟日”等系列宣传活动10次，制作播出《相约健康》电视片36期，制作宣传材料8种21.6万份。加强实验室质量控制，强化实验室安全管理，不断提高检测工作水平，通过食品检验机构资质认定监督评审和职业病危害因素检测与评价资质年检，及时做好重大传染病疫情和突发公共卫生事件的样品检测工作。

单位名称：北京市门头沟区疾病预防控制中心
地　　址：北京市门头沟区城子东街甲40号
电　　话：69843156
邮　　编：102300

（张翠红）

【疾控工作年终考核】 1月14日，市卫生局组织专家组对2012年疾病预防控制工作进行考核。考核组听取了工作汇报，并按照考核标准分专业进行了考核评定。最后，考核组将考核情况进行反馈与指导。

（张翠红）

【召开专题工作会】 1月24日，召开疾病监测工作会，各医疗机构防保科长、二级以上医院传染病监测负责人共24人参加。2月25日，召开2013年传染病疫情网络直报工作会，各医疗机构传染病疫情网络直报人员参加会议。3月29日，召开2013年慢病防治工作会，全区12个社区卫生服务中心慢病主管领导及专兼职人员共计42人参加会议。4月28日，召开手足口病防控工作会，各小学校、幼儿园保健医生和卫生老师、各地段保健科大夫参加会议。5月10日，与区安全生产管理局联合召开重金属污染防治启动会，5家重金属污染企业参加会议。6月9日，召开2013年艾滋病哨点监测工作会，区医院、京煤集团总医院、妇幼保健院、公安分局等7家单位的15名负责人参加。27日，与卫生监督所领导班子召开协调沟通会，就卫生监测与卫生监督相关的主要业务工作进行沟通，就日常工作中存在的问题展开讨论，提出了行政执法和技术支撑携手并进、资源共享的工作思路，在工作内容、工作程序等多个方面达成一致。同日，召开监管场所羁押人员艾滋病相关行为学调查项目启动会，公安分局看守所的领导和主管人员、疾控中心主管领导及工作人员参加。28日，召开2013年性病工作布置会，总结2012年性病防治工作，布置2013年工作，全区5家二级以上医疗机构的主管参加。8月8日，召开艾滋病高危人群干预工作会，介绍艾滋病流行形势及现状，部署2013年重点工作，民政局、计生委等14家单位主管领导参加。10月11日，召开流感疫苗预防接种和北京市2013年国家免疫规划督导评估工作部署会，各相关医疗机构主管领导、防保科科长和学校校医共73人参加会议。16日，召开2013年艾滋病筛查实验室、性病检测实验室质量控制考评及检测工作总结会，各艾滋病筛查实验室、性病实验室主任及负责艾滋病、性病检测的技术骨干参加。18日，召开百千万志愿者传播结核病防治知识表彰大会，表彰5名先进个人，并颁发获奖证书，区医院、斋堂医院的志愿者进行了典型发言。52名志愿者参加会议。22日，召开食源性疾病主动监测工作总结会，总结食源性疾患监测工作，反馈监测结果，并就工作中存在的问题与相关单位进行探讨和交流，京煤集团总医院、区医院的实验室和肠道门诊主任及技术骨干参加。12月31日，召开免疫规划工作布置会，各医疗机构防保科长、免疫规划工作人员和产科负责人、新生儿疫苗管理、接种人员参加会议。

（张翠红）

【宣传活动】 1月27日，联合区医院和门城社区卫生服务中心开展主题为“麻风病可防可治”第60个“世界防治麻风病日”宣传活动，现场解答麻风病相关知识和健康问题，发放折页、宣传画等宣传材料8种3200份。3月3日，联合区医院、门城社区卫生服务中心等医疗单位开展以“健康听力，幸福人生——关注老年人听力健康”为主题“全国爱耳日”宣传活动，为居民举办老年人听力健康知识讲座；指导健康用耳方法以及如何运用中医知识防治耳聋，发放宣传材料13种1.2万份，接待咨询820人。5日至18日，在全区中、小学校开展结核病防治系列宣传活动，活动以“预防结核，健康和谐”为主题，覆盖全区所有学校1万余人，覆盖率达100%。20日，联合区医院、京煤集团总医院及门城社区卫生服务中心开展以“预防结核，健康和谐”为主题“世界防治结核病日”宣传活动，分别在新桥大街及绮霞苑社区卫生服务站设置咨询台，讲解预防、治疗结核病和结核菌/艾滋病病毒双重感染知识，发放预防结核病、艾滋病知识宣传手册1100份、折页彩画2000份、纪念品700份。4月7日，联合区医院、龙泉医院、门城社区卫生服务中心等单位在新桥大街开展以“控制高血压”为主题“世界卫生日”宣传活动，发放健康知识折页、海报及宣传品18种1.5万余份，提供健康咨询服务58人，受众人群550人。25日，在新桥大街开展主题为“接种希望　健康起航”第27个“儿童预防接种宣传日”宣传活动，现场设置宣传展板、咨询台，发放宣传海报、折页等材料1000余份，解答咨询200余人次。26日，与安全生产管理局、卫生监督所到北京京煤集团有限责任公司木城涧煤矿联合开展《职业病防治法》宣传活动，发放宣传材料8种1000余份，接待咨询20余人。5月16日至23日，利用“5.20中国学生营养日”，在各学校开展主题为“平衡膳食、合理营养，我要健康成长”宣传周活动。31日，爱卫办、文明办、疾控中心、区医院等单位联合在新桥路中学体育馆前开展以“禁止烟草广告、促销和赞助”为主题“世界无烟日”宣传活动，现场设置控烟宣传展板，发放控烟宣传资料10种5000余份。7月25日、8月6日，参加团区委在石门营五区、六区开展的“新家义坊——棚改安置新区青年服务项目”系列宣传活动，通过现场摆放宣传展板，向居民宣传健康知识，受益人数达300余人，发放宣传材料及小礼品7种2000余份，安全套500只。7月28日，以“积极行动，共抗肝炎”为主题开展“世界肝炎日”宣传活动，主会场设在新桥大街，20个分会场在全区13个镇、办事处居民社区、集贸市场等人口聚集地开展宣传活动。8月15日，在洪水口村开展“艾滋病宣传、干预进农家”活动，与公安分局禁毒队、门头沟论坛、清水社区卫生服务中心的志愿者共同开展宣传活动，发放宣传材料5种800余份，接待咨询5人。9月1日，疾控中心、爱卫办联合在永定河文化广场启动“打造健康城市　引领健康生活”暨2013年门头沟区全民健康生活方式宣传周活动，活动以“我行动　我健康　我快乐”、“日行一万步　吃动两平衡　健康一辈子”为行动口号，现场设立宣传展板、宣传台，并穿插秧歌和舞蹈表演，活动历时2小时，发放防治高血压、糖尿病、意外伤害等宣传材料1000余份。3日、4日，联合区公安分局禁毒大队与6名志愿者分别到龙门三区和倚山嘉园社区联合开展“禁毒防艾进社区”系列宣传活动，共发放宣传材料6种500余份，接待咨询11人。10月29日、31日，联合区医院分别在琉璃渠居委会、新桥大街开展以“预防脑卒中，从今天开始”为主题的健康教育宣传活动，举办健康知识专题讲座，进行义诊并解答居民咨询，受众230人，发放宣传材料500份。11月13日，邀请中医院专家在城子街道开展以“合理用药　保障健康”为主题的健康知识讲座，为社区居民讲解合理用药知识。14日，联合区医院、龙泉医院、门城社区卫生服务中心在葡山公园开展“联合国糖尿病日”宣传活动，向群众讲解预防糖尿病相关知识，并发放糖尿病、高血压、倡导科学健康生活方式、平衡膳食等相关内容的健康读本、宣传折页。25日至12月3日，联合教委保健所共同举办“健康教育讲师团预防艾滋病进校园巡讲”宣传教育活动，分别在职业高中、永定中学、峪园中学3所学校开展巡讲，并现场发放宣传材料及调查问卷。11月29日，由疾控中心、红十字会主办的“行动起来，向‘零’艾滋迈进”大型宣传活动在新桥大街举行。红十字会、门头沟论坛、计生委、文委、禁毒大队等单位及27名志愿者参加宣传活动，发放艾滋病宣传材料15种8000余份、宣传品300份、安全套6000只，并在“向‘零’艾滋迈进，让红丝带飘起来”签字板签名。12月3日，联合大台医院在大台地区开展防治艾滋病宣传活动，发放艾滋病宣传材料1500

余份，受益群众达300余人。

（张翠红）

【学校控烟工作】 1月至6月，在辖区学校内开展“我要健康成长·我爱无烟校园”flash征集大赛活动。经区评估小组初评后，选出优秀作品参加中国控制吸烟协会青少年控烟专业委员会评选活动，2所学校上报的控烟作品获得了优秀奖，疾控中心获优秀组织奖。4月11日至19日，分别在全区小学、初中、高中、职高各选定1所学校作为烟草监测学校，对431名学生进行了烟草问卷调查，同时对20名教职工进行问卷调查，为学校控烟工作效果评估提供依据。5月31日，联合区教委开展“拒绝烟草广告、促销和赞助”的倡议活动，全区40所学校签署“拒绝烟草广告、促销和赞助”承诺书，并利用板报、广播等形式对全校师生进行宣传。

（张翠红）

【培训工作】 2月27日，举办创建无烟医疗卫生机构项目培训班，讲解无烟医疗卫生机构督导评估标准，布置问卷调查，并进行研讨与交流，卫生局、区医院等5家项目单位主管领导及14名调查员参加了培训。3月6日，举办消除麻疹工作相关方案培训班，各有关医疗机构防保科长、计免业务骨干19人参加培训。28日，召开肠道传染病防治培训会，请市疾控中心专家对辖区4家肠道门诊及一级以上医疗机构42名医师、检验师、消毒人员和疾控中心相关人员进行肠道传染病防治和微生物检验相关知识培训。4月1日，召开肺结核家庭督导员培训会，对肺结核的概念、流行病学、症状、治疗及肺结核与糖尿病的关系等内容进行讲解，并向参会人员发放宣传品。12日，聘请市疾控中心专家就《学校健康教育与健康促进》对学校、幼儿园主管领导和校医等83人进行培训。16日，举办人感染H7N9禽流感病毒检测及生物安全知识培训班，全区15家医疗机构主管院长、检验科主任和检验科骨干参加培训。22日，召开男男同性恋（MSM）同伴教育员培训会，讲解艾滋病的流行现状和防治策略以及MSM人群的感染情况，并与3名志愿者签署《门头沟区MSM人群高危干预工作委托协议书》。26日至27日，举办“高血压患者自我管理小组”组长培训会，对《高血压患者自我管理技能培训指导手册》进行培训，由各社区卫生服务中心社区医生及高血压患者组成的高血压患者自我管理小组36名组长参加培训。5月15日，召开食源性疾病监测工作启动暨培训会，京煤集团总医院、区医院、妇幼保健院3家监测医院医务部、疾控科及相关科室的负责人参加培训。16日，举办健康生活方式指导员培训班，讲解《健康生活方式核心信息》和《健康生活方式指导员工作手册》，12家社区卫生服务中心的医生及社区居民组成的健康生活方式指导员共计136人参加培训。17日，举办医务人员维持无脊髓灰质炎培训班，各医疗机构医务（疾控）处有关科室（保健科、神经科、传染科、儿科等）、防保科负责人和相关工作人员共计48人参加培训。21日，举办结核病防治知识培训班，讲解社区卫生服务与结核病控制、肺结核的诊断与鉴别诊断，全区医疗卫生机构51人参加培训。24日，举办创建无烟环境培训班，17家医疗单位、13个镇及办事处40名健康教育人员、疾控中心全体职工参加培训。31日，举办狂犬病免疫预防知识培训班，对3家狂犬病免疫预防门诊医护人员进行狂犬病相关知识培训。6月21日，举办健康教育专业技术大练兵培训班，讲解《全国健康教育专业机构工作规范》及《健康教育学》（第二版）等内容，全区17家医疗机构的相关人员参加培训。22日，举办禁毒防艾志愿者培训班，介绍艾滋病防治知识，观看《与死神共舞》宣传片，49名志愿者参加培训，发放《预防艾滋病知识手册》《拒绝毒品手册》等宣传材料共2000份。26日，召开预防接种证查验及疫苗补种工作培训会，各医疗机构免疫预防门诊、学校、托幼机构等共计120人参加培训。7月3日，举办成人慢性病及其危险因素监测培训会，卫生局、疾控中心相关领导及各社区卫生服务中心主管领导、社区医生共51人参加培训。12日，召开《相约健康》电视片培训会，区医院、中医院等7家单位主管健康教育的人员及参与《相约健康》栏目制作的专家参加培训。31日，举办医务人员病毒性肝炎诊断报告培训班，各医疗机构医务处负责诊断报告科室负责人和相关工作人员参加培训。8月8日，举办疫情直报和死因统计师资培训班，全区各直报单位负责死因、疫情网络直报专兼职人员共计61人参加培训。9日，举办医务人员性病艾滋病防治知识培训班，全区19家医疗机构医务部负责人及医务人员共计74人参加培训。22日，召开卫生应急示范区创建启动暨培训会，解读《区卫生局卫生应急示范区创建实施方案》，并对《中华人民共和国突发事件应对法》进行培训，疾控中心全体人员参加培训。9月6日、18日，分两期举办免疫规划监测技术全员培训班，各医疗机构疫情监测人员、防保科工作人员共181人次参加了培训。13日，邀请市级职业健康传播专家就“健康科普人际传播的实践艺术”开展健康大课堂师资培训，全区各医疗单位健康科普知识讲座专家库成员和健康教育主管领导及专兼职人员共60人参加培训。16日，举办自然疫源性疾病防治知识培训班，二级及以上医疗机构疾控科科长及工作人员、地段保健科科长及负责传染病防治工作人员、发热门诊医生共计82人参加培训。23日，举办全民健康生活方式行动暨示范创建培训班，全区各社区卫生服务中心慢病主管领导，慢病专、兼职工作人员，所有参与“全民健康生活方式行动”，五类“示范区创建”（示范社区、食堂、餐厅、超市、单位）相关工作人员及疾控中心卫生专业技术人员共70人参加培训。10月16日，举办糖尿病同伴支持小组组长培训，门城社区卫生服务中心德露苑站、斋堂医院和雁翅社区卫生服务中心负责项目工作的社区医生以及社区糖尿病同伴支持小组组长参加培训。18日，举办冬春季呼吸道传染病防控知识培训班，各医疗机构疾控科、保健科科长及负责传染病防治的工作人员、15家医疗机构负责流感样病例监测工作人员参加培训。30日，举办职业病报告工作培训班，请市疾控中心专家对全区职业病报告工作人员进行业务培训，21家医疗机构职业病报告工作负责人参加培训。11月8日，举办2013年死因漏报调查工作培训会，全区19家医疗机构主管领导和专职人员参加培训。同日，召开慢病总结工作会暨全民健康生活方式行动效果评估培训会，全区11家社区卫生服务中心主管领导及相关技术骨干参加会议。15日，举办生物安全知识培训班，疾控中心全体人员参加培训。12月13日，举办狂犬病免疫预防门诊业务培训会，3家狂犬病免疫预防门诊外科处置、疫苗接种、数据报送及相关医务人员参加培训。

（张翠红）

【家庭健康测量工具调查】 3月11日至15日，在城子街道办事处开展居民家庭健康测量工具配备及使用情况调查，从200户家庭中调查200人，以了解居民家庭健康用具、医疗器械的配备和使用情况，为推广及正确使用健康测量工具提供线索。

（张翠红）

【学校卫生视导】 3月14日至20日，对全区28所中小学校开展学校卫生视导工作。针对视导过程中发现的问题和不足，向学校进行了反馈。

（张翠红）

【学龄前流动儿童强化查漏补种】 3月至5月，开展学龄前流动儿童强化查漏补种活动，共调查0岁至入学前外来儿童3716人，对无卡、无证儿童予以补卡、补证，对漏种儿童予以补种或预约。

（张翠红）

【外来务工人员疫苗接种】 3月至5月，开展集中用工单位外来务工人员麻疹、流脑疫苗接种工作，共接种A+C流脑疫苗2055人、麻疹疫苗2550人，覆盖辖区建筑工地、餐饮及生产企业等共计159家单位，未接报疑似预防接种不良反应。

（张翠红）

【区领导调研】 4月7日，区领导就人感染H7N9禽流感防控工作情况进行调研，听取了人感染H7N9禽流感防控工作情况汇报，对各项防控工作给予肯定，并提出具体要求。

（张翠红）

【开展督导检查】 4月8日、11日，对4家医疗机构肠道门诊进行开诊后第一次督导检查，现场对工作人员进行考核，对存在的问题提出了建议。17日至18日，对3家狂犬病免疫预防门诊进行督导检查，现场进行业务指导，并提出工作要求。7月10日至11日，对辖区涉及性病报告和HIV初筛实验室的5家二级以上医疗机构进行性病、艾滋病漏报中期督导检查，针对存在问题提出了改进建议。8月13日至14日，对4家医疗机构肠道门诊进行了第二次督导检查，现场对工作人员进行考核，并针对检查中发现的问题提出整改建议。9月10日至16日，对16家医疗机构上半年卫生防病工作进行检查，对发现的问题予以现场反馈。10月10日至11日，对辖区4家二级以上医疗机构性病、艾滋病漏报情况进行二次督导检查。30日，对京煤集团总医院、区医院、中医院3家综合医院结核病防治工作进行督导检查，并对被检单位结防工作人员进行结核病知识摸底抽查。11月20日至22日，对各社区卫生服务中心进行年末结核病督导检查。

（张翠红）

【学生营养监测】 4月11日至19日，在全区小学、初中、高中、职高各选定1所学校作为营养监测学校，对440名学生进行问卷调查，内容包括中小学生饮食行为状况、饮水和零食摄取状况、营养知识和行为报告状况 3 部分，为制定营养教育、干预策略，改善中小学生营养状况提供基础数据。

（张翠红）

【艾滋病监测】 4 月 11 日至 26 日，对 401 名煤矿工人进行艾滋病知识行为问卷调查，采集血清进行 HIV 抗体、梅毒和丙肝检测，并开展了性病艾滋病防治知识宣传，发放宣传材料 1000 余份，安全套 4000 只。6 月 26 日至 7 月 4 日，对足疗保健、洗浴中心和 KTV 等 24 家娱乐场所 144 名女性工作人员进行了艾滋病问卷调查，采集血清进行 HIV、梅毒、丙肝项目检测，并开展了性病艾滋病防治知识宣传，调查中发放安全套 6000 只，纪念品 178 份。

（张翠红）

【开展桌面推演】 4 月 17 日，组织应急小分队成员针对 H7N9 禽流感疫情可能出现的场景进行模拟演练。演练内容主要包括疫情出现时应急物资准备、人员分工、隔离服穿脱、流行病学调查、密接判定、样品采集等。

（张翠红）

【人感染 H7N9 禽流感调查监测】 4 月 18 日至 19 日，在育园中学、永定中心小学、三家店社区及龙泉雾村等开展人感染 H7N9 禽流感调查监测工作，完成学生及学生家长、60 岁以上老人调查问卷 1232 份，其中有效问卷 1222 份，为开展人感染 H7N9 禽流感健康教育工作提供依据。

（张翠红）

【预防接种技能竞赛】 4 月 19 日，开展预防接种知识技能大赛。竞赛采取笔试形式，全区 15 家免疫预防接种门诊共 35 名预防接种人员参加了竞赛。最终评选出一等奖 1 人，二等奖 2 人，三等奖 3 人。

（张翠红）

【青少年健康危险行为监测】 4 月至 5 月，对 1 所职高 9 个班 190 人开展青少年健康危险行为监测工作，调查学生的饮食相关行为、吸烟、饮酒和吸毒、电子游戏、网络成瘾等内容，以了解不同青少年群体中各类健康危险行为的流行现状、动态特征，以及伴随城市化进程的发展趋势，为制定学生伤害预防政策、规划和干预策略、措施提供科学依据。

（张翠红）

【禽流感病毒携带状况监测】 5 月 6 日至 7 日，组织专业人员采集 7 家公园内不同地点的新鲜野禽粪便标本 70 份进行 H7N9 禽流感病毒检测。

（张翠红）

【游泳场所卫生监测】 5 月至 10 月，对全区 4 家游泳场所进行卫生监测，监测项目包括游泳馆空气卫生指标（相对湿度、风速、二氧化碳、空气细菌数）、人工游泳池水质卫生指标（水温、pH 值、浑浊度、尿素、游离性余氯、细菌总数、大肠菌群）、浸脚池水（游离性余氯），共监测各项指标 758 件，合格 644 件，合格率 85%。

（张翠红）

【疾控系统健康大课堂】 6 月 13 日，在木城涧煤矿举办“高血压防治知识”健康大课堂讲座，请北京安贞医院专家授课并解答咨询，直接受众人数 210 人。24 日，在育园中学举办预防控制肥胖相关知识健康大课堂讲座，请区健康科普专家进行“关注青少年肥胖”专题讲座，103 名超重学生参加。28 日，与区妇联联合举办“科学营养　走向健康”健康大课堂讲座，请北京协和医院专家进行专题讲座，205 名居民参加。8 月 22 日，在区医院举办“病毒性肝炎的预防”健康大课堂讲座，请北京地坛医院专家授课，共有 208 人参加。9 月 23 日，在大峪中学举办“青春期健康教育”健康大课堂讲座，请北京安定医院专家进行“青少年常见心理问题与对策”专题讲座，学生及教师 260 人参加。

（张翠红）

【健康指导员获评“全市十佳”】 7 月 30 日，在前期培训、认证考核及综合考察的基础上，从 246 名区级健康生活方式指导员中选拔 2 人参加市级健康生活方式指导员选拔赛。经过笔试、面试、个人才艺展示等，2 人以优异的成绩当选为“北京市十佳健康生活方式指导员”。

（张翠红）

【流脑健康人群带菌监测】 9 月至 10 月，对在京连续居住 6 个月的 1 岁以上健康人群 9 个年龄组 252 人，采集咽拭子标本进行脑膜炎奈瑟氏菌分离培养和抗生素敏感性监测，以了解健康人群流脑菌群分布特征。

（张翠红）

【流感疫苗接种】 10 月 15 日至 11 月 30 日，在 60 岁以上老人和在校学生中开展流感疫苗免费接种工作，累计接种流感疫苗 24654 人次，未接到疑似预防接种异常反应病例报告。

（张翠红）

【健康大课堂师资评选】　10月29日，举办健康大课堂师资评选活动，16名选手进行演讲，推荐3名优秀讲师参加市级优秀教师评选活动。

（张翠红）

【医务人员健康素养监测】　10月至11月，随机抽取京煤集团总医院、门城社区卫生服务中心、石龙医院、卫生监督所等8家医疗单位395名工作人员，进行医务人员健康素养监测工作。

（张翠红）

【青少年烟草流行监测项目】　10月至11月，按照全球统一标准的方法，抽取坡头中学、新桥路中学、大峪中学3所学校3个年级组9个班级作为调查对象开展青少年烟草流行监测项目，完成了267名学生及3份学校政策问卷调查，以获取青少年吸烟率及烟草流行相关数据。

（张翠红）

【职业健康体检】　11月2日至3日，组织全区放射卫生从业人员进行职业健康定期体检，17家单位172人参加了体检，体检率100%。组织24名接触铅作业职工进行职业健康体检。

（张翠红）

【中学生“预防艾滋”演讲比赛】　11月29日，联合教委、红十字会等单位开展中学生“预防艾滋”主题演讲比赛，24名选手参赛，期间为学生播放预防艾滋病宣传片，并发放宣传材料。

（张翠红）

【参加能力验证】　年内，参加各项能力验证活动，微生物及理化检验专业参加国家认监委、市质量技术监督局及市疾控中心等部门组织的能力验证活动涉及37个项目114件样品。

（张翠红）

【食品安全风险监测】　年内，制定《2013年门头沟区食品安全风险监测方案》，完成了12类260件食品化学性污染物及有害因素监测和食品微生物及其致病因子监测。

（张翠红）

【生活饮用卫生监测】　年内，继续加大生活饮用水监测工作力度，其中市政供水末梢水监测采样120件，高层二次供水监测采样64件，农村自备井水样80件，学校自备水源10件，农村饮水安全工程水质卫生监测水样108件，通过水质监测分析饮用水卫生安全状况，及时发现和处置饮用水安全隐患，确保生活饮用水卫生安全。

（张翠红）

【学校教学环境检测】　年内，对18所学校教学环境进行了检测，出具评价报告，并根据检测结果对学校提出具体的指导意见。

（张翠红）

【创建无烟医疗卫生机构】　年内，在卫生局、区医院、中医院、妇幼保健院及疾控中心5家单位开展“2012年中央补助地方健康素养促进行动”之创建无烟医疗卫生机构项目工作。5家项目单位按照《创建无烟医疗卫生机构项目门头沟区实施方案》及《无烟医疗卫生机构督导评估表》要求，从网络建设、物质环境、个人技能等方面开展了创建工作。7月19日，市级督导组进行了中期督导检查，5家项目单位基本达到无烟医疗卫生机构评估标准。

（张翠红）

·门头沟区医院

【概况】　门头沟区医院在北京市医改办的直接指导下，在区委区政府、区卫生局的支持下，贯彻落实上级部门关于进一步深化改革的总体部署，以医院特长建设为核心，以专项工作为突破点，全员协作共同推进医、护、教、研工作，在临床学科建设、质量标准化发展、安全保障服务、科研教学多元化、后勤节能降耗及基本建设等方面均取得较好成绩。

一、以“安全生产”为基调，全面部署基本建设工作。“安全”保障作为区医院每月工作重中之重，在安全工作方面推进主管领导责任制，深入一线、落实细节，加强重点科室、重点部门的纠纷、消防、用电、防汛、药品、器械等督导检查工作。在纠纷防控方面，通过开展“人文服务零投诉”等专项活动，提高主动防范意识，避免基础性医疗纠纷的发生；在消防安全生产方面，通过自制宣传短片、加强模拟演练、落实培训等方式强化了员工、患者及家属的消防安全宣教，杜绝消防隐患；此外，在药品、器械、财务、信息中心、总务等科室，重点加强了质量内控及库房管理工作，在保障安全的基础上，通过“厘余医院”理念，推进打印一张处方、空调粘贴提醒节能标识、后勤节能降耗等，获得首批国家节能示范单位的称号。

二、以“特长建设年”为基点，建设员工、科室及医院各级特长。年内，共收集802份个人特长申报及31份科室特色申请。获得国家专利两项，包括皮肤科医生发明的“一种皮肤科刮刀”和血透室医生发明创造的“一种固定装置”。

三、以“专项工作”为基础，提升医、护、教、研水平。在医政管理方面，多项措施并举，加强制度建设、流程规范，提高制度执行力度。2013年区医院代表门头沟区通过爱婴医院复评工作；医保总额预付在上年试点的基础上，完全实施总额预付费用模式；开展9个专业15个病种的临床路径；强化医院感染质量控制指标，获得市卫生局抗菌药物督导组专家的肯定，院内抗菌药物使用指标已经达到三级医院的水平；稳步开展疾控工作，其中H7N9防控工作未出现一例漏诊、漏报，免挂号费355人次，胶体金检查减免335人次；进一步落实推进优质护理服务，全院优质护理示范病房10个，覆盖率为83%；全院临床护士管理进行轮岗制，推进“时钟系统”护士岗位轮转，完成两批共19名全院护士的轮转工作；营造多元化的学术氛围，其中骨科、神经内科、内分泌举办学术会议，进行多学科眩晕症专题报告会，引进博士、硕士研究生共18人，年内有北京市内三级医院学科带头人落户区医院共2名（包括ICU及神经外科），实现了“人才倒流”，为下一步学科建设打下了坚实的基础。

四、以“党团建设”为保障，做好廉政及行业建设。推进反腐倡廉主题教育活动，从正面弘扬先进，多种渠道杜绝不正之风，进一步推进廉政文化建设，开展“和谐医患，同拒红包、同抵回扣、同葆健康”等活动；加强政风行风建设，每月通过月度汇总公示，并按照标准落实奖惩，对容易引发行业不正之风的科室、岗位和个人进行查找风险点、制定防控措施。

五、以“医院文化”为引领，加强公益，提升内涵。有序推进文体活动，按照年初制定文体方案，实现每个月都有主题活动，凝心聚力共同引领医院文化发展，塑造特有的文化氛围。加强公益性职能，签订以质量、安全、效率、服务为主要指标的科室责任书，加强次均费用、药品使用、检查治疗的合理性要求；完成“博爱在京城”、“送温暖、献爱心”以及“情系雅安，大爱无疆”的募捐44329.8元；26名职工义务献血5200ml。年内在监事会考核报告、第三方机构评估报告、市医改办对院内评估中显示：“区医院整体运行平稳，诊疗环境明显改善；医院接诊量、医疗收入和财政资金的使用效率大幅提高；资产管理效率和职工薪酬待遇明显改善；内部管理水平稳步提升”。

单位名称：北京市门头沟区医院
地　　址：北京市门头沟区河滩桥东街10号
电　　话：69843251（总机）
69842251（办公室）
邮　　编：102300

（张丽娟）

【开通职工班车】 1月4日，医院班车开通运行，运行区间为苹果园地铁至区医院，早晨由苹果园地铁站7：30准时发车至医院，下午由医院大门5：40发车至苹果园。

（张丽娟）

【学术活动】 1月5日，开展临床合理用药学术活动，邀请卫生部合理用药专家委员会委员就细菌耐药性与抗菌药物合理应用进行解读；凤凰集团药事总监讲解中药注射剂的合理应用。5月24日，联合京煤集团总医院、中医院举办“门头沟区首届凤凰骨科学术会”，邀请了积水潭医院教授进行专题报告。6月5日，组织开展“2013年门头沟区凤凰神经内科学术会”，大会主题急性缺血性脑血管超急性期静脉溶栓、动脉溶栓、抗血小板聚集治疗。会议特邀北京安贞医院神经内科主任、世纪坛医院神经内科教授、北京军区总医院八一脑科医院主任、京煤总医院脑病介入治疗中心主任，分别讲授了最新有关脑卒中治疗方面的经验及国内外的研究进展。

（张丽娟）

【市、区领导检查调研工作】 1月14日，完成卫生局多部门对院内年度绩效考核工作。30日，接待卫生系统离退休干部对院内的调研及座谈工作。1月，完成年度内经济发展研究所第二次第三方调研，调研患者数、员工数及绩效考核指标均有调整。2月6日，门头沟区领导及消防安全主管部门领导到区医院进行节前安全检查。28日，延庆县副县长一行到院内调研医改工作。3月1日，区领导调研卫生系统安保维稳工作。4日至5日，北京大学调研组到区医院，对医改工作进行问卷调研与访谈。6日，北京市20余家主流媒体到区医院调研。11日，北京电视台到区医院，着重对医院科室业务发展、医院亮点、体现医院文化特色等内容进行了采集。19日，区领导调研门头沟区公立医院改革情况。29日，北京市编办调研组到区医院调研法人治理结构试点工作。4月17日，中国医药卫生事业发展基金会理事长、北京市卫生局副局长、首都社会经济发展研究所所长等一行14人到区医院调研。18日，在区医院召开讨论综合配套医改试点方案会。会上就《门头沟区以医药分开为重点综合配套改革试点方案(三稿)》展开讨论。19日，市医改办调研门头沟区综合改革进展情况工作会在区医院召开。市、区相关负责人参加。5月23日，区工商局、卫生监督所、药监局、城管联合检查区医院医药卫生广告检查，经检查，院内部临床科室、门诊科室及行政后勤科室均无虚假违法医药小广告。6月6日，区领导韩子荣等到区医院实调研手麻科推进情况。26日，区卫生局控烟工作督导小组到院内检查指导控烟工作。7月5日，国家计生委、区计生委、区卫生局到区医院对免费孕前优生项目调研督导，同时对实验室进行质控检查。19日，市疾控中心健教所到区医院对2013年度创建无烟医院项目工作进行中期督导检查。22日，全国政协副主席一行27人到区医院实地调研公立医院改革工作。31日，河北省衡水市景县及卫生系统人员实地参观区医院并进行了座谈。8月19日，区人保局领导、社保中心医保审核部到院内进行检查。9月4日，国家卫计委调研组到区医院调研指导。同日，德国第一大医疗集团阿斯克雷皮友思集团一行人员到区医院参观交流。12日，平谷区卫生局考察组到院考察调研公立医院改革及医院集团运行情况。13日，医改办、医政科、组宣科、办公室等组成的绩效考核组支院内进行2012年医改绩效考核检查。10月16日，北京市领导到区医院调研公立医院改革工作。11月18日，市健教所、区健教所、石景山区卫生局、中医院领导到区医院指导工作。

(张丽娟)

【继续教育工作】 1月15日，获准北京市继续教育委员会公布2013年市级批准项目三项8学分。年内共举办市区两级继续教育32场次；外出参加班22人次；进修9人次；接收社区进修9人次；去三级医院进修9名；全科医师取得北京市住院医师规范化合格证4名。

(张丽娟)

【援疆工作】 1月25日，超声科副主任医师完成新疆和田洛浦县人民医院为期一年的援助工作返京。3月5日，举行援疆干部欢送会，为到新疆开展医疗援建工作的消化内科医师送行。

(张丽娟)

【召开职工代表大会】 2月5日，召开“第八届工会会员代表大会第三次会议、第五届职工代表大会第三次会议暨区医院2012年度工作总结及表彰会”。大会听取并审议通过了2012年度工作报告、2012年度工会工作报告、2012年度工会财务工作报告、2012年度工会经费审查工作报告。执行院长就职工代表提出的医院发展建设、方向、规划等提案进行了答复，并对30个先进集体和64名先进个人进行表彰。10月9日，举行2013年第五届第四次职工代表大会，57名职工代表参加了会议。会上，工会主席宣读了区医院关于中级职称聘任的标准。经举手表决，该标准自2013年9月起正式施行。

(张丽娟)

【参加十八报告知识竞赛】 2月，院党委组织党员、职工参与十八报告知识竞赛和十八大党章知识竞赛，共计210人参加。同时100余党员、干部参与网上竞赛答题。

(张丽娟)

【启动发热门诊】 4月8日，重新修订H7N9禽流感防控工作预案，对发热门诊的布局及流程进行规范设计改造，4月9日正式启动临时的发热门诊，工作人员全部到岗开始工作。

(张丽娟)

【举办心肺复苏操作技能表演赛】 4月21日，举办“心肺复苏操作技能表演赛”活动。此次比赛共分为实际操作和抽签答题两个部分。全院包括临床、护理、行政、后勤的38名选手参加。普外科医师夺得个人冠军。

(张丽娟)

【开展义诊活动】 5月23日，组织相关专家，到斋堂镇开展“区医院集团专家、博士进社区”义诊活动。此次活动组织了心内科、骨科、外科、耳鼻喉科、中医内科等共计8名专家，其中4名医学博士，为社区群众看病咨询、把脉问诊。活动覆盖斋堂镇辖区29个行政村，咨询220余人次，免费测血压、血糖70余人次。

(张丽娟)

【母亲河徒步狂欢节】 5月26日，举办首届“母亲河徒步狂欢节”活动，活动以“快乐、健康、阳光、创新”为主题，分为“狂欢创意”展示赛、欢乐徒步行、创意徒步展示赛三个环节。共8个工会小组，约200余人参加。

(张丽娟)

【成立眩晕专病联合门诊】 6月17日，成立眩晕专病联合门诊。眩晕专病联合门诊由神经内科、耳鼻喉科、心内科、骨科4个专业的医师团队组成。有从事眩晕诊疗医师17名，其中博士后2名，博士4名。

（张丽娟）

【入党宣誓大会暨宣讲报告会】 6月20日，举行党委七一新党员入党宣誓大会暨“中国梦我的梦”宣讲报告会。会上，8名预备党员宣誓。区卫生局党委书记对新加入党组织的党员表示祝贺。

（张丽娟）

【启动专项整治活动】 7月8日，举行2013年抗菌药物临床应用专项整治活动动员会，部署区医院2013年抗菌药物临床应用专项整治工作，下发《北京市门头沟区医院2013年抗菌药物临床应用专项整治活动实施方案》门医办字［2013］32号文件；并对2013年上半年抗菌药物使用情况进行点评，下发《门头沟去医院2013年1－6月抗菌药物数据》及《门诊、急诊患者抗菌药物使用比例（2013年1－6月）》文件；最后，由执行院长与科室主任签署《门头沟区医院抗菌药物临床应用专项整治活动责任书》并做总结发言。

（张丽娟）

【人事招聘工作】 7月15日，通过公招招聘14名应届毕业生，定向生1名，从社会招聘8名人员，其中5名为单位院内合同人员，其余3名为外单位。

（张丽娟）

【参观交流工作】 8月2日，在院领导班子的带领下，医院职能科室先后到延庆县医院、顺义区医院进行参观交流。对其工作模式、文档资料等方面的学习。

（张丽娟）

【征兵体检工作】 8月6日，2013年度征兵体检工作在区医院正式开始。区领导韩子荣，区领导先后到区医院慰问体检医师，并与接受体检的青年们进行交谈。此次体检对全区306名上站人员进行了检查，合格率37.1%，其中，物理检查合格率54.7%，辅检合格率56.8%，化验合格率48.9%。

（张丽娟）

【京卡·互助服务卡免费挂号】 8月8日，举行京卡·互助服务卡免费挂号就医启动仪式。京卡·互助服务卡免费挂号就医活动，是区总工会经过调研和准备，与京煤集团工会联合开发的项目，针对门头沟区总工会和京煤集团工会已经办理京卡并参加北京医保的职工会员，是北京市首家实施持卡就医免费挂号的医疗单位。截止年底约1万人次的会员享受了此项优惠。

（张丽娟）

【神经外科独立】 8月，神经外科独立建科，暂位于新楼八层，原胸泌、神经外科更名为胸泌外科。

（张丽娟）

【消防安全工作夜查】 9月25日，区消防处、区卫生局到区医院进行消防安全工作夜查。检查组查看了医院内各项消防安全制度、消防安全设施设备、消防安全培训、夜间消防预案等材料，对区医院的各项消防安全档案、医院安全档案、夜间消防疏散预案、医院疏散图、消防常识等进行审核，并对夜间医院大厅安全情况、电梯安全情况、消防主机安全情况、喷淋末端试水安全情况等进行了具体测试检查。检查组肯定了区医院消防安全工作，指出区医院消防安全各项工作具体到位，同时对存在的不足进行了指导。

（张丽娟）

【节约型单位通过初评】 11月11日，区医院通过北京市第一批节约型公共机构示范单位评价验收初评。

（张丽娟）

【与海总签约成为共建合作单位】 11月19日，与中国人民解放军海军总医院正式签约成为军民共建合作单位。医院优先将复杂疑难病例转到海军总医院，转诊病人可以在海军总医院享受就诊、检查、取药、住院“四优先”。海军总医院将不定期安排专家到区医院出诊、会诊，并提供手术指导。区医院每年将选派3－5名医生和护士到海军总医院相关科室进修学习或者短期培训。同时，双方将在诊疗设备和人才技术方面进行全面合作，在密切合作的基础上逐步建立远程医疗会诊中心。

（张丽娟）

【开展书画摄影比赛】 11月18日，完成区医院员工摄影展、员工及家属书画展获奖奖品发放工作。此次活动共收集摄影作品190幅、书画作品50幅。

（张丽娟）

【通过爱婴医院复审】 11月20日，市卫生局妇幼保健处组织专家一行7人对区医院爱婴医院工作进行复审。检查组对爱婴医院工作的组织管理、培训、病历质控、抢救设备、药品储备、健康教育宣传、专业知识、技能操作等方面进行检查和指导，区医院通过爱婴医院复审工作。

（张丽娟）

【举办第三届学术节】 12月21日，举办第三届学术节。此届学术节共收集论文280余篇，医疗167篇，护理86篇，行政25篇。学术节现场，20位优秀论文作者通过图文并茂的PPT演示了论文课题的立意、研究方法及结论，并与现场评审专家进行了探讨。

（张丽娟）

【健康教育工作】 年内，举办“爱耳日”的宣传咨询活动。联合区CDC的健康教育所、性艾科、结合科、疾控科联合在新桥路开展结核病宣传工作；联合区CDC、城子社区在新桥大街开展“世界卒中日”宣传义诊活动。神经内科在琉璃渠村进行“脑卒中的相关知识”健康大课堂的讲座。联合区健康教育所、门城社区服务中心在葡山公园开展“联合国糖尿病日”的宣传工作。在新大楼开展艾滋病宣传日的宣传咨询工作。

（张丽娟）

【完成特长建设年项目】 年内，以“特长建设年”为全院工作主线，将全院所有科室共800余人分为医疗组、医技组、护理组、行政后勤组，参与特长建设活动。

（张丽娟）

【人文服务零投诉】 年内，开展“人文服务零投诉”活动，在全院制发《北京市门头沟区医院人文服务零投诉管理办法》，明确不良人文服务范畴，通过门诊患者满意度调查、住院患者满意度调查、电话投诉、患者服务中心及医患纠纷办投诉、总值班投诉、卫生局反馈信访件等来源汇总全院人文投诉，每月汇总并公示，明确责任，落实奖惩，对不良行为进行批评教育，及时总结好的人文服务措施与做法并进行全院推广。

（张丽娟）

【获奖情况】 年内，荣获2012年北京市无偿献血先进集体；北京市2012年度传染病疫情报告先进集体；北京市2012年度死因登记报告先进医疗机构；2012年度北京市口腔公共卫生服务项目综合先进单位；2012年度门头沟区绿化美化先进集体；获得2012年总额预付试点工作单项奖，奖励40万元。

（张丽娟）

【开展首例全脑血管造影术】 年内，开展首例全脑血管造影术标志着区医院脑血管疾病的临床诊断达到了国内先进水平。

（张丽娟）

【党员公开承诺】 年内，完成党员公开承诺工作。在职党员总数205人，承诺428条，为民办实事248条，支部承诺23条，办实事21条。

（张丽娟）

·龙泉医院

【概况】 年内，围绕卫生局党委“三个优化”的总体要求，以提高服务效率为目标，各项工作稳步推进。门诊总诊疗14227人次，接收入院449人次；出院443人次。履行了医疗服务和社会管理的双重职能。在实行重性精神病人网落化管理的基础上，进一步完善信息采集，坚持重性精神疾病信息报告制度，认真核实信息，每月由临床科室、医务部、住院处、精保所分别检查核对《重性精神病人信息报告卡》上报情况，并列入质控重要内容。对社区病人实行分级管理、分类干预，全区现有贫困精神病人599人，享受免费服药511人。免费投药3730人次，免费投药金额253527.84元。新建《精防工作专刊》，每季度一期，将精防重点工作、各社区的工作亮点、考核结果等定期向局领导和基层精防医生反馈。加强重性精神病患者社区管理，发挥社区精防医生作用，提高重性精神病患者的规范管理率，预防和减少重性精神病患者肇事肇祸事件的发生。重点加强对社区精防人员专业知识及法律法规培训，利用例会对社区精防医生进行集中培训9次，学习《重性精神疾病管理治疗工作规范（2012年版）》《北京市重性精神疾病信息报告管理办法（第二版）》、《中华人民共和国精神卫生法》、如何访视社区精神疾病患者、精神卫生信息平台录入、如何开展突发事件心理危机干预与心理救援工作。请市精保所人员讲解社区随访的注意事项及技巧，个人健康档案的建立及个案管理等。推行患者社区康复技术，联合门城社区服务中心启动《精神分裂症社区康复技术》推广项目。对患者和家属进行为期两个月的《自我管理技能程式》训练，进一步提高患者自我管理能力，强化康复效果，有效降低精神分裂症患者的复发率和再住院率。与残联沟通，举办北京市第四届精神康复者职业技能大赛门头沟赛区比赛。通过电视台、区工会健康大课堂、“蓝天行动”打工子弟学校结对子等平台和载体，开展心理健康教育与咨询服务活动，普及精神卫生知识，提高群众的心理健康水平。到乡村、机关、学校、社区为老年、青少年、妇女和机关工作人员等不同人群开展心理健康讲座8场。贯彻《精神卫生法》，通过外出学习、请专家授课、晨会一刻、科主任例会等多种形式，加强职工对《精神卫生法》的理解和掌握，提高医务人员的法律意识、规范精神卫生服务行为，保护患者权益。完善精神障碍诊断与治疗工作规范及再次诊断管理办法等制度，细化自愿和非自愿知情同意、紧急住院观察等4项服务流程，修改完善了自愿住院治疗等18项知情同意书和告知书，为《精神卫生法》实施后工作有序开展奠定基础，医院各项工作平稳过渡。实行精细化管理，推进临床路径管理工作，完善制度、细化流程，提高质量，确保医疗安全。精神科全面铺开优质化护理病房创建工作。坚持主管主班护士竞争上岗制度，通过增加职务补贴、给予科室活动经费，晋职评优等措施，发挥护士作用，促进优质化护理工作。成立具有专科特色的康复科，设有爱心超市、康复室、认知功能矫正室等。开展日常生活技能训练、物理治疗、工娱治疗等各种康复治疗，缓解病人精神症状，纠正病态行为，改善认知功能，防止精神衰退，提高生活质量，促进精神疾病康复。引进经颅磁治疗仪、音乐治疗椅、骨质疏松治疗仪、心理测查系统四套设备。老年科增加了手工和音乐治疗，开展卧床病人压疮干预工作，提高护理质量和康复效果。精神科门诊实行床位通知预约制度；男病区安装了磁卡电话，方便患者就诊。医技科新开展小器官及肝肾动脉等多项检查，生化检测项目由22项扩大到了36项。推出化验结果电话查询、为空腹检查的患者准备糖果和小点心，检验报告单下收下送等多项便民服务。选派1名主治医生到安定医院参加精神科骨干培训。选派不同层次的专业技术人员，到北京回龙观医院、安定医院、北京六院等三级医院学习。投入资金10余万元对院内及东辛房病区增加防雷避雷设施。对病区、办公室、康复区等多处更换屋顶，将原有屋顶更换为岩棉夹心彩钢屋面，共计面积1054.72平方米，达到消防安全标准。

年内，获得区卫生系统医疗服务先进单位、“我身边的雷锋标兵团队”称号、北京市绿化先进单位、北京市卫生统计工作先进单位、门头沟区卫生系统先进基层党组织等荣誉。

单位名称：北京市门头沟区龙泉医院
地　　址：北京市门头沟区门头沟路42号
电　　话：69842724
邮　　编：102300

（白春梅　张　娟）

【召开全区精防工作例会】 1月5日，组织召开全区精防工作例会。会议传达了重性精神疾病规范管理等上级会议精神，并将市卫生局对区内重性精神疾病管理治疗工作的督导检查结果向各社区通报反馈。同时，对社区精防工作提出了具体要求。

（张　娟）

【培训工作】 1月9日，组织开展“传染病、死因统计及网络直报”相关知识培训。30日，进行题为《2012年病案质控发现问题及病案管理和应用中的注意事项》《临床路径相关问题》的培训。2月25日，组织中层以上领导干部集中学习《中华人民共和国精神卫生法》。4月25日，北京大学第六人民医院领导，对全院职工进行《精神卫生法》培训。8月21日，进行“睡眠障碍”知识培训。

（张　娟）

【发放住院补助】 1月10日，区精保所集中为区内紧急住院的贫困重性精神疾病患者发放住院补助金。

（张　娟）

【召开专题民主生活会】 1月10日至11日，组织召开以“学习党的十八大精神，查不足、明方向、强党性”为主题的民主生活会。

（张　娟）

【上级部门工作检查】 1月14日，卫生局绩效考核组到院检查指导。2月26日，消防中队到院进行两会前的消防检查，检查了食堂的燃气、病区的电箱等重点科室。11月29日，由区卫生局领导带队各基层单位党政一把手和专职副书记组成的党风廉政建设专项检小组到医院检查工作。12月20日，卫生局绩效考核组到医院检查指导。在听取医院工作开展情况的汇报后，通过查阅资料、现场询问等方式，分组到相关科室对院的医疗管理、人才建设、公共卫生、安全生产、党团建设等情况进行实地检查。25日，区委巡视组到院内视察调研。听取医院基本情况汇报、了解了医院发展中面临的困难和问题。

（张　娟）

【开展党的十八大精神宣讲活动】 1月24日，请区纪委常委、纠风室主任开展党的十八大精神宣讲活动。

（张　娟）

【召开家属座谈会】 1月26日，在老年病区召开病人家属座谈会。向病人家属介绍了老年病区患者的住院治疗、日常护理、康复环境等整体情况。病人家属表达对医院工作的理解支持，同时也对医院在发展、建设中存在的不足提出了意见和建议。

（张　娟）

【组织休养员活动】 1月31日，召开2013年休养员新春联欢会。休养员们，表演了节目，向亲人展示康复效果。5月15日，召开休养员运动会。50余名休养员参加运动会，有入场式、广播操、两项集体项目，托球跑、钓鱼、套圈、足球射门、投篮、踢毽等个人项目。

（张　娟）

【送温暖献爱心活动】 2月1日，院领导到退休困难职工家中慰问。并为困难职工带去了慰问金和慰问品。3月8日，开展献爱心活动，全体团员青年捐款为贫困病人购买了毛巾、袜子、洗衣粉、肥皂等生活必须品。3月3至8日，院团支部组织开展了以“做身边雷锋，扬文明新风”为主题的义诊献爱心，扶老敬老播散真情，义务清洁美化环境等学雷锋活动。

（张　娟）

【召开工作会】 2月6日，召开卫生工作会，会上总结了2012年的整体工作。对“十佳岗位能手”和“优秀论文”给予表彰。同时提出了2013年工作计划和设想，与各科室主任签署了《党风廉政建设责任书》等五项责任书。28日，召开2013年医务工作会。回顾总结了2012年医疗护理工作的开展情况及所取得的成绩，并对2013年的医疗护理工作进行了部署安排，提出了具体要求。3月12日，召开2013年党建工作会及党风廉政建设工作会。会上，回顾总结了2012年的党建工作，部署了2013年党建、党风廉政及各项重点工作。并对在“读书笔记”、“微型党课”评比中成绩突出的人员给予表彰。经民主推荐确定了党员发展对象3名。

（张　娟）

【走访特殊病人】 2月6日，精神科专家及精防医生，到潭柘寺南辛房村走访不能入院治疗的患者，在患者家中对患者的病情进行了评估，并制定了治疗方案，为患者解决了实际困难。

（张　娟）

【区县互查工作】 2月28日，通州区卫生局及精保所人员对区内重性精神疾病管理治疗工作进行督导检查。按照《北京市社区卫生服务重性精神疾病管理治疗工作督导考核项目、内容、分值及评分标准》对全区重性精神疾病管理治疗工作情况进行检查。并对门城社区服务中心三家店社区站进行实地督导。

（张　娟）

【开展专题讲座】 3月5日、7日，精神科派出专业人员分别到大峪一小和妙峰山镇做了题为《焦虑症的识别及应对》和《职业女性心理健康》的专题讲座。

（张　娟）

【疫苗接种】 4月3日，为防控麻疹流行，针对高危易感人群，对45岁以下职工进行疫苗接种。

（张　娟）

【微型党课】 4月12日，院党支部对“微型党课”进行项目化管理后的第一党课开讲，题目为“如何提高党员的奉献意识”。

（张　娟）

【召开大讨论活动启动会】 4月12日，召开“落实三个优化，多办利民实事，全力建设国家生态文明示范区”解放思想大讨论活动启动会。

（张　娟）

【举办知识竞赛】 4月17日，举办“十八大及党章”知识竞赛，办公室、老年科、精神科等6支代表队18名选手参加。

（张　娟）

【成立“压疮干预小组”】 4月，老年科成立“压疮干预小组”，制定了适合临床操作的压疮管理制度、预防压疮流程、压疮上报流程。编制了方便填写记录的压疮护理记录表、翻身记录表、压疮危险因素评估表、压疮统计上报表等表格，实施针对性的预防压疮护理措施。

（张　娟）

【成立康复科】 5月，康复科正式成立，成为继心理咨询门诊后又一具有专科特色的科室。康复科由7名医务人员组成，设有爱心超市、康复室、认知功能矫正室等。服务于各种精神疾病患者尤其是慢性精神疾病患者。

（张　娟）

【举办演讲比赛】 5月10日，召开庆祝5.12护士节表彰大会暨“放飞中国梦想·绽放绚丽青春”演讲比赛。

（张　娟）

【医师定期考核】 5月16日，医师进行“常规物理检查”技能操作考核。采取实践操作和理论知识考试相结合的方式，重点考察医务人员临床基本技能操作的规范性、准确性和熟练性。

（张　娟）

【启动《康复技术》推广项目】　自5月17日起，联合门城社区服务中心启动《精神分裂症社区康复技术》推广项目。该项目以面对面交流的形式，对患者和家属进行为期两个月的《自我管理技能程式》训练。

（张　娟）

【召开竞争上岗考核会】　5月24日，召开专业技术职务（岗位）竞争上岗考核会。按照自愿申请、科室推荐的原则，结合现聘、拟聘岗位实际情况，经个人述职、民主评议、量化考核等环节，确定岗位晋升7人，职称晋升4人，考核结果在院内公示一周。

（张　娟）

【宣传精神卫生法】　6月14日，区精保所在妙峰山大集上摆设“宣传站”。采取发放宣传资料、现场解答群众咨询等多种方式宣传。6月23日探视日，向患者家属宣传《精神卫生法》，为病人家属进行《精神卫生法》及相关情况的专题讲座。10月10日，在新桥大街开展主题宣传活动。派出精神科专家3名，通过悬挂横幅、摆放展板、现场咨询、开展心理咨询义诊、发放宣传材料等多种形式宣传精神卫生知识。发放精神卫生书籍600余本，宣传折页2500余份，心理咨询20人次。

（张　娟）

【联合开展消防演练】　6月20日，与门城社区卫生服务中心联合开展消防安全应急疏散演练及消防器材使用培训。针对夜间突发火情，从报警到组织病人紧急疏散逃生等全方位进行实地演练。

（张　娟）

【医师节庆祝大会】　6月26日，举行医师节庆祝大会，为获得技能操作标兵的6名医师颁奖，大会上医师们重温了《中国医师宣言》，医师们就在工作中的最大困惑、自身职业规划、医院发展与个人发展进行研讨，交流意见。

（张　娟）

【给老党员送清凉】　6月28日，慰问建国前入党的老党员。送去了饮料、绿豆白糖等防暑食品，并进行了测量血压等体格检查，给予了饮食及用药指导。

（张　娟）

【开展心理讲座】　7月9日，对全体临床工作人员进行题为《职业心理与自我超越》《阳光心态的打造》的心理健康辅导及知识讲座。

（张　娟）

【更换病床】　7月24日，更换精神科病区的病床，共更换新床160张，新床头柜160个。

（张　娟）

【情系军营】　7月29日，到共建单位62351部队慰问官兵，并带去慰问品。

（张　娟）

【第三届师资授课比赛】　7月31日，开展“师资授课比赛”活动。授课内容充实涉及医疗、护理、药学和康复等多方面知识，经过比赛，医技科，精神科等人员分别获得一、二、三等奖和优秀奖。

（张　娟）

【更换防护栏和门禁系统】　7月，按照区消防支队安全检查的要求，对病区防护栏和病房大门进行改造。防护栏改造成可两侧推拉式并加锁，病房统一更换成门禁系统。

（张　娟）

【引进新设备】　8月，引进了经颅磁治疗仪、音乐治疗椅、骨质疏松治疗仪、心理测查系统四套设备。其中经颅磁治疗仪利用经颅磁刺激技术治疗抑郁症、精神分裂症、失眠、中风、脊髓损伤后及并发症、帕金森、癫痫、神经性疼痛等；音乐治疗椅使患者紧张的情绪在舒缓的音乐中得到缓解；骨质疏松治疗仪，用于治疗老年人以及因缺钙引起的骨质疏松症等相关疾病。心理测查系统用于对患者心理疾病的评估、诊断。

（张　娟）

【精神康复职业技能大赛】　9月25日，北京市第四届精神康复者职业技能大赛门头沟赛区比赛在龙泉医院举行。比赛项目分为个人和团体两类，个人比赛有模拟超市购物、插花和制作风筝4个项目，团体比赛为包粽子。

（张　娟）

【社区精防医生培训】　10月8日，市精保所专家到龙泉医院讲课，参加培训的有各社区卫生服务中心的主管领导及社区精防医生共29人，主要讲解了社区随访的注意事项及技巧，个人健康档案的建立及个案管理等，对社区医生工作中遇到的问题给予了解答。

（张　娟）

【电影放映进医院】　10月9日，

为100余名住院患者放映电影。

（张　娟）

【重阳节不忘老职工】　10月10日，组织退休职工体检，并以邮寄明信片的形式向退休职工送去节日的祝福。

（张　娟）

【更换屋顶】　10月28日，开始对病区、办公室、康复区等多处更换屋顶，将原有屋顶更换为岩棉夹心彩钢屋面，共计面积1054.72平方米，达到消防安全标准，确保医院安全。

（张　娟）

【召开第八届六次职工代表大会】　12月18日，召开职工代表大会，与会代表讨论并审议通过了龙泉医院完善绩效工资实施方案、龙泉医院合同制职工绩效工资调整实施方案、龙泉医院2014年月奖励性绩效工资分配方案及龙泉医院休假办法。

（张　娟）

体　育

【概况】　年内，在区委、区政府领导和市体育局关心指导下，以十八大精神为行动指南，提升群众体育水平，保障竞技体育水平，加强行政审批执法，努力打造精品赛事活动，大力宣传门头沟区城市建设成就和旅游文化资源，做到体育事业与经济、社会协调发展。健全全民健身网络，不断完善组织机构；对全区近1600名各类专业体育人才进行分科目系统培训，不断提高科学健身指导水平。在127个社区（村）举办262个群体活动；制定了《门头沟区青少年体育人才培养计划》《门头沟区青少年“三大球”发展计划》保障了全区竞技体育工作可持续发展。年内，“中坤杯”第四届北京国际山地徒步大会、联通杯中国乒乓球协会会员联赛总决赛、第三届环京职业公路自行车赛门头沟段比赛先后在区内举行，开展群众体育活动40余项。

单位名称：北京市门头沟区体育局

地　　址：北京市门头沟区新桥大街32号

电　　话：69851020

邮　　编：102300

（史伟崇）

【市局领导进行评估检查】　1月14日，由北京市体育局评估工作第一小组到区体育局，对区内群众体育工作进行评估检查。区体育局负责群众体育的工作人员向评估检查小组介绍门头沟区群众体育工作思路及工作亮点。随后评估检查小组了解区内体育组织、体育设施、全民健身活动以及体育服务和宣传等方面的内容，并查阅了相关文字、图片档案资料。在评估检查小组的初步反馈中，市体育局肯定了门头沟区群众体育工作，并对区体育下一步工作提出希望和要求。

（史伟崇）

【举办领导干部台球比赛】　1月17日，在吉利台球厅举办区领导干部台球比赛。全区各单位的23名副处级以上领导干部参加了比赛。

（史伟崇）

【举办广播操比赛】　3月22日，由门头沟区总工会、区直机关工委、农委、社会办、体育局联合主办的“2013年门头沟区全民健身项目表演赛暨广播操比赛”在门头沟体育馆开赛。29支代表队近500余人参加，区人保局、区教委、区财政局获得比赛一等奖。

（史伟崇）

【举办第七届乒乓球比赛】　4月20日，由区体育局主办，区社体中心和场馆中心承办的门头沟区第七届“和谐杯”乒乓球比赛在区体育馆开赛。全区12支代表队的100余名乒乓球爱好者参加。通过两轮循环赛，最终由大峪街道办事处向阳社区、建东社区，城子街道办事处向阳社区等6支参赛队获得团体前6名。

（史伟崇）

【举办“健康杯”老年门球赛】　4月23日、24日，由区老龄委、老干部局、体育局主办、区社体中心承办的门头沟区第二十五届春季“健康杯”老年门球赛在区老干部局门球场开赛。全区23只球队的200余名运动员参加。

经过2天76场比赛，京煤集团二队、国资委队、铁三局四处三队分获比赛前3名。

（史伟崇）

【举办财会人员纵走比赛】 4月26日，区财会人员纵走比赛在永定河公园举行。比赛由区财政局、区旅游委、区体育局联合举办。以“美丽京西、你我同行”为主题组织全区近300名财会工作人员分别参加了男子、女子的5公里和8公里4个组别的比赛。

（史伟崇）

【承办北京国际越野挑战赛】 5月7日，北京国际越野挑战赛开赛。全球多个国家的630余名越野跑爱好者到门头沟，参加此项亚太区顶尖赛事。最终，红牛户外队队员以8小时27分11秒的成绩获得赛事100公里组冠军。

（史伟崇）

【举办“篮协杯”篮球比赛】 5月17日，“贺龙杯”中国业余篮球公开赛暨门头沟区第十五届“篮协杯”篮球比赛开赛。此届“篮协杯”篮球比赛，全区各委、办、局和企事业单位、驻区单位的18支代表队参加比赛，最终由区人保局、龙泉镇、区财政局代表队分获比赛前三名。同时，评选出18名精神文明运动员；5名精神文明裁判员和4支精神文明运动队。

（史伟崇）

【举办第三届残疾人运动会】 5月25日，与区残联共同举办门头沟区第三届残疾人运动会。全区13个街镇、福利企业和培智学校的17支代表队253名残疾人选手参加。

（史伟崇）

【举办“羽协杯”羽毛球比赛】
6月1日，举办第五届门头沟区“羽协杯”羽毛球比赛。全区各机关单位、驻区企业、羽毛球俱乐部的40余支代表队、234名运动员报名参赛。经过2天173场的比赛最终由国税局一队、开元盛世一队等分获混合团体组机关组、混合团体组公开组、中年男子单打组、中年女子单打组、处级干部男单打组、处级干部女单打组、处级干部混合双打组冠军。

（史伟崇）

【举办京西公园乒乓球比赛】 6月3日，北京市第九届全民健身体育节、北京市体育公益活动社区行门头沟区启动仪式暨第三届京西“大众杯”公园乒乓球比赛在区永定河文化广场开幕。全区各街道、乡镇社区的近300名乒乓球爱好者参加比赛，经过4天共计386场比赛，最终3名参赛者分获男子49岁以下组、男子50－59岁组、男子60岁以上组、分获女子49岁以下组和女子50岁以上组5个组别的冠军。

（史伟崇）

【举办第二届轮滑邀请赛】 6月15日，北京市体育基金会、门头沟区体育局、门头沟区轮滑运动协会共同举办的北京市体育公益活动社区行、2013年门头沟区全民健身体育节暨第二届轮滑邀请赛，在区永定河文化广场举行。此次邀请赛共计百余名选手参赛。

（史伟崇）

【参加北京市民广场健身舞总决赛】 6月16日，区3支社区舞蹈队参加了在地坛体育馆举行的“北京市第九届全民健身广场舞总决赛”。此次比赛由北京市社会体育管理中心主办。门头沟区三支队伍均获得优胜奖。

（史伟崇）

【举办家庭趣味运动会】 6月22日，由北京市体育基金会、区体育局、社会办、农委联合主办的北京市体育公益活动社区行、2013年门头沟区全民健身体育节暨家庭趣味运动会在区体育馆举行。此届百姓健康家庭趣味运动会，共有6个组别18个项目的趣味比赛。全区13个镇街的60个家庭近200人参加。

（史伟崇）

【参加第九套广播体操总决赛】
6月23日，全区组队参加了由北京市第九届全民健身体育局组委会主办、北京市社会统一管理中心承办的在地坛体育馆举办的北京市第九套广播体操比赛。此次比赛区内4支代表队参加。经过比赛，区人力资源和社会保障局获二等奖。

（史伟崇）

【参加交流展示大会】 6月23日，区两支社区舞蹈队参加了在地坛体育馆举行的“首届北京市优秀健身团队交流展示大会”。此次比赛由北京市体育总会主办，北京市体育协会协办。门头沟区的2只代表队分别是大峪街道浦东社区晶华舞蹈队和城子街道的龙门新区1区舞蹈队。其中浦东社区晶华舞蹈队“阿拉伯之夜”荣获“最佳展示奖”，龙门1区舞蹈队获得了优秀组织奖。

（史伟崇）

【承办军地乒乓球联谊赛】 7月28日，举行北京市庆“八一”军地乒乓球联谊赛。此次比赛由北京市乒乓球运动协会主办、门头沟区体育局承办，有军地双方共20支代表队，80余名领导干部参加。

（史伟崇）

【举办第六届武术比赛】 8月24日，举办区第六届武术比赛。此次武术比赛由区体育局主办，区武术协会、区社体中心承办。比赛共分2个大项6个组别，共计240余名运动员参加比赛。

（史伟崇）

【举办风采展示活动】 9月5日，与区老龄办共同主办的老年秧歌舞、健身操风采展示活动在区体育馆举行。全区13个镇街的15支代表队近400人参加。最终，由城子街道、大台街道、大峪街道、龙泉镇、斋堂镇代表队分获前三名。

（史伟崇）

【举办第四届国际山地徒步大会】 9月14日、15日，“中坤杯”第四届北京国际山地徒步大会斋堂镇举行，此届徒步大会共有40余个国家和地区的约1.5万名“徒步达人”参加比赛。共设置5条徒步线路，分别为100公里极限挑战、30公里原生态、20公里千年古刹，20公里水库风情、10公里红色之旅。

（史伟崇）

【协办中国联通乒乓球挑战赛】 9月28日，乒乓在沃第四届中国联通乒乓球挑战赛北京赛区（门头沟赛区）比赛在区体育馆开幕。此届乒乓在沃挑战赛由北京联通门头沟分公司主办，门头沟区体育局协办。比赛采取淘汰制，共分5个年龄组分别选拔。最终由5名运动员分别获得各自组别的冠军。

（史伟崇）

【举办登山比赛】 9月30日，与区直机关工会联合主办的“迎国庆·踏金秋”登山比赛在葡萄嘴草帽山举行。共有22个单位近200名机关干部报名参加，最终安监局队员以29分37秒19的成绩获男子冠军，妇联队员以41分43秒20的成绩获女子冠军，机关后勤中心以42分53秒86的成绩获团体冠军。

（史伟崇）

【环北京职业公路自行车赛】 10月14日，第三届环北京职业公路自行车赛第四赛段在区内举行，行程共计30.2公里。

（史伟崇）

【举办街镇篮球邀请赛】 10月26日，门头沟区街镇篮球邀请赛在新桥路中学体育馆闭幕。此届篮球邀请赛由区体育局主办，区篮球运动分会承办的以街镇机关为单位的比赛。6支参赛队经过5天比赛，最终由大台街道代表队获得冠军。

（史伟崇）

【围棋比赛】 10月27日，由区政府主办，区体育局承办的北京市第三十四届“京弈杯”围棋邀请赛，在门头沟区举行。全市8个代表队50名选手参加。经过比赛，市直机关代表队获得团体冠军，延庆县代表队获得团体亚军。10月27日，“金立智能手机杯”中国围棋甲级联赛（门头沟专在龙泉宾馆开赛。中信北京和西安曲江两支代表队的围棋职业选手参加。这是门头沟区首次成为全国围甲联赛的比赛站点。11月16日，由区体育局、区教委联合主办的第二届门头沟区业余围棋锦标赛在门头沟区少年宫开赛。全区百余名围棋爱好者分别参加了成年组和少年组的比赛。

（史伟崇）

【举办首届小学生基本技能比赛】 11月23日，首届小学生足球、篮球基本技能比赛开赛，此次赛事共有9所小学、13支代表、130名运动员参加，通过比赛大峪二小、育园小学、实验二小永定分校等代表队分别获得6个团体奖和40个个人奖。

（史伟崇）

【举办第七届“足协杯”足球比赛】 12月9日，第七届门头沟区“足协杯”（室内五人制）足球比赛在体育馆举行。此届“足协杯”有全区16个单位报名参赛，各代表队经过9天57场比赛，最终区民政局、斋堂镇、体育局、直机关工委分获比赛前四名。

（史伟崇）

【举办冬季长跑比赛】 12月21日，区体育局、教委在永定河文化广场联合举办2013年区冬季长跑比赛。全区各企事业单位和各中小学的近300名运动员参加。最终黑山小学、大峪分校、大峪中学、北京宏事伟业经贸有限公司分获各组别冠军。

（史伟崇）

【竞技体育】 年内，柔道、摔跤、举重、射击、田径、散打、跆拳道、篮球和足球报名参加了市青少年锦标赛和市体校级比赛。其中锦标赛参加运动员195人，共获得金牌15枚，银牌12枚，铜牌24枚。部分项目的学生参加了市体校的二级招生考试，年内已有2名学生被录取。在2013年全国运动会上区内输送的队员李洋，参加男子多项飞碟比赛，获得第三名；曹海燕参加女子 48 公斤自由式摔跤。区内柔道项目代表市 21 世纪学校参加全国中学校比赛，获得金牌 2 枚，铜牌 3 枚。举重项目参加全国青少年举重比赛获得金牌 1 枚，银牌 2 枚。2013 年向市级输送体育后备人才 3 人。

（史伟崇）

【制定青少年体育人才培养计划】 年内，与区教委达成共识，共同制定《门头沟区青少年体育人才培养计划》。《计划》明确了指导思想、工作目标、组织机构、工作职责。将市体育局布局在区内的 8 个项目，合理的分布到门城 9 所学校中，同时门头沟区成立 13 个团队，分 3 个管理团队，8 个项目训练团队和 2 个保障团队，负责区内青少年专业人才培养工作。年内，9 所学校共招生 181 名具有运动潜质的青少年，其中田径 25 人、举重 23 人、摔跤 12 人、柔道 25 人、跆拳道 24 人、射击 10 人、篮球 26 人、皮划赛艇 36 人。

（史伟崇）

【制定青少年发展计划】 年内，在全区学校普及足球、篮球、排球（以下简称“三大球”）。成立了门头沟区青少年“三大球”工作领导小组，从全系统抽调 2 名专业人员规划、研究、实施门头沟区青少年“三大球”工作；与区教委共同研究和制定 2013 年至 2018 年门头沟区青少年“三大球”发展计划；帮助有能力的学校建立“三大球”校队，其中投资 14 万元，向 4 所网点校赠送了篮球、足球、充气球门等相关体育器材，以鼓励门头沟区青少年“三大球”运动在学校的开展；在中小学校队的基础上选拔门头沟“三大球”区级队伍。

（史伟崇）

【为民办实事】 年内，对全区 79 个老旧小区、11 个新建小区健身设施进行重新摸底布局。经过统计 90 个小区需要配建器材。为此，与市体育局沟通，争取资金 800 万元，其中，投资 430 万元，为新建和改建小区配建体育设施。投资 60 万元，完善 6 个旧体育生活化社区；投资 310 万元，筹建 30 新体育生活化社区；投资 10 万元，创建 2 个体育特色村。另外，投资 30 万元，为 8 个镇街的 15 个村、社区更新 15 套全民健身工程，完成为民办实事任务。

（史伟崇）

【全民健身】 年内，对全区 13 个镇街和部分委办局的体育专干进行摸排，完善新的体育专干网络组织；到基层村和社区，巩固 103 个社区和 177 个行政村的全民健身组织；对区内 163 个晨晚练点、1 个体育健身俱乐部、11 个体育生活化社区进行了重新梳理、完善、服务、指导和监督。

（史伟崇）

【培训工作】 年内，对全区近 1600 名各类专业体育人才进行分科目系统培训，储备科学健身指导人才，提高其科学健身指导水平。年内，全区共有社会体育指导员 1200 余名，其中国家级社会体育指导员 10 人，一级社会体育指导员 120 人。对优秀的 169 名社会体育指导员进行科学健身再培训。其中组织 4 名国家级体育指导员和 62 名一级社会体育指导员参加了市体育局的业务培训；组织培训、考试、晋升一级社体指导员 23 人；聘请健身专家，对全区 80 名社会体育指导员进行培训。同时，为规范管理，区体育局向市体育局申请了 300 名社会体育指导员服装。

（史伟崇）

【改造体育场馆】 年内，向市体育局和市财政局争取资金 1500 余万元，改造门头沟区体育馆。利用 2 个月的时间，更新健身中心体育健身器材和安防中控设备，改造体育馆健身区、热水供应系统、通风设施及浴室，修缮了体育馆防水，所有工程均通过验收并投入使用。

（史伟崇）

【行政执法、审批】 年内，对体育经营单位检查 12 次，组织联合执法检查 3 次，召开安全会议 3 次，参加市水上救生协会组织的救生员应急演练技能比赛。为 3 名运动员分别申请运动员技术等级称号；为门头沟区青少年搏击俱乐部、北京市大峪中学青少年体育俱乐部、北京筑福体育俱乐部 3 家民办非企业办理法人变更，并已上报区监察局网上行政审批系统和国家体育总局信息库。

（史伟崇）

社会　生活

民　政　工　作

【概况】　年内，在区委区政府的领导下，区民政局坚持以科学发展观为统领，围绕区委、区政府中心任务，突出保障和改善民生、创新社会管理这条主线，以重点领域和关键环节上的突破带动民政工作的整体发展，完成了区委区政府交办的各项任务。

完善社会救助体系，创新制度设计，建立流浪少数民族困难群众救助制度，完善民政专项救助政策，让经济社会发展的成果惠及到更多群众。投资160万元实施社会救助信息平台二期工程，建立跨部门、多层次、信息共享的申请救助家庭经济状况核对机制。完善集中救助、跨区域救助、社会参与等救助管理机制，为生活无着流浪乞讨人员、流浪未成年人、无家可归家暴受害人以及各类临时困境人员提供全方位人性化救助服务。制定低收入人群收入倍增计划，完成低保标准动态调整工作。开展“送温暖献爱心”、“共产党员献爱心”、“雅安地震”等专项捐助活动，全年募集慈善资金261万余元，救助困难群体1772人次。制定《门头沟区洪涝灾害灾民救助应急预案》等规范性文件，投资325万元，在全市率先开展2个应急避难场所和4个灾害预警及应急广播系统试点建设，完成了民政部、市民政局“面临灾害风险的残疾人士”主题灾害预警及应急救助综合演练任务。投资98万元，实施防灾减灾示范社区建设二期工程，创建72个区级以上防灾减灾示范社区。

创新社会服务管理，完成第九届村委会选举工作，基本实现了市委、市政府提出的“两保持、两降低”的选举目标。完善村级重大事项民主决策程序等制度，深化村务公开民主管理，拓宽村民参与村级事务管理的渠道和途径。推进“六型社区”创建工作，完成全市统一组织的第三方调查评估验收工作。开展社区居民服务与需求情况调研，96156服务项目达到7大类38个，开发便民菜站进社区等特色社区服务项目，为13个社区安装便民菜站14个。完成313场社区大讲堂活动，实施“志愿北京之社区家园行动计划”，开展老年人精神关怀、心理慰藉和扶贫助残等4大类30个志愿服务项目。开展政府部门职能转移等专项调查活动，编印政府职能转移目录和社会组织服务目录。投资398万元，实施政府购买社会组织服务工作。制定《关于加强社会组织党建工作的实施方案》，实现社会组织党的组织和党的工作全覆盖。

推进军地融合发展，制定义务兵优待新政策，鼓励退役士兵自主择业，建立退役士兵安置部门联动机制，制定安置刚性政策，完成115名退役士兵安置任务。探索优抚对象医药费“一站式”结算方式，缓解优抚对象看病难问题。落实51项双拥折子工程，组织召开军政座谈会，开展八一走访慰问、法律知识进军营、文艺演出进军营等特色双拥活动，完成全国双拥模范城中期验收工作。区光荣院被命名为全国民政系统窗口单位为民服务创先争优活动“优秀服务品牌”荣誉称号。

完善基础设施，投资8794万元，完成区老年福利中心改扩建工程。实施妙峰山社会福利中心改扩建工程，新建9个村居级综合养老服务中心，完善新建居住区养老服务设施，新增床位880张。规范为老服务管理，制定《门头沟养老管理服务中心运行管理办法（试行）》《门头沟区养老（助残）服务单位准入及退出办法（试行）》等文件。举办3期老年人护理知识、心理知识专题培训班。继续开展养老机构星级评定工作。积极申报养老服务产业示范区，起草《门头沟区建设养老服务产业示范区实施意见》和配套政策措施、市民政局“一区一品”合作框架协议，争取市福彩公益金1900万元。

创新服务方式，完成曹各庄天主教堂、清真寺迁建选址、设计方案等前期工作；制定《门头沟区寺庙宫观排查整治方案》，开展专项整治活动；开展以“学宗教法规政策、树正信正行教风”为主题的和谐寺观教堂创建活动，6处宗教场所全部通过了“和谐寺观教堂”达标验收。挖掘保护少数民族传统文化，京西太平鼓获2013年全国鼓舞邀请赛鼓王金鼓奖，《悠悠太平情》节目荣获北京第八届民族健身操舞表演赛金奖。成立全额事业单位殡葬管理所，加大殡葬执法力度，开展公墓专项整治活动；完成清明节群众祭扫接待任务，服务祭扫群众41.6万人次，实现了“平安清明”目标。建立小红娘婚恋服务网站，完成婚姻登记档案信息录入工作，实现婚姻登记信息全市联网；发挥婚姻家庭协会作用，引进律师、医生、社工参与离婚调解，促进家庭和睦、社会和谐。

单位名称：北京市门头沟区民政局
地　　址：北京市门头沟区龙泉镇西辛房后街44号
电　　话：69849143
邮　　编：102300

（祝迎涛　杜占禄）

【完成城乡低保调标】　自1月1日起，门头沟区城镇居民最低生活保障标准由月人均520元调整到月人均580元；农村低保标准由月人均400元调整到月人均500元。截至1月20日，已完成全区6304户、12325名城乡低保家庭救助金核定工作，共上调低保金710841.29元。

（祝迎涛　杜占禄）

【首家慈善超市开张运营】　1月4日，区首家慈善超市开张试营业，该超市在“爱心家园”慈善捐助体系的基础上，采取“政府支持、慈善捐助、市场经营”的模式运营，主要经营米面油等生活用品，销售额的2%将作为慈善公益基金，用于帮扶区内困难群众。

（祝迎涛　杜占禄）

【婚姻登记高峰日工作】　1月4日，完成高峰日的婚姻登记接待工作，当天共办理婚姻登记274对，接待人员近600余人。5月20日，当天共接待200余人次，为76对新人办理婚姻登记，登记合格率、群众满意率均达到100%。

（祝迎涛　杜占禄）

【学习贯彻区委十一届四次全会精神】　1月7日，召开全局干部职工大会，传达区委十一届四次全会精神，重点学习区委书记韩子荣《深入贯彻落实十八大精神加快建设现代化生态新区》的报告，并结合实际对做好2013年民政工作提出具体要求。

（祝迎涛　杜占禄）

【社区服务】　年初，社区服务中心先后为石门营、龙泉镇中门花园、永定镇小园新区等6个社区安装小帮手自助缴费机。小帮手自助缴费机具备安装简单、交易安全等特点，居民不出社区就可享受到公共事业缴费、通讯费、歌华宽带、信用卡还款等自助缴费方面的服务，方便了社区居民的生活。

（祝迎涛　杜占禄）

【慈善救助】　1月16日，市慈善协会、区慈善协会等领导，到区内2名受助人员家中慰问，为他们分别送去3万元大病救助金。区慈善协会争取市慈善协会专项救助资金35万元，春节前启动大病救助项目，按照最高金额不超过3万元的标准，救助全区18个因病致困低保户、特困家庭。23日，开展“丽兹行”慈善助学活动，捐助方北京丽兹行房地产投资顾问有限公司负责人向区18名品学兼优的特困小学生每人发放1000元助学金及书包、笔记本等学习用品，并走访慰问部分受助学生家庭。2月28日，举办“关爱点燃希望——国信嘉业”慈善助困金发放仪式，为17名受助对象发放救助金14万元。该项目主要通过北京国信嘉业房地产开发有限公司及社会各界的捐赠善款，救助区内因病致困群众。4月8日，“光明映夕阳”－“世纪兴业”慈善复明项目在区医院启动。此次共为清水镇13名60岁以上享受城乡低保、低收入的贫困家庭中患有白内障的老人，实施免费复明手术。“光明映夕阳”慈善复明项目，是区内知名企业北京世纪兴业印刷有限公司，出资5万元专项用于区内享受城乡低保、低收入的贫困家庭中，60岁以上患有白内障的贫困老人，实施免费复明手术项目。

（祝迎涛　杜占禄）

【市侨办领导调研】　1月17日，市侨办副巡视员带队到区调研，就区内在重大项目建设、举办国际品牌活动、开展国际交往活动中对海外资源需求情况进行座谈。

（祝迎涛 杜占禄）

【慰问见义勇为人员】 1月中旬，首都见义勇为基金会副理事长带队到我区，慰问区2个见义勇为好市民，并分别送去了慰问金、慰问品和新春的祝福。还就见义勇为权益保护工作进行调研，听取了相关工作汇报，了解当前见义勇为权益保护工作存在的困难和问题，对门头沟区在加大宣传力度、解决有关人员实际困难、维护合法权益等方面的工作给予肯定。

（祝迎涛 杜占禄）

【市联合慰问团慰问】 1月24日，市民政局和市残联组成的市政府联合慰问团，分两组走访慰问区内20名优抚社救对象，为他们送去了节日的祝福以及慰问金和慰问品。并分别慰问了区儿童福利院、区光荣院和永定镇社会福利中心。

（祝迎涛 杜占禄）

【区领导走访慰问】 1月28日、29日，韩子荣等区四大部门领导带队，分11组对全区65户10类重点人群进行走访慰问，了解群众的生活情况，并为每户送去1000元慰问金。在区领导重点慰问的基础上，各部门、镇街代表区委、区政府对全区36类19023户（人）特殊人员进行走访慰问，发放慰问金总额1123.05万元。2月7日，区领导到天山陵园、殡仪馆慰问殡葬一线职工。同日，区领导到潭柘寺、戒台寺慰问工作人员，分别送去慰问金和慰问品。2月8日，区领导韩子荣等到儿童福利院、光荣院慰问孤残儿童和休养老人，向孤残儿童和休养老人致以新春的祝福，并送去了慰问金和慰问品。7月30日至8月1日，韩子荣等区四大部门领导分别带队慰问了11支驻区部队，向部队官兵致以节日的问候，并送去慰问金。区领导向驻区部队介绍了全区经济社会发展情况，同时希望军地双方携手全力打造和谐稳定的军地关系，推进全区经济社会各项事业全面发展。

（祝迎涛 杜占禄）

【召开民政工作会】 1月31日，召开民政工作会，区政法委、人保局、财政局等20个部门主管领导，各街道、镇主管民政、社区工作的领导、民政科长、社保所长、社区办主任，以及民政局机关科以上干部和直属单位正副职120余人参加会议。会上，传达了北京市第十二次民政工作会议精神，局长作了民政工作报告，总结2012年民政工作并部署2013年民政工作。街道、镇和民政局机关科室、直属单位的代表作表态发言。

（祝迎涛 杜占禄）

【社救对象越冬工作】 1月以来，门头沟区多措并举保证困难群众温暖过冬。一是走访慰问困难群众36类19023户（人），发放资金1123万元，二是下拨中央、市两级冬春生活困难救助资金共280万元，重点用于解决冬春期间受灾困难群众的基本生活问题，下拨专项资金570余万元，用于教育、城市特困人员医疗等专项救助，并投入资金21.66万元，为570名困难群众购置棉大衣。三是投入资金120余万元，为6700余户使用燃煤自采暖的低保、低收入家庭配置一氧化碳报警器，并由区慈善协会对全区18个因病致困的低保、特困家庭给予总计35万元的救助，保证困难群众温暖过冬。

（祝迎涛 杜占禄）

【获奖情况】 1月，区民政局被民政部授予“全国社会组织创先争优活动优秀指导单位”。

（祝迎涛 杜占禄）

【区领导调研】 2月21日，区领导调研民族宗教侨务和老龄工作，听取了2013年民族宗教侨务和老龄工作思路汇报，并就做好新形势下的民族宗教侨务和老龄工作提出具体要求。5月28日，区领导到局内调研。听取局长关于解放思想大活动以及2013年民政工作进展情况的汇报。区领导肯定了民政局工作取得的成绩，并就如何进一步做好解放思想大讨论活动以及民政工作提出要求。

（祝迎涛 杜占禄）

【民政文化建设】 2月25日，区青橙文艺社举行成立仪式暨汇报演出，20余名文艺爱好者参加表演。

（祝迎涛 杜占禄）

【城镇复退军人安置工作】 2月26日，召开复退军人安置形势教育暨供需见面会，100余名复退军人及家属参加。会上，区民政局就当前就业形势和安置政策进行讲解，区人力社保局介绍了退役士兵技能培训的相关内容和优惠政策。区城管大队、市公交总公司、北京市当代商城等招聘单位分别介绍了用工需求、岗位设置、员工福利待遇等方面内容。以培训促就业，组织21名复退军人参加计算机培训班。落实11个全额事业、10个社区工作者、30个社会化用工指标，定向招聘退役士兵；争取市公交总公司等市属国企安置指标；将退役士兵自主择业补助标准从3.9万元提高到4.3万元基础上，一期、二期、三期士官的补助标准分别提高到5万元、5.4万元、6.5万元，全年发放城镇退役士兵自主择业补助金432.7939万元，完成115名退役士兵安置任务。

（祝迎涛　杜占禄）

【社区志愿活动】　3月4日，区社区志愿者协会开展“保护环境　美化家园”社区志愿服务活动，全区26260名社区志愿者到社区捡拾白色垃圾、清理卫生死角，以实际行动落实“志愿北京之社区家园行动计划”。6月，门头沟区社区志愿者协会开展“长征路上的爱心图书馆”活动，社区居民捐赠图书，为长征路上的云贵贫困山区建设图书馆。此次活动共募集图书3000余册，社区服务中心将募捐的图书整理后，统一送到市社区服务中心，由市社区服务中心统一送往云贵贫困山区，用于爱心图书馆建设。

（祝迎涛　杜占禄）

【双拥共建】　3月5日，门头沟驻区部队开展学雷锋活动，以实际行动践行雷锋精神。活动当天，门头沟驻区部队近百名官兵来到采空棚户区改造石泉安置房地块清理环境卫生、捡拾白色垃圾。91918部队组成13人的学雷锋小分队在物美大卖场门口，分为医疗、理发、电脑、维修、宣传五个组为过往群众开展便民服务，接受服务的群众100余人次、发放健康知识宣传品百余份。部队官兵还到区光荣院，清理水道、打扫卫生死角，并与休养老人们座谈交流。12月11日，中国人民解放军301第一附属医院（原304医院）来到光荣院慰问革命功臣，并送来慰问金。

（祝迎涛　杜占禄）

【市民委领导调研】　3月7日，市民委委员就寺庙管理问题到区调研。听取了区民政局《关于处理佛教寺庙、道教宫观管理有关问题的意见》落实情况和区旅游委关于潭、戒两寺景区管理、经营情况的汇报。3月22日，市民委副主任到区调研民族工作，听取汇报并考察了妙峰山镇民族学校和陇驾庄少数民族村农贸市场。

（祝迎涛　杜占禄）

【六型社区创建工作】　3月7日，召开“六型社区”创建工作协调会，区民政局、社会办、市政市容委、综治办、卫生局、文委等单位对《门头沟区2013年市级“六型社区”示范单位创建活动方案》进行研讨，并就各自职责范围及23个申报社区创建工作提出了意见和建议。27日，召开2013年“六型社区”创建工作部署会，市民政局社区处处长董明慧、区社工委、民政局主要领导出席会议，区“六型”社区创建工作领导小组成员单位、各街镇主管领导参加了会议。区“六型社区”创建工作领导小组办公室对区内2013年创建工作进行了部署。6月21日，2013年“六型社区”创建首都西部片会在门头沟区召开。会上，听取门头沟区、西城区、石景山区、房山区民政局2013年上半年六型社区创建工作汇报。市民政局领导对网格化管理工作、“三社联动”试点工作、志愿者试点工作、农村社区建设工作方面的创新提出了要求。12月25日，“召开六型社区”创建工作总结会。市政市容委、社会办、民政局等6个创建牵头单位，大峪、城子等6个创建街镇负责同志参加会议。“六型社区创建”是区政府2013年社会建设重点项目任务，政府投入资金168万元。经市民政局组织的第三方评估机构检查验收，22个社区通过验收。加上2012年的19家，到2013年年底门头沟区市级“六型社区”已达41家。

（祝迎涛　杜占禄）

【党风廉政建设工作会】　3月13日，召开党建暨党风廉政建设工作会，传达区2013年党建、党风廉政建设工作会议精神，总结2012年工作并部署2013年工作，并逐级签订了党风廉政建设责任书。

（祝迎涛　杜占禄）

【社会救助信息平台建设】　3月14日，区民政局牵头召开社会救助信息平台建设工作座谈会暨社会救助信息平台建设领导小组第一次会，区委组织部、经信委、卫生局等17个委办局参会。会上，宣读了区编办《关于成立北京市门头沟区社会救助信息平台领导小组的批复》；听取紫光软件公司关于救助信息平台一期工程各单位使用情况的汇报；各成员单位就系统使用情况、存在问题和需增加的功能等进行交流和讨论，并对二期信息平台建设提出建议。

（祝迎涛　杜占禄）

【清明祭扫服务接待工作】　3月22日，召开2013年清明祭扫服务工作协调会，部署全区清明节群众祭扫接待服务和安全保卫工作。3月25日至4月6日，民政、公安、交通、城管、消防、工商、卫生等部门在高峰期间每天安排300余人到殡仪馆、天山陵园、万佛陵园3个重点单位维持秩序。殡仪馆、天山陵园、万佛陵园共接待祭扫群众41.6万人、车辆6.5万辆。清明期间，三家殡葬事业单位设立专门接待服务窗口，开展优质服务月活动，宣传文明祭扫、低碳祭扫。清明期间共免费发放文明祭祀宣传材料1.2万份，鲜花1.3万余支，黄丝带1.2万余条，寄思卡近万张，交换烧纸等各类祭扫用品万余份，保证了群众祭扫平稳有序进行，未发生任何安全事故。4月4日，区领导到天山陵园检查清明接待工作，听取清明祭扫接待情况的汇报，并提出具体要求。

（祝迎涛　杜占禄）

【培训工作】　3月，会同财政、社工委举办政府购买社会组织服务项目培训班，近百名政府购买社会组织服务项目负责人及财务人员参加。评审专家组就财务管理、规范运作等方面进行讲解，区财政局有关人员对购买项目资金使用、申报等方面进行专业指导。8月14日，区委组织部联合区委社工委、区民政局举办门头沟区社会组织党建工作专题培训班。各镇街副书记、组织委员、民政科长，各社会组织业务主管单位领导，7家枢纽型社会组织领导，各行业协会、商会及行业主管单位党建工作人员，注册登记的社会组织负责人，140人参加培训。请市委社会工委党建处领导，就当前社会矛盾新态的出现、社会组织党建工作的重要意义、北京市加强社会组织党建的实践探索、社会组织党建工作的经验做法等方面进行了培训。10月28日，召开社会组织评估工作部署会，对2013年度社会组织等级评估工作进行部署，并请市级评估专家就社团和民办非企业单位项目评估、工作流程和方法步骤等方面进行了培训。我区20家社会组织参加会议。11月27日，区救助站组织召开全区流浪乞讨救助工作联席会暨信息员培训会，区民政局主管领导、各街道、镇主管领导、民政科长和村（居）委会信息员230余人参加会议。总结2013年流浪乞讨救助管理工作，并请市救助中心主任等领导对全区救助信息员进行培训，截至12月底，区救助站联合公安、城管、卫生等部门在主要大街和景点周边开展集中巡视300车次，救助流浪乞讨人员166名，为1名流浪未成年人和2名家庭暴力受害人提供了临时庇护和基本生活救助。

（祝迎涛　杜占禄）

【换届选举工作】　4月1日，区内14名第九届村“两委”换届选举信息员参加全市选举信息系统培训会，该系统依托96156北京市社区服务平台，由各镇进入系统报送选举信息数据，实现选举过程中市、区、镇、村信息数据高效互动。4月15日，召开村“两委”换届选举工作领导小组会议暨第九届村民委员会换届工作动员部署会，区领导韩子荣等出席会议；区村“两委”换届选举工作领导小组成员单位主要领导，区领导小组办公室各组组长、副组长，各镇党委书记、镇长、副书记、主管镇长，80余人参加了会议。会上，对全区第九届村委会换届选举工作进行了部署。16日，村“两委”换届选举工作领导小组办公室召开全区第九届村民委员会选举工作培训会，区领导小组成员单位主要领导，选举办公室工作组成员，各镇选举工作主要负责人，以及各村党组织书记参加了培训。5月28日，区内178个村完成正式投票选举工作。全区178个村共登记参加选举村民78737人，参加选举73702人，参选率达93.61%，较上届提高0.9个百分点。选举产生新一届村委会成员583人，其中村主任178人、副主任19人，委员386人；党员425人，占72.9%；女性213人，占36.5%；一人兼89人，交叉任职242人，主任非党员35人，白点村2个，基本实现了市委、市政府提出的“两保持、两降低”的选举目标。6月27日，举办新一届村“两委”干部培训班，各镇主要领导，村党组织书记、主任等400余人参加培训。邀请市农村经济研究中心、市旅游委、区相关部门领导及旅游管理专家进行专题授课。部分镇党委书记、村党组织书记和村委会主任进行经验交流。区领导韩子荣出席开班动员会并讲话。

（祝迎涛　杜占禄）

【社区大课堂】　4月10日，2013年社区大课堂活动正式启动，课程内容涉及社区服务、金融理财、心理、法律、科学用药、消防、计划生育等方面知识。截至12月底，共完成313场社区大讲堂活动，受益群众2万余人。

（祝迎涛　杜占禄）

【爱民月和开放日活动】　4月11日，区民政政策宣讲团到斋堂镇宣讲城乡低保和医疗救助政策。12日，区民政局领导带队在永定楼的主开放点参加了宣传活动，发放城乡低保、婚姻登记、村委会组织法等各类宣传材料3000余份，接受现场咨询百余人次。民政局系统机关科室和直属单位对外开放，向群众介绍民政业务，解答政策咨询。当天共接待各界人士100余人。

（祝迎涛　安治刚）

【募捐活动】　4月12日，门头沟区2013年“送温暖、献爱心”社会捐助活动正式启动，截至5月21日，区捐赠中心、区慈善协会累计接受全区154个单位的45904名爱心人士捐赠善款579469元。捐赠资金全部用于对口支援灾区及区内困难群众救助。6月26日，门头沟区开展“共产党员献爱心”捐献活动。截至7月19日，门头沟区慈善协会累计接受全区161个单位22529名党员、2091名群众捐赠善款1027620.9元。

（祝迎涛　杜占禄）

【民政部领导调研】　4月18日，民政部党组成员、纪检组长到区调研社会救助工作，民政部领导在龙泉务社区服务站实地查看了社会救助工作全流程、爱心小屋、社会救助政策公示栏、老年活动站，并到农村低保户家中走访慰问。听取区民政局和镇村干部关于社会救助工作情况的汇报，对门头沟区社会救助工作给予肯定。

（祝迎涛　杜占禄）

【举办相亲交友联谊会】　4月19日，门头沟区婚姻家庭服务协会举办“春意燃情　牵手相伴”交友联谊会。近150位单身男女参加交友联谊会。除现场互动环节、游戏活动外，向现场单身男女发放婚恋交友网站通行证，为门头沟区婚恋交友网的启动做准备。8月23日，门头沟区婚姻家庭服务协会举办“谁令你心动”的交友联谊会，区内和驻区各部队的200余人参加，现场成功牵手5对。

（祝迎涛　杜占禄）

【抗震救灾募捐活动】　4月20日，四川省雅安市发生7.0级地震，区慈善协会、区红十字会启动专项捐赠活动，截至5月31日，区慈善协会共接收20个单位1779名爱心人士捐赠善款139943.5元，所募集的资金全部用于援建芦山县社会福利院、芦山县社会福利中心和雅安市儿童福利院3个项目。

（祝迎涛　杜占禄）

【召开双拥工作会】　4月25日，召开2013年双拥工作暨迎接全国双拥模范城考评工作部署会。区双拥工作领导小组成员单位、驻区各部队以及各镇街主管领导参加。会上，传达北京市双拥办《关于开展双拥模范城（县）自查自评工作的通知》精神，部署《2013年双拥工作要点和双拥工作折子工程》《关于迎接市双拥办双拥模范城考评工作实施方案》，并就各单位在迎接全国双拥模范城检查考核中所负责的任务作了分解和说明。区文明办、区文委、61096部队作为军地代表进行表态发言。

（祝迎涛　杜占禄）

【慈善助老】　5月初，开展了“携手助老送健康——慈善医疗卡”救助项目。截至5月22日，为全区1446名60岁以上低保老人发放助老慈善医疗款635670元。10月11日，重阳节，区老龄办与慈善协会联合开展“真情温暖夕阳”慈善助老活动，为全区532名90岁以上高龄老人发放价值9万元的捐赠物资。

（祝迎涛　杜占禄）

【防灾减灾宣传活动】　5月9日，与城子街道、东辛房街道联合举办以“识别灾害风险，掌握应急技能”为主题的“5.12”防灾减灾主题日宣传活动。现场开展咨询，并向群众发放防灾减灾书籍、宣传材料3000余份。

（祝迎涛　杜占禄）

【福彩送真情活动】　5月16日，区福彩发行中心与区福利办联合开展“福彩送真情”救助福利企业困难残疾职工活动，为区内福利企业的8名生活困难的残疾职工发放福彩公益金1.6万元。截至12月底，共开展福彩送真情活动9期，发放福彩公益金11.1万元，救助65户困难家庭。

（祝迎涛　杜占禄）

【送法进军营进社区】　5月17日和31日，婚姻登记中心工作人员分别到永定镇信园小区、军庄镇孟悟村的空军95881部队，开展“送法进社区、进军营”活动。50余名社区居民和100余名部队官兵参加活动。

（祝迎涛　杜占禄）

【举办福利企业招聘会】　5月19日，第二十三次全国助残日当天，区民政局福利办与区残联联合举办残疾人专场招聘会，11家福利企业带来了15个工种60余个岗位供广大残疾朋友选择，全区130多名残疾人参加招聘会。招聘现场16名残疾人与用人单位达成就业意向。

（祝迎涛　杜占禄）

【社区文化活动】　5月24日，春之声艺术团在永定楼文化广场为社区群众开展主题为“反对邪教，珍爱生活”的文艺演出。

（祝迎涛　杜占禄）

【孤残儿童服务管理】　5月31日，儿童福利院举办“我的生活同样精彩”庆六一联欢活动，全区35名孤残儿童与社会各界的爱心人士参加。与会领导向社会散居孤儿和在院孤儿赠送节日礼物，在院孤儿、部分社会散居孤儿向与会领导赠送了自制工艺品，并进行联合演出。6月27日，儿童福利院与阳光路儿童潜能发展中心，到雁翅镇淤白村和太子墓村，对区内2名散居孤儿进行入户潜能开发训练，并对孤儿亲属进行家庭自主训练的指导。

（祝迎涛 杜占禄）

【政府购买社会组织服务项目】 6月4日，举办2013年政府购买社会组织服务项目发布会。2013年门头沟区继续投入购买社会组织服务项目资金550万元，以购买枢纽型社会组织服务为重点，将购买服务同政府职能转移、枢纽型社会组织培育、社会组织评估定级、依法监管紧密结合，力争通过购买服务培育一批区属品牌社会组织和品牌服务项目。发布会前已接到154个社会组织提出的申请，首批通过评审组审核的政府购买项目涉及24家社会组织。

（祝迎涛 杜占禄）

【救灾专项检查】 从6月18日起，区民政局、财政局组成联合检查组，利用一周时间，到各镇街对2012年7.21救灾资金及物资发放使用情况进行专项检查。

（祝迎涛 杜占禄）

【召开八一军政座谈会】 7月30日，召开2013年“八一”军政座谈会，韩子荣等区领导，驻区部队军政主官以及区双拥工作领导小组成员单位的领导出席会议。就促进军地共建、做好新形势下的双拥工作等方面进行座谈。

（祝迎涛 杜占禄）

【市民政局领导调研】 8月14日，市民政局、市老龄办领导就“一区一品”工作到区内调研。参观了石龙护养院、龙泉雾养老服务管理中心，实地查看了正在建设中的区老年福利中心。并就“一区一品”工作进行座谈。听取了区民政局局长关于门头沟区“一区一品”工作整体情况的汇报。

（祝迎涛 杜占禄）

【养老机构管理工作】 8月15日，会同财政局、安监局组织召开养老机构管理工作会，就加强区内养老机构彩票公益金使用和安全管理工作进行部署。各镇主管科室负责人及各养老机构负责人参加会议。

（祝迎涛 杜占禄）

【区领导带队考察】 11月19日，区领导带队考察石景山区寿山福海养老服务中心运营情况，参观了硬件设施和内部环境，对机构养老运营模式、入住老人的服务与管理等方面进行了了解。

（祝迎涛 杜占禄）

【社会组织进军营慰问演出】 11月28日，区志愿者协会联合春之声艺术团、青橙文艺社到驻区66446部队，开展“促双拥、抓共建，志愿者慰问退伍老兵专场文艺演出”活动。

（祝迎涛 杜占禄）

【下属单位情况】

单位名称：北京市门头沟区接受救灾捐赠事务管理中心
地　　址：门头沟区圈外大街73号
电　　话：61895138
邮　　编：102300

单位名称：北京市门头沟区民政局低保事务管理中心
地　　址：门头沟区中门寺大街16号
电　　话：69849146
邮　　编：102300

单位名称：北京市门头沟区双拥事务服务中心
地　　址：门头沟区中门寺大街16号
电　　话：69842174
邮　　编：102300

单位名称：北京市门头沟区征地超转人员管理办公室
地　　址：门头沟区中门寺大街16号
电　　话：69822877
邮　　编：102300

单位名称：北京市门头沟区福利生产办公室
地　　址：门头沟区中门寺大街16号
电　　话：69843740
邮　　编：102300

单位名称：北京市门头沟区福利彩票发行中心
地　　址：门头沟区中门寺大街16号
电　　话：69844605
邮　　编：102300

单位名称：北京市门头沟区光荣院
地　　址：门头沟区永定镇冯村
电　　话：69804781
邮　　编：102300

单位名称：北京市门头沟区军队离退休干部修养所
地　　址：门头沟区圈外大街73号

电　　话：69843318
邮　　编：102300

单位名称：北京市门头沟区婚姻登记中心
地　　址：门头沟区黑山大街15号楼1层
电　　话：61893270
邮　　编：102300

单位名称：北京市门头沟区救助管理工作站
地　　址：门头沟区龙泉务兴隆街80号
电　　话：61891128
邮　　编：102300

单位名称：北京市门头沟区儿童福利院
地　　址：门头沟区圈外大街73号
电　　话：61893331
邮　　编：102300

单位名称：北京市门头沟区社区服务中心
地　　址：门头沟区圈外大街73号
电　　话：61895733
邮　　编：102300

单位名称：北京市门头沟区殡仪馆
地　　址：门头沟区新桥南大街69号
电　　话：69842901
邮　　编：102300

单位名称：北京市门头沟区天山陵园
地　　址：门头沟区军庄镇西杨坨
电　　话：60812714
邮　　编：102300

单位名称：北京市门头沟区装璜厂
地　　址：门头沟区增产路23号
电　　话：69842159
邮　　编：102300

民族宗教侨务

【概况】　2013年民族宗教侨务工作以十八大精神为指导，认真贯彻落实民族宗教侨务政策。全区民族宗教侨务工作在区委、区政府的领导下，在上级业务部门的指导下，围绕全区发展大局，以开展民族团结进步创建活动为载体，巩固平等团结、互助和谐的民族关系，以深化和谐寺观教堂创建活动为抓手，抓好宗教团体和宗教场所组织建设。认真做好归侨侨眷的服务保障，促进了全区民族和顺、宗教和谐、侨界和睦，为门头沟区的经济社会发展营造了良好的社会环境。

单位名称：北京市门头沟区人民政府民族宗教侨务办公室
地　　址：北京市门头沟中门寺大街16号民生大厦民政局507室
电　　话：69847974
邮　　编：102300

（刘　奎　王　洋）

【民族工作】　1月6日，民政局按照每户300元的标准要求，及时足额将春节临时补助款发放到全区6户具有清真饮食习惯的少数民族低保户手中。11月30日，区民族宗教侨务办公室组织工作人员上街开展“贯彻落实民族政策　共建和谐美丽门头沟区”为主题的民族团结进步宣传活动。宣传活动共接受群众询200人次，发放民族政策法规基本知识宣传单、民族团结进步宣传画等宣传材料1200余份。12月25日，北京市召开第七届首都民族团结进步表彰大会。区民宗侨办、妙峰山镇被评为先进集体。

（刘　奎　王　洋）

【领导调研】　1月17日，市政府侨务办公室领导带队到区调研，区领导参加座谈并介绍了门头沟区近年经济社会发展情况。2月21日，区领导到区民宗侨办调研。3月7日，北京市宗教局领导一行就寺庙管理方面的问题到区调研。22日，市民委副主任一行到区调研民族工作。4月10日，国家宗教事务局副局长蒋坚永带领国家宗教局、中央统战部、国旅游局、国家文物局、住建部联合督查调研组到区督查调研《意见》贯彻落实情况。5月22日，市政协副主席一行30人，到区内调研。并指出：市宗教落政问题。27日，市政协副主席带领市政协民族宗教委部分政协委员到区内，就宗教活动场所情况进行调研。7月9日，市人大常委会民族宗教侨务办公室主任一行，到区调研检查市人大黄信阳代表“关于恢复妙峰山道教场所的建议”办理情况。

（刘 奎 王 洋）

【宗教工作】 1月23日，市宗教事务局领导到区商谈曹各庄教堂规划选址和设计建设相关事宜。民政局局长汇报了教堂规划选址进展情况。2月21日，民宗办会同统战部、公安局国宝支队在社区中心召开全区宗教管理工作联席会议。会上，学习了国家十部委关于涉及宫观寺庙有关问题的意见，针对全区宗教事务管理工作进行研究，对下一步2013年工作思路进行探讨。7月8日，城子清真寺管委会召开教风年创建活动座谈会。会上，就国宗局7号文件和市民宗局、市伊协关于教风年创建活动精神展开。7月30日，市伊斯兰教协会秘书长等人到区检查城子清真寺开展“教风年”创建活动情况。城子清真寺管委会主任汇报教风年创建情况。

（刘 奎 王 洋）

【节日走访慰问】 1月30日，区民宗办领导分别到区内清真寺、天主教堂和基督教堂走访慰问。31日，区民宗办带队，逐户走访慰问了区内11户回、满族困难家庭。并每户赠送慰问金。31日，区民宗侨办工作人员代表区委区政府走访慰问了全区5位归侨，向他们致以节日的问候，赠送了慰问金及慰问品。2月8日，区领导带队，分别看望慰问了潭柘寺和戒台寺僧团，并代表区政府分别给两寺僧团各送去了5000元慰问金。

（刘 奎 王 洋）

【专项工作】 2月20日，区民宗办会同公安部门对轩和饭店非法设置功德箱行为现场进行了查处。经查，该店确有非法设置功德箱行为，违反了国家《宗教事务条例》第三十六之规定。依据有关法规，执法人员对该店负责人进行了批评教育，并责令其撤除功德箱，立即改正非法行为。

（刘 奎 王 洋）

【召开工作会】 3月20日，召开工作会议。民政局局长、民族宗教侨务办公室主任作了民宗侨工作报告。统战部、公安分局、旅游委等18个部门主管领导，各镇街主管领导30余人参加会议。区领导参加并提出具体要求。

（刘 奎 王 洋）

【宗教节日】 3月31日是天主教、基督教的传统节日——复活节。全区6000余名信徒节日期间分别在区基督教龙门教堂、曹各庄天主教堂、后桑峪天主教堂和基督教各聚会点欢度节日。在复活节期间，信教群众约2000余人次参加区基督教龙门教堂举行的礼拜仪式；天主教曹各庄教堂和后桑峪教堂分别举行了4场弥撒仪式，约有信徒1100余人次参加了庆祝复活节的宗教活动，有2人接受补礼，2人接受监振洗礼。8月8日是穆斯林传统节日——开斋节。当天上午，区委常委、公安分局局长刘群立，区相关领导到城子清真寺看望慰问穆斯林群众，与他们共度开斋节。并向城子清真寺赠送了慰问金。12月25日是天主教、基督教的传统节日——圣诞节。圣诞节期间，区各教堂，神职人员与5000余名信徒一起欢度圣诞节。节日期间，区公安分局、消防支队、民宗侨办、大峪街道办事处、斋堂镇政府、永定镇政府分别安排人员到各教堂值勤，全力做好交通、安保和消防等安全工作，保证了节日期间各宗教活动场所秩序井然，安全稳定。

（刘 奎 王 洋）

【教育培训】 6月19日，举办民族宗教界学习贯彻十八大精神培训班。各宗教团体成员，各宗教场所负责人、各宗教教职人员、基督教各中心聚会点负责人共计90余人参加了培训。参会人员认真听取了区委讲师团讲师对十八大报告的辅导授课，并进行了讨论交流。9月28日，民政局请消防专家，在区基督教堂为各场所负责人及广大信徒讲授消防安全课，授课专家对消防安全法规政策进行了宣传，讲解火灾案例，教信徒如何使用消防器材。

（刘 奎 王 洋）

【公益活动】 9月11日，市侨办到区内开展2013年“侨爱工程——送温暖医疗队山区义诊活动”，邀请4名三级甲等医院的侨界医疗专家为区内群众提供3天的免费诊疗和健康咨询。26日，区民政局组织区天主教爱国会成员到永定镇慰问看望敬老院的老人，为老人们送去了价值约3000元的大米、油、鸡蛋、糕点等慰问品。

（刘 奎 王 洋）

【依法行政】 9月17日，民宗办对区内的清真餐馆进行实地走访，在检查过程中重点对牛羊肉储存方式、进货渠道、人员构成等方面进行询问，拍照记录，同时发放《北京市少数民族权益保障条例》《北京市清真食品经营规范》《关于生产经营清真食品必须尊重少数民族风俗习惯的若干规定》法规宣传材料。

（刘 奎 王 洋）

【安全检查】 12月24日，区领导先后到区内各宗教场所进行巡视，检查各场所的安全情况，同时代表区委、区政府慰问了负责各宗教场所安全工作的相关部门、公安民警、社工、义工等。

（刘　奎　王　洋）

人口与计划生育工作

【概况】 年内，全区人口计生工作在市人口计生委的领导和区委、区政府的指导下，围绕市人口计生委“836”工作思路和七项工作要求，结合全区建设国家生态文明示范区的目标，明确工作思路，强化责任意识，完善工作机制，创新工作模式，积极推进各项目标任务实施，为门头沟区经济社会发展创造良好的人口环境。

单位名称：北京市门头沟区人口和计划生育委员会

地　　址：北京市门头沟区新桥南大街46号

电　　话：69844839

邮　　编：102300

（齐桂平）

【市、区领导慰问】 1月7日，北京市人口计生系统“三下乡”活动在妙峰山镇举行。国家人口计生委宣教司副司长，中国人口宣教中心副主任，市政府副秘书长，市直机关工委副书记、统战部部长，市人口计生委党组书记等，区领导等领导参加“三下乡”活动。活动中，走访慰问了水峪嘴、下苇甸、岭角三个村的部分困难计生家庭。主办单位向区内13个镇街捐赠了价值30万元的宣传设备及宣传品；举办幸福家庭大讲堂活动，200余名群众参加健康讲座；100余名群众进行健康咨询；4名书法家现场为群众书写春联100余幅，赠送“福”字80余个。25日，领导班子成员和部分机关干部到清水镇，就加大困难计生家庭帮扶力度与镇领导进行研讨。同日到对口帮扶的齐家庄村走访慰问，共计走访慰问困难计生家庭、残疾家庭和失独家庭41户，为他们送去慰问品、慰问金和新春佳节的祝福。10月11日，区人口计生委主要领导带队，工作人员分成4个组，分别走访慰问了清水镇4户失独家庭。

（高　旭）

【领导视察、调研工作】 1月14日，领导班子成员到石门营新建的安置小区调研。同日，领导班子全体成员与区早教基地负责人座谈，双方就进一步深化婴幼儿早期教育拟定了合作方向。将早教活动深入到社区之中。3月5日，区领导调研人口计生工作。研讨年内人口计生工作。4月18日，市人口计生委副主任到区内调研。听取区人口计生委2013年工作思路及第一季度工作汇报。7月16日，市人口计生委领导到赵家台村开展“为民务实清廉”主题教育实践活动和“四级联创”共建帮扶活动。活动中，听取了镇、村人口计生工作及镇村发展情况汇报，与区人口计生委、潭柘寺镇、赵家台村领导及部分村民代表座谈，征求对人口计生工作的意见和建议。市人口计生委支持赵家台村开展特色民俗旅游，为该村送去5万元帮扶共建资金。8月20日，到帮扶的清水镇齐家庄村，与镇包村干部、齐家庄村两委班子及村民代表座谈。

（高　旭）

【召开工作会】 1月24日，召开计划生育协会五届四次理事会。表决通过了新增的常务理事、副会长名单，通报了2013年计生协工作思路。同日，召开工作思路研讨会。各镇街计生主管领导汇报2013年的工作设想，区人口计生委介绍全区人口计生工作思路框架。3月26日，召开2013年人口与计划生育领导小组（扩大）会。区领导等出席会议。会上，总结并部署2012及2013年人口计生工作。区领导与成员单位签订《2013年人口和计划生育目标管理责任书》，对做好人口计生工作提出要求。8月9日，召开人口计生系统贯彻落实区委十一届五次全会精神工作推进会。传达贯彻区委十一届五次全会精神，总结2013年上半年工作情况，部署下半年各项工作任务。9月，部署安全维稳工作。10月25日，召开人口专家座谈会。与会专家对《门头沟人口文化研究》初稿进行论证研讨，对调研课题《门头沟区人口与经济协调发展及资源环境承载力研究》进行专家评审，肯定了书稿和调研课题，提出修改意见和建议。11月29日，召开各镇街计生工作负责人及计生干部会议。相关人员就奖扶政策、特扶政策进行了讲解，并提出要求。12月17日，召开人口计生工作总结会、协会理事会、人口文化节闭幕式。区人口计生委领导作2013年区人口计生委及计生协工作总结。会上传达了北京市人口计生委关于十八届三中全会“启动实施一方是独生子女的夫妇可生育两个孩子的政策”宣传口径；通报了全市“人口计生工作群众满意度”测评情况。

（付延路）

【机关创建活动】　2月5日，推进和谐型机关创建活动，在单位内部开展科室流动红旗评比活动：一是比哪个科室干净整洁，二是比哪个科室服务优质，三是比哪个科室团结向上，四是比哪个科室融洽和谐，五是比哪科室勇创佳绩。2月，采取六项措施深入贯彻落实中央八项规定，创建节约型机关。一是整合机关刊物。二是精简会议。三是精简任务书内容。四是创新培训模式。五是外出办事合并用车。六是实行无纸办公。5月10日，组织挂职锻炼青年干部座谈交流体会。6名挂职锻炼的年轻干部谈了交流学习体会。5月11日，组织拓展训练。机关全体人员到雁翅教师培训基地开展户外拓展训练活动。8月，组织计生系统干部职工在雁翅镇南石洋大峡谷举办“我的梦·中国梦”主题演讲，7名同志参加了演讲。11月25日，召开特约监督员座谈会。区人口计生委主要领导向10名特约监督员汇报2013年人口计生工作，通报了全市“人口计生工作群众满意度”测评情况。

（付延路）

【党建工作】　2月28日，召开部署党建工作会。会上传达了区党建工作会精神，总结2012年党建工作情况，部署了2013年党建工作任务。3月28日，推进党风廉政建设工作。部署2013年党风廉政建设任务，层层签订《人口计生委党风廉政建设责任书》，区纪检直派组组长为全体人员讲授廉政党课。

（房圆圆）

【生殖健康与优质服务】　2月28日起，生命全周期大课堂开课。在王平镇启动“生殖健康伴你行”生命全周期大课堂宣讲活动，健康专家讲授了生殖健康、优生优育等知识，发放女性保健、知情选择宣传材料300余份，60余名群众参与大课堂活动。大课堂在全区进行巡回宣讲。7月10日，开展生殖健康讲座进军营活动。围绕争创全国双拥模范城的工作目标，区人口计生委与区武装部联合，在驻区某部队举办“生殖健康进军营·优质服务暖人心”知识讲座活动。区生殖健康宣讲团两位讲师，分别讲授了女性健康、男性健康、孕前保健、生殖健康等科学知识，70余名部队男女官兵听讲座。活动中，发放宣传材料500余份。9月12日，开展预防出生缺陷宣传活动。与区妇幼保健院以“预防出生缺陷，提高人口素质”为主题，联合开展宣传咨询服务活动。现场悬挂了宣传横幅，摆放了宣传展板，设立了宣传咨询服务台，医务人员咨询服务100余人，向群众宣传如何预防出生缺陷、服用叶酸、孕前优生、优生优育、生殖保健等科学知识，发放宣传材料2000余份。

（马桂荣）

【京西人口文化节】　7月5日，第八届京西人口文化节开幕。市区领导为“幸福家庭”DV大赛获奖人员颁奖、为深山区0－3岁贫困独生子女家长代表赠送了“百名山里娃人生第一照”相册。京西人口文化节以“健康人生·美丽家园”为主题，举办了幸福家庭一日游、幸福家庭手工艺品展示、生殖健康宣传“六进”、世界人口日宣传等系列活动。现场摆放宣传展板22块，发放宣传材料数百份。近百名幸福家庭代表游览了幸福广场、景观大道、永定楼、门城湖公园等景点。12月17日，召开人口计生工作总结会、协会理事会、人口文化节闭幕式。会上，作2013年区人口计生委及计生协工作总结。传达了北京市人口计生委关于十八届三中全会“启动实施一方是独生子女的夫妇可生育两个孩子的政策”宣传口径；通报了全市“人口计生工作群众满意度”测评情况。

（李超男）

【检查与评估】　10月23日，考核检查镇街人口计生工作。工作人员到镇街和村居，对2013年人口计生工作进行考核检查。考核检查采取“听”、“查”、“看”、“访”等方式进行，分别听取镇街、村居人口计生工作汇报，查阅相关基础材料，查看服务设施和宣传阵地建设情况，入户了解计划生育优惠政策、依法行政、宣传教育、创建幸福家庭等项工作的落实情况，并通过调查问卷，了解群众需求以及对人口计生工作的综合满意程度。

（刘俊杰）

爱 国 卫 生

【概况】 年内，爱卫办围绕健康促进和爱国卫生两项核心工作，以提高全区人民的健康水平为目标，以健康促进活动和环境卫生整治为抓手，以工作机制创新为突破，全面整合区内资源，落实各项爱国卫生工作措施。制发《2013年－2015年健康门头沟工作方案》，启动全民健康生活方式示范创建活动。开展4期北京市健康科普专家巡讲活动，遴选3名社区健康指导员，组织12人参加北京市第四届社区健康风采大赛，举办全民健康生活方式宣传周活动，组织76人参加第三届北京市健康之星评选活动，组织4名主任医师申报市级健康科普专家。组织开展为期一个月的爱国卫生月活动，在每个月最后一个周五组织开展城市清洁日活动。会同区相关部门在春节、五一、十一前组织开展全区环境卫生大扫除活动，每月会同区相关部门开展环境卫生检查。启动斋堂镇创建国家卫生镇工作。开展“禁止烟草广告、促销和赞助”为主题的第26个世界无烟日宣传活动，开展公共场所控烟问卷调查2万份，推荐5家机关单位创建全市无烟机关，动员38人参加全市百日戒烟大赛活动。组织全区春冬季灭鼠灭蟑、夏秋季灭蚊蝇活动。对第四届北京国际山地徒步大会赛道沿线公厕、垃圾设施等进行专业蚊蝇消杀，开展居民家庭蟑螂、蚂蚁密度监测工作。年内，完成《大力推进健康城区建设，努力建设美丽门头沟》工作报告，并在《北京健康城市》2013年第2期上发表。

单位名称：北京市门头沟区爱国卫生运动委员会
地　　址：北京市门头沟区城子东街甲40号
电　　话：69843460
邮　　编：102300

（史保鑫）

【爱国卫生工作】 1月至12月，每月会同区环境办、区农委、区社工委、区环卫中心对全区各镇街的环境卫生状况进行打分排名，每月在政府常务会上通报检查结果。3月11日至4月12日，开展爱国卫生月活动，发动全区干部群众开展为期一个月的环境卫生清洁活动。4月11日至19日，开展全区春季统一灭鼠活动，统一投药消杀，清除鼠类孳生地。4月26日，联合区相关部门开展迎五一环境卫生大扫除暨第四个城市清洁日活动。5月31日，联合区文明办、区疾控中心开展“禁止烟草广告、促销和赞助”为主题的第26个世界无烟日宣传活动。5月至7月，向各镇街、各社会单位发放公共场所禁止吸烟调查问卷2万份，经统计，全区居民吸烟率为30.40%。5月至12月，开展北京市无烟机关创建活动，区财政局、法院、教委、卫生局、疾控中心共5家单位通过北京市无烟机关中期督导检查。6月至10月，开展全区夏秋季统一灭蚊蝇活动，降低区内蚊蝇密度，预防肠道疾病和蚊媒传染病的发生。6月至12月，在门城地区每月选取一个社区，开展居民家庭蚂蚁、蟑螂密度监测工作。8月至11月，组织参加北京市百日戒烟大赛，区内共有38名职工报名参赛。9月10日至12日，聘请专业人员对第四届北京国际山地徒步大会赛道沿线公厕、垃圾设施等进行灭蚊蝇消杀投药。11月25日至29日，开展全区冬季统一灭鼠活动，重点降低公共地下管线和重点行业鼠密度。11月，启动国家卫生镇创建工作，召开斋堂镇创建国家卫生镇工作动员部署会。12月26日，市爱卫办专家对区内医疗卫生机构控烟工作进行效果评估检查。

（史保鑫　于海朋）

【健康促进工作】 3月11日，制发《2013年－2015年健康门头沟工作方案》，完善健康门头沟指标体系，将原定的35项主要指标扩展到63项。5月至8月，组织参加第四届北京市社区健康风采大赛，3部作品入围。5月至12月，开展全民健康生活方式示范创建活动，区财政局、滨河西区社区、晨光饭店分别通过了北京市全民健康生活方式行动示范单位、示范社区、示范餐厅考核验收。5月至12月，在永定河门城湖段和永定河文化广场内建设2条城市公共健康步道。在滨河西区社区新建1条社区健康步道。在新桥西区社区新建健康知识一条街。为滨河西区社区和新桥西区社区配备2套健康小屋。6月至10月，开展健康科普专家巡讲活动，邀请4名市级健康科普专家为区内离退休老干部、滨河西区、南路二社区、月季园二区居民进行了4场健康知识讲座。8月至10月，组织开展区内第二批北京健康科普专家遴选工作，4名主任医师被评为北京市健康科普专家。11月至12月，组织参加第三届北京市健康之星评选活动，共有76人报名参加，其中30人成功晋级市级复赛。

（史保鑫 于海朋）

老 龄 工 作

【概况】 年内，全区各级老龄组织在区委、区政府的领导下，在市老龄办的指导下，围绕全区经济社会发展大局，脚踏实地，真抓实干，全力推进老龄事业创新发展。老龄工作从制度体系建设、养老服务设施建设、养老服务体系建设、惠老优待政策落实方面取得显著成效，完成全年目标任务。

年内，投资1.4亿元，建设区老年社会福利中心，实施农村敬老院改扩建工程，全区养老机构拥有床位3054张，同比增长20%。社区、农村托老所230个，拥有床位达796张。老年餐桌310家，服务单位110家。投资建成9所村居级养老管理服务中心，统一制作标牌、统一功能设置、统一制度、统一宣传橱窗，实现“四统一”目标。投资40万元，为20个城乡“星光老年之家”添置更新器材设备。评选出村级幸福院30个，争取民政部资金90万元。建设并开通运行老龄网站。全年办理老年证1656个，老年优待卡2115张。其中，为240名外埠老人办理优待卡（证）。为637名高龄老人、发放高龄津贴60.36万元。为95周岁高龄老人报销医疗补助14人次，6.6万元。为社区60岁以上有需求老人配备小帮手电子服务器1000部。发放养老助残券782.53万元，提供服务21万人次。评选出“孝星”205人、为老服务示范单位20个。

单位名称：北京市门头沟区老龄工作委员会办公室
地　　址：北京市门头沟区中门寺街16号人保大厦东楼513号区老龄办
电　　话：69858910
邮　　编：102300

（李　震）

【市、区领导调研】 2月21日，区领导到老龄办专题调研老龄工作。听取老龄办领导工作思路情况的汇报，对老龄所做工作给予了肯定，并就新形势下如何创新老龄工作提出要求和建议。3月7日，市老龄办副主任、老龄协会副会长到龙泉镇养老管理服务中心检查工作，并提出要求。4月18日，民政部党组成员、纪检组长，北京市民政局局长等一行12人到区调研老龄工作。实地参观龙泉务村社区服务站和龙泉镇养老管理服务中心，并慰问了农村低保户。8月14日，市民政局党委副书记、巡视员，市民政局机关党委专职副书记等领导就“一区一品”工作到区内调研。市民政局领导考察了石龙护养院，龙泉雾养老服务管理中心和正在建设中的区老年社会福利中心。区老龄办主任就区内“一区一品”项目创建进行了汇报。市民政局领导对门头沟区养老服务产业发展给予肯定。

（李　震）

【召开全区老龄工作会】 3月7日，召开全区老龄工作会。会上，区老龄办主任做题为《凝心聚力　勇于创新推动全区老龄工作实现新突破》工作报告，大峪办事处、龙泉镇进行了典型发言。

（李　震）

【培训工作】 4月19日，区老年护理培训基地在区光荣院与北京医院、区光荣院、区干休所联合举办了“老年人与糖尿病”专题讲座，养老护理员近50人参加培训。北京医院内分泌科护士长，围绕糖尿病的日常预防、护理、饮食习惯等几个方面进行了介绍。5月28日，区老年护理培训基地在门头沟区社区服务中心举办第二期老年护理知识培训班。北京医院的主任护师、护士长、北京护理学会老年病专业委员会主任委员从老年人摔倒的诱因、如何预防老年人摔倒和摔倒致伤老人如何护理、摔倒后如何抢救和老年人如何进行锻炼等几方面进行了讲解。社区居民近100人参加了培训。6月19日，在大台街道玉皇庙社区以“关爱老人　放飞心灵”为主题开展了老年心理知识培训。100余位社区中老年朋友参加。

（李　震）

【举办老年门球赛】 4月23日至24日，区老龄办、老干部局、体育局联合举办门头沟区第25届春季“健康杯”老年门球赛。经过2天共70场比赛，京煤二队获第一名。9月25日至26日，区老龄办、区委老干部局、体育局联合举办第二十六届秋季“金秋杯”老年门球赛。全区近300名老年人，25支队伍参加比赛。经过2天共82场比赛，峪办康乐队夺得第一名。在闭幕式上，到场领导向获得前四名的球队颁发了奖杯。

（李　震）

【开展老年服务需求调查】 4月，开展养老助残券使用需求调查，调查范围涉及全区4个街道、9个镇的80周岁以上的老年人1000人及100个签约服务单位。

（李　震）

【召开解放思想大讨论座谈会】 5月22日，召开解放思想大讨论座谈会。会上，解读了民政局党委关于开展落实“三个优化”，多办利民实事，解放思想大讨论活动方案。之后，大家结合自己的工作实际，就如何落实好“三个优化”，重点是在优化老年人民生品质方面如何解放思想、创新思路，多为老年人办实事、解难事、做好事进行了讨论。

（李　震）

【召开“孝星”命名活动部署会】 5月27日，召开万名“孝星”和千家为老服务示范单位命名活动部署会。

（李　震）

【检查组检查拟奖励单位】 6月25日，北京市老龄协会党委副书记、副会长带队检查了门头沟区实惠美容美发店、王平镇吕家坡村老年餐桌和托老所、龙泉镇石巷村的养老管理服务中心三个拟奖励的为老服务单位。

（李　震）

【门头沟区老龄网开通】 7月初，门头沟区老龄网正式投入运行使用，丰富了宣传手段，加强了老龄宣传工作。

（李　震）

【庆祝新修订《老年法》颁布实施】 7月11日，联合区司法局、卫生局、城子办事处、农工党北京市委在城子街道蓝龙嘉园社区举办《老年人权益保障法》宣传高潮日暨“送关爱、进社区”活动，通过义诊、赠书、法律咨询等形式，庆祝新修订的《中华人民共和国老年人权益保障法》颁布施行。部分成员单位领导、社区代表、孝星代表200余人参加了活动。

（李　震）

【老年人协会建设】 7月24日，召开基层老年协会建设座谈会。市老龄协会副会长及部分基层老年协会代表20余人参加。

（李　震）

【检查创建工作】 8月13日，市老龄协会副会长、宣传处处长，到王平镇吕家坡村检查“全国敬老文明号”创建工作开展情况。工作组实地查看老年餐桌、托老所，观看了老龄工作宣传展板。

（李　震）

【市、区领导慰问】 8月23日，市老龄协会会长、区老龄办副主任到王平镇色树坟社区慰问困难高龄老人，为老人送上慰问金、米面油等慰问品。10月12日，区领导，区老龄办和区红十字会负责人等到大峪街道、城子街道，走访慰问两位百岁老人，为老人送去慰问金、鲜花、寿桃。重阳节期间，区老龄办与红十字会联合慰问百岁老人11名、送去1.1万元慰问金。与慈善协会慰问全区90岁以上老人537人、送去价值近6万元物品。

（李　震）

【举办秧歌舞健身操比赛】 9月5日，由区老龄办、体育局主办，区老年人协会、社体中心协办的老年秧歌舞、健身操风采展示活动在区体育馆举办。全区13个镇街的15支代表队，近400人的秧歌舞、健身操队伍参加了比赛。赛后，举行了颁奖仪式。

（李　震）

【举办首届老年书画作品展】 9月29日，由区老龄办、老年人协会、文联和书法协会联合举办的“翰墨书京西　丹青绘新颜”——门头沟区首届老年书法绘画作品展在博物馆开幕。活动共征集书画作品170幅，参展优秀作品110幅，评选出一等奖5名、二等奖10名、三等奖20名、优秀奖75名。“十一”期间，获奖作品在永定河博物馆进行为期7天的展出。

（李　震）

【北京重阳宣传文化启动仪式】 10月11日，2013北京重阳宣传文化活动启动仪式在定都峰景区举办。区老龄办组织100名孝星及老年代表参加了北京重阳宣传文化活动启动仪式。

（李　震）

【吕家坡村被命名表彰】 10月19日，王平镇吕家坡村作为门头沟区唯一的为老服务先进集体，参加了在北京市石景山区寿山福海养老服务中心举行的第一届全国“敬老文明号”授牌仪式。全国老龄办领导为北京市荣获全国“敬老文明号”的31家单位授牌。

（李　震）

【市人大重视老龄工作】　11月5日，市人大内务司法委员会副主任等人大代表到王平镇视察社区居家养老工作。实地参观了王平镇社会福利中心和吕家坡村老年餐桌、托老所，并召开座谈会。

（李　震）

【媒体记者到区采访】　11月20日，中国社会报记者到王平镇吕家坡村采访老龄工作。事后，结合采访情况，以《山村建起托老所　就近能吃老年餐》为题目，在12月14日的《中国社会报》头版头条刊登。文章介绍了门头沟区居家养老事业发展情况。

（李　震）

【学习与交流】　11月12日，石景山区民政局副局长带领老龄工作人员在到王平镇吕家坡村调研老龄工作。

（李　震）

【举办孝星事迹报告会】　11月27日，在南路二社区举办“孝行天下爱助夕阳”孝星事迹报告会，社区居民60人参加活动。

（李　震）

街　　道

大峪街道

【概况】　年内，实现财政收入8030万元，完成招商引资76家。完成新桥西区社区绿地补栽、补种2200平方米、雨水、污水管线改造1960米、楼道粉饰、门窗更换1.198万平方米、完成德露苑、含晖苑400平方米活动室装修改造任务，完成月东里、承泽苑社区停车位改造290个。配合区相关单位对南路一、中门花园社区实施路面硬化、升级改造项目，对向阳、双峪等3个社区22个住宅楼进行节能改造，对南大街、龙泉花园两个老旧小区共28个楼进行综合改造。拆除违法建设21处、746平方米，制止15处新增违法建设。创建南路二、滨河西区等全民健康生活方式示范单位14家、创建绿岛社区为首都绿化美化花园式社区。实施绮霞苑等4个社区北京市环境优美小区创建工作。实施环境改造提升工程，对21个社区进行路面硬化、楼道粉饰等项目34项。开展环境整治“三清”活动，清理堆物堆料516吨，清理卫生死角1032处，清除非法广告25864条。完成11个“六型”社区创建工作；成立社会建设管理促进会；启用街道网格化社会服务管理指挥分中心、南路二、月一社区网格化社会服务管理工作站平台系统，启动网格化社会服务管理数据化二期工作，推进准物业试点工作，在月一、峪园社区成立居民议事会。推进“蔬菜进社区”便民服务模式。创建绮霞苑、南路一等8个防灾减灾示范社区，成立“蓝铃铛”志愿服务队，社区干部及社区工作者合格率100%。全年完成就业970人，采集空岗信息1101个，报销各种医药费316万元，发放失业金421万元，发放养老助残券和特困慰问金305万元；建立健全街道养老服务中心、社区养老服务管理站；实现新桥和南大街两社区“一刻钟社区服务圈”基本服务与个性需求的对接，完成327户残疾人家庭无障碍改造工程，为老人购置120部小帮手，行政服务中心共受理事项665件，接待来电、来人咨询1701人次；开展全国第三次经济普查工作。举办“共圆中国梦”主题夏日文化广场活动20场；组织十八大原创作品展演以及青少年暑期活动4场次；举办“幸福生活、邻里你我”第六届社区邻里节主题活动61场次；创建“北京市体育生活化社区”11个，创建星级楼门文化141个；启动语言文字示范街道创建工作。开展感动社区十杰共产党员评选活动；新成立北京稻香村食品有限公司等5家非公企业党支部，启动“七月红色服务月”活动；创建“人民满意的基层站所、服务窗口示范点”；成立街道“大工委”和地区管理委员会，研究协商促进地区发展和跨部门的重大事项。

单位名称：北京市门头沟区人民政府大峪街道办事处
地　　址：北京市门头沟区滨河路72号
电　　话：69828330
邮　　编：102300

（曹少斌）

【两节慰问】　1月，开展两节期间百户大慰问活动，走访慰问各类民政对象，发放优抚对象定期补助及春节慰问金448550元，向地退、军退人员发放慰问品合计6900元，对辖区14户烈属、特困残疾人家庭以及低保户家庭进行入户慰问。

（曹少斌）

【成立非公企业党支部】 3月28日，新成立4个非公企业党支部：北京稻香村京西食品有限公司党支部、北京香满道餐饮有限公司党支部、北京亮家丽景家政服务有限公司党支部、众信同城（北京）人力资源有限公司和北京四季尚品酒店管理有限公司联合党支部，同时为6名非公企业党建指导员颁发了聘书。

（曹少斌）

【举办第六届邻里节】 3月，举办以“幸福生活、邻礼你我”为主题的第六届“邻里节”活动，围绕“好邻里故事会”、“北京精神春联征集比赛”、“特色文化活动展示”等多项文化活动。

（曹少斌）

【创建语言文字示范街道】 4月，开展语言文字示范街道创建工作，机关干部全部通过普通话等级测试。

（曹少斌）

【社会救助宣传月】 4月，开展社会救助宣传月活动，通过设立宣传站、走访调查，发放材料等形式，提高群众的政策知晓率。开展博爱在京城、春风行动捐赠活动。

（曹少斌）

【社区科技周】 5月，开展“科技周”系列活动，以社区为载体，举办科普知识讲座10场、播放科普宣传片34次。

（曹少斌）

【举办中国梦主题活动】 5月，组建6支“我的梦中国梦百姓宣讲团”，以居民身边有梦想、有事迹的大峪人为主题，共举办宣讲活动12场。

（曹少斌）

【廉政文化宣传教育】 5月，举办“弘扬北京精神、倡导廉洁风尚、建设和谐社区”廉政文化月活动。

（曹少斌）

【人口和计划生育】 5月，为153对新婚夫妻发放生育服务包，免费为3300余名育龄妇女进行了两癌筛查。7月11日世界人口日，在葡山人口文化园举办“幸福家庭、和谐人口”主题广场文艺演出。

（曹少斌）

【残联工作】 5月，开展助残日系列活动，举办“爱的旋律、美的瞬间”摄影比赛，残疾人象棋比赛，残疾人职业技能展示等多项活动。

（曹少斌）

【举办就业招聘会】 6月18日，举办“就业援助进社区”招聘会活动，60余名求职者现场达成就业意向。

（曹少斌）

【全民健身】 6月，组建代表队参加区全民健身体育节的各项比赛，并获得团体总分第一名的好成绩。

（曹少斌）

【庆七一活动】 6月，举办第四届“感动社区”十杰共产党员和百名优秀共产党员评选表彰活动，同时，启动“社区党员志愿者红色志愿服务月”活动。6月底，走访慰问100余名社区老党员。

（曹少斌）

【举办学习十八大精神展演活动】 7月，举办“十八大文艺原创作品展演活动”，18个社区共创作小品、舞蹈、快板等29个节目。

（曹少斌）

【夏日广场文化活动】 7月至8月，举办以“共圆中国梦”为主题的夏日文化广场活动，10支群众文化团队到社区为居民义务演出20余场。

（曹少斌）

【未成年人教育】 8月，开展以“践行北京精神，争当社区文明小使者”为主题的暑期社区实践活动，辖区内中小学校的学生参加情景剧展示、摄影比赛等项活动。

（曹少斌）

【工会工作】 10月，开展在非工企业建立工会工作，新建工会14家。

（曹少斌）

城子街道

【概况】 城子街道位于门头沟区政府北侧2公里处，背倚九龙山，面朝永定河，南北以河滩桥和水闸为界，西至东龙门，东与石景山区五里坨接壤。辖区内有城子大街、滨河路2条主干道，小巷胡同50余条，现有十余条公交线路穿插其间，交通十分便利。

年内，完成区级财政收入1636万元，完成年度计划的87.7%，与上一年同期相比上升27%。完成招商引资注册企业70家，注册资金14247万元。其中注册资金千万以上的5家，百万以上的19家。拆迁回迁工作。年内，搬迁居民4250户，共计签约4168户，签约率98%，过件率95%，腾退率100%。在拆迁的同时，投入319万元用于辖区环境改善和提升，完成社区绿化323平方米，路面硬化4456平方米，楼门粉饰22271平方米，清理排洪沟1338米，基建136平方米，粉饰文化墙1000平方米，安装座椅37个，改造厕所23座。同时，拆除违建7101平方米。同时，城子街道切实做好回迁工作，确保居民入住。龙门新区共发放钥匙3725户，入住1620户。入住初期，新区以“民需我做”为原则，及时关注居民新需求，重点解决“一张嘴两条腿”的问题，设立流动菜车、早餐车、临时小型综合超市等，解决百姓实际困难。社区建设工作。在社区网格管理方面，完成辖区59个网格的划分、卫片比对和边界勘定。搭建社区管理站组织架构，社区工作站基本建立以社区书记为站长，以街道包片科长、民警、城管、物业等人员为副站长，社区党员、楼门长、居民代表为网格员的三层管理体系。完成网格化服务管理信息平台的培训与基础数据采集工作。创建完成蓝龙家园和市场街2个智慧型社区。通过与商户签订协议，悬挂服务商标牌等工作，完成新老宿舍“一刻钟社区服务圈”的创建。对城子大街社区进行软硬件整体环境提升，通过市级“六型”社区验收。关注弱势群体，做好低保、保障性住房的申报、审核、发放工作。开展各类慰问活动，共慰问613人次，慰问金额36.61万元。落实“九养”政策，完成桥东街养老服务站建设验收工作，改善为老服务硬件条件。

单位名称：北京市门头沟区城子街道办事处
地　　址：北京市门头沟区城子西街17号
电　　话：69827340
邮　　编：102300

（安　然）

【慰问工作】 1月16日，北京市慈善协会、区慈善协会、区财政局及城子街道民政科有关负责人，到城子街道新老宿舍社区困难家庭家中看望。1月30日，开展“面对面、心贴心、实打实、服务职工送温暖”活动，向街道内企业困难职工家庭送去了慰问金。街道红十字会与社区干部一道走访了辖区内的40户困难家庭，并为他们带去了大米、白面、食用油等生活用品及1.5万元现金。6月28日，区领导一行到广场社区慰问61岁困难党员，为他送上慰问金和慰问品。街道工委书记、办事处主任一行先后到多位困难党员家中，为他们送去慰问金及节日的祝福。7月30日，武装部部长、办事处副主任一行对辖区伤残军人、老复员军人及军烈属进行走访慰问，询问他们的生活、住房、健康等情况，并为他们送去节日慰问。

（安　然）

【知识讲座工作】 1月22日，城子街道联合华新建社区共同举办青少年“法制大讲堂”活动，主题是“努力提高学生法制意识，预防未成年犯罪”。华新建社区60余名中小学生参加讲座。1月，城子办事处举办新《党章》辅导讲座。会上，讲解了新《党章》与旧《党章》的不同，带领党员学习新党章，领会党章精神实质，结合自身实际工作进行落实。11月26日，城子街道开展“小手拉大手　安全路上走”药品安全知识讲座。区食药局纪检组长、龙泉小学副校长及办事处领导出席活动，龙门新区三区居民及龙泉小学学生100人参加培训。

（安　然）

【文化活动】 1月22日，华新建社区举办学子迎新春折纸送祝福活动。城子西街、市场街、华新建和广场社区举办新春联欢会，用独唱、舞蹈、小合唱等多种形式迎接春节。同日，城子西街社区举办“书法绘画展”，展览的作品，包括油画、水墨画、手工画和书法作品。29日，蓝龙家园社区举办“2013蛇年春节联欢晚会”。30日，举办“建幸福家园谐发展新篇”暨深入贯彻落实党的十八大精神群众文化展演活动，以舞蹈、情景剧、手语表演及独唱等形式，表达了党员群众对贯彻十八大精神的决心。2月22日，新老宿舍社区组织中小学生举办“传承传统文化、银蛇曼舞闹元宵”灯谜会。城子西街、兴民大街、华新建社区举办“猜灯谜、闹元宵”活动。9月25日，举办“一街一品”文化展示活动，表演的节目涵盖了舞蹈、歌唱、秧歌和模特表演等多种形式，得到了社区居民的一致好评。

（安　然）

【机关驾驶员规范管理】　1月23日，完善《城子街道办事处驾驶员安全管理责任书》，针对新交规及区车辆管理的相关规定，要求办事处机关驾驶员严格遵守交通法律法规，认真履行职责任务。5名驾驶员全部与城子街道签订了责任书。

（安　然）

【蓝龙家园接受市级验收】　1月24日，市社会办到蓝龙家园社区验收社会服务管理创新工作。蓝龙家园社区就社区信息化及社会组织建设工作情况进行了汇报，并现场演示了“社区数据中心”管理系统。

（安　然）

【召开工作会】　1月28日，召开2012年工作会。办事处主任作了工作报告，对2012年街道工作进行了回顾，明确了2013年的工作思路与奋斗目标。部分社区及科室代表分别从工作的不同侧面作了典型发言。2月26日，召开“两会”期间“两类”人员管控工作部署会。会议确定三项措施。3月28日，召开2013年工作会。会上贯彻区有关工作会议精神，部署2013年组织、宣传、纪检等各项工作。5月17日，就社区网格化建设工作召开会议。会上就《城子街道网格化建设实施方案》进行解释说明，并要求各社区贯彻落实。6月6日，召开防汛工作动员会，对2012年防汛工作进行总结并部署2013年防汛工作。11月21日，召开考评工作部署会，社区党支部书记、街道相关科室科长等30人参加会议。会上，街道组织部部长传达了市、区文件及会议精神，对街道考评工作进行了部署。

（安　然）

【免费妇女健康检查】　1月29日，联系门头沟区医院，对58位家庭困难的已婚育龄妇女进行免费身体健康检查，项目包括内科、胸透、生化等9项内容。

（安　然）

【安全工作】　1月31日，召开春节安全工作部署会。会上对烟花爆竹安全燃放工作、可燃物清理工作、反邪教工作、生产经营单位排查等工作进行部署，并对各社区提出要求。2月27日，城子街道相关部门和社区民警入户检查出租房屋、流动人口使用炉具情况。检查过程中，重点对烟囱通畅情况和破损情况进行检查。对新返京的流动人口做到“来一户、发现一户、登记一户、检查一户”，对新来京人员传授正确使用炉具的方法，并向流动人口进行相关的防火知识宣传。4月16日，城子街道相关科室、区安监局执法队、区城管大队联合对城子地区CD地块拆迁腾退项目施工现场进行安全检查。8月21日，城子街道主要领导会同区消防支队、卫生监督所、三家店派出所一起对辖区内北斗星酒店、华雅网吧等7处人员密集场所进行联合检查，检查内容主要包括消防安全、燃气安全、食品安全等方面，对于现场发现的隐患要求各单位立即进行整改。

（安　然）

【人民调委会成为市级示范】　1月，城子街道人民调解委员会、桥东社区人民调解委员会、华新建社区人民调解委员会、广场社区人民调解委员会被市司法局命名为北京市人民调解委员会规范化建设示范单位。

（安　然）

【区领导调研视察工作】　2月17日，区领导韩子荣到桥东社区调研，对街道老旧小区改造工作给予肯定，提出要做好老旧小区改造工作，坚持建管并重，完善服务配套设施。18日，区领导对整体征收审计过件及动迁工作进行调研，强调各级部门要高度重视，为接下来的动迁工作做好准备。27日，区领导到城子街道就拆迁工作进行调研。4月7日，区领导到城子街道调研房屋征收工作并对工作给予肯定。16日，韩子荣到城子街道市场街社区查看社区环境并讯问了解工作进展情况，对社区良好的环境卫生状况给予肯定。4月，区领导到城子街道各签约大厅视察并对腾退工作提出相关要求。5月30日，区领导到新老宿舍社区检查防汛工作，并对该地区地势低洼排水困难的情况做出指示。6月，区领导视察龙门三区B9地块防汛工作。

（安　然）

【召开审计过件工作会】　2月17日，召开整体征收二万户审计过件工作会，各专业公司项目经理、审计公司以及区派抽调干部参加会议。

（安　然）

【龙门筹备组开展工作】　2月19日，龙门新区一区筹备组成立，负责新区筹备工作。筹备组向首批入住居民发放钥匙。龙门新区一区筹备组，位于龙门新区B－4地块，管辖范围为龙门新区B－2、B－3、B－4地块，共21幢楼房和入住居民1792户。成立后，筹备组开展工作：一是在醒目位置设立指示标牌，方便居民办事；二是印制《致居民的一封信》，向入住居民宣传文明、安全的入住理念；三是制作人口登记信息表，详细记录入住人口信息。

（安　然）

【星光自护大讲堂】　2月22日，请北京市青少年法律与心理咨询服务中心主任，到广场社区星光自护学校讲解火场如何逃生，科学燃放烟花爆竹，防盗防抢、交通安全以及珍爱生命、远离毒品等内容。

（安　然）

【“学雷锋”活动】　3月初，城子西街、矿桥东街、西宁路、民生、广场等社区以志愿者队伍、环境卫生巡逻队等为载体，开展“雷锋精神在身边”主题活动，开展义务清理白色垃圾暨环境治理行动。七棵树西街、桥东街、市场街、华新建等社区组织志愿者开展入户慰问活动，共慰问空巢老人14户。

（安　然）

【三八节活动】　3月5日，街道总工会为社区和办事处40余名女职工举办题为“心理健康的自我维护”专题讲座。七棵树东街、市场街社区请社区医生为社区妇女讲解妇科保健知识。广场社区组织育龄妇女收看健康译站“关爱女性健康”节目；城子西街社区请社区医生开展义诊活动；西宁路社区开展趣味游艺活动；七棵树西街社区举办“美丽女人节，相约三月天”文艺演出；城子大街社区开展趣味扑克比赛；华新建社区开展法律宣传活动；车站街社区和新老宿舍社区开展妇女厨艺大比拼活动。

（安　然）

【宣讲团到城子街道】　3月19日，城子街道请区委党校老师以《中国特色社会主义道路的发展历程》为主题，为街道机关干部、居委会书记、主任80余人进行宣讲。3月22日，请区“好人好事·身边雷锋”宣讲团为机关干部、社区党员、居民100余人举办宣讲报告会。

（安　然）

【华新建社区社团成立】　3月20日，区计生委和街道主要领导为“爱在身边”社团揭牌，社团的成立有助于开展特殊家庭、失独家庭老人“一助一”和“多助一”的亲情牵手活动。

（安　然）

【过期药品回收】　3月27日，联合区药监局开展用药安全过期药品回收活动。活动中，居民用过期药品换取日常用品，并学习安全用药知识。近300名居民参与其中，共回收过期药品2800余盒。

（安　然）

【计生业务培训】　3月29日，召开人口与计划生育工作业务培训会，计生专干和社区计生宣传员共66人参加培训。会上，区计生委工作人员讲解了计生工作相关法律法规、奖励及扶助制度种类、优质服务、和药具管理等相关业务知识，分析人口计生的工作现状，并强调要落实到基层。

（安　然）

【摸底调查辖区内各行业】　截止3月底，城子街道摸底调查辖区内各行业生产经营单位。结合区安委会推进企业安全生产标准化工作的要求，此次排查共登记各类生产经营单位175家，其中食品、餐饮、零售相关单位85家，服务行业43家，建筑建材行业11家，其他各行业36家。

（安　然）

【计生失独家庭情况档案建立】　3月，开展辖区内失独家庭情况调查，以便开展帮扶工作。街道要求各社区建立失独家庭档案，并提出具体要求。

（安　然）

【科级干部竞争上岗】　4月12日，举办科级干部竞争上岗面试。面试小组设1名主考官和4名考官，还设有督察和核分员各1名，对面试过程进行监督，确保程序公开、透明。16日，召开科级干部竞争上岗民主测评会，机关所有科级干部都参加了此次测评。

（安　然）

【民兵组织整顿】　4月，制定民兵组织整顿工作方案，以原有应急分队为基础建立民兵应急排，并将组织现有基干民兵110名进行演练。

（安　然）

【信访宣传工作】　5月10日，启动信访宣传月活动。活动主题是“畅通和规范群众诉求表达、利益协调、权益保障渠道”，并针对拆迁、拆违、城市建设及物业管理等问题进行宣传。活动共发放《信访条例》、宣传彩页等300余份。7月2日，联合区消防支队在龙门新三区和城子大街等社区开展消防知识普及及消防应急疏散演练活动。活动通过组织消防知识讲座、设置消防知识展板、进行消防器材使用实操、模拟应急疏散等形式对居民进行消防安全知识培训。11日，《老年人权益保障法》宣传高潮日启动仪式在蓝龙社区举行。为社区居民赠送法律图书，进行健康咨询。7月11日，街道多社区开展世界人口计生日宣传活动。市场街社区以“关注卫生健康，关注青少年”为主题，为育龄群众介绍计生政策。华新建社区召开了“我和世界——7.11世界人口日亲子联谊会”；城子西街和车站街社区分别以“我青春·我健康”为主题开展宣传活动；城子西街社区还邀请医生为居民义诊。七棵树西街和七棵树东街社区向居民介绍7.11世界人口日的由来，宣传两癌筛查、计生奖励、奖扶等政策，发放相关宣传品；向阳社区开展人口知识问答活动，把“世界人口日”宣传活动推向高潮。9月6日，与龙泉小学、区公安分局禁毒办、疾控中心等相关单位在龙门新区三区开展“弘扬禁毒文化，倡导阳光生活”专题活动。区禁毒办、疾控中心的讲解人员介绍了区内禁毒工作和相关工作所取得的成果，龙泉小学学生和社区居民开展了知识问答活动。

（安　然）

【规范养犬工作】　5月16日，城子街道成立工作领导小组，确定了结合实际情况引导辖区居民依法、文明、科学养犬的工作目标及“进养犬户、进社区、进流动人口聚集区、进拆迁地区、进涉犬单位”的“五进”工作方法。各社区工作人员对辖区内养犬户进行核对，摸查，并张贴通知；对已拆迁搬离社区内的养犬户逐一打电话通知。

（安　然）

【残疾人体育示范点揭牌】　5月17日，市残疾人体育健身示范点在城子街道向阳社区揭牌。该示范点得到市残联每年5万元的资金支持。揭牌仪式后，向阳社区举行了第一届残疾人趣味运动会。运动会设立了射门、投沙包、飞镖三个趣味项目，城子街道共有60余位残疾人参加比赛。

（安　然）

【检查验收街道托老中心】　5月17日，市老龄委、市老龄协会养老处领导检查验收街道托老所规范化建设工作，检查验收了街道老年关爱中心托老所并对街道工作给予肯定。

（安　然）

【“母亲节”活动】　5月17日，民生社区走访慰问辖区贫困家庭妇女。城子西街、新老宿舍、向阳社区、矿桥东街社区举办健康讲座。七棵树西街、广场社区和蓝龙家园举办专场文艺演出等庆祝活动。城子大街社区举办游览门城湖活动。市场街社区举办趣味健身赛。西宁路社区开设科学育儿讲座。

（安　然）

【推荐失业人员就业招聘会】　5月17日，在蓝龙社区举办现场招聘会。全市各区县近40余家用工单位，为失业人员提供160个工种，500余个应聘岗位，到招聘会现场应聘的失业人员达280余人，最终60余名失业人员达成就业意向，会场上发放宣传材料300余份。

（安　然）

【启动百姓宣讲活动】　5月23日，“我的梦中国梦”百姓宣讲活动在西宁路社区举行首场宣讲。6月，华新建社区宣讲《我的文艺梦》《让北京无霾天蔚蓝》等主题。

（安　然）

【完善部分社区图书室建设】　截止5月28日，为城子大街社区配备图书柜10个、新书3000册，为市场社区配备图书柜5个、新书1500册，图书内容涉及社会、医疗、科学、文化等多个种类。

（安　然）

【社会领域党建数据采集】　5月，完成社会领域党建基础数据库信息采集和录入工作。

（安　然）

【庆六一活动】　6月1日，城子街道各社区开展庆祝六一活动。市场街社区举办科普拓展亲子活动。城子西街等社区开展儿童才艺表演会。华新建社区开展“我的七彩童年梦”亲子活动。桥东社区举办儿童迷你时装秀活动。

（安　然）

【兵役登记动员】　6月21日，召开兵役登记动员大会。武装部部长结合街道实际提出要求。武装干事和17个社区书记参加会议。

（安　然）

【有效控制粘虫疫情】　6月24

日，龙门三区、龙门一区、蓝龙家园社区内出现粘虫疫情。城子街道办事处向区林保站等部门寻求帮助，组织发动小区物业、办事处应急队等40余人进行手工喷药。28日，粘虫疫情基本得到控制。

（安　然）

【十八大知识竞赛】 6月25日，举办学习宣传贯彻党的十八大精神知识竞赛。各社区派出一支代表队参加。竞赛设置抢答题、必答题等环节，最终产生了一二三等奖。

（安　然）

【召开社区优秀网格党员表彰会】 6月27日，召开2013年七一社区优秀网格党员表彰会，共113人参加。会上，总结了街道上半年党建工作，纪工委书记宣读了对57名社区优秀网格党员的表彰决定。

（安　然）

【治理龙门新区违规经营活动】 7月8日，城子街道会同区公安分局东辛房派出所、城子工商所、门城工商所、区城管城子分队、门头沟卫生监督所及社区筹备组和物业人员对龙门新区B1、B3、B4、B9地块内的违规经营活动进行联合执法检查，共出动人员58人，现场责令整改住宅商用5家，拆除户外广告牌9块、广告灯箱2个，清理楼道内装修物料1处。

（安　然）

【“四评一创”工作】 8月1日，召开集中民主测评会，区委组织部、区委社会工委、街道办事处、社区、专业公司等单位近140人参加会议。会上对2012年“四评一创”工作落实情况及2013年街道上半年工作进行了总结；街道科级及以上干部、社区“两委”班子全体成员对区职能部门、街道办事处进行了测评。下一阶段要完成6160户的入户征求意见及测评工作。

（安　然）

【学习区委会议精神】 8月7日，召开学习贯彻区委十一届五次全会精神会议。会上，集中学习了区委书记韩子荣在十一届五次全会上的讲话及《关于全区经济社会发展工作的报告》《关于进一步加强街道和地区办事处工作的意见》等文件精神。

（安　然）

【绿色环保活动】 8月15日，龙门一区启动低碳生活仪式，鼓励居民用废旧物品换取香皂、洗衣粉、洗洁精等生活用品。同时，也展开了“倡导绿色文明　提高环保意识”的宣传活动。

（安　然）

【城乡环境建设工作】 8月19日，区城乡环境办、社会办、环卫中心、区爱卫办组成的联合检查组到城子街道检查指导市容环境卫生及城乡环境建设档案管理工作。检查组听取了街道关于2013年上半年市容环境卫生工作情况的汇告，肯定了街道城乡环境建设档案工作，并就档案科学分类、联合执法制度建设方面提出指导意见。

（安　然）

【规范社区印章管理使用工作】 10月10日，印发《城子街道办事处社区印章管理使用规定》。该规定共20条，内容包含印章管理人员的职责、印章遗失后的办理程序、工作用章范围、出具证明用章范围、管理登记手续、违反规定的责任追究等。

（安　然）

【“宝贝计划”亲子活动】 10月11日，开展“宝贝计划”红黄蓝亲子活动。45名婴幼儿分三个年龄段参加活动。

（安　然）

【“减煤换煤·清洁空气”工作】 截止10月22日，共有15个社区，6758户，15957人需更换无烟煤炉具。

（安　然）

【“门前三包”工作】 截止10月22日，城子街道联合城管部门陆续与辖区100家单位、门店签订“门前三包”责任书，同时悬挂“门前三包”责任公示牌，以调动各商家、单位积极参与辖区环境卫生管理的主动性和积极性，增强守法意识。

（安　然）

【重阳节庆祝活动】 10月，各社区开展重阳节庆祝活动。市场街社区、华新建社区和西宁路社区举办重阳节联欢会；兴民大街社区组织老年人开展游园活动；广场社区和七棵树东街社区举办九九重阳秋季运动会；城子西街社区党支部慰问“四就近”离退休老干部；龙门新区一区举办“圆梦夕阳”歌会；向阳社区的老年人“唱红歌”。龙门新区三区组织开展老年人专题讲座活动。城子大街社区和华新建社区举办老年人健身健步走活动；蓝龙家园社区和七棵树西街社区组织老年朋友参与棋牌比赛活动。

（安　然）

【“大工委”和地区管委会工作】

11 月 6 日，城子街道“大工委”和地区管理委员会成立。12 月 5 日，召开“大工委”和地区管理委员会第一次会议。会上，办事处主任宣读《城子街道关于调整工作机制的实施方案》，对体制改革的具体环节向各成员单位征求意见、建议。

（安　然）

【人大代表会前活动】　11 月 13 日，城子人大代表开展十五届人大四次会议会前活动。人大代表视察了以市场社区为代表的老旧小区改造及新区建设情况，随后在办事处召开座谈会，各位代表对地区内为民办实事项目及 2013 年人大常委会工作给予了肯定，针对 2014 年工作提出了加强拆迁范围内为民服务设施建设的建议。

（安　然）

【开展“国际残疾人日”庆祝活动】　12 月 3 日，召开座谈会，各社区残疾人专职委员总结了 2013 年工作，针对如何解决棚户区改造过程中因搬迁造成的联络障碍等难点问题进行讨论、交流。办事处领导将羽绒服、棉衣裤等节日礼物送到每一名学员手中。

（安　然）

【市社会办检查】　12 月 9 日，市社会办社区建设处副调研员到新老宿舍社区检查验收“一刻钟服务圈”创建工作。听取了新老宿舍及城子街道的汇报。验收小组查看了辖区办公用房、社区环境，走访了定点签约服务商。

（安　然）

【召开网格化数据补采推进会】　12 月 24 日，组织召开网格化系统数据采集补采工作推进会。会上，责任科室听取了各社区关于信息平台运行情况的汇报，针对数据采集补采工作提出要求。

（安　然）

（王晓强）

东辛房街道

【概况】　东辛房街道工委、街道办事处是区委、区政府的派出机构，位于门城地区西部，辖区面积 18 平方公里，东辛房街道现有 19 个社区居委会，户籍人口 12902 户、30178 人，常住人口 7867 户、19352 人，流动人口 4539 人。石门营新区有 4 个社区居委会，入住户 6315 户，入住人口 17790 人。年内，成立街道“大工委”和地区管理委员会，完成社会建设“八个中心”设置和综合执法队组建，明确街道与职能部门的条块关系，强化街道对辖区社会服务管理资源的统筹协调和组织监督。以“美丽社区”创建为契机引领新区建设，指导石门营新区五区、六区、七区开展智慧型社区创建工作、绿色社区创建工作以及垃圾分类示范型社区创建活动。开展文明和谐邻里、绿色文明阳台、“六星文明新家”等评选活动，为新区 205 个单元门悬挂“三大提示八项注意”宣传板，引导居民对美丽社区创建形成共识。做好房屋征收阶段攻坚战，4 月至 8 月，九龙路拆迁项目 1285 户已全部拆除完毕。年内，东辛房地区征收总户数 11410 户中，已签约 11061 户，已审计过件 10678 件，整体过件达到 93.58%。年内，街道工委荣获北京市 2013 年度防范处理邪教工作先进集体荣誉称号。

单位名称：北京市门头沟区东辛房街道办事处
地　　址：北京市门头沟区西辛房大街 50 号
电　　话：69842026　69842067
邮　　编：102300

【环境卫生整治】　1 月 25 日，组织各社区保洁员、居委会干部、党员和社区志愿者对所辖社区周边主马路、街道两侧的垃圾进行集中清理。3 月 6 日，组织 190 余人开展环境整治活动。清理干枝、死杈、落叶、垃圾渣土 26 手推车，清除白色垃圾及树挂 30 余公斤。组织 293 人清理路面积雪、枯枝 1.9 万米，生活垃圾 1.5 吨，卫生死角 22 处，粉刷小广告 300 余条，清除白色垃圾 12 公斤。组织 513 人，清理卫生死角 31 处，杂物垃圾 17 手推车，白色垃圾 23.5 公斤，粉刷小广告 214 条，清扫大街小巷 16 条，擦拭宣传栏 13 处，擦洗健身器材 42 个，垃圾渣土 5 吨，整理绿地 2510 平方米，清理花池子 600 平方米，修建垃圾屋 3 处，修缮健身广场地面 20 平方米。3 月 18 日，召开“2013 年春季环境整治工作动员会”，部署地区春季环境整治工作。此次环境整治行动中，街道在违法、违章建筑拆除整治、开展“门前三包”和公共秩序整顿、推进社区垃圾减量垃圾分类、开展社区环境卫生综合整治、地区公共环境美化以及公厕、垃圾站点保洁六个方面予以整治。截至3月19日，共清理社区卫生死角及排洪沟21处，清运枯枝杂草、垃圾渣土17车，清除小广告241条，捡拾白色污染物7公斤，清扫大街2000余平米。7月31日，组织70余名学生开展暑期环境整治行动，共清理生活垃圾6.1吨，捡拾白色垃圾30余公斤，拔除杂草40余公斤，清扫大街1000余平方米，清除卫生死角30余处。年内，共组织街道干部群众7000余人次，清理树挂及白色垃圾600余公斤，粉刷小广告5600余处。

（王晓强）

【石门营新区召开工作联席会】 1月25日，石门营新区召开第一次工作联席会，商议解决居民购家具难问题。联合北京曲美馨家商业有限公司，为居民购买家具提供专业、全面的家居消费指导，并提供多项优惠措施。3月22日，召开新区联席会与沿街门店商铺负责人签订了“门前三包”责任书，划清“门前三包”范围。

（王晓强）

【消防安全】 1月25日，检查社区消防工作，在物业公司的陪同下检查了消防栓、消防通道、喷淋水泵、蓄水池等消防设施。3月1日，组织60余名居民在石门营六区开展消防演练，区消防支队结合演练和案例讲解日常生活中应注意的消防安全细节、火灾中自救方法和消防器材的使用等知识。15日，联合区消防支队突击检查重点地段、商铺等，要求存在问题的商铺限期整改，并与社区负责人签订《安全责任书》。5月24日，开展消防安全检查，印制居民消防安全责任书1万份、消防安全隐患整改通知书1千份，要求辖区内16个社区居委会逐家入户签订居民消防安全责任书。

（王晓强）

【志愿者服务队进社区】 2月21日，石门营一区请北京志愿者服务队进社区，志愿者们为孤寡老人和行动不便的社区居民进行了居室清洁服务，设置宣传点，悬挂横幅，为社区居民发放“依法、文明、安全燃放烟花”宣传册、“消防安全温馨提示”宣传单等200余份。

（王晓强）

【校外辅导团工作】 2月24日，“朝夕相处”校外辅导团在石门营新区开展活动，教40余名学生诗歌朗诵和快板书的表演技巧，并以十八大精神和家乡变化为主题开展展演活动。8月30日，举办“朝夕相处”校外辅导团成果展示活动，展示活动分为两部分：一是展示了孩子们在辅导团成员指导下完成的书法、绘画、剪纸、布贴画、环保手工作品等210余件。二是由孩子们现场表演了由辅导团成员教授的舞蹈、韩语表演、快板、双簧、抖空竹、打太平鼓等技艺。年内，“朝夕相处”校外辅导团10名辅导团成员共进行了84次辅导活动，受益学生600余人。

（王晓强）

【领导调研】 2月28日，区领导到九龙路拆迁地块调研，实地查看了公路放线情况。3月22日，区流管办领导到新区调研，询问了新区出租房屋和流动人口的管理工作情况并查看了登记册。5月10日，区人口计生委领导到街道调研，街道主管领导对2012年人口计生工作完成情况、2013年创新点以及存在的问题等内容进行了汇报。6月14日，区领导韩子荣到石门营六区视察环境卫生情况，针对入住居民装修较多造成的环境问题，要求街道及六区筹备组采取有效措施，并监督物业公司及时清运装修垃圾，保持良好的小区环境。7月23日，市、区残联就业中心领导到街道调研“残疾人就业相关问题”。街道残联理事长针对辖区残疾人就业的基本情况做了介绍，并与市、区残联领导共同探讨了下一步辖区残疾人就业工作的形势与困难。8月23日，区人大、档案局领导检查街道档案工作，街道领导汇报了街道档案管理、借阅等工作，并展示了街道《成果汇编》《机关调研文章汇编》《工作服务手册》等档案成果。

（王晓强）

【综治维稳】 2月28日，召开全国“两会”安保工作部署会，对各社区在治安防范、安全生产、消防安全、流动人口管理等方面工作提出要求，签订了《2013年东辛房街道两会安保工作责任书》。3月6日，街道信访办巡察社区落实全国“两会”期间安保维稳工作情况，检查了17个社区居委会巡逻值班情况、查看重点人管控情况、全国“两会”维稳材料等内容。11月8日，部署落实十八届三中全会期间地区各项安保维稳措施，开展社会矛盾排查，登记造册，做到底数清情况明。开展信息收集和预警上报工作。充分发挥社区各种组织和群防群治力量，加大矛盾化解力度。对于排查出的问题，通过分析梳理确定能够解决的问题，并对其集中开展攻坚化解工作，有效稳控，确保地区社会稳定。

（王晓强）

【党建工作】　3月6日，召开党风廉政建设工作会和党建工作会，签订了2013年度《党风廉政建设责任书》和《党建工作责任书》。6月28日，开展庆祝中国共产党成立92周年暨“创品牌　树形象　促发展”主题党日活动，街道工委为4个新区党支部进行了授牌，并发放了装有党旗、党徽、《十八大报告》、《党支部工作手册》的“党建工作包”。对19个社区的100名优秀党员、20名优秀党务工作者、10个优秀党建创新项目进行表彰。7月15日，召开党员登记工作动员部署会，对《关于开展党员登记工作的实施方案》进行部署。7月31日起，开展党员教育电视片观摩交流活动，19个社区党支部共举办21场放映活动，组织800余名党员观看《行走在高原上的健康使者》《淤白村的“大河之舞”》《坚如铁、硬如刚、红盾精神铸辉煌》等优秀党员教育电视片。

（王晓强）

【培训教育活动】　3月6日，开展爱耳日宣传活动，组织老年人、残疾人以“爱护听力　关注健康　幸福人生”为主题开展知识讲座，共435人参加，发放宣传材料900余份。15日，组织“全能型社工”法律知识讲座，内容包括案例分析、遗嘱知识的讲解、案件审理等。4月15日，开展档案管理培训，请区档案局工作人员对社区60余名社区工作者进行培训。4月28日，开展党风廉政教育，以展板的形式开展“廉洁奉公、勤政为民”反腐倡廉主题教育活动。利用食堂墙面展示廉政知识和廉政小说。组织机关干部和社区纪检监察员50余人参观《光辉的典范——抗战时期中国共产党党风廉政建设》专题展览。5月17日，组织女性社工参加“社工师”考试培训班，培训内容包括《社会工作综合能力》《社会工作务实》《社会工作法规与政策》，增强女性社区工作者的竞争力和工作水平。10月30日，召开纪检、信访工作培训会。会上，分别讲解了社区纪检委员和信访信息员如何开展工作、社区廉政风险防控管理教育、社区信访代理制工作及注意事项、信访接待工作谈话技巧，并观看了《珍惜岗位远离职务犯罪》系列讲座。12月24日，组织新区党员群众学习十八届三中全会精神文件，请原矿务局党校讲师，以“凝心聚力，共促发展”为主题，结合门头沟区采空棚户区改造和新区建设，为大家解读《中共中央关于全面深化改革若干重大问题的决定》，50余名党员群众参加。

（王晓强）

【走访慰问】　3月6日，街道计生办、妇联开展走访慰问活动，慰问计划生育困难家庭、老妇救会主任、生活困难的“三八”红旗奖章获得者、单亲困难母亲等10类67户困难家庭，发放慰问款4.53万元。5月24日，“母亲节”期间，对辖区内的14位贫困母亲进行走访慰问。6月5日，街道残联对辖区27户残疾儿童家庭进行走访慰问，送去慰问品和节日的祝福。10月12日，在重阳节为54名90岁及以上高龄老人送去慰问品和节日的祝福。12月24日，街道残联发放扶残助学款，为地区困难残疾人本人或残疾人子女就读高中及大专以上院校的学生发放年度内的扶残助学款，共计34人10.5万元。

（王晓强）

【文化体育活动】　3月6日，开展庆“三八”活动，组织以《妇女权益保障法》、《婚姻法》等法律法规和妇女保健知识为主要内容的普法宣传教育活动共计17场次，受益群众700余人。22日，街道各社区在“2013年门头沟区全民健身表演赛”中取得优异成绩。6月5日，开展“同住棚改新社区、共建文明新家园”五月鲜花文艺演出活动，参加居民100余人。9月30日，在石门营新区举办“圆梦安居　美丽社区”文艺汇演，前期共征集以“美丽社区”为主题的原创作品32件，从中选拔出13件优秀作品参与汇演，共140余名演职人员参加，500余名居民到场观看。11月29日，组织社区参加区“群众健身项目精品展示”赛并获得好成绩，七区“全家福花棍表演队”以《最炫民族风》获得第一名。

（王晓强）

【房屋征收工作】　3月15日，街道落实“五项机制”保证房屋征收审核阶段工作任务完成，已累计报件10105件，报件率达到97.77%，累计审核过件数8572件，审核过件率达到82.94%。8月30日，完成九龙路项目滞留户房屋腾退工作，项目涉及的472户滞留户全部实现房屋腾退。12月31日，区领导到街道调研房屋征收收尾工作进展情况，听取了街道分指挥部负责人及区派督导组组长的工作汇报。年内，东辛房地区征收总户数11410户中，已签约11061户，已审计过件10678件，整体过件达到93.58%。

（王晓强）

【人口和计划生育】　3月15日，

举办“关注女孩、关注健康”知识讲座，传播新型生育观念，动员全社会参与关爱女孩的活动。加强打击“两非”的宣传。各社区利用板报、橱窗、文化墙等宣传载体，开展打击“两非”宣传活动。强化流动人口服务管理工作。5月24日，召开2013年人口和计划生育工作大会，会上总结了街道2012年人口与计划生育工作情况，部署了2013年的工作。与辖区10个单位、19个社区的主要负责人签订《2013年度人口和计划生育目标管理责任书》。7月15日，开展世界人口日主题活动，发放宣传资料5000余份、避孕药具800余盒，接受咨询500余人次。10月30日，街道开展“10.28”男性健康日活动，下发宣传材料1200余份，避孕工具400余盒，宣传用品300余份。邀请专业医生针对男性健康方面的知识举办健康教育知识讲座8场。

（王晓强）

【就业招聘工作】 3月15日，社保所、残联举办残疾人专场招聘会，提供就业岗位55个，有60余名残疾人参加，其中30余人达成初步就业意向。7月15日，举办新区招聘会，共有物美、灵之秀等32家企业参加，提供会计、文员、导购、电工等374个岗位，到场求职者600余人，有166人达成就业意向。

（王晓强）

【做好巡视组接待工作】 3月22日，召开区委巡视一组巡视东辛房街道反馈会，区委巡视一组组长宣读《中共门头沟区委巡视一组关于对东辛房街道工委办事处开展巡视工作情况的反馈意见》，就巡视工作进行部署。

（王晓强）

【护林防火工作】 3月23日起，街道组织义务护林员上山巡逻。30日至31日，全体机关干部停休，共划分5个责任区，每日7：00至11：30进行上山巡逻。清明节期间共组织1000余名义务护林员进行巡视。

（王晓强）

【“援助月”活动】 4月15日，社保所向400余人宣传了低保政策、低收入家庭帮扶政策、低保人员医疗救助政策、低保家庭供暖救助、低保家庭高等教育新生入学救助政策等。发放宣传折页2400余份，为15人提供咨询。28日，开展独生子女伤残、死亡家庭特别扶助工作，扶助独生子女死亡家庭26人。扶助独生子女伤残家庭57人。4月28日，首次给烈士子女发放定期生活补助金，经过对地区内符合条件的烈士子女进行登记审核后，2名烈士子女领到了定期生活补助金。

（王晓强）

【做好H7N9禽流感防控工作】 4月19日，对所辖区域内的家禽和畜牧动物等及时排查摸底、登记在册，积极协助防疫部门对辖区内的5户14只鸡以及1户4只羊等进行了免疫处置。通过板报、橱窗、张贴宣传画等形式，向居民宣传H7N9禽流感防控知识。做好散养户的细节管理和每日巡查，及时核实每天变化动态。

（王晓强）

【“五四”青年节活动】 4月27日，开展“五四”青年节活动，以“青春在行走，跃动‘碳’索行”为主题，开展登山、捡拾白色垃圾活动，并邀请机关老同志为青年团员们讲述他们的“激情燃烧的青春岁月”，一起共话中国梦。

（王晓强）

【成立“‘8090’社工联合会”】 4月28日，成立“‘8090’社工联合会”，通过“社工联合会”会长竞职演讲，面向全体社区工作者进行《假如我是联合会会长》征文活动。从56名社工的征文中筛选出较为优秀的29篇进行竞职演讲初赛。再从初赛选手中选取前15名选手进行复赛。选出社工联合会会长。

（王晓强）

【防灾减灾工作】 4月28日，开展防震减灾宣传活动，发放《公众地震应急避险要诀》《防震减灾科普知识读物》、《地震知识百问百答》等防震减灾宣传材料150余份，共计100余人参加。5月17日，开展防灾减灾工作，宣传活动共发放《公众地震应急避险要诀》、《防震减灾科普知识小卡片》等宣传材料1200余份，受益群众400余人。

（王晓强）

【违建拆除工作】 5月17日，会同区政法委、城管大队、规划分局、东辛房派出所等单位联合行动，对滑石道大街116号安康小区后院违法建设的平房进行了集中拆除，共拆除违法建筑1720平方米，至此，此处所有的3117平方米违法建筑被分三次依法进行集中拆除。

（王晓强）

【政策法规宣传】 5月17日，启动“信访宣传月”，发放《信访须知》、《北京市信访条例》等宣传材料1000余份、宣传品400余件，展示宣传展板10块，解答法律咨询20余人次。6月28日，开展“6.26”国际禁毒日宣传活动，举办禁毒知识讲座，从毒品的种类、危害、预防3个方面强调了全民禁毒的重要性和必要性。10月30日，开展棚改安置房趸租趸购宣传工作，通过张贴《禁止安置房违规上市私下交易的公告》和《关于严厉禁止为棚改安置房提供非法经纪服务的通知》和发放宣传单等形式，营造宣传氛围。12月10日，开展“12.4”全国法制宣传日活动，向社区居民发放法制宣传材料共计800余份。

（王晓强）

【防汛工作】　5月24日，召开2013年防汛工作专题会，传达了区政府关于年内防汛工作的总体部署和要求。听取包片副职领导和包社区科长对所包社区的防汛工作汇报。6月5日，召开2013年防汛工作动员会，机关干部60余人参加会议。办事处领导对防汛工作提出了“十要十确保”的具体工作要求。28日，开展社区防汛督查工作，督查小组到各社区听取居委会负责人汇报防汛工作，并查阅相关防汛工作档案，查看防汛物资，了解防汛队伍建设、防汛责任书签订情况等。

（王晓强）

【为民办实事工程】　5月24日，制定《社区微小工程实施管理办法》。规定20万元以下的建设工程均适用此办法。建立社区微小建设工程施工单位库。在每年年初确定入库的施工单位，清退不合格的施工单位。成立社区工程质量监督小组。负责工程施工前、施工中及施工完成后三个阶段的工程质量监督。成立社区微小工程监察小组。通过以上措施的实施，使河南街小广场菜市场工程资金节约50%。

（王晓强）

【残联工作】　5月24日，开展“全国助残日”活动，以“关注弱势群体，服务社区群众”为主题。请熊猫摄影队为100余名残疾朋友拍摄集体照、家庭照和证件照。11月8日，组织6名运动员参加区级象棋比赛，分别取得第一名，第二名，第三名的好成绩。8月30日，街道残联为地区内9名义务教育阶段贫困残疾学生发放补助，每人1000元。同日，街道残联为地区残疾人安装200件无障碍设施。完成伤残特扶家庭意外伤害保险参保工作，为符合参保条件的30户家庭代办了意外伤害保险，惠及64人。

（王晓强）

【“我的梦·中国梦”宣讲活动】　6月14日，开展“我的梦·中国梦”宣讲活动，组建宣讲团，成员包括普通社区居民、大学生社工、社区干部，宣讲内容为街道内、社区内的人和事，如：社区舞台梦、美丽社区梦、安居乐业梦、文明和谐梦等。组织宣讲活动8场，参与居民510余人。

（王晓强）

【安全检查工作】　6月28日，开展餐饮企业燃气安全检查，联合区燃气办、安监局、工商、消防等部门对辖区内使用燃气的餐饮企业进行检查。共抽查餐饮企业5家，发现安全隐患4处。要求餐饮企业负责人严格执行燃气安全管理规定，对于自身的安全隐患及时整改，确保不发生燃气泄漏等危害生命的安全事。7月31日，开展新区电梯安全情况大检查，协同区质监局、新区工作组检查运行的78部电梯的工作档案，并抽查了5部正在使用的电梯。针对新区运行电梯的具体安全问题做出了分析，提出有效的解决方案和实施步骤，各部门将协助实施和监督。10月30日，街道全面开展冬季取暖安全大检查，出动12个社区的100余名社区干部检查2800余户居民家中取暖安全情况，发现已经取暖的住户共计30余户。检查出烟筒安装不合格、未装风斗等各类安全隐患10余起，已全部整改。12月24日，召开2014年烟花爆竹工作部署会，宣读了《2013年元旦、春节烟花爆竹安全管理工作方案》。签订烟花爆竹安全管理责任书。

（王晓强）

【非公企业建会工作】　10月18日，街道加强非公企业建立工会组织工作，采取10人以上非公企业单独建立工会。规模较小、暂不具备单独建会条件的，建立联合工会。既不符合单独组建又不适宜联合组建的，挂靠所在地的社区工会。年内，共建立独立工会47个，建立联合工会1个。

（王晓强）

【预防煤气中毒工作】　11月8日，召开预防煤气中毒工作部署会，宣读《街道2013至2014年度预防煤气中毒工作方案》。签订了《预防煤气中毒安全责任书》。街道购置3000台一氧化碳报警器。确保年度煤气预防工作实现100%覆盖。

（王晓强）

【停车场改建工程】　12月24日，开始对涉及滑石道、西辛房、河南街3个社区，包括15个地块，总面积约22620.5平方米进行整治改造。其中环境整治地块8块，约7506.5平方米，停车场地块7块，约15114平方米。

（王晓强）

【水库移民】 12月24日，完成47名水库移民人员补助发放工作，共发放款项26320元。

（王晓强）

【“为民服务平台”工作】 年内，街道接区为民服务中心转办事项共计111件，已全部办结。

（王晓强）

【街道招商引资情况】 年内，共引进企业235家，注册资金共计21493万元。按投资额划分1000万的2个，600万的1个，502万的1个，500万的7个，311万的1个，308万的1个，300万的7个，200万的5个，100万48个，81万的1个，80万的2个，50万的99个，30万的17个，20万的26个，10万的14个，6万的1个，5万的1个，独资的1个。按行业划分，商贸业87个，商务服务业24个，建筑装饰装修业31个，科技业58个，社会服务业35个。

（王晓强）

大台街道

【概况】 大台街道位于区境西南部，西部与斋堂镇毗邻，北部与雁翅镇接壤，东部与王平镇（包括原北岭范围）为邻，西南部与房山河北、佛子庄、大安山等乡镇交界，辖区面积80.9平方公里，下辖9个社区居民委员会，总人口约1.8万人。其中户籍人口约1万人，流动人口约8000人；现有基层党支部11个，党员602人。

年内，完成全年工作任务。一是全力改善地区发展环境，开展沟域生态治理工程，取得显著成效；二是全力提高社会建设水平，合理高效利用500万社会建设资金，推进地区公共基础设施建设和精品社区建设；全力维护地区安全稳定，辖区各单位联勤联动，构筑“大综治”“大维稳体系”；推进社会管理服务的规范化、精细化、特色化和效能化，全面落实各项民生政策，社区创建成效显著。街道工委、办事处把着力解决群众反映的热点难点问题作为工作的出发点和着力点，带领广大党员干部为实现“三个大台”建设作出积极的贡献。

单位名称：北京市门头沟区人民政府大台街道办事处
地　　址：北京市门头沟区大台街道大台路8号
电　　话：61870460
邮　　编：102303

（麻鹏信）

【一报告两评议工作】 1月3日，召开“一报告两评议”民主测评会，工委书记作年度干部选拔任用工作情况专题报告，机关全体行政和事业人员对街道干部任用选拔工作和新提拔的领导干部进行民主测评。

（麻鹏信）

【举办体育项目比赛】 1月14日，在大台井体育健身馆举办第三届“和谐杯”乒乓球比赛，辖区各单位、各社区的50余名选手参加比赛，比赛决出团体和男女单打三个项目冠、亚、季军。11月15日，举行第三届“怡然杯”象棋比赛，每个社区派出3名选手参加，最终决出冠、亚、季军3名，活动有地区文体协会承办。

（麻鹏信）

【社区民主公开日活动】 1月17日，各社区党支部、居委会举行民主公开日活动，通过党务、居务公开栏公示2012年社区党支部、居委会各项经费收支和使用情况。各社区向党员和居民汇报总结了2012年各项工作的开展和落实情况，两委班子及成员接受了党员和居民代表的民主测评，认真听取党员和群众提出的意见和建议。

（麻鹏信）

【召开综治安全工作协调会】 1月24日，召开地区春节期间综治安全工作协调会，辖区各执法单位负责人出席，共同商讨地区春节期间的综治和安全工作。

（麻鹏信）

【举办文艺汇演】 1月25日，举办“魅力京西，怡然大台”新春联欢会，所有参演节目均有由机关和社区自编自导自演，街道工委、办事处领导班子成员和辖区各单位主要领导出席，现场500余名群众观看了演出。5月17日，在黄土台社区文化大棚举行“关爱生命、怡然大台”助残日文艺演出活动，演出节目由温馨家园学员和社区自编自导自演。6月28日，召开纪念建党92周年暨“怡然情·大台梦”文艺演出。有大合唱、独唱、相声、哑剧等。地区500余名观看演出。

（麻鹏信）

【春节慰问】　1月29日，社工委书记慰问地区2户困难群众，为他们送去新春祝福和慰问品。2月4日，街道工委、办事处领导班子成员到社区困难群众、困难优秀党员家中走访慰问，送去慰问金和慰问品。

（麻鹏信）

【文化遗产保护协会挂牌】　1月29日，在大台街道千军台社区板桥大队院内，举行大台地区文化遗产保护协会挂牌仪式。

（麻鹏信）

【上级部门检查指导工作】　1月30日，区纪委检查组一行到大台街道检查指导2012年度党风廉政责任制落实情况，听取纪工委书记工作汇报，并对2013年工作开展进行指导、提出建议。3月18日，市委社会工委到落坡岭社区检查指导规范化社区建设工作，检查各类档案资料和经费使用情况。4月10日，区防汛办检查指导地区防汛工作，实地检查了各类防汛工程进展，听取街道工委、办事处关于防汛工作安排部署工作汇报，对地区防汛工作提出了建议。12日，区委社会工委一行检查指导500万元社会建设资金使用情况，听取工委书记的资金安排计划汇报，实地查看菜台湿地公园工程情况。4月17日，区规划局一行检查指导工作，实地查看规范化社区办公楼建设情况，对地区规划制定工作提出指导性意见和建议。5月28日，区文委检查指导益民书屋建设情况，实地查看了双红社区的益民书屋具体情况。7月12日，市人保局一行街道检查指导“两规范一提高”工作，听取街道工委书记、区人保局局长的工作汇报，实地查看了社保所和行政服务中心两个服务大厅。11月29日，区文委检查指导2013年文化工作，听取街道2013年文化工作汇报，文委领导、各镇街文化中心主任参加活动并为街道文化工作打分。

（麻鹏信）

【幡会活动】　2月21日，召开幡会活动专题协调会，区有关部门、辖区主要单位、社区负责人参加会议，专题研究幡会活动各项具体事宜。24日、25日，千军台、庄户举行一年一度的幡会活动，活动有地区文化遗产保护协会承办，街道办事处提供保障和服务。活动吸引了数千名游客和摄影爱好者，在北京市庙会、灯会、文化活动评选中获得非议项目展演奖。

（麻鹏信）

【召开协调委员会工作会】　3月4日，召开2013年度地区公共事务管理协调委员会工作会，研讨2013年度协调委员会重点工作，各成员单位主要负责同志参加会议并发言。6月8日，在召开大台地区公共事务管理协调委员会防汛专题会，研究部署2013年防汛工作，明确辖区各单位职责分工，做到联勤联动、反映迅速、落实到位。辖区各单位主要负责同志和机关科室负责人参加。

（麻鹏信）

【召开地区工作部署会】　3月5日，召开2013年地区工作部署会，会议总结2012年全年各项工作完成情况，部署2013年全年工作，机关全体工作人员、社区“两委”班子成员参加会议。

（麻鹏信）

【召开党风廉政建设大会】　3月5日，召开2013年党风廉政建设大会，会议总结2012年党风廉政工作落实情况，部署2013年各项工作，机关全体工作人员、社区“两委”班子成员参加会议。

（麻鹏信）

【“三八”妇女节活动】　3月8日，办事处机关举办女性心理疏导讲座；玉皇庙社区组织100余名在家待业的妇女参加社区“庆三八”丝袜花制作技能培训；大台社区开展“妇女保健康”健康知识讲座；双红社区举行“迎三八”低碳徒步走活动；桃园社区开展50岁以下托球与60岁以上丢沙包的健身活动。

（麻鹏信）

【安全维稳研判会】　3月12日，召开2013年全国“两会”安全维稳研判会，对辖区各类安全隐患和涉稳事件进行研讨，制定应对和解决方案，确保“两会”期间社会面安全稳定。

（麻鹏信）

【召开“百日行动”动员会】　3月21日，举行大台地区第四届环境综合整治百日行动动员会，会上主管领导汇报了前三届百日行动取得的成果，部署第四届百日行动具体工作安排，木城涧物业分公司、桃园社区、大台社区作表态发言，工委书记作动员讲话。辖区各单位主要负责人同志，各社区居民代表500余人参加动员大会。

（麻鹏信）

【市、区领导调研、慰问工作】 3月26日，区领导到大台街道调研地区水环境及减排工作，实地查看了沟域生态治理工作和地区污水处理厂等设施。4月3日，区领导调研沟域生态治理工作，实地查看菜台、樱桃沟、灰地等地的工程进展。5月3日，区领导韩子荣调研，先后考察了清水涧沟域、菜台湿地公园工程、灰地社区路面硬化工程和玉皇庙社区居委会。8日，区领导调研污水厂建设项目情况，听取大台街道的情况汇报。13日，区领导检查指导“两规范一提高”试点工作。23日，市国土资源局检查地质灾害排险除险工作，实地查看了灰地地质灾害隐患。30日，区领导调研沟域生态治理工程和防汛工作，实地查看了菜台湿地公园、樱桃沟街心公园、灰地广场等地，对大台街道的整体工作表示满意。6月17日，市领导视察地区公租房建设和地质灾害预防情况，听取具体工作汇报，实地查看怡然广场和玉皇庙公租房，区领导韩子荣等陪同。6月27日，区领导到大台走访慰问了双红社区党支部。8月2日，区领导韩子荣调研沟域治理和社区建设，实地查看大台湿地公园和桃园社区，肯定了大台街道取得的成绩。

（麻鹏信）

【举办新党章解读专题讲座】 3月26日，请区委党校教师，举行学习贯彻党的十八大精神——新党章解读专题讲座，重点对党章的修改部分进行讲解。全体机关工作人员、社区“两委”班子成员参加。

（麻鹏信）

【召开清明防火专题工作会】 3月27日，召开清明防火工作专题会，部署清明节期间防火工作，要求各包居领导和干部到社区一线指导和监督防火工作。

（麻鹏信）

【召开沟域治理工作专题会】 4月2日，召开沟域治理工作专题会，研究部署清水涧至灰地段沟域治理工作，重点讨论菜台湿地公园建设方案和沟域绿化美化方案。

（麻鹏信）

【举办职工互助保险培训】 4月8日，召开大台街道总工会职工互助保障培训会，请区总工会相关负责人员为街道和社区工会负责讲解各类职工互助保险有关情况。

（麻鹏信）

【举行宣讲活动】 4月10日，举行“好人故事·身边雷锋”宣讲活动，区宣讲团团员宣讲。6月28日，联合区“我的梦·中国梦”宣讲团，在木城涧煤矿大台井礼堂举行专题报告会，区宣讲团的4名宣讲员和大台街道办事处的2名宣讲员为地区500余名党员、群众参加。宣讲人包括退休干部、退休职工、社区工作者、民营企业家和机关干部。8月1日，举行大学生村官宣讲团大台专场，4名大学生村官围绕“中国梦”做宣讲。

（麻鹏信）

【植树活动】 4月19日，在清水涧、天马轴承厂区周边、菜台、三孔桥等地段，开展“居民共建、街企共建”大规模植树活动，办事处联合区内驻区部队、木城涧煤矿、天马轴承有限公司等辖区单位，广泛发动社区党员干部，包括战士、职工、居民在内的500余人参加植树活动，栽植各类树苗1600余株。

（麻鹏信）

【外出参观学习】 4月25日，组织机关干部、社区两委班子成员赴抗日战争纪念馆参观“解放战争时期党风廉政建设”展览。27日，组织社区“两委”班子成员参观定都阁、永定楼、“永远的雷锋”展览，参观结束后大家广泛地交流参观学习体会。7月5日，组织机关党员到平西情报联络交通站参观学习，重温入党誓词，现场交流参观体会。

（麻鹏信）

【人大代表接待选民活动】 5月28日，在玉皇庙社区活动室举行大台团人大代表联系群众接待选民活动，与会代表认真听取各位选民的意见和建议，表示会积极向上级部门反映，尽快解决选民关切的问题。

（麻鹏信）

【青少年七彩课堂活动】 6月3日，联合大台中心小学唐家坟分校，开展“学习知识、展示梦想”为主题的七彩课堂活动。由街道团工委青年志愿者为70名小学生讲解小学生计算机基础知识，课上向小学生分发梦想征集卡，对小学生进行正确的引导，鼓励小学生敢于畅想梦想、敢于实现梦想。

（麻鹏信）

【广场舞比赛】 9月30日，在怡然广场举行“舞健康、展民俗风”怡然系列广场舞比赛，9个社区派出了各自代表队参加，活动邀请文委专家作为评委。

（麻鹏信）

【0－3岁宝贝计划亲子活动】 10月21日，举行0岁－3岁宝贝计划亲子活动，请红黄蓝专业早教机构的老师为40个幼儿家庭提供专业的早教培训，开展示范早教活动。

（麻鹏信）

【团员活动】 11月11日，组织地区30余名团员青年参观园博园。

（麻鹏信）

【召开妇女联合会代表大会】 12月6日，举行大台街道妇女联合会第十届代表大会，会议通过差额无记名投票的方式，选举产生了新的妇联主席、副主席和其他执委会成员。

（麻鹏信）

【召开违法出租治理工作现场会】 12月27日，在桃园社区召开房屋违法出租治理工作现场会，发出倡议，引导社区房屋出租人严格按照有关规定出租房屋。办事处、派出所、物业分公司主要领导、社区40余名出租人参加活动。

（麻鹏信）

【精品社区建设】 年内，完成4个精品社区建设工程。投入资金300余万元，通过招投标方式，全面提升落坡岭、桃园、黄土台、千军台4个社区的基础设施，对社区道路、绿化、美化以及文化活动场地、安全防护设施、环境卫生设施等方面进行改造，硬化社区道路1.5万平方米，修建花池苗圃15个，种植各种花卉2000株，建设停车位100余个，改造垃圾仓21个；新建千军台社区休闲广场700余平方米及候车凉亭1座。

（麻鹏信）

【就业工作】 年内，为社区群众提供就业、退休政策服务470人次，办理就业手续76人次，新增城镇登记失业人员201人，进行职业介绍服务20次，职业指导服务173次，接收失业人员转入档案180份，为40人办理享受优惠政策手续，为35人办理退休手续。“零就业家庭”保持动态为零，并实现劳动网格化监察100%。

（麻鹏信）

【打击非法私挖盗采】 年内，出动日常巡查400余次、1600余人次，突击夜查100余次，组织开展联合执法13次，联合派出所清理流动人口20余次。

（麻鹏信）

【人民调解工作】 年内，受理群众来信来访160件批次，同比下降30%。调整12个人民调解委员会，共配备各级人民调解员171名，参与排查工作50余次1000余人，调处民间纠纷91件涉及199人。完善61696156为民服务平台接收、流转、督办流程，92件转办服务事项全部按时办结。受理、录入网上审批事项1909件，办结率为100%，群众满意率100%。

（麻鹏信）

【“两规范一提高”试点工作】 年内，被定为全市“两规范一提高”试点单位。对社保所和行政服务中心进行了软硬件升级。全新改造了大厅环境，配备新的办公设备，完善服务设施。完成了《大台街道行政服务手册的汇编》修订工作。各项创建工作全部完成，得到了市区有关单位的高度评价。

（麻鹏信）

【召开燃气安全检查】 年内，配合区执法部门及单独检查开展对餐饮场所燃气安全、商品交易市场、建设工程领域、“六小单位”安全用电气等方面大检查103次，检查发现安全隐患问题29起，整改29家。

（麻鹏信）

【消防工作】 年内，对重点行业、建筑施工等单位加大消防安全监管力度及重点时段（清明节）的防火力度，对辖区82家“六小单位”进行“网格化”排查整治。在此期间共计组织开展103次268人的各项消防检查，查处不安全隐患70处，现场纠正41处，签发隐患整改通知书29份，整改率达100%。

（麻鹏信）

【预防煤气中毒】 年内，辖区内有取暖户3582户、常住居民1354户、流动人口2228户；煤火取暖器具1823户（其中炉具取暖为1587户、土暖气取暖户210户、土炕取暖户为26户），共计签订《预防煤气中毒安全责任书》3500余份，悬挂横幅9条，发放《防煤气中毒一封信》5000余份，受教育群众达1万余人次，实现了事故率、死亡率两个零指标。

（麻鹏信）

【综合治理】 年内，共投入各类群防群治力量39513人次。其中，警力730人次，治安巡防队员870人次，治安志愿者25587人次，流动人口管理员1206人次，其它群防群治力量1.112万人次，确保了重点时段重点区域平安稳定，未发生各类突发事件。

（麻鹏信）

【为民办实事工程】 年内，平整、硬化休闲广场1300平方米；完成市政便民工程千军台西口道路和派出所、大台医院路段的硬化工程16837平方米；修建候车凉亭1座；安装照明灯50盏；修整加固护坡4400平方米；新建、改造公共厕所4座；协调京煤集团将大台医院至大台邮局路段外延2米，道路扩宽至10.2米；完成水务防汛工程千军台护墙、西洼排水改造工程；安装社区防汛无线广播喇叭33套；对桃园老办事处废旧房屋进行改造、装修，为老年文化活动中心和文体协会等组织提供了办公、活动场所。

（麻鹏信）

【交通安全】 年内，检查过往施工工程农用车载人事件共计7次，教育驾驶员人数7人。有效配合检查站对超载超限、可疑车辆进行监督检查，共排查可疑车辆13辆。

（麻鹏信）

【计划生育工作】 年内，辖区常住人口13309人，其中户籍人口5789人，流动人口7520人。已婚育龄妇女3170人，其中户籍741人，流动2293人。街道当年出生65人，其中户籍出生55人，出生率84.6%，政策生育率100%；流动出生10人，出生率15.4%，政策生育率90%。

（麻鹏信）

【住房保障工作】 年内，廉租房（实物配租）共发放审核表10户，市备案通过总计118户，配租81户；廉租房（租金补贴）发放审核表13户，市备案通过总计47户；经济适用房发放审核表20户，市备案通过总计167户，已配售44户，终止118户；限价商品房发放审核表52户，市备案通过总计157户，39户已配售住房，终止9户。

（麻鹏信）

【社会化管理工作】 年内，为35名失业人员办理退休手续，死亡减少17人。实现社会化管理的退休人员共计750名。无保障老年人，减少14人，现有343人。参加城乡居民基本医疗保险参保1690人，其中老年人1115人；小孩242人，对比去年增加了20人，都是本市新生儿人员；无业居民333人；报销药费共计149份。北京市社保卡服务网点社保卡正式挂失与补卡办理54件，卡申领办理38件，补换卡领卡38件。北京市城乡居民社会养老保险，参保人数467人，其中新参保32人，续保435人，正常给付33人，延期缴费5人。

（麻鹏信）

【育龄妇女孕检】 年内，与木城涧煤矿联手，为地区流动已婚育龄妇女1323人进行检查，其中963人享受免费服务，在孕检中还查出计划外怀孕5人。开展宣传服务活动，发放宣传材料和宣传品2000余份，避孕药具800余盒。

（麻鹏信）

【下属事业单位】

单位名称：北京市门头沟大台街道办事处社会保障事务所（社区服务中心）
地　　址：北京市门头沟区大台西洼
电　　话：61870315
邮　　编：102303

（麻鹏信）

乡　镇

潭柘寺镇

【概况】　潭柘寺镇位于门头沟区东南部，全镇总面积 81 平方公里，总人口 1.2 万人，全镇现有 31 个党组织（含非公党组织 3 个），其中农村基层党组织 12 个，党员 944 名（含预备党员 27 人），农村党员 857 人，入党积极分子 57 人。全镇有“五个好”村党组织 7 个，非“五个好”村党组织 5 个。

镇内矿产资源以叶腊石、煤、石灰石、石英石等为主，特别是叶腊石，品位高，并有较高的知名度，主要分布在赵家台村，叶腊石原料及叶腊石制品销往全国各地。旅游资源丰富，千年古刹潭柘寺和八奇洞位于镇域内的北部。镇域内可开发的旅游资源较多，有桑峪村广慧寺、南辛房村天门山、南村溶洞、鲁家滩村西明朝开国元勋徐达之子徐增寿之墓等。

年内，全镇围绕中心区开发建设的中心任务，全面加强基础设施和城乡环境两个建设，着力打造以旅游度假、禅修养生、商务休闲为主的三大产业集群，坚持安全稳定、民生保障、文化建设、招商落地四项工作常抓不懈，抢抓机遇，克服困难，开拓进取，狠抓落实，全镇经济社会保持良好的发展势头，较好地完成了全年各项任务目标。

年内，实现经济总收入 6.83 亿元，同比增长 8.1%；实现农民人均劳动所得 11926 元，同比增长 8.2%；完成区级财政收入 2650 万元；完成固定资产投资 10.95 亿元。

单位名称：中国共产党北京市门头沟区潭柘寺镇委员会
北京市门头沟区潭柘寺镇人民政府
地　　址：北京市门头沟区潭柘寺镇
电　　话：60860600
邮　　编：102308

（李淑鑫）

【农民工送锦旗】　1 月 6 日，两名在潭柘寺镇务工的农民工将锦旗送到社保所，感谢镇社保所为他们维权追讨欠薪。2012 年镇社保所共解决劳务纠纷 12 起，为农民工讨回工资 97 万余元。

（李淑鑫）

【无偿献血活动】　1 月 11 日，开展 2013 年度无偿献血活动，100 余名村民参加。通过体检、化验、采血，最终有 83 人符合献血标准，共采集各种血型 83 袋，累计献血量 16600 毫升。

（李淑鑫）

【党建检查】　1 月 14 日，区委“三级联创”检查指导组到对创建工作进行检查指导。听取了镇党委“三级联创”创建报告和桑峪村、平原村“五个好”创建工作汇报，并实地查阅了相关档案材料。

（李淑鑫）

【召开民主生活会】　1 月 15 日，召开以“学习贯彻党的十八大精神，进一步改进工作作风，紧密联系群众，为民务实清廉”为主题的领导班子党员干部民主生活会。全镇 14 名班子成员围绕主题，开展批评与自我批评，对班子成员和单位工作，进行客观、中肯的评议。9 月 18 日，召开 2013 年处级领导班子廉洁自律专题民主生活会。

（李淑鑫）

【民主日活动】 1月18日，镇各村召开2013年第一次民主公开日活动。各村根据实际情况，进行了党务、村务和财务公开，“两委”班子成员述职述廉，明确“两委”班子任期承诺事项，村务监督委员会通报民主监督情况，村民代表报告履职情况，点题公开，民主决策村级重大事项，现场民主评议等八项工作，为村委会换届选举工作奠定了基础。7月24日，镇各村召开2013年第二次民主日活动。围绕“深化考核，践行承诺，推动发展”的主题，各村进行党务公开、财务公开、村务公开和村“两委”班子及成员任期承诺，组织村“两委”班子及成员进行年中考核。

（李淑鑫）

【中心区供水干线工程】 1月，启动2013年中心区供水干线工程。工程规划由门城地区引水至潭柘寺镇中心区，管道起端为永定镇苛萝坨，最终接入潭柘寺镇中心区。项目总投资17589.65万元，工程包括供水加压泵站、配水加压泵站、调节水池、供水管道敷设四个部分。

（李淑鑫）

【慰问活动】 2月6日，镇包村领导、包村干部、村干部对辖区12个村的困难党员、建国前老党员、残疾人、优抚对象、烈士子女、超转人员、社救对象、城市低保户、农村低保户、五保户等困难群众进行走访慰问。向847户、1289名困难群众发放春节慰问金和一次性生活补贴668560元。8月1日，镇党政主要领导带队到66019部队、61416部队、93534部队和潭柘寺消防中队，实地参观部队营地，了解官兵们生活情况，为他们送去慰问金和节日祝福。9月9日，镇主要领导到镇中心小学、潭柘寺中学走访慰问。

（李淑鑫）

【预防煤气中毒】 2月25日，为全镇2100余户煤火取暖户免费购买一氧化碳报警器，并由派出所治安巡防员逐户上门安装。

（李淑鑫）

【文化活动】 2月25日，赵家台村、南辛房村的锣鼓队、秧歌队在镇文化广场开展文化汇演，庆祝元宵佳节。6月25日，镇2013年农村“文艺演出星火工程”正式启动。北京隐形翅膀艺术团分别在鲁家滩、赵家台、贾沟、草甸水等4个村举办4场演出活动。

（李淑鑫）

【召开维稳工作会】 2月27日，召开维稳工作会。镇机关工作人员、各村两委班子成员、驻镇单位负责人共70余人参加会议。会上，传达了《潭柘寺镇2013年全国“两会”信访维稳工作方案》《关于做好“两会”期间越级上访人员劝返处置工作应急预案》等文件精神。会后镇党委书记分别与包村副职领导、各村书记、主任科室负责人签定了《潭柘寺镇信访维稳责任书》。4月18日，召开第九届村委会换届选举动员部署会。镇机关包村干部、各村两委班子成员、镇人大代表、大学生村助理等110余人参加会议。11月4日，召开全镇森林防火动员会。镇科级以上干部、各村书记主任、森林防火工作负责人参加会议。11月15日，召开村级党组织后备干部选拔工作动员会。结合全镇实际，对加强村级党组织后备干部队伍建设和2013年村级党组织后备干部选拔工作进行动员部署。12月13日，召开农村产权交易平台预审协调工作会议。镇主要领导及司法所、小城镇办公室、经管站等相关部门及负责人参加了会议。

（李淑鑫）

【志愿服务活动】 3月4日，镇团委开展“青春映夕阳”学雷锋志愿服务活动。组织15名青年志愿者到潭柘寺镇敬老院，为老人们打扫卫生、整理房间。

（李淑鑫）

【培训活动】 3月6日，镇妇联联合区妇联开展“学习贯彻十八大、服务妇儿办实事、共建美丽门头沟——送技术进农村”活动。北京绿山谷芽菜有限责任公司老师为潭柘寺镇70余名农村妇女教授种植芽苗菜的相关技术。3月28日，举办深入学习和掌握党的十八大精神培训班。邀请区十八大讲师团老师进行党的十八大报告辅导解读。镇全体机关干部、各村“两委”班子成员，大学生“村官”共计100余人参加培训。7月25日，举办新一届村“两委”干部培训班。通过《如何加强农村财务管理》《廉洁履职、清廉为民》《全镇控制性详细规划介绍》及《村干部工作目标考核办法解读》等内容向全镇12个村的“两委”干部和村务监督委员会成员共90余人进行了培训。26日，组织40余名镇机关团员青年和大学生村官开展素质拓展培训。8月8日，组织召开镇村两级财务制度培训会。邀请区经管站相关人员对《关于建立农村产权交易中心的意见》进行讲解说明。30余名农村财务管理人员、村级报账员参加培训。9月6日，举办区镇村干部国土资源法律法规知识培训。镇政府相关领导、各村两委干部及镇执法队80余人参加培训。区国土分局的相关专业人员就土地管理法律法规政策、违反土地管理规定行为处分法，矿产资源管理等内容进行讲解，并分析了当前国土资源管理的形势与存在的重难点问题。11月15日，召开村级廉政风险防控管理教育培训会。镇全体班子成员、包村领导和12个村的两委干部参加培训。

（李淑鑫）

【任职承诺大会】 3月23日，召开新一届村党支部书记任职承诺大会。全镇12个村的村“两委”班子成员、党员代表、村民代表、普通群众代表共计500余人参会。现场听取了12个村的新一届村党组织书记任职承诺。

（李淑鑫）

【植树活动】 4月2日，第13届“京西植树生态游”活动在潭柘寺镇定都峰景区正式启动。全区的团员青年、环保志愿者、友好单位青年共200余人参加活动，种下200余棵树苗。4月3日，西城区纪委30余人到潭柘寺镇定都峰脚下开展“守护一片蓝天　播种绿色希望”春季植树活动。

（李淑鑫）

【环境整治】 4月26日，开展“环境整治高潮日”活动。活动组织全体机关工作人员、各村两委班子、企业职工、村民志愿者等500余人参与，共出动宣传车1辆、执法车2辆、垃圾清运车8辆、铲车1辆，清除垃圾死角10处，清洁街巷50个，整治占道经营1处，清理堆料垃圾30吨，清理绿化带约6公里，清洗公交车站10处，清除小广告100余张。

（李淑鑫）

【巡视工作】 5月21日，召开区委巡视一组进驻潭柘寺镇开展巡视工作动员会。会上，巡视一组组长对巡视工作进行了部署。9月2日，经过一个月时间，区委巡视一组完成了对潭柘寺镇各项工作、领导班子建设和作风建设等方面的集中巡视。巡视组通过走访、座谈、调阅材料等形式，提出了反馈意见和建议。

（李淑鑫）

【征地批复】 5月31日，镇中心区项目A、C地块获得北京市政府征地批复（京政地字【2013】96、98号文件）。其中A地块419.70亩，C地块644.49亩，涉及东、南、北三村，共获得农转非指标119人。

（李淑鑫）

【参观学习】 6月18日，石景山区委常委、副区长带队到潭柘寺镇参观学习小城镇建设经验。分别到北村安置房施工工地和定都峰景区，听取了安置房建设进度和定都峰景区发展规划的情况介绍。

（李淑鑫）

【百姓宣讲】 6月21日，举办“我的梦·中国梦”百姓宣讲报告会第一场宣讲活动，镇机关干部、大学生村官等40余人现场观看宣讲。7月3日，区“我的梦　中国梦”百姓宣讲团到潭柘寺镇，围绕各自对“中国梦”的理解，为在场70余名观众讲述了身边“中国梦”的故事。

（李淑鑫）

【宣传活动】 6月26日，“社保政策百村行”活动在潭柘寺镇鲁家滩村举行。区人保局工作人员向村民百姓进行城乡居民养老保险、医疗保险等社保政策宣传。12月13日，联合镇城管分队开展扫雪铲冰宣传活动。此次宣传活动以“城市管理有你有我　人人参与扫雪铲冰”为主题，向过往群众和沿街商户发放宣传折页、倡议书和环保购物袋，要求各环境卫生责任单位在降雪后，及时将责任区内的积雪清扫干净。18日，在镇中心主要大街开展以“见证中国梦、经普我出镜”为主题的第三次全国经济普查宣传咨询日活动。此次宣传活动共发放各类宣传材料1900多份，接受前来咨询的群众近百人次。

（李淑鑫）

【签约仪式】 6月28日，举办村级全科农技员签约仪式。全镇12个村的12名农技员分别和所在村签订《全科农技员技术服务责任书》。

（李淑鑫）

【召开“七一”表彰会】 7月3日，召开纪念建党92周年暨“七一”表彰大会。镇机关干部、各村党组织成员、受表彰的优秀共产党员、新党员等100余人参加大会。

（李淑鑫）

【领导考察】 7月11日，市政府副秘书长考察指导防汛工作，对进一步做好全镇防汛工作提出要求。

（李淑鑫）

【工程竣工】 7月25日，市级重点建设工程之一的全市公路建设首个BT项目——门头沟鲁坨路一期工程正式竣工通车。鲁坨路一期工程起点为潭柘寺镇与京原公路旧路相接，终点为首钢鲁家山石灰石矿场东侧，全长4.2公里，是连接区内东南部山区、丰台河西地区、房山区的一条重要道路，设计速度为每小时60公里。

（李淑鑫）

【消防检查】 8月2日，镇综治办组织区消防支队、潭柘寺派出所对辖区内重点单位和重点工地开展消防安全检查。对检查中发现的安全隐患填写了安全隐患排查记录，并要求相关单位及时整改。

（李淑鑫）

【安全检查工作】 8月6日，镇主要领导带队对定向安置房建设项目2标段施工现场进行安全检查。听取施工方对建筑安全方面采取的措施，到工地的宿舍、食堂以及施工现场实地对工人作业时佩戴安全帽情况、消防设施、电线电路等方面进行检查。8月12日，镇长带队，到赵家台叶腊石矿检查安全生产工作。查看了矿山安全生产管理规章制度和各种操作规程以及职工培训、隐患排查等记录，听取了矿山负责人关于开展安全生产工作情况的汇报，实地到矿井开采作业面进行了现场检查。18日，联合区安监局、市政市容委燃气办、消防支队等部门对平原村8家重点农家乐的燃气使用安全情况进行检查。对检查中出现的问题，责令场所负责人立即整改。9月24日，镇消防安全委员会联合区消防支队到辖区敬老院、卫生院开展节前消防安全大检查。检查隐患的同时，对敬老院、卫生院的工作人员讲解了基本防火常识、灭火器操作方法以及如何报警、逃生、自救等基本常识。

（李淑鑫）

【信息审核】 8月18日，完成对全镇农村基层组织信息系统录入数据的审核工作。此次信息采集和录入工作，包括11个数据库、219个具体指标，1384条信息，共计约2.5万个数据。

（李淑鑫）

【义诊活动】 8月25日，民盟北京市委联合增爱公益基金会。组织北医三院、人民医院、协和医院等多家知名医院的十余名医疗专家为鲁家滩村的村民进行义诊，并为他们免费发放了价值2万元的药品。

（李淑鑫）

【人大活动】 9月2日，区领导韩子荣等区人大潭柘寺驻军代表组代表到镇开展年中集中活动。9月17日，开展人大代表闭会期间活动，部署了镇人大代表“进农村、进社区”活动，组织代表们听取了潭柘寺镇安置房建设情况，并到安置房建设现场进行实地视察。

（李淑鑫）

【市、区领导视察检查工作】 9月5日，市交通安全大检查工作组到潭柘寺镇检查指导交通安全工作。检查组听取了潭柘寺镇交通安全委员会的设置情况、上半年开展的各类工作以及交通安全大检查工作开展情况，并对相关档案进行检查。11月5日，区领导调研十八届三中全会维稳工作，与督察组进行工作对接，听取了镇领导的工作汇报，检查了点上人员在岗情况。

（李淑鑫）

【环境检查】 9月11日，开展环境卫生整治拉练大检查。镇长带队查看了各村的环境卫生情况，对整治工作取得的成果给予肯定，对检查中存在的脏乱问题要求各别村立即整改。

（李淑鑫）

【免费体检】 9月12日，组织镇内户籍年满60岁的无社会养老保障老年人免费接受体检。体检项目包括血液、尿常规、血糖、心电图和腹部B超等。

（李淑鑫）

【基层民主评议】 10月25日，完成基层民主评议活动。全镇应参与评议2694户，完成入户2596户，入户率96.36%。

（李淑鑫）

【登山活动】 11月1日，在定都峰景区举办“登高定都阁、一览京城美”登山活动。镇机关、各村两委和驻镇企业170多名干部职工参加了比赛。

（李淑鑫）

【扩大学习】 11月8日，开展二级中心区扩大学习，请区政协专委会人员就“农游合一”相关政策、知识进行讲座，各村两委干部、镇机关干部80余人参加学习。

（李淑鑫）

【廉政教育】 12月6日，组织机关科级以上领导干部及各村两正职、纪检委员、村务监督委员会主任共70余人，到北京市反腐倡廉警示教育基地参观。

（李淑鑫）

【党代表大会】 12月31日，召开第六届代表大会第二次会议。会议听取和审查了党委、纪委工作报告以及党费收缴、管理、使用情况报告；听取了镇党委班子成员述职、述廉，对镇党委领导班子及成员进行了民主测评。

（李淑鑫）

永　定　镇

【概况】　永定镇位于北京市门头沟区东南部，全镇辖区总面积65.5平方公里，共24个行政村（已拆迁19个行政村），有7个社区居委会，镇域常住人口4.3万人。年内在区委区政府的领导下，贯彻落实全区城乡建设总体规划，立足于永定滨水商务区，紧抓发展机遇，推进产业结构调整，从生态、高端入手，坚决摒弃资源型、能耗高、污染重的产业，以长安街西延长线周边地区、曹各庄B地块产业预留区域和秋坡、石佛、苛萝坨等浅山区及冯村、何各庄地区为重点，整合民俗、宗教、文化等各类资源，推进旅游文化休闲产业建设，做到与全区产业发展布局总体契合、有机融合。全年农村经济总收入完成274086.6万元，比上一年同期271492.3万元增加了2594.3万元，增长了1%，农民人均劳动所得达到17055.1元，比上一年同期16147.8元，增加了907.3元，增长了5.6%；税收收入30511万元，同比上一年同期30500万元，增加11万元，增幅0.04%；完成区级财政收入12138万元，同比上一年12134万元增长4万元，增幅0.03%。

单位名称： 中国共产党北京市门头沟区永定镇委员会
北京市门头沟区永定镇政府

地　　址： 北京市门头沟区永定镇石龙西路58号

电　　话： 60850049

邮　　编： 102308

（杨瑞连　王佩玉）

【领导调研】　1月4日，区领导主持召开永定地区滞留户腾退工作专题会，听取了滞留户情况的汇报提出具体要求。18日，区妇联对卧龙岗村、苛萝坨村和南区社区三户困难妇女家庭进行走访慰问，送去慰问金。23日，市委城乡基层党的建设“三级联创”考评组，对农村党建三级联创工作进行检查。听取汇报后，对镇“三级联创”工作给予肯定并提出具体要求。3月14日，区领导到永定镇调研，听取了相关部门的工作汇报，就全国“两会”后期重点人稳控工作进行研讨。25日，举办全镇新一届村党组织书记任职承诺会，现场开展了“评支部任职承诺”群众测评活动。区纪委领导出席会议并做讲话。各村“两委”干部、党员代表、村民代表、普通群众等600余人参加会议。5月15日，区领导调研村民委员会选举工作，听取第九届村民委员会选举工作的情况汇报后，对选举工作给予肯定。5月17日，召开石佛村房屋征收工作动员会。区领导等领导出席会议。23日，区领导到冯村沟、西峰寺沟下游河段水环境治理工作调研，巡视工程建设情况，现场听取了各单位的工作汇报。7月5日，召开苛萝坨村房屋征收工作动员会，区领导等领导出席会议。15日，区妇联领导到“示范妇女之家”创建工作进行检查。8月14日，召开永定镇党员座谈会，区领导韩子荣等参加会议，听取了关于“白点村”整改措施等情况的汇报，围绕基层党组织建设、回迁安置、“三资”监督等问题进行座谈。

（杨瑞连　王佩玉）

【安全生产】　1月25日，召开2013年度安全生产标准化动员会。会上就2013年属地企业标准化工作进行总体部署，并提出相关要求，各村主任参加。2月14日，安全科赴北岭、承包地、黄石岗、王平口西3处非法盗采点张贴爆破通告，对其进行爆破。4月18日，召开安全工作例会暨食品安全监督员培训会，村居干部60余人参加。6月27日，联合安监、工商、公安、卫生防疫、城管、消防等单位组成安全检查组，到辖区3大施工工地开展安全生产大检查工作。7月11日，联合市政市容委、商委、消防处、城管等部门开展对辖区餐饮场所开展燃气安全专项检查。15日，到餐饮场所检查是否与供气商签定供气合同，对个别餐饮企业存在专用气瓶间内未安装报警器、排风扇、钢瓶超期未检等问题进行检查，责令其限期整改。发放“致餐饮企业一封信”等宣传材料。这次检查，共检查12家，排除隐患5处，发放“致餐饮企业一封信”近100份。7月20日，召开安全生产大检查动员会，部署永定镇安全生产工作。9月29日，安全科协同工商、城管等部门对永兴商城、稻香村（冯村店）、信园液化气供应站和辖区的中天建设工地等进行安全检查。10月15日，联合区打非办、区综治办对“10.12突击夜查”行动中收缴4辆盗采车辆在小园车辆解体厂进行销毁，拘留11人。23日，联合区政法委、打非办、安监局、森林公安处等部门，对北岭地区打非工作进行联合检查。

（杨瑞连　王佩玉）

【社区活动】　1月31日，永兴社区举办“永兴社区党支部落实党的十八大精神暨迎新春文艺演出”。2月5日，信园社区举办迎新春文艺演出，社区80余名居民观看演出。21日，永兴社区“少年之家”、开展“复兴中华　从我做起”的主题教育活动。22日，冯村嘉园社区与镇司法所联合举办以“浓浓邻里情　相约元宵节”为主题的正月十五猜灯谜活动。23日，永兴社区少年之家举行读书知识竞赛，社区志愿者、社区学生及家长60余人参加活动。3月5日，嘉园社区组织居民代表、党员、社区志愿者及绿袖标指导员开展卫生大扫除活动。实验二小永定分校到冯村嘉园社区，与社区开展以“弘扬雷锋精神　厉行勤俭节约”为主题的学习雷锋志愿活动。在校师生、学生家长、社区干部等70余人参加活动。同日，组织全体大学生“村官”到永兴社区，开展绿色清洁志愿活动，用自己的实际行动践行雷锋精神。7日，信园社区组织社区妇女召开庆三八妇女节手工艺品展示会。剪纸、十字绣、烫画、串珠等200余幅作品，吸引了众多居民参观。3月7日，各社区举办“庆三八妇女维权知识讲座”，女性健康及维权知识讲座、手工艺品展示、趣味运动会等活动。4月9日，永兴社区少年之家举办十八大、门头沟革命史知识竞赛，社区志愿者、社区学生及家长60余人参加活动。8月6日，永兴社区“少年之家”开展“以雷锋为榜样，振兴中华从我做起，为圆‘中国梦’努力奋斗”的主题教育活动。20日，信园社区开展禁毒知识讲座，社区青少年、居民等近80人参加讲座。10月16日，永兴社区党支部组织党员120人到北京园博园进行参观。

（杨瑞连　王佩玉）

【妇联工作】　3月2日，冯村举办妇女文明知识讲座，发放计划生育宣传册100余份。10月18日，在区妇女儿童活动中心会议室，举办芽菜种植培训班。11月26日，召开第十次妇女代表大会，大会听取并审议通过了镇妇联工作的报告。

（杨瑞连　王佩玉）

【村官工作】　3月5日，大学生村官到永兴社区，开展雷锋日绿色清洁志愿活动。4月1日，组织大学生村官参观“永远的雷锋大型主题展览。”7月4日，组织大学生村官到“京西山区中共第一党支部纪念馆”及崔显芳故居和“挺进军司令部旧址”参观。7月25日，举办全体大学生村官培训班。

（杨瑞连　王佩玉）

【慰问工作】　3月11日，建设银行门头沟支行的员工到永定镇敬老院，对在院老人进行慰问，并送去了慰问品。

（杨瑞连　王佩玉）

【富民工程】　3月13日，举办“富民二号”资产信托投资培训会，全镇10个拆迁村负责人参加。5月2日，举办农村集体资产信托化经营管理暨北京信托“富民二号”签约仪式。曹各庄、坝房子等10个村党支部书记代表各村现场进行了集体资产信托经营管理签约。

（杨瑞连　王佩玉）

【教科文体】　3月22日，村、居和社会单位组织和参与无偿献血，共献血24000毫升。5月9日，各村居组织为雅安灾区群众募捐活动，共捐款5.6万元；28个村居参加了计生家庭意外和两癌保险，投保人数6925人，投保户数2277户，保费13.65万元；开展“博爱在京城”募捐活动，共募集善款56467元。9月4日，艾洼村为考入北京科技大学和首都医科大学2名大学生颁发了奖学金1万元。

（杨瑞连　王佩玉）

【环境整治】　4月9日，对辖区园博会沿线环境进行百日环境整治行动，出动挖掘机、铲车各1台，重型卡车3辆，清理、填埋渣土5万立方米。在莲石路沿线卧龙岗桥南侧开展环境综合整治，清理、填埋渣土5万立方米。

（杨瑞连　王佩玉）

【宣传活动】　4月10日，司法所开展以“社区老年人维权法制知识讲座”为主题的法律宣传活动。社区居民和干部60余人参加活动。12日，启动第九届村民委员会换届选举宣传周活动，向过往行人发放《中华人民共和国村民委员会组织法》和《北京市村民委员会选举办法》等宣传材料，发放宣传手册3000余份、选举资料2000余份。24日，门头沟区“好人故事　身边雷锋”宣讲团赴镇做专场宣讲。辖区24个村、7个社区的100余人现场参加。5月8日，博爱月宣传活动，发放宣传品、宣传册500余份。31日，请北京市消防安全委员会在永定镇举行消防知识讲座。6月25日，联合区司法局在萝萝坨村举办《继承法》知识讲座。发放《法律援助服务指南》《老年人权益保护法》《侵权责任法》及法律援助联系卡等相关法律宣传资料150余份，解答群众有关赡养、继承、婚姻、医疗、保险等方面的法律咨询共计200余人次。8月16日，司法所在信园社区举办以“暑期大手拉小手”为主题的青少年法律知识讲座。16日，永定镇“我的梦·中国梦”百姓宣讲团到侯庄子村开展百姓宣讲活动。10月20日，在冯村商业街开展“门头沟一号通政府服务热线”宣传活动。22日，司法所在机关一层大厅开展“反邪教”宣传活动，活动以展板为主要宣传形式，共设展板15块。11月7日，司法所在西辛称村举办法律知识讲座，近30名村民参加活动。12月2日，司法所在冯村举办《继承法》知识讲座，80余名村民参加活动。12月4日，司法所永兴社区开展12.4法律宣传活动。

（杨瑞连　王佩玉）

【选举工作】　4月18日，“两委”换届选举工作领导小组召开第九届村委会选举工作动员部署会，要求村两委班子重视选举工作，明确村级选举机构各项职责和具体分工，做好宣传发动和参加选举村民的教育工作，确保村委会换届选举工作顺利完成。20日，各村均已完成村民选举委员会推选工作，推选出选委会成员179人，其中选委会主任23名，副主任10名，委员146名。22日，召开村委会选举督导联络员培训会，选举办公室工作人员及各村联络督导员参加培训会。24日，镇党委书记、镇“两委”换届选举工作领导小组组长带队到各重点村就村委会选举工作进行调研。25日，村选委会公布参加选举村民登记名单，已登记选民13427人。5月3日，选举办公室召开提名确定候选人阶段汇报会，会议听取了包村干部关于提名推荐代表候选人情况的汇报，就提名确定候选人阶段后期工作进行部署。27日，23个村完成正式投票选举工作。共选出村委会成员71人，其中主任23人，委员48人。同日，召开村委会选举后续工作培训会，包村干部、村党支部书记、新一届村主任和联络督导员参加培训会。6月15日，冯村2238名登记参加选举村民参加提名投票，提名产生新一届五委制村委会候选人8人。7月5日，23个村完成村务监督委员会推选工作，共推选出监督委员会成员83人，其中党员55人，女性19人。连选连任的监督委员会成员65人。7月6日，冯村进行另行选举，登记参加选举村民2714人，实际参加选举村民2405人，参选率达到89%。7月17日，完成村务监督委员会推选工作，共推选出监督委员会成员5人，其中党员5人，连选连任的监督委员会成员1人。

（杨瑞连　王佩玉）

【人大工作】　4月19日，召开第八届人民代表大会第四次会议，听取和审议了《永定镇政府工作报告》和《永定镇2012年财政预算执行情况和2013年财政预算草案情况的报告》，选举为副镇长1名。9月10日，举办永定地区“人大代表之家”挂牌仪式和永定地区“人大代表接待站”建站工作。10月10日，永定地区人大开展人大代表进农村、进社区接待选民活动。11月14日，永定代表团开展区十五届人大四次会议会前视察活动。

（杨瑞连　王佩玉）

【社会保障】　4月26日，举办劳动就业招聘会。北京华尔盾生物技术有限公司等14家用人单位参加，400余人应聘或咨询。年内，农村合作医疗药费报销923人次，发放金额407万元。城乡低保低收入工作共有城乡低保家庭266户、453人，共计发放低保金203.86万元。受理城乡低保医疗救助59人次，报销药费11.97万元。社会化退休人员1509人。重点检查建筑工地42家，涉及农民工人数：7428人。解决建筑工地拖欠工资4起。城乡一老一小参保人员2348人，报销金额49万元。失业档案1265份，办理登记失业人员939人，公益性组织共有职工296人。

（杨瑞连　王佩玉）

【拆迁工作】　5月17日，召开石佛村房屋征收工作动员会，区有关部门领导、镇领导班子成员、镇工作组、专业公司人员及石佛村党员、干部群众代表参加动员会。18日，张贴文化墙20面，悬挂标语50条、彩旗30面。30日，石佛村首笔征收补偿款已发放到被征收人手中。8月7日，完成萝罗坨村房屋征收工作。12月31日，永定镇S1线农民安置房回迁工作动员部署大会。

（杨瑞连　王佩玉）

【拆违工作】　5月24日，依法

开展严厉打击违法用地违法建设专项行动，拆除违法建设13520余平方米。8月3日，联合区政法委、区水务局、城管等部门，先后对辖区2处影响西峰寺沟下游水环境治理项目的违法建设予以了强制拆除。8月5日，执法人员到石门营变电站东侧的一处烂尾厂房工地和栗园庄村一处阻碍西峰寺沟下游工程建设的建筑予以拆除，这次拆违行动共拆除房屋3127.36平方米。

（杨瑞连　王佩玉）

【残联工作】　5月25日，参加门头沟区第三届残疾人运动会。“两节”和“助残日”期间共计走访慰问614户残疾家庭，发放慰问金总计44340元；为27名残疾人申请免费辅助器具和假肢；为39名重度残疾人免费辅助器具，为21名听力残疾人申请闪光门铃。

（杨瑞连　王佩玉）

【党员活动】　7月1日，组织镇机关党员开展“共产党员献爱心”捐款活动，共筹集款项5860元。8日，举办入党积极分子培训班，全镇近80余名入党积极分子和后备干部接受党性教育。

（杨瑞连　王佩玉）

【征兵工作】　7月31日，召开2013年秋季征兵动员会，村居书记、主任及具体负责征兵工作的人员参加动员会，有31名青年报名参加。8月12日，采取“三个强化”的工作措施全力做好2013年夏秋季征兵工作。

（杨瑞连　王佩玉）

【林业工作】　年内，3751地块安置房建设项目2件，采伐树木503株；沟域治理工程4件，采伐树木345株；定向安置房项目4件，采伐树木1275株；安置房市政配套工程6件，采伐树木356株；西北热电天然气工程3件，1980株；S1线组团高压线迁改工程1件，采伐树木1414株；新城高压线路整合工程1件，采伐树木95株；其他采伐2件，采伐树木23株。对何各庄村、石门营安置房地块、小园村8棵古槐树进行了维护管理；退耕还林粮食兑现工作涉及6个行政村，1690亩，146户，粮食兑现8.45万公斤，对3700亩的荒山造林进行补植补造，共补植树木9000余株。

（杨瑞连　王佩玉）

【民政工作】　年内，有基督教聚会点8个，基督教徒约350余人；有天主教堂1座，教徒约200余人。为57个申请人办理丧葬补助共计23.5万元。为9户困难家庭办理慈善救助发放救助款共计4万元。冬春救助资金25万，共救济灾民500户。共有残疾人2165人，发放补助金195.75万元。老年人口总数达到4542人，发放高龄津贴3.12万元。发放养老助残券10119人次，101.19万元。为60周岁以上无保障老人3488人免费进行体检。组织孝星评选活动，共评出20名北京市万名孝星，2个千家为老服务示范单位。

（杨瑞连　王佩玉）

【信访工作】　年内，共受理群众来访30件129批1493人次。其中集体访12件60批次1341人次，个访18件69批次152人次，全镇重点矛盾有16件，重点人20人。

（杨瑞连　王佩玉）

【综治工作】　年内，共建立13个新居民服务站，日常工作内容、工作流程和工作标准的规范化建设达100%。与各村、社区签订《永定镇维护社会稳定社会治安综合治理责任书》31份。维稳工作出动1445人次。

（杨瑞连　王佩玉）

【农服工作】　年内，完成南区建设防洪墙100立方米、清淤3439立方米、节水灌溉200亩工程。完成北岭山上2000亩农田灭鼠工作。完成区农业局年初下达给镇农产品质量安全及快速检测1000个样品工作，完成艾洼村300亩粮食直补和农资综合补贴工作，专业防治有害生物人员队伍防除豚草300亩、拉拉秧214亩。1140条注册犬进行100%的免疫。

（杨瑞连　王佩玉）

【党建工作】　年内，有基层党组织34个，其中村级党组织24个，社区党组织6个，机关党组织1个，企业党组织2个，非公企业党支部1个，有党员2273名。组织全镇党员干部、入党积极分子开展“共产党员献爱心”捐款活动。1779人参与，筹集款项60793.1元。在14个村居4219户中开展基层民主评议活动，入户率达到99.5%，全区排名第一。完成处级领导班子成员民主生活会征求意见等工作。共发出征求意见表74张，收回74张，收回率100%。其中，满意74张，占100%。7月5日，组织机关机部全体党员到京西第一个党支部田庄高小党支部和冀热察挺进军司令部——马栏参观学习，回顾党的历史，接受党性教育。机关支部的100余名党员参加。

（杨瑞连　王佩玉）

【拆违工作】　年内，拆除违法建设共计24330.66平方米，做拆违手续27份。联合拆除上岸地区一处违法建设，面积270平方米。

（杨瑞连　王佩玉）

【文化中心】　年内，现有益民书屋5个，图书室7个，文化活动室8个。完成数字电影放映任务，对数字电影放映设备进行定期维护、管理，做到数字电影放映相关档案资料齐全。

（杨瑞连　王佩玉）

龙　泉　镇

【概况】　龙泉镇位于门头沟区境东部，南与永定镇、潭柘寺镇毗连，西与王平镇接壤，西北紧靠妙峰山镇，北连军庄镇，东与石景山区的五里屯、麻峪村为界，是区政治、经济、文化、贸易的中心，镇域面积49平方公里；辖17个行政村，9个社区居委会，常住人口45685人，其中居民30020人，农民15665人，为农居混杂区，是门头沟区的窗口镇。年内，龙泉镇在区委、区政府的领导下，落实科学发展观，紧抓机遇、迎难而上，围绕“一业一园发展四区”的战略目标，“拆好、建好、征好、转好、管好”，加快经济发展，优化产业格局，着力改善民生和创新服务管理，经济和社会各项事业取得全面进步。全镇经济总收入22.4亿元，同比增长10.8%。完成区公共财政预算收入7642万元，同比增长42%。完成固定资产投资6.9亿元，同比下降22.5%。全镇农村集体经济总收入6.9亿元，完成全年任务的95%；实现农民人均劳动所得17147元，同比增长8.3%。实现村级可支配收入4191.4万元，实现人均（股民人数）村级可支配收入4176元。

单位名称：中国共产党北京市门头沟区龙泉镇委员会
中共北京市门头沟区龙泉地区工作委员会
北京市门头沟区龙泉镇人民政府
北京市门头沟区龙泉地区办事处
地　　址：北京市门头沟区峪园小区18号楼西侧龙泉镇政府
电　　话：69844312　69844311
邮　　编：102300

（刘　培）

【组织宣讲、学习活动】　1月7日，由11名大学生村官组成的市百姓宣讲团开展“北京市学习宣传贯彻党的十八大精神百姓宣讲团龙泉镇报告会”，全镇机关干部以及各村、社区党员、干部、大学生村官80余人参加报告会。2月26日，召开2013年党建及党风廉政建设工作会。会议提出具体要求。4月10日，组织开展“理论中心组学习专家宣讲”活动，请区委党校理论讲师团讲师为党员宣讲，全镇机关、各村、社区70余人参加了活动。24日，开展2013年“好人故事·身边雷锋”宣讲团宣讲活动，全镇机关、村、社区60余人参加宣讲活动。5个宣讲员讲述了5个不同的好人故事。7月4日，组织开展建党92周年暨“我的梦中国梦”主题实践活动，12名宣讲团成员讲述了身边发生的感人故事，机关、村、社区80余人参加。

（刘　培）

【安全检查工作】　1月16日，联合区农委、质量技术监督局、工商分局等部门，共同组成联合执法组，对辖区部分食品加工厂开展联合专项执法检查。主要检查食品生产加工单位是否存在卫生条件不符合卫生许可相关规定的行为，是否存在食品安全隐患等问题。检查发现部分食品加工单位存在一定的卫生安全隐患等问题，执法人员要求限期进行整改。6月底，制定龙泉镇2013年“安全生产月”活动方案，成立龙泉镇“安全生产月”领导小组，由镇副职及科室职员职责分工，开展“宣传咨询日”、安全文艺演出、安全生产知识竞赛、举办图片展等基层安全文化宣传活动。8月，镇主要领导带队，对辖区古都国兴瓦厂、康寿山庄、门城新城项目建设工地等多家单位进行集中检查，对检查中存在的电线老化、配电箱裸露、工人未佩戴安全工具等安全隐患及时进行指出，要求相关单位负责人立即对存在的安全隐患进行整改清除，以确保生产安全。

（刘　培）

【新建社区工作】　1月，中门家园和龙门新区二区2个新建社区办公地址已选定并进行装修，社区居委会筹备组已成立并开始工作。

（刘　培）

【社区活动】　2月24日，峪新社区开展“峪新社区正月十五花会表演”，包括峪新福鼓、耍狮子、高跷、腰鼓、太极、小车会等当地特色节目，有500余人观看表演。4月8日，梨园社区组织近100余名社区居民，开展以“快乐健步走，健康伴我行”为主题的第三届健步走活动。9月24日，举办迎国庆“乡村大舞台”文艺汇演，镇7个村、8个社区准备16个表演节目，演员共计164人，呈现出了“一村一品”“一居一品”的良好态势。10月9日，东辛房村与矿建街西居委会共同举办“树敬老之风，促社区文明”趣味运动会。10月11日，梨园社区开展第八届梨园社区饺子宴活动，辖区近280余位老人参加活动，走访慰问社区80岁以上及重病卧床，为不能参加的老人送去慰问品。

（刘　培）

【区领导调研】　3月5日，韩子荣到镇调研，听取了镇关于做好全国“两会”安保维稳、采空棚户区房屋整体征收审核过件等工作的情况汇报，并围绕相关问题进行研讨。5月2日，韩子荣到镇调研，听取了关于做好琉璃渠文化名村房屋整体征收、城子CD块及九龙路沿线房屋腾退项目以及采空棚户区征收协议审核过件等工作情况汇报。

（刘　培）

【法律知识讲座】　3月6日，梨园社区在社区活动站举办主题为“法律在你我身边”的法律知识讲座活动，174名妇女参加。6月24日，镇司法所在梨园社区开展新刑事诉讼法宣传周巡展活动。重点对公民的刑事诉讼权利保障、法律援助适用范围、社区矫正适用范围等修改内容进行宣传，社区干部、商户、往来居民观看展览。

（刘　培）

【召开任职承诺大会】　3月22日，召开新一届村、社区党支部书记任职承诺大会。全镇21村、居党支部书记对新一届党组织未来3年工作目标进行承诺，全镇800名村、居民代表组成的评委，对村、居党支部书记未来3年的承诺与工作计划进行测评。

（刘　培）

【“1+1”赠书活动】　3月，中国美术馆与龙泉务社区联合开展“1+1”赠书活动。美术馆工会主席一行10余人，走访龙泉务社区，了解社区概况及图书馆建设情况，美术馆将300余本画册赠与龙泉务社区。

（刘　培）

【拆迁工作】　4月1日，启动城子C、D块安置房建设及九龙路改造项目范围内的房屋腾退工作，城子C、D块被征收户可在奖励期内到西辛房村委会签订《门头沟区房屋征收补充安置协议》及办理选房工作。此次签订协议奖励期为4月1日至30日。镇房屋征收指挥部提供了420套现房安置房供被征收户选择，其中包括：石泉砖厂A地块东龙门村民住宅楼17套、小白楼二期危改异地安置房403套。定向安置房，即城子村委会周边地块定向安置房、城子C、D地块安置房以及中门寺南坡定向安置房。5月8日，启动城子C、D块涉农户安置房选定及补偿款领取，第一批有50位农户参加安置房选定及补偿款领取，发放13，095，540.00元。年内，完成12个村涉农户住宅房屋征收共计2922户，审计通过2904户，过件率99.3%；村集体非住宅征收共计194宗，完成签约189宗；100%完成了城子CD地块、城子村委会安置房地块及九龙路的拆除工作任务。

（刘　培）

【参观活动】　4月18日，40余名镇党员机关干部参观了在中国人民抗日战争纪念馆举办的《光辉典范——抗战时期中国共产党党风廉政建设》展览。

（刘　培）

【六一儿童节慰问活动】　5月底，对辖区三家店小学、龙泉务小学、琉璃渠小学开展六一儿童节慰问，为孩子们送去象棋、跳棋、毽子等活动用品总计910套，金额共计1.3万余元。

（刘　培）

【残疾人工作】　5月，大峪温馨家园联合峪新、梨园社区组织开展残疾人运动会，大峪地区40余名残疾人参加活动，包括丢沙包、投球、飞镖、托球等；梨园社区开展以“帮扶贫困残疾人”为主题的趣味运动会，有30余名残疾人参加投筐、沙包、套圈、飞镖等项目。

（刘　培）

【两委干部培训】　7月4日，举办新一届两委干部培训班，就“基层干部如何廉洁自律开展农村工作”、“农村”三资“管理”等方面内容对各村新任职“两委”干部进行系统培训，共40余人参加培训会。

（刘　培）

【困难户帮扶活动】　7月15日，滑石道村开展“爱心小屋”邻村困难户帮扶活动。分别对天桥浮村、门头口村、三店村、东辛房村、西辛房村、石礁村、赵家洼7个邻村、29户困难户进行帮扶，捐赠了油、米。

（刘　培）

【教师节慰问活动】　9月9日，对辖区大峪中学、新桥路中学、大峪二小、东辛房小学等10个中、小学校进行走访慰问，发放慰问金4.8万元。

（刘　培）

【手拉手招聘会】　9月12日，镇社保所联合石景山古城社保所，共同在梨园社区居委会活动大厅举办2013年“手拉手”主题招聘会。招聘企业涵盖门头沟区、石景山区、海淀区的高井电厂、晨光饭店、物美、北京电信等20家知名企业。到现场咨询人数达到近500人，近300名求职人员填写求职登记，达成初步意向137人，现场录取25人。

（刘　培）

【经济普查工作】　9月13日，召开经济普查核查阶段工作部署会，区经普办常务副主任、镇经普办副组长以及各村、社区26名普查指导员参加会议。

（刘　培）

【“12.4”全国法制宣传日活动】　12月，司法所分别在峪新社区、龙泉务社区开展法律知识讲座活动，请承光律师事务所律师讲解涉及拆迁析产、婚姻家庭中老年人权益保护、妇女权益保护、财产权等相关法律知识，有160余名社区居民参加。

（刘　培）

【社会保障工作】　年内，实现就业753人，农村劳动力转移就业104人；实现医疗保险养老全覆盖，实施农村医疗救助41户52人；完成城乡居民养老保险参保95%的指标任务；依法解决2起劳动监察事件。

（刘　培）

【维稳工作】　年内，完成“两节两会”安保维稳工作，化解有关拆迁安置、征地转非等重点矛盾，全年未发生重大群体访和极端访事件。

（刘　培）

【制度建设】　年内，制定并实施了《龙泉镇加快村域经济发展加强村协税护税工作奖励办法》《龙泉镇集体经济组织财务管理办法》《龙泉镇村集体经济组织大额资金专项资金审批使用办法》，重新完善修订《龙泉镇政府投资工程项目管理办法》。制定实施《龙泉镇公务员平时考核工作实施意见》和《龙泉镇2013年度村“两委”班子成员报酬管理考核和养老保险实施方案》《龙泉镇关于改进工作作风优化发展环境的实施意见》。

（刘　培）

【选举工作】　年内，完成第九届村委会选举工作，新一届村委会换届选举产生班子成员58人，平均年龄49岁，比上届年轻3岁。党员46名；连选连任35人，新任23人；两委交叉任职33人；妇女委员24人。书记主任一人兼11人；村委会主任连选连任的11人，一人兼和连选连任比例均达到65%。完成村民代表和监督委员会成员的选举工作，共选出村民代表485名，比上届增加66名，监督委员会成员57名。

（刘　培）

【防汛工作】　年内，制定防汛工作预案，成立防汛指挥部，由镇副职及科室职员职责分工，落实24小时值班制度，各村（居）成立抢险队伍27支，抢险人员520余人，汛前险村险户隐患排查工作，共涉及9个村（居）委会，182户、583人、存在隐患的房屋580余间。

（刘　培）

【预防煤气中毒工作】　年内，召开镇预防煤气中毒工作动员会，与各村、居签订预防煤气中毒责任书；通过设点宣传、入户走访等形式发放《致广大居民的一封信》《预防煤气中毒小常识》等宣传材料5000余份；多部门联合开展预防煤气中毒大检查行动，到流动人口、居民家中对炉具等燃具进行检查；在全镇22个村、居、1702户居民家中安装煤气警报器。

（刘　培）

【环境卫生整治工作】　年内，多部门联合开展环境整治行动，与部队官兵以及村、居共230人联合行动，对东西龙门小区、石泉砖厂地块及九龙路沿线进行大规模的环境卫生扫除工作，处理废弃材料40余吨、乱贴乱画小广告100余处以及白色污染物。拆除违法建设69处，面积23394.9平方米。其中，拆除市台账违法建设52处，面积22016.41平方米，100%完成市违法建设挂账拆除任务；集中开展三家店、琉璃渠地区环境整治工作。

（刘　培）

【社区建设】　年内，完成社区绿化2580.4平方米，社区道路硬化

6339.9平方米，社区排洪及污水管道治理61米，房屋建设及修缮共计832.02平方米、破损墙体维护共计357米。

（刘　培）

【文化建设】　年内，举办第二届龙泉镇非物质文化遗产展演展示活动暨龙泉务香白杏采摘节开幕式，13支民间文艺团队和5个特色手工艺旅游商品得到了发扬和推广。

（刘　培）

【重点工程】　年内，制定《镇政府2012年目标管理任务书》确定17项镇内为责任单位的区级目标管理任务，8项协办、105项涉及镇内的任务，以及96项自提目标管理任务。

（刘　培）

【土地开发储备工作】　年内，完成煤校实训楼、西六环、河滩小商品市场、石泉砖厂AB地块、中门寺变电站、高家园土地一级开发6个项目的征地转非工作，共征占集体土地1778.9385亩，转非安置998人。

（刘　培）

军　庄　镇

【概况】　军庄镇位于门头沟区政府东北部10公里处，北与海淀区接壤，西与龙泉镇相连，南与石景山毗邻。镇域总面积34平方公里，辖8个行政村、两个社区居委会，总人口11719人，总户数6442户，其中农业人口为3057人，1804户。年内，在区委、区政府的领导下，坚持以邓小平理论和“三个代表”重要思想为指导，贯彻十八大和十八届三中全会精神，围绕门头沟生态涵养发展区和首都西部综合服务中心新的功能定位，推动“军庄国际葡萄酒绿色文化产业园、休闲宜居园、京白梨产业园”三个园区的建设，提高履职效率，强化管理效能，完善服务效果，促进地区和谐稳定发展。全年农村经济总收入完成4.35亿元，比上一年同期增长8.1%。农民人均劳动所得完成13043.6元，比去年同期增长35%。

单位名称：中国共产党北京市门头沟区军庄镇委员会
北京市门头沟区军庄镇人民政府
地　　址：北京市门头沟区军庄镇西杨坨村
电　　话：60810741
邮　　编：102300

（张炜遥）

【宣讲报告会】　1月7日，北京市学习宣传贯彻十八大精神百姓宣讲团（四分团）大学生村官宣讲团到军庄镇举行报告会，军庄镇机关、各村居党员干部群众以及大学生村官共300余人参加。4月18日，请区委党校教研室主任为党员干部群众解读十八届三中全会精神，镇机关、各村居党员干部群众、大学生村官共300余人参加了此次宣讲报告会。7月24日，区“我的梦·中国梦”百姓宣讲团到军庄镇召开宣讲报告会，镇机关、各村居党员干部群众以及大学生村官共100余人参加。

（张炜遥）

【参观学习】　1月8日，组织地区党代表、人大代表以及各村居支委委员，共计100余人到房山区韩村河参观学习社会主义新农村建设。4月19日，组织机关党员40余人参观中国人民抗日战争纪念馆。7月8日，组织机关党员、积极分子共40余人到雁翅镇田庄村，参观学习“京西第一党支部”纪念馆以及崔显芳烈士故居。

（张炜遥）

【联合检查】　1月9日，联合区法院、镇派出所、城管大队等多家部门对辖区内西水地地区违章建筑及乱堆物依法进行拆除和清理，共清除6处违章建筑以及煤砂堆放物。3月27日，联合城管、公安部门开展查处私自倾倒渣土垃圾专项行动，在曹家沟路口、军庄铁路桥设立检查站点，严查运输车辆私自向军庄地区倾倒渣土垃圾等严重破坏山区环境的行为。9月18日，重点围绕电器安全、燃气安全、食品安全等问题开展旅游安全联合检查，共检查民俗旅游户5家，下发整改通知2份，未发现重大安全隐患。

（张炜遥）

【民主日活动】　1月18日，组织8个行政村分别开展2013年第一次民主日活动，各村的村民代表听取了村内的党务、村务、财务报告以及2013年待办事项，对两委班子及成员的工作情况进行民主测评，对村里存在的问题提出意见和建议，并对下一步村内工作提出要求。7月19日，组织8个行政村分别开展2013年第二次民主日活动，围绕“深化村务公开民主管理，密切党群干群关系，营造民主和谐氛围”，强化“四议两公开”工作法，分析村内存在的问题，对做好下半年工作提出新要求。

（张炜遥）

【安全宣传活动】 1月19日，联合派出所开展春节期间烟花爆竹安全宣传活动，现场悬挂宣传横幅4条，张贴宣传海报、发放《单位个人燃放烟花爆竹规定》《致全区居民一封信》安全燃放烟花爆竹宣传材料及宣传品共1500份，受教育人员达到500余人。5月14日，请北京电视台京郊大地节目组录制京白梨专题节目，拍摄东山村的大清贡梨园和御梨园，以及孟悟度假村梨园。12月4日，在杨坨社区开展法制宣传活动。通过悬挂横幅标语、发放宣传资料、现场答疑等多种形式，使群众了解法律、贴近法律、学会运用法律武器保护自身的合法权益。

（张炜遥）

【杨坨社区新年联欢会】 1月29日，军庄镇杨坨社区举办2013年新年联欢会，社区居民以及全体社区工作人员共计150余人参加。

（张炜遥）

【共建活动】 1月30日，举办用工招聘会，请区内外招聘单位共7家，提供就业岗位351个，吸引近300名求职者应聘。经过双向选择，共有121人与用人单位达成就业意向。

（张炜遥）

【春节慰问活动】 1月31日，组织各包村组带领部分村干部下村入户，开展春节慰问活动，慰问优抚对象、社救对象、农村老党员、残疾人家庭等共400余人，送去慰问金以及各类生活用品累计金额约30万元。

（张炜遥）

【手工作品展】 2月21日，杨坨社区举办“变废炫宝”手工作品展，社区50余人报名参加，共收集手工作品60余件。

（张炜遥）

【“三八”妇女节慰问】 3月5日，市妇联领导、区领导韩子荣等到军庄镇东山村，开展“三八”节送温暖进家庭走访慰问活动，看望慰问“两癌”特困妇女。

（张炜遥）

【村级党组织书记任期承诺大会】 3月21日，召开村级党组织书记任期承诺大会，区人大领导以及镇班子成员、各村居党组织书记、党员干部群众共500余人参加。

（张炜遥）

【第九届村委会换届选举工作】 4月22日，召开第九届村委会换届选举工作培训会，镇领导、包村干部、8个行政村书记、全体村委会成员以及大学生村官共100余人参加会议。6月2日，第九届村民委员会换届选举工作完成。换届选举共登记选民5832人，参选5150人，参选率近90%。选举产生主任8人，委员22人，其中党员25人，女委员11人，连任15人，党支部书记、村委会主任实现“一肩挑”6人。

（张炜遥）

【义诊活动】 4月26日，杨坨社区联系区中医院到社区为老人开展义诊活动，30余名社区老人参加义诊。9月11日，由北京市政府侨办和北京市卫生局联合组织的“侨爱送温暖医疗服务队山区义诊活动”在军庄镇社区卫生服务中心举行。

（张炜遥）

【环境卫生大扫除】 4月26日，在全镇范围内开展“迎五一”环境卫生大扫除活动，全镇机关干部、各村居党员群众共850余人参加活动。

（张炜遥）

【田间学校正式启动】 5月15日，军庄镇2013年田间学校正式启动，孟悟村组织村民在南坡梨园里开展田间学校培训课堂，向参加培训的46名村民传授农业技术，包含京白梨种植和草莓种植技术等。

（张炜遥）

【歌咏比赛】 6月1日，举办“唱响爱我家乡　展望美好未来”主题歌咏比赛，各村居10支合队唱共500余人参加比赛。

（张炜遥）

【打靶活动】 6月3日，组织40余名机关党员干部到斋堂打靶场，进行实弹射击打靶。

（张炜遥）

【培训工作】 6月4日，对全镇8名村级全科农技员进行业务知识培训，提高全科农技员业务素质，强化农技员入户统计能力和农业技术传播水平，以及农产品安全检测工作。7月2日，请区农业局专家对全镇20名农机驾驶人员进行驾驶安全知识培训。

（张炜遥）

【星火工程演出】 6月20日，星火工程演出团队大峪街道向阳艺术团来到军庄镇，先后在军庄村、东山村进行演出，有300余人观看。

（张炜遥）

【网格化启动】 6月，作为门头沟区网格化服务管理试点镇，探索实施网格化管理服务工作。在实施过程中，该镇针对以现有资源为基础，通过完善惠民为民基础设施、组建专项服务队伍等方式，把物业式服务融入到网格化管理中，逐步打造“网格化管理，物业式服务”的农村管理新格局。7月3日，召开网格化管理工作动员部署会，对全镇网格化工作进行全面安排部署。区社工委领导、镇领导、包村组成员以及各村居书记、主任、大学生村官共100余人参加。

（张炜遥）

【举办表彰大会】 7月1日，举办庆祝建党92周年暨七一表彰大会，会上，表彰从事基层党务工作的优秀共产党员。镇班子成员、各村居党支部书记、党员代表共400余人参加。

（张炜遥）

【大学生村官宣讲团成立】 7月3日，组建“我的梦·中国梦”大学生村官宣讲团。

（张炜遥）

【组织消防演练活动】 7月10日，组织镇内部分企业开展消防演练活动，并组织人员对企业各项消防设备进行全面检测，提高消防意识，提升自救能力。

（张炜遥）

【“暑期社会实践”科技帮扶活动】 7月15日，北京交通大学“行青春使命，筑科技新村”暑期社会实践团到军庄镇军庄村开展“三下乡”科技帮扶活动，同学们以村民的日常需求为着力点、以自身专业特点为依托，开展形式多样的主题活动，共有200余名村民参加。

（张炜遥）

【阳光助老陪护项目】 7月16日，启动镇阳光助老陪护项目。通过招募为老服务志愿者、设置村居老龄工作助理员等形式，完善全镇老龄工作服务体系，提高老龄工作质量。

（张炜遥）

【召开廉洁自律动员会】 9月13日，组织科级以上干部召开党员干部廉洁自律动员会，贯彻执行党中央提出的“八项规定”及区委、区政府提出的“六个不准”要求。

（张炜遥）

【与高校共建活动】 9月26日，中国地质大学（北京）海洋学院本科生党支部一行10人到军庄村开展“红色1+1”党支部共建活动。

（张炜遥）

【健康知识讲座】 10月12日，东山村请卫生院医生开展健康知识讲座，全村共100余名老年人参加。

（张炜遥）

【区领导调研、检查】 11月6日，区领导带队到军庄镇调研。12月26日，区领导带队区检查组到军庄镇，检查2013年党风廉政建设工作情况。

（张炜遥）

【召开经济普查工作布置会】 12月11日，举办以“认真搞好经济普查，全面建成小康社会”为主题的经济普查宣传活动暨军庄镇第三次全国经济普查工作布置会，部分科室及镇内200余家单位参加了此次会议。

（张炜遥）

妙峰山镇

【概况】　妙峰山镇地处门头沟区浅山区，距离门城地区10公里，是联结门头沟深浅山区的重要交通枢纽，永定河、109国道穿镇而过。全镇辖区总面积110平方公里，下辖17个行政村，全镇5765户、10042人，其中，农业人口6525人。该镇有特色果品“大樱桃、京白梨、大盖柿、玫瑰花”，享誉京城内外。全镇农村经济总收入完成7.37亿元，同比增长8.7%；人均劳动所得达到9528元，同比增长6.4%；财政收入完成1050万元；固定资产投资1.3亿元，同比增长23%。

单位名称：中国共产党北京市门头沟区妙峰山镇委员会
北京市门头沟区妙峰山镇人民政府
地　　址：北京市门头沟区妙峰山镇陇驾庄村
电　　话：61880012
邮　　编：102300

（王海英）

【市计生系统“三下乡”】　1月7日，北京市人口计生系统“三下乡”活动暨幸福家庭大讲堂启动仪式在镇举办，全区各镇主管计生工作副镇长、计生办主任及部分妙峰山地区群众共计200余人参加活动启动仪式。

（韩瑞娟）

【开展党员干部学习教育活动】　1月10日，组织大学生村官开展“学报告　明方向　促发展”暨学习贯彻党的十八大知识竞赛。3月29日，镇理论中心组以“学习贯彻十八大精神　为全面建成小康社会而奋斗”为主题，请区委理论讲师团讲师，为全镇领导干部共计70余人开办专题讲座。4月18日，镇纪委组织机关、各村党员干部共计60余人到卢沟桥中国人民抗日战争纪念馆参观。4月下旬，镇党委、镇纪委印制改进作风“口袋书”，下发到全镇900余名党员干部手中。7月3日，组织10名新党员到平西情报交通联络站参观学习。8月7日，组织镇领导班子成员、科级以上领导干部集中对区委十一届五次全会精神进行学习。12月9日，镇领导班子成员对十八届三中全会精神进行了集中学习，畅谈学习感受。

（韩瑞娟）

【节前走访慰问】　1月15日，区工商联及镇政府组织4家驻镇非公企业开展春节前献爱心活动，为镇敬老院、驻地派出所送去慰问品和慰问金。24日，镇红十字会“两节”期间慰问困难户，向因病致贫户、贫困老党员、贫困老干部共140户发放慰问金1.5万元，米2800斤，面2800斤，油1400斤。2月1日，镇总工会开展“两节”送温暖活动，对辖区内11名困难职工、4名临时救助职工、6名劳模和1名困难劳模走访慰问，送去慰问金2.45万元。6月26日，镇党委慰问水峪嘴村、下苇甸村困难老党员，送去慰问金和生活用品。10月11日，镇党委对镇域内3名90岁以上老人走访慰问，为他们送去大米和食用油等生活用品。

（韩瑞娟）

【市区领导检查验收】　1月15日，区食品办、农业局、质监局、卫生监督所及军庄工商所的领导组成联合考核小组，到镇考核食品安全工作。2月19日，区武装部副部长检查指导基层武装部工作。27日，区安监局副局长一行3人检查安全生产标准化工作，重点抽查了前期生产经营单位摸底完成情况。3月11日，区市政管委、农委、环境办、城管大队联合对妙峰山镇环境卫生进行例行检查。4月24日，区领导韩子荣到水峪嘴村检查党务公开、村务公开工作。25日，市农委领导到水峪嘴村检查旧村改造、险村搬迁工作情况。7月25日，市相关部门及专家组成员就生态村创建工作到黄台村进行复查。9月3日，市计生协有关领导到岭角村灵溪青少年教育基地检查指导青少年健康教育进展情况。10月29日，区人口计生委到妙峰山镇检查指导人口和计划生育工作。11月6日，区经管站会同会计师事务所一行9人到妙峰山镇对三资管理工作进行检查。29日，市农工委领导对农村实用人才工作进行检查。12月20日，区纪委监察局相关工作人员到镇检查指导2013年党风廉政建设责任制落实情况。

（韩瑞娟）

【招商勘察】　1月15日，银泰地产集团负责人一行到担礼村黄土洼、杨岭、桃园村西坟等重点招商地块进行实地勘察。24日，北京燕诚公司一行先后勘察了担礼村黄土洼、陇上工业园等重点招商地块。2 月 28 日，北京华油能源集团负责人一行到镇重点招商地块进行实地勘察。5 月上旬，北京众信伟业投资股份有限公司在对妙峰山镇各重点招商地块进行实地勘察的基础上，表达了合作意向。7 月 25 日，美国 BMD 律师事务所就开发养老项目到镇实地勘察。

（韩瑞娟）

【民主日活动】 1 月 18 日，全镇 17 个村完成了 2013 年第一次农村民主日活动。活动中各村村民代表听取了村干部述职 2012 年承诺事项完成情况、及党务、村务、财务工作汇报，并确定 2013 年工作思路和承诺事项。7 月 13 日至 17 日，召开第二次农村民主日活动，各村党支部书记、村委会主任及财务工作人员分别向村民代表和党员做 2013 年上半年党务报告、村务报告和财务报告，村民代表们听取并审议了 2013 年上半年三个工作报告及各相关人员履职承诺工作汇报，对“两委”班子及成员进行了民主测评。

（韩瑞娟）

【三级联创检查】 1 月 22 日，市委组织部三级联创检查组到妙峰山镇检查指导，在召开了座谈会的基础上，到黄台村查阅了基层村级党组织工作档案。12 月 2 日，区委三级联创检查组，到妙峰山镇就 2013 年三级联创工作开展情况进行检查和指导。23 日，市委组织部三级联创检查组一行到妙峰山镇检查指导三级联创工作。

（韩瑞娟）

【联合安全检查】 1 月 23 日，联合区旅游委、区安监局和驻地派出所，对辖区内所有民俗旅游村、20 家正在经营的民俗户及景区，进行旅游安全联合大检查。4 月 13 日至 14 日，联合区森林公安、驻地派出所、军庄工商所、镇林业站、旅游科、执法队等多家相关单位、相关科室组成联合检查组，集中对陈家庄至富水峪大桥道路两侧的露天烧烤进行突击检查和整顿。6 月 24 日，联合区消防支队、军庄工商所、驻地派出所，对陈家庄至下苇甸永定河沿岸的社会单位、旅游企业安全生产工作进行排查自纠。8 月 12 日，镇旅游科、综治办、经济办、安全科联合区消防支队、军庄工商所及驻地派出所组成安全生产联合检查组，针对镇域内近 40 家基层单位安全用电、消防设施、燃气使用等情况进行联合检查。“国庆节”前夕，镇旅游科、安全科对京西建国酒店、神泉峡风景区、“山水居”农家乐等多家单位的食品安全、环境卫生、消防设施、水电气等使用情况进行拉链式检查。12 月 16 日，召开预防煤气中毒暨冬季安全防范工作会。会后，各包村科室与各村、各单位工作人员入户开展冬季安全防范排查。

（韩瑞娟）

【大沟村顺利通车】 1 月 25 日，892 支线正式通向大沟村，解决了该村 80 户常住居民的出行难问题。

（韩瑞娟）

【举办文艺演出】 1 月 29 日，举办妙峰山镇村官自编自演的联欢会，展示了大学生村官的精神风貌。2 月 5 日，举办 2012 年度机关工作表彰暨 2013 年新春联欢会。9 月 29 日，水峪嘴村举办以“我的梦、中国梦”为主题的庆“十一”联欢晚会。

（韩瑞娟）

【河道清障和违章建筑拆除】 1 月 31 日，联合驻地派出所、王平法庭、丁家滩村委会及其他相关职能部门，共计出动 50 余人，铲车 2 辆，运输车辆 3 部，对丁家滩村岭后非法建筑进行了帮拆和清理。4 月至 6 月，全镇上账的违法建设及河道行洪障碍共计 60 处 19596 平方米，涉及 7 个村，雇用钩机、铲车等大型机械台班 42 台次，雇用帮拆人力 340 余人次，已全部实现拆除清零。7 月下旬，对上苇甸村两处违建进行拆除，总拆除面积 360 余平方米。

（韩瑞娟）

【宣传工作】 2 月 5 日，在陇驾村集贸市场内开展“年底送‘年货’，法宣进大集”活动，向过往群众讲解科学防火、节日防盗以及预防煤气中毒等与群众生产生活息息相关的法制知识，发放春联、年历、温馨提示卡片、法制宣传单和宣传画约计 2000 余份。4 月 2 日，镇食品办与军庄工商所联合开展“落实《北京市食品安全条例》保障食品安全”宣传活动，共发放彩印食品安全小提示 500 张，母乳喂养指导手册 100 册，新版《北京市食品安全条例》360 册，印有食品安全举报电话和工商所举报电话的毛巾 100 块，购物袋 100 只。6 月 24 日，区红十字会、献血办、镇文教办、镇安全科及镇司法所等多家单位和部门，联合在妙峰山镇政府大街开展“综合法制法规知识宣传活动”。12 月 4 日，结合法制宣传日“大力弘扬法治精神　共筑伟大中国梦”的主题，镇司法所、计生办、妇联、安全科等科室开展了联合普法宣传活动。

（韩瑞娟）

【市区领导调研】　2月21日，北京市副市长鲁炜到水峪嘴村调研，实地考察了京西古道风景区，了解了该村的险村搬迁、新农村建设情况。21日，区领导到水峪嘴村、樱桃沟村调研，听取了镇领导招商引资及重点工程项目落地推进情况的汇报，并提出下一步的工作要求。3月5日，市旅游委就非煤矿山开发利用到镇进行专题调研。8日，市农工委领导就新农村建设及产业转型工作进展情况先后到樱桃沟村和水峪嘴村实地考察。9日，北京农学院多名专家教授到涧沟村考察调研休闲农业、农民专业合作社及玫瑰园等项目建设情况。22日，市民族事务委员会副主任到区内唯一的少数民族村——陇驾庄村走访调研。26日，中纪委信访室主任任建华、综合信息处处长孙朝东等领导，调研纪委工作开展情况。5月15日，市政府副秘书长，就镇总体规划完成及重点项目进展情况到镇听取汇报。24日，民盟中央副主席、北京市政协副主席葛剑平到镇调研，先后参观了陇上工业园区、水峪嘴村史博物馆、京西古道风景区，听取了镇经济社会总体发展情况及“一个中心带动两条沟域辐射三大板块”的总体发展思路的汇报。28日，区领导就永定河沿岸环境秩序专项治理行动到妙峰山镇召开现场会。8月12日，市领导就农村能源结构调整到镇液化气站、樱桃沟村、下苇甸村及下苇甸村惠民型煤供销网点实地调研。9月13日，市发改委立项专家评审团一行7人，就妙峰奇石文化创意产业园基础设施建设项目到担礼村进行立项初审调研。11月6日，区领导一行就十八届三中全会期间信访维稳工作到镇调研，了解会议期间对信访重点人及重点矛盾采取的应对措施。12月4日，市政协副主席、市委统战部副部长、北京知联会部分理事，区委统战部、区农委、区民政局及区经管站负责人，共计40余人到镇就“盘活北京农村农民闲置资产”开展专项调研。

（韩瑞娟）

【环境整治工作】　3月5日，联合驻地派出所、消防支队、工商所、环保局及区城管等多家执法单位，出动执法人员20余人，依法取缔一家异地经营存在消防安全、环境污染等多处违规违法操作的塑料袋加工企业。3月14日和11月21日分别开展了“白色垃圾兑换洗涤用品活动”，共回收白色垃圾1.56万余斤，兑换肥皂80余箱、洗衣粉110余大袋，此项活动覆盖镇域内17个行政村。3月下旬，开展春季百日环境综合治理：强化门前三包管理、及时清除路面积雪、严查环境治理重点。25日至27日，区环保局，军庄工商所，驻地派出所，镇安全科、旅游科、司法所、城管分队等多家相关部门组成联合检查组，对镇域内沿河生产企业、旅游业、餐饮业进行逐户调查摸底与突击治理。4月27日至5月8日，城管妙峰山分队、军庄分队、龙泉分队组成联合执法队，配合镇环境办对109国道妙峰山段违规设置的户外广告牌匾、条幅和宣传品开展专项执法整治行动。

（韩瑞娟）

【培训工作】　3月7日，区农业局在镇举办区级农产品质量安全检测培训班，镇农林科检测人员与全区其他7个乡镇农产品质量安全检测站负责人共30余人参加培训。28日，镇旅游科组织民俗旅游工作人员参加导游讲解培训班，共15人参加此次培训。4月1日，中国农科院、区科协专家组在黄台村举办2013年科普之春暨科技套餐配送工程培训活动。4月19日、23日、28日、5月8日，先后召开4次村委会换届选举培训会，对选举的各个环节严格把关。6月19日，镇社保所聘请区职业技术学校的专业老师对辖区内30余名护林员进行为期一周的职业技术培训。7月31日，镇政府请区经管站辅导科科长为全镇17个村的报账员、镇会计服务中心及镇经管站的工作人员进行农村财务知识培训。10月23日，镇政府请区水务局、区卫生局相关人员，为全镇58名管水员进行培训。12月26日，北京市著名野外救护组织——绿野救援队，应邀对镇机关干部、村“两委”干部和护林员，共计80余人进行户外运动应急救援专业培训。

（韩瑞娟）

【开展庆“三八”系列活动】
开展“三个一”活动庆“三八”妇女节：召开一次以“食品安全巾帼在行动”为主题的食品安全座谈会；举办一次女性健康知识讲座；组织机关女同志到怀柔影视基地的外出参观学习一次。

（韩瑞娟）

【旅游行业协会挂牌成立】　3月13日，妙峰山镇旅游行业协会正式挂牌成立，是北京市首家镇级旅游行业协会。

（韩瑞娟）

【下苇甸村龙王庙对外开放】　3月13日，下苇甸村遗址景观龙王庙完成修缮并于“二月二”正式对外开放。此次修缮，对道路、观景台等基础设施进行升级改造，新置各类标识50块，健全消防安全设施、环境保护设施2处，增添了龙墙、碑刻、假山等旅游景观，累计投资200余万元。

（韩瑞娟）

【开展护林防火工作】 3月，开展春季防火宣传，坚持每天出动宣传车在全镇各村巡回广播宣传，发放护林防火宣传单300余份，在主要路口及林区入口处悬挂护林防火条幅5条。清明节期间，召开“2013年清明节防火工作会”，成立镇森林防火工作指挥部，各村成立半专业扑火应急分队；要求全镇498名生态林管护员全天候轮流坚守重要路口，严禁任何人携带火种上山及祭祀焚烧现象发生，上岗时必须携带2号灭火工具。10月29日，镇护林防火指挥部组织镇域内村、企单位主要领导、大学生村官及机关包村科长共计70余人召开了“妙峰山镇2013－2014年度森林防火工作动员部署会”。

（韩瑞娟）

【共青团活动】 3月29日，镇团委举办团员青年竞聘面试经验交流会，部分机关团员青年及全体大学生村官共计40余人参加交流会。4月3日，镇团委组织团员青年和大学生村官20余人，到水峪嘴村京西古道风景区开展义务植树活动，共栽植树木30余棵。7月8日，镇团委与北京邮电大学信息与通信工程分团委开展共建交流活动，邮电大学师生20余人参观了水峪嘴村京西古道、古道博物馆、军事酒吧等景点。

（韩瑞娟）

【宣讲报告会】 5月4日，在水峪嘴村举办“‘落实三个优化，实现四新目标’暨妙峰山镇‘我的梦·中国梦’百姓宣讲活动”启动仪式。7月9日，区委宣传部“我的梦·中国梦”区百姓宣讲团到妙峰山镇为60余名机关干部、大学生村官进行专场宣讲。

（韩瑞娟）

【第21届传统春季庙会开幕】 5月10日，以“金顶祈福纳吉祥 宏扬妙峰福文化”为主题、以传承挖掘保护传统民俗文化为宗旨的第二十一届妙峰山传统春季大庙会，在涧沟村妙峰山风景区举行，为期15天。

（韩瑞娟）

【村委会换届选举工作】 5月24日，完成第九届村委会换届选举工作。全镇17个村登记参加选举村民共计8412人，参选人数为8193人，平均参选率为97.4%，其中有8个村实现了100%的参选率，共有12个村实现了村党支部书记、村委会主任一肩挑，交叉任职35人。

（韩瑞娟）

【社科普及进村镇】 5月31日，“中国梦 我的梦”——2013社科普及进村镇活动在下苇甸村举办，市社科联为下苇甸村赠送了中国梦系列宣传折页、《中国文化亮点通俗读本》及《农家乐》等系列科普读物，多名著名表演艺术家为村民进行精彩的文艺表演，10名宣武医院的老专家为村民义诊。

（韩瑞娟）

【军民共建谱新篇】 6月下旬，驻镇的268部队组织110余名官兵到担礼村通过大扫除的形式，开展“军民共建”环境综合整治活动。7月末，开展“八一”节主题纪念活动。镇主要领导与镇卫生院负责人入户走访镇域内的2户伤残军人，送去了生活用品及慰问金。镇主要领导会同驻地派出所及卫生院负责人与镇域驻军部队召开了庆“八一”军民座谈会。

（韩瑞娟）

【妇女工作】 8月8日至23日，开展育龄妇女免费体检工作，为935名育龄妇女进行乳腺、B超、妇科等项目的免费体检。12月5日，召开“妙峰山镇第十次妇女代表大会”，全镇44名妇女代表参加会议，镇妇联主席做了妙峰山镇第九届执行委员会工作报告，大会选举产生了第十届执行委员会委员。

（韩瑞娟）

【举行开班仪式】 8月14日，“妙峰山镇2013年农民田间学校”开班仪式在黄台村樱桃园举行。11月12日，“妙峰山镇文艺中专班”在陇驾庄村委会开班。

（韩瑞娟）

【经济普查工作】 8月下旬，镇17个行政村，分为17个普查区，完成了第三次全国经济普查指导员选聘工作。9月下旬，镇经济普查办公室组织召开第三次全国经济普查核查工作部署会，全镇17个行政村的普查指导员参加会议，学习讨论经济普查核查工作具体事项。12月18日，镇经济普查办公室工作人员在镇政府门口开展经济普查知识的宣传活动。

（韩瑞娟）

【网格化服务管理】 8月29日，召开网格化社会服务管理体系建设工作部署会。9月中旬，完成网格化社会服务管理网格划分工作，全镇共划分网格88个，其中：村庄网格46个、山场网格36个、景区网格6个。11月7日，镇民政科组织召开“网格化事件处置流程培训会”。

（韩瑞娟）

【区首家古道驿站成立】　9月末，镇古道驿站作为门头沟区首家古道驿站成立，这是由“北京乡村秀美旅游公司”投资建设的，将以此作为示范站，依次推广建设连锁加盟旅游服务机构，并在全区各条古道上成立古道分驿站。

（韩瑞娟）

【苇峰供销产业园建设项目签约】　10月11日，下苇甸村与市供销合作总社合作的“苇峰供销产业园建设项目”，在区政府正式签约。苇峰供销产业园建设项目位于下苇甸村杨木沟，建筑规模7751.85平方米，占地28782.44平方米，投资约5216.13万元，项目由存储农副产品、包装成品及烟花爆竹的5栋仓库、办公宿舍楼、商业餐饮楼、警卫值班室等主体项目及配套设施项目组成。

（韩瑞娟）

【首届民间艺术团展演】　10月23日，全镇14个基层党支部的13支村民表演队，在妙峰山镇民族学校，开展以“传承特色文化　构建和谐妙峰”为主题的首届民间艺术团队展演活动。

（韩瑞娟）

【组织消防演练】　11月4日，组织全体机关工作人员，共计180余人针对火灾来临科学逃生、灭火器材正确使用及火灾伤员应急救护等开展了消防应急疏散演练。

（韩瑞娟）

【招聘大集】　11月5日，镇社保所会同石景山区金顶街社保所及区人力资源社会保障局，在妙峰山镇农贸小市场举办了“携手共建、送岗上门，手拉手就职专场招聘会”。来自不同区县的18家社会用工单位，提供了收银员、安保员和餐饮服务员等130余个工种、近300个就业岗位，附近地区300余名失业人员和农村劳动力上前咨询。

（韩瑞娟）

【香会博物馆】　11月中旬，妙峰山镇香会博物馆整体工程全部完成。此博物馆总占地面积6000平方米，投资700余万元，为独栋二层建筑。工程自2012年5月正式启动。11月下旬，举办香会博物馆讲解员选拔赛，机关青年团员和大学生村官共34人参赛，讲解员围绕室外香道、茶棚、三山五顶以及室内的执香奉礼、行香走会和献香祈福进行讲解。

（韩瑞娟）

【特色党建“三个一”工程】　年内，启动特色党建“三个一”工程，即，一村撰写一本村志，一村建设一个村史博物馆、一村组建一支特色文艺团队。完成下苇甸、水峪嘴两村村志编写工作；建设完成下苇甸、水峪嘴、岭角、涧沟4个村“村史博物馆”；15个支部组建了14支特色文艺团队。

（韩瑞娟）

【庆祝建党92周年】　年内，开展庆祝建党92周年纪念活动。一是发展新党员。全镇发展新党员12名，其中机关支部3名，基层支部9名。二是召开总结表彰会。对表现突出的8个先进党支部和28名优秀共产党员进行表彰。三是组织外出参观学习。镇团委组织青年团员30余人，到“园博会”参观学习；陈家庄村党支部组织党员50余名到抗日战争纪念胜地西柏坡重温入党誓词，缅怀革命先烈；桃园村党支部组织15名党员到革命圣地井冈山参观学习；南庄村党支部组织39名党员到陕西延安开展纪念活动。四是开展走访慰问活动。镇党委书记带队，对镇里5名老党员、困难党员走访慰问，为他们送去节日的祝福、生活用品及慰问金。

（韩瑞娟）

王平镇

【概况】 王平镇位于门头沟区东部，地域面积46.6平方公里。辖行政村16个、社区4个，总人口8175人，全部是非农业人口。

年内，完成韭园、西马各庄等4村共500亩樱桃客土、有机肥实施、基础设施提升工作；完成2300亩国家农业综合开发土地治理项目；完成100亩中草药示范基地建设；开展大樱桃、梨和核桃等果品农业技术培训班60期850人次；全年共产出大樱桃、京白梨、薄皮核桃、葡萄等干鲜果品约60万斤，纯收入达到1200余万元；2013年镇内景区、景点、民俗村户共接待游客10.8万人次，同比增长8%，实现旅游综合收入805万元，同比增长1.8%。引入北京翔越同创建筑工程有限公司等9家企业落户，注册资金1000余万元。

全年实现农村经济总收入2.143亿元，同比增加1438.1万元，增长7.19%。农民人均劳动所得12107.8元，同比增加1160.8元，增长10.6%。完成区级财政收入692万元，完成镇级财政收入346万元，同比增涨12%。

单位名称：中国共产党北京市门头沟区王平镇委员会
北京市门头沟区王平镇人民政府
地　　址：北京市门头沟区王平大街东路18号
电　　话：61859400
邮　　编：102301

（赵　娜）

【民主日活动】 1月18日，各村（居）统一开展2013年第一次民主公开日活动。，各村（居）两委干部、财务管理员、“两委”班子成员分别做了党务工作报告、村务工作报告、财务报告、任期承诺完成情况报告，并征求了党员和村（居）民代表的意见，讨论了为民办事承诺事项。

（赵　娜）

【开展宣传活动】 1月21日，联合派出所开展以“依法文明安全燃放，传承弘扬北京精神”为主题的燃放烟花爆竹的宣传教育活动。发放《致居民的一封信》《单位和个人燃放烟花爆竹规定》《北京市烟花爆竹安全管理规定》等宣传材料1500余份。3月15日，开展以“共铸网络诚信、共创繁荣发展”为主题的3·15宣传日活动，发放《消费者九大权》《消费提示》和《食品添加剂科普手册》等宣传材料共计1000余份。4月22日，联合国土所、城管等单位开展“4·22地球日”宣传活动。发放各类宣传材料150余份。6月25日，开展以“珍惜土地资源，节约集约用地”为主题的“第23个全国土地日”宣传活动。10月30日，开展以“清洁空气·低碳出行”为主题的科普宣传活动，发放各类宣传材料500余份。11月8日，开展以“预防煤气中毒　珍爱生命健康”为主题的预防煤气中毒宣传活动。12月18日，开展第三次全国经济普查宣传活动，向群众发放《经济普查知识问答》《漫画统计法》等宣传小册子300余本。

（赵　娜）

【召开村居书记述职报告会】 1月22日，召开2012年村居党支部书记述职报告会，镇主要领导、职能科室负责人参加会议。会上，17名村居党支部书记以ppt形式，从党务建设、村务管理及2013年重点工作等方面做述职报告。

（赵　娜）

【开展检查工作】 1月25日，镇社保部门开展节前劳动用工大检查专项行动，此次行动涉及全镇的重点建筑单位、餐饮业、加油站等单位。30日，联合派出所、城管及工商部门对镇域内的重点企业开展拉网式的安全大检查。9月29日，联合工商所、派出所等多个部门对镇域内的加油站、农家乐、超市、施工现场等单位就消防安全、食品安全、用电安全、施工安全等进行检查。10月23日，联合城管等执法部门在镇域内开展消防安全专项检查。检查范围包括建筑工地、废品回收企业、加油站、液化气站等劳动密集型或涉及易燃易爆危险品生产、经营、储存的重点单位。

（赵　娜）

【走访慰问工作】 1月30日，区政协领导带队到镇走访慰问特困群众、老党员，为他们带去米、面、油及慰问金。2月4日，开展“问冷暖、问心声、问良策”走访慰问活动。对全镇的失业人员、低保人员、老党员、优抚对象、残疾人家庭、特困患重病家庭等重点户进行走访慰问，为他们送去米面油及慰问金。

（赵　娜）

【召开人代会】 3月1日，召开第三届人民代表大会第五次会议，40名代表参加会议。会上听取并审议通过《政府工作报告（审议稿）》及《关于王平镇2012年预算执行情况及2013年预算（草案）》的报告。

（赵　娜）

【开展学雷锋活动】 3月4日，开展学雷锋活动，镇团委组织团员青年对王平大桥、王平湿地周边环境进行清理和擦拭。4月11日，举办“好人好事，身边雷锋”宣讲活动，各村居群众200余人参加活动。

（赵　娜）

【垃圾分类工作调研】 3月16日，全国人大代表、海南省三沙市市长一行到镇调研垃圾分类工作。在听取了镇开展垃圾分类工作取得的经验及成效后，到村民家中，对生活垃圾分类的实际操作情况进行参观，并与镇、村干部对白色垃圾、有害垃圾的处理、农村新能源等问题进行交流讨论。11月4日，北京师范大学师生40余人到镇参观垃圾分类工作。师生们观看了垃圾分类介绍短片，听取了王平镇开展垃圾分类工作的情况与取得成效。随后到村庄，实地观摩了以家庭为单位的生活垃圾分类操作过程，并与镇、村干部讨论垃圾分类中涉及的奖励、收集、运输、处理、利用等问题。最后校、镇双方建立了交流学习机制，共同探讨研究生活垃圾分类的发展趋势。

（赵　娜）

【召开党组织承诺大会】 3月20日，召开新一届农村党组织承诺大会。各村新一届党支部书记向13个村的党员代表、村民代表、群众代表共计500余人，承诺在任期内配合镇党委、政府做好主导产业培育、优化发展环境加大招商引资、推进落地项目进行等工作，完成各村在经济建设、政治建设、文化建设、社会建设、生态建设等方面达到的目标。

（赵　娜）

【开展“三八”妇女节活动】 3月，组织开展以“关心妇女、服务妇女”为主题的系列活动。镇妇联举办关注女性健康知识讲座，为女性讲解了孕前优生优育的知识。安家庄村开展普法讲座，为村里的妇女介绍关于夫妻共同财产的相关法律知识。河北村开展了趣味比赛活动，全村妇女积极参与活动。

（赵　娜）

【村委会换届工作】 4月19日，召开第九届村民委员会选举工作动员部署会，全面部署村委会选举工作。镇包村领导、包村干部、村书记主任参加会议。5月22日至23日，完成第九届村民委员会选举工作。16个行政村共选举村主任、委员、女性专职委员各16人，其中村主任中党员11人，群众5人。委员中党员22人，群众10人；村委会班子成员平均年龄50.6岁，达到高中及以上学历的27人；共有3名村党支部书记兼任村主任，两委交叉任职干部18人。选民参选率为96%。

（赵　娜）

【举办失业人员招聘会】 4月26日，与海淀街道共同举办以“送岗位进乡镇，促进当地百姓外出就业”为主题的失业人员专场招聘会。海淀区的16家用人单位共提供977个岗位，有345名求职者，当场达成就业意向的有108人。

（赵　娜）

【石佛岭古道修复工程】 5月5日，对石佛岭古道进行全面修复，该工程总投资160余万元，修缮范围东起东石古岩村村口，西至西石古岩村一段，总长约690米，宽3米－4米。主要采取全面修补及选择性补充等方式，对古道、护坡墙进行抢险修缮。10月，东石古岩翻江沟生态治理项目工程竣工。该项目中100亩闲置山地被修整成梯田，铺设550米的田间路和1200米的水泥步道，并修建了水利基础设施，即1座扬水站和2座蓄水池，同时还栽植了200余株小树苗。

（赵　娜）

【打击河道周边违法经营行为】 5月9日，联合公安、城管、河湖等执法部门对河道内违法经营行为进行专项清理。出动工作人员30人，出动各类车辆7部，依法清理游艇5艘、折叠桌椅10套，拆除铁棚子100余平方米。

（赵　娜）

【社区老旧楼房上下水改造工程】 5月13日，对河北社区8栋老旧楼房进行上下水管道改造工程。此次改造共涉及居民480户，总投资400余万元，主要对楼房室内的上下水管道至室外的截门井管道进行更新，其中主管道总长4000余米，同时为每户更换一套坐便器及一个拖布池。

（赵　娜）

【举办老年人运动会】 6月18日，吕家坡村举办老年人趣味运动会，有42位60岁以上老人参加。运动会主题为“我运动、我健康、我快乐”，包括足球、保龄球、掷沙包3个比赛项目。

（赵　娜）

【开展防汛应急演习】 6月19日，开展防汛应急演习，镇防汛抗旱指挥部组织森林公安派出所、消防应急二中队、国土所、色树坟卫生院共同参加演习。演习模拟南涧村降水量达到70毫米，部分群众被困，情况紧急，镇防汛指挥部立即启动防汛抢险应急队进村协助被困群众转移。

（赵　娜）

【开展“我的梦·中国梦”系列活动】 6月28日，开展“我的梦·中国梦”宣讲活动。镇级宣讲员、各村（居）群众100余人参加活动。7月5日，举办“我的梦·中国梦——唱响红色旋律”群众歌咏比赛。有17个党支部的400余名党员、群众参与，比赛形式分为大合唱和诗朗诵。9日，成立“我的梦·中国梦”镇级宣讲团。宣讲员讲述了镇村基层干部的中国梦。9月26日，举行“我的梦·中国梦”暨一村一品乡村大舞台群众文艺汇演活动。区文委、区文化馆及镇主要领导共计500余人参加。

（赵　娜）

【组织各类培训】 7月1日，与区科委共同举办科技配送套餐技术讲座，各村农技员和果树种植户参加培训。8月5日，举办劳动保障协管员计算机实用知识和应用能力培训，培训主要从理论知识和上机操作两个方面进行，共34人参加。9日，举办2013年护林员培训班，培训老师结合山区特点，从森林法、森林防火、森林病虫害防治、火场逃生、护林员职责等方面进行讲解。9月16日，举办“理论+实践”安全生产培训，镇域内应急队队长、安全员共计60余人参加培训。培训分两部分，首先对安全员进行知识讲解，包括消防、燃气、食品安全、森林防火等多项内容，然后到镇域农家院和建筑工地进行实际操作和现场学习。10月8日，开展区农业发展“两个”办法培训，各村居两委干部、农家乐负责人、企业负责人参加培训。培训从交易机构、交易形式和程序、交易的行为规范、交易管理与监督、有关责任五个方面讲解了区农村产权交易管理办法内容；从基金的设立和规模、使用范围及使用方式、管理和项目申报方式、监督和评议、实施细则五个方面讲解了区农村发展基金管理办法。

（赵　娜）

【开展巡视工作】 7月12日，区委巡视三组到镇内开展巡视工作动员会。区领导、巡视三组全体成员，镇科级以上干部参加动员会。

（赵　娜）

【签署战略合作框架协议】 9月2日，与北京昊泰房地产开发公司就西马各庄村农业观光项目正式签署战略合作框架协议。镇党政主要领导、西马各庄村两委干部及昊泰集团负责人参加签约仪式。

（赵　娜）

【成立鬼谷书院】 9月9日，北京市门头沟区鬼谷书院在王平镇韭园村桃花谷正式成立，并举办基本系第一期开学典礼，全国各地鬼谷子学术研究爱好者、鬼谷书院导师、区相关部门负责人及镇主要领导参加。

（赵　娜）

【召开老年节表彰会】 10月12日，召开老年节表彰大会，会上为四对金婚老人颁发金婚证书及纪念相册，表彰了为老服务先进集体、老有所为标兵、健康老人、尊老敬老好儿媳、镇级“孝星”、为老服务先进个人等。

（赵　娜）

【成立书法活动站】 10月15日，色树坟社区成立书法活动站。国家、市、区书法协会的人员及社区书法爱好者一同参加此次活动。

（赵　娜）

【区慈善超市落户王平镇】 10月15日，门头沟区慈善超市首家镇街分店——王平分店正式揭牌营业。王平地区的市民可以凭养老助残券或现金到超市购物。

（赵　娜）

【举办首届残疾人运动会】 10月24日，举办首届残疾人趣味运动会。全镇100余名残疾人及残疾人工作者参加比赛。

（赵　娜）

【部署森林防火工作】 10月30日，召开森林防火动员会，对2013－2014年森林防火工作进行部署，会上下发《2013－2014年度森林防火工作意见》和《扑火预案》，同时与各村居签订责任书，成立森林防火领导小组。

（赵　娜）

【开办文艺中专班】 11月14日，联合区社区学校，开办文艺中专班，课程内容为化妆、乐理、应用文写作、公共礼仪，共69位学员参加学习。

（赵　娜）

【爱牙车进村做义诊】 11月18日，首都医科大学附属北京口腔医院的医师到镇为村民做义诊，向咨询的村民发放《口腔保健常识》小册子、预防龋齿牙膏，并现场示范正确的刷牙方法。此次义诊活动共发放各种宣传册100余份，共有40名村民接受口腔检查。

（赵　娜）

【开展“铁拳”行动】 11月21日，联合工商、公安、城管、综治等多个部门对镇域内的商品交易集中地开展以火灾隐患攻坚整治为检查重点的“铁拳”行动。检查组对经营房屋内的冬季取暖设备、用电安全、一氧化碳报警器安装情况作了重点检查，对涉及食品安全的熟食销售点、超市、餐馆等单位的卫生许可证进行检查。

（赵　娜）

【举办十八届三中全会精神讲座】 12月26日，举办十八届三中全会精神解读讲座，镇机关科级以上干部、各村居主要干部参加。会上讲师围绕全面深化改革的重大战略意义与十八届三中全会《决定》的框架内容进行讲解。

（赵　娜）

【召开党代会】 12月27日，召开第三届党代表第二次全体会议，镇领导班子成员及101名党代表出席会议。会上听取和审查了《2013年王平镇党委工作报告》和《2013年王平镇纪委工作报告》；听取镇党委班子成员述职述廉工作报告，对党委领导班子及其成员进行现场民主评议。

（赵　娜）

【新型农村社区试点建设】 年内，按照村企合作开发模式，村民住宅楼项目一期（6100余平方米）已经开工，度假产业项目一期（1.6万余平方米）已完成立项、地上物评估、确认、68亩土地腾退等工作，腾退资金800万元（包括地上物、果树、土地流转资金）。

（赵　娜）

【生态环境建设工作】 年内，完成色树坟村、东石古岩村、安家庄村生态综合治理工程；完成京津风沙源造林工程1500亩，爆破造林200亩，恢复工程800亩，清除豚草、拉拉秧950亩；完成安家庄村等3个村109国道王平镇段绿化改造工程，绿化总面积18657平方米，种植国槐、油松、侧柏等20余种苗木约2000株，种植万寿菊200亩。

（赵　娜）

【就业和社会保障工作】 年内，共受理廉租住房94户，经济适用房申请91户，两限房149户，审核通过率达到99.1%；帮助北京俊秀水阁餐厅等3家个体单位获得北京银行发放的24万元全额贴息小额贷款，实现了山区社保所小额担保贷款工作零的突破。

（赵　娜）

【动物防疫工作】 年内，共进行免疫工作11次，免疫家禽、家畜2.08万只，加强了动物疫情预防和监控工作。

（赵　娜）

【打击非法盗采行为】 年内，共出动检查人员456人次，巡查94次，炸毁非法熏口2个，捣毁巷道100余米。

（赵　娜）

【违法建设治理工作】 年内，共拆除违章建筑3间共计320平方米，制止违法占地违章建筑行为15起800余平方米。

（赵　娜）

【旅游文化休闲产业】 年内，启动了京西古道教育实践基地项目。完成门头沟区“国家步道”一期踏勘和设计、石佛岭古道道路1500米修缮工程；举办第一届“马致远与散曲文化（北京）论坛”。

（赵　娜）

【劳动监察工作】 年内，妥善处理农民工上访讨薪事件3起，接待上访农民工62人，解决拖欠工资213.5万余元。

（赵　娜）

【基础设施建设】 年内，完成3个社区2330平方米路面硬化工作，绿化面积4000平方米；开展农村饮水健康行动，升级改造河北村和西马各庄村农村供水设施2处，新建泵房1座，管网改造500米；为色树坟村更换管网4000米，解决了百姓饮水问题。

（赵　娜）

雁翅镇

【概况】 雁翅镇地处门头沟西北部山区，距区政府45公里。镇域面积267平方公里，全镇下辖23个行政村，1个社区居委会。年内，全镇完成各项指标全面，实现农村经济总收入54230万元，同比增长5%；实现人均劳动所得9040元，同比增长8%；固定资产投资完成9560万元，同比增长0.6%；区级财政收入211万元，同比增长27.1%。

单位名称：中国共产党北京市门头沟区雁翅镇委员会
北京市门头沟区雁翅镇人民政府
地　　址：北京市门头沟区雁翅镇付家台村
电　　话：61839794　61839349
邮　　编：102305

（陶祥生）

【农村工作】 1月8日，举办村级全科农技员责任书签订仪式，基本实现了“一村配备一名全科农技员”的工作目标。1月24日，召开公共安全暨环境整治工作部署会，全镇24个村（居）党支部书记、村委会主任，机关包村干部参加会议。会上，主管副职领导就2013年春节、“两会”期间安全工作进行部署。各村（居）书记、主任，为第一责任人，全面负责本村（居）、春节期间的各项安全保障工作。31日，门头沟区雁翅镇淤白村等单位选拔的60名妇女组成的踢踏舞表演队参加了北京春晚节目的正式录制。2月18日，召开改良“三年计划”座谈会，党委书记、镇长，主管副职领导及农业发展办、农发中心、林业站相关负责人参加会议。会议由农业发展办负责人就雁翅镇林果产业的基本情况及雁翅镇“三年改良”计划进行汇报。农发中心负责人就镇域内农田灌溉情况及存在的问题进行汇报。参会人员对三年改良计划进行讨论，并提出修改意见。21日，召开五美乡村创建方案汇报会，镇全体班子成员参加会议。会议由宣传委员就五美乡村创建方案进行汇报，党委副书记对五美乡村创建方案进行补充。全体班子成员对创建方案进行讨论，并提出修改意见。19日，召开招商引资工作汇报会，党委书记、镇长，相关副职领导及规划科、旅游科、经济办、资产运营中心负责人参加会议。会议听取副镇长做2012年招商引资工作汇报，及2013年招商引资工作计划及遇到的相关问题。参会人员对2013年招商引资工作遇到的问题进行讨论，并提出解决措施。3月26日，雁翅镇召开新一届党支部书记任职承诺大会，来自全镇23个村的近500名村两委班子成员、党员代表、村民代表和群众代表汇聚一堂，现场听取了23个村的新一届村党支部书记任期承诺。大会上，全镇23个村的党支部书记分别代表村内党组织向大会作出承诺。5月16日，为确保辖区23个村民委员会换届选举平稳有序开展，采取五项举措扎实做好第九届村委会换届选举工作。一是加大宣传，营造良好氛围。二是强化培训，提升业务素质。三是摸清问题，掌握选举动态。四是排查矛盾，及时正向引导。五是核查材料，细化选举工作。6月30日，由雁翅镇人民政府主办、区摄影家协会承办的“休闲雁翅·体验民俗”主题淤白民俗文化节摄影比赛颁奖仪式落幕。活动中共收到参赛作品200余幅，经过组委会评审团严格评审，共评出一等奖3名，二等奖6名，三等奖9名，优秀奖31名，入围奖13名。8月8日，全区各镇党委书记到镇内参观景观农业发展情况，实地查看了太子墓村万寿菊种植基地。听取了镇主管农业副镇长关于全镇700亩万寿菊种植情况介绍；区农业局领导介绍了全区景观农业种植情况，并安排了下一步全区各镇种植任务。8月22日，召开网格化社会管理体系动员布署会，区委社会工委副书记、镇主管副职领导、城管分队队长、包村干部及24个村居党支部书记、主任、大学生村官、社区工作者参加会议。镇工会主席部署雁翅镇网格化社会服务管理体系建设工作方案。区委社会工委副书记就全市网格化管理工作及我区网格化管理工作进行介绍。软件公司工作人员就网格管理技术操作进行业务培训。27日，海淀区海淀街道妇联到镇内进行中小学生资助慰问活动，为全镇17名困难家庭学生送去了学习文具、防寒服和慰问金。10月11日，由北京市农委牵头，市发改委、市财政局、市园林绿化局、市水务局等单位组成的联合检查组，到雁翅镇对田庄国际化沟域建设情况进行检查验收。检查组听取了雁翅镇关于田庄国际化沟域建设情况的汇报，并实地查看了项目建设成果；检查组对田庄国际化沟域各项工程建设成果给予了肯定，并提出合理化指导建议。12月24日，召开村级公章委托监管工作动员部署会，24个村居党支部书记、主任及包村组长参加会议。会议对村级公章管理具体要求进行部署，宣读了《门头沟区村级公章使用管理办法》。

（陶祥生）

【民主日活动日】 1月15日，召开2013年第一次农村民主日活动工作部署会，镇领导班子成员、23个村党支部书记、主任及包村干部等120余人参加会议。此次农村民主日活动围绕“深化村务公开民主管理，密切党群干群关系，营造民主和谐氛围”主题，落实农村“两委”任期承诺制，完善基层民主自治制度，保障群众行使当家做主权利。动员会上，镇党委副书记对如何做好2013年第一次农村民主日活动进行了安排部署；会议对如何写好党务、村务、财务和村务监督委员会3个工作报告进行专门培训。

（陶祥生）

【防火工作】 1月19日，镇安全科与派出所联合开展燃放烟花爆竹集中宣传活动。此次宣传活动的主题为：“依法、文明、安全燃放，传承弘扬北京精神”。在活动现场，悬挂横幅2条，摆放宣传展板4块，张贴宣传海报3张，发放有关安全燃放爆竹宣传材料1000余份。工作人员向百姓讲解禁放与可燃放烟花爆竹品种、非法经营销售行为的危害性等安全燃放知识，安全燃放烟花爆竹应遵守的注意事项等。10月31日，召开2014年度森林防火工作动员会，区园林绿化局局长、林业公安处处长等领导出席会议，驻镇单位主要领导、24个村居书记、主任及包村干部共计70余人参加会议，会上，总结2013年度森林防火工作，并对2014年度森林防火工作进行全面部署。镇长分别与村居负责人签订2014年度森林防火责任书。

（陶祥生）

【领导慰问】 1月22日，首都文明办“三下乡”慰问捐赠活动到雁翅镇，慰问生活困难家庭和付家台中心小学学生。在活动现场，首都文明办“三下乡”活动为付家台中心小学捐赠学习用书3000余册，市区领导为孩子们发放了各类儿童玩具。随后，市区领导看望雁翅村3户困难家庭，询问困难家庭生活情况，并送去慰问金和米、面、油等生活物资。

（陶祥生）

【召开人代会】 3月22日，镇第八届人民代表大会第二次会议召开。全镇37名人大代表出席会议，部分村党支部书记列席了会议。会议由镇人大副主席吕令叶主持。与会代表听取了《雁翅镇政府工作报告》，河路、大村、田庄三个不同地区的镇人大代表分组对《政府工作报告》及《雁翅镇2012年预算执行情况和2013年预算草案的报告》进行讨论，围绕地区发展代表们提出意见和建议，以举手表决的方式通过两个报告。此次会议以无记名投票的方式选举衣丰飞同志为镇人大主席。

（陶祥生）

【党建工作】 3月27日，召开2013年党建工作会，镇领导班子成员、包村组长及24个村（居）党支部书记、村委会主任60余人参加会议。会上，镇党委副书记部署雁翅镇2013年党建工作。4月9日，召开解放思想大讨论暨改进机关作风动员会，全镇机关干部和24个村居党支部书记、村主任参加会议。会议部署了《雁翅镇关于深入开展“明确思路，凝心聚力，努力建设全域景区化百里画廊上的美丽特色小镇”解放思想大讨论活动方案》和《雁翅镇关于改进机关工作作风的实施方案》，明确活动主题，按照动员部署、学习讨论、成果交流三个阶段逐步开展。

（陶祥生）

【领导调研】 4月27日，区委领导到镇调研。与镇党委班子成员进行座谈，分别听取了镇党委书记、党委副书记关于镇发展情况、镇第九届村委会换届情况的汇报，并到马套村进行实地查看。6月4日，区领导韩子荣到淤白村和南石洋大峡谷调研农村文化和景区开发建设情况。了解了相关工作开展情况并提出具体要求。

（陶祥生）

【动物防疫】 4月，针对人感染H7N9型禽流感疫情，采取五项措施应对H7N9型禽流感防控工作。一是做好家禽养殖户的摸底排查工作。二是加强对畜禽的预防免疫。三是制定禽流感应急工作预案。四是加大禽流感防治知识宣传力度。五是每天坚持零报告制度。

（陶祥生）

【培训工作】 5月14日，组织开展机关干部公文写作暨基层通讯员培训会。培训会请石景山报副主编讲课，全体机关干部及大学生村官参加培训会。7月12日，召开新一届“两委”干部培训班。区巡视组领导、镇主要领导班子成员、全镇24个村居“两委”班子成员及包村组长等160人参加培训班。此次培训班主要围绕如何开展农村工作为培训重点，授课内容包括全镇发展思路解读、基层党组织建设、农村经济合同管理、党风廉政等，并邀请区政府办副主任为参会人员培训应急基本知识。8月7日，由门头沟团区委组织的大学生村官宣讲团到雁翅镇开展“我的梦·中国梦”宣讲活动。11月28日，召开专题学习会，组织机关干部、24个村居党支部书记、村委会主任集中学习党的十八届三中全会精神。会上，镇宣传委员宣读了《中共中央关于全面深化改革若干重大问题的决定》，带头组织党员干部学习全会精神，对下一步村居组织群众深入学习贯彻全会精神进行部署。

（陶祥生）

【社会保障】 6月6日，镇社保所与鲁谷街道“手拉手促就业”民营企业招聘月专场招聘会在雁翅中学举行，来自不同行业的22家民用营工单位到雁翅镇，为全镇失业人员提供就业岗位100余个。全镇有160余名失业人员应聘，镇社保所工作人员还为应聘的失业人员解答就业相关政策。在了解企业具体用人条件后，应聘人员根据自身条件，现场有30余人达成初步就业意向。

（陶祥生）

【防汛工作】 7月4日，举行2013年防汛桌面推演，全镇24个村居党支部书记和主任、包村组长、镇卫生院、应急大队、电管站等负责人参加。此次桌面推演模拟出现特大暴雨的抢险过程，推演模拟道路积水排除、群众转移、河道漂浮物打捞、善后救灾等场景，镇防汛办、各村居、卫生院、应急大队、电管站等单位立即启动应急预案应对灾害。

（陶祥生）

【安全工作】 8月19日，镇社会福利中心与斋堂镇消防支队联合开展消防演习活动，福利中心所有员工共计80余人参加了该项活动。21日中午12点半，上游水库放水，永定河水位突涨，6名游客（一个小孩和五个成年人）困在水中。河南台村村民迅速救援，整个救援过程大约持续了半个小时，河南台村党支部书记和村主任全程指挥了整个救人环节，稳住游客心理，最终6名遇险游客全部被成功救出。9月29日，镇党委书记带队，镇主管副职领导，镇安全科、镇派出所、镇旅游科、王平工商所等相关部门组成联合检查组对辖区内的农家乐、超市、饭馆等经营场开展安全生产联合大检查。此次检查主要包括消防器具配备、燃气正确使用、食品安全、电气安全存在的隐患、危险地域是否有足够的安全防护措施等内容。检查中，发现部分单位存在气瓶间不规范、员工安全意识不强等安全隐患，针对这些隐患检查组要求其立即按要求进行整改，确保不发生事故，此次检查共检查超市3处，农家乐2处，饭馆2处，并与相关单位负责人签订了安全责任书。

（陶祥生）

【安全维稳】 年内，组织机关干部和24各村居党支部书记、村主任召开了全国“两会”期间的安全维稳会。会上，党委副书记宣读了《2013年雁翅镇“两会”期间综治维稳工作方案》并根据方案进行工作部署，并提出具体工作要求。

（陶祥生）

斋堂镇

【概况】 斋堂镇位于门头沟区西部山区，是北京市小城镇之一，镇域面积392.4平方公里，耕地面积3477.3亩，辖30个村居，26家驻镇单位。全镇7706户，13557人，镇注册企业289个，个体工商户585个；全镇共有基层党支部40个，其中农村党支部29个，社区党支部1个，机关、事业单位党支部5个，非公企业党支部3个，公益性组织党支部2个，党员1748人。

全年实现农村经济总收入74691.4万元，同比增加4886.4万元，同比增长7%；农民人均劳动所得实现9944.5元，同比增加758.5元，同比增长8.3%。区级财政收入完成1139.44万元，完成全年任务的126.53%，同比增加324万元，同比增长40%。

单位名称：中国共产党北京市门头沟区斋堂镇委员会
北京市门头沟区斋堂镇人民政府

地　　址：北京市门头沟区斋堂

大街45号
电　　话：69816653
邮　　编：102309

（张　森）

【三级联创检查】　1月15日，区委组织部、农工委开展三级联创工作指导检查。

（张　森）

【民主生活日】　1月18日，全镇29个村举行2013年第一次农村民主日活动。7月18日，全镇29个村进行第二次农村民主日活动。

（张　森）

【召开村级绩效考核大会】　2月1日，组织召开2012年村级绩效考核工作总结大会。

（张　森）

【党风廉政建设工作】　3月6日，召开斋堂镇党风廉政建设部署会，回顾了2012年全镇党风廉政建设和反腐败工作，安排部署2013年工作任务。

（张　森）

【召开村支书承诺大会】　3月21日，召开新一届农村党支部书记承诺大会，区领导参会并讲话。

（张　森）

【培训工作】　3月26日，十八大精神解读培训，区委党校老师就十八大精神进行了解读。27日，聘请区信息办、区新闻中心人员为全镇村级信息员和镇机关科室信息员培训。4月25日，组织各村参加国土局主办的地质灾害监测员培训会并进行考核，镇内19个监测员全部合格并获得了培训证书。4月，加大对农村村居民饮用水管理，培训全镇水管员7人。5月，在爨柏景区开展旅游服务管理、文明礼仪、服务接待礼仪、乡村旅游服务员基本技能等培训，培训学员38人。3月，对新当选的村支委开展农村经济发展和农产品销售知识培训，培训村支委40人。3月至5月，在全镇范围内开展农村经纪人、乡村旅游管理员、乡村旅游服务员培训，培训学员98人。7月16日，在马栏村举办“2013年北京市信息科普进农村暨门头沟区提高全民信息能力培训活动”。由市、区科协的工作人员为马栏村的百姓传授科普知识，并向马栏村村委会捐赠科普图书。8月8日，组织开展斋堂镇新入职人员及村官培训工作。8月8日，区地震局领导及工作人员到斋堂，为各村居防震减灾知识进行业务培训。培训主要围绕“宏观异常现象识别、分析及上报流程”、“灾情速报”、“地震避险与自救互救”等防震减灾相关知识。全镇30个村居助理员参加了培训会议。8月，开展农村党支部书记、村委会主任、科级以上干部培训班，参加人员100余人，从基层组织建设、廉政风险防范、村民自治等内容进行讲解。9月25日，召开村务监督委员会培训会，对全镇29行政村村务监督委会主任和委员62人进行专题培训。11月8日，民政局在斋堂镇对全区养老服务管理平台工作人员进行培训。12月，配合区农广校举办了“乡土专家果树周年管理技术”培训班。

（张　森）

【反腐倡廉教育活动】　3月，开展“廉洁奉公、勤政为民”反腐倡廉主题教育活动。

（张　森）

【农业保险摸底调查工作】　3月，完成农业保险摸底调查工作，共有68户上保险，种植面积共计1112.5亩。其中枣613.5亩，玉米25亩，桃2.5亩，葡萄97.5亩，苹果374亩。

（张　森）

【安全生产监管工作】　3月，召开安全生产会，部署斋堂镇安全生产工作。年内，组织开展安全生产联合检查执法会15次，其中3月至10月开展餐饮燃气专项治理行动。6月至12月开展安全生产大检查活动。8月在液化气站开展安全生产事故应急处置演练。11月至12月开展城乡结合部专项治理行动，消除安全隐患。斋堂镇获门头沟区“安全生产先进单位”和“消防安全先进单位”称号。

（张　森）

【武装部工作】　3月，完成人民防空疏散预案和人员落实工作。3月至4月，完成民兵组织整顿工作，共编制民兵262人。

（张　森）

【全程办工作】　3月，区医院到开内展妇女病知识培训，6月计生委各科长就相关业务知识培训、区计生委统计科工作人员开展全员人口培训，11月镇医院医生进行紧急避孕药发放培训，培训人数达500余人。召开计生专干例会12次，部署相关工作。年内，全程办共受理户口审批133份，已批108份。

（张　森）

【环境建设工作】　3月至4月，建立两办法、一机制、一排名长效机制。4月至10月，在吕家村、沿河城等17个村，实施了修建垃圾屋、修砌垃圾围挡墙、地面绿化等28处环境工程，共投资92万元。3月，完善村级环境卫生管理和考核制度，加强对保洁员工作的监督考核。与相关驻镇单位协同合作，联合检查、联合执法、联合整治的工作机制。6月至10月，开展东斋堂大街市容秩序整治。9月，完成第四届徒步大会等重大活动、节庆环境保障工作。

（张　淼）

【祭扫烈士活动】 4月1日，举行清明节祭扫烈士墓活动。区统战部部长、区民政局副局长、高铺部队、军响部队、斋堂中学、斋堂小学领导及部队官兵、学生参加活动。

（张　淼）

【组织机关干部参观】 4月16日，组织领导干部参观《光辉典范——抗战时期中国产党党风廉政建设》展览，全镇干部分两批次，组织各行政村支部书记、镇上领导班子成员、机关各科室正副科长共90人参观了《光辉典范——抗战时期中国共产党党风廉政建设》展览。

（张　淼）

【信访矛盾排查工作】 4月16日至19日，开展村委会换届选举专项矛盾排查工作。5月9日，开展社会重大信访不稳定因素专项排查工作。23日，开展2013年第二次全区人民内部矛盾纠纷排查调处工作。11月1日，召开十八届三中全会期间不稳定因素专项排查工作部署会，重点部署十八届三中全会期间不稳定因素专项排查工作。

（张　淼）

【廉政风险防控管理工作】 4月17日，召开向村居延伸工作会议，会上传达全区廉政风险防控管理工作会议精神，宣读《斋堂镇推进廉政风险向村居延伸工作实施方案》《斋堂镇结合“八项规定”“六项禁令”作出相关要求》。对廉政风险防控推进工作进行部署。

（张　淼）

【村委会换届选举工作】 4月18日，全镇召开换届选举工作动员部署会，全镇启动第九届村委会换届选举工作。20日，开展选举工作，选举产生各村选举委员会，27个村选委会主任由书记担任。25日，各村完成选民登记工作，全镇参加选举的村民10326人。5月8日，各村进行第九届村委会换届选举正式候选人推选工作，共提名正式候选人171人。18日，各村进行村委会换届正式选举工作。25日，新一届村委会成员全部产生，村委会成员103人，其中党员65人，女性35人。同日，各村选举产生新一届村民代表，共选举村民代表476人。5月28日，各村选举产生新一届村务监督委员会，共选举成员83人。6月，举行村委会换届选举工作总结大会。

（张　淼）

【爱国卫生月活动】 4月，开展“美化环境，健康人民”为主题的爱国卫生月活动。

（张　淼）

【贯彻落实“八项规定”“六项禁令”】 4月，根据中央纪委通报6起违反八项规定典型问题做好警示教育的通知，贯彻落实中央“八项规定”、“六项禁令”的工作要求。结合实际情况，为规范改进镇域工作作风，密切联系群众。出台了10个工作要求。

（张　淼）

【全面防控H7N9禽流感】 4月，在辖区30个村（居）电子显示屏滚动播出H7N9禽流感疫情最新动态及预防小知识，发放预防H7N9禽流感宣传材料500份；出动防疫人员对辖区内禽类进行摸底调查，统计禽流感高危人群底数，饲养人员182人、候鸟监测人员2人；联系镇卫生服务中心对辖区内大型养殖户及散养户进行面对面的健康教育。

（张　淼）

【开展除四害工作】 4月，向各村发放灭鼠药8箱、毒饵站50个、粘鼠板150个，灭蝇药30箱。

（张　淼）

【矿业环境治理工程】 4月至9月，完成矿业环境治理工程。治理区位于马栏沟支沟——长峪沟，地形地貌整治、坡面整治、沟道排水等。

（张　淼）

【宣传工作】 4月，配合镇社区卫生服务中心开展以“全面禁止烟草广告、促销和赞助”为主题的宣传咨询活动。此外通过悬挂横幅、橱窗、板报、宣传板、张贴宣传海报、电子屏等多种宣传方式向社区居民宣传。共发放宣传海报60份、宣传彩页300份，进行问卷调查600份。5月10日，开展《北京市信访条例》宣传月启动暨集中宣传日活动。镇矛盾调处中心门前悬挂了以“畅通和规范群众诉求表达、利益协调、权益保障渠道”为主题的宣传横幅，向群众发放自制信访宣传单800余份，发放畅通信访渠道宣传单信访折页200余份，信访宣传袋300余个，并摆放展板6块。12日，全国防震减灾日，结合汶川地震5周年纪念，以街头宣传方式，宣传防震减灾知识。发放《防震减灾法知识册》60册、《家庭避险要诀》宣传彩页150册、防震减灾宣传购物袋150个、防震减灾知识扑克50套。6月7日，区药监局在镇举办“保山区用药安全，铸生态文明新区”宣传月活动启动仪式。并对各村级信息员进行安全用药知识培训。7月10日，民政科、社保所、司法所联合进行《老年人权益保障法》宣传活动。9月，开展廉政文化宣传活动，更新廉政文化展板及廉政文化墙，营造镇内风清气正的廉政文化氛围。

（张　淼）

【组织建设巡视工作】　5月14日，召开斋堂镇基层组织建设巡视工作见面会，并部署巡视工作。

（张　淼）

【参加健身活动】　5月，镇机关干部及军响村秧歌队50余人参加区体育局举办的全民健身活动，分别获得健身操二等奖、广播操三等奖、秧歌操三等奖。

（张　淼）

【计划生育意外保险工作】　5月，与中国人寿保险公司通力合作，按照“政策引路、协会发动、上门服务、群众受益”的原则，在全镇开展计划生育意外伤害保险工作。年内，计划生育意外伤害保险投保1960户，保费59640元；“两癌”保险903人，保费36120元。

（张　淼）

【纪检宣传教育工作】　5月，完成《关于在村民委员会选举中禁止贿选、破坏选举等违纪违法行为的通告》宣传教育工作。12月，组织机关干部、村干部学习《关于严禁元旦春节期间公款购买赠送烟花爆竹等年货节礼的通知》。

（张　淼）

【沿刘路大修工程】　5月至8月，完成沿刘路（沿河城—刘家峪）大修工程，道路全长4.63公里，总投资277.8万元。设计路基宽度5.5米，路面宽度4.5米，路面混凝土厚度18厘米。

（张　淼）

【法城村整体改造项目】　6月15日，法城村整体改造项目土建工程开工，现正在施工楼座20个，其中12个楼座主体工程已完工。另完成外部装修2000平方米。

（张　淼）

【新农村改造调研工作】　6月18日，区领导韩子荣到斋堂镇调研新农村改造工作。

（张　淼）

【“红歌唱响黄岭西”推介会】　6月24日，在北京国际饭店举办“红歌唱响黄岭西”为主题的推介会。

（张　淼）

【开展代表联系群众活动】　6月26日，在西胡林村谷临门粮食加工厂召开由全体区人大代表、镇主要领导，西胡林村村民代表、党代表、群众代表、老干部代表及“两委”班子成员参加的座谈会，参加人员30人，提供意见建议7条。

（张　淼）

【防汛工作】　6月，落实全镇29个村及驻镇单位的防汛工作，组织召开全镇防汛工作大会，与全镇各单位签订了防汛责任书35份，制定镇、村防汛预案，斋堂水库防汛预案，火村塘坝防汛预案。

（张　淼）

【危房排查工作】　6月，完成危险房屋排查工作，以2012年7.21特大暴雨后建委鉴定的各村危险房屋为基准，核实各村危险房屋实际常住人口，编制汛期危房重点监测台账。

（张　淼）

【“早教大篷车”进山区活动】　6月，在斋堂中学举办“早教大篷车”进山区活动。一是开展早教游戏活动，在动手、动脑游戏中，促进母子的感情，开发婴幼儿的智力。二是为0岁-3岁婴幼儿免费拍照。三是区计生委为斋堂幼儿园送去大量新玩具。

（张　淼）

【农村科普带头人申报工作】　6月，完成国家级“科普惠农兴村计划”——“农村科普带头人”申报工作。

（张　淼）

【捐赠活动】　7月17日，长江商学院到斋堂镇社会福利中心进行捐赠活动，赠与敬老院各种物资及资金10万元。

（张　淼）

【恳谈室建设运行情况检查】　7月20日至26日，镇信访工作主管领导、信访办主任对全镇30个村（居）连民心恳谈室的硬件设施、机制落实及运行情况开展检查。

（张　森）

【慰问工作】　7月30日，民政科联合镇武装部、镇文化中心，到军响部队进行八一慰问，并为部队官兵进行演出。9月，教师节期间对斋堂中心小学、军响中心小学、斋堂中学和斋堂职高走访慰问。10月11日，民政科领导，慰问镇90周岁以上的老人。

（张　森）

【灵岳寺评为国家级文物保护单位】　7月，灵岳寺被评为国家级文物保护单位。为镇内第二个国家级文物保护单位。

（张　森）

【“农村科普示范基地”申报工作】　7月，完成2014年北京市科普惠农兴村计划——“农村科普示范基地”申报工作。

（张　森）

【“三资”专项检查】　7月，开展关于对农村集体资金资产资源管理开展专项检查。检查内容涉及：公车管理、公务接待、公章管理、集体经济合同、重大事项报告、村级财务预决算、“三资”管理通报情况、基本建设工程、党支部工作手册、村委会工作手册、党风廉政建设工作手册、村务监督委员会工作手册。8月6日，区经管站工作人员，对斋堂镇农村集体“三资”专项检查工作进行巡查指导。对检查中发现的不足之处，进行问题分析，并与大家沟通制度整改措施。

（张　森）

【举人文化节】　8月7日，在灵水举办第十三届灵水举人文化节。

（张　森）

【养老机构建设工作】　8月21日，民政科组织村干部到龙泉镇龙泉务村学习养老机构建设工作。

（张　森）

【“我的梦，中国梦”宣讲活动】　8月，成立了由各个不同岗位组成的6支宣讲队伍，并组织成立了镇级宣讲队伍，组织开展6场我的梦、中国梦宣讲活动。

（张　森）

【组织工作满意度调查工作】　8月，在全镇开展组织工作满意度调查工作，针对组织中存在的问题研究和制定的整改措施。

（张　森）

【征兵工作】　8月至9月，完成征兵工作，走兵9名，超额完成任务。

（张　森）

【交通战备工作】　9月，完成区交通战备办公室的交通战备车辆、人员等战备落实工作。

（张　森）

【马栏村评为中国传统村落】　9月，马栏村被评为第二批中国传统村落。

（张　森）

【与春光集团签订战略合作协议】　9月，与春光集团合作，通过企业投资和管理资源的输入，提升双龙峡景区软件和硬件设施，促进火村旧村改造，实现区域进步与影响力提升。并与春光集团签订战略合作协议，正在与宏远达土石方洽谈双龙峡景区回收事宜。

（张　森）

【1号地块安置房建设情况】　9月，安置房建设分A、B两个地块，A地块成功上市。总建筑面积4.35万平方米，总投资13125万元。共建设安置楼12栋，现已全部入住。

（张　森）

【“无痕山林”活动】　10月16日，组织“无痕山林”活动，由区旅游委牵头主办，多家单位协办，组织高校学生约200人参加清理黄草梁山道附近垃圾的公益活动，旅游科负责斋堂地段的组织配合工作。

（张　森）

【村级后备干部选拔工作】　11月，组织开展村级党组织后备干部选拔工作。根据工作安排，按照自愿报名、笔试、面的原则，共产生34名农村村级党组织后备干部。

（张　森）

【参展北京文化创意产业博览会】　11月，参加第八届中国北京文化创意产业博览会，配合区文委参展，负责斋堂镇展台的讲解及宣传材料发放工作。

（张　森）

【基层党组织民主评议工作】　11月，在全镇开展基层党组织民主评议工作，组织全镇群众对29个村的“两委”班子在村域建设等工作进行测评。对群众提出的意见和建议进行梳理，并进行了严格整改，促进了村干部工作作风。

（张　森）

【健康之星评选工作】　11月，组织镇机关干部和社区居民参加第三届北京健康之星评选工作，参选4人均获得北京健康先行者称号。

（张　森）

【免费为育龄妇女体检】 11月，摸底全镇育龄妇女体检医院参加情况，在斋堂医院为30个村（居）的育龄妇女进行免费体检，为期一周时间，共计600余人参加。

（张　森）

【农村三级联创检查验收工作】 12月4日，组织开展2013年农村三级联创检查验收工作。

（张　森）

【农宅抗震节能改造工程】 12月12日，对10个村，61户进行农宅抗震节能改造工程。

（张　森）

【打非工作】 年内，打非工作出动车辆5000辆次，人员2万人次。处理煤熏口74个（所有煤熏口均属废弃熏口），其中炸毁煤熏口5个，机械填埋熏口64个，人工填埋5个熏口。断路4处。使用炸药20箱（约合480公斤），雷管170支；使用挖掘机、铲车共63个台班。区有关部门组织联合执法6次，联防队日查750余次，夜查360余次。

（张　森）

【计划生育工作】 年内，征收社会抚养费6例，共计772583元，其中非婚1胎1例，超生2胎5例。5月，为全镇村居计生专干、计生办人员35人进行体检。8月，完成34个避孕药具免费网点发放点情况调查，完成免费药具发放综合服务平台地理信息导航系统发放网点填报工作。全年免费孕前优生健康检查夫妇20余对，超额完成目标任务。

（张　森）

【建立长效关爱机制】 年内，计生办、武装部、部队官兵与特殊家庭建立长效关爱机制，以通过登门走访、生活帮扶等方式加强联系沟通，建立为失独家庭搭建一个可以相互倾诉和交流的平台，帮助失独家庭成员过上幸福的日子。

（张　森）

【开设村级文艺中专班】 年内，在马栏村、柏峪村、军响村和居委会开设村级文艺中专班，在册学员158人。

（张　森）

【发放慰问金】 年内，发放两节慰问金2万元，慰问物资50份。少儿大病救助3人3万元、大病救助4人1.2万元、火灾救助1人1万元。慰问失火家庭，发放慰问金1万元。

（张　森）

【安置房基础设施】 年内，完成安置房小区给水管线、雨污水管线工程；路面硬化和弱电穿线工程。

（张　森）

【七里沟小流域综合治理工程】 年内，完成七里沟小流域综合治理工程，治理面积19平方公里，总投资905万元。完成标牌3块，护栏1860米，整修梯田26公顷2，经济林种植3化顷，灌溉工程20公顷，水源工程1处，护坡500米，村庄美化1.1公顷，田间生产道路2340米，步道1100米，沟道清理整治700米。

（张　森）

【刘家峪小流域治理工程】 年内，完成刘家峪小流域治理工程，治理面积6平方公里，总投资299万元。完成标牌2块，整修梯田22公顷，水源工程2处，护坡230米，村庄美化0.4公顷，厕所1座，田间生产道路1500米，步道1700米。

（张　森）

【55公里处综合治理工程】 年内，完成55公里处综合治理工程，治理面积12平方公里，总投资505万元。完成仿自然石标志牌1块，工程简介牌一块，梯田整修2490立方米，金属栏杆1600米，节水灌溉工程1处，田间路1000米，生态袋护砌1366米3，土树盘1075个，干砌石护坡456立方米，萌芽柱护坡14立方米，生态混凝土砌块挡墙护坡600平方米。

（张　森）

【水库移民工程】 年内，完成水库移民工程，总投资150万元。西胡林村完成排洪沟212米、防洪墙234米；牛站村完成排洪沟54米、防洪墙92米。

（张　森）

【水库移民结余资金项目】 年内，完成水库移民结余资金项目，总投资106万元。完成冷库建设300平方米，安装冷库设备一套。

（张　森）

【为民办实事工程】 年内，完成为民办实事工程5处，总投资205万。修建防护墙4处其中法城修建防洪墙1425立方米、张家村建防洪墙317立方米、黄岭西建防洪墙729立方米、柏峪建防洪墙241立方米；东胡林沟道清理整治2339.4立方米。

（张　森）

【改水工程】　年内，实施改水工程两处，总投资93万元。镇政府完成泵房一座，消毒间一间；法城村铺设管道1640米。

（张　森）

【雨洪利用工程】　年内，完成西胡林鹿场修建雨洪利用工程1处，总投资18万元。完成雨水口一处、沉淀池一座、管线工程55米、坑塘102平方米、绿化美化940平方米。

（张　森）

【清洁小流域综合治理工程】　年内，青龙涧清洁小流域综合治理工程，治理面积15平方公里，总投资750万元。设计工程量封禁标牌2个、封禁护栏900m、梯田修整20平方米，节水灌溉250亩，村庄美化4000平方米、沟道清理整治3050米、河滨带治理5000平方米、低洼地绿化美化2.44平方米。

（张　森）

【国家农业综合开发工程】　年内，完成平整土地600亩，扶唇垒堰600亩，田间路8520平方米，田间步道3600平方米，浆砌石挡墙140米，护栏3240米，园门1处，停车场3处，低效林改造600亩，经济林种植600亩，防护林补植480株，林下经济200亩，管灌700亩，管道工程10米。

（张　森）

【退耕还林项目】　年内，完成巩固退耕还林成果专项建设项目500亩，其中西胡林村280亩，沿河城220亩。

（张　森）

【防疫工作】　年内，完成防疫工作14次，动用车辆190车次，用人工辅助防疫140人次，为禽类免疫注射禽流感39262只次，其中鸡38083只次，鸭子68只次，鹅57只次，其它1054只次；免疫注射猪蓝耳病3572头次；免疫注射猪O型口蹄疫3572头次，免疫注射羊口蹄疫29082头次，免疫犬数527头次，无疫情。

（张　森）

【综治维稳工作】　年内，完善镇综治维稳中心制度建设，组织协调派出所、信访、司法等综治维稳成员单位联合完成“两会”、“十八届三中全会”期间的社会面防控、重点人管控、矛盾纠纷排查化解及档案建设等工作。11月，完成“十八届三中全会”安保维稳任务。

（张　森）

【流动人口工作】　11月，完成十八大期间流动人口管理服务和重点人员管控工作，未发生重大案事件。12月，根据区委区政府的部署，开展了违法非法出租房屋大排查活动。年内，全镇共有流动人口582人，同比减少137人，出租房屋83户，同比增加4户（2013年12月底数据）。

（张　森）

清　水　镇

【概况】　清水镇地处北京市最西部，西、北部分别与河北省涞水县、涿鹿县和怀来县接壤，东、南部分别与斋堂镇和房山区相连，距市区93公里，距区政府所在地75公里。是北京市城市整体规划西部生态带腹地，也是北京市西部最边远的乡镇，素有“京西边陲”之称。永定河支流清水河源于本地，109国道东西贯穿全境。总面积339平方公里，辖32个行政村，有6418户，其中常住户有5548户，有1.1万人口，其中常住人口9797人，耕地2263.5亩，有基层党支部43个，党员1488人。年内，围绕“落实‘三个优化’，多办利民实事，全力建设国家生态文明示范区”的工作主题，实施“生态立镇、文化兴镇、人才强镇、旅游富镇”，完成了年初确定的目标任务。2013年全镇农村经济总收入完成29061万元，同比增长12%；人均纯收入达到10033元，同比增长12%；固定资产投资完成2860万元，完成全年的任务104%；财政收入完成312万元，同比增长13.2%；全年接待游客24.6万人次，同比增长18.8%，实现旅游收入2469万元，同比增长26%。

单位名称：北京市门头沟区清水镇人民政府
地　　址：北京市门头沟区清水镇上清水村
电　　话：60855407
邮　　编：102311

（王　晨）

【开展走访慰问活动】 春节前，镇党政领导班子成员到各村慰问老党员、社救对象、困难群众等，为他们送去慰问金、慰问品，并致以新春的祝福。此次活动共慰问老党员及困难群众40名，送去慰问金3.7万元。在建党92周年之际，镇领导班子成员对镇建国前老党员和生活困难党员进行了走访慰问。此次活动共慰问建国前老党员56名，生活困难党员32名，送去慰问金5.5万余元。

（王　晨）

【海棠文化旅游基础设施项目开工建设】 3月13日，举办达摩沟洪水峪海棠文化旅游基础设施项目开工仪式。该项目总投资4846万元，建设内容包括：道路、配套水利、供电、排水、护坡治理、生态停车场、环卫七大工程。

（王　晨）

【村委会换届选举工作】 4月19日，召开第九届村民委员会换届选举动员会，会后，对各村选举工作人员第一阶段推选村民选举委员会工作进行了培训。5月7日，完成第九届村委会换届选举候选人提名工作。14日，组织召开第九届村委会换届选举投票选举工作动员培训会，正式启动投票选举阶段工作。区第九届村委会换届选举巡视指导组第三小组到我镇调研指导村委会换届选举工作。22日至24日，完成村委会换届选举工作。共选举产生新一届村委会成员96人。6月13日，完成村民代表、村务监督委员会的换届选举工作。共选出548名村民代表，其中男361人，女187人。

（王　晨）

【召开工作会】 4月25日，召开生态文明和城乡环境建设工作动员会。12月20日，召开加强村级公章管理工作会议。会上，明确了公章委托监管工作的时间安排、步骤和要求，镇、村两级公章监管具体工作职能，规范了公章使用的程序和范围。

（王　晨）

【举办活动】 5月16日，镇残联组织全镇残疾人在上清水文化活动中心开展第23次“全国助残日”活动。镇残联对残疾人优惠政策进行讲解，并设置答题抽奖环节。8月15日，举办团日活动，组织青年拾捡垃圾、攀登北京第一高峰——灵山活动。8月，举办“学计生知识·促和谐清水”计生知识竞赛，各村村委会主任、计生专干、计生宣传员共计96人组成的32个代表队参加竞赛。

（王　晨）

【举行防汛避险转移演习】 6月7日，举行防汛避险转移演习。达摩沟4个村的群众参加演习。

（王　晨）

【惠民实事】 6月20日，与海淀区中关村社保所在镇机关举办招聘会。此次现场招聘的中关村地区单位共计25家，提供岗位达百余个。有45名失业人员与单位达成意向，等待面试。7月20日，区政协、九三学社组织北大、北大人民等多家医院专家到梁家铺村举办义诊活动。在中医科、呼吸科、眼科、妇产科、口腔科、内科等方面为近百名村民检查身体、解答问题。年内，区人保局为镇内20名残疾人个体户进行4天培训，指导农家乐、便利店的经营理念和方法，指导他们有计划的经营小企业。

（王　晨）

【成功救援走失群众】 7月8日下午16时，两名驴友在梨园岭地区攀爬野山时迷路，被困野山主峰。镇内在接到求助信息后，组织派出所、消防支队、机关青年干部和当地村民40余人，出动车辆10余辆，迅速展开搜救工作。经过5个多小时，成功将两名驴友救出。9月11日，张家铺村一名70余岁老人，上山采蘑菇时走失。接到通知后，及时协调、组织一支60余人的救援队展开搜索。历时13个小时，终于在次日9点找到老人。

（王　晨）

【市领导调研指导工作】 7月，市、区残联领导和有关专家到塔河村残疾人基地调研，考察2012年残疾人基地项目，为残疾人讲解基地工作流程及扶持措施，并提出可行性建议。8月7日，农委副主任对腾达乡村旅游联社调研。详细了解各个合作社的基本情况，与理事代表对合作社在发展中遇到的困难、存在的问题进行交流并对联社的发展提出了要求。11月12日，市委组织部到镇内调研指导工作，镇领导汇报了党建工作，以及各方面取得的工作成效。调研组详细了解了村级党组织建设和经济发展情况，提出了建设性意见。12月5日，市妇联发展部及区妇联相关领导到镇内调研“巾帼科技示范基地”创建工作。调研组参观了北京阿芳嫂黄芩种植基地、茶叶生产加工厂以及彩艺星空巧娘工作室，听取了负责人的创业历程、企业现阶段发展状况以及以后的发展思路。

（王　晨）

【成立第一家专业合作社联社】 8月2日，成立了区内第一家由农民专业合作社组成的联合社。区工商局为联合社颁发了注册资金为1005万元营业执照，珠江银行行长现场为联合社成员发放了400万贷款。清水腾达乡村旅游合作社（联合社）由一家国家级示范社、三家市级示范社等十一家农民专业合作社组成，共吸收社员1376户。

（王　晨）

【赴河北涿鹿县调研】　9月5日，与区科学技术委员会主任、北京林业大学教授等10余人到河北涿鹿县赵家蓬禁牧区调研。双方就禁牧的方式、政策、管理、村民的态度及存在的问题进行了交流。

（王　晨）

【惠民文娱活动】　9月18日，镇第四届传统山梆子戏曲汇演在梁家庄村举行，年内北京京上草原民族艺术团、京“星火工程”燕山艺术团、北京市河北梆子“燕山情”艺术团等专业团队到镇各村进行星火演出。

（王　晨）

【区领导调研指导工作】　9月24日，韩子荣等领导到镇调研低收入村、低收入户情况并提出具体要求。

（王　晨）

【召开西达摩村信访公开现场会】　10月18日，镇党委组织召开西达摩村信访公开答复现场会。区纪委检查室副主任对西达摩村有关纪内信访投诉的4类21个问题调查后做出了答复。

（王　晨）

【完成网格化】　12月11日，网格化社会服务管理信息系统正式上线运行，各基础网格、村工作站负责人积极学习系统使用、上报信息，社会办工作人员对上报信息进行审核，解答问题，指导系统操作，并在接收村工作站上报信息的同时，对区服务中心下派事件按处置权限进行分流，协调解决各类矛盾纠纷。

（王　晨）

【开展户外应急救援培训】　12月24日，“北京市户外运动应急救援公益培训项目”第一期培训在镇内开班。市体育休闲产业协会、绿野救援队的3名专业教练对受训人员进行户外救援自救、互救技能培训。

（王　晨）

【推动灵山景区经营与管理工作】　年内，清水镇先后成立交接工作领导小组、灵山景区服务和保障领导小组，制定并实施了一系列办法与规定，注册成立了北京灵山旅游发展有限公司，推进了景区在建工程、环境卫生、经营秩序、安全生产、旅游促销以及经营收入和支出管理工作，建立与景区周边河北县镇村联系机制，对环境卫生、马匹驮客等突出问题进行了集中整治，完成了灵山景区旅游服务设施提升改造项目、出台了新工资标准，妥善解决了历史遗留的热点难点问题，确保了景区稳定、有序经营。

（王　晨）

【“煤改电”试点工作完成】　年内，完成梁家铺、张家庄煤改电试点基础工作，安装采暖设备1083台，两村部分村民实现电采暖。

（王　晨）

【绿化美化工作】　年内，完成京津风沙源3350亩人工造林工程；完成国家公益林抚育任务2000亩；完成2013年市级森林健康经营项目24016亩，完成6公里109国道和8公里村级公里绿化任务。镇域内主要道路绿化率到达90%以上。实施官厅山峡综合治理项目，山区小流域生态情况进一步好转。

（王　晨）

人　物

组织机构负责人名单（截至2013年年底）

中国共产党北京市门头沟区委员会

区委书记　韩子荣
区委副书记　王洪钟　付兆庚
区委常委　韩子荣　王洪钟　付兆庚　陈国才　丁　勇　赵潮英　刘群立　张　永　李庆广　彭利锋　郑伟革
区纪委书记　赵潮英
区委政法委书记　付兆庚
区委防范和处理邪教问题领导小组办公室主任　张福军
区综治办主任　马　星
区委办主任　彭利锋（1月免）　郑伟革（1月任）
区委组织部部长　丁　勇
区委宣传部部长　石　军（1月免）　彭利锋（1月任）
区精神文明办主任　李秋芳
区委统战部部长　丁　勇
区委研究室主任　占永谦（3月免）　王　京（8月任）
区直机关工委书记　彭利锋
区委老干部局局长　吕根群
区委党校校长　付兆庚
区委党校校务委员会主任、常务副校长　李荣超

门头沟区人民代表大会常务委员会

区人大主任　罗　斌
区人大副主任　韩生辉　侯建华　谭　杰　许　彪　李　轶（不驻会）
区人大常委会办公室主任　陈世杰
区人大常委会研究室主任　董建忠
区人大常委会代表联络室主任　贺其明
区人大常委会内务司法工作委员会主任　高帮利
区人大常委会教科文工作委员会主任　李维兴
区人大常委会财政经济工作委员会　高　见
区人大常委会城乡建设环保工作委员会　史宗宪
区人大常委会农村工作委员会主任　杨国强

门头沟区人民政府

区　长　王洪钟
副区长　陈国才　张　永　陈卫东（10月任）　石　军　李　昕　张满仓　洪家志（10月免）
区政府办公室主任　金秀斌
区发改委党组书记、主任　万　钦

区国资委党委书记、主任　黄　伟
区商务委员会党组书记、主任（区粮食局局长）　王立宇
区委教工委书记　何　渊
区教委主任　李永生
区科委党组书记　张文波（3月免）
付军利（3月任）
区科委主任　付军利
区经济和信息化委员会党组书记、主任　李国庆
区监察局局长　贾志国
区民政局党委书记　王学东
区民政局局长　张翠萍
区司法局党组书记、局长　吕玉宝
区财政局党组书记、局长　李　伟
区人力资源和社会保障局党组书记、局长　杜斌英
区住建委主任　冯　飞
区住建委党组书记　杨晓辉
区市政市容管理委员会党组书记、主任　张乐春
区交通局党组书记、局长　耿新民（11月免）
张旋里（11月任）
区委农工委书记、区农委主任　王九中（11月免）
耿新民（11月任）
区文委党委书记、主任　闫洪亮
区卫生局党委书记　王锡东
区卫生局局长　野京城
区人口计生委党组书记、主任　谢春雪
区审计局党组书记、局长　苗建军
区环保局党组书记、局长　高　欣
区统计局党组书记、局长　王培训
区农业局党委书记、局长　张旋里（11月免）
王九中（11月任）
区水务局党组书记、局长　高连发（3月免）
韩瑞昌（3月任）
区园林绿化局党委书记、局长　高连发
区旅游委主任　石　军（1月免）
白聪彪（1月任）
区体育局党组书记、局长　刘树军
区法制办主任　谷志强
区委社会工委书记　王培兰
区社会办主任　张慧琦（3月免）
王培兰（3月任）
区委区政府信访办公室主任　贾卫东
区民防局党组书记、局长　曹志远
区档案局史志局党组书记、局长　刘望鸿
区城管大队政委　安焕生
区城管大队队长　张伯谦
区安全生产监督管理局党组书记　梁光学
区安全生产监督管理局局长　刘振林

中国人民政治协商会议北京市门头沟区委员会

区政协主席　张　冰
区政协副主席　翟云峰　张乐春
冯　飞　野京城（不驻会）
朱德友（不驻会）
孙善民（不驻会）
区政协秘书长　张爱宗
区政协办公室主任　张　静
区政协研究室主任　安久亮
区政协专委会工作一室主任　赵　凯
区政协专委会工作二室主任　刘增城
区政协专委会工作三室主任　石建山
区政协专委会工作四室主任　杨金波
区政协专委会工作五室主任　张久振
区政协专委会工作六室主任　连春国

政法、军事

区检察院党组书记、检察长　许晓闽
区检察院反贪污贿赂局局长　王久海
区法院党组书记、院长　靳学军
区公安分局党委书记、局长　刘群立
区武装部部长　李庆广

群众团体

区工商联党组书记　杜晨光（10月免）
周博华（10月任）
区工商联主席　穆春林
区总工会党组书记、主席　任继明
团区委党组书记、书记　朱　凯
区妇联党组书记、主席　李彩霞（11月免）
徐家湛（11月任）
区科协党组书记、主席　杨广义
区残联党组书记、理事长　范根源

区文联党组书记、常务副主席　王殿玉
区红十字会党组书记、常务副会长　王连勇

乡镇街道

潭柘寺镇党委书记　韩瑞昌（3月免）
　　占永谦（3月任）
潭柘寺镇镇长　杜春涛
永定镇党委书记　陈　波
永定镇镇长　李文凯
龙泉镇党委书记　索宝柱
龙泉镇镇长　刘军生
军庄镇党委书记　王　涛
军庄镇镇长　曹宝华
妙峰山镇党委书记　卢佳强
妙峰山镇镇长　曹子扬
王平镇党委书记　韩兴无
王平镇镇长　彭天和
雁翅镇党委书记　衣丰飞
雁翅镇镇长　杜　军（12月免）
　　张书军（12月任）
斋堂镇党委书记　刘贵清
斋堂镇镇长　杨少培
清水镇党委书记　张慧军
清水镇镇长　安　楠
东辛房街道工委书记　徐家湛（11月免）
　　史雅琳（11月任）
东辛房街道办事处主任　段铁军
大峪街道工委书记　艾德禄
大峪街道办事处主任　张进香
城子街道工委书记　张慧琦
城子街道办事处主任　张　伟
大台街道工委书记　史雅琳（11月免）
　　亓建军（11月任）
大台街道办事处主任　亓建军

事业单位

区投资促进局党组书记、局长　李世春
区机关后勤服务中心主任　王亚君
区棚改中心党组书记　杜桂斌
区棚改中心主任　冯　飞
区房屋征收事务中心党组书记　石　研（8月免）
　　穆春林（8月任）
区房屋征收事务中心主任　石　研（11月免）
　　穆春林（11月任）
区公共工程服务中心党组书记　冯　飞（3月免）
　　田　军（3月任）
区公共工程服务中心主任　冯　飞
区环卫中心党委书记、主任　杨树国
区老龄办主任　张翠萍
区地震局局长　付军利（3月免）
　　张文波（3月任）
区广电中心党组书记、主任　宋　奇
区医院党委书记　王俊义
区委石龙工委书记、管委主任　张丰收
区农村合作经济经营管理站党组书记、站长　舒伯文
北京百花山国家级自然保护区管理处党组书记、主任　刘　东

区管企业单位

北京京门国有资产经营中心党委书记、总经理　连久利
北京京门国有商业资产经营公司党委书记、董事长　宋建筑
北京京门国有商业资产经营公司总经理　孙敬利
区供销社党委书记、主任　朱瑞林

统计 资料

自然概况

项目	单位	2011 年	2012 年	2013 年
土地面积				
辖区面积	平方公里	1448.84	1448.84	1448.84
新城规划区面积	平方公里	87	87	87
户籍人口				
户数	户	118113	118837	119464
户籍人口	人	247504	248353	248855
农业人口	人	56886	54998	50262
非农业人口	人	190618	193355	198593
人口自然增长率	‰	－1.42	1.62	2.37
降水量及气温				
全年降水量	毫米	581.2	957.6	469.3
全年平均气温	℃	12.4	12.0	12.3

注：2011 年户籍人口中包括未落常住户口人员 81 人，2012 年户籍人口中包括未落常住户口人员 53 人，2013 年户籍人口中包括未落常住户口人员 34 人。

资料来源：门头沟区国土资源分局、门头沟区公安分局、门头沟区计生委、门头沟区气象局。

行政区划（2013 年）

项　目	辖区面积（平方公里）	行政村个数（个）	居委会个数（个）	总户数（户）	户籍人口（人）		
					合　计	#非农业人口	#男性人口
合计	1448.84	178	119	119464	248855	198593	127397
大峪办事处	5.16		34	21409	54402	54402	27628
城子办事处	2.30		22	10843	26223	26223	14060
东辛房办事处	10.88		20	13109	30572	30572	15882
大台办事处	80.88		9	3854	8840	8840	5262
潭柘寺镇	79.83	12		6940	11965	6761	6000
永定镇	65.48	24	15	15640	31053	23383	15280
龙泉镇	30.80	17	11	11891	22327	13303	10882
军庄镇	33.47	8	2	6446	11724	8676	5994
妙峰山镇	112.61	17		6775	10067	3615	5062
王平镇	45.92	16	4	4069	8256	8256	4327
雁翅镇	263.89	23	1	5347	8837	3168	4528
斋堂镇	382.34	29	1	7712	13564	8207	6836
清水镇	335.27	32		5429	11025	3187	5656

资料来源：门头沟区公安分局、门头沟区国土资源局、门头沟区民政局、门头沟区街道办。

国民经济主要指标（一）

项　目	单位	2013 年	2012 年	增长速度%
人口与就业				
人口				
年末全区常住人口	万人	30.3	29.8	1.7
就　业				
全部法人单位从业人员	人	86714	86125	0.7
个体从业人员	人	15920	17582	-9.5
城镇登记失业率	%	4.3	4.1	0.2
宏观经济				
国民经济核算				
地区生产总值	万元	1241986	1170399	6.1
第一产业	万元	19854	19479	1.9
第二产业	万元	621071	599390	3.6
第三产业	万元	601061	551530	9.0
固定资产投资				
全社会固定资产投资	万元	2300760	1906922	20.7
#房地产开发投资	万元	960159	733920	30.8
财政				
公共财政预算收入	万元	207234	190740	8.6
公共财政预算支出	万元	761000	601000	26.6

资料来源：门头沟区人力社保局、门头沟区财政局。

国民经济主要指标(二)

项　目	单位	2013 年	2012 年	增长速度%
产业				
农村经济				
农林牧渔业总产值	万元	53307.9	53219.3	0.2
农村经济总收入	万元		813644	-100.0
工业				
规模以上工业企业总产值	万元	807085	1013453	-20.4
商业				
社会消费品零售额	万元	489845	437062	12.1
旅游				
接待总人次	万人次	343	282	21.6
旅游收入	万元	192266	168443	14.1
对外经济贸易				
新批“三资”企业	个	7	8	-12.5
投资总额	万美元	2367	30846	-92.3
实际利用外资	万美元	100	4485	-97.8
金融保险				
金融机构存款余额(人民币)	万元	4083550	3950906	3.4
#城乡居民储蓄存款余额	万元	2318413	2149973	7.8
金融机构贷款余额	万元	902630	951605	-5.1
保险业务收入	万元		19758	-100.0

资料来源：门头沟区商务委、中国人民保险公司门头沟支公司、中国人寿保险公司门头沟支公司。

国民经济主要指标（三）

项　目	单位	2013 年	2012 年	增长速度%
教育、文化、科技、卫生				
教育				
中、小学在校生	人	18384	18436	-0.3
中、小学专任教师	人	1917	2096	-8.5
文化				
公共图书馆藏书量	万册	74.5	63.9	16.6
科技				
专业技术人员	人	6479	6819	-5.0
卫生				
卫生机构病床数	张	2842	2705	5.1
卫生机构技术人员数	人	3233	3163	2.2
生活与环境				
生活				
城镇居民人均可支配收入	元		32369	-100.0
农民人均纯收入	元	17408	15715	10.8
全部法人单位从业人员平均工资	元	58617	53199	10.2
能源消费				
全社会售电量	万千瓦时	93673	88289	6.1
全社会用电量	万千瓦时	93675	89887	4.2
环境				
城市绿化覆盖率	%	41.45	41.07	
城市污水处理量	万吨	698.1	665.4	4.9
空气质量二级和好于二级天数	天		270	-100.0
空气质量二级和好于二级天数完成率	%		74.8	

地 区 生 产 总 值

单位：万元

	2013 年	2012 年	增长%（现价）	增长%（不变价）
地区生产总值	1241986	1170399	6.1	8.7
第一产业	19854	19479	1.9	-2.6
第二产业	621071	599390	3.6	11.0
工业	537313	523099	2.7	10.8
建筑业	83758	76291	9.8	12.8
第三产业	601061	551530	9.0	6.5
交通运输、仓储和邮政业	17806	17141	3.9	2.7
信息传输、计算机服务和软件业	931	885	5.2	4.5
批发和零售业	60773	53871	12.8	13.1
住宿和餐饮业	16909	16211	4.3	0.6
金融业	63792	62493	2.1	1.9
房地产业	104065	94853	9.7	8.2
租赁与商务服务业	28147	24516	14.8	9.7
科学研究、技术服务和地质勘察业	51548	44672	15.4	12.7
水利、环境和公共设施管理业	7816	7386	5.8	-0.1
居民服务和其他服务业	24502	22642	8.2	3.9
教育	60600	54926	10.3	6.0
卫生、社会保障和社会福利业	52156	46026	13.3	10.4
文化、体育和娱乐业	9969	9180	8.6	4.2
公共管理和社会组织	102047	96728	5.5	2.1